Uni-Taschenbücher 1853

UTB
FÜR WISSEN
SCHAFT

Eine Arbeitsgemeinschaft der Verlage

Wilhelm Fink Verlag München
Gustav Fischer Verlag Jena und Stuttgart
Francke Verlag Tübingen und Basel
Paul Haupt Verlag Bern · Stuttgart · Wien
Hüthig Fachverlage Heidelberg
Leske Verlag + Budrich GmbH Opladen
J. C. B. Mohr (Paul Siebeck) Tübingen
Quelle & Meyer Heidelberg · Wiesbaden
Ernst Reinhardt Verlag München und Basel
Schäffer-Poeschel Verlag · Stuttgart
Ferdinand Schöningh Verlag Paderborn · München · Wien · Zürich
Eugen Ulmer Verlag Stuttgart
Vandenhoeck & Ruprecht in Göttingen und Zürich

Jachtenfuchs/Kohler-Koch

Europäische Integration

Leske + Budrich, Opladen 1996

Gedruckt auf säure- und chlorfreiem, alterbeständigem Papier

ISBN 3-8100-1360-9 (Leske + Budrich)
ISBN 3-8252-1853-8 (UTB)

Einbandgestaltung: Alfred Krugmann, Stuttgart
Satz: Leske + Budrich
Druck: Presse-Druck Augsburg
Printed in Germany

UTB-Bestellnummer: ISBN 3-8252-1853-8

Inhalt

B. Politik im Mehrebenensystem

C. Internationale Interdependenz und regionale Integration

Vorwort

In der gegenwärtigen politikwissenschaftlichen Europadiskussion ist es schon fast ein Gemeinplatz geworden, darauf zu verweisen, daß zur Erfassung des „ganzen Elefanten" (Puchala 1971) EU eine neue theoretische Anstrengung auf breiter Basis notwendig sei. Nachdem jedoch das einzige umfassende und ausgearbeitete Theorieangebot, der Neofunktionalismus, von seinen Hauptvertretern vor nunmehr zwanzig Jahren für zunehmend inadäquat erklärt worden war, hat sich die ursprünglich stark interdisziplinär orientierte Integrationsforschung wieder den durch die einzelnen Disziplinen bestimmten Fragestellungen zugewandt, sofern sie sich nicht auf reine Deskription oder Einzelfallstudien beschränkte. Theoretisch interessierte Arbeiten knüpfen daher immer wieder an tatsächliche oder vermeintliche Postulate des Neofunktionalismus an. Die einzige ernsthafte Konkurrenz auf dem Feld der Integrationstheorie scheint in Form des „neoliberalen Institutionalismus" oder des „Neorealismus" von der Theorie der internationalen Beziehungen zu kommen. Die Kontrastierung des Neofunktionalismus mit den genannten Spielarten der Theorie der internationalen Beziehungen reproduziert jedoch nur eine Debatte, die bereits in den sechziger Jahren geführt wurde, und die sich letztlich darum drehte, ob die damaligen Europäischen Gemeinschaften eine neue politische Institution über den Nationalstaaten darstellten, die diese in den Hintergrund zu drängen drohte oder ob sie nichts anderes als ein Vehikel der nach wie vor überwältigend einflußreichen Staaten seien, um ihre Herrschaftsansprüche und Gestaltungsspielräume im Innern auch unter den Bedingungen internationaler Interdependenz zu sichern.

Das bruchlose Anknüpfen an die auf hohem theoretischen Niveau geführte Debatte der sechziger und frühen siebziger Jahre bringt jedoch forschungsstrategisch mehr Nachteile als Vorteile. Zwar mag es sinnvoll sein, systematische politikwissenschaftliche Forschung über die Natur des Gesamtsystems der Europäischen Union an den differenzierten Typologien des Neofunktionalismus zu orientieren und unter Einbeziehung der Kritik an der Auswahl zentraler Einflußfaktoren oder Untersuchungsfelder (prominentestes Beispiel ist die Vernachlässigung des Rechtssystems) weiterzuentwickeln. Allerdings bleibt die neofunktionalistische Theorie bei aller Differenziertheit ihrer Argumentation doch der Denkfigur eines „Überwindens" des nationalstaatlichen Ordnungsmodells verhaftet, die mit der behaupteten höheren Problemlösungskapazität supranationaler Institutionen und ihrer friedenssichernden Wirkung begründet wird. In dieser Perspektive wird die Europäische Union immer nur als instabile Zwischenlösung auf dem Weg zu den stabilen Zuständen Staatenbund und Bundesstaat betrachtet und je nach normativem Standpunkt anhand dieser beiden Modelle beurteilt. Die Möglichkeit, daß sich das jetzige Stadium der Integration ungeachtet kleinerer Verschiebungen für einen überschaubaren Zeitraum als dauerhaft erweisen könnte, wird dabei systematisch vernachlässigt. Auch wenn allmählich der fünfzigste Jahrestag der Gründung der ersten EU-Institution näher rückt, ist der Soll-Zustand der Europäischen Union Gegenstand zahlreicher teleologischer Entwürfe, die entweder den Bund souveräner Nationalstaaten oder häufiger den mittlerweile verbal zur Union herabgestuften Bundesstaat zum Thema haben, während die mit dem Ist-Zustand verbundenen Probleme und Chancen verantwortlicher und effizienter Politik nur von wenigen angegangen werden.

Mit dem Fortschreiten der Integration hat sich außerdem ein Fragenkomplex eröffnet, der in der integrationstheoretischen Debatte der sechziger und frühen siebziger Jahre noch kaum eine Rolle spielte. Die immer umfassender werdenden Politikgestaltungskompetenzen der EU führen zur Veränderung existierender politischer Institutionen, Prozesse und Politikinhalte in den Mitgliedstaaten. Dieser Prozeß hat Auswirkungen sowohl auf die Handlungsfähigkeit des Staates als auch auf die Möglichkeit demokratisch organisierter nationalstaatlicher Politik. Eine wissenschaftlich wie auch politisch drängende Frage ist nun, ob dieser Prozeß auch zu einer Veränderung von Staatlichkeit selbst führt. Eine theoretisch orientierte, interdisziplinär zumindest offene Herangehensweise an den europäischen Integrationsprozeß sollte sich deshalb zum einen mit dem Ist-Zustand des Integrationsprozesses analytisch wie normativ beschäftigen und zum anderen die Transformation von nationaler Staatlichkeit durch Integration in einem umfassenden Mehrebenensystem als zweiten Schwerpunkt betrachten.

Die Analyse des europäischen Integrationsprozesses eröffnet jedoch noch mehr Möglichkeiten als die empirische Untersuchung eines zweifelsohne wichtigen Untersuchungsfeldes und die theoretische wie normative Reflexion über mögliche und wünschenswerte Entwicklungstendenzen. Sie bietet ein einmaliges Feld zur Untersuchung der Entwicklungsdynamik moderner Gesellschaften unter den Bedingungen von funktionaler Differenzierung und Internationalisierung. Für die Politikwissenschaft stellt sich in diesem Zusammenhang die Frage nach der Organisation von Politik schlechthin. Während die Theorie der internationalen Beziehungen die Folgen der Internationalisierung von Problemen und der internationalen Interdependenz für die Politik von Staaten zum Thema gemacht hat, war die eher innenpolitisch orientierte Forschung an der Auswirkung funktionaler Differenzierung auf die Handlungsfähigkeit staatlicher Politik interessiert. Beide Perspektiven lassen sich in der Integrationsforschung verknüpfen. Dabei läßt sich in nahezu idealer Weise die Diskussion um die Zukunft des Staates, die Frage nach der Tragfähigkeit des in den Vorstellungen des neunzehnten Jahrhunderts begründeten idealtypischen Modells des nach außen wie nach innen souveränen Staates, empirisch angehen, wie dies auch die meisten Beiträge dieses Bandes tun. Die Beschäftigung mit der Organisation von Politik am Ende des zwanzigsten Jahrhunderts kann jedoch nicht bei einer empirischen Bestandsaufnahme heutiger Ausprägungen von Staatlichkeit stehenbleiben.

Das Konzept des Staates als der politischen Organisationsform von Gesellschaft prägt zutiefst zentrale Begrifflichkeiten nicht nur der Politikwissenschaft, sondern auch einer Reihe von Nachbardisziplinen. In der Politikwissenschaft ist es konstitutiv für die Trennung zwischen internationaler Politik und Innenpolitik und den damit beschäftigten Teildisziplinen. Die vergleichende Forschung nicht nur in der Politikwissenschaft sucht sich ihre Untersuchungsobjekte – meist ohne dies weiter zu problematisieren – durch eine Auswahl aus unterschiedlichen Nationalstaaten. Zentrale Kategorien der politischen Theorie – z.B. Herrschaft, Legitimität, Demokratie – sind implizit nationalstaatlich verwurzelt. Integrationsforschung als Teil der Beschäftigung mit Politik bietet die Chance, den impliziten oder expliziten Staatsbezug zentraler politikwissenschaftlicher Analysekonzepte zu problematisieren und Theoriebestände dahingehend zu überprüfen, inwieweit sie nicht prinzipiell auf die staatliche Verfaßtheit von Gesellschaft angewiesen sind.

Die Befassung mit europäischer Integration erfordert als erstes die empirische Analyse, die zweitens theoretische Folgen für einige sozialwissenschaftliche Disziplinen und drittens darüber hinausgehend Konsequenzen für die normative Diskussion hat. Die Feststellung, daß eine „der verflochtenen Politik angemessene normative Theorie der politischen Verantwortlichkeit und der demokratischen Partizipation, an der die öffentliche Diskussion sich orientieren könnte, ... nirgendwo in Sicht" ist (Scharpf 1991: 630), gilt nach wie vor. Die Ursache für dieses Manko liegt darin, daß die theoretisch-analytischen Begriffe fehlen, um dieses neue Phänomen überhaupt konzeptionell erfassen zu können, da das Nachdenken über Politik und gesellschaftliche Organisation zutiefst von Begriffen geprägt ist, die sich auf das historisch erfolgreiche Modell des Staates beziehen. Dies ist auch der tiefere Grund dafür, daß die große Zahl der politischen Ordnungsmodelle für die Europäische Union allesamt den Organisationsformen Staatenbund oder Bundesstaat zugeordnet werden können, denn beide entspringen dem Denken, das den Staat als einzige Ordnungsform des Politischen kennt.

Der vollendete europäische Binnenmarkt bezeichnet möglicherweise die Schwelle, an der die Handlungsfähigkeit des Staates durch Internationalisierung und funktionale Differenzierung derartig eingeschränkt ist, daß die Politik in Legitimationsnöte gerät. Auch wenn vorschnelle Generalisierungen vermieden werden sollten, so scheint doch zumindest sicher zu sein, daß beide Tendenzen in der Europäischen Union einen Grad erreicht haben, die das von der westeuropäischen Realität abgeleitete Modell des souveränen Staates, das mittlerweile seinen weltweiten Siegeszug angetreten hat, zumindest in seiner Ursprungsregion zu einer zunehmend inadäquaten Beschreibung der Wirklichkeit machen. Hinzu kommt als dritte Tendenz möglicherweise die Verflüssigung gesellschaftlicher Traditionsbestände und sozialer Strukturen bzw. die Zunahme gesellschaftlicher Kontingenz in der Risikogesellschaft, die sozusagen von unten das Modell der westlichen Moderne mit seiner spezifischen Mischung aus Kapitalismus, Demokratie, Rechtsstaatlichkeit und Souveränität untergräbt (Beck 1993: 17).

Die Integrationsforschung hat somit die seltene Gelegenheit, sich mit einem einmaligen empirischen Phänomen zu beschäftigen, das in besonderer Weise zur Zusammenführung dieser drei Diskussionsstränge zu einer der Realität angemessenen Konzeptualisierung moderner politischer Organisation geeignet ist. Sie müßte sich dafür allerdings von einer staatsfixierten Perspektive, die schon im Nationalstaat selbst zunehmend inadäquat wird, verabschieden. Ihre Chance bestünde in der Bildung und Weiterentwicklung von Konzepten, die sowohl für die politische Praxis als auch für allgemeine sozialwissenschaftliche Theoriebildung von einigem Nutzen sein könnte.

Die Resonanz auf die Gründung des Arbeitskreises „Integration Europas" in der Deutschen Vereinigung für Politische Wissenschaft hat uns gezeigt, daß ein großes Interesse an solchen Fragestellungen besteht, das über die Kreise der seit langem etablierten und institutionalisierten Europaforschung hinausgeht. Dies gilt auch für die internationale Diskussion. Gegenwärtig werden eine Vielzahl von akademischen Diskussionsforen gegründet oder wiederbelebt – wie etwa die amerikanische „European Community Studies Association" (ECSA) –, so daß schon fast eine Überzahl von Vereinigungen und Foren zu befürchten ist. Gleichzeitig sind große Forschungsprogramme zu den oben angesprochenen Fragen geplant oder bereits angelaufen. Es ist kaum noch möglich, den Überblick über die vielen in den letzten Jahren neugegründeten Zentren zu behalten, die sich der europäischen Integration in Forschung und/oder Lehre widmen. Hinzu kommt vor allem auf dem englischen Markt mittlerweile eine Vielzahl von Lehrbüchern, die sich meist in traditioneller Manier den Institutionen und den wichtigsten Politikfeldern der Europäischen Union widmen.

In diesem Kontext hat sich der vorliegende Band zum Ziel gesetzt, den gegenwärtigen Stand der politikwissenschaftlichen Europaforschung in einer Art und Weise zu präsentieren, die Wissenschaftler wie auch Studierende anspricht und dabei eine Sichtweise bietet, die über die traditionellen Ansätze hinausgeht. Im Zentrum steht die Frage nach den durch die Integration aufgeworfenen Problemen verantwortlichen Regierens im dynamischen Mehrebenensystem. Die Herausarbeitung relevanter Fragestellungen und die Präsentation unterschiedlicher, wissenschaftlich begründeter Sichtweisen steht im Vordergrund. Studenten wird geraten, bei der Lektüre auf einschlägige Lexika (Kohler-Koch/Woyke 1996; Weidenfeld/Wessels 1994) und Jahrbücher (Weidenfeld/Wessels 1981ff.) zurückzugreifen. Auch wenn mit diesem Band dokumentiert werden soll, daß die deutschsprachige politikwissenschaftliche Europaforschung keinen Grund für mangelndes Selbstvertrauen hat, so sei neben dem Sammelband von Kreile (1992) auch auf englischsprachige Übersichtswerke verwiesen (Keohane/Hoffmann 1991; Sbragia 1992; Wallace/Wallace 1996). Einstiegsliteratur zu den einzelnen Beiträgen sind in den jeweiligen Literaturverzeichnissen mit einem Sternchen (*) gekennzeichnet.

Die Terminologie wirft Probleme auf, weil die Bezeichnung „Europäische Union (EU)" nach dem Vertrag von Maastricht die Gesamtarchitektur, nicht aber ihre einzelnen Säulen benennt, dieser Begriff inzwischen jedoch sehr undifferenziert verwandt wird. Die Autoren haben sich durchgängig um die präzise Verwendung der Termini bemüht und bezogen auf die Wirtschaftsintegration korrekterweise von der „Europäischen Gemeinschaft (EG)" gesprochen.

Wir möchten unseren Autoren sehr herzlich für ihre Beiträge danken, vor allem für den produktiven Geist, in dem sie unsere teilweise weitreichenden Überarbeitungs- und nicht zuletzt auch Kürzungsvorschläge verarbeitet haben. Gedankt sei auch den Mitarbeitern, ohne deren editorische Hilfe dieser Band nicht zustande gekommen wäre, insbesondere Thomas Conzelmann, Jakob Edler, Sabine Jung und Christine Stegmann.

Mannheim, im Juli 1995

Markus Jachtenfuchs
Beate Kohler-Koch

Literatur

Beck, Ulrich (1993): Die Erfindung des Politischen. Zu einer Theorie reflexiver Modernisierung (Frankfurt am Main).

Keohane, Robert O.; Hoffmann, Stanley (Hg.) (1991): The New European Community. Decisionmaking and Institutional Change (Boulder etc.).

Kohler-Koch, Beate; Woyke, Wichard (Hg.) (1995): Die Europäische Union. Band 6 des Beck-Lexikons zur Politikwissenschaft (München).

Kreile, Michael (Hg.) (1992): Die Integration Europas, PVS-Sonderheft 23 (Opladen).

Puchala, Donald (1971): Of Blind Men, Elephants, and International Integration; in: Journal of Common Market Studies 10, S. 267-284.

Sbragia, Alberta (Hg.) (1992): Euro-Politics. Institutions and Policymaking in the „New" European Community (Washington).

Scharpf, Fritz W. (1991): Die Handlungsfähigkeit des Staates am Ende des zwanzigsten Jahrhunderts; in: Politische Vierteljahresschrift 32, S. 621-634

Wallace, Helen; Wallace, William (Hg.) (1996): Policy-making in the European Union, 3. Aufl. (Oxford).

Weidenfeld, Werner; Wessels, Wolfgang (Hg.) (1981ff.): Jahrbuch der Europäischen Integration (Bonn).

Weidenfeld, Werner; Wessels, Wolfgang (Hg.) (1994): Europa von A-Z. Taschenbuch der europäischen Integration, 3. Aufl. (Bonn).

Regieren im dynamischen Mehrebenensystem

Markus Jachtenfuchs/Beate Kohler-Koch

Die westeuropäische Integration hat in den letzten fünfzig Jahren zur immer stärkeren Institutionalisierung supranationaler Entscheidungskompetenz in der Europäischen Union geführt. Ein Blick in den Vertrag von Maastricht zeigt, daß bereits heute die EU in einem Umfang zu gemeinschaftlichem Handeln befugt ist, der über die Vorstellungskraft manchen Bürgers hinausgeht. Parallel hierzu läßt sich aus den regelmäßigen Umfragen des EUROBAROMETER ablesen, daß nach Ansicht der Bürger eine Fülle von politischen Aufgaben am besten von der EU übernommen werden sollten. Die Tatsache, daß in der EU eine kollektive Problembearbeitung durch zielgerichtetes öffentliches Handeln stattfindet, durch das allgemeinverbindliche Entscheidungen getroffen werden, läßt es gerechtfertigt erscheinen, von „Regieren" zu sprechen. Die Anwendung dieses allgemeinen Begriffes von Regieren auf das politische System der EU mag allerdings ungewöhnlich erscheinen, weil der Begriff des Regierens üblicherweise nur bezogen auf den Staat verwendet und dabei ohne weitere Präzisierung mit der Tätigkeit der Regierung verbunden wird. Die politische Integration Westeuropas hat allerdings dazu geführt, daß die Bedingungen, unter denen Regierungen tätig werden und ihre Fähigkeit, im Interesse ihrer Bürger zu „regieren", sich qualitativ gewandelt haben. Gleichzeitig ist mit der EU – konkreter gesagt, mit ihrer supranational ausgestalteten Säule EG – ein politisches Ordnungssystem mit eigener, auch rechtlich anerkannter Handlungsfähigkeit entstanden. Die Verlagerung von Handlungskompetenzen vollzieht sich in kleinen Schritten durch die tägliche politische Praxis und Rechtssprechung, deren Ergebnisse in großen zeitlichen Abschnitten vertraglich kodifiziert werden. Somit erscheint es wissenschaftlich fruchtbar, die Problematik des Regierens im Bezug auf das Gesamtsystem der Gemeinschaft als „dynamisches Mehrebenensystem" zu analysieren.

Im folgenden Beitrag wird zunächst die politik- und rechtswissenschaftliche Kontroverse über die Natur der politischen Ordnung der Gemeinschaft und damit die Berechtigung, bezogen auf deren Handeln von „Regieren" zu sprechen, in Erinnerung gerufen. Relativ unbeeindruckt von dieser Diskussion um die Qualifizierung der politischen Ordnung der EU und deren mögliche bzw. verfassungsgerichtlich erlaubte Entwicklung findet die Frage nach den durch die Integration bewirkten Veränderungen für verantwortliches und effizientes Regieren zunehmend Aufmerksamkeit. Sie fügt sich ein in die allgemeine Reflexion über die Probleme des Regierens unter den Bedingungen zunehmender Internationalisierung, die sich in der grenzüberschreitenden Expansion von funktionalen Handlungsbereichen, zunehmender Interdependenz und der Globalisierung von Problemlagen ausdrückt. Zum anderen hat die Policy-Forschung den Blick für die konkreten Veränderungen institutioneller Strukturen und politischer Prozesse erschlossen, die mit der Europäisierung von Politik verbunden sind. Mit der „Politik in neuer Gestalt" und deren möglichen Folgen für die Qualität von Politikinhalten befaßt sich der zweite Abschnitt dieses Beitrages. Der dritte Abschnitt geht der Frage nach, ob es überhaupt möglich und sinnvoll ist, von legitimem und effizientem Regieren jenseits der staatlichen Ordnung zu sprechen. Im vierten Abschnitt werden unterschiedliche Realmodelle des Umgangs mit der aus der Integrationsdynamik resultierenden Problematik des Regierens in einem dynamischen Mehrebenensystem diskutiert. Diese Abschnitte stützen sich ganz wesentlich auf die Beiträge zu diesem Sammelband.

1. Politische Ordnung und Regieren

Mit der Entwicklung des Integrationsprozesses haben sich auch die leitenden Fragestellungen der Integrationsforschung gewandelt. In den sechziger Jahren wurde die Integration Europas vor allem von den Neofunktionalisten unter der Perspektive einer möglichen Transformation des internationalen Systems untersucht. Dabei stand die Frage im Vordergrund, ob die Institutionalisierung der Zusammenarbeit in Europa eine dauerhafte Überwindung des Sicherheitsdilemmas und eine stabile Veränderung der Logik internationaler Politik hin zu friedlicher und effektiver Problemlösung darstelle. Diese Fragestellung war nie rein analytisch, sondern immer auch normativ geprägt, vor allem gegen Ende der sechziger Jahre, als „regionale Integration" (Nye 1971; Lindberg/Scheingold 1971) explizit als friedenspolitischer Gegenentwurf (Haas 1971: 4) zur Politik des Gleichgewichts der Mächte gesehen wurde, wie sie von den Vertretern der realistischen Theorie zum Zwecke der Stabilisierung des internationalen Systems propagiert wurde.

Mit diesen unterschiedlichen normativen Zielen und Erkenntnisinteressen gingen auch unterschiedliche Einschätzungen der Natur des neuentstehenden Gebildes einher, die letztlich auf einem unterschiedlichen Politikverständnis beruhen. Die Neofunktionalisten sahen die sich entwickelnden europäischen Institutionen als Keimzelle einer neuen politischen Autorität jenseits des Nationalstaates an, deren überlegene Problemlösungsfähigkeit zu einer langsamen Umorientierung der Erwartungen gesellschaftlicher Akteure (vor allem von politischen Eliten und Verbänden) hin zu diesem neuentstehenden Zentrum führen sollte, von dem sie erwarteten, daß es ihre Interessen besser befriedigen könnte als nationalstaatliche Regierungen. Damit war die Voraussetzung für eine schrittweise Übertragung von Handlungskompetenzen geschaffen. Die Leistungen europäischer Politik sollten zunehmend ihrem Handeln Legitimität verleihen, eine breite diffuse Unterstützung (im Sinne Eastons) dieser „Would-be Polity" (Lindberg/Scheingold 1970) entstehen lassen und somit die Verwandlung der damaligen Europäischen Gemeinschaften in ein politisches System eigener Art voranbringen. Die Verwendung der neofunktionalistischen Integrations*theorie* als Integrations*ideologie* vor allem durch die Kommission macht es im Nachhinein schwierig zu beurteilen, ob der Neofunktionalismus tatsächlich, wie ihm immer wieder vorgeworfen wurde, einen Automatismus in Richtung eines europäischen Bundesstaates zumindest implizit vertreten hat oder sich zumindest allzusehr auf die Prozeßdimension konzentriert und dabei die Reflexion über mögliche stabile Endergebnisse des Integrationsprozesses vernachlässigt hat[1]. Die expliziten Äußerungen hierüber sehen allerdings neben der Entwicklung hin zum „regionalen Staat" auch die fortdauernde „asymmetrische Überlappung" gemeinschaftlicher und nationalstaatlicher Regelungsbereiche vor (Haas 1971: 31). Auch bei dem letzten Szenario handelt es sich um eine überstaatliche Institutionalisierung, die nicht auf die rückrufbare Übertragung von genau begrenz-

1 So die Selbstkritik von Schmitter (1992).

ten Handlungskompetenzen auf eine regionale Organisation, die die Souveränität und Autonomie der Staaten unberührt läßt, reduziert werden kann.

Aus der Gegenposition betrachtet war jedoch genau dies der Fall. Stärker realistisch geprägte Autoren kritisierten die teleologische Schlagseite des Neofunktionalismus, der die aus seiner Sicht wünschenswerte Überwindung des Nationalstaates bereits als Realität ausgebe. In der realistischen Sichtweise stellte die Europäische Gemeinschaft der sechziger und siebziger Jahre jedoch lediglich eine internationale Organisation zur Koordination von Staateninteressen dar, in der die Souveränität der Nationalstaaten nicht etwa überwunden, sondern gemeinsam ausgeübt wurde. Nach wie vor blieben die Mitgliedstaaten die entscheidenden Akteure im Integrationsprozeß und behielten die Kontrolle über die institutionelle Entwicklung in der Hand (Hoffmann 1966, 1982). Deshalb könne auch von einer die Nationalstaaten übergreifenden oder sie gar ersetzenden politischen Ordnung keine Rede sein.

Eine zu dieser politikwissenschaftlichen Kontroverse parallel verlaufende Debatte findet sich auch in der Rechtswissenschaft, in der es um die konzeptionelle Erfassung und normative Einordnung des Europarechts ging. Während hier zunächst die Charakterisierung der EG als „Zweckverband funktioneller Integration" (Ipsen 1972) einen breiten Konsens fand, wurde zunehmend die Ansicht vertreten, daß das Europarecht eine supranationale Rechtsordnung eigener Qualität darstelle, die eine Verfassungsordnung der beteiligten Staaten bilde (Mancini 1991). Ebenso wie die Neofunktionalisten in der Politikwissenschaft haben auch die rechtswissenschaftlichen Vertreter der These, daß im Laufe des Integrationsprozesses eine qualitativ neue Form der politischen und rechtlichen Ordnung entstanden sei, mit der begrifflichen Fassung dieser neuen Ordnung zu kämpfen. Ihre Qualifizierung als „sui generis" ist lediglich eine Benennung, die das Eigentümliche dieser Ordnung in Abgrenzung von staatlicher und internationaler Organisation hervorhebt, nicht jedoch das Phänomen selbst zu erfassen vermag (vgl. auch Joerges, in diesem Band).

Diese Kontroverse um die Natur der EG/EU und um die für ihre Weiterentwicklung maßgeblichen Prozesse und Akteure setzt sich bis heute sowohl in der Politik- als auch in der Rechtswissenschaft fort. Wiederum finden sich in der Politikwissenschaft neofunktionalistisch inspirierte Ansätze (Burley/Mattli 1993; Busch, in diesem Band; Sandholtz/Zysman 1989; Sandholtz 1993), die die Dynamik des Integrationsprozesses nicht zuletzt aus dem Wandel der Präferenzen gesellschaftlicher Akteure erklären, die durch eben diesen Prozeß bewirkt werden. Gleichzeitig wird weiterhin die konkurrierende Position vertreten, daß sich der Integrationsprozeß auf der Basis zwischenstaatlicher Vereinbarungen entwickle und die Europäische Union eine Institution zur Koordinierung von Staateninteressen sei (Keohane/Hoffmann 1991; Moravcsik 1991, 1993). Bei der politikwissenschaftlichen Kontroverse um die Natur der europäischen Institutionen und die Triebkräfte des Integrationsprozesses geht es jedoch nicht nur um konkurrierende Erklärungsversuche, sondern auch um ein unterschiedliches Verständnis von Politik. Die auch heute noch hohe Attraktivität des Neofunktionalismus rührt vor allem daher, daß er nicht nur eine Theorie mittlerer Reichweite darstellt, sondern auch ein Politikmodell enthält, das durch Pluralismus, Gradualismus und die Betonung von Präferenzänderungen und Lernprozessen gekennzeichnet ist. Auch wenn sich zentrale Erwartungen des Neofunktionalismus nicht bestätigt haben, so stellt sein Analysemodell nach wie vor eine Alternative zu Ansätzen dar, die den Integrationsprozeß ausschließlich als Ergebnis bewußter Aushandlungsprozesse von Staaten auf der Basis feststehender Präferenzordnungen verstehen.

In der Rechtswissenschaft hat das Urteil des Bundesverfassungsgerichts zum Vertrag von Maastricht (BVerfG 1994) die Debatte darum, ob es sich bei der Europäischen Union um einen auf der unversehrten Staatlichkeit ihrer Mitglieder beruhenden Staaten(ver)bund oder um eine neue Form der Rechtsordnung handele (von Bogdandy 1993), wieder neu entfacht[2]. Die pointierte Gegenüberstellung beider Ansätze und die fortdauernden Versuche, sie den Theorieschulen von „Neofunktionalismus" und „Intergouvernementalismus" zuzuordnen, verdecken jedoch Gemeinsamkeiten in der Weiterführung der Debatte. Die neuen Ansätze erkennen die zentrale Rolle von Staatenverhandlungen für den Integrationsprozeß an und verzichten auf teleologische Entwürfe. Sie betonen, wenn auch mit unterschiedlichem Gewicht, die Bedeutung gesellschaftlicher Akteure, veränderter Akteurskonstellationen und erkennen die besondere Rolle von Institutionen für die Gestaltung zwischenstaatlicher Politik an. Jedenfalls schließt eine Perspektive, die die hervorgehobene Bedeutung zwischenstaatlicher Vereinbarungen betont, nicht aus, daß die Präferenzen der Mitgliedstaaten direkt oder vermittelt über gesellschaftliche Akteure durch

2 Vgl. dazu von Bogdandy/Nettesheim (1995), die auch zahlreiche Hinweise auf die einzelnen Positionen in der Debatte geben, sowie den Beitrag von Joerges in diesem Band.

den Integrationsprozeß und die europäischen Institutionen geprägt werden (Gehring 1994; Olsen 1995).

Für die Forschung der letzten Jahre bildet zwar weiterhin die Entwicklungsdynamik der EU ein wichtiges Untersuchungsfeld. Zunehmend hat allerdings eine zweite Fragestellung an Wichtigkeit gewonnen, die in der ersten Phase der Integrationsforschung noch weitgehend vernachlässigt wurde. Die durch die Integration bewirkten Veränderungen staatlichen Handelns sind ein zunehmend beachtetes Untersuchungsfeld sowohl in der vergleichenden Untersuchung politischer Systeme als auch in der Policy-Forschung geworden. Die Eigentümlichkeit politischer Institutionen, politischer Prozesse und Politikinhalte und deren Veränderungen läßt sich weder bezogen auf einzelne Mitgliedstaaten noch in international vergleichender Perspektive ohne Reflexion des EU-Kontextes untersuchen. Dabei geht es nicht nur darum, die mittlerweile vielfältigen und weitgehenden Auswirkungen des Gemeinschaftssystems auf die Politikgestaltung in den Mitgliedstaaten aufzudecken, sondern auch darum, die Veränderungen für verantwortliches und effizientes Regieren grundsätzlich zu analysieren.

Diese Forschung entwickelt sich losgelöst von den Kontroversen über die Entwicklungsperspektive der Vergemeinschaftung. Vielmehr geht sie von der empirisch erfaßbaren Realität des EU-Systems aus. Dieser Gegenwartsbezug (der allerdings nicht grundsätzlich eine diachrone Betrachtung ausschließt, sondern eine solche nur de facto gegenwärtig noch vernachlässigt) mag zunächst als wenig wünschenswerte Verkürzung der Reichweite verallgemeinerbarer Aussagen erscheinen. Eine solche Sichtweise widerspricht auch der weitverbreiteten Einschätzung, daß die EU vor wichtigen Weichenstellungen ihrer Entwicklung stehe. Die konkurrierenden Szenarien prognostizieren entweder eine rasche Erweiterung nach Osten, gekoppelt mit Formen der abgestuften Integration im Innern der Gemeinschaft, oder die Konsolidierung des bestehenden Integrationsverbundes und dessen weitere Vertiefung, verbunden mit besonderen Assoziationsverhältnissen zu Dritten unterhalb der Schwelle des Beitritts. Die Kombinationsformen beider Alternativen in einer Politik des Durchlavierens sind vielfältig und werden auch höchstwahrscheinlich zu einschneidenden Veränderungen führen. Selbst die kürzlich erfolgte Norderweiterung wird sicherlich Anpassungen des „acquis communautaire“ nach sich ziehen. Schließlich würde auch das Inkrafttreten der in Maastricht verabredeten dritten Stufe der Wirtschafts- und Währungsunion eine wesentliche Veränderung der EU bedeuten.

Trotzdem tut dies der Verallgemeinerbarkeit einer politikwissenschaftlichen Gegenwartsanalyse keinen Abbruch, weil davon auszugehen ist, daß ebenso wie die zurückliegenden Vertragsrevisionen und Erweiterungen auch die absehbaren Veränderungen keine grundlegenden Änderungen des Charakters der EU bezogen auf die Natur ihrer politischen Ordnung mit sich bringen werden. Für die 1996 stattfindende Konferenz zur Überprüfung des Maastrichter Vertrages haben die Regierungen der Mitgliedstaaten bei allen Unterschieden im Detail ihre Verhandlungspositionen bereits derartig eindeutig festgelegt, daß der in der normativen Integrationsliteratur immer wieder beschworene „qualitative Sprung“ hin zu einem europäischen Bundesstaat schon von daher kaum zu erwarten ist[3]. Es ist daher sinnvoll, von einem Szenario auszugehen, das mit „Maastricht als Dauerzustand“ umschrieben werden könnte. Mit dieser Kennzeichnung soll zum Ausdruck gebracht werden, daß sich die Besonderheit des EU-Systems nicht durch eine „Staatswerdung“ auflösen wird. Dies ist auch das gemeinsame Grundverständnis der in diesem Band versammelten Beiträge.

Die Beschäftigung mit der Realität dieses Mehrebenensystems erscheint umso lohnenswerter als die damit einhergehenden Veränderungen von Regieren nur ein – wenn auch besonderer – Teil der Problematik der Organisation von Politik unter den Bedingungen zunehmender Internationalisierung sind (Vobruba 1993; Zürn 1995). Die Lösung wichtiger Akteursgruppen von territorialen Bindungen, die Entstofflichung weltwirtschaftlicher Transaktionen, die Entgrenzung der Problemhaushalte hat zur Folge, daß eine erfolgversprechende politische Problemverarbeitung ebenfalls grenzüberschreitend organisiert sein muß oder aber zu einem Rückzug staatlicher Verantwortung zugunsten alternativer Allokationsmechanismen wie dem des Marktes oder der privaten Selbstregulierung führen wird. Wie unter den Bedingungen zunehmender Internationalisierung und der damit verbundenen Interdependenz optimale kollektive Entscheidungen zustandekommen können, wurde in der Theorie der Internationalen Beziehungen durch die Regimeanalyse (Kohler-Koch 1989; Rittberger 1993) und die Debatte über „governance without government“ (Rosenau/Czempiel 1992; Kohler-Koch 1993; Gehring 1995) aufgearbeitet. Gemeinsames Merkmal dieser Diskussion ist die Frage nach den Bedingungen und Möglichkeiten von Regieren unabhängig von der Existenz einer zentralen Instanz und jenseits der (territorialen) Überein-

3 Die einschlägigen Dokumente sind abgedruckt in: Europa-Archiv 49 (1994), S. D525-D552.

stimmung von Herrschaftsbetroffenen und Herrschaftsbeteiligten. „Regieren“ erfolgt in diesem Zusammenhang immer durch mehrere formal autonome, faktisch aber voneinander abhängige Akteure. Die Entgrenzung von Politik wirkt somit als Triebkraft der Entstehung neuer, nicht mehr territorial gebundener Formen von Herrschaft, deren Umrisse allerdings zunächst noch unscharf bleiben (Ruggie 1993).

Die Veränderung von Regieren in der Europäischen Union bezieht sich auf drei Aspekte, nämlich auf (1.) Handlungsfähigkeit und Verantwortlichkeit von Politik, (2.) Veränderung politischer Strukturen und Prozesse sowie (3.) Veränderung von Staatlichkeit. Entgrenzung geht mit der Verringerung politischer Steuerungsfähigkeit des Staates einher, weil die Reichweite seines Handelns territorial begrenzt, die Adressaten seiner Politik aber transnational beweglich oder gar exterritorial verankert sind. Die gemeinsame Ausübung von Souveränität in der EU erweitert den Handlungsrahmen, bindet die Mitgliedstaaten der EU jedoch in komplexe Entscheidungsprozesse ein, die mit den Problemen der horizontalen Koordination in Verhandlungssystemen belastet sind. Auch wenn abstrakt nachgewiesen werden kann, daß diese prinzipiell der hierarchischen Steuerung an Effektivität nicht nachstehen muß (Scharpf 1991), sind zum einen die Probleme der Umsetzung und Kontrolle einmal getroffener Entscheidungen (Majone, in diesem Band) und die möglichen Pathologien verflochtener Politik (Scharpf 1985) zu bedenken. Außerdem ist das Problem der Organisation demokratischer Verantwortlichkeit ungelöst. Zum einen ist unklar, wie ein Gemeinwesen dieser Größe und Heterogenität demokratisch organisiert werden kann (Kielmansegg, in diesem Band), zum anderen erscheint die grundsätzliche Anwendbarkeit des Konzepts territorial organisierter und demokratisch verantwortlicher Politik nicht mit Sicherheit als gewährleistet.

Gleichzeitig verändern sich durch europäische Politik institutionelle Strukturen und politische Prozesse in den Mitgliedstaaten. Die Überformung nationaler durch europäische Politik, die zwangsläufig nicht auf die jeweils spezifischen Verhältnisse der Mitgliedstaaten ausgerichtet sein kann, verändert die in den Mitgliedstaaten gewachsenen Strukturen und Prozeßabläufe, zerstört sie eventuell gar und schafft neue. Hierdurch werden auch Machtgleichgewichte zwischen unterschiedlichen Akteuren, die sich im Laufe einer längeren Entwicklung herausgebildet haben, mitunter recht plötzlich aufgebrochen, und es können neue Zugangschancen zum politischen Prozeß für diejenigen Akteure entstehen, die hierüber bisher nicht oder nur in geringem Maße verfügten. Andere Dimensionen dieser möglichen Veränderungen betreffen die Zentralisierung bzw. Dezentralisierung politisch-administrativer Kompetenzen, einen Wandel in den bisher verwendeten staatlichen Steuerungsinstrumenten, eine Veränderung dominierender Problemlösungsansätze oder die Veränderung des Verhältnisses zwischen Staat und Interessengruppen bzw. politischen Parteien (Héritier u.a. 1994: 20).

Die dritte Dimension der Veränderungen, denen Regieren in der Europäischen Union möglicherweise unterworfen ist, besteht in der möglichen Veränderung von Staatlichkeit, verstanden als Grundprinzip der Organisation des Allgemeinen. Dies ist von der als zweiten Punkt genannten Veränderung in der polity-, politics- und policy-Dimension zu unterscheiden. Von Veränderung von Staatlichkeit soll hier nur die Rede sein, wenn das Prinzip territorial organisierter und verantworteter Politik selbst zur Disposition steht. Als zweite Bedingung kommt hinzu, daß solche Veränderungen zwingend sein müssen und nicht lediglich das Ergebnis einer bewußten politischen Präferenzentscheidung sind. Die Verlagerung von Allokationszuständigkeit vom demokratisch verfaßten Staat auf den Markt kann eine politisch gewollte Strategie sein, in der eine Änderung der dominanten Problemlösungsphilosophie zum Ausdruck kommt, die auf eine Rückentwicklung vom Wohlfahrtsstaat hin zum Nachtwächterstaat zielt. Erst wenn diese Verschiebung notwendig aus der Internationalisierung funktionaler Teilsysteme folgt, weil es nicht gelingt, entsprechende politisch verantwortliche Steuerungsinstanzen aufzubauen, handelt es sich um Veränderung von Staatlichkeit.

2. Politik in neuer Gestalt

Die Herausbildung funktionaler Teilsysteme und die zunehmende internationale Interdependenz gehen in den jeweiligen Subsystemen einher mit der Herausbildung korporativer Akteure, die über eine eigene Handlungsfähigkeit verfügen. Mit der geringer werdenden hierarchischen Steuerungsfähigkeit des Staates ist dieser zunehmend auf partnerschaftliche Zusammenarbeit mit solchen Akteuren angewiesen, die je nach Politikfeld unterschiedlich stark vertreten sind. Da in der EU kein Entscheidungszentrum existiert, das auf Hierarchie als Steuerungsprinzip zurückgreifen kann und sich die einzelnen Bereiche staatlicher Steuerung nicht mehr voneinander abschotten lassen, bilden sich Netzwerke (Mayntz 1993; Jansen/Schubert 1995) heraus, in denen Akteure aus den unterschiedlichen Teilsystemen gemeinsam versuchen, verbindliche Entscheidungen zu treffen.

Durch den Integrationsprozeß werden Akteure zusammengebracht, die ein besonderes Interesse an kollektiver Entscheidungsfindung im Netzwerk anstelle unilateraler staatlicher Regelung haben. Dies läßt sich nicht einfach auf das Interesse egoistischer Akteure am Zugang zu finanziellen Ressourcen reduzieren. Die Literatur zur Forschungs- und Technologiepolitik wie auch zur regionalen Strukturpolitik zeigt, daß europäische Netzwerke den beteiligten Akteuren neben finanziellen Ressourcen auch gemeinsame Problemlösungsphilosophien bieten und ihrem Handeln Legitimität verleihen. In den europäischen Netzwerken werden die beteiligten Akteure, seien es nun Verbände, Unternehmen, Regionen oder Forschungsinstitute, von den Adressaten staatlicher Regelung zu Partnern im Prozeß gemeinschaftlicher Problemlösung. Die europäische Strukturpolitik etwa läßt sich nicht darauf reduzieren, daß Regionen durch Zuwendungen aus den Strukturfonds zu Lasten der Mitgliedstaaten aufgewertet wurden (Marks, in diesem Band). Stattdessen bietet sie den Regionen die *Möglichkeit*, die angebotenen Ressourcen, nämlich finanzielle Unterstützung, strategische Konzepte und Legitimität, zu nutzen und damit neue Handlungsspielräume und eine neue Identität zu gewinnen.

Die zunehmende Wichtigkeit von Politiknetzwerken sollte jedoch nicht in dem Sinne interpretiert werden, daß der Staat lediglich immer mehr Macht an eine Vielzahl anderer Akteure verliere. Zum einen sind Netzwerke immer in einen institutionellen Kontext eingebettet, der die Rolle der einzelnen Akteure bestimmt, während Netzwerke selbst wenig institutionalisiert und im europäischen Bereich durch höhere Fluktuation der Teilnehmer als im nationalen Rahmen gekennzeichnet sind (Héritier u.a. 1994: 9). Zudem verfügen die staatlichen Akteure und die Verwaltungen durch die Existenz von höchst komplexen Verhandlungssystemen in der europäischen Politik paradoxerweise wieder über einen größeren Grad an Autonomie (Grande, in diesem Band).

Die Komplexität dieses Verhandlungsprozesses rührt weniger vom sachlichen Gehalt der zu behandelnden Materie her als von der Tatsache, daß es sich dabei jeweils nicht nur um ein sachliches, sondern auch um ein politisches, rechtliches und/oder ökonomisches Problem handelt, in dem die unterschiedlichsten Akteure und (meist national bestimmten) Kontexte zu berücksichtigen sind. Dies gilt bereits für die mitgliedstaatliche Politik, erst recht aber für eine Union mit fünfzehn Mitgliedstaaten und einer entsprechenden Vielfalt von politischen Konfliktlinien und daraus erwachsenden Präferenzen, rechtlichen Regelungssystemen und wirtschaftlichen Lagen. In dieser Situation ist die Kommission zur Einschätzung der inneren Schlüssigkeit und der Akzeptabilität eines Vorschlages auf Rat und Unterstützung von außen angewiesen.

Man könnte nun annehmen, daß die Kommission in dieser Situation in eine große Abhängigkeit von privaten Akteuren gerät, die ein Ausmaß erreichen könnte, welches die Verfolgung des „Gemeinschaftsinteresses" bzw. einer gemeinwohlorientierten Politik erschwert, wenn nicht gar unmöglich macht. Entsprechendes gilt auch für die Mitgliedstaaten mit der Einschränkung, daß sie im Gegensatz zur Kommission nicht die politische, rechtliche und wirtschaftliche Situation der anderen Mitgliedstaaten berücksichtigen müssen. Gerade die Tatsache, daß es sich beim gemeinschaftlichen Entscheidungssystem um ein Mehrebenensystem handelt, erlaubt es jedoch der gemeinschaftlichen wie auch der mitgliedstaatlichen Verwaltung, wieder eine gewisse Autonomie gegenüber fremden Einflüssen zu gewinnen. In diesem Mehrebenensystem wechselt abhängig vom Stadium des Entscheidungsprozesses die Wichtigkeit der nationalen und der europäischen Ebene. Bemerkenswert ist jedoch, in welch umfangreichen Maße auf der europäischen Ebene sowohl bei der Vorbereitung eines Kommissionsvorschlages als auch während des Entscheidungsprozesses im Rat die Vertreter der Mitgliedstaaten präsent und eng mit den Vertretern der Kommission verflochten sind (Wessels, in diesem Band).

Für private Akteure wird es so schwieriger und aufwendiger, ihre Position in den Entscheidungsprozeß einzubringen, da durch die Multiplikation von Entscheidungsgremien kein zentraler Zugangspunkt für effektive Lobbyarbeit mehr existiert. Statt dessen sind Interessengruppen auf eine höchst aufwendige Arbeit in mehreren Gremien auf der nationalen wie auch auf der europäischen Ebene angewiesen. Für europäische Dachverbände, die als Verbandsverbände organisiert sind, kommt erschwerend hinzu, daß sie aufgrund ihrer inneren Heterogenität und Unternehmensferne meist nur mit Mühe eine gemeinsame Position formulieren und kaum als korporative Akteure agieren können. Zur Stärkung der Handlungsfähigkeit und des politischen Gewichts verbandlicher Interessenvertretung kam es deshalb im ökonomischen Bereich in den letzten Jahren zu einer deutlichen Ausdifferenzierung von Branchen- und Fachverbänden mit größerer innerer Homogenität und der direkten Konzertierung europäischer Großunternehmen teils durch entsprechende Strukturreformen innerhalb der Euro-Verbände, teils durch informelle Allianzen (Kohler-Koch, in diesem Band). Damit sollte nicht zuletzt eine Positionsverbesserung gegenüber der Kommission erreicht werden, die sehr wohl in den letzten Jahrzehnten eine eindeutige Identität als korporativer Akteur erlangt hat. Die Kommission verfügt zudem noch über den Vorteil der Prozeßführerschaft (Eichener, in diesem Band). Auch die nationalen Verwaltungen können sich der Kompromißzwänge der europäischen Ebene und der zeitweiligen Geschlossenheit der zwischenstaatlichen Entscheidungsprozesse für alle anderen Akteure bedienen, um wiederum mehr Autonomie gegenüber Interessengruppen zu gewinnen.

Die hervorgehobene Rolle regulativer Politik bildet ein weiteres Charakteristikum europäischer Politik. Der Grund hierfür liegt zunächst darin, daß die EU trotz beträchtlicher Steigerungsraten in den letzten Jahren nur über relativ geringe Haushaltsmittel verfügt, die zudem noch immer zu einem großen Teil durch die Landwirtschaftspolitik gebunden sind. Hinzu kommt, daß der Löwenanteil des EU-Haushaltes trotz des irreführenden Titels „Eigenmittel" aus Beiträgen der Mitgliedstaaten besteht. Distributive Politiken wie die Verteilung der Gelder der Strukturfonds sind daher keineswegs von Konsens, sondern meist von massiven Verteilungskonflikten zwischen den Mitgliedstaaten gekennzeichnet (vgl. Marks, in diesem Band). Regulative Politik dagegen bürdet zwar den Adressaten der Politik zum Teil beträchtliche Kosten auf (im Fall der Luftreinhaltepolitik ging es um mehrstellige Milliardenbeträge), während die direkten Kosten der Umsetzung dieser Politik für die politischen Entscheidungsträger in der Regel gering sind. Regulative Politik ist somit nicht nur kostengünstig für den EU-Haushalt, sondern vermeidet vor allem massive Verteilungskonflikte zwischen den Mitgliedstaaten. Dies gilt allerdings nur für wettbewerbsneutrale Maßnahmen. Wenn eine europäische Vorschrift die Industrien in unterschiedlichem Maße belastet, wird auch regulative Politik zu Konflikten zwischen den Mitgliedstaaten führen.

Während die Verteilung von Geldern relativ leicht politisiert werden kann, da Kosten-Nutzen-Bilanzen einfach zu erstellen sind, ist die regulative Politik meist nur durch komplizierte Bewertungs- und Einschätzungsfragen zu erschließen, die sich einer die Politisierung fördernden einfachen Dichotomisierung leichter entziehen. Regulative Politik ist die Domäne der Experten und paßt deshalb zum Selbstverständnis der Kommission als einer unpolitischen Institution, die konzeptuell durchdachte und wissenschaftlich abgesicherte Vorschläge zur Lösung konkreter Probleme vorlegt (vgl. Wallace, in diesem Band). Allerdings überfordert die häufig notwendige Menge an technischen und wissenschaftlichen Informationen wiederum die Expertise und die Informationsbeschaffungsfähigkeiten der Kommission, so daß diese sich auf ein ausgedehntes Netz von beratenden Ausschüssen stützt. Die steuerungs- wie die demokratietheoretischen Aspekte dieser „Komitologie“ sind insgesamt noch sehr wenig erforscht. In einigen Bereichen (so in der Umweltpolitik und im Arzneimittelbereich) ist der technische Charakter derart ausgeprägt, daß die Einrichtung von spezialisierten Regulierungsbehörden beschlossen oder geplant ist. Diese am US-amerikanischen Vorbild orientierte Verfahrensweise wird sicher weiter dazu beitragen, die zu entscheidenden Optionen als scheinbar technisch und verteilungsneutral aus der politischen Debatte herauszuhalten. Sie wird weiterhin die Verbreitung transnationaler Fachbrüderschaften und deren Beitrag zur technisch-wissenschaftlichen Problemlösung fördern. Es ist unabweisbar, daß der regulativen Politik und der damit einhergehenden Verbreitung „nicht-mehrheitsgebundener Institutionen“ (Majone 1993) eine gewisse Tendenz zur Zurückdrängung parlamentarischer Mitbestimmung innewohnt. Wie dies letztlich zu bewerten ist, hängt davon ab, welchen Legitimationsbeitrag man dem Europäischen Parlament zumißt und ob man sich beispielsweise von einer Stärkung des Europäischen Parlaments auch eine Stärkung der Legitimationsbasis der EU erwartet oder nicht.

Trifft das Argument zu, daß in der EU politisierungsfähige redistributive Politik nur unter Schwierigkeiten möglich und unter normativen Gesichtspunkten auch gar nicht wünschenswert ist, während gleichzeitig eine strukturelle Bevorzugung regulativer Politik durch nicht-mehrheitsgebundene Institutionen existiert (Majone, in diesem Band), dann handelt es sich dabei um Veränderung von Staatlichkeit. Die Überstellung größerer Bereiche von Politik an unabhängige Regulierungsbehörden ist normativ nur akzeptabel, wenn diese Behörden in irgendeiner Form letztlich doch parlamentarisch verantwortlich sind. Wenn es aber gleichzeitig strukturelle Probleme der Parlamentarisierung der EU gibt, so findet bedingt durch den Integrationsprozeß eine systematische Unterhöhlung von parlamentarisch verantwortlicher Politik statt.

Eine Zusammenschau politikfeldspezifischer Studien ergibt ein zunächst widersprüchliches Bild der Veränderung von Politik im Integrationsprozeß. Zunächst ist festzuhalten, daß die Vorhersagen, die aufgrund der im Rat meist herrschenden Einstimmigkeitsregel eine Politik niedriger Standards, der Harmonisierung auf dem kleinsten gemeinsamen Nenner oder gar das Fehlen jeglicher politischer Maßnahmen in bestimmten Bereichen prognostiziert hatten, zumindest nicht pauschal bestätigt worden sind. Es liegen im Gegensatz dazu Studien vor, die zeigen, daß es in der EU trotz widriger Ausgangsbedingungen sehr wohl zu effizienter Problembewältigung und einer Regulierung auf hohem Niveau kommt (Eichener, in diesem Band). Hier besteht allerdings noch ein großer Bedarf an methodisch reflektierter und systematisch vergleichender Forschung, wenn nicht allzu weitgehende Schlüsse auf der Basis einzelner, eng begrenzter Fallstudien gezogen werden sollen.

Eine weitere Folgewirkung der Europäischen Union ist die Veränderung etablierter nationaler Strukturen, politischer Prozesse und Politikmuster. Unter dem Einfluß europäischer Politik und durch den Versuch, europäische Politik zu beeinflussen, finden Veränderungen statt, die sich allerdings entlang national vorgegebener Pfade bewegen. Die jeweiligen Strukturen, Prozesse und Politikmuster werden von der europäischen Politik nicht einfach verdrängt oder in die gleiche Richtung gelenkt, weil sich historisch im Nationalstaat gewachsene Institutionen und politikfeldspezifische Strukturen durch einen beträchtlichen Eigensinn auszeichnen, auf den durch europäische Politik nur begrenzt Einfluß ausgeübt werden kann. Deswegen kann von einer zunehmenden Einheitlichkeit der nationalen Systeme als Folge der Europäisierung von Politik nicht die Rede sein. Insgesamt kann man feststellen, daß die Vergemeinschaftung die politische Landschaft in den Mitgliedstaaten vielgestaltiger werden läßt und gerade in den Staaten, die über ausgeprägte nationale Regelungstraditionen verfügen, zu einer erhöhten Komplexität führt. Allerdings ist zu prüfen, ob diese augenscheinlich immer größer werdende Vielfalt politischer Formen nicht Trends, die auf eine gleichzeitige Vereinheitlichung der Politikentwicklung in der EU hinweisen, verdeckt. So wird die These vertreten, daß der Integrationsprozeß dazu führt, daß zunehmend öffentliche rechtsgebundene Intervention durch die Regulierung über Märkte oder die Selbstkoordination der eigenlichen Adressaten von Politik ersetzt wird, mit anderen Worten, daß es zu einer Zurückdrängung des Staates zugunsten des Marktes und privater Akteure kommt (Streeck i.E.).

Europäische Politik präsentiert sich als Reaktion auf die Entgrenzung von Problemlagen und führt gleichzeitig zur Entgrenzung von Politik. Die Europäische Union stellt den Versuch dar, die ungleiche Expansion funktionaler Subsysteme durch supranationale Politik auf der politischen Ebene wieder einzuholen. Diese Expansion ist aber kein rein naturwüchsiger Prozeß, sondern wird von der Europäischen Union zu einem wesentlichen Teil selbst angeregt. Zum einen expandieren durch die Existenz eines institutionellen Handlungssystems und eines europäischen Marktes politische Regelungen und ökonomische Prozesse über die Grenzen der einzelnen Staaten in den Gesamtraum der EU und teilweise auch in die durch Sonderabkommen einbezogenen Staaten (EWR, Assoziationen). Zum anderen treibt ihre Politik den Prozeß der Internationalisierung auch über den europäischen Raum hinaus voran. Während die Union somit einerseits eine Reaktion auf Internationalisierung und Interdependenz darstellt, ist sie gleichzeitig eine wesentliche Ursache hierfür und schafft so in gewisser Hinsicht die Bedingungen ihrer eigenen Existenz. Jedenfalls läßt sich europäische Politik nicht auf den Versuch der Mitgliedstaaten reduzieren, die Auswirkungen meist ökonomischer Interdependenz durch gemeinsame Ausübung von Souveränität wieder zu kontrollieren und damit die Autonomie des Nationalstaates durch institutionell abgesicherte Zusammenarbeit zu retten.

Der Versuch der Staaten, durch internationale Zusammenarbeit wieder Gestaltungsmöglichkeiten zu erschließen, hat als Preis vielfältige Konsenszwänge, die wiederum seine Autonomie reduzieren. Auch im Verhältnis zu gesellschaftlichen Akteuren übernimmt der Staat immer häufiger die Rolle eines Partners denn die einer zu autoritärer Setzung von Handlungsrichtlinien fähigen Institution. Dies ist aber nicht mit einem Abbau staatlicher Dominanz gleichzusetzen, denn gerade die auch durch den Integrationsprozeß geförderte Verbreitung von transnationalen Netzwerken bewirkt ein noch weiteres Eindringen des Staates in die Gesellschaft, und zusätzlich gewinnt er paradoxerweise durch die Struktur des Politik-Prozesses der Union wieder an Autonomie (Kohler-Koch 1995).

Politik in der Europäischen Union führt somit zwar nicht notwendigerweise zu suboptimalen Ergebnissen, bewirkt aber eine Veränderung nationaler politischer Strukturen, Prozesse und Politikinhalte. Auch wenn hierüber noch keine gesicherten Erkenntnisse vorliegen, so erscheint es doch zumindest plausibel, daß im politischen System der Europäischen Union aufgrund der Auflösung der territorialen Bindungen von Politik und der Verteilung von Regelungszuständigkeiten auf unterschiedliche institutionelle Ebenen sogar die grundsätzlichen Konstitutionalisierungsprinzipien staatlicher Herrschaft verändert werden. Dies betrifft die augenscheinlich systematische Verlagerung von Allokationszuständigkeiten vom Staat auf den Markt und die Unfähigkeit, eine neue politische Architektur zu entwickeln, die eine demokratischen Ansprüchen entsprechende politische Kontrolle und Partizipation ermöglicht (Kielmansegg, in diesem Band). Auch wenn Regierungshandeln durch diese Entwicklung sowohl gestärkt als auch geschwächt wird, ergeben sich grundsätzliche Fragen der Legitimierbarkeit dieser neuen Art politischer Herrschaft.

3. Regieren jenseits des Staates

Das eigentliche Defizit nicht nur der politikwissenschaftlichen Integrationsforschung besteht darin, daß sie über politische Ordnung und die kollektive Organisation des Allgemeinen jenseits der vertrauten Ordnungssysteme „Staat" und „Staatenwelt" nicht nachzudenken vermag, weil die Denkmuster in den Sozialwissenschaften wie in der Rechtswissenschaft in diesen in der Neuzeit geprägten Ordnungsstrukturen der Moderne gefangen sind und ihnen deshalb schon die Begrifflichkeiten fehlen, ein Regieren jenseits der Staatlichkeit überhaupt zu konzeptualisieren.

Das Denken in den Kategorien von Staat und Staatensystem wird von den reflexiven und postmodernen Ansätzen der Theorie der internationalen Beziehungen[4] immer wieder kritisiert. Sie verweisen darauf, daß das Staatensystem und die es konstituierenden Einheiten, die Staaten, keine konstanten Größen sind, sondern das momentane Stadium eines historischen Entwicklungsprozesses darstellen, der mitnichten im System souveräner Staaten seine endgültige Form gefunden hat. Die postmoderne Denkrichtung fügt die Diagnose hinzu, daß diese von den Nationalstaaten Westeuropas ausgehende Entwicklung auch die Entwicklung einer dominanten Denkstruktur bewirkt hat, die Herrschaft über territorial abgegrenzte Einheiten rechtfertigt und als natürlich erscheinen läßt.

Während die Entstehung der modernen westeuropäischen Nationalstaaten Gegenstand großangelegter historisch-sozialwissenschaftlicher Studien war (Tilly 1975; Rokkan 1975), stehen zur konzeptionellen Erschließung der Erosionserscheinungen dieses Modells in der Postmoderne lediglich Metaphern wie die des „neuen Mittelalters" (Bull 1977) zur Verfügung, über die Analogien zu historischen Erscheinungsformen polyzentrischer und überlappender Herrschaftsorganisation gezogen werden. Auch wenn nicht geleugnet werden soll, daß die vergleichende Untersuchung von Herrschaftsformen in verschiedenen Zeitepochen und unterschiedlichen Kulturkreisen wertvol-

4 Einen Überblick über den Stand der Diskussion bieten Schaber/Ulbert (1994) und Albert (1994).

le Hinweise über die Funktionsbedingungen politischer Herrschaft liefern kann, indem sie die für selbstverständlich gehaltenen Voraussetzungen des westeuropäischen Modells problematisiert, so sind die Bedingungen deren Existenz doch allzu verschieden von denen der Gegenwart, die zur Erosion und Transformation von Staatlichkeit führen. Zum Verständnis des neuen Mittelalters taugt das alte Mittelalter jedenfalls nur wenig, denn die zentrale Rolle, die der Glauben und seine Institutionen wie katholische Kirche und Kalifat für die Integration der mittelalterlichen Gesellschaft und des mittelalterlichen Staatensystems gespielt hat (Schulze 1994), findet heute keine Entsprechung.

So steht die Metapher des neuen Mittelalters lediglich für einen Zustand von Unbestimmtheit und Unübersichtlichkeit, ohne die konkreten Konturen eines unter heutigen Bedingungen möglich oder wünschbar erscheinenden Ordnungsmodells erkennen zu lassen. Das Konstrukt mittelalterlicher Herrschaft bietet auch deshalb keine brauchbare Folie, weil im Zuge der Aufklärung das Volk zum Souverän erhoben wurde, das sein Selbstbestimmungsrecht zugunsten kollektiven Handelns nur in vorbestimmten Grenzen und abgesichert durch Verfahren einzuschränken bereit ist, die eine zeitliche Begrenzung und eine materielle Kontrolle der Herrschaftsausübung im Namen des Volkes gewährleisten. Das heißt aber, daß politische Herrschaft nur legitim ist, wenn die Herrschaftsunterworfenen identisch sind mit denen, die verantwortlich sind für die Festlegung der Regeln, nach denen Macht erworben, ausgeübt und verloren wird. Legitime Herrschaft ist somit nur bezogen auf das „Staatsvolk“ denkbar, das in einem einheitlichen Staatsgebiet zusammengefaßt ist und über die Herstellung eines „einheitlichen Willens“ sich selbst zu regieren strebt (Böckenförde 1992; Kielmansegg 1977).

Die „Organisation des Allgemeinen“ kann nach diesem Verständnis legitim nur im Territorialstaat erfolgen. Grenzen kommt eine wichtige Abgrenzungsfunktion zu, denn sie dienen der Abwehr von äußeren Eingriffen und damit verbundenen Einwirkungen auf die territorial organisierte Willensgemeinschaft. Grenzziehung geht jedoch über Zweckmäßigkeitsüberlegungen hinaus in den Bereich des Normativen. Die Funktion von Grenzen für das Innenverhältnis besteht darin, daß sie der gesellschaftlichen Integration dienen, indem sie Kommunikationsräume bestimmen und den Bereich der von jedem einzelnen geforderten Solidarität für die anderen Mitglieder der in diesen Grenzen beheimateten Staatsbürger festlegen. Gesellschaftliche Integration ist zwar vornehmlich ein sozialer Prozeß, der seine Dynamik in hohem Maße aus den Veränderungen von Produktionsverhältnissen und der Entwicklung von Produktivkräften gewinnt, doch trägt auch der Staat zur normativen Integration bei. Er tut dies zum einen als Verfassungsstaat über die Garantie von Grundrechten, zum anderen als gesetzgebender Staat über die beständige und immer erneute Normierung sozialen Wandels. Er ist zum einen normkonservierend, weil jede Anpassung an veränderte soziale Normen an geltendes Recht zurückgebunden wird und weil die Veränderungen in das System positiv gültigen Rechts eingepaßt werden müssen. Zum anderen wohnt der Rechtsetzung auch ein dynamisches Element inne, weil sozialer Wandel über den politischen Prozeß der Gesetzgebung zum Ausdruck kommt und so die Politisierung von sozialen Lagen und Forderungen wiederum als treibende Kraft für Veränderungen wirken kann.

Dieses Modell legitimer Herrschaft ist logisch an den Staat gebunden. Es funktioniert nur solange, wie Gesetzgebung heißt, daß die von der Gesellschaft aufgeworfenen und zum kollektiven Problem erklärten Aufgaben von den Beauftragten eben dieser Gesellschaft auch gelöst werden können. Es gerät jedoch unter Druck, wenn im Prozeß der Internationalisierung die Verflechtung der Wirtschaft zunimmt, Kommunikation sich intensiviert und die Penetrationsfähigkeit moderner Waffensysteme sich steigert, und zwar in einem Ausmaß, daß der Anspruch *staatlicher* Politik, im eigenen Handlungsbereich Probleme effektiv und effizient bearbeiten zu können, nicht mehr aufrecht erhalten werden kann.

Die pragmatische Lösung dieses Problems besteht in der Organisation zwischenstaatlicher Kooperation, die unterschiedliche Formen annehmen kann. Nur im Ausnahmefall EU ist dieses „Interdependenzmanagement" supranational organisiert, meist finden sich internationale Organisationen oder internationale Regime als weichere Formen institutionalisierter Zusammenarbeit zwischen Staaten. Diese Art kollektiver Problembearbeitung wird nicht als problematisch angesehen, solange sie lediglich Randbereiche der bürgerlichen Existenz betrifft oder als nur zwischenstaatlich zu lösende „hohe Politik" allgemein anerkannt ist oder als erfolgreiche Aufbesserung staatlichen Handelns begriffen wird. Die Tatsache, daß sich der Großteil dieser Zusammenarbeit unbeobachtet von der Mehrheit der Bürger vollzieht, verleiht gerade der internationalen Politik einen legitimierenden Schutzschleier. Es werden (und können) zwar auch im innenpolitischen Bereich nicht sämtliche politischen Maßnahmen zum Gegenstand des öffentlichen Diskurses erhoben werden. Das Kriterium demokratischer und damit kontrollierter Herrschaft erfordert aber, daß jedes beliebige Thema zumindest im Prinzip politisiert und zum Gegenstand der öffentlichen Erörterung der Handlungs- und Bewertungsoptionen gemacht werden kann, die Entscheidungsverantwortlichkeiten offengelegt und damit sanktionierbar gemacht werden können. Wenn es jedoch die Politisierung eines Themas weder vermag, die politische Diskussion in die heimische Arena zurückzuholen, noch die Entscheidung über Handlungsoptionen von solchen Akteuren treffen zu lassen, die für eben diese Entscheidung durch Wahlen politisch haftbar gemacht werden können, dann zerreißt der legitimierende Schutzschleier der internationalen Politik. Ihre Ergebnisse mögen zwar als zweckmäßig und nützlich gewertet werden, es handelt sich aber eindeutig und für den Bürger auch offenkundig nicht mehr um verantwortliche Politik (Kielmansegg, in diesem Band).

Internationale Kooperation zur gemeinschaftlichen Problembearbeitung – sei es in Form internationaler Regime oder internationaler bzw. supranationaler Organisationen – hat auch Folgen für die Fähigkeit des Staates, zur normativen Integration der ihn konstituierenden Gesellschaft beizutragen. Vor allem wenn diese Zusammenarbeit die Qualität einer supranationalen Institution angenommen hat wie im Fall der EG, führt dies zu einer schleichenden Aushöhlung des bislang unangefochtenen Monopols des Staates, Integration durch Recht betreiben zu können. Auf diese vor allem für die Politikwissenschaft bedeutsamen Zusammenhänge haben vornehmlich Rechtswissenschaftler hingewiesen (Weiler 1981, 1982; Joerges, in diesem Band). Das Kernstück des europäischen Integrationsprozesses, der nicht mehr durch nationale Grenzen zersplitterte Binnenmarkt, wurde vor allem durch das Richterrecht des Europäischen Gerichtshofes und durch zum Teil höchst spezialisierte Maßnahmen der negativen Integration (Scharpf, in diesem Band) vorangetrieben. Die Einschätzung der Europäischen Union als einer „bloßen" Wirtschaftsgemeinschaft und die Qualifizierung des stetig wachsenden Korpus' europäischen Wirtschaftsrechts als einer Angelegenheit spezialisierter Juristen mag zusammen mit der scheinbar technischen Natur der zugrundeliegenden Einzelprobleme dazu beigetragen haben, daß diese Zusammenhänge von der Politikwissenschaft ebenso wie von den an Verfassungsfragen interessierten Rechtswissenschaften systematisch vernachlässigt wurden.

In den letzten Jahren wurde zunehmend versucht, die einseitige funktionale Bindung des europäischen Rechts an die Verwirklichung des Gemeinsamen Marktes dadurch zu lockern, daß das Gemeinschaftsrecht zur legitimen Grundordnung ähnlich den Verfassungsordnungen der Mitgliedstaaten umgebaut werden sollte (Cassese 1991a,

1991b; Clapham 1991; Mancini 1991). Der Verweis auf die Gemeinsamkeiten der europäischen Verfassungstraditionen, der Beitritt zur Europäischen Menschenrechtskonvention oder die vom Europäischen Parlament vorgeschlagene Einfügung eines Grundrechtskatalogs sind sicher notwendige, wahrscheinlich aber keine hinreichenden Bedingungen für die Entstehung einer legitimitätsstiftenden Verfassung. Diese erfordert die Existenz einer europäischen Gesellschaft, die sich jedoch auch politisch artikulieren müßte (Habermas 1992; Lepsius 1991).

Ob diese Möglichkeit überhaupt besteht, ist gerade umstritten. Das Bundesverfassungsgericht hat in seinem Urteil zum Vertrag von Maastricht die Position vertreten, daß demokratische Prozesse letztlich nur in einer Gesellschaft stattfinden können, in der um unterschiedliche politische Postitionen im Parteienwettbewerb und im medienvermittelten öffentlichen Diskurs gestritten wird. Europäische Parteien und einen europäischen politischen Diskurs gibt es jedoch nicht. Dieses Urteils zeigt in exemplarischer Weise, wie schwer es fällt, eine legitime politische Ordnung in anderen Kategorien als den vom Modell des hoch integrierten Nationalstaates angebotenen zu denken. Das sich daraus ergebende politische Dilemma ist offenkundig: Europäische Staatlichkeit ist nicht möglich, aber dem kann nicht mit dem Rückzug auf nationale Staatlichkeit begegnet werden.

4. Legitimes Regieren in Europa

Die Problemdiagnose veränderter Staatlichkeit ist relativ einfach: Die – historisch zumindest annäherungsweise gegebene – territoriale Kongruenz von politischer Herrschaft, Wirtschaftsorganisation, rechtlicher Verfassung und gesellschaftlicher Selbstdefinition, die das Modell des Nationalstaates ausmacht, löst sich langsam auf. Die Diagnose bietet jedoch keine Antwort auf die Frage, wie unter diesen Bedingungen das normative Modell legitimer demokratischer Herrschaft noch aufrecht erhalten werden kann. Die Unfähigkeit, die Gegenwart der Europäischen Union angemessen zu erfassen und über ihre Zukunftsentwicklung empirische prognostische oder teleologische normative Aussagen zu machen, spiegelt die konzeptionelle Unfähigkeit wider, Demokratie und Herrschaft über den Staat hinaus zu denken.

Nicht zufällig führt die Diskussion über die zukünftige Entwicklung der EU immer wieder zu der Frage, ob eine „Staatswerdung"

(Wildenmann 1991) der EU möglich oder wünschenswert ist und wie weit diese gehen wird bzw. gehen sollte. Mit anderen Worten: die Debatte über die Zukunft der EU stellt meist nicht das Modell „Staat“ in Frage. Vielmehr wird vornehmlich darüber nachgedacht, ob dieses eine derartige Ausdehnung seines Einzugsbereiches verkraften kann und welche Verfassungsstrukturen ihm angemessen wären. Konsens besteht, daß ein solches Gebilde starker föderaler Elemente im Sinne von Sbragia (1992) oder Scharpf (1994) bedarf. Aber auch in dieser Diskussion wird das Grundmodell territorialer Herrschaft nicht in Frage gestellt, sondern die EU lediglich auf einem Kontinuum zwischen Staatenbund und Bundesstaat verortet. Das Nachdenken über eine mögliche Legitimation der EU als eigenständiger Organisationsform von Politik neben Bundesstaat und Staatenbund hat erst begonnen (von Bogdandy 1993; Schmitter 1992).

Die politische wie die wissenschaftliche Debatte wird immer noch von Ordnungsmodellen bestimmt, die dem des Nationalstaates entsprechen. Legitimierung und Demokratisierung wird gleichgesetzt mit Parlamentarisierung, und die institutionellen Entwürfe kreisen bei aller als Ergebnis der Maastricht-Debatte neuerdings zu beobachtenden Vorsicht um die Frage, wie in einem Zwei-Kammer-System die richtige Balance zwischen der Repräsentation territorialer Einheiten (der Mitgliedstaaten) und der direkten Repräsentation der Bürger gefunden werden könnte (exemplarisch Weidenfeld 1995: 40). Schon seit etlichen Jahren wird allerdings in der Literatur bestritten, daß Demokratie so voraussetzungslos durch einen konstitutiven Akt hergestellt werden kann (Kohler 1978).

Dies gilt nicht nur für die Anhänger jener Denkschule, in der der Nationalstaat zur höchsten Form der politischen Herrschaft schlechthin erhoben wird (Isensee u.a. 1985), weil grundsätzlich von der normativen Prämisse ausgegangen wird, daß die Gemeinschaft der Herrschaftsunterworfenen mit dem völkisch definierten „ethnos“ gleichzusetzen sei. Auch wenn vom Konzept des „demos“[5] als einer sich selbst als politische Einheit konstituierenden Gemeinschaft ausgegangen wird, so wird doch nachdrücklich auf notwendige Voraussetzungen für das Funktionieren eines politischen Gemeinwesens hingewiesen. Auch wenn in funktional differenzierten Gesellschaften nicht mehr ohne weiteres von der Existenz eines gemeinsamen normativen Grundkonsenses ausgegangen werden kann, so gehört doch zu einem solchen Gemeinwesen ein Mindestmaß an gemeinsamer politischer Kul-

5 Zu dieser Unterscheidung vgl. Lepsius (1990).

tur, das sich nicht durch einen konstitutiven Akt schaffen läßt. Zumindest müßten sich gemeinsam anerkannte Regeln herausbilden, wie mit den durch das Zusammentreffen solcher politischer Kulturen entstehenden Konflikten umgegangen wird. Hier geht es nicht um formale Konfliktlösungsmechanismen, sondern um die Anerkennung der legitimen Interessen anderer Teilgemeinschaften. Selbst wenn man der Ansicht ist, daß die Unterschiede in der politischen Kultur der EU-Mitgliedstaaten lediglich Variationen eines gemeinsamen europäischen Kulturerbes sind und durch die Globalisierung westlicher Lebensstile weiter nivelliert werden, folglich nicht überbewertet werden sollten, so bleibt doch das Problem der Sprache. Die Beherrschung von Sprache verleiht soziale Kompetenz und bestimmt damit die Verteilung von Lebenschancen; der Umgang mit Sprachenvielfalt innerhalb eines Gemeinwesens ist folglich ein äußerst heikles politisches Problem. Gleichzeitig hängt von der Sprachbeherrschung auch die politische Sprachfähigkeit ab. So wird überwiegend eine gemeinsame Sprache, in der über unterschiedliche politische Alternativen gestritten werden kann, als Voraussetzung für eine funktionierende Demokratie betrachtet. In dieser Perspektive ist bestenfalls die Entwicklung der EU zu einem europäischen „Nationalitätenstaat" (Lepsius 1991) möglich und wünschbar.

Von diesen grundsätzlichen Überlegungen ausgehend ist die Forderung überzeugend, daß der Integrationsdynamik dort, wo sie das Prinzip demokratischer Herrschaftsausübung zu untergraben droht, Grenzen gesetzt werden müssen. Es geht dabei nicht darum, demokratietheoretisch begründet die Rückkehr zum Nationalstaat zu betreiben. Vielmehr wird argumentiert, daß der Integrationsprozeß bereits heute eine Breite und eine Wirkungstiefe erreicht hat, daß nach Wegen gesucht werden muß, Politik in der EU „autonomieschonend und gemeinschaftsverträglich" (Scharpf 1994; vgl. auch Scharpf, in diesem Band) zu machen.

Hierfür gibt es unterschiedliche Ansatzpunkte, die an den in der EU konkret vorhandenen oder aus der Praxis der Mitgliedstaaten übertragbaren Legitimationsmechanismen staatlicher Herrschaft anknüpfen (Jachtenfuchs 1995). Diese können zu drei „Realtypen" alternativer Legitimationsmodelle suprastaatlichen Regierens zusammengefaßt werden. Ein vor allem in der deutschen Diskussion recht geläufiges Modell ist das der neoliberalen „europäischen Wirtschaftsverfassung" (Behrens 1994; Petersmann 1994; Streit/Mussler 1995). Wenn es gelänge, seitens der Bürger die Erwartungen an den Staat auf die Gewährleistung bürgerlicher Freiheiten und die Erwartungen an europäische Institutionen auf die Sicherstellung eines funktionierenden Marktes zu reduzieren, dagegen Forderungen nach marktkorrigierenden Eingriffen, der Übernahme individueller Daseinsfürsorge und der Herstellung einer gerechteren Gesellschaft abzuwehren, so wäre ein stabiles Miteinander einer europäischen und einer nationalstaatlichen Herrschaftsordnung durchaus vorstellbar. Eine solche Wirtschaftsverfassung sollte ihrer Konzeption nach dem Zugriff der Parlamente, seien sie national oder europäisch, sogar ausdrücklich entzogen sein. Sie böte eine durchaus realistische Möglichkeit, eine auf ein Minimum reduzierte politische Herrschaft und einen freien Markt ohne fundamentale Legitimationsprobleme miteinander zu vereinbaren. Diese Konzeption setzt sich allerdings dem Vorwurf aus, ein Modell zu propagieren, das lediglich Mittel zum Zweck der endgültigen Abschaffung nationaler Wohlfahrtsstaaten über den europäischen Umweg sei. Daß genau dies der eigentliche Zweck oder zumindest das Ergebnis des Integrationsprozesses sei, wird von Kritikern immer wieder betont (Bieling/Deppe, in diesem Band).

Das zweite Realmodell europäischer Legitimation kommt nicht von einem ökonomistischen, sondern von einem politisch-regulativen Vorverständnis aus zu ähnlichen Ergebnissen. Ausgehend von Überlegungen, die die Unmöglichkeit einer Staatswerdung Europas nahelegen, wird hier die Europäische Union vor allem durch ihre höhere Problemlösungskompetenz in bestimmten Bereichen legitimiert. Die These einer technokratisch möglichen Legitimation der Europäischen Union (Bach 1993; Majone 1993, 1994, in diesem Band) beruht auf der Trennung zwischen effizienzorientierter regulativer Politik, die am besten von spezialisierten regulativen Agenturen entworfen und durchgeführt werde und redistributiver Politik, über die nach dem klassischen demokratischen Mehrheitsprinzip entschieden werden solle. Wenn sich die EU auf effizienzorientierte Politik beschränke, so diese These, sei sie weniger auf ihre ohnehin problematische parlamentarische Legitimation angewiesen. Diese dient in diesem Konzept vor allem dazu, den autoritären Schrecken der Legitimation durch Expertise zu mildern, denn die legitimatorische Basis des Europäischen Parlaments reiche zur Debatte der grundlegenden Orientierungen und politisch kritischer und deshalb in die politische Arena zurückgeholter Entscheidungen regulativer Agenturen sehr wohl aus. Ähnliche Überlegungen finden sich in Ipsens Charakterisierung der Europäischen Gemeinschaft als „Zweckverband" funktioneller Integration, in dem die Rechtsetzung durch die Exekutive (Kommission und Rat) die der besonderen Natur des Integrationsprozesses angemessene und zudem für die Verfolgung des Gemeinwohls besonders geeignete Form der politischen Steuerung sei. Eine Aufwertung des EP sei diesem System wesensfremd und würde aufgrund der mangelnden Repräsentationsfähigkeit des EP negative Konsequenzen nach sich ziehen (Ipsen 1972, 1993). Sowohl die „europäische Wirtschaftsverfassung" als auch der „regulative Staat" sind plausible Modelle zur Legitimierung europäischer Politik, die nur in geringem Maß auf parlamentarische Legitimation angewiesen sind und damit auch zum Entwurf legitimer politischer Ordnungen außerhalb des Nationalstaats taugen.

Eine dritte Möglichkeit bietet die umfassendere Konzeption des verhandelnden Staates (Scharpf 1991), mit der sich sowohl die Transformation nationaler Staatlichkeit als auch die Entstehung eines übergeordneten politischen Systems begrifflich erfassen läßt. Ebenso wie das Konzept der Wirtschaftsverfassung läßt sie sich mit dem Befund der Eigengesetzlichkeit funktionaler Subsysteme der Gesellschaft in Einklang bringen. Während allerdings die der Allokationsrationalität verplichtete Konzeption des Marktes ohne Staat[6] die Absicherung der Eigendynamik der Ökonomie sogar zum normativen Postulat erhebt, geht die eher vom Primat der Politik ausgehende Theorie des verhandelnden Staates vom empirischen Befund der losen Kopplung funktionaler Subsysteme aus (Willke 1992). Die politische Beeinflussung gesellschaftlicher Subsysteme wird weder für unerwünscht erklärt noch als unmöglich angesehen. Sie erscheint in dieser Perspektive möglich, wenn die politische Theorie Abschied nimmt vom Idealtyp des hierarchischen Staates und von der Vorstellung der einseitigen Steuerung anderer gesellschaftlicher Teilsysteme durch das politische System. Gesellschaftliche Teilsysteme gewinnen, so die empirische These, zunehmend kollektive Handlungsfähigkeit durch die Entstehung von sektoralen (Groß-)Organisationen (Mayntz 1993). Die Schwächen der hierarchischen Steuerung, die im politischen Alltag vor unüberwindlichen Komplexitäts- und Informationsproblemen und der Eigenlogik funktionaler Subsysteme längst vielfach kapituliert hat, lassen sich zumindest im Prinzip durch die horizontale Koordination in Verhandlungssystemen wettmachen, indem die politischen Akteure die eigene Handlungsfähigkeit korporativer Akteure in anderen Teilsystemen anerkennen. Zumindest theoretisch sind deshalb solche Formen der politischen Steuerung dem Idealtyp der hierarchischen staatlichen Steuerung unter Effizienzgesichtspunkten gleichwertig, ohne daß beim Ver-

6 Der Begriff wurde von Joerges (1991) übernommen.

sagen der Hierarchie sogleich auf die Selbstorganisationsfähigkeit des Marktes zurückgegriffen werden muß.

Mit dem Begriff des Netzwerks als gesellschaftlicher Organisationsform zwischen Markt und Staat ist ein Konzept verbunden, das die Transformation nationaler Staatlichkeit gleichermaßen zu erfassen vermag wie die Entstehung neuer politischer Organisationsformen jenseits der Staatlichkeit in der Europäischen Union. In der gegenwärtigen politischen und wissenschaftlichen Diskussion werden Netzwerke überwiegend mit Innovation dank Flexibilität und Mobilisierungskraft endogener Ressourcen gleichgesetzt. Ihre Problemlösungseffizienz ist in etlichen empirischen Studien analysiert und bestätigt worden. Weitgehend ungeklärt sind dagegen noch die demokratietheoretischen Implikationen der Politikgestaltung in Netzwerken. Unstrittig ist, daß durch den Ausbau von Verhandlungssystemen Politik am Parlament vorbei gemacht wird. Ungeklärt ist, ob die Einengung parlamentarischer Gestaltungschancen einem demokratischen Defizit gleichzusetzen ist oder angesichts der Möglichkeit einer prinzipiellen Politisierbarkeit aller Probleme zumindest in nationalen politischen Systemen unter normativen Gesichtspunkten akzeptabel ist (Scharpf 1993). Eine ganz andere Perspektive eröffnet sich, wenn man Netzwerke als Instrument der Selbstorganisation begreift, die unter bestimmten Kontextbedingungen nicht nur effektive Problemlösung ermöglichen, sondern auch Partizipation steigern (Burmeister u.a. 1991). Die Untersuchung solcher legitimatorischen Aspekte ist noch völlig unterentwickelt.

Die mit den hier vorgestellten Modellen eröffneten Perspektiven mögen unbefriedigend erscheinen. Die Prognose von Zukunftsentwicklungen und die Entwicklung alternativer Modelle einer normativ wünschbaren Ordnung sind allemal schwieriger als die Gegenwartsdiagnose. Diese ergibt, daß der Prozeß der europäischen Integration Kristallisationspunkt eines breiteren politischen, ökonomischen und gesellschaftlichen Veränderungsprozesses ist, der zu einer realen Veränderung von Regieren in einem solchen Ausmaß führt, daß die analytischen wie auch die normativen Kategorien zur Beurteilung verantwortlichen Regierens zumindest überdacht werden müssen. Dabei geht es um die Frage, ob die Rückbindung des Regierens an die Zustimmung der Herrschaftsunterworfenen stets und ausschließlich über die Parlamente erfolgen kann, oder ob nicht auch andere Rückbindungs- und Partizipationsmöglichkeiten denkbar sind. Desweiteren ist offenkundig, daß eine einfache Rekonstitution von Staatlichkeit auf supranationaler Ebene unter heutigen Bedingungen nicht möglich ist. Wie jedoch verantwortliches Regieren in einem dynamischen Mehrebenensystem erreicht werden kann, ist eine Zukunftsfrage nicht nur für die Europäische Union, sondern auch für ihre Mitgliedstaaten.

Literatur

Albert, Mathias (1994): „Postmoderne“ und Theorie der internationalen Beziehungen; in: Zeitschrift für Internationale Beziehungen 1, S. 45-63.

Bach, Maurizio (1993): Vom Zweckverband zum technokratischen Regime: Politische Legitimation und institutionelle Verselbständigung in der Europäischen Gemeinschaft; in: Winkler, Heinrich August; Kaelble, Hartmut (Hg.), Nationalismus – Nationalitäten – Supranationalität (Stuttgart), S. 288-308.

Behrens, Peter (1994): Die Wirtschaftsverfassung der Europäischen Gemeinschaft; in: Brüggemeier, Gert (Hg.), Verfassungen für ein ziviles Europa (Baden-Baden), S. 73-90.

Böckenförde, Ernst-Wolfgang (1992): Demokratie als Verfassungsprinzip; in: ders., Staat, Verfassung, Demokratie. Studien zur Verfassungstheorie und zum Verfassungsrecht (Frankfurt am Main), S. 289-378.

von Bogdandy, Armin (1993): Supranationale Union als neuer Herrschaftstypus: Entstaatlichung und Vergemeinschaftung in staatstheoretischer Perspektive; in: Integration 16, S. 210-214.

von Bogdandy, Armin; Nettesheim, Martin (1995): Kommentar zu Artikel 1 EGV; in: Grabitz, Eberhard; Hilf, Meinhard (Hg.), Kommentar zur Europäischen Union (München).

Bull, Hedley (1977): The Anarchical Society. A Study of Order in World Politics (New York, London).

Burley, Anne-Marie; Mattli, Walter (1993): Europe before the Court: A Political Theory of Legal Integration; in: International Organization 47, S. 41-76.

Burmeister, Klaus u.a. (Hg.) (1991): Netzwerke. Vernetzungen und Zukunftsgestaltung (Weinheim).

BVerfGE (1994): Urteil zum Maastricht-Vertrag; in: Entscheidungen des Bundesverfassungsgerichts 89, S. 155-213.

Cassese, Antonio (Hg.) (1991a): Human Rights and the European Community: Methods of Protection (Baden-Baden).

Cassese, Antonio (Hg.) (1991b): Human Rights and the European Community: the Substantive Law (Baden-Baden).

Clapham, Andrew (1991): Human Rights and the European Community: a Critical Overview (Baden-Baden).

Gehring, Thomas (1994): Der Beitrag von Institutionen zur Förderung der internationalen Zusammenarbeit. Lehren aus der institutionellen Struktur der Europäischen Gemeinschaft; in: Zeitschrift für Internationale Beziehungen 1, S. 211-242.

Gehring, Thomas (1995): Regieren im internationalen System. Verhandlungen, Normen und Internationale Regime; in: Politische Vierteljahresschrift 36, S. 197-219.

Haas, Ernst B. (1971): The Study of Regional Integration: Reflections on the Joy and Anguish of Pretheorizing; in: Lindberg, Leon N.; Scheingold, Stuart A. (Hg.), Regional Integration. Theory and Research (Cambridge, MA), S. 3-42.

Habermas, Jürgen (1992): Staatsbürgerschaft und nationale Identität; in: ders., Faktizität und Geltung (Frankfurt am Main), S. 632-659.

Héritier, Adrienne u.a. (1994): Die Veränderung von Staatlichkeit in Europa. Ein regulativer Wettbewerb: Deutschland, Großbritannien, Frankreich (Opladen).

Hoffmann, Stanley G. (1966): Obstinate or Obsolete? The Fate of the Nation State in the Case of Western Europe; in: Daedalus 95, S. 862-915.

Ipsen, Hans Peter (1972): Europäisches Gemeinschaftsrecht (Tübingen).

Ipsen, Hans Peter (1993): Zur Exekutiv-Rechtsetzung in der Europäischen Gemeinschaft; in: Badura, Peter; Scholz, Rupert (Hg.), Wege und Verfahren des Verfassungslebens. Festschrift für Peter Lerche zum 65. Geburtstag (München), S. 425-441.

Isensee, Josef u.a. (1985): „Staat"; in: Görres-Gesellschaft (Hg.), Staatslexikon (Freiburg etc.), S. 133-170.

Jachtenfuchs, Markus (1995): Theoretical Perspectives on European Governance; in: European Law Journal 1, S. 115-133.

Jansen, Dorothea; Schubert, Klaus (1995): Netzwerke und Politikproduktion. Konzepte, Methoden, Perspektiven (Marburg).

Joerges, Christian (1991): Markt ohne Staat? – Die Wirtschaftsverfassung der Gemeinschaft und die regulative Politik; in: Wildenmann, Rudolf (Hg.), Staatswerdung Europas? Optionen für eine Europäische Union (Baden-Baden), S. 225-268.

Keohane, Robert O.; Hoffmann, Stanley (1991): Institutional Change in Europe in the 1980s; in: dies. (Hg.), The New European Community. Decisionmaking and Institutional Change (Boulder etc.), S. 1-39.

Graf Kielmansegg, Peter (1977): Volkssouveränität. Eine Untersuchung der Bedingungen demokratischer Legitimität (Stuttgart).

Kirchhof, Paul (1992): Der deutsche Staat im Prozeß der europäischen Integration; in: Isensee, Josef; Kirchhof, Paul (Hg.), Handbuch des Staatsrechts der Bundesrepublik Deutschland, Bd. 7 (Heidelberg), S. 855-878.

Kohler, Beate (1978): Der Abgeordnete als Vertreter des europäischen Volkes? Die Demokratietheorie vor der Bewährungsprobe; in: Europarecht 13, S. 333-350.

Kohler-Koch, Beate (Hg.) (1989): Regime in den internationalen Beziehungen (Baden-Baden).

Kohler-Koch, Beate (1993): Die Welt regieren ohne Weltregierung; in: Böhret, Carl; Wewer, Göttrik (Hg.), Regieren im 21. Jahrhundert – zwischen Globalisierung und Regionalisierung. Festgabe für Hans-Hermann Hartwich zum 65. Geburtstag (Opladen), S. 109-141.

Kohler-Koch, Beate (1995): The Strength of the Weakness: The Transformation of Governance in the EU; in: Gustavsson, Sverker; Lewin, Leif (Hg.), The Future of the Nation-State (im Erscheinen, Stockholm).

Lepsius, M. Rainer (1990): „Ethnos" oder „Demos". Zur Anwendung zweier Kategorien von Emerich Francis auf das nationale Selbstverständnis der Bundesrepublik und auf die Europäische Einigung; in: ders., Interessen, Ideen und Institutionen (Opladen), S. 247-255.

Lepsius, M. Rainer (1991): Nationalstaat oder Nationalitätenstaat als Modell für die Weiterentwicklung der Europäischen Gemeinschaft; in: Wildenmann, Rudolf (Hg.), Staatswerdung Europas? Optionen für eine Europäische Union (Baden-Baden), S. 19-40.

Lindberg, Leon N.; Scheingold, Stuart A. (1970): Europe's Would-Be Polity. Patterns of Change in the European Community (Englewood Cliffs, NJ).

Lindberg, Leon N.; Scheingold, Stuart A. (Hg.) (1971): Regional Integration. Theory and Research (Cambridge, MA).

Majone, Giandomenico (1993): Wann ist Policy-Deliberation wichtig?; in: Héritier, Adrienne (Hg.), Policy-Analyse. Kritik und Neuorientierung, PVS-Sonderheft 24 (Opladen), S. 97-115.

Majone, Giandomenico (1994): Independence vs. Accountability? Non-Majoritarian Institutions and Democratic Government in Europe; in: Hesse, Joachim Jens (Hg.), European Yearbook of Public Administration and Comparative Government (Oxford).

Mancini, G. Federico (1991): The Making of a Constitution for Europe; in: Keohane, Robert O.; Hoffmann, Stanley (Hg.), The New European Community. Decisionmaking and Institutional Change (Boulder etc.), S. 177-194.

Mayntz, Renate (1993): Policy-Netzwerke und die Logik von Verhandlungssystemen; in: Héritier, Adrienne (Hg.), Policy-Analyse. Kritik und Neuorientierung, PVS-Sonderheft 24 (Opladen), S. 39-56.

Moravcsik, Andrew (1991): Negotiating the Single European Act. National Interests and Conventional Statecraft in the European Community; in: International Organization 45, S. 19-56.

Moravcsik, Andrew (1993): Preferences and Power in the European Community. A Liberal Intergovernmentalist Approach; in: Journal of Common Market Studies 31, S. 473-524.

Nye, Joseph (1971): Peace in Parts. Integration and Conflict in Regional Organization (Boston).

Olsen, Johann P. (1995): Europeanization and Nation-State Dynamics; ARENA working paper 95/9 (Oslo).

Petersmann, Ernst Ulrich (1994): Grundprobleme der Wirtschaftsverfassung der EG; in: Außenwirtschaft 48, S. 389-424.

Rittberger, Volker (Hg.) (1993): Regime Theory and International Relations (Oxford).

Rokkan, Stein (1975): Dimensions of State Formation and Nation Building. A Possible Paradigm for Research on Variations within Europe; in: Tilly, Charles (Hg.), The Formation of National States in Western Europe (Princeton), S. 562-600.

Rosenau, James N.; Czempiel, Ernst-Otto (Hg.) (1992): Governance without Government. Order and Change in World Politics (Cambridge).

Ruggie, John Gerald (1993): Territoriality and Beyond. Problematizing Modernity in International Relations; in: International Organization 47, S. 139-174.

Sandholtz, Wayne; Zysman, John (1989): 1992: Recasting the European Bargain; in: World Politics 42, S. 95-128.

Sandholtz, Wayne (1993): Choosing Union: Monetary Politics and Maastricht; in: International Organization 47, S. 1-39.

Sbragia, Alberta M. (1992): Thinking About the European Future: The Uses of Comparison; in: dies. (Hg.), Euro-Politics. Institutions and Policymaking in the „New" European Community (Washington), S. 257-291.

Schaber, Thomas; Ulbert, Cornelia (1994): Reflexivität in den Internationalen Beziehungen. Literaturbericht zum Beitrag kognitiver, reflexiver und interpretativer Ansätze zur dritten Theoriedebatte; in: Zeitschrift für Internationale Beziehungen 1, S. 139-169.

Scharpf, Fritz W. (1985): Die Politikverflechtungsfalle. Europäische Integration und deutscher Föderalismus im Vergleich; in: Politische Vierteljahresschrift 26, S. 323-356.

Scharpf, Fritz W. (1991): Die Handlungsfähigkeit des Staates am Ende des zwanzigsten Jahrhunderts; in: Politische Vierteljahresschrift 32, S. 621-634.

Scharpf, Fritz W. (1993): Versuch über Demokratie im verhandelnden Staat; in: Roland Czada; Manfred G. Schmitt (Hg.), Verhandlungsdemokratie, Interessenvermittlung, Regierbarkeit. Festschrift für Gerhard Lehmbruch (Opladen), S. 25-50.

Scharpf, Fritz W. (1994): Autonomieschonend und gemeinschaftsverträglich. Zur Logik einer europäischen Mehrebenenpolitik; in: ders., Optionen des Föderalismus in Deutschland und Europa (Frankfurt am Main, New York), S. 131-155.

Schmitter, Philippe C. (1992): Representation and the Future Euro-Polity; in: Staatswissenschaften und Staatspraxis 3, S. 379-405.

Schulze, Hagen (1994): Staat und Nation in der europäischen Geschichte (München).

Streeck, Wolfgang (i.E.): Public Power Beyond the Nation State? The Case of the European Community; in: Boyer, Robert; Drache, Daniel (Hg.), The Future of Nations and the Limits of Markets (Toronto).

Streit, Manfred E.; Mussler, Werner (1995): The Economic Constitution of the European Community – From „Rome" to „Maastricht"; in: European Law Journal 1, S. 5-30.

Tilly, Charles (Hg.) (1975): The Formation of National States in Western Europe (Princeton).

Vobruba, Georg (1993): Bedeutungsverluste von Staatsgrenzen; in: Österreichische Zeitschrift für Politikwissenschaft, S. 85-92.

Weidenfeld, Werner (Hg.) (1995): Reform der Europäischen Union. Materialien zur Revision des Maastrichter Vertrages 1996 (Gütersloh).

Weiler, Joseph H. H. (1981): The Community System. The Dual Character of Supranationalism; in: Yearbook of European Law 1, S. 267-306.
Weiler, Joseph H. H. (1982): Community, Member States and European Integration. Is the Law Relevant?; in: Journal of Common Market Studies 21, S. 39-56.
Wildenmann, Rudolf (Hg.) (1991): Staatswerdung Europas? Optionen für eine Europäische Union (Baden-Baden).
Willke, Helmut (1992): Ironie des Staates. Grundlinien einer Staatstheorie polyzentrischer Gesellschaft (Frankfurt am Main).
Zürn, Michael (1995): The Challenge of Globalization and Individualization: A View from Europe; in: Holm, Hans-Henrik; Sørensen, Georg (Hg.), Whose World Order? Uneven Globalization and the End of the Cold War (Boulder etc.), S. 137-163.

A. Politisches System

Integration und Demokratie

Peter Graf Kielmansegg

I.

Sozialwissenschaftler neigen zu Dramatisierungen, um ihre Thesen interessanter zu machen, als die Wirklichkeit zu sein scheint. Von einer Legitimitätskrise der Europäischen Union zu sprechen, wäre eine solche Dramatisierung. Aber daß es Anlaß gibt, Fragen zu stellen, läßt sich kaum bestreiten. Wie stehen die europäischen Völker zum Prozeß der europäischen Integration? Wieviel Europa und welche Art von Europa wollen sie? Welche integrationspolitischen Zielsetzungen können mit ihrer Zustimmung rechnen und welche nicht? Ins Normative und Grundsätzliche gewendet: Mit welchen guten, zustimmungsfähigen Gründen läßt sich rechtfertigen, daß die Europäische Union Rechtssetzungsmacht über mehr als 360 Millionen Bürger ausübt?

In den Europadiskussionen jedenfalls der Kernländer der Gemeinschaft haben diese Fragen – Fragen, wenn man sie auf den klassischen Begriff bringen will, nach der Legitimität jener eigentümlich-einzigartigen politischen Ordnung, die die Staaten Westeuropas gemeinsam aufgebaut haben – lange Zeit kaum eine Rolle gespielt. Man war sich, heißt das, der Antwort sicher. Daß das Integrationsprojekt die fälligen Konsequenzen aus einer langen und leidvollen Konfliktgeschichte zog; daß es die gebotene Reaktion Westeuropas auf die Bedrohung aus dem Osten war; daß der gemeinsame Markt im besonderen den europäischen Volkswirtschaften gut bekam – war das nicht alles offensichtlich? Und wenn es offensichtlich war, daß die Einigung Europas dem Frieden und der Wohlfahrt diente, war dann die Legitimitätsfrage nicht auf das Überzeugendste beantwortet?

In der Tat ist – jedenfalls in den Kernländern, wie man noch einmal einschränkend hinzufügen muß – dem Integrationsprojekt eine politisch-moralische Dignität zugeschrieben worden, die es für Einwände nahezu unerreichbar machte. Das gilt, aus verständlichen Gründen, für Deutschland ganz besonders. Über den Fortgang der europäischen Integration wird anders diskutiert werden, das wissen wir spätestens seit den Debatten, die der Maastrichter Vertrag ausgelöst hat. Es mag sein, daß Großbritannien und Dänemark, in der alten Zwölfergemeinschaft die beiden Länder mit der größten Distanz zu Brüssel, die Länder, die die Europadiskussion immer schon kritischer, kontroverser, jedenfalls intensiver geführt haben als die anderen Mitgliedstaaten, dabei gewisse Anstöße gegeben haben. Auch die stetige Erweiterung der Gemeinschaft mag in die gleiche Richtung wirken. Denn sie hat zur Folge, daß es immer mehr Mitgliedstaaten gibt, deren Mitgliedschaft ihre Wurzeln nicht mehr in den Gründungsideen, im Gründungsethos der Nachkriegszeit hat, sondern in einem fast ausschließlich ökonomischen Kalkül. Das könnte die Europadiskussion der Zukunft nachhaltig prägen. Vor allem aber ist es der fortschreitende Integrationsprozeß selbst, der der Legitimitätsfrage eine andere Bedeutung geben wird (Weiler 1991).

Zustimmung zum Fortgang des Integrationsprojektes wird nirgendwo mehr einfach unterstellt werden können. Es gibt mindestens drei Gründe für diese Erwartung. Mit dem Fortgang des Integrationsprozesses wird, erstens, die Mehrheitsregel für die Entscheidungen des Ministerrates zunehmende Bedeutung gewinnen. Mehrheitsentscheidungen im Ministerrat – das heißt nichts anderes, als daß eine Gruppe von Mitgliedstaaten sich gegen andere Mitgliedstaaten durchsetzt. Es liegt auf der Hand, daß Entscheidungen dieser Art Begründungs- und Akzeptanzprobleme mit sich bringen können, die es nicht gab, solange das Einstimmigkeitsprinzip galt[1]. Konfliktkonstellationen von besonderer Brisanz kann man sich leicht ausmalen. Umverteilungsentscheidungen beispielsweise auf der Grundlage der Mehrheitsregel sind in einer Staatengemeinschaft außerordentlich konfliktträchtig.

Fortgang des Integrationsprozesses bedeutet zweitens: die Kompetenzen der Gemeinschaft werden ausgeweitet. Damit aber nimmt auch die Wahrscheinlichkeit zu, daß die Europäische Union Entscheidungen trifft, die als von Brüssel auferlegte Belastungen für die Betroffenen schmerzhaft spürbar werden. Denn die Kompetenzen der Europäischen Union wachsen notwendig in immer sensiblere Bereiche hinein. Man denke an die Möglichkeit eines europäischen Rechtes zur Steuererhebung oder gar eines europäischen Rechtes, über Krieg und

1 Weiler formuliert den gleichen Gedanken sehr viel zugespitzter: Die Vetomacht jedes einzelnen Mitgliedstaates sei „the single most legitimating element“ der Verfassung der Gemeinschaft gewesen (1991: 189).

Frieden zu entscheiden: Fragen dieser Art werden sich über kurz oder lang stellen.

Und schließlich: Im Fortgang des Integrationsprozesses nimmt die je eigene Handlungsfähigkeit der Mitgliedstaaten ab, ohne daß ihre in der Europäischen Union institutionalisierte Fähigkeit zu gemeinsamem Handeln in gleichem Maße wächst – das hat mit der höheren Komplexität der Entscheidungsprozesse auf der europäischen Ebene zu tun. Die Aufhebung der Kontrollen an den Binnengrenzen, ohne daß adäquate europäische Kapazitäten für die Bekämpfung der organisierten Kriminalität oder wirksame europäische Asylregelungen verfügbar wären, ist ein einschlägiges Beispiel. Auch das wird dazu beitragen, daß die Europäische Union eine zunehmende Rechtfertigungslast zu tragen, mit wachsenden Akzeptanzproblemen zu kämpfen haben wird.

Bei alledem ist außerdem zu bedenken, daß die Europäische Union bisher den meisten Menschen als Autorität, die verbindliche Entscheidungen trifft, die Recht setzt und Rechtsgehorsam verlangt, kaum sichtbar geworden ist, weil sie sich in der Rechtsanwendung gleichsam hinter den Mitgliedstaaten verborgen hält. So wird es aber im Zuge der skizzierten Entwicklungen nicht bleiben. Die Europäische Union wird zunehmend deutlich als das wahrgenommen werden, was sie ist: eine politische Ordnung, die unsere Lebensbedingungen vielfältig rechtlich und faktisch beeinflußt. Und wer sie so wahrnimmt, wird im Konfliktfall fragen, warum er Entscheidungen der fernen europäischen Autoritäten gegen sich gelten lassen muß. Es geht um die Belastbarkeit der Bindungen der Europäer an die Europäische Gemeinschaft.

Viel wissen wir nicht darüber, trotz aller Anstrengungen der Demoskopen. An Sympathie für die Idee der europäischen Einheit im allgemeinen fehlt es nicht, sie ist freilich wenig konturiert. Die Mitgliedschaft des eigenen Landes in der Europäischen Union findet überall, mit deutlich unterschiedlichen Profilen, mehrheitliche Zustimmung. Aber es ist derzeit, bezogen auf die Europäische Union insgesamt, keine sehr eindrucksvolle Mehrheit (54% laut Eurobarometer vom Juli 1994). Und bedauern würde die Auflösung der Europäischen Gemeinschaft in den meisten Mitgliedstaaten nur eine Minderheit der Befragten (ZEUS 1990: 3). Was die Wahlen zum Europäischen Parlament angeht, so wird man die niedrige Beteiligungsquote (1994 56,5% – Tendenz seit 1979 fallend) gewiß nicht einfach als Votum gegen Europa interpretieren können – sie ist vor allem Ausdruck der verbreiteten Überzeugung, daß die Wahlen zum Europäischen Parlament bedeutungslos weil folgenlos seien. Aber eine enge, lebendige Verbundenheit der europäischen Wähler mit der Europäischen Union läßt sich aus den Zahlen jedenfalls auch nicht herauslesen. Nimmt man hinzu, daß nicht nur die Dänen im ersten Durchgang gegen den Maastrichter Vertrag votiert haben, sondern auch die Franzosen ihn beinahe verworfen hätten, und daß die Deutschen, gäbe es einen Volksentscheid über die Währungsunion, ihrer politischen Führung allem Anschein nach die Gefolgschaft aufkündigen würden, so bleibt nur der Schluß: Die Fundamente der Gemeinschaft sind so stabil nicht wie man lange Zeit geglaubt hat[2]. Anders ausgedrückt: Die Bindungen der Europäer an die Gemeinschaft scheinen nicht sonderlich belastbar zu sein. Wenn aber zugleich zu konstatieren ist, daß die Belastungen unvermeidlich zunehmen, dann heißt das eben: Die Legitimitätsfrage stellt sich mit einiger Dringlichkeit.

Eine Antwort auf diese Frage kann schon vorab als unzureichend ausgeschlossen werden. Die Europäische Union wird sich nicht allein durch die Politik, die sie treibt, legitimieren können (anders Kerremans 1994). In der Sprache der Easton'schen Systemtheorie formuliert: Der Satz, politische Systeme brauchten nicht nur spezifische, sondern auch diffuse Unterstützung, gilt auch für die Europäische Union. Gewiß: Spezifische Unterstützung ist gerade für junge politische Systeme wichtig. Die Strategie der Europäischen Union, der Kommission insbesondere, durch immer neue Subventions- und Förderprogramme immer neue Klientele an sich zu binden – unverkennbar eine Strategie der Mobilisierung spezifischer Unterstützung -, läßt sich so erklären. Aber so sehr die Europäische Union darum bemüht sein muß, Unterstützung für das Integrationsprojekt dadurch zu gewinnen, daß sich europäische Politiken, europäische Problemlösungen ganz konkret bestimmten Gruppen als vorteilhaft darstellen – hinreichend belastbare Bindungen an die Europäische Union, und um die geht es, entwickeln sich nicht allein aus Kosten-Nutzen-Kalkülen. Wie alle politischen Systeme muß auch die Europäische Union Erwartungen enttäuschen, Lasten auferlegen, sich über gegebene Gruppeninteressen hinwegsetzen. Sie ist mithin – wie alle politischen Systeme – auf Loyalitäten angewiesen, die nicht kurzfristig konditioniert sind, eben auf, um noch einmal Easton zu zitieren, diffuse Unterstützung. Für die aber ist die Verfassung der Europäischen Union ein wesentlicher Bezugspunkt.

---

2 Topf (1994) bezweifelt demgegenüber, daß man aus den Daten eine Legitimitätsschwäche der Europäischen Union herauslesen könne.

Eine zustimmungsfähige Verfassung ist sicher keine hinreichende Bedingung dafür, daß sich ein tragfähiges Fundament aus diffuser Unterstützung aufbaut, aber doch jedenfalls eine notwendige. Ohne eine zustimmungsfähige Verfassung wird die Europäische Union ihre Legitimitätsprobleme nicht lösen können. Wie aber sieht eine zustimmungsfähige Verfassung der Europäischen Union aus? Die Frage greift weit aus, zu weit für diesen Beitrag. Wir werden nur eine Spur verfolgen.

II.

Wer von der Legitimitätsschwäche der europäischen Institutionen spricht, davon, daß die Europäische Union eine wachsende Rechtfertigungslast zu tragen habe und sich damit schwer tue, der hat, so scheint es, schon eingestimmt in den Ruf nach einer „Demokratisierung" der Europäischen Union. Liegt nicht auf der Hand, daß hier im Grunde vom viel beschworenen Demokratiedefizit die Rede ist? Und folgt aus der Diagnose „Demokratiedefizit" nicht zwingend das Gebot der Demokratisierung, was immer im einzelnen darunter zu verstehen sein mag? Es empfiehlt sich, nicht gar zu rasch zu deduzieren. Gibt es wirklich ein europäisches Demokratiedefizit? So selbstverständlich ist das nicht, daß man darüber kein Wort mehr zu verlieren brauchte, auch wenn ganz unbestritten und unbestreitbar ist, daß die Europäische Union sich, anders als andere Staatengemeinschaften, den Demokratiemaßstab gefallen lassen muß, weil sie – Recht setzend und Recht durchsetzend – unmittelbar hoheitliche Gewalt ausübt. Und wenn es das Defizit gibt, wie ist es zu beheben? Läßt es sich überhaupt beheben?

Die Europäische Union gründet sich auf Verträge, die die Mitgliedstaaten nach den Regeln, die ihre Verfassungen vorgeben, ratifiziert haben. Dabei haben im Prozeß der Erweiterung und Vertiefung der Europäischen Union Volksentscheide – anders als in der Gründungsphase – eine beträchtliche Rolle gespielt. Was die europäische Gesetzgebung angeht, so ist der Ministerrat nach wie vor die Schlüsselinstanz. Und im Ministerrat sind die Mitgliedstaaten durch ihre Regierungen vertreten, die aus demokratischen Wahlen hervorgehen und in demokratischen Wahlen zur Verantwortung gezogen werden können, deren Recht zur Vertretung ihres Landes nach außen zu bezweifeln die Spielregeln der Demokratie also keinen Anlaß geben.

Auch die Mitglieder der Kommission und die Richter des Europäischen Gerichtshofes werden von den Regierungen berufen. Heißt das nicht, zusammengenommen, daß demokratische Legitimität von den Mitgliedstaaten auf die Union übertragen wird?

Es gibt diesen Transfer in der Tat, und er hat für die Europäische Union beträchtliche Bedeutung – davon wird noch genauer zu reden sein. Aber sein Legitimierungspotential ist begrenzt. Aus mindestens zwei Gründen kann aus der demokratischen Legitimität der mitgliedstaatlichen Regierungen nicht einfach demokratische Legitimität der von diesen Regierungen maßgeblich bestimmten Institutionen der Europäischen Union werden. Der erste Grund: Die Parlamentswahlen in den Mitgliedstaaten, aus denen die Regierungen hervorgehen, sind keine europäischen, keine auf Europa ausgerichteten Wahlen. Genauer: Es sind keine Wahlen, in denen konkurrierende Programme europäischer Politik zur Diskussion und Entscheidung gestellt werden, keine Wahlen, in denen über konkurrierende Programme europäischer Politik tatsächlich entschieden wird. Europäische Themen spielen in diesen Wahlen allenfalls gelegentlich und am Rande eine Rolle. Das aber bedeutet, daß es schwierig ist, aus den nationalstaatlichen Parlamentswahlen eine Vollmacht der Regierungen der Mitgliedstaaten für das Geschäft der europäischen Gesetzgebung, das ihnen gemeinsam im Ministerrat zufällt, herzuleiten.

Der zweite Grund: Mit dem Übergang zur Mehrheitsentscheidung im Ministerrat ändern sich die Bedingungen des Transfers demokratischer Legitimität von den Mitgliedstaaten auf die Gemeinschaft grundsätzlich. Wird einstimmig entschieden, so tragen alle Regierungen gemeinsam die Verantwortung für die Entscheidung und jede einzelne kann von ihrem Parlament und ihrer Wählerschaft auch zur Verantwortung gezogen werden – das mag im Einzelfall schwierig oder unwahrscheinlich sein, aber es ist nicht unmöglich. Wird nach der Mehrheitsregel entschieden, so müßten die Regierungen im Ministerrat öffentlich debattieren und öffentlich entscheiden, wie es Parlamente ganz selbstverständlich tun, wenn den Regierungen Verantwortung soll zugerechnet werden können. Diese Voraussetzung aber ist nicht gegeben. Übrigens gilt das gleiche Argument auch bei gebotener Einstimmigkeit immer dann, wenn Minderheiten durch ihr Veto eine Entscheidung verhindern. Insofern haben wir es keineswegs mit einer ganz neuen Problematik zu tun. Aber sie verschärft sich dramatisch, wenn das Mehrheitsprinzip an die Stelle des Konsensprinzips tritt.

Selbst wenn die Zurechenbarkeit gegeben wäre – die Mehrheitsentscheidung im Ministerrat bliebe, so gewichtige praktische Gründe für sie sprechen mögen, eine legitimationstheoretisch fragwürdige Entscheidungsregel. Entscheidet eine nach dem allgemeinen und gleichen Wahlrecht gewählte parlamentarische Körperschaft nach der Mehrheitsregel, so hat das eine in der Demokratienorm wurzelnde Logik für sich. Als Entscheidungsregel, die einer Mehrzahl von Staaten, vertreten durch ihre Regierungen, ein Verfügungsrecht über eine Minderzahl von Staaten einräumt, kann sich das Mehrheitsprinzip keineswegs auf die gleiche Logik berufen.

Mit der Verankerung der gesetzgebenden Gewalt beim Ministerrat, darauf läuft es hinaus, ist das demokratische Prinzip, daß die Regierenden sich in regelmäßig wiederkehrenden Wahlen vor den Regierten zu verantworten haben, im politischen System der Europäischen Union weitgehend suspendiert. Dieses Urteil gewinnt noch einmal an Berechtigung, wenn man die Kommission in die Betrachtungen einbezieht. Sie hat mit ihrem wichtigen Initiativmonopol fraglos bedeutenden Anteil an der europäischen „Regierungsgewalt" – und ist jedem Wählervotum weit entrückt. Das Europäische Parlament andererseits verändert die Bilanz wenig, weil sein Einfluß auf die europäische Gesetzgebung nach wie vor recht begrenzt ist; weil seine Rolle im europäischen Gesetzgebungsprozeß für den Wähler schlechterdings undurchschaubar ist; und schließlich, wichtiger noch: weil es kein europäisches Parteiensystem gibt, das die Steuerung europäischer Politik über Wahlen möglich machte.

Am Ende bleibt also auch für den, der sich nicht mit dem ersten Augenschein begnügt, kein Zweifel daran, daß es ein europäisches Demokratiedefizit gibt. Ein Defizit, gegen das natürlich auch das solide Rechtsfundament der Verträge nicht ins Feld geführt werden kann. Das politische Handeln der Europäischen Union läßt sich immer weniger als bloßer Vollzug einmal getroffener, in ratifizierten Verträgen niedergelegter Programmentscheidungen begreifen und rechtfertigen. Es ist zunehmend diskretionäres Entscheidungshandeln in einem relativ weiten Raum europäischer Politikkompetenz und als solches rechtfertigungsbedürftig. Grundsätzlicher formuliert: Wenn es in der Urformel des demokratischen Zeitalters, wie sie in der amerikanischen Unabhängigkeitserklärung 1776 zuerst geschichtsmächtig wurde, heißt, Regierungen leiteten ihre rechtmäßige Gewalt von der Zustimmung der Regierten her, dann ist damit nicht Zustimmung gemeint, die ein für allemal gewährt wird, sondern Zustimmung, die immer wieder neu gegeben werden muß und entzogen werden kann. Das „Ja" zu den Verträgen mag rechtlich unwiderruflich sein, als Zustimmung von Regierten zu einer neuen Regierung interpretiert ist es widerruflich.

Das europäische Demokratiedefizit also – ein eindeutiger Befund. Aber in welchem Sinne und bis zu welchem Grade ist ein Gebilde wie die Europäische Union denn überhaupt „demokratiefähig“? Die legitimitätsstiftende Wirkung von Demokratieregeln, darauf verweist diese Frage, ist nichts Selbstverständliches. Sie ist an bestimmte Voraussetzungen gebunden, von denen mindestens eine für unser Problem Schlüsselbedeutung hat. Konsens über das Zusammenleben unter gemeinsam anerkannten – gewählten, nicht oktroyierten – Entscheidungsregeln ist nur möglich als ein Konsens, der eine gemeinsame Antwort auf die Frage einschließt, für wen die Regeln gelten sollen. Und diese Antwort kann nicht beliebig gegeben werden. In ihr artikuliert sich ein demokratiebedeutsames Bewußtsein der Zusammengehörigkeit (Weiler 1991: 186). Anders und förmlicher: Demokratie gründet sich immer auf ein der Verfassung vorgegebenes, sich selbst als solches begreifendes kollektives Subjekt.

Das jeder demokratischen Verfassung zugrundeliegende Axiom der Volkssouveränität bringt das klar zum Ausdruck. In ihm steckt begrifflich und gedanklich die Prämisse, daß die Antwort auf die Frage, wer das Volk sei, von dem „alle Gewalt ausgeht“, immer schon gegeben ist, bevor Staatsgewalt demokratisch organisiert werden kann. Auch die Idee der verfassungsgebenden Gewalt des Volkes setzt diese Prämisse voraus: Nicht die Verfassung ist es, die das Volk definiert, vielmehr gewinnt die Verfassung, gerade umgekehrt, ihre Legitimität aus dem im verfassungsgebenden Akt sich artikulierenden Selbstverständnis einer Gesamtheit von Bürgern, Volk zu sein. Das ist mit dem gleichen Argument normativ zu begründen wie empirisch zu erklären: Nur wenn alle Entscheidungsbetroffenen sich als an einer gemeinsamen, übergreifenden politischen Identität teilhabend begreifen, wird die Unterscheidung zwischen dem zustimmungsfähigen Entscheidungsrecht der Mehrheit und der nicht zustimmungsfähigen Fremdherrschaft möglich. Die Frage nach den Voraussetzungen, an die die legitimitätsstiftende Wirkung von Demokratieregeln gebunden ist, ist im Kern also die Frage nach den Bedingungen der Möglichkeit legitimer Mehrheitsentscheidungen.

Was nun Europa angeht, auch den Westen Europas, der in den letzten vier Jahrzehnten die Europäische Gemeinschaft aufgebaut hat, so wird ein nüchterner Betrachter sich nicht darüber hinwegtäuschen können: Eine politisch belastbare Identität der Europäer als Europäer gibt es nicht, noch nicht, wie man hoffnungsvoll hinzufügen mag – das zeigt sich auch nach einem halben Jahrhundert Integrationspolitik noch in jeder Krise mehr als deutlich. Sie läßt sich auch nicht rasch herbeizwingen oder herbeireden, wie es die Europapolitik in ihrem aktivistischen, konstruktivistischen Impetus immer wieder zu glauben scheint. Wir haben es beim Aufbau der Europäischen Institutionen und bei der „Europäisierung des Bewußtseins" mit zwei ganz verschiedenen, nicht synchronisierbaren geschichtlichen Geschwindigkeiten zu tun. Zwar sind kollektive Identitäten von der hier in Rede stehenden Art keine natürlichen, ein für allemal gegebenen, sondern historische, „künstliche" Phänomene. Wie sie sich herausbilden, läßt sich an der Geschichte der Entwicklung der europäischen Nationen studieren. Aber gerade diese Geschichte zeigt, daß es sich um sehr langwierige Wachstumsprozesse handelt, die – das ist für unser Thema wichtig – im Fall der Nationen in Westeuropa weitgehend abgeschlossen waren, als der Übergang zur Demokratie begann. Jahrzehnte sind für sie kein hinreichendes Zeitmaß. Kollektive Identitäten stehen also nicht einfach zur Disposition der Politik. Es läßt sich wohl Einfluß auf ihre Entwicklung nehmen, aber sie lassen sich nicht nach Belieben und in Zeiträumen, die der Politik verfügbar sind, aufbauen oder zerstören.

Warum gibt es keine belastbare kollektive Identität der Europäer als Europäer? Die Antwort lautet: Es sind Kommunikations-, Erfahrungs- und Erinnerungsgemeinschaften, in denen kollektive Identität sich herausbildet, sich stabilisiert, tradiert wird. Europa, auch das engere Westeuropa, ist keine Kommunikationsgemeinschaft, kaum eine Erinnerungsgemeinschaft und nur sehr begrenzt eine Erfahrungsgemeinschaft.

Europa ist keine Kommunikationsgemeinschaft, weil Europa ein vielsprachiger Kontinent ist – das banalste Faktum ist zugleich das elementarste. Die europäischen Völker leben in ihren Sprachen als je besonderen „Wahrnehmungs- und Verständigungsstrukturen" (Lepsius 1991), und sie werden weiter in ihnen leben, wenn Europa Europa bleibt. Die europäischen Verkehrssprachen, das Englische, weit dahinter das Französische, werden vielleicht einem Drittel der Bevölkerung in den nicht englisch- oder französischsprachigen Ländern Europas leidlich verfügbar sein, aber auch für sie fremde Sprachen bleiben. Die überwiegende Mehrzahl der Europäer kann sich mit der überwiegenden Mehrzahl der Europäer nicht verständigen – daran wird sich allenfalls auf dem allerelementarsten Niveau in der voraussehbaren Zukunft etwas ändern. Das ist kein „technisches" Problem, weil es keine „technische" Lösung dafür gibt. Mit Übersetzerdiensten kann man Regierungskonferenzen arbeitsfähig machen, aber sie können keine Kommunikationsgemeinschaft begründen. Sie sind nichts anderes als Grenzübergänge zwischen partikularen Kommunikationsgemeinschaften.

Gewiß, es gibt mehrsprachige Demokratien. Aber das Problem ist in seinen Dimensionen in keinem Fall dem der europäischen Vielsprachigkeit vergleichbar, auch im indischen nicht, in dem die Kolonialsprache Englisch die Sprachenvielfalt jedenfalls für praktische Zwecke – noch – einigermaßen überbrückt. Üblicherweise geht es in den uns bekannten mehrsprachigen Demokratien um die Verständigung zwischen zwei oder drei Sprachgemeinschaften, und schon die stellt der Demokratie Aufgaben des Ausgleichs, für die es immer nur prekäre Lösungen gibt. In den Vereinigten Staaten stehen wir möglicherweise an der Schwelle eines dramatischen Übergangs zu einer mindestens regionalen Zweisprachigkeit. Was das für die Fähigkeit der amerikanischen Demokratie, ethnische Minderheiten zu integrieren, bedeutet, steht dahin. Viel spricht jedenfalls dafür, daß die einzigartige Integrationsleistung dieser Demokratie ohne das einigende Band der gemeinsamen englischen Sprache nicht gut denkbar gewesen wäre.

Die Behauptung, daß kollektive politische Identität der Europäer als Europäer keinen Wurzelboden in einer Gemeinsamkeit der Erinnerung habe, bedarf kaum der Begründung. Was war, wird nicht als eine gemeinsame europäische Vergangenheit erinnert, sondern als eine Mehrzahl von Völkergeschichten. Und diese Erinnerung hat ja auch viel mit der europäischen Wirklichkeit zu tun. Daß Napoleon den Franzosen ein anderer ist als den Deutschen; daß die beiden Weltkriege des zwanzigsten Jahrhunderts sich den einen als teuer erkaufte Siege für eine gute Sache, den anderen als selbst verschuldete Katastrophen eingeprägt haben; daß die Engländer sich ihrer Geschichte als einer von der kontinentalen getrennten Inselgeschichte erinnern – all das sind Banalitäten, Banalitäten freilich, die man ernst nehmen muß. Die politisch bedeutsamen Identitätssymbole haben es alle mit den – aus europäischer Sicht – partikularen Erinnerungen an eine partikulare Vergangenheit zu tun.

Erfahrungsgemeinschaft, die dritte Kategorie – sie ist die zukunftsoffenste. Die Erfahrung gemeinsamer Bedrohung im Ost-West-Konflikt der zweiten Hälfte des zwanzigsten Jahrhunderts war eine gemeinsame Erfahrung für die Europäer westlich der Trennungslinie. Aber es ist keineswegs so, daß alle politisch prägenden Erfahrungen etwa der letzten beiden Generationen schon gemeinsame europäische Erfahrungen gewesen wären. Gegenwart wird in Schablonen der Erinnerung wahrgenommen und gedeutet. Und die Schablonen der Erinnerung sind in Europa die Hinterlassenschaft einer Geschichte, die jedes Volk anders erlebt hat. Nur sehr langsam kann sich durch Erfahrungen, die die Europäer als Europäer machen, genauer: in denen sie sich als Europäer wahrnehmen, ein gemeinsamer Erinnerungsbestand aufbauen. Erfahrungen, die die Europäer als Europäer machen – das setzt übrigens auch Abgrenzung vom Nicht-Europäischen voraus, wie denn alle Identitätsbildung elementar mit Abgrenzung zu tun hat. Abgrenzung aber ist unzeitgemäß. In Europa jedenfalls deuten die Zeichen eher auf zunehmende Individualisierung als auf die Ausbildung neuer kollektiver Identitäten hin.

Die Pluralität der Kommunikations-, Erinnerungs- und Erfahrungsgemeinschaften als ein europäisches Grunddatum – das hat Folgen nicht nur für die Möglichkeiten der Entwicklung einer kollektiven politischen Identität der Europäer als Europäer. Vielmehr hat dieses Datum vielfältige Bedeutung für das, was man in einem sehr allgemeinen Sinn die gesellschaftliche Infrastruktur der Demokratie nennen könnte. Der demokratische politische Prozeß erschöpft sich ja nicht in allgemeinen Wahlen. Wesentlich ist für ihn ein dichtes Gefüge von Partizipationsstrukturen, teils organisatorisch verfestigt, teils in Gestalt von Potentialen spontaner Teilnahme. Die Vielfalt der Interessen, der Meinungen, der Werthaltungen einer pluralistischen Gesellschaft kann sich ausreichend nur über eine solche partizipatorische Infrastruktur, nicht in der Wahl von Repräsentativkörperschaften allein zur Geltung bringen; eine Struktur, die sich natürlich nicht unabhängig von den Kommunikationsbedingungen herausbilden kann. Als europäische Struktur existiert sie nicht oder jedenfalls nur sehr rudimentär, und sie wird sich auch in längeren Zeiträumen zu der Dichte nicht fortentwickeln können, die sie in den Nationalstaaten erreicht hat.

In der Begrifflichkeit, die zur Zeit kanonisch ist: Es gibt keine europäische „Zivilgesellschaft"; die Bedingungen der Möglichkeit zivilgesellschaftlicher Verfassung werden auch in Zukunft zu einem guten Teil an die Kommunikationsgemeinschaften, die wir Nationen nennen, gebunden bleiben. In besonderem Maße gilt das für die „Öffentlichkeit", die ja, als Forum des politischen Diskurses verstanden, ein Kernstück der hier in Rede stehenden Struktur ist. Der von Massenmedien getragene öffentliche politische Diskurs, der Politik überhaupt erst zu einer Sache der Allgemeinheit und damit die Demokratie erst zur Demokratie macht, bleibt seiner Natur nach an Sprachräume gebunden. Ein europäischer Diskurs, getragen von europäischen Medien, geführt vor einem und mit einem europäischen Publikum – das mag eine Vision sein, Wirklichkeit ist es nicht.

Am ehesten mag es den organisierten ökonomischen Interessen gelingen, sich so umzuformieren, daß sie zu einer wirksamen Teilnahme an der europäischen Politik befähigt sind. Aber dieser – längst in Gang befindliche – Vorgang des Fußfassens in einer neuen, weiteren Politikarena läuft zunächst einmal weniger auf eine Europäisierung der Interessen als auf eine Europäisierung der Vertretung der gliedstaatlich aggregierten Interessen hinaus. Das heißt dann auch: Einerseits wird die Struktur der Interessenrepräsentation auf der europäischen Ebene eine hochgradig fragmentierte sein, andererseits ist auf dieser Ebene mit einem deutlichen Ungleichgewicht zwischen den organisierten Interessen und den über Wahlen vermittelten Interessen zu rechnen.

Die Quintessenz aller unserer Überlegungen läßt sich in einen kurzen Satz fassen: Eine demokratische Verfassung macht aus der Europäischen Gemeinschaft noch keine europäische Demokratie. Das galt für die westeuropäisch-mittelmeerische Zwölfergemeinschaft, die wir bis vor kurzem hatten, und es gilt erst recht für jede erweiterte Gemeinschaft. Daraus folgt, daß die Nationalstaaten für die Vermittlung von Legitimität entscheidende Bedeutung behalten: Die Partikularität der politischen Loyalitätsbindungen und die Partikularität territorialer Interessenaggregation bestimmt die Struktur der Gemeinschaft. Die europäische Politik muß ihre Legitimation wesentlich aus dieser Struktur gewinnen, eben von den Mitgliedstaaten.

Damit ist der Nationalstaat nicht – in den Worten de Gaulles – zu einer „finalité de l'histoire" erklärt. Wohl aber ist gesagt, daß die Chancen der Demokratie noch immer und für die absehbare Zukunft aufs engste mit der politischen Form des Nationalstaates verknüpft sind.

III.

Das skizzierte Dilemma – die Europäische Union braucht demokratische Legitimität, aber sie ist nur in einem sehr begrenzten Maße „demokratiefähig", oder auch: die Union muß ihre Legitimität auch in Zukunft in hohem Maße von den Mitgliedstaaten herleiten, aber die Möglichkeiten des Legitimitätstransfers engen sich im Zuge der Entwicklung der Union zunehmend ein – ist ein wirkliches Dilemma. Es gibt keine institutionellen Arrangements, die es auflösen könnten. Die Europäische Union wird einstweilen mit ihm leben müssen. Und ihre Verfassung wird als eine Form des vernünftigen Umgangs mit ihm zu konzipieren sein. Offenbar hat die Frage, welche Art der Verbindung des föderalen mit dem demokratischen Prinzip dieser dilemmatischen Situation am ehesten gerecht wird, Schlüsselbedeutung. Es liegt nahe zu prüfen, ob aus einer vergleichenden Betrachtung bundesstaatlich verfaßter Demokratien Anregungen für eine Antwort zu gewinnen sind[3]. Auch wenn die Europäische Union kein Bundesstaat ist und vermutlich keiner werden wird – alle Bundesstaaten haben in ihren Verfassungen, unter Bedingungen geringerer Komplexität, ja die gleiche Aufgabe zu lösen gehabt.

Kein Bundesstaat hat sich mit einer einfachen Aufteilung der Zuständigkeiten und der Ressourcen zwischen den Gliedstaaten und dem Bund begnügt. Zur Verfassung des modernen Bundesstaates gehört vielmehr neben der konstitutiven Teilung der Kompetenzen ein institutionelles Arrangement doppelter – nämlich demokratischer und föderaler – Repräsentation[4]: An der Gesetzgebung des Bundes, oft auch an der Ausübung der Regierungsgewalt in einem weiteren Sinn, sind zwei parlamentarische Körperschaften beteiligt – eine Kammer, die, nach allgemeinem und gleichem Wahlrecht gewählt, die Gesamtheit der Bürger repräsentiert, und eine Kammer, in der, jedenfalls der Idee nach, die Gliedstaaten vertreten sind. Das ist uns so vertraut, daß wir leicht vergessen, wie wenig selbstverständlich es eigentlich ist. Die Logik der bundesstaatlichen Konstruktion jedenfalls erfordert nur die Aufteilung der Zuständigkeiten (nebst einem Schlichtungsmechanismus), nicht die Doppelung der Repräsentation mit der ihr innewohnenden Asymmetrie – es wirken, jedenfalls verfassungsrechtlich, bekanntlich nur die Länder an den Angelegenheiten des Bundes mit, nicht umgekehrt. Warum kam es dennoch zur bundesstaatlichen Zweikammerverfassung? Gibt es für sie nur eine historische Erklärung? Oder auch eine plausible verfassungssystematische oder demokratietheoretische Deutung? Der amerikanische Fall, in mehr als einer Hinsicht exemplarisch bedeutsam, ist für die Beantwortung dieser Fragen von besonderem Interesse.

---

3 Ähnlich geht Sbragia vor. Was hier als Verknüpfung des föderalen mit dem demokratischen Prinzip diskutiert wird, erörtert sie als „conflict between the representation of territory and the representation of voters“ (1992: 259).

4 Der Sonderfall Kanada bleibt im folgenden außer Betracht. Der kanadische Senat ist extrem schwach, zudem entscheidet über seine Zusammensetzung der Premierminister. Das britische Verfassungsmodell hat sich hier der Entwicklung einer bundesstaatlichen Verfassung in den Weg gestellt. Eine durchgreifende Reform ist noch nicht gelungen.

Bekanntlich stand nach dem gescheiterten Konföderationsexperiment der Jahre 1781-1787 der Gündung eines Bundesstaates vor allem die Furcht der kleineren, bevölkerungsschwächeren Staaten vor einer Hegemonie der größeren Staaten als Folge einer an der Wählerzahl orientierten Mandatsverteilung in der gesetzgebenden Körperschaft entgegen. Kein Problem hat dem Verfassungskonvent von Philadelphia größere Schwierigkeiten bereitet als eben dieses. Die Lösung wurde schließlich in einer ganz neuen Art von Zweikammerverfassung gefunden, die dann – wie das amerikanische Bundesstaatsmodell überhaupt – Vorbildbedeutung gewinnen sollte: Neben das Repräsentantenhaus als Vertretung der Bürgerschaft der Union wurde der Senat, in den jeder Gliedstaat unabhängig von der Zahl seiner Einwohner und Wähler zwei Senatoren entsandte, als Staatenvertretung gestellt. Wie entscheidend die Anerkennung des Anspruchs der kleinen Staaten auf gleiche Vertretung im Senat für das Zustandekommen der Verfassung war, signalisiert der letzte Halbsatz des Artikels V der Verfassung auf das deutlichste, der ein Vetorecht für jeden Staat gegen diesbezügliche Verfassungsänderungen vorsieht: „that no State, without its Consent, shall be deprived of its equal Suffrage in the Senate". Daß der Senat als Staatenvertretung gedacht war, kommt nicht nur darin zum Ausdruck, daß in seinem Bauplan das föderale Prinzip der Gleichheit der Staaten an die Stelle des demokratischen Prinzips der Gleichheit der Stimmbürger tritt, sondern auch darin, daß die Senatoren ursprünglich und für lange Zeit von den Parlamenten der Staaten gewählt wurden. Dabei ist es, wie man weiß, freilich nicht geblieben. Der wachsende Druck, den das Demokratieprinzip auf das konkurrierende föderale Prinzip ausübte, richtete sich erstaunlicherweise nicht gegen die dramatische Abweichung vom Grundsatz des gleichen Wahlrechts für alle Bürger, sondern gegen die, so wurde es zunehmend wahrgenommen, indirekte Wahl der Senatoren. Mit dem Amendment XVII aus dem Jahr 1913 wurde folglich die direkte Wahl der Senatoren durch die Bürgerschaft der Staaten eingeführt. Dieses demokratisierte Senatsmodell findet sich auch in den bundesstaatlichen Verfassungen der Schweiz und Australiens wieder. Im schweizerischen Ständerat sind die Bürgerschaften der Kantone durch je zwei direkt gewählte Abgeordnete repräsentiert, im australischen Senat die Bürgerschaften der Gliedstaaten durch je zwölf – abweichend von den für die erste Kammer geltenden Regeln nach dem Verhältniswahlrecht gewählte – Senatoren (für das Northern und das Capital Territory sind es nur je zwei).

Das modifizierte, demokratisierte Senatsmodell wirft nun freilich die Frage auf: Handelt es sich hier noch um Teilhabe der Gliedstaaten als Gliedstaaten? Fungieren die Gliedstaaten in diesem Modell nicht einfach nur noch als anders geschnittene, größere Wahlkreise? Und wenn ja, wie läßt sich dann die gravierende Beeinträchtigung der Wahlrechtsgleichheit noch rechtfertigen? Für die Vereinigten Staaten etwa gilt, daß ein Wähler im bevölkerungsärmsten Staat (Wyoming) mit dem gleichen Stimmgewicht an den Senatswahlen beteiligt ist wie fünfundsechzig Wähler im bevölkerungsreichsten Staat (Kalifornien). Und der Senat ist in den USA bekanntlich die politisch gewichtigere der beiden Kammern. Für die Schweiz und Australien ließen sich ähnliche Rechnungen anstellen. Auch in der deutschen bundesstaatlichen Verfassung sieht es trotz einer – sehr moderaten – Abweichung vom Prinzip der Gleichheit der Gliedstaaten nicht grundsätzlich anders aus. Eine bremische Wählerstimme wiegt im Bundesrat etwa dreizehn nordrhein-westfälische Wählerstimmen auf. Rechnerisch können, so wie die Mandate auf die Länder verteilt sind, die Repräsentanten von etwas weniger als 30% der Bevölkerung im Bundesrat über eine Mehrheit verfügen.

Zweifel daran, daß wir es beim demokratisierten Senatsmodell tatsächlich noch mit „Staatenrepräsentation" im ursprünglichen Sinne zu tun haben, stellen sich insbesondere da ein, wo Parteien, die gleichen Parteien, in beiden Kammern die Medien der Repräsentation sind. Parteien bilden ja in aller Regel eine gesellschaftliche Konfliktstruktur ab, die nicht territorial definiert ist. Am australischen Beispiel etwa ist das leicht deutlich zu machen: Auch im Senat sind Parteien, nicht Gliedstaaten die politischen Akteure, Parteien, die ihren politischen Standort nach den Spielregeln des parlamentarischen Systems bestimmen – sie unterstützen die Regierung oder sie stehen gegen sie. Weniger eindeutig stellen sich die Verhältnisse im amerikanischen Fall dar. Die politische Kohärenz der Parteien, die ja nicht der Logik parlamentarischer Regierungsweise gehorchen müssen, ist viel schwächer, der territoriale Faktor in Gestalt der Bindung eines jeden Abgeordneten an die Interessen seines Wahlkreises ungleich stärker ausgeprägt. Für den Senat mit seinen großen bis sehr großen Wahlkreisen gilt das freilich – paradoxerweise, ist man geneigt zu sagen – weniger als für das Repräsentantenhaus. Aber auch für den Senat ist zu sagen: Es kann höchstens in einem sehr vagen Sinn davon die Rede sein, daß die Senatoren die Gliedstaaten der Union als solche vertreten.

In Deutschland haben wir es, was die dem modernen Bundesstaat eigentümliche Verfassung der Doppelrepräsentation angeht, mit einem „Sonderweg", einem wirklichen Sonderweg zu tun (Graf Kielmansegg 1989). Seit es in Deutschland einen Bundesstaat gibt, also seit 1867, sind die Gliedstaaten im Bundesrat bzw. Reichsrat durch ihre Regierungen vertreten. Unter allen Bundesstaaten hat nur Deutschland diese Lösung gewählt. Die Erklärung liegt in den Bedingungen der Entstehung des monarchisch verfaßten deutschen Bundesstaates 1867/1871. Die – vom Deutschen Bund übernommene – Bundesratslösung entsprach den Gegebenheiten der konstitutionellen, in gewissem Sinn sogar der vorkonstitutionellen Monarchie: Die Exekutive war noch nicht in eine konstitutive Abhängigkeit vom Parlament geraten. Ihr fiel ganz selbstverständlich die Aufgabe der Vertretung des Gliedstaates gegenüber dem Bund zu. Daß man die einmal gewählte Lösung 1919 und 1948/49 beibehielt, ist weniger überraschend als es im Lichte dieser Erklärung zunächst erscheinen mag: Sie entspricht wie keine andere den Interessen der Länder. Die Sachwalter der Länder haben sie denn auch jeweils wieder durchgesetzt.

Damit ist auch schon gesagt: Bei der Bundesratslösung ist die Erwartung, sie werde die territoriale Binnengliederung des Bundesstaates als solche in der politischen Willensbildung zur Geltung bringen, viel plausibler als bei der Senatslösung. Auch bei der Bundesratslösung können freilich, wie der deutsche Fall eindringlich zeigt, die Parteien, die territoriale Struktur überlagernd, wieder ins Spiel kommen. Im Bundesrat der Bundesrepublik Deutschland ist bekanntlich der Gegensatz zwischen den Regierungsparteien und den Oppositionsparteien der dominante, wenn auch nicht der allein bestimmende. Die Landesregierungen verlieren die Interessen der von ihnen repräsentierten Länder natürlich nicht aus den Augen, am allerwenigsten, wenn es ums Geld geht. Aber in aller Regel ist doch die von parteipolitischen Zugehörigkeiten bestimmte positive oder negative Beziehung zur Bundesregierung das frontenbildende Moment. Nur selten ist der territoriale Faktor stärker als die Einbindung in die Parteifronten.

Welche Einsichten lassen sich aus diesen wenigen vergleichenden Beobachtungen gewinnen? Die Verknüpfung von demokratischem und föderalem Prinzip in der modernen bundesstaatlich verfaßten Demokratie tritt institutionell vor allem in Gestalt der Doppelrepräsentation in Erscheinung. In dieser Gestalt wird sichtbar, daß der demokratische Bundesstaat der Idee nach zugleich eine Republik von Bürgern und eine Republik von Staaten ist (Buchheim 1992). Historisch wurzelt diese Struktur in einer Gründungskonstellation, in der die Kontrolle über den Gründungsprozeß bei den sich zu einer Föderation zusammenschließenden Staaten liegt. Eben weil sie den Gründungsprozeß kontrollieren, können sie über die Teilung der Zuständigkeiten und Ressourcen hinaus ihren Mitwirkungsanspruch in Bundesangelegenheiten durchsetzen. Andere Machtkonstellationen, wie sie sich etwa bei der Entstehung eines Bundesstaates aus der Desintegration eines Einheitsstaates ergeben, müßten andere institutionelle Arrangements zur Folge haben.

Schwieriger wird es, wenn man über die historische Erklärung hinaus nach einer demokratietheoretischen Deutung und Rechtfertigung der bundesstaatlichen Doppelrepräsentation sucht. Die massive Beeinträchtigung des demokratischen Gleichheitsaxioms – Demokratie verlangt politische Gleichheit der Bürger als Individuen – läßt sich nur dann als demokratiekompatibel verstehen, wenn man den Bundescharakter des Gemeinwesens demokratietheoretisch konsequent zu Ende denkt, das heißt hinter der Struktur doppelter Repräsentation auch dem Volkssouverän eine Art von Doppelexistenz zuschreibt. „Alle Gewalt geht vom Volke aus" ist dann so zu lesen: Jeder Bürger gehört zwei „Völkern" an, dem „Bundesvolk" und einem „Gliedvolk", die gemeinsam Quelle demokratischer Legitimität sind. In bestimmten bundesstaatlichen Verfahren der Verfassungsänderung tritt dieser Gedanke handgreiflich in Erscheinung. In den Vereinigten Staaten muß jede Verfassungsänderung zunächst von einer Zwei-Drittel-Mehrheit in beiden Häusern des Kongresses und dann von den Parlamenten oder eigens einberufenen Verfassungskonventen von nicht weniger als Dreiviertel aller Gliedstaaten (zur Zeit 39!) ratifiziert werden. In der Schweiz bedarf eine Verfassungsänderung nicht nur einer Mehrheit in einem gesamtschweizerischen Referendum, sondern zusätzlich des sogenannten Ständemehrs, d.h. einer Stimmenmehrheit in einer Mehrzahl von Kantonen. Ähnlich in Australien, wo verfassungsändernde Gesetze nur durch einen Volksentscheid in Kraft gesetzt werden können, der Mehrheiten in vier der sechs Staaten und zugleich im ganzen Land findet. In der repräsentativ-demokratisch verfaßten Bundesrepublik entspricht dem das Erfordernis einer Zwei-Drittel-Mehrheit im Bundesrat. Das sind Regeln, die sich auf die Vorstellung zurückführen lassen, daß die verfassungsgebende Gewalt im Bundesstaat einen doppelten Träger hat: das Volk und die Völker.

Aber was haben solche verfassungssystematischen und demokratietheoretischen Überlegungen noch mit der Wirklichkeit zu tun? Faktisch stellt sich die Doppelrepräsentation im demokratischen Bundesstaat dem Betrachter als eine eigentümlich hybride Struktur dar, die auf kein schlüssiges verfassungs- oder demokratietheoretisches Argument mehr zu gründen ist. Die tatsächlichen Verhältnisse entsprechen den Modellvorstellungen des Bundesstaates als einer Republik von Bürgern und einer Republik von Staaten nur noch schwach. Für die

Annahme einer „Doppelexistenz" des Volkssouveräns mag es vor allem in der Schweiz gewisse Grundlagen im Selbstverständnis der Bürger geben. Die Kantone sind Gemeinwesen mit einer eigenen Identität. Es gibt ein distinktes Bewußtsein bürgerschaftlicher Zugehörigkeit zu diesen Gemeinwesen. Für die Länder der Bundesrepublik gilt das ganz sicher nicht – allenfalls Bayern, vielleicht auch die Hansestädte mögen da einen gewissen Sonderstatus haben. Die USA dürften eine mittlere Position einnehmen. Aber auch für die USA ist es sehr zweifelhaft, ob es so etwas wie Staats-Völker, zwischen den kommunalen Zugehörigkeiten auf der einen und der nationalen Zugehörigkeit auf der anderen Seite, gibt.

Betrachtet man allein die institutionellen Arrangements, so kann das Bundesratsmodell am ehesten den Anspruch erheben, daß es der Eigenlogik föderaler Repräsentation Raum gebe. Im Bundesrat sind territoriale Einheiten durch gewählte Regierungen vertreten, das heißt als verfaßte, zu einem eigenen politischen Willen befähigte Gemeinwesen. Die Repräsentation der aggregierten Interessen eines Territoriums ist dadurch institutionell gewährleistet. In zweiten Kammern des Senatstyps hingegen vertreten die Senatoren ihre Wähler, wie die Abgeordneten eines jeden demokratischen Parlamentes, als Individuen, ihren Wahlkreis als Segment eines größeren Ganzen und sind dabei, mehr oder weniger stark, eingebunden in Fraktionen. Abweichend von den Modellannahmen formieren sich freilich auch im deutschen Bundesrat die Repräsentanten der Gliedstaaten zu nicht territorial definierten, parteipolitischen Lagern. Und so muß man letzten Endes hier wie dort die gleiche Frage stellen: Wie läßt sich die Außerkraftsetzung des demokratischen Gleichheitsaxioms für die föderale Kammer des Parlaments rechtfertigen?

Wenn man an die Herkunft des Grundsatzes gleichen Stimmrechtes für alle Gliedstaaten in einem Hause des Bundesparlamentes zurückdenkt, dann liegt es nahe, das Argument „Minderheitenschutz" mindestens zu prüfen. Ging es im Verfassungskonvent von Philadelphia nicht um den Schutz der kleinen Staaten vor den großen? Gewiß, darum ging es. Aber es sollte sich dann herausstellen, daß es eines besonderen Schutzes der kleinen Staaten gar nicht bedurfte (Dahl 1976: 189ff.). Die politisch bedeutsamen Frontlinien verliefen ganz anders – eine Erfahrung, die auch für andere Bundesstaaten gilt: Die Einwohner kleiner Gliedstaaten sind nirgendwo als solche Angehörige einer Minderheit, die auf den Ungleichheitsfaktor föderaler Repräsentation zu ihrem Schutz angewiesen wäre. So bleibt nur der Hinweis darauf, daß jedenfalls die Bundesratsversion der Doppelrepräsentation zur

Stabilisierung der politischen Balance zwischen Bund und Ländern, also zur Bewahrung der föderalen Struktur selbst beiträgt. Ohne ihre Position im Bundesrat hätten die Länder der Bundesrepublik Deutschland ihre politische Bedeutung längst weitgehend verloren. Aber das hat nichts mit Minderheitenschutz zu tun. Auch hängt dieser Effekt nicht daran, daß alle Gliedstaaten gleich oder mindestens annähernd gleich vertreten sind. Und eine befriedigende Antwort auf die Frage nach der Ratio der Struktur doppelter Repräsentation kann es schon deshalb nicht sein, weil das Bundesratsmodell die Ausnahme und nicht die Regel ist.

IV.

Ist mit alledem zum Thema Europa etwas von Bedeutung gesagt? Zunächst einmal nur dies: Es gibt kein Patentrezept dafür, wie demokratisches und föderales Prinzip zueinander ins Verhältnis zu setzen seien. Europa wird seinen eigenen Weg zu gehen haben. In den bundesstaatlichen Verfassungen, so wie sie sich in den letzten zweihundert Jahren herausgebildet haben, ist einerseits die Gleichrangigkeit der beiden Prinzipien festgeschrieben worden, mit der Folge, daß sie einander entschieden relativieren dürfen: das demokratische Prinzip das föderale, indem es der Autonomie der Teile das Recht der Mehrheit im Ganzen voranstellt; das föderale Prinzip das demokratische, insofern als die Mehrheit im Ganzen nicht einfach nach der demokratischen Gleichheitsregel ausgezählt wird. Andererseits hat sich so etwas wie eine faktische Dominanz des demokratischen Prinzips derart ergeben, daß die Gliedstaaten nicht mehr als solche in der föderalen Kammer des Bundesparlamentes vertreten sind, sondern nur noch als Wahlkreise dienen. Deutschland stellt eine Ausnahme dar, aber es ist sicher kein Zufall, daß der deutsche Bundesrat – anders als die Senate in den USA und Australien[5], anders auch als der Ständerat in der Schweiz – keine völlig gleichberechtigte zweite Kammer ist. Erklär-

5 Australien ist allerdings anders als die Schweiz und die USA eine parlamentarische Demokratie. Eine parlamentarische Demokratie mit einer bundesstaatlichen Zwei-Kammer-Verfassung ist vor die Frage gestellt, welcher Kammer die Regierung verantwortlich sein soll, eine Frage, die in Australien beträchtliche politische Turbulenzen verursacht hat, während sie in der Bundesrepublik unstreitig ist. Das Problem braucht hier nicht weiter behandelt zu werden.

bar ist dies „einerseits – andererseits“ nur historisch, nicht von einer Verfassungstheorie des Bundesstaates her.

Daß die Voraussetzungen für die Gleichrangigkeit des demokratischen und des föderalen Prinzips auf der europäischen Ebene fehlen, wissen wir bereits. Es ergab sich aus unseren Überlegungen zur Demokratiefähigkeit der Europäischen Union. Die spezifische bundesstaatliche, asymmetrische Balance beruht auf Gegebenheiten, von denen Europa weit entfernt ist. Während für die Bundesstaaten in der Regel gilt, daß die Zugehörigkeit zu einem Gliedstaat allenfalls noch ein schwaches, sekundäres Merkmal der politischen Identität der Bürger ist, ist es im europäischen Fall genau umgekehrt: die Zugehörigkeit zur Europäischen Union ist, wenn überhaupt, ein schwaches, sekundäres Merkmal der politischen Identität jener 360 Millionen, die einen europäischen Paß besitzen. Das bedeutet: Der Nationalstaat, gegebenenfalls die Region, die Gemeinde bleiben der primäre Ort für die Entfaltung der Demokratie.

In der Verfassung der Europäischen Union muß also das föderale Prinzip dominieren. Es bestimmt vor allem – und das ist von grundlegender Bedeutung – das Verfahren der „Verfassungsänderung“. Die Verfassung ist eben in Wahrheit ein Vertragssystem (Sbragia 1992: 271ff.). Änderungen bedürfen der Zustimmung aller Vertragspartner, während Bundesstaaten auch für Verfassungsänderungen, so hoch die Hürden in aller Regel sind, Mehrheitsentscheidungen gelten lassen[6]. Es ist nicht vorstellbar, daß in europäischen Verfassungsfragen das Vertragsprinzip in absehbarer Zeit durch den Mehrheitsentscheid ersetzt wird. Die Annahme, daß die verfassungsgebende Gewalt für die Europäische Union bei den europäischen Völkern, nicht bei einem europäischen Volk liegt, entspricht den Realitäten. Selbst wenn das Europäische Parlament ein Mitwirkungsrecht in den Verfahren der Änderung, Ergänzung und Fortschreibung der Verträge erhielte, wofür es gute Gründe gibt (Bieber 1994), müßte das Vertragsprinzip diesem Mitwirkungsrecht vorgeordnet bleiben. Gewiß ist die Vetomacht eines jeden Mitglieds in Vertragsfragen eine enge Fessel für die europäische Entwicklung. Und mit jedem neuen Mitglied wird die Fessel enger. Aber die einzige den europäischen Gegebenheiten angemessene Form

6 In Kanada, Ausnahme von der Regel, müssen alle Provinzen einer Verfassungsänderung zustimmen. Aber auch in Kanada ist der Bund an dem Verfahren als gleichgewichtiger Partner beteiligt. Das gilt für die Europäische Union nicht.

des Umgangs mit diesem Problem sind Strategien der sogenannten „variablen Geometrie".

Was die Dominanz des föderalen Prinzips unterhalb der Verfassungsebene, in der europäischen Rechtssetzung, der europäischen Politik des Alltags angeht, so ist sie vor allem natürlich in der Schlüsselrolle des Ministerrates wie des Europäischen Rates festgeschrieben, daneben aber auch – leicht zu übersehen – in den Benennungsrechten der Regierungen der Mitgliedstaaten für Kommission und Europäischen Gerichtshof. Daß eine wirksame Repräsentanz der Gliedstaaten nicht anders als durch ihre Regierungen möglich ist, ist ein Schluß, den das vergleichende Studium der Bundesstaaten nahelegt (Sbragia 1992: 280ff.). Die mitgliedstaatlichen Parlamente könnten allenfalls ergänzend, nicht anstelle der Regierungen ins Spiel gebracht werden, etwa nach dänischem Vorbild, würden dann allerdings die föderale Komponente beträchtlich stärken. Und dabei, da sie an den Prozessen des Aushandelns der Kompromisse nicht beteiligt sein können, die für die Suche nach Kompromißlösungen verfügbaren Bewegungsspielräume vermutlich wesentlich einengen.

Die Variante einer direkt gewählten föderalen Kammer, deren Abgeordnete anders als die Abgeordneten des Europäischen Parlaments von Amts wegen ihre Herkunftsländer zu repräsentieren hätten, mag man durchdenken (Katz 1994). Daß sie sich als praktikabel erwiese, ist kaum zu erwarten. Wenn keine Senatslösung daraus werden sollte, müßte wie im Ministerrat nach Ländern abgestimmt werden. Wie aber läßt sich gewährleisten, daß frei gewählte, in ihrer Zusammensetzung vom Wähler bestimmte mitgliedstaatliche Delegationen sich regelmäßig auf Positionen, die sie für ihre Herkunftsländer vertreten wollen, einigen? Der Verlust an Handlungsfähigkeit wäre vermutlich so beträchtlich, daß von wirksamer, legitimitätsstiftender föderaler Repräsentanz gar nicht mehr die Rede sein könnte. Der Zugewinn an demokratischer Legitimität kann dagegen nicht ins Feld geführt werden, wenn die Prämisse akzeptiert wird, daß föderale Repräsentation ein bestimmendes Element jeder vernünftig konzipierten europäischen Verfassung sein muß.

Föderale Repräsentation in ihrer strengen Form, auch das hat der Blick auf die Verfassungsgeschichte des Bundesstaates gezeigt, erkennt alle Gliedstaaten als Gleiche an. Die Europäische Union hält sich an diese Regel, soweit für Entscheidungen im Ministerrat Einstimmigkeit vorgeschrieben ist. Wird mit „qualifizierter Mehrheit" entschieden, so sind die Stimmrechte der Staaten grob gestuft. Die größten, bevölkerungsreichsten Mitgliedstaaten haben zehn Stimmen, der kleinste, Luxemburg, hat zwei. Läßt man den Sonderfall Luxemburg aus dem Spiel, so ergibt sich, daß ein Bürger des nächst Luxemburg bevölkerungsärmsten Mitgliedstaates, Irland, was das Stimmgewicht seiner Regierung im Ministerrat angeht, etwa sieben Bürgern des bevölkerungsreichsten Mitgliedsstaates, Deutschland, gleichgestellt ist. Die Abweichung von der demokratischen Gleichheitsnorm ist noch immer beträchtlich, aber doch deutlich schwächer als beim deutschen Bundesrat mit seinen ebenfalls gestuften Stimmrechten, von den Gegebenheiten in Australien, der Schweiz, den USA zu schweigen. Mit anderen Worten: Hier verknüpft sich mit dem Modus föderaler Repräsentation doch schon ein vergleichsweise starkes – gemessen am bundesstaatlichen Modell atypisches – Moment der Proportionalität.

Damit wird eine weitere Besonderheit der europäischen Föderationsverfassung sichtbar. Es müssen offenbar besondere Bedingungen gegeben sein, damit in föderativen Staatenbeziehungen die Stärkeren sich auf Gleichheit unter Ungleichen einlassen – auch die europäische Staatenwelt ist natürlich eine Welt der Ungleichheit. Gleichheit ist hinnehmbar, wenn die Staaten einander als Völkerrechtssubjekte gegenüberstehen: eben als völkerrechtliches Prinzip in Gestalt der Regel, daß gemeinsame Beschlüsse nur einstimmig gefaßt werden können, jeder, heißt das, nur sich selbst verpflichten kann oder, weitergehend, ein Vetorecht besitzt. Gleichheit ist auch hinnehmbar in Bundesstaaten, in denen die territoriale Integration so weit fortgeschritten ist, daß die Verpflichtungskraft allgemeinverbindlicher Entscheidungen für das Ganze primär vom demokratischen Mehrheitsprinzip hergeleitet werden kann, und zugleich der Raum möglicher Interessenkonflikte zwischen den Mitgliedstaaten durch die bundesstaatliche Kompetenzverteilung relativ eng eingegrenzt ist. Die Europäische Union hat ihren Platz irgendwo zwischen diesen beiden Punkten. Die Mitgliedstaaten haben sich für bestimmte Politikbereiche einer gemeinsam ausgeübten Rechtssetzungsmacht unterworfen und sich dabei auf Mehrheitsentscheidungen eingelassen. Nach dem Stand der Integration werden Interessen aber auf den meisten Politikfeldern immer noch mitgliedstaatlich und nicht europäisch definiert. Und die Rechtfertigungslast auch für europäische Entscheidungen ist primär von den Mitgliedstaaten zu tragen. Das sind Verhältnisse, in denen föderale Repräsentation sich nicht konsequent an der Maxime der Gleichheit der Gliedstaaten orientieren kann, ohne die größeren unter ihnen zu überfordern.

Anders als in bundesstaatlichen Verfassungen, so haben wir argumentiert, muß das föderale Prinzip in der Verfassung der Europäischen Union nach der Natur der Dinge dominant sein. Aber es muß sich auch auf der europäischen Ebene mit dem demokratischen Prinzip verbinden – nach dem Vorbild der bundesstaatlichen Verfassungen. Zwei Gründe dafür sind schon genannt worden: Eine rein föderative Verfassungsstruktur würde bedeuten, daß die europäische Politik der Steuerung und der Kontrolle nach den Regeln der Demokratie praktisch gänzlich entzogen ist. Das ist unerträglich. Zudem reduziert die Anwendung der Mehrheitsregel im Ministerrat die Möglichkeit des Transfers von Legitimität von den Mitgliedstaaten auf die Union beträchtlich. Ein drittes Argument bleibt hinzuzufügen: Dominanz des Ministerrates bedeutet, daß europäische Politik aus dem Kompromiß zwischen den Partikularinteressen der Mitgliedstaaten hervorgeht. Eine vernünftige europäische Politik, die sich von diesen Interessen löst, kann es nicht geben. Aber als *europäische* Politik wird sie sich nur ausweisen können, wenn sie zugleich auch aus einer europäischen Perspektive konzipiert wird. Das ist Sache der Kommission und des Parlamentes, die ihrer Konstitution gemäß in anderer Weise auf die Idee eines europäischen Gemeinwohls verpflichtet sind als der Ministerrat (Sbragia 1993: 32ff.). Das Parlament muß, um diese Rolle spielen zu können, an den wesentlichen gesetzgebenden Entscheidungen gleichberechtigt, das Initiativrecht eingeschlossen, und vor allem nach jedermann verständlichen Spielregeln mitwirken. Und die Kommission? Ihre Investitur muß stärker, als es mit den geltenden Bestätigungsrechten der Fall ist, eine Sache des Parlamentes werden, um sie von den Regierungen unabhängig zu machen. Je stärker Parlament und Kommission (auch der Gerichtshof ist hier zu nennen) im europäischen Verfassungsgefüge werden, desto mehr müßten sie freilich lernen, daß das ihnen in besonderer Weise anvertraute europäische Gemeinwohl nicht einfach mit einer stetigen Ausweitung der Zuständigkeiten der Gemeinschaft, einer Ausweitung ihres eigenen Tätigkeitsfeldes also, gleichzusetzen ist. Das ist nach der Logik, der Institutionen in ihrer Entwicklung im allgemeinen folgen, nicht sehr wahrscheinlich.

Es wird an diesem Punkt einmal mehr deutlich, daß jeder europäische Verfassungsentwurf in gewissem Sinn hinter der außerordentlichen Komplexität der europäischen Verhältnisse zurückbleibt. War nicht anfangs von der sehr begrenzten „Demokratiefähigkeit" der Vielvölkergemeinschaft Europäische Union die Rede und am Ende dann doch von der Notwendigkeit und Möglichkeit einer Stärkung der demokratischen Komponente im europäischen Verfassungsgefüge? Daß es notwendig sei, in der Verfassungsentwicklung der Europäischen Union ihre Demokratiefähigkeit ein Stück weit – von oben her gewissermaßen – zu fingieren oder auch, freundlicher formuliert, zu antizipieren, um Bedingungen zu schaffen, unter denen sich diese Demokratiefähigkeit – vielleicht – herauszubilden vermag, mag als eine Art von Auflösung des Widerspruchs durchgehen. Aber es bestätigt sich in einer solchen „Auflösung" noch einmal, daß es eine völlig befriedigende Antwort auf die europäische Verfassungsfrage nicht gibt.

Damit sind wir wieder zum Ausgangspunkt zurückgekehrt. Europäische Politik, hieß es am Anfang, braucht den Rückhalt einer legitimen, anerkennenswürdigen und anerkannten, europäischen Verfassungsordnung. Am Ende ist hinzuzufügen: Gewiß. Aber diese Aussage läßt sich auch umkehren. Es ist in der Entwicklungsgeschichte des modernen Bundesstaates nie einfach gewesen, eine überzeugende Verfassungssynthese von föderalem und demokratischem Prinzip zustandezubringen. Im europäischen Fall stellt sich die alte Aufgabe nicht nur ganz neu, sie sträubt sich auch besonders hartnäckig gegen eine schlüssige Lösung. Die Institutionen, durch die das vereinte Europa handelt, und die Regeln, nach denen es handelt, ganz gleich wie sie im einzelnen aussehen, bedürfen dringlich der Beglaubigung durch eine europäische Politik, die immer wieder neu sichtbar macht, wozu Integration gut ist.

Dieser Aufsatz faßt Überlegungen zusammen, systematisiert und erweitert sie, die bereits an anderer Stelle veröffentlicht worden sind: Peter Graf Kielmansegg (1992): Ein Maß für die Größe des Staates; in: FAZ vom 2. Dezember 1992; Peter Graf Kielmansegg (1992): Läßt sich die Europäische Gemeinschaft demokratisch verfassen?; in: Europäische Rundschau 22, S. 23-33; Peter Graf Kielmansegg (1995): Wie tragfähig sind Europas Fundamente?; in: FAZ vom 17. Februar 1995.

Literatur

Bieber, Roland (1994): Europa braucht den großen Schiffsputz; in: FAZ vom 3. Dezember 1994.

Buchheim, Hans (1992): Von der Föderation zur Republik souveräner Staaten; in: Haungs, Peter u.a. (Hg.), Civitas. Widmungen für Bernhard Vogel zum 60. Geburtstag (Paderborn), S. 203-210.

Dahl, Robert A. (1976): Democracy in the United States: Promise and Performance, 3. Aufl. (Chicago).

Everling, Ulrich (1993): Überlegungen zur Struktur der Europäischen Union und zum neuen Europa-Artikel des Gundgesetzes; in: Deutsches Verwaltungsblatt 108, S. 536-547.

Grimm, Dieter (1992): Der Mangel an europäischer Demokratie; in: Der Spiegel, Heft 43, S. 57-59.

Katz, Richard (1994): The Problem of Legitimacy in the European Community/European Union; paper presented at the 22nd Annual Joint Sessions of the ECPR.

Kerremans, Bart (1994): Integration, Legitimacy and Institutions in the European Union; paper presented at the 22nd Annual Joint Sessions of the ECPR.

Graf Kielmansegg, Peter (1989): Vom Bundestag zum Bundesrat. Die Länderkammer in der jüngsten deutschen Verfassungsgeschichte; in: Bundesrat (Hg.), Vierzig Jahre Bundesrat (Baden-Baden), S. 43-61.

*Lepsius, Rainer M. (1991): Nationalstaat oder Nationalitätenstaat als Modell für die Weiterentwicklung der Europäischen Gemeinschaft; in: Wildenmann, Rudolf (Hg.), Staatswerdung Europas? Optionen für eine Europäische Union (Baden-Baden), S. 19-40.

Reif, Karlheinz (1992): Wahlen, Wähler und Demokratie in der EG; in: Aus Politik und Zeitgeschichte B19, S. 43-52.

*Sbragia, Alberta M. (1992): Thinking about the European Future: The Uses of Comparison; in: dies. (Hg.), Europolitics. Institutions and Policymaking in the „New" European Community (Washington, DC), S. 257-291.

*Sbragia, Alberta M. (1993): The European Community: A Balancing Act, in: Publius. The Journal of Federalism 23, S. 23-38.

*Scharpf, Fritz W. (1991): Kann es in Europa eine stabile föderale Balance geben? (Thesen); in: Wildenmann, Rudolf (Hg.), Staatswerdung Europas? Optionen für eine Europäische Union (Baden-Baden), S. 415-428.

Topf, Richard (1994): Democratic Deficit and the Legitimacy of Government in the European Communities: The Role of Collective Identities; paper presented at the 22nd Annual Joint Sessions of the ECPR.

*Weiler, Joseph H.H. (1991): Problems of Legitimacy in Post 1992 Europe; in: Außenwirtschaft 46, S. 411-437.

Wieland, Beate (1991): Verfassungspolitische Probleme der „Staatswerdung Europas"; in: Wildenmann, Rudolf (Hg.), Staatswerdung Europas? Optionen für eine Europäische Union (Baden-Baden), S. 429-459.

Williams, Shirley (1991): Sovereignty and Accountability in the European Community; in: Keohane, Robert D.; Hofmann, Stanley (Hg.), The New European Community. Decisionmaking and Institutional Change (Boulder), S. 157-176.

ZEUS (Zentrum für Europäische Umfrageanalysen und Studien) (1990): Structure in European Attitudes (Mannheim).

Das Recht im Prozeß der europäischen Integration

Ein Plädoyer für die Beachtung des Rechts durch die Politikwissenschaft und ihre Beteiligung an rechtlichen Diskursen

*Christian Joerges**

1. Rechtswissenschaft und Politikwissenschaft

„Integration Through Law“ – unter diesen Titel haben Mauro Cappelletti, Monica Seccombe und Joseph Weiler (1986) am Europäischen Hochschulinstitut in Florenz Anfang der 80er Jahre ein transatlantisches, amerikanische und europäische Erfahrungen vergleichendes Projekt gestellt. Der Titel war, was Europa angeht, programmatisch gemeint und enthält dennnoch eine Ambivalenz. Man kann die Formel von der Integration durch Recht zunächst einmal instrumentell verstehen: als Aussage über die Instrumente der Integrationspolitik und den Erfolg dieser Vorgehensweise. Sozialwissenschaftler können diese Lesart als Provokation empfinden, wenn und soweit sich darin ein juristisches Selbstverständnis dokumentiert, das die Abhängigkeiten der Rechtsbildung und der Wirkungschancen des Rechtssystems nicht wahrhaben will, weil man sich das Recht als eine autonome Welt vorstellt, in der allein die Regeln der juristischen Kunst herrschen. Eine zweite Lesart ist jedoch ergiebiger. Danach bezeichnet die Formel der Integration durch Recht dessen besondere Funktionen und Leistungen für den Aufbau der Europäischen Gemeinschaft. In der Sprache der Rechtswissenschaft geht es um die Qualität des Europäischen Rechts als einer „constitutional charter“ der beteiligten Staaten, die sich von allen anderen internationalrechtlichen Materien abhebt:

* Ich danke Beate Kohler-Koch für ihre kritische, aber auch ermutigende Kommentierung der ursprünglichen Fassung. Zu Dank verpflichtet bin ich ferner Markus Jachtenfuchs, Stephan Leibfried, Michael Zürn und den Teilnehmern am Forschungsseminar des Zentrums für Europäische Rechtspolitik in Bremen. Es versteht sich von selbst, daß ich die Verantwortung für die verbliebenen Unzulänglichkeiten des Beitrags damit nicht abweisen will.

dem Völkerrecht, das seine Geltung auf vertragliche Vereinbarungen zwischen souveränen Staaten und/oder die allgemeine Anerkennung von Rechtssätzen zurückführt; dem internationalen öffentlichen Recht, das jeder staatlichen Rechtsordnung die einseitige Definition und Wahrung ihrer je eigenen Regelungsansprüche überläßt; dem internationalen Privatrecht, für das die Anwendung fremden Rechts eine – theoretische – Selbstverständlichkeit ist, das aber solche Rechtsübernahmen auf nationalstaatliche Rechtsquellen zurückführt und grundsätzlich auf „privatrechtliche" Vorschriften beschränkt. In der Sprache der Politikwissenschaft läßt sich diese Sonderstellung des europäischen Rechts als Aussage über eine spezifische Dichte der „Verregelung" Europas rekonstruieren – und mit entsprechenden Abgrenzungen verbinden: gegenüber rein vertraglichen Kooperationsbeziehungen souveräner Staaten, gegenüber internationalen Organisationen und Regimen.

Solche Parallelisierungen rechtswissenschaftlicher Qualifikationen und politikwissenschaftlicher Rekonstruktionen treffen, wenn es um die Anerkennung einer besonderen Qualität der Verrechtlichung Europas geht, unausweichlich auf eine Fragestellung, an die sich dann eine dritte Lesart der Formel von der Integration durch Recht anschließen läßt: Wie – und in welchen Grenzen – ist die Geltung einer supranationalen Rechtsverfassung Europas rechtswissenschaftlich überhaupt begründbar? Wie läßt sich die Entstehung dieses supranationalen Rechts erklären und was kann man über seine Wirksamkeitsbedingungen in Erfahrung bringen? Diese Fragen werden im folgenden immer wieder aufzugreifen sein. Die Antworten, für die dieser Beitrag plädiert, sind rechtswissenschaftlich wie politikwissenschaftlich gewiß riskant. Sie besagen, daß die inhaltlichen Geltungsansprüche des europäischen Rechts nicht einfach formell-positivistisch ausgewiesen werden dürfen, sondern von dessen „normativer Qualität" abhängig seien: Dieses „normative proprium" des Rechts – seine Integrität und seine Legitimität – so lautet die Anschlußthese – müsse auch die Politikwissenschaft als eine Wirksamkeitsbedingung des europäischen Rechts begreifen und konzeptionell berücksichtigen.

Ein Beitrag über die Funktion des Rechts im Integrationsprozeß darf – soweit er sich an Sozialwissenschaftler richtet – die Vielschichtigkeit der Rechtswissenschaft nicht unterschlagen, und er muß – soweit er sich an Juristen wendet – das Theoriespektrum der Politikwissenschaft berücksichtigen. Eine systematisch angelegte Untersuchung hätte deshalb konkurrierende Ansätze in *beiden* Disziplinen nachzuzeichnen und würde dann strukturelle Affinitäten aufzeigen können:

zwischen den zunächst mit dem klassischen Völkerrecht operierenden rechtlichen Deutungen der Europäischen Gemeinschaft (dazu z.B. Bülck 1959: 66ff.) und „realistischen" politikwissenschaftlichen Analysen der EG als intergouvernementaler Kooperationsform; zwischen ihrer rechtlichen Qualifikation als „Zweckverband funktioneller Integration" (Ipsen 1972: 176ff.) und den neofunktionalistischen Integrationstheorien oder an die Regimeforschung anknüpfenden Analysen (Gehring 1994); zwischen der ordo- und neoliberalen Konzeptualisierung der Gemeinschaft als eine supranationale Marktverfassungsordnung (zuletzt Behrens 1994: 73ff.; Mestmäcker 1994: 615ff.; Petersmann 1994: 389ff.) und der neoklassischen ökonomischen Theorie (Streit/Mussler 1995) sowie institutionellen und social choice-Ansätzen. „Strukturelle Affinitäten", die sich zwischen rechts- und sozialwissenschaftlichen Theorien entdecken lassen, ebnen die Unterschiede zwischen den Disziplinen nicht ein. Aber sie bedeuten, daß Politikwissenschaftler, wenn sie Auskünfte über die Bedeutung des Rechts einholen, auf die konzeptionellen Grundlagen ihrer juristischen Gesprächspartner zu achten haben; sie bedeuten ebenso, daß Juristen, die sich über die „Wirklichkeit" des Integrationsprozesses vergewissern möchten, den theoretischen Kontext politikwissenschaftlicher Analysen berücksichtigen müssen.

Es wäre – jedenfalls in dem hier vorgegebenen Rahmen – aussichtslos, eine vollständige Darstellung des Beziehungsgeflechts zwischen den Disziplinen anzustreben und von hier aus gleichsam induktiv konkurrierende Perspektiven zur Rolle des Rechts herauszuarbeiten und zu evaluieren. Als Alternative bietet sich die Konzentration auf die Entfaltung einer inhaltlichen Position an: unserer Ausgangsthese, daß die „normative Qualität" des europäischen Rechts zu dessen Geltungsvoraussetzungen gehöre. In dieser These geht es, soweit die Rechtswissenschaft betroffen ist, um die Begründbarkeit der Geltungsansprüche eines Rechtssystems, das ohne die Zwangsmittel eines staatsgleichen Souveräns auskommen muß und sich auch nicht auf die Legitimationsmuster demokratisch organisierter Verfassungsstaaten stützen kann; methodologisch bedeutet dies, daß die Rechtswissenschaft sich (auch) im Europarecht nicht mit einem formell-positiven Umgang mit ihrem Gegenstand begnügen darf. Soweit die Politikwissenschaft betroffen ist, geht es um eine Abgrenzung gegenüber szientistischen Erklärungen für die Entstehung transnationaler Regelungen und die Behauptung, daß reflexive Theorieansätze, in denen die Wirksamkeit solcher Regeln mit deren normativ-moralischen Gehalten in Verbindung gebracht wird (Hurrel 1993: 49ff., 65ff.; Schaber 1994:

81ff.), eher in der Lage seien, die Bedeutung des Rechts für die Integration zu erfassen. Das „Legitimitätsproblem“ wäre eine knappere, aber kaum präzisere Umschreibung dieser Schnittstelle von Sozial- und Rechtswissenschaft: Ist die Legalität des europäischen Rechts derart institutionalisiert, so könnte man fragen (vgl. Habermas 1987: 11ff.), daß seine Rechtsproduktionsverfahren rational einsehbare Geltungsansprüche vermitteln? Gelingt es dem europäischen Recht, so ließe diese Frage sich abwandeln (Franck 1990; Weiler 1991: 2466ff.), seine Akzeptanz und Befolgung langfristig zu gewährleisten?

Diese Fragen mögen abstrakt und theoretisch klingen. Sie sind aber auch praktisch gemeint. Diese praktische Dimension wird im folgenden im Vordergrund stehen. Sie kann allerdings wiederum nur ausschnitthaft diskutiert werden. Zwei Themenbereiche von exemplarischer Bedeutung bieten sich hierfür an: Zum einen der Streit um die rechtliche Rekonstruktion der „Gestalt“ des EG-Systems und zum anderen die Problematik einer sozialverträglichen Verfassung der Wirtschaft Europas. Bei dem ersten Themenbereich geht es um Besonderheiten des europäischen Rechts gegenüber den nationalstaatlich organisierten Rechtssystemen einerseits und dem Völkerrecht andererseits. Bei dem zweiten geht es um die Formen und Folgen der Ausrichtung des Integrationsprojekts auf eine „Wirtschaftsgemeinschaft“. Der erste Themenbereich hat durch das Urteil des Bundesverfassungsgerichts (BVerfG) zum Vertrag von Maastricht eine neue Aktualität gewonnen. Seine Bedeutung ist aber unabhängig davon, ob sich die mit diesem Urteil verbundenen Hoffnungen oder Befürchtungen bewahrheiten. Sie ergibt sich einfach daraus, daß hier konstitutionelle Kernprobleme aufgegriffen wurden, die ohnehin auf die europäische Tagesordnung gehören. Der zweite Themenbereich hängt mit dem ersten systematisch eng zusammen. Gewiß geht es bei der Verrechtlichung der europäischen Wirtschaft weithin bloß um „regulatorisches“ und nicht um „konstitutionelles“ Recht (zu dieser Differenz allgemein Habermas 1987: 11ff.; speziell zum internationalen Recht Schaber 1994: 81ff., 97ff.). Aber bei den Zielsetzungen und den Gehalten des Wirtschaftsrechts geht es immer auch um die Bestimmung der Aufgaben des Verfassungsstaates – die Ausgestaltung der Marktwirtschaft ist selbst eine verfassungsrechtliche Kernfrage (Häberle 1993: 383ff.). Deshalb ist auch die Verlagerung wirtschaftsrechtlicher Regelungskompetenzen auf die europäische Ebene ein Verfassungsproblem – die Institutionalisierung einer supranationalen Marktverfassung betrifft nicht bloß die politische Handlungsfähigkeit, sondern gleichsam die rechtliche Existenzform des nationalen Verfassungsstaates.

2. Die konstitutionelle Bedeutung der Suprematie des europäischen Rechts

Am Anfang jedes juristischen Schöpfungsaktes steht die Bildung eines Begriffs. Der Terminus „Gemeinschaftsrecht", der die Sonderstellung des europäischen Rechts gegenüber dem Völkerrecht einerseits und dem nationalen Recht anderseits zum Ausdruck bringt, ist seit langem allgemein üblich. Seine genauere Umschreibung bleibt dennoch eine Daueraufgabe. Mit der Begriffsschöpfung sei, so erklärte der Nestor des deutschen Europarechts noch im Jahre 1994, lediglich eine „Gestalt-Kennzeichnung" gefunden, wie sie überall angebracht sei, „wo und so lange Rechtsbegrifflichkeit abstrakter Maßstäbe sich noch nicht einstellt, indes eine veranschaulichende, konkretisierende, empirisch begründbare und dem Aktionsziel entsprechende Beschreibung einer Erscheinung angebracht und möglich ist" (Ipsen 1994: 7; vgl. Ipsen 1983: 79ff.).

Solche Vorbehalte dürften gerade Politikwissenschaftler nicht überraschen. Nicht anders als die Disziplinen des internationalen und des europäischen Rechts ist die Theorie der internationalen Beziehungen unablässig damit beschäftigt, Umgestaltungen ihres Gegenstandsbereichs auszumachen und konzeptionell zu verarbeiten. Radikaler aber als die Rechtswissenschaft, nämlich bis zur Preisgabe ihrer selbst, hat die politikwissenschaftliche Integrationstheorie auf die Wechsellagen des Integrationsprozesses, seine Anfangserfolge, die Krisen der sechziger Jahre, die neue Dynamik seit den achtziger Jahren und die gegenwärtigen Unsicherheiten reagiert. Die Rechtswissenschaft erschien demgegenüber standhafter. Die Konzeptualisierung des EG-Systems als supranationaler Rechtsordnung, die dem Terminus Gemeinschaftsrecht seinen herrschenden Bedeutungsgehalt gab, hat sich ausgerechnet in den integrationspolitischen Krisen der sechziger Jahre durchgesetzt. Nachhaltig in Frage gestellt wurde dieser juristische *acquis communautaire* erst durch das Urteil des BVerfG vom 12.10.1993 zum Vertrag von Maastricht (BVerfG 1994a). Was bedeutet und wie erklärt sich die Kontinuität rechtlicher Konzeptualisierungen? Was bedeutet und wie erklärt sich der neue Rechtsstreit um die juristische Qualifikation des EG-Systems? Die folgende Rekonstruktion soll zeigen, daß es bei rechtswissenschaftlichen Konzeptualisierungen keineswegs bloß um innerjuristische Probleme geht – und daß die Abhängigkeiten und Offenheiten rechtlicher Qualifikationen tragfähige und ertragreiche Anschlußmöglichkeiten für interdisziplinäre Überlegungen enthalten.

2.1 Das EG-System als supranationale Rechtsordnung

Die Deutung des EG-Systems als supranationale Rechtsgemeinschaft, die vor allem dem Europäischen Gerichtshof (EuGH) zu verdanken ist, hat – im Rechtssystem und darüber hinaus – eine derart weitgehende Anerkennung gefunden, daß man sie als geltende europarechtliche Orthodoxie bezeichnen darf. Der schrittweise Aufbau dieses Rechtsgebäudes ist so oft nachgezeichnet worden (vgl. z.B. Ipsen 1973: 97ff.; Weiler 1991: 2413ff.), daß hier wenige Hinweise auf die wichtigsten Bauabschnitte genügen dürften.

Der Grundstein wurde im Jahre 1963 durch die Doktrin von der „unmittelbaren Wirkung" des EG-Rechts gelegt (EuGH 1963). Diese Doktrin besagt zunächst, daß Regeln des EWG-Vertrages, soweit sie hinlänglich präzise gefaßt sind, nicht nur die Gemeinschaften und die Mitgliedstaaten verpflichten, sondern „direkt" gelten und subjektive Rechte begründen: jedermann darf sich auf die in dem Vertrag enthaltenen Freiheitsrechte berufen, und die innerstaatlichen Gerichte müssen deren Schutz gewährleisten, als ob es sich um innerstaatliches Recht handelte.

Was heute so allgemein anerkannt wird, war seinerzeit alles andere als selbstverständlich. Der EWGV hatte in Art. 169 Klagen der Kommission und der Mitgliedstaaten wegen einer Verletzung von Vertragspflichten vorgesehen. Dies entsprach völkerrechtlichen Vorbildern. Allerdings konnte man auf das Vorlageverfahren des Art. 177 verweisen und aus den weitgehenden Rechtssetzungsbefugnissen der Gemeinschaft herleiten, daß diese mehr sein sollte als eine internationale Organisation. Diese Elemente des Vertrages übersetzte der EuGH in seine Direktwirkungs-Doktrin:

> „Das Ziel des EWG-Vertrages ist die Schaffung eines gemeinsamen Marktes, dessen Funktionen die der Gemeinschaft angehörigen Einzelnen unmittelbar betrifft; damit ist zugleich gesagt, daß dieser Vertrag mehr ist als ein Abkommen, das nur wechselseitige Verpflichtungen zwischen den vertragsschließenden Staaten begründet. Diese Auffassung wird durch die Präambel des Vertrages bestätigt, die sich nicht nur an die Regierungen, sondern auch an die Völker richtet. Sie findet eine noch augenfälligere Bestätigung in der Schaffung von Organen, welchen Hoheitsrechte übertragen sind, deren Ausübung in gleicher Weise die Mitgliedstaaten wie die Staatsbürger berührt. ... Auch die dem Gerichtshof im Rahmen von Artikel 177, der die einheitliche Auslegung des Vertrages durch die nationalen Gerichte gewährleisten soll, zukommende Aufgabe ist ein Beweis dafür, daß die Staaten davon ausgegangen sind, die Bürger müßten sich vor den nationalen Gerichten auf das Gemeinschaftsrecht berufen können.
>
> Aus alledem ist zu schließen, daß die Gemeinschaft eine neue Rechtsordnung des Völkerrechts darstellt, zu deren Gunsten die Staaten, wenn auch in begrenztem

Rahmen, ihre Souveränitätsrechte eingeschränkt haben, eine Rechtsordnung, deren Rechtssubjekte nicht nur die Mitgliedstaaten, sondern auch die Einzelnen sind. Das von der Gesetzgebung der Mitgliedstaaten unabhängige Gemeinschaftsrecht soll daher den Einzelnen, ebenso wie es ihnen Pflichten auferlegt, auch Rechte verleihen. Solche Rechte entstehen nicht nur, wenn der Vertrag dies ausdrücklich bestimmt, sondern auch auf Grund von eindeutigen Verpflichtungen, die der Vertrag den Einzelnen wie auch den Mitgliedstaaten und den Organen der Gemeinschaft auferlegt" (EuGH 1963: 24f.).

Der zweite Baustein war die Doktrin vom „Vorrang" des Gemeinschaftsrechts. Sie ist in der bahnbrechenden Costa/E.N.E.L.-Entscheidung als rechtslogisch zwingende Implikation der Lehre von der unmittelbaren Geltung eingeführt worden:

Die „Aufnahme der Bestimmungen des Gemeinschaftsrechts in das Recht der einzelnen Mitgliedstaaten und, allgemeiner, Wortlaut und Geist des Vertrages haben zur Folge, daß es den Staaten unmöglich ist, gegen eine von ihnen auf der Grundlage der Gegenseitigkeit angenommene Rechtsordnung nachträglich einseitige Maßnahmen ins Feld zu führen". Es „würde eine Gefahr für die Verwirklichung der in Artikel 5 Absatz 2 aufgeführten Ziele des Vertrages bedeuten und dem Verbot des Artikels 7 widersprechende Diskriminierungen zur Folgen haben, wenn das Gemeinschaftsrecht je nach der nachträglichen innerstaatlichen Gesetzgebung von einem zum anderen Staat verschiedene Geltung haben könnte" (EuGH 1964: 1269f.).

Der zitierten Passage lassen sich bereits zwei weitere Konsequenzen entnehmen. Die „unmittelbare Geltung" des Gemeinschaftsrechts, aus der sich sein Vorrang ergibt, besagt auch, daß dem Gemeinschaftsrecht eine „Sperrwirkung" gegenüber der nationalen Gesetzgebung zukommen muß: Ist ein Regelungsfeld vom europäischen Recht erfaßt, so darf kein Mitgliedstaat mehr eigenmächtig handeln. Die Forderung, dem Gemeinschaftsrecht müsse in allen Mitgliedstaaten die gleiche Bedeutung zukommen, besagt im übrigen, daß die Kompetenz zur Bestimmung seiner Geltungsansprüche dem EuGH zustehen muß. Diese Konsequenz hat in einer besonders nachdrücklichen Weise die AETR-Entscheidung aus dem Jahre 1971 gezogen (EuGH 1971). An dieses Urteil knüpfte die Rechtsprechung zur „funktionalen", sich auf die Vertragsziele berufenden Begründung von Gemeinschaftskompetenzen und die „implied powers"-Doktrin an: Obgleich der Vertrag die EG-Zuständigkeiten „enumerativ" regelt und dadurch begrenzt, so seien doch die gemeinschaftsrechtlichen Regelungsbefugnisse „zielbezogen" zu verstehen und zu handhaben. Im Rahmen des Art. 235 EGV bedarf es dazu einstimmiger Entscheidungen. Das gleiche galt für Maßnahmen der Rechtsangleichungspolitik nach Art. 100.

Selbstverständlich stellten und stellen sich bei der Anwendung all jener Grundsätze schwierige Abgrenzungsfragen, die entsprechende

Auslegungskontroversen nach sich ziehen. Solange jene Grundsätze aber im Grundsatz akzeptiert werden und der EuGH imstande bleibt, Zweifelsfälle verbindlich zu entscheiden, haben wir es mit einer supranationalen Rechtsordnung zu tun, die sich von den internationalrechtlichen Regeln zum Verhältnis von Völkerrecht und Landesrecht signifikant unterscheidet. Deshalb darf man dem europäischen Rechtssystem in der Strukturierung, die der EuGH ihm gegeben hat, den Status einer „constitutional charter“ zuschreiben (vgl. z.B. Stein 1981; Weiler 1991; Pernice 1993). Der EuGH hat sich für seine Leitentscheidungen nicht der Zustimmung der europäischen Nationen versichern können und regelmäßig nicht einmal das Plazet ihrer Regierungsvertreter gefunden (vgl. Stein 1981: 25). Ebensowenig konnte er auf die Zwangsmittel und Durchsetzungsgarantien eines supranational institutionalisierten Machtapparates setzen. Gestützt haben den EuGH die Generalanwälte am Gerichtshof und die Kommission sowie, nach einigem Widerstreben (vgl. Beutler u.a. 1994: 98ff.; Weiler 1993: 417ff.), die Gerichte der Mitgliedstaaten. Selbst derart grundlegende Veränderungen der Rechtssetzungsverfahren wie der Übergang zu Mehrheitsentscheidungen bei Maßnahmen zur Verwirklichung des Binnenmarktes nach Art. 100a gemäß der Einheitlichen Europäischen Akte (EEA) von 1987 und die damit verbundene Stärkung des Europäischen Parlaments haben die Qualität des Begründungsmodus für die Supranationalität des Europäischen Rechts nicht grundsätzlich geändert, sondern lediglich zu einer Umsetzung einzelner Bausteine des Systems und zu einer größeren Behutsamkeit bei seinem weiteren Ausbau geführt. So hat der EuGH die dem Europäischen Parlament zugewachsenen Mitspracherechte im Rechtsetzungsprozeß geschützt (EuGH 1990a, 1992a; vgl. schon EuGH 1980). Die Durchsetzung des sekundären Gemeinschaftsrechts wurde durch das Gebot einer „richtlinienkonformen Auslegung“ des nationalen Rechts (EuGH 1990b) und durch die Statuierung von Schadensersatzpflichten der Mitgliedstaaten gegenüber ihren Bürgern im Falle der Nichtumsetzung von Richtlinien (EuGH 1992b) unterstützt; eine „horizontale“ Direktwirkung nicht umgesetzter Richtlinien, die deren Anwendung von einem förmlichen Umsetzungsakt der Mitgliedstaaten unabhängig machen würde, hat der EuGH allerdings abgelehnt (EuGH 1994d).

Alle seine Aussagen zur Qualität und zu den Inhalten des Gemeinschaftsrechts hat der EuGH auf streng juridische Operationen gestützt. Nirgendwo finden sich Explikationen methodischer Prämissen oder verfassungstheoretische Überlegungen zu den Geltungsvoraussetzungen der „constitutional charter“ Europas. Wie stabil kann eine Verfassung sein, die sich als reines Rechtsprodukt darstellt?

2.2 *Das EG-System als Staatenverbund*

Für die Wahl eines streng juristischen Argumentationsstils durch den EuGH gibt es gute Gründe. Gewiß hat gerade die Distanz der fachjuristischen Begriffswelt von den Arenen der Politik die Konsensbildung auf der europäischen Ebene und die Einbindung der nationalen Rechtsakteure in das europäische System erleichtert. Aber der Bedeutungsgehalt des so entstandenen Rechts wirkt eben über seine Binnenstrukturen hinaus. Er muß dann Außenstehenden vermittelt werden und in einer Weise explizierbar bleiben, die den Rückfragen Betroffener standhält. In den Jahren des expansiven Wachstums des europäischen Rechts seit der Verabschiedung der EEA von 1987 hat es viele Anzeichen für eine Akzeptanzkrise gegeben (Joerges 1993: 495ff.). Es blieb allerdings dem BVerfG vorbehalten, dieses weithin spürbare Unbehagen sehr nachdrücklich auf seine Weise zu artikulieren. Die Entschiedenheit, mit der das BVerfG die tragenden Elemente des *acquis communautaire* aufgekündigt hat, setzen das europäische Recht unter einen gewiß unabweisbaren Explikations- und Rechtfertigungsdruck – ob die Art der Kritik des BVerfG konstruktiv Auswirkungen haben kann, ist eine andere Frage.

2.2.1 Umqualifizierungen

Die Aussagen des BVerfG zur „Gestalt" der Europäischen Union und der Gemeinschaft sind juristisch auffällige Warnsignale. Den allenthalben üblichen Terminus „Gemeinschaft" vermeidet das Gericht. Es handele sich bei der Union um einen „Staatenverbund" – einen „Verbund demokratischer Staaten", der „eben keine staatliche Einheit" sei (BVerfG 1994: C 1, C II 1 a, C II 2 b1 u. C II 3 d). Den Topos „Staatenverbund" hat der Berichterstatter des 2. Senats, Paul Kirchhof, zur Kennzeichnung einer Organisationsform „zwischen Staatenbund und Entstaatlichung der Mitgliedstaaten" empfohlen, ohne damit den Anspruch einer endgültigen rechtlichen Inhaltsbeschreibung zu verbinden (Kirchhof 1992: 859ff.). Diese Unbestimmtheit hindert das Gericht aber nicht, die Bedeutung seines Grundbegriffs nach mehreren Richtungen sehr deutlich zu operationalisieren.

(1) *Suprematie*: Eine der Nagelproben für die Bedeutung des Verbund-Begriffs ist seine „Anwendung" auf das Verhältnis des europäischen zum nationalen Recht. Das bislang herrschende Verständnis umschreibt der Begriff der „Suprematie" des europäischen Rechts. Er

hat eine sachliche und eine institutionelle Dimension. Sachlich geht es zum einen um den Geltungsvorrang des europäischen gegenüber dem nationalen Recht, zum anderen aber auch immer um die Frage, in welchem Umfang das europäische Recht eben durch seine Qualität als Recht politische Gestaltungsfreiheiten der Mitgliedstaaten einschränkt und den EG-Bürgern unmittelbar Rechte gewährt. Institutionell bezeichnet Suprematie zunächst einmal den Umstand, daß europäische Rechtsakte ohne Ratifikationsverfahren Verpflichtungswirkungen in den Mitgliedstaaten entfalten. Darüber hinaus geht es um die Zuweisung von Auslegungsbefugnissen in Fällen, in denen der Gehalt jener Verpflichtungen umstritten ist.

In allen Dimensionen geht das BVerfG zu dem bislang herrschenden Verständnis auf Distanz. Die sachlich aufschlußreichste Passage findet sich im Kontext der Stellungnahme zu Mehrheitsentscheidungen, die das Gericht als strukturelle Voraussetzung für die Integrationsfähigkeit der Mitgliedstaaten grundsätzlich akzeptiert, um sogleich hinzuzufügen: „Allerdings findet das Mehrheitsprinzip gemäß dem aus der Gemeinschaftstreue folgenden Gebot wechselseitiger Rücksichtnahme eine Grenze in den Verfassungsprinzipien und elementaren Interessen der Mitgliedstaaten“ (C II a a.E.). Mit dem Rücksichtnahmegebot erläutert das Gericht sein eigenes Verständnis des Begriffs der Rechtsgemeinschaft (vgl. auch C II 2 b d2(2)) und begrenzt die Geltungsansprüche des europäischen Rechts durch das nationale Verfassungsrecht. Der Verweis auf „elementare Interessen der Mitgliedstaaten“ geht über die im europäischen Recht – namentlich in Art. 100a Abs. 4 EGV – positiv anerkannten Rechte zu einem „nationalen Alleingang“ hinaus. Er stellt die Verrechtlichung der Beziehungen zwischen Gemeinschaft und Mitgliedstaaten als solche in Frage. Welche „Interessen“ für die Bundesrepublik von „elementarer Bedeutung“ sind, kann und soll offenbar nur diese selbst bestimmen – es handelt sich mithin um einen politisch definierten Vorbehalt, bestenfalls, wie seinerzeit im Luxemburger Kompromiß von 1966, um ein „agreement not to agree“.

(2) *Kompetenzen*: Die Weigerung des BVerfG, eine Kompetenz des EuGH zur Bestimmung der Grenzen der EG-Kompetenzen anzuerkennen, betrifft ein neuralgisches Konstruktionselement des europäischen Rechts. Die Schwierigkeit, diese Grenze zu erkennen, ist in der Form der Kompetenzzuweisungsregeln selbst angelegt. Diese werden auf der einen Seite „sachlich“ umschrieben und lassen sich insoweit als „enumerative“ Einzelermächtigungen deuten (Art. 3 u. 4 EWGV,

bestätigt durch Art. E EUV, Art. 3 b I 4 EGV). Andererseits wurden die Befugnisse zur Rechtsangleichung nach Art. 100 EWGV bloß „funktional“, nämlich durch das Ziel der „Errichtung oder des Funktionierens des Gemeinsamen Marktes“ umschrieben. Darüber hinaus heißt es in Art. 235 EGV lapidar, daß, wenn „ein Tätigwerden der Gemeinschaft erforderlich“ erscheint, der Vertrag aber die „erforderlichen Befugnisse“ nicht vorsieht, „der Rat einstimmig auf Vorschlag der Kommission und nach Anhörung des Europäischen Parlaments die geeigneten Vorschriften“ erläßt. Die Bereitschaft des EuGH, bloß funktional begründete Rechtssetzungsbefugnisse abzusegnen – und so insbesondere die Aktivitäten der Gemeinschaft im Umwelt- und Verbraucherschutz zu verteidigen – konnte sich bis zum Jahre 1987 auf die Zustimmung aller Mitgliedstaaten stützen. Nach der Einführung der qualifizierten Mehrheitsregel für die Maßnahmen zur Verwirklichung des Binnenmarktes in Art. 100a – und den Ausweitungen der Mehrheitsregel im Vertrag von Maastricht – ist diese Schranke gegen unerwünschte Kompetenzausweitungen gefallen. Das neue Subsidiaritätsprinzip des Art. 3b bietet hier keinen klaren rechtlichen Halt, weil das danach entscheidende Kriterium, welche Ebene eine Aufgabe „besser“ wahrnehmen kann, rechtlich nicht faßbar ist (Dehousse 1994: 107ff.).

Mit jeder Zuweisung von Kompetenzen an europäische Entscheidungsträger erodiert die Handlungsfähigkeit des Nationalstaats weiter. Diesem Verlust steht nun allerdings auch ein Gewinn von Handlungsspielräumen gegenüber, die sich nicht mehr einseitig („national“) wahrnehmen lassen. Der Streit um die Grenzen der EG-Kompetenzen ist die rechtliche Ausdrucksform dieser Verlust- und Gewinnrechnung. Die Vorbehalte des BVerfG gegenüber bloß funktional begründeten Kompetenzausweitungen sind ebensogut nachvollziehbar wie die Skepsis gegenüber dem Subsidiaritätsprinzip. Der Ausweg, den das BVerfG sucht, ist eine Rehabilitation des nationalen Verfassungsstaates. Es sei das deutsche Zustimmungsgesetz zum Vertrag von Maastricht, das die Abgabe von Hoheitsrechten trage und begrenze, und es sei die Aufgabe des BVerfG, die Beachtung jenes Gesetzes zu überwachen und so die Integrationspolitik in ihre Schranken zu verweisen (C I 2 a u. 3).

2.2.2 Legitimation

Die Vorbehalte gegenüber dem Suprematieanspruch des europäischen Rechts und die Verteidigung eigener Prüfungskompetenzen konturieren das Theorem vom „Staatenverbund“. Sie werden aber erst verständlich, wenn man sie in dem Begründungskontext des BVerfG liest. Dieser Begründungskontext bildet den – „transdisziplinären“ – Kern des Urteils. Drei Bezugspunkte lassen sich dabei unterscheiden.

(1) *Demokratie*: Den Zugang zur sachlichen Prüfung des Maastrichter Vertrages hat das BVerfG sich über eine Interpretation des Art. 38 GG erschlossen, die das in dieser Vorschrift verbürgte Wahlrecht mit Hilfe des Demokratiegebots „materialisiert“. Art. 38 gewährleiste „das subjektive Recht, an der Wahl des Deutschen Bundestages teilzunehmen und dadurch an der Legitimation der Staatsgewalt durch das Volk auf Bundesebene mitzuwirken und auf ihre Ausübung Einfluß zu nehmen“ (B 1a). Dieser Deutung des Wahlrechts als „Anspruch auf Existenz in einer demokratisch verfaßten Staatlichkeit“ (Ipsen 1994: 2) läßt sich leicht eine die Form des Nationalstaats konservierende Wendung geben. Man kann ihr eine Art Abwehrrecht gegen die Anerkennung und Umsetzung „fremder“, nicht von innerstaatlichen Entscheidungsträgern legitimierten „Hoheitsakten“ entnehmen. Wie aber verträgt sich ein solches Verständnis mit der Integrationsoffenheit der Bundesrepublik, die in Art. 24 und jetzt in Art. 23 GG verankert ist? Aber auch die Gegenstandsbereiche jenes Rechts bedürfen der Präzisierung. Gehören zum Recht auf demokratische Existenz auch die verfassungsstaatlichen Möglichkeiten, eine Sozialbindung der Wirtschaft zu gewährleisten? Gibt es Abwehrrechte gegen soziale Folgewirkungen fremder Hoheitsakte?

(2) *Integration*: Schon vor dem Maastrichter Vertrag hatte die in der Vergangenheit auf den Art. 24 GG als „Integrationshebel“ (Ipsen 1972: 58) gestützte Übertragung von Hoheitsrechten an die EG Kopfzerbrechen bereitet (vgl. Schilling 1990): Welche Schranken setzen die in Art. 79 Abs. 3 GG für unabänderlich erklärten Prinzipien und Regeln der Integrationsgewalt des Bundes? Die Stellungnahme des BVerfG zu der Kollision zwischen der Selbstbindung und der Offenheit des Verfassungsrechts ergibt sich aus seinem Verständnis des Demokratieprinzips. Dieses Prinzip verlange, daß die Wahrnehmung von Hoheitsbefugnissen „sich auf das Staatsvolk zurückführen“ lasse (C I 2 vor a). Dies schließe die Mitgliedschaft in einer „zu eigenem hoheitlichen Handeln befugten Staatengemeinschaft“ nicht aus, bedeute jedoch, daß die Befugnisse jener Gemeinschaft begrenzt bleiben und dem Repräsentativorgan des Staatsvolkes „hinreichende Aufgaben von substantiellem politischen Gewicht“ belassen werden (C II 3): „Vermitteln die Staatsvölker – wie gegenwärtig – über die nationalen Parlamente demokratische Legitimation, sind ... der Ausdehnung der Aufgaben und Befugnisse der Europäi-

schen Gemeinschaften vom demokratischen Prinzip her Grenzen gesetzt. Jedes der Staatsvölker ist Ausgangspunkt für eine auf es selbst bezogene Staatsgewalt. Die Staaten bedürfen hinreichend bedeutender Aufgabenfelder, auf denen sich das jeweilige Staatsvolk in einem von ihm legitimierten und gesteuerten Prozeß politischer Willensbildung entfalten und artikulieren kann" (C I 2 b b2).

Das Theorem vom Staatenverbund ist mithin als eine normativ gefaßte Bestandsanalyse zu verstehen, die Entwicklungsmöglichkeiten des europäischen politischen Systems aufzeigt und eingrenzt. Mit dieser Eingrenzung möchte das BVerfG das Demokratieprinzip mit der Integrationsoffenheit des Grundgesetzes ins Gleichgewicht bringen. Die Gleichgewichtsbedingung schreibt es nicht unabänderlich fest, konzipiert sie aber doch so, daß sie als Wachstumshemmnis wirken muß. Dies geschieht durch die Rückbindung der politischen Demokratie an die Organisationsform des Nationalstaats.

(3) *Staatsvolk: Herder vs. Kant*: Die einschlägigen Aussagen des BVerfG sind allerdings schwer zu dechiffrieren, weil das Urteil durchaus offene, auf eine Fortentwicklung des politischen Systems der EG setzende Passagen enthält, andererseits aber die Verbindung von Demokratie und Nationalstaat derart konstruiert, daß eine „demokratiekonforme" Supranationalität undenkbar wird. Beides geschieht im Namen einer „Materialisierung" des Demokratieprinzips, die dessen „vorrechtliche Voraussetzungen" benennt und sie zugleich als Rechtsbedingung faßt (C I 2 b b1). Für die demokratische Legitimation der Staatsgewalt sei einerseits die Gewährleistung politischer Diskurse („eine ständige freie Auseinandersetzung zwischen sich begegnenden sozialen Kräften, Interessen und Ideen", C I 2 b b1) konstitutiv. Diesen Anforderungen genügt das politische System der EU nicht. Immerhin bleibt wenigstens denkbar, daß dereinst die politischen Ziele der europäischen Institutionen nicht mehr „in die Nationen vermittelt werden" müssen, wenn der Prozeß der Ausbildung einer „öffentlichen Meinung in Europa" voranschreitet. Eine wirkliche Rechtsschranke errichtet das BVerfG erst dadurch, daß es das Demokratiegebot „volksdemokratisch" (Bryde 1994) versteht und ihm dabei einen prinzipiell nicht europäisierbaren Sinn unterstellt. Die „Staatsvölker" sollen „entfalten und artikulieren", was sie „– relativ homogen – geistig, sozial und politisch verbindet" (C I 2 b b2). Hermann Heller, auf den das Gericht sich hierbei bezieht, hatte seinerzeit „einen gewissen Grad von sozialer Homogenität" als Voraussetzung für die Selbstbehauptung des parlamentarischen Systems der Weimarer Republik bezeich-

net (Heller 1928: 427f.; vgl. zur Interpretation Böckenförde 1987: 348ff.; Bryde 1994: 311f.). Der Homogenitätsappell des BVerfG ist nicht durch die Krisenlage der Weimarer Republik motiviert und weckt eben deshalb andere Konnotationen. Die wirtschaftliche und soziale Problemlösungsfähigkeit des Nationalstaates ist gründlicher erodiert – und seine innereuropäische Friedfertigkeit weiter gestiegen – als man sich dies zu Hellers Zeiten vorstellen konnte. Zu den supranationalen normativen Prinzipien, die diesen Erosionsprozeß begleitet haben, gehören dezidiert anti-nationalstaatliche Vorgaben wie das Diskriminierungsverbot des Art. 6 (früher 7) EGV und die anti-protektionistische Vorschrift des Art. 30 EGV. Daß Rechtsprinzipien mit universalistischem Gehalt und die europarechtliche Domestizierung der Außenwirtschaftspolitik die Autonomie der Nationalstaaten begrenzen können und sollen, hat das Gericht gewiß nicht übersehen. Die Problematik seines Theorems vom Verbund in sich „relativ homogener" Staaten bleibt, daß es den Verfassungsstaat nur retrospektiv als nicht durch Rechtsprinzipen integrierbaren Nationalstaat in den Blick nimmt. Wie bei allen rechtswissenschaftlichen Leitvorstellungen zum EG-System handelt es sich bei dem Theorem vom Staatenverbund mithin um ein Amalgam aus empirisch nachvollziehbaren Beobachtungen, abstrakten theoretischen Konzepten und normativ gefaßten, Recht und Politik bindenden Vorgaben. Die These, daß sich der europäische Zusammenschluß – derzeit und bis auf weiteres – als ein Bund staatlich organisierter Völker darstelle, ist eine rechtlich-konzeptionelle Rekonstruktion, die den Ausbau supranationaler Kompetenzen beschränkt, ein Verfassungsgebot der Verteidigung nationaler Rechtstraditionen und Interessen statuiert und deshalb eine mit dem EuGH konkurrierende Prüfungskompetenz des BVerfG begründet. Daß gerade auch diese Form der Verteidigung des Nationalstaats im Namen des Demokratiegebots die Handlungsfähigkeit des bloß nationalstaatlich organisierten Verfassungsstaates schwächt und damit diesen selbst in Frage stellt, ist eine ironische Konsequenz, auf die noch zurückzukommen sein wird.

2.3 Transdisziplinäre Fragen

Im Rechtsstreit zwischen dem EuGH und dem BVerfG geht es um Tiefenstrukturen des europäischen Rechts und des deutschen Verfassungsrechts. Das Theorem vom Staatenverbund, mit dem das BVerfG den europäischen Zusammenschluß rechtlich erfassen will, ist nach seiner Herkunft und Ausrichtung „einseitig" in dem Sinne, daß es die übernationalen Bindungen der Bundesrepublik als ein Problem ihrer Bindungsfähigkeit behandelt und an den Maßstäben des eigenen Verfassungsrechts mißt. Demgegenüber handelt es sich bei der Rechtsgemeinschaft des EuGH um eine supranationale Konstruktion, für die es auf Unterschiede zwischen den Verfassungsstaaten nicht ankommt. Die Geltungsansprüche des nationalen und des supranationalen Rechts haben ihre je eigene „Legitimität" – und die Vermittlung zwischen beiden ist das Kernproblem der Verfassung Europas. Die normativen Dimensionen von Rechtsproblemen dieses Zuschnitts sind juristisch nicht explizierbar, geschweige denn „lösbar". Sie lassen sich ebensowenig „sozialwissenschaftlich" klären. Dennoch wäre es voreilig, die Art ihrer rechtspraktischen Erledigung auf sich beruhen zu lassen. Die Verankerung des „Demos" im „Ethnos", die das BVerfG in das GG hineinliest, ist explikationsfähig und kritikbedürftig. Die Supranationalität des europäischen Rechts, die der EuGH den Verfassungsstaaten vorgeordnet hat, ist ebenso explikationsbedürftig und derzeit noch kaum rechtfertigungsfähig.

Wer all dies anerkennt und sich daher den Streit um das Verfassungsrecht des europäischen Zusammenschlusses nur als unerledigten Diskurs vorstellen kann, muß erst recht auf eine sozialphilosophische und interdisziplinäre Öffnung der Rechtswissenschaft drängen: Es fördert die Transparenz rechtlicher Auseinandersetzungen, wenn sie sozialtheoretisch rekonstruiert und mit sozialwissenschaftlichen Analysen konfrontiert werden. Es mindert die Überzeugungskraft rechtlicher Konzeptualisierungen, wenn sich ihre Voraussetzungen als unrealistisch erweisen oder sich Implikationen aufzeigen lassen, die ihre normativen Versprechungen diskreditieren. Aber die Blickrichtung läßt sich auch umkehren. Sozialwissenschaftliche Analysen der europäischen Institutionen müssen damit rechnen, daß die normative Qualität des Rechts zu seinen Wirksamkeitsbedingungen gehört – wie schwierig auch immer diese Wirkung zu quantifizieren sein mag.

Der Streit um die rechtliche „Gestalt" Europas ist derart vielschichtig, daß es allzu billig wäre, sozialwissenschaftlichen Analysen des europäischen Rechts die Vernachlässigung dieser oder jener Problemdimension vorzuwerfen. Dies ist denn auch nicht die Absicht der folgenden Übersicht. Es geht lediglich um Belege für die Behauptung, daß sich sozialwissenschaftliche Rechtsanalysen, die das Gelingen einer Verrechtlichung entschlüsseln wollen, in den normativen Diskurs um die richtige Verfassung Europas verstricken müssen.

(1) *Wirkungsanalysen*: Sozialwissenschaftler, die sich für Rechtsprogramme und spezifisch rechtliche Konfigurationen interessieren, spezialisieren sich regelmäßig auf die Wirkungen des Rechts. Dies geschieht namentlich in der Implementationsforschung, die im europäischen Rechtssystem ein kaum ausschöpfbares Betätigungsfeld findet. Im Ergebnis bewirkt die Implementationsforschung eine Art Entzauberung des Rechts. Sie begnügt sich nicht, wie dies Juristen tun können, mit der „Anwendung" von Rechtsregeln; sie zeigt, daß die politisch intendierten Wirkungen rechtlicher Programmen immer nur unvollkommen erreicht werden, daß im Rechtssystem selbst nicht vorgesehene Einflußfaktoren die Programmverwirklichung stören und verändern, daß all dies gemeinhin mit unerledigten Problemen der Programmformulierung zusammenhängt. Das Rechtssystem kann aus all dem lernen, wie es sein eigenes Instrumentarium verbessern muß; soweit dies nicht genügt, kann auf anderweitige Abhilfe durch das politische System gedrungen werden.

Pionierarbeiten zur Implementation des europäischen Rechts haben sich an die Muster der nationalen Implementationsforschung angelehnt, um dann rasch ihre Aufmerksamkeit den spezifischen institutionellen Bedingungen des EG-Systems zuzuwenden – der Abhängigkeit des Gemeinschaftsrechts von seiner „Implementation" durch die Mitgliedstaaten, der Schwäche der europäischen Verwaltungskompetenzen und der Knappheit administrativer Ressourcen der Kommission, den Grenzen der Kontrollbefugnisse des EuGH und seiner Abhängigkeit von den Gerichten der Mitgliedstaaten, insgesamt also von Bedingungen, die es a priori ausschließen sollten, der Implementationsforschung hierarchisch aufgebaute Modelle zugrunde zu legen (Azzi 1985; Krislov/Ehlermann/Weiler 1986: 61ff.; Siedentopf/Ziller 1988; Weiler 1988: 342ff.; Plett/Meszhievitz 1991). All dies kann das Rechtssystem über sich selbst aufklären, z.B. über die zunehmende Rolle des „soft law" (Snyder 1994), über die Rolle des Ausschußwesens (Joerges 1991b: 428ff.) und auch Rechtssprechungsanalysen, die institutionelle Gründe für doktrinelle Innovationen benennen und zugleich deren praktischen Schwächen aufzeigen[1].

Das signifikanteste Merkmal des europäischen Implementationsprozesses ist damit immer schon mit angesprochen: der Umstand nämlich, daß die Durchsetzung von politisch-rechtlichen Programmen nicht durch eine supranationale Sanktionsgewalt gewährleistet wird.

1 Vgl. Snyder 1993a: 40ff. am Beispiel des Gebots der gemeinschaftskonformen Auslegung nach EuGH 1990b und der Staatshaftung der Mitgliedstaaten im Falle der Nichtumsetzung von Richtlinien nach EuGH 1992b.

Deshalb verdient nicht so sehr die Nicht-Implementation, als vielmehr die Wirksamkeit des Rechtsmechanismus und die Wahl der Rechtsform als Handlungsinstrumentarium Beachtung. Deshalb hat aber auch die Implementationsproblematik für die Gemeinschaft eine sehr viel fundamentalere Bedeutung als der rechtliche Ungehorsam innerhalb des Nationalstaats. Die Nicht-Beachtung des Gemeinschaftsrechts bedeutet, daß die EG nicht als supranationales Rechtssystem fungiert. So erklärt sich, warum die Kommission der Umsetzung des Gemeinschaftsrechts zwar höchste Priorität einräumt, sich aber auch gern mit der bloß formalen Umsetzung von Richtlinien zufriedengibt (Snyder 1993a: 22ff.). Man wird dann auch verstehen, warum der EuGH in seinen Urteilen peinlich auf eine strikt rechtliche Argumentation bedacht ist und die Klugheit bewundern, mit der er die Implementationsbereitschaft der Mitgliedstaaten doktrinell absichert (meisterhaft zuletzt EuGH 1994a). Spätestens dann, wenn die Implementationsforschung sich auf die Suche nach Abhilfemöglichkeiten für Implementationsdefizite einläßt, muß sie sich deshalb in die Auseinandersetzung um die institutionellen Strukturen der EG verstricken. Und wenn sie dem EuGH raten wollte, wie er die Beachtung seiner Urteile absichern kann, so müßte sie ihn immer auch dazu mahnen, seine nationalstaatlichen Interaktionspartner von der Sachgerechtigkeit supranationaler Rechtsregeln und der Unparteilichkeit seiner Urteile zu überzeugen.

(2) *Erklärungen*: Massiver noch als die Implementationsforschung stellen sozialwissenschaftliche Erklärungen von Institutionen und Normen das Selbstverständnis einer auf ihre Eigenständigkeit vertrauenden Jurisprudenz in Frage. Allerdings hängt das Ausmaß der Diskrepanzen von den jeweiligen Erklärungsansprüchen ab. Holistische Ansätze, die real-ökonomische Prozesse oder grundlegende gesellschaftliche Strukturen als Bestimmungsfaktoren des Rechts behandeln, können diesem selbst kaum eine eigene strukturierende Bedeutung zuweisen oder müssen, wenn sie eine relative Autonomie des Rechts annehmen, sehr lange und verschlungene Erklärungswege von den in letzter Instanz maßgeblichen Faktoren zu Politik und Recht – und umgekehrt – zurücklegen. Die Systemtheorie, für deren subtile Qualifikationen der Autopoiesis des Rechtssystems das europäische Recht eine Nagelprobe abgeben könnte, hat diesen Testfall noch nicht durchgespielt[2]. Dies wird sich noch ändern. Einstweilen aber bewegen

2 In der Analyse von Münch (1993: 133ff.) hat die normative Integration der Gesellschaft einen zentralen Stellenwert. So kann Münch desintegrative Wir-

sich sozialwissenschaftliche Rechtsanalysen im Rahmen der Integrationstheorien oder übernehmen Theoriemuster aus dem Bereich der Internationalen Beziehungen.

An die neofunktionalistische Integrationstheorie, die im Zuge der Erfolge der europäischen Binnenmarktprogrammatik der achtziger Jahre ohnehin neue Resonanz gefunden hatte, haben kürzlich Burley und Mattli (1993: 52ff.) angeknüpft. Ihre Botschaft lautet: Die Integrationskraft des Rechts sei nicht diesem selbst, sondern dem Umstand zuzuschreiben, daß der institutionelle Rahmen des EWGV die Ausbildung eines Geflechts supranationaler und nationaler Akteure begünstigt habe, deren Interesse an europäisierten Rechtsstrukturen rein utilitaristisch erklärbar sei. Die sich auf sich selbst beschränkende „unpolitische" Begründungslogik des Supranationalismus habe die auf das europäische Recht spezialisierten Gerichte, Praktiker und Akademiker zu einer neofunktionalistischen Interessengruppe par excellence zusammengefügt. „From this perspective, law functions both as a mask and a shield. It hides and protects the promotion of one particular set of objectives against contending objectives in the purely political sphere" (Burley/Mattli 1993: 72). Diese Erklärung führt zu strategischen Konsequenzen: Der Juristenverbund werde (solle?) seine Kanones hochhalten, um seinen Einfluß zu bewahren und auszubauen.

Es scheint verführerisch, demgegenüber einfach auf ein Faktum wie das Urteil des BVerfG zu verweisen. Wichtiger und konstruktiver dürfte es indessen sein, dem Erklärungsdilemma des Neofunktionalismus nachzugehen. Dieses Dilemma resultiert offenbar daraus, daß ein letztlich utilitaristischer Erklärungsansatz die Transformation von Interessenkonfigurationen in institutionelle und normative Inhalte nicht zureichend erklären kann – und so den normativen Eigensinn juristischer Vorstellungswelten verfehlt. Dieser Einwand soll nicht etwa besagen, daß Sozialwissenschaftler innerrechtliche Begründungsdiskurse zu übernehmen hätten, wohl aber, daß ihre Erklärungen den Prozeß der Generierung von Institutionen und Regeln so konzeptualisieren müßten, daß darin normative Diskurse ihren Stellenwert behalten.

(3) *Rationalitätskriterien*: Entsprechende Theorieangebote gibt es. Sie reichen von der institutionellen Ökonomie und den public choice-Schulen (Vaubel/Willett 1991; Petersmann 1991) über die Regime-

---

kungen der Europäisierung des Rechts in den Mitgliedstaaten und die hieraus resultierenden Folgeprobleme diskutieren (vgl. besonders 157ff.); hierauf ist unten zurückzukommen.

Forschung und Spieltheorie (Kohler-Koch 1989; Keck 1991) bis hin zu der Aggregation von Bedingungen und Perspektiven der Integration in politikwissenschaftlich-staatstheoretischen Modellen (Schmitter 1992: 398ff.) und in „Leitbildern" der Europapolitik (Schneider 1986). Zürn (1992: 26ff.) hat im Rahmen seiner Auseinandersetzung mit dem Stand der theoretischen Diskussion in den Internationalen Beziehungen einen Gesichtspunkt herausgearbeitet, der für die interdisziplinäre Anschlußfähigkeit von Rechts- und Sozialwissenschaften wichtig ist: Wenn es im Rahmen einer erklärenden Theorie notwendig ist, von „realen" Handlungsbedingungen und „wirklichen" Motiven der Akteure zu abstrahieren, so muß die Theorie gleichwohl systematische Reduktionismen vermeiden. Auf Seiten der Rechtswissenschaft läßt sich jedenfalls eine Umsetzung von innertheoretisch durchaus einsichtigen Rekonstruktionen sozialen Handelns in politisch-strategische Empfehlungen leicht als sozialwissenschaftlicher Imperialismus zurückweisen.

Um diesen Vorbehalt am Beispiel einer den rational-choice-Ansatz mit der Spieltheorie kombinierenden Erklärung des institutionellen Systems der EG durch Geoffrey Garrett (1992: 540ff.) zu erläutern: Garrett führt den Erfolg der Jurisprudenz des EuGH darauf zurück, daß diese den rational rekonstruierbaren Interessenlagen der wichtigsten Akteure entsprochen habe. Das neofunktionalistische Monitum lautet, diese Erklärung könne die Widerstände gerade der Regierungen gegen die Konstitutionalisierung der EG nicht erklären (Burley/Mattli 1993: 51). Mir erscheint der Ansatz von Garrett die Ausbildung der europäischen Institutionen und die Delegation von Entscheidungsbefugnissen an den EuGH schon deshalb angemessener zu erfassen, weil er die Unbestimmtheiten von Interessenlagen und die Unausweichlichkeit von normativen Festlegungen berücksichtigt (vgl. auch Garrett/Weingast 1993). Hinzuzufügen ist allerdings, daß der normative Sinn des Projekts einer Konstitutionalisierung Europas über die Interessenkonfigurationen und Ideen zur Verwirklichung des Binnenmarktes hinausweist. Für die Staaten bedeutet das EG-„Regime" ganz allgemein, daß sie ihre Souveränitätsrechte einschränken, die Wahrnehmung ihrer Interessen an allgemeinverbindliche und unmittelbar geltende Rechtsprinzipien binden und sich einer Überprüfung der Kompatibilität ihres Handelns mit jenen Prinzipien durch eine unabhängige Instanz aussetzen. In ihrem Kerngehalt bedeutet die Supranationalität des EG-Rechts nichts Geringeres als die Verfestigung normativ einsichtiger Prinzipien mit Hilfe positiv geltenden Rechts. Gewiß verändern sich die realen Bedingungen, Handlungszwänge und

Interessen, und die normativen Implikationen jenes Projekts müssen immer spezifiziert werden. „Faktizität und Geltung" sollten im supranationalen Recht aber derart aufeinander bezogen bleiben, daß Verfahrensregeln und gemeinschaftsrechtliche Prinzipien den Prozeß der Artikulation und Durchsetzung von Interessen strukturieren können.

Eine definitive Antwort auf die Frage, ob die Rechtsgemeinschaft gegenüber dem Staatenverbund „im Recht" ist, erlauben all diese Überlegungen gewiß nicht. Sie zeigen eher, warum die Auseinandersetzung um die Verfassung Europas offen gehalten werden muß. Die Gemeinschaft kann und darf ihr Verhältnis zu den Mitgliedstaaten nicht hierarchisch definieren und die eigenen Suprematie-Ansprüche nach Belieben ausdehnen. Umgekehrt dürfen die Mitgliedstaaten nicht ihr eigenes Recht zum Maßstab der Geltung des die Gemeinschaft konstituierenden Rechts machen. Juristen, die dieses Dilemma sehen, suchen deshalb nach einer „sachgerechten Abstimmung und Zuordnung" beider Rechtsmaterien (Schwarze 1993: 591), die durch konstitutionelle Prinzipien einer den Verfassungsstaat und seine supranationalen Bindungen umfassenden Gesamtordnung strukturiert werden soll (Thürer 1991: 122ff.). Sozialwissenschaftler und auch Juristen wissen, daß der Verzicht auf hierarchische Strukturen keineswegs die Generierung von normativen Institutionen ausschließt (Zürn 1992: 153ff.; Schuppert 1994: 66ff.). Solche abstrakten Hoffnungen bedürfen nun allerdings der Konkretisierung. Eine ihrer Bewährungsproben bildet die Wirtschaftsintegration.

3. Europäisierung des Wirtschaftsrechts

Die EWGV von 1957 hat den europäischen Einigungsprozeß über die Öffnung der Grenzen in Gang gebracht. Dabei gilt das Projekt der Wirtschaftsintegration und der Verwirklichung eines „Gemeinsamen Marktes" gewiß als eine politische Programmatik. Aber deren Rückwirkungen auf die innerstaatlichen Verhältnisse und die politische Souveränität der europäischen Nationalstaaten blieben unbestimmt. Mittlerweile sind die ambivalenten Folgen der Erosion der wirtschaftspolitischen Handlungsfähigkeit des Nationalstaats in das allgemeine politische Bewußtsein getreten und bilden ein Schwerpunktthema politikwissenschaftlicher Analysen und der rechtswissenschaftlichen Diskussion um die Verfassung Europas. Dies allein nötigt dazu, in einem Beitrag zur Rolle des Rechts im Integrationsprozeß der Bedeutung gerade des Wirtschaftsrechts nachzugehen. Wiederum sind dabei nun allerdings thematische Einschränkungen und Vorstrukturierungen unvermeidlich. Der im folgenden gewählte Einstieg über die Aussagen des BVerfG zum verfassungsrechtlichen Stellenwert der Wirtschaftsintegration soll die kritischen Anmerkungen zu diesem Urteil vervollständigen (3.1). Er soll aber auch auf eine alternative Problemstellung vorbereiten, die einen gemeinsamen Bezugspunkt für politikwissenschaftliche Analysen der regulativen Politik in Europa und für rechtswissenschaftliche Analysen der Europäisierung des Wirtschaftsrechts bilden könnte (3.2 und 3.3).

3.1 Europäische Wirtschaft und nationaler Staat

In der verfassungsrechtlichen Kritik des Vertrages von Maastricht ist immer wieder geltend gemacht worden, in der Europäischen Union werde die Bundesrepublik ihre Qualität als Staat verlieren und zum Gliedstaat einer europäischen Föderation herabgesetzt. Diese These stützte sich nicht bloß auf die Preisgabe der nationalen Währungssouveränität, sondern ebenso auf die Inanspruchnahme immer neuer Regelungskompetenzen durch die EG (vgl. nur Murswiek 1993: 187 sowie die Übersicht bei Steindorff 1992: 13ff.). Die Argumentation der Beschwerdeführer, daß der Verfassungsstaat in seiner Fähigkeit zur politischen Gestaltung der Lebensbedingungen seiner Bürger betroffen sei, wenn er seine Kompetenzen im Wirtschaftsrecht aufgebe, hat das BVerfG nicht beeindruckt. Seine Replik lautet einfach: Von einer Staatswerdung Europas könne schon deshalb nicht die Rede sein, weil die europäischen Kompetenzen, „soweit sie durch Wahrnehmung von Hoheitsrechten ausgeübt werden, im wesentlichen Tätigkeiten einer Wirtschaftsgemeinschaft“ bleiben (C II 1 a).

Ungleich ausführlicher ist die Auseinandersetzung des Gerichts mit den Vereinbarungen zur Währungsunion. Nach der Gesamtanlage seiner Argumentation mußte das BVerfG auch hier prüfen, wie sich das projektierte Europäische Währungssystem zu den Geboten der eigenen Verfassung verhält. Nun hat allerdings das GG die innerstaatliche Währungsverfassung nicht explizit geregelt. Es sah in Artikel 88 lediglich die Einrichtung einer Zentralbank vor, deren Unabhängigkeit dann durch das Bundesbankgesetz von 1957 gewährleistet wurde. Seither befaßt sich die verfassungsrechtliche Diskussion mit der Frage, wie sich die Überantwortung der nicht durch Rechtsregeln kontrollierten Währungspolitik an eine politisch unabhängige Institution mit den allgemeinen Prinzipen des Verfassungsstaates vertrage (vgl.

Ladeur 1993). Diese Diskussion resummiert das BVerfG nur sehr knapp: Die „Modifikation des Demokratieprinzips", mit der die Währungpolitik gegen kurzsichtige Interessen und Pressionen abgeschirmt werde, habe sich bewährt und sei „vertretbar" (C II 3 a).

Für das „Außenverhältnis" besagt der durch das Gesetz zur Änderung des GG v. 21.12.1992 eingefügte Art. 88 S. 2, daß die Aufgaben der Bundesbank einer Europäischen Zentralbank übertragen werden können, „die unabhängig und dem vorrangigen Ziel der Preisstabilität verpflichtet" ist. Spannungen zwischen dem supranationalen und dem innerstaatlichen Recht ergeben sich einmal daraus, daß der EGV als *traité loi* die Institutionalisierung der Währungspolitk stärker als das GG gegen demokratisch legitimierte Entscheidungsprozesse abschottet – zu dieser Steigerung der Autonomie der Währungspolitik nimmt das BVerfG nicht Stellung. Darüber hinaus kann sich die Verselbständigung der europäischen Währungspolitik nicht auf einen in Jahrzehnten der Bewährung gewachsenen sozialen und wissenschaftlichen Konsens stützen – auf „vorrechtliche Voraussetzungen" also, die in der Bundesrepublik die institutionelle Autonomie der Bundesbank und die Ausrichtung ihrer Währungspolitik abstützen. Anders als bei seiner Auseinandersetzung mit den Demokratiedefziten der EU sieht das BVerfG von dem Versuch ab, die Bedingungen für die „Funktionsfähigkeit" der Währungsunion zu spezifizieren. Stattdessen erklärt es die Zusammenhänge zwischen Währungs- und Wirtschaftspolitik für kontingent und politisch entscheidbar (C II 2 f). Gerade dadurch wird nun aber die Politik indirekt in die Pflicht genommen: Dem Bundestag stehe nach den Maastrichter Vereinbarungen das Recht zu, vor dem Eintritt in die dritte Stufe der Währungsunion die Beachtung der vertraglich festgelegten Stabilitäts- und Konvergenzbedingungen zu prüfen – und bei dieser Prüfung sollen dann eigene Festlegungen zum Tragen kommen (C II 2 d d2 (3)). Und wenn die Währungsunion sich „nicht kontinuierlich im Sinne des vereinbarten Stabilitätsauftrags fortentwickeln könne", wäre eben die im deutschen Zustimmungsgesetz vorausgesetzte „Vertragskonzeption" verlassen (C II 2 e).

Die Wirtschaftsintegration als vorstaatlich-unpolitischer Vorgang und die europäische Währungsunion als ein zum Erfolg verpflichtetes und nur durch ihren Erfolg legitimiertes Projekt – diese Argumentation ist zumindest interpretationsbedürftig: Wollte das BVerfG der ordo- und neoliberalen Theorie der Wirtschaftsverfassung Recht gegeben, die das supranationale Wirtschaftsrecht seit jeher als politisch nicht disponible Ordnung konzipiert hat (zuletzt Behrens 1994; Mestmäcker 1994)? Bestätigt das Gericht die Konzeptualisierung der

Gemeinschaft als „Zweckverband funktionaler Integration“, der auf Fragen der „technischen Realisation“ beschränkt bleibe und sich daher durch „Sachkunde“ hinreichend legitimiere (Ipsen 1972: 176ff., 1993)? Entspricht die Argumentation des Gerichts der Behandlung der Wirtschaftsintegration als „low politics“ in den funktionalistischen Integrationstheorien? Gibt es kritischen politikwissenschaftlichen Diagnosen „Recht“, in denen behauptet wird, das EG-System konserviere (halbiere) den Nationalstaat gerade dadurch, daß es seine wirtschafts- und sozialpolitische Handlungsfähigkeit aufhebe (i.E.)?

3.2 Wirtschaftsrecht und Marktintegration

All diese Fragen hat das BVerfG sich nicht gestellt. Die Auseinandersetzung mit ihnen ist aber unabdingbar, wenn man die Aussagen des Gerichts bewerten und die Schwierigkeiten des Rechts mit dem Integrationsprozeß verstehen will. Die nachlässige Behandlung der Auslagerung wirtschaftsrechtlicher Kompetenzen durch das BVerfG ist schon im Hinblick auf die Regelungsdichte und die Regelungsfunktionen des nationalen Wirtschaftsrechts schwer nachvollziehbar[3]. Selbst wenn man in einer funktionalen Abgrenzung des „Wirtschaftsrechts“ lediglich diejenigen Materien zusammenstellen wollte, die Märkte institutionalisieren und für deren Funktionsfähigkeit sorgen sollen, könnte man kein Ende finden. Neben der privatrechtlichen Wirtschaftsgesetzgebung – dem Gesellschaftsrecht, dem Immaterialgüterrecht, dem Recht des unlauteren Wettbewerbs und dem Kartellrecht – wären auf der einen Seite das allgemeine Privatrecht und auf der anderen Seite das öffentlichrechtliche Wirtschaftsverwaltungsrecht zu berücksichtigen. Einzubeziehen wäre aber auch das gesamte Produktsicherheitsrecht, das die Vermarktung jeglicher Güter betrifft und daher Märkte ebenso konstituiert wie reguliert. Und wenn man weiter fragt, was „die Wirtschaft“ sonst noch angeht, so trifft man auf das Arbeits- und Sozialrecht, das Umweltrecht und das Arbeitsschutzrecht.

Nicht um Marginalien geht es also, wenn die Europäische Union „Kompetenzen und Befugnisse“ zum Aufbau einer Wirtschaftsgesellschaft in Anspruch nimmt, sondern um ein rechtstechnisch hochkomplexes und politisch-normativ höchst brisantes Projekt.

---

3 Und eigentlich auch im Hinblick auf die neuere Rechtsprechung zur Bindung des Vertragshandelns und des Privatrechts-Gesetzgebers an die Grundrechte (BVerfG 1990, 1994b; vgl. im übrigen Häberle 1993) unverständlich.

Eine am Ziel der Marktintegration orientierte Veränderung des Wirtschaftsrechts trifft stets auf ein vielschichtiges Geflecht von geltenden Regelungen und eingeübten Praktiken. Deshalb kann die Integrationspolitik immer nur selektiv vorgehen – und sie muß eine paradoxe Doppelwirkung haben: Die am Integrationsziel ausgerichtete Europäisierung des Wirtschaftsrechts ist aus der Sicht der nationalstaatlichen Rechtsordnungen eine Intervention mit desintegrativen Konsequenzen (Everson 1993; Joerges 1994a: 95ff. sowie Leibfried und Scharpf, in diesem Band). Je weiter die durch das marktkonstitutive Recht beförderte Wirtschaftsintegration voranschreitet, desto stärker müssen diese Folgeprobleme sich bemerkbar machen. Man braucht die rechts-, wirtschafts- und politikwissenschaftliche Diskussion dieser Zusammenhänge nicht nachzuvollziehen, um zu erkennen, daß die marktvermittelte Integration den Nationalstaat gründlicher betrifft als die Formulierungen des BVerfG dies erkennen lassen. Es geht um nichts Geringeres als den Beitrag des Rechts zur Gewährleistung der Sozialverträglichkeit des Wirtschaftssystems.

3.3 Regelungsmuster des europäisierten Wirtschaftsrechts

Die Gemeinschaft hat ihr Projekt des Aufbaus eines Gemeinsamen Marktes lange nur in äußerst behutsamen Schritten vorangebracht. Dies ist, wenn man die einschlägigen Regelungen und Entscheidungsverfahren des EWGV mit den Gehalten und Rechtsproduktionsverfahren des nationalen Wirtschaftsrecht vergleicht, alles andere als überraschend. Gewiß wollte der EWGV die vier Grundfreiheiten des freien Warenverkehrs, der Niederlassungs- und Dienstleistungsfreiheit, des Kapitalverkehrs und der Freizügigkeit für Arbeitskräfte und Selbständige garantieren. Aber selbst wenn und soweit der EuGH hieraus unmittelbar geltende Freiheitsrechte und Rechtsregeln entnahm, handelte es sich dabei doch nur um höchst unvollständige Interventionen in das Geflecht wirtschaftsrechtlicher Regelungen. Die Warenverkehrsfreiheit findet ihre Schranke in allen Beschränkungen, „die aus Gründen der öffentlichen Sittlichkeit, Ordnung und Sicherheit, zum Schutze der Gesundheit und des Lebens von Menschen, Tieren oder Pflanzen, des nationalen Kulturguts von künstlerischem, geschichtlichem oder archäologischem Wert oder des gewerblichen und kommerziellen Eigentums gerechtfertigt sind“ (Art. 36 S. 1 EGV); wer die Dienstleistungsfreiheit in Anspruch nehmen will, muß sich Berufsordnungen und anderen, die Qualität seiner Leistung betreffenden Regelungen fügen; der Abschnitt über die Kapitalverkehrsfreiheit berücksichtigte ohnehin die Sensibilitäten der Geldpolitik; diese Freiheit war nicht „unmittelbar anwendbar" (EuGH 1981). Institutionelle Schranken traten hinzu. Die Gemeinschaft konnte im Rahmen der ihr zugewiesenen Kompetenzen, im Namen der Verwirklichung des Gemeinsamen Marktes durch den Erlaß von Richtlinien nach Art. 100 oder aber auf der Grundlage von Art. 235 handeln – das Einstimmigkeitserfordernis sorgte dafür, daß jeder Mitgliedstaat die eigenen Regelungsvorstellungen und wirtschaftlichen Interessen mit seinem Veto verteidigen konnte. Das europäische Wettbewerbsrecht (Art. 85ff.) blieb – auch soweit seine Regeln unmittelbar gelten und von der Kommission selbst durchgesetzt werden können – ein Torso und gegenüber nationalen Regulierungen mit nicht-wettbewerblichen Regelungsmustern ohnmächtig.

3.3.1 Binnenmarktprogrammatik

Dies mag erklären, warum das kontinuierliche Wachstum des europäischen Wirtschaftsrechts zwar sorgfältig dokumentiert, aber – sieht man von der ordo- und neoliberalen Rechtstheorie ab – kaum als ein verfassungspolitisch wichtiger Vorgang wahrgenommen wurde. Erst als es in den achtziger Jahren gelang, die Blockaden des Integrationsprozesses zu überwinden und eine konzeptionell erneuerte Binnenmarktpolitik auf den Weg zu bringen, hat sich die Wahrnehmung Europas geändert. Die Binnenmarktinitiative wurde als Projekt zur Steigerung der Wettbewerbsfähigkeit der europäischen Wirtschaft durch eine an Effizienzkriterien ausgerichtete Deregulierungsstrategie vorgestellt (Kommission 1985). Der gesetzgebungspolitische Kern des Projekts war der Rückzug aus der „traditionellen" Harmonisierungspolitik. Grundsätzlich sollte das Prinzip der gegenseitigen Anerkennung zwingender Rechtsvorschriften den Erlaß detaillierter („positiver") gemeinschaftsrechtlicher Vorgaben erübrigen. Nicht abweisbare regulative Forderungen sollten in die Form von allgemein gehaltenen und daher konsensfähigen Zielvorstellungen gebracht, deren Konkretisierung dem politischen System möglichst entzogen und der Kommission, dem europäischen Ausschußwesen und nicht-gouvernementalen Organisationen übertragen werden. Der Übergang zur – qualifizierten – Mehrheitsregel für alle die Verwirklichung des Binnenmarktes betreffenden Maßnahmen (Art. 100a) war die sichtbarste institutionelle Innovation. Diese Transformation des EG-Systems hat nicht nur die politische Praxis in Atem gehalten, sondern auch Rechts- und Sozialwissenschaften in Bewegung gebracht.

Es wäre gewiß lohnend, die kontroversen Erklärungen der Politikwissenschaft für die Akzeptanz der Binnenmarktprogrammatik und ihre Aussagen zu den Funktionen des Rechts genauer nachzuzeichnen. Hier soll die These genügen, daß gerade auch im Prozeß der Umsetzung der Binnenmarktprogrammatik das Recht sich als eigen- und widerstandsfähiger Faktor behauptet hat. Belegbar ist dies anhand der Befürworter wie Kritiker jener Programmatik gleichermaßen überraschenden Ergebnisse ihrer Umsetzung. Die Binnenmarktpolitik hat die „Verrechtlichung" der europäischen Volkswirtschaften nicht beseitigt. Sie hat eine Unsumme von Vereinbarungen herbeigeführt, in denen sich signifikante Muster identifizieren lassen: eine Tendenz zur Regulierung auf hohem Niveau; die Entwicklung neuartiger Kooperationsformen; eine Renaissance nationalstaatlicher Regelungsaufgaben (ausführlicher zum folgenden Joerges 1991a: 234ff., 1991b: 430ff., 1994a: 105ff.).

(1) Wer die Amtsblätter der EG auch nur oberflächlich zur Kenntnis nimmt, wird finden, daß der Binnenmarkt offenbar ohne eine hochaktive Gesetzgebungspolitik nicht realisierbar ist. Wer genauer beobachtet, wird sehen, daß die europäischen Regelungen sich auf einem erstaunlich hohen Niveau bewegen. Das gilt vor allem für den gesamten Bereich der Produktregulierungen und den Arbeitsschutz (vgl. Eichener, in diesem Band). Aber selbst bei den Bemühungen um eine Harmonisierung des Privatrechts zeigt sich, daß überall da, wo die Funktionsfähigkeit von Märkten eine echte Rechtsvereinheitlichung erfordert, die in den nationalen Rechtssystemen vorfindbaren Schutztechniken vom europäischen Recht kumuliert und verbessert werden müssen (Joerges/Brüggemeier 1993: 252ff.).

(2) Die Ressourcen der Gemeinschaft zur Generierung von Standards sind gering. Ebenso schwach sind ihre administrativen Kompetenzen zur Durchsetzung rechtsverbindlicher Vorgaben in den Mitgliedstaaten. Diese Defizite haben zum Aufbau eines europäischen Ausschußwesens geführt, in dem die Kommission mit den nationalen Verwaltungen und auch Vertretern sozialer Interessen kooperiert und die Unterstützung unabhängiger Experten sucht. Darüber hinaus setzt sie auf die Kooperation nicht-gouvernementaler Akteure und fördert die horizontale Zusammenarbeit der Verwaltungen. Die „Verrechtlichung" der so entstandenen „governance structure" steht noch am Anfang (EuGH 1994; vgl. EP 1994). Es ist jedoch absehbar, daß die rechtlichen Strukturierungen und judiziellen Kontrollen des kooperativen Regierens sich verdichten werden.

(3) Die Geltungsansprüche des sogenannten sekundären Gemeinschaftsrechts – sein Vorrang und seine Sperrwirkung – werden nicht nur vom primären Gemeinschaftsrecht durch Rechte zum nationalen Alleingang, sondern typischerweise auch in den Richtlinien selbst eingeschränkt und schließlich vom EuGH nur behutsam gehandhabt (eindringlich Furrer 1994: 43ff., 165ff.). Ebensowenig nutzt der EuGH seine primärrechtlich begründeten Kontrollmöglichkeiten gegenüber der nationalen Gesetzgebung (grundlegend EuGH 1979) einfach im Sinne deregulativer Programmatiken (vgl. neuerdings EuGH 1993b und 1993c).

Man sollte den gerade in der jüngsten Rechtsprechung des EuGH gezeigten „judicial self-restraint" nicht bloß als Regelungsverzicht (Reich 1994: 473ff.) interpretieren und ihn auch nicht allein mit der Arbeitsüberlastung des Gerichts erklären. Der EuGH mußte immer auf die Spannungen zwischen den Geltungsansprüchen des auf die Verwirklichung von Handlungsfreiheiten gerichteten Gemeinschaftsrechts und den Regelungsanliegen der Mitgliedstaaten reagieren. Seine neuen Urteile besagen negativ, daß diese Kollisionen nicht im Namen einer höheren regulativen Vernunft des Gemeinschaftsrechts entschieden werden können; sie lassen sich positiv-konstruktiv als Rechtfertigungszwänge für beide Rechtsebenen, die europäische wie die nationale, lesen und wären dann als eine Suche nach deren Kompatibilitätsbedingungen interpretierbar (näher Joerges 1994a: 117).

3.3.2 Rationalisierungsprozesse

All diese Entwicklungen sind auch von Sozialwissenschaftlern beobachtet, erklärt und interpretiert worden. Dies gilt zunächst für den gesetzgebungspolitischen Aktivismus der Gemeinschaft und deren Schwerpunkte im Bereich des marktbezogenen Wirtschaftsrechts und produktbezogener Regulierungen. Es handelt sich in der Tat um ein „market building" (Streeck 1995b) und das stringente Regelungsniveau namentlich der Produktregulierungen – das über die Regelung der Maschinensicherheit auch den Arbeitsschutz erfaßt (Eichener, in diesem Band) – entspricht den Bedingungen und Interessenkonfigurationen der marktschaffenden Politik (Scharpf, in diesem Band).

Ebensogut ist der Übergang zu horizontalen Kooperationsformen bei der Generierung und Implementation europäischer Standards erklärbar (Scharpf 1994: 144ff.). In dem damit zusammenhängenden Wachstum der administrativ gesteuerten und von Experten gestützten Komitologie diagnostiziert Bach (1993: 227, 237f.) – ganz im Sinne von Ipsen (zuletzt 1993: 425ff.) – die Emergenz eines neuartigen transnationalen Regimetyps, dem er einen technokratisch-bürokratischen, von den nationalstaatlichen Kontexten abgehobenen Charakter bescheinigt. Offener für die legitimatorischen Nöte jener regulativen Praxis ist Majones Perspektive eines europäischen „fourth branch of government". Er ordnet die gesamten sozialregulativen Aktivitäten der Gemeinschaft dem Typus einer Formen des Marktversagens und Defiziten „weicher" internationaler Kooperationsformen kompensierenden Politik zu (Majone 1993b u. Majone, in diesem Band). Er plädiert aber nicht nur für dementsprechende Restriktionen, sondern zugleich für institutionelle Innovationen, die eine politische Verantwortlichkeit des „fourth branch of government" gewährleisten sollen (Majone 1994).

Wishful thinking? Beobachten Juristen nur anders und ist das, was sie sehen können, marginal? Es kommt darauf an, ob die europäische Gesetzgebungspolitik tatsächlich Rechtfertigungszwängen ausgesetzt ist, die sich nicht funktionalistisch auflösen. Es kommt darauf an, wie die europäische Komitologie auf ihre Akzeptanzschwierigkeiten reagiert. Und es kommt nicht zuletzt darauf an, ob die europäischen und nationalen Gerichte wirklich bereit sind, das Überleben der normativen Bindungen der Wirtschaft den Prozessen der regulativen Konkurrenz anheimzugeben oder in einem „Kooperationsverhältnis" Kompatibilitätsregeln für die Koexistenz supranationaler Bindungen und nationalstaatlicher Regelungsanliegen entwickeln.

Selbst wenn all dies gelingt, gehen von dem Integrationsprozeß interventionistisch-desintegrative Wirkungen aus. Die Herausbildung europäischer Äquivalente zu den in den Verfassungsstaaten erreichten rechtlichen Bindungen der Wirtschaft erfordern einen Transformationsprozeß, der die Ablösung national geprägter Rechtstraditionen mit ihrer „Aufhebung" in europäisch konsentierten Prinzipien und Regeln verbindet. Die Ausbildung europäischer Grundrechte und der Nachweis gemeineuropäischer Verfassungsprinzipien (Häberle 1991), die Erfolge der Rechtsvereinheitlichung im Privatrecht und der Nachweis gemeineuropäischer Privatrechtstraditionen sind dafür notwendige, aber nicht hinreichende Voraussetzungen. Die Europäisierung des Wirtschaftsrechts geht von den durch die Logik der Marktintegration bestimmten Anstößen für Rechtsänderungen aus. Sie kann sich nicht damit begnügen, daß die Mitgliedstaaten ihre ohnehin gemeinsamen Rechtsüberzeugungen kodifizieren, sondern muß auf der Orientierung des europäisierten Rechts an den Funktionsbedingungen des Gemeinsamen Marktes bestehen. In diesem Sinne muß die Marktintegration eine „Rationalisierung" des Wirtschafts- und Privatrechts vorantreiben (Joerges 1994b, 1995). Dies schließt aber die Emergenz prozeduraler und auch materialer Gerechtigkeitskriterien nicht aus. Allerdings muß auch ein rationalisiertes Recht seine legitimatorischen Grenzen erkennen. Es muß zwischen universalisierbaren Gerechtigkeitskriterien und politisch-ethischen Fragen differenzieren. Es muß vor allem die Grenzen seiner Wirkungsmöglichkeiten berücksichtigen: Es kann auf die Ungleichheiten der Entwicklungsbedingungen der europäischen Volkswirtschaften und die sich daraus ergebenden Unterschiede nationaler „Präferenzen" im Arbeits-, Sozial- und Umweltschutzrecht nicht konstruktiv durch einen europäischen Finanzausgleich zur Kompensation für die Anhebung nationaler Standards reagieren (zur ökonomischen Begründung Sinn 1994: 171ff.); es kann die höher entwickelten Volkswirtschaften nicht einfach aus dem Druck des „Sozialdumping" entlassen und ebensowenig die Voraussetzungen für eine Formierung transnationaler Koalitionen homogener sozialer Interessengruppen schaffen (Streeck 1995a). Nun sind aber finanzielle Einbußen, die sich infolge der Öffnung der Grenzen ergeben, und die Nötigung, regulative Strategien zu entwickeln, die gemeinschaftsverträglich bleiben, nicht per se ungerecht.

4. Schlußbemerkung

In den juristischen Kontroversen um die Qualifikation des EG-Systems als Gemeinschaft oder Staatenverbund geht es, so hatte sich in der Analyse des Urteils des BVerfG zum Vertrag von Maastricht gezeigt, um die Kompatibilität einer supranationalen europäischen Rechtsverfassung mit den Prinzipien der nationalstaatlich verfaßten Demokratie. Aber erst die Diskussion der Wirtschaftsintegration hat die Schwierigkeiten einer Koexistenz dieser Rechtswelten sichtbar werden lassen. Die Inanspruchnahme supranationaler Hoheitsbefugnisse, so hat das BVerfG im Grundsatz überzeugend erklärt, bedarf der Legitimation; aber dieses Argument ist umkehrbar: für die Erosion nationalstaatlicher Regelungsmöglichkeiten gilt das gleiche. Die Rechtswissenschaft wird sich bei der Suche nach institutionellen Bedingungen, in denen die Errungenschaften der nationalen Verfassungsstaaten bewahrt, die Domestizierung des Nationalstaats durch das supranationale Recht gewährleistet und schließlich auch noch die Sozialverträglichkeit der Wirtschaftsintegration erreicht werden kann, durch ökonomische und politikwissenschaftliche Analysen und Rationalitätskonzepte belehren lassen müssen. Aber auch die Politikwissenschaft sollte sich für die Möglichkeiten des Rechts interessieren, das intergouvernementale Bargaining vorzustrukturieren und die Auseinandersetzungen über die wirtschaftlichen und sozialen Folgen der Marktintegration an Prinzipien und Regeln zu binden.

Literatur

Azzi, Guiseppe C. (Hg.) (1985): L'application du droit communautaire par les Etats Membres (Maastricht).

Bach, Maurizio (1993): Transnationale Integration und institutionelle Differenzierung. Tendenzen der europäischen Staatswerdung; in: Zeitschrift für Rechtssoziologie 14, S. 223-242.

Behrens, Peter (1994): Die Wirtschaftsverfassung der Europäischen Gemeinschaft; in: Brüggemeier, Gert (Hg.), Verfassungen für ein ziviles Europa (Baden-Baden), S. 73-90.

Beutler, Bengt u.a. (1993): Die Europäische Union. Rechtsordnung und Politik, 4. Aufl. (Baden-Baden).

Böckenförde, Ernst-Wolfgang (1987): Demokratie als Verfassungsprinzip; in: ders. (1991), Staat, Verfassung und Demokratie (Frankfurt am Main), S. 289-378.

Bryde, Brun-Otto (1994): Die bundesrepublikanische Volksdemokratie als Irrweg der Demokratietheorie; in: Staatswissenschaften und Staatspraxis 5, S. 305-330.

Bülck, Hartwig (1959): Zur Systematik der Europäischen Wirtschaftsgemeinschaften; in: Berichte der Deutschen Gesellschaft für Völkerrecht 3, S. 66-119.

Burley, Anne-Marie; Mattli, Walter (1993): Europe before the Court: A Political Theory of Legal Integration; in: International Organization 47, S. 41-76.

BVerfG (1990): Beschluß vom 7.2.1990, 1 BvR 26/84; in: Neue Juristische Wochenschrift, S. 1469-1472.

BVerfG (1994a): Urteil zum Maastricht-Vertrag; in: Entscheidungen des Bundesverfassungsgerichts 89, S. 155-213.

BVerfG (1994b): Beschluß vom 19.10.1993, 1 BvR 26/84; in: Neue Juristische Wochenschrift, S. 36-39.

Cappelletti, Mauro; Seccombe, Monica; Weiler, Joseph H. H. (Hg.) (1986): Integration Through Law (Berlin, New York).

*Dehousse, Renaud (1994): Community Competences: Are there Limits to Growth?; in: ders. (Hg.), Europe After Maastricht: An Ever Closer Union? (München), S. 103-125.

Delors, Jacques (1988): Rede im Europäischen Parlament am 4.7.1988; in: Bulletin der EG 7/8, S. 124.

EP (1994): Bericht des Institutionellen Ausschusses über die Transparenz in der Gemeinschaft, PE 207.463, 21.3.1994.

EuGH (1963): Rs. 26/62, Slg. 1963, 1 – Van Gend en Loos.

EuGH (1964): Rs. 6/64, Slg. 1964, 1251 – Costa/E.N.E.L.

EuGH (1971): Rs. 72/70, Slg. 1971, 263 – AETR.

EuGH (1979): Rs. 120/78, Slg. 1979, 649 – Cassis de Dijon.

EuGH (1980): Rs. 138/79, Slg. 1980, 3333 – Roqutte Frères.

EuGH (1981): Rs. 203/80, Slg. 1981, 2595 – Casati.

EuGH (1988): Rs C-362/88, Slg. 1988-I, 667 – GB-INNO-BM.

EuGH (1989): Rs. 276/86, Slg. 1989-I, 4789 – Van Eycke.

EuGH (1990a): Rs. C-70/88, Slg. 1990-I, 2041 – Parlament/Rat.

EuGH (1990b): Rs. C-106/89, Slg. 1990-I, 1 – Marleasing.

EuGH (1992a): Rs. C-65/90, Slg. 1992-I, 4625 – Parlament/Rat.

EuGH (1992b): Rs. C-6/90 und C-9/90, Slg. 1992-I, 5357 – Francovich.

EuGH (1993a): Rs. C-126/91, 18.5.93; in: Neue Juristische Wochenschrift 1993, S. 3187; Slg. 1993 – Yves Rocher.

EuGH (1993b): Rs. 267/91 und 268/91; in: Europäische Zeitschrift für Wirtschaftsrecht 4, S. 770 – Keck und Mithouard.

EuGH (1993c): Rs. C-185/91; in: Europäische Zeitschrift für Wirtschaftsrecht 4, S. 769 – Bundesanstalt für den Güterfernverkehr/Reiff.

EuGH (1994a): Rs. C-41/93; in: Europäische Zeitschrift für Wirtschaftsrecht 5, S. 405 – PCP-Verbot.

EuGH (1994b): Rs. C-212/91; in: Europäische Zeitschrift für Wirtschaftsrecht 5, S. 213 – Angelopharm.

EuGH (1994c): Rs. C-69 und 258/93; in: Europäische Zeitschrift für Wirtschafsrecht 5, S. 434 – Punto Casa.

EuGH (1994d): Rs. C 91/92; in: Europäische Zeitschrift für Wirtschaftsrecht 5, S. 498 – Dori.

Everson, Michelle (1993): Laws in Conflict. A Rationally Integrated European Insurance Market?, Diss., Europäisches Hochschulinstitut (Florenz).

Franck, Thomas M. (1990): The Power of Legitimacy among Nations (New York, Oxford).

Furrer, Andreas (1994): Die Sperrwirkung des sekundären Gemeinschaftsrechts auf die nationalen Rechtsordnungen (Baden-Baden).

Garrett, Geoffrey (1992): International Cooperation and Institutional Choice: the European Community's Internal Market; in: International Organization 46, S. 533-560.

Garrett, Geoffrey; Weingast, Barry R. (1993): Ideas, Interests, and Institutions. Constructing the European Community's Internal Market; in: Goldstein, Judith; Keohane, Robert O. (Hg.), Ideas and Foreign Policy. Beliefs, Institutions and Political Change (Ithaca, NY), S. 173-206.

Gehring, Thomas (1994): Der Beitrag von Institutionen zur Förderung der internationalen Zusammenarbeit. Lehren aus der institutionellen Struktur der Europäischen Gemeinschaft; in: Zeitschrift für Internationale Beziehungen 1, S. 211-242.

Habermas, Jürgen (1987): Wie ist Legitimität durch Legalität möglich?; in: Kritische Justiz 20, S. 1-16.

Häberle, Peter (1991): Gemeineuropäisches Verfassungsrecht; in: Europäische Grundrechtezeitschrift 18, S. 261-274.

Häberle, Peter (1993): Soziale Marktwirtschaft als „Dritter Weg"; in: Zeitschrift für Rechtspolitik 26, S. 383-389.

Heller, Hermann (1928): Politische Demokratie und soziale Homogenität; in: ders. (1971), Gesammelte Schriften, Bd. 2 (Leiden), S. 421-433.

Hix, Simon (1994): Approaches to the Study of the European Community: The Challenge to Comparative Politics; in: West European Politics 17, S. 1-30.

Hurrel, Andrew (1993): International Society and the Study of Regimes. A Reflective Approach; in: Rittberger, Volker; Mayer, Peter (Hg.), Regime Theory and International Relations (Oxford), S. 49-72.

Ipsen, Hans-Peter (1972): Europäisches Gemeinschaftsrecht (Tübingen).

Ipsen, Hans Peter (1973): Über Supranationalität; in: ders. (1984), Europäisches Gemeinschaftsrecht in Einzelstudien (Baden-Baden), S. 97-112.

Ipsen, Hans-Peter (1983): Zur Gestalt der Europäischen Gemeinschaft; in: ders. (1984), Europäisches Gemeinschaftsrecht in Einzelstudien (Baden-Baden), S. 83-96.

Ipsen, Hans-Peter (1993): Zur Exekutiv-Rechtsetzung in der Europäischen Gemeinschaft; in: Badura, Peter; Scholz, Rupert (Hg.), Wege und Verfahren des Verfassungslebens: Festschrift für Peter Lerche (München), S. 425-441.

Ipsen, Hans-Peter (1994): Zehn Glossen zum Maastricht-Urteil; in: Europarecht 29, S. 1-21.

Joerges, Christian (1991a): Markt ohne Staat? Die Wirtschaftsverfassung der Gemeinschaft und die regulative Politik; in: Rudolf Wildenmann (Hg.), Staatswerdung Europas? Optionen für eine politische Union (Baden-Baden), S. 225-268.

Joerges, Christian (1991b): Die Europäisierung des Rechts und die rechtliche Kontrolle von Risiken; in: Kritische Vierteljahresschrift für Gesetzgebung und Rechtswissenschaft, S. 416-434.

Joerges, Christian (1993): Wirtschaftsrecht, Nationalstaat und der Vertrag von Maastricht; in: Leviathan 21, S. 493-516.

Joerges, Christian (1994a): Legitimationsprobleme des europäischen Wirtschaftsrechts und der Vertrag von Maastricht; in: Brüggemeier, Gert (Hg.), Verfassungen für ein ziviles Europa (Baden-Baden), S. 91-130.

Joerges, Christian (1994b): Rationalisierungsprozesse im Recht der Produktsicherheit: Öffentliches Recht und Haftungsrecht unter dem Einfluß der Europäischen Integration; in: Jahrbuch für Umwelt- und Technikrecht 14, S. 141-178.

Joerges, Christian (1995): Die Europäisierung des Privatrechts als Rationalisierungsprozeß und als Streit der Disziplinen: Eine Analyse der Richtlinie über mißbräuchliche Klauseln in Verbraucherverträgen; in: Zeitschrift für Europäisches Privatrecht 2, S. 181-201.

Joerges, Christian; Brüggemeier, Gert (1993): Europäisierung des Vertragsrechts und Haftungsrechts; in: Müller-Graff, Peter-Christian (Hg.), Gemeinsames Privatrecht in der Europäischen Gemeinschaft (Baden-Baden), S. 233-286.

Keck, Otto (1991): Der neue Institutionalismus in der Theorie der Internationalen Politik; in: Politische Vierteljahresschrift 32, S. 635-653.

Kohler-Koch, Beate (1989): Zur Empirie und Theorie internationaler Regime; in: dies. (Hg.), Regime in den internationalen Beziehungen (Baden-Baden), S. 17-85.

Kirchhof, Paul (1992): Der deutsche Staat im Prozeß der europäischen Integration; in: Isensee, Josef; Kirchhof, Paul (Hg.), Handbuch des Staatsrechts der Bundesrepublik Deutschland, Bd. 7 (Heidelberg), S. 855-878.

Kommission (1985): Vollendung des Binnenmarktes. Weißbuch der Kommission an den Europäischen Rat, KOM (85) 310, 14.6.1985.

Krislov, Saul; Ehlermann, Klaus-Dieter; Weiler, Joseph H. H. (1986): The Political Organs and the Decision-Making Process in the United States and the European Community; in: Cappelletti, Mauro; Seccombe, Monica; Weiler, Joseph H. H. (Hg.), Integration Through Law, Vol. I/2 (Berlin, New York), S. 61-85.

Ladeur, Karl-Heinz (1993): Die Autonomie der Bundesbank – ein Beispiel für die institutionelle Verarbeitung von Ungewißheitsbedingungen; in: Staatswissenschaften und Staatspraxis 4, S. 486-508.

Majone, Giandomenico (1993a): The European Community Between Social Policy and Social Regulation; in: Journal of Common Market Studies 31, S. 151-170.

Majone, Giandomenico (1993b): Deregulation or Re-regulation? Policymaking in the European Community Since the Single Act; EUI Working Paper SPS No. 93/9 (Florenz).

Majone, Giandomenico (1994): The European Community. An „Independent Fourth Branch of Government"?; in: Brüggemeier, Gert (Hg.), Verfassungen für ein ziviles Europa (Baden-Baden), S. 23-44.

Mestmäcker, Ernst-Joachim (1994): On the Legitimacy of European Law; in: Rabels Zeitschrift für ausländisches und internationales Privatrecht 58, S. 615-635.

Münch, Richard (1993): Das Projekt Europa. Zwischen Nationalstaat, regionaler Autonomie und Weltgesellschaft (Frankfurt am Main).

Murswiek, Dietrich (1993): Maastricht und der Pouvoir constituant. Zur Bedeutung der verfassungsgebenden Gewalt im Prozeß der europäischen Integration; in: Der Staat 32, S. 161-190.

Pernice, Ingolf (1993): Maastricht, Staat und Demokratie; in: Die Verwaltung 26, S. 449-488.

Petersmann, Ernst Ulrich (1991): Constitutionalism, Constitutional Law and European Integration; in: Außenwirtschaft 46, S. 247-280.

Petersmann, Ernst Ulrich (1994): Grundprobleme der Wirtschaftsverfassung der EG; in: Außenwirtschaft 48, S. 389-414.

Plett, Konstanze; Meschievitz, Catherine S. (Hg.) (1991): Beyond Disputing: Exploring Legal Culture in Five European Countries (Baden-Baden).

Rasmussen, Hjalte (1986): On Law and Policy in the European Court of Justice (Dordrecht etc.).

Reich, Norbert (1994): The „November Revolution" of the European Court of Justice: Keck, Meng and Audi Revisited; in: Common Market Law Review 31, S. 459-492.

Schaber, Thomas (1994): Die internationale Verrechtlichung der Menschenrechte. Eine reflexive institutionentheoretische Analyse des UN-Menschenrechtsregimes, Diss., Universität Mannheim (Mannheim).

Scharpf, Fritz W. (1994): Autonomieschonend und gemeinschaftsverträglich: Zur Logik einer europäischen Mehrebenenpolitik; in: ders., Optionen des Föderalismus in Deutschland und Europa (Frankfurt am Main, New York), S. 131-155.

Schilling, Theodor (1990): Artikel 24 Absatz 1 des Grundgesetzes, Artikel 177 des EWG-Vertrags und die Einheit der Rechtsordnung; in: Der Staat 29, S. 161-183.

*Schmitter, Philippe C. (1992): Representation and the Future Euro-Polity; in: Staatswissenschaften und Staatspraxis 3, S. 397-405.

Schneider, Heinrich (1986): Rückblick für die Zukunft. Konzeptionelle Weichenstellungen für die europäische Einigung (Bonn).

*Schuppert, Gunnar F. (1994): Zur Staatswerdung Europas. Überlegungen zu Bedingungsfaktoren und Perspektiven der europäischen Verfassungsentwicklung; in: Staatswissenschaften und Staatspraxis 5, S. 35-76.

Schwarze, Jürgen (1993): Das Staatsrecht in Europa; in: Juristen-Zeitung 48, S. 585-594.

Siedentopf, Heinrich; Ziller, Jacques (Hg.) (1988): Making European Policies Work: The Implementation of Community Legislation in the Member States, 2 Bde. (London etc.).

Sinn, Hans-Werner (1994): Wieviel Brüssel braucht Europa? Subsidiarität, Zentralisierung und Fiskalwettbewerb im Lichte der ökonomischen Theorie; in: Staatswissenschaften und Staatspraxis 5, S. 155-186.

Snyder, Francis (1993a): The Effectiveness of European Community Law: Institutions, Processes, Tools and Techniques; in: The Modern Law Review 56, S. 19-54.

*Snyder, Francis (Hg.) (1993b): European Community Law, 2 Bde. (Aldershot etc.).

Snyder, Francis (1994): Soft Law and Institutional Practice in the European Community; in: Martin, Stephen (Hg.), The Construction of Europe. Essays in Honour of Emile Noël (Dordrecht etc.), S. 197-225.

Stein, Eric (1981): Lawyers, Judges, and the Making of a Transnational Constitution; in: American Journal of International Law 75, S. 1-27.

Steindorff, Ernst (1992): Quo vadis Europa? Freiheiten, Regulierung und soziale Grundrechte nach den erweiterten Zielen der EG-Verfassung; in: Forschungsinstitut für Wirtschaft und Wettbewerb (Hg.), Weiterentwicklung der Europäischen Gemeinschaften und der Marktwirtschaft (Köln etc.), S. 11-86.

Streeck, Wolfgang (1995a): Politikverflechtung und Entscheidungslücke: Zum Verhältnis von zwischenstaatlichen Beziehungen und sozialen Interessen im europäischen Binnenmarkt; in: Bentele, Karlheinz; Reissert, Bernd; Scheettkat, Ronald (Hg.), Die Reformfähigkeit von Industriegesellschaften. Fritz W. Scharpf – Festschrift zu seinem 60. Geburtstag (Frankfurt am Main), S. 101-128.

Streeck, Wolfgang (1995b): From Market-Making to State-Building? Reflections on the Political Economy of European Social Policy; in: Leibfried, Stephan; Pierson, Paul (Hg.), European Social Policy. Between Fragmentation and Integration (Washington).

Streeck, Wolfgang (i.E.): Public Power Beyond the Nation State? The Case of the European Community; in: Boyer, Robert; Drache, Daniel (Hg.), The Future of Nations and the Limits of Markets (Toronto).

Streit, Manfred E.; Mussler, Werner (1995): The Economic Constitution of the European Community – From „Rome" to „Maastricht"; in: European Law Journal 1, S. 5-30.

Teubner, Gunther (1989): Recht als autopoietisches System (Frankfurt am Main).

Thürer, Daniel (1991): Der Verfassungsstaat als Glied einer europäischen Gemeinschaft; in: Veröffentlichungen der Vereinigung Deutscher Staatsrechtslehrer 50, S. 97-139.

Tomuschat, Christian (1993): Die Europäische Union unter der Aufsicht des Bundesverfassungsgerichts; in: Europäische Grundrechtezeitschrift 20, S. 489-496.

Vaubel, Roland; Willett, Thomas D. (Hg.) (1991): The Political Economy of International Organizations: A Public Choice Approach (Boulder, Oxford).

Weiler, Joseph H. H. (1987): The Court of Justice on Trial; in: Common Market Law Review 24, S. 555-589.

Weiler, Joseph H. H. (1988): The White Paper and the Application of Community Law; in: Bieber, Roland u.a. (Hg.), 1992: One European Market? (Baden-Baden), S. 337-358.

*Weiler, Joseph H. H. (1991). The Transformation of Europe; in: Yale Law Journal 100, S. 2403-2483.

Weiler, Joseph H. H. (1993): Journey to an Unknown Destination: A Retrospective and Prospective of the European Court of Justice in the Arena of Political Integration; in: Journal of Common Market Studies 31, S. 417-446.

Weiler, Joseph H. H. (1994a): A Quiet Revolution. The European Court of Justice and Its Interlocutors; in: Comparative Political Studies 26, S. 510-534.

Weiler, Joseph H. H. (1994b): Europe after Maastricht – Do the New Clothes Have an Emperor?; in: Senter for Europa-rett, Universitete i Oslo, Democratic and Legal Problems in the European Community, IUESF Nr. 12 (Oslo).

Welz, Christian; Engel, Christian (1993): Traditionsbestände politikwissenschaftlicher Integrationstheorien: Die Europäische Gemeinschaft im Spannungsfeld von Integration und Kooperation, in: von Bogdandy, Armin (Hg.), Die europäische Option (Baden-Baden), S. 129-169.

Zürn, Michael (1992): Interessen und Institutionen in der internationalen Politik. Grundlegung und Anwendungen des situationsstrukturellen Ansatzes (Opladen).

Politische Optionen im vollendeten Binnenmarkt

Fritz W. Scharpf

1. Einleitung

Der Prozeß der europäischen Integration ist von einer fundamentalen Asymmetrie geprägt, die der amerikanische Rechtswissenschaftler Joseph Weiler (1981) als Dualismus von supranationalem europäischem Recht und intergouvernementaler europäischer Politik charakterisiert hat. Diese Beschreibung ist zutreffend, und Weiler hat wohl auch recht, wenn er den Politikwissenschaftlern vorwirft, daß sie sich viel zu lange auf die Analyse intergouvernementaler Verhandlungen in der Europäischen Gemeinschaft beschränkt und die richterrechtliche Durchsetzung einer dem nationalen Recht übergeordneten und unmittelbar geltenden europäischen Rechtsordnung nicht zur Kenntnis oder jedenfalls nicht ernst genug genommen hätten (Weiler 1994). Das Versäumnis ist vor allem deshalb gravierend, weil uns dadurch auch die politisch höchst bedeutsame Parallelität zwischen dem Weilerschen Dualismus und dem für Politologen geläufigeren Gegensatz zwischen „negativer" und „positiver Integration" (Tinbergen 1965; Taylor 1983) nicht deutlich werden konnte. Gemeint ist damit die Unterscheidung zwischen der zur Herstellung des freien Binnenmarktes notwendigen Beseitigung nationaler Handelshindernisse und Wettbewerbsbeschränkungen und einer positiv gestaltenden Politik der Europäischen Gemeinschaft.

Von der Supranationalität des Europarechts profitiert vor allem die negative Integration, deren Grundregeln schon in den Römischen Verträgen niedergelegt wurden, und die auf dieser Basis durch Einzelentscheidungen der Europäischen Kommission und die Rechtsprechung des Europäischen Gerichtshofs ohne politisches Aufsehen und jedenfalls ohne politischen Widerstand vorangetrieben werden konnte. Maßnahmen der positiven Integration waren und sind dagegen in der Regel auf die Zustimmung der nationalen Regierungen im Ministerrat angewiesen und damit allen Hemmnissen der intergouvernementalen europäischen Politik unterworfen. Dieser grundlegende institutionelle Unterschied reicht aus, um die häufig beklagte Asymmetrie zwischen negativer und positiver Integration in der EG-Politik (Kapteyn 1991; Merkel 1993) zu erklären.

Die negative Integration ist auf Marktöffnung und Wettbewerbsgleichheit gerichtet. Sie beschränkt also die Handlungsmöglichkeiten der nationalstaatlichen Politik, die bei der Verfolgung eigener Zwecke nicht länger Mittel einsetzen kann, welche den freien Waren-, Personen-, Dienstleistungs- oder Kapitalverkehr zwischen den Mitgliedstaaten behindern oder den Wettbewerb im gemeinsamen Markt verfälschen könnten. Dieser Verlust an nationaler Handlungsfähigkeit kann wegen der hohen Konsenserfordernisse im Ministerrat nicht vollständig durch eine europäische Politik der positiven Integration kompensiert werden. Im Ergebnis verschiebt sich dadurch die Balance zwischen kapitalistischer Ökonomie und demokratisch legitimierter Politik, die sich in den Nachkriegsjahrzehnten in den westeuropäischen Sozialstaaten herausgebildet hatte.

2. Die politische Ökonomie der negativen Integration

Nach dem Zweiten Weltkrieg hatten die westeuropäischen Industrieländer die Chance, auf nationaler Ebene jeweils eigene – schwedische, österreichische, britische oder bundesdeutsche – Modelle der „mixed economy“ zu gestalten, die auf unterschiedliche Weise die Effizienz der kapitalistischen Ökonomie förderten, in Dienst nahmen und zugleich im Interesse sozialer, kultureller oder ökologischer Ziele begrenzten (Scharpf 1987; Merkel 1993). Diese marktkorrigierende und marktbegrenzende Politik war freilich nur insoweit mit kapitalistischen Akkumulationsbedingungen vereinbar, wie die Nationalstaaten (und die nationalen Gewerkschaften) in den ersten Nachkriegsjahrzehnten[1] in der Lage waren, die miteinander im Wettbewerb stehen-

1 Die Zeit vor dem ersten Weltkrieg und die zwanziger Jahre waren Perioden mit weltweit offenen Kapitalmärkten, freiem Welthandel und hoher Krisentendenz (Polanyi 1977/1944). Auf die beginnende Weltwirtschaftskrise reagierten die wichtigen Industriestaaten mit Abwertung, Kapitalverkehrskontrollen, Importbeschränkungen und subventionierten Exporten. Die Folge war ein katastrophaler Zusammenbruch der Weltwirtschaft. Nach dem zweiten Weltkrieg brauchte es mehr als zwei Jahrzehnte, ehe der Welthandel wieder weitgehend libera-

den Unternehmen jeweils gleichen Bedingungen zu unterwerfen – so daß diese die höheren Kosten ohne Gefährdung der Kapitalrendite an die Verbraucher weitergeben konnten. Im Prinzip impliziert dies die Diskriminierung gebietsfremder Anbieter, die nicht den gleichen Bedingungen unterworfen werden können. Wo diese Möglichkeit faktisch oder rechtlich ausgeschlossen wird, da schwindet auch die staatliche und gewerkschaftliche Gestaltungsfreiheit, und es kommt zu einem Wettbewerb der Produktions- und Investitionsstandorte, der alle Länder an Regelungen hindert, welche die Produktionskosten der Unternehmen überdurchschnittlich erhöhen oder die Rendite von Kapitalanlagen reduzieren könnten.

Das paradigmatische Beispiel dafür ist die Unfähigkeit der „progressiven" amerikanischen Einzelstaaten, im ersten Drittel dieses Jahrhunderts ein Verbot der Kinderarbeit durchzusetzen. Durch die „Negative-commerce-clause"-Rechtsprechung des Supreme Court daran gehindert, die Einfuhr von mit Kinderarbeit produzierten Waren zu beschränken (Ehmke 1961), sahen sie sich wegen des Standortwettbewerbs im integrierten nationalen Markt allesamt außerstande, die Wettbewerbsfähigkeit der eigenen Unternehmen durch ein auf diese beschränktes Verbot der Kinderarbeit zu gefährden (Graebner 1977). Ebenso setzen aber auch die transnationale Integration der Märkte und insbesondere die Vollendung des europäischen Binnenmarktes der bisher im nationalen Rahmen möglichen und deshalb unterschiedlichen sozialpolitischen oder umweltpolitischen „Zivilisierung" des Kapitalismus Grenzen und begünstigen stattdessen die Konvergenz auf ein polit-ökonomisches Einheitsmodell, welches – wenn sonst nichts geschieht – im Vergleich zur Praxis der Nachkriegsjahrzehnte in allen Ländern auf eine generelle Verminderung des Anspruchsniveaus staatlicher Regulierung und gewerkschaftlicher Tarifpolitik hinauslaufen müßte.

Was stattdessen geschehen könnte, zeigt wiederum das amerikanische Beispiel. Dort konnte das Verbot der Kinderarbeit nach der „Verfassungsrevolution" von 1937 schließlich durch die Politik auf Bundesebene durchgesetzt werden, und auch in Europa hoffen zumindest Gewerkschaften und Umweltverbände und die ihnen nahestehenden

---

lisiert und die Kapitalmärkte der nationalen Kontrolle entzogen waren. Im Rückblick erscheint diese Phase des langsamen Übergangs von den staatlich kontrollierten „geschlossenen Nationalwirtschaften" zur unkontrollierbaren Weltwirtschaft als (nicht stabilisierbares) Optimum eines zugleich ökonomisch vitalen und sozialpolitisch zivilisierbaren Kapitalismus.

Parteien, daß der mit der negativen Integration einhergehende Verlust nationaler Gestaltungs- und Problemlösungsfähigkeit durch eine Politik der positiven Integration auf europäischer Ebene kompensiert werden könnte. Diesen europäischen Hoffnungen steht jedoch die Asymmetrie zwischen negativer und positiver Integration entgegen.

Die Notwendigkeit einer negativen Integration wird von keiner Seite ernsthaft in Frage gestellt. Sie folgt aus der Grundentscheidung der vertragschließenden Regierungen und der die Verträge ratifizierenden nationalen Parlamente für einen „Gemeinsamen Markt", die ihren rechtlichen Ausdruck in den Bestimmungen des primären Vertragsrechts zur Beseitigung tarifärer und nicht tarifärer Handelsschranken und zum unverfälschten Wettbewerb gefunden hat. Nicht ohne weiteres vorhersehbar war allenfalls die Rechtsprechung des Europäischen Gerichtshofs zur unmittelbaren Geltung des Europarechts auch im Verhältnis zwischen den Nationalstaaten und betroffenen Bürgern und zu seinem Vorrang vor den nationalen Gesetzen und Verfassungen. Die Frage, weshalb die nationalen Regierungen dies ohne effektiven Widerstand hinnahmen, ist zu einem interessanten Testfall für konkurrierende Ansätze der Integrationstheorie geworden[2]. Sie interessiert hier jedoch weniger als die Konsequenz, daß damit Kommission und Gerichtshof die Möglichkeit erhielten, ohne Befassung des Rats[3] die Reichweite der negativen Integration durch extensive Interpretation kontinuierlich auszudehnen, während zur gleichen Zeit Maßnahmen der positiven Integration nach dem Luxemburger Kompromiß durch das Veto jeder einzelnen Regierung blockiert werden konnten.

Die politisch-ökonomische Bedeutung dieses institutionellen Unterschieds wird deutlich durch den Vergleich mit der Lage unter nationalen Verfassungen. Selbst in der Bundesrepublik, wo die neoliberale Theorie den größten Einfluß auf die Verfassungsdiskussion gewonnen hat, wurde das Konzept einer „sozialen Marktwirtschaft" nicht

---

2 Vgl. hierzu Garrett (1992), Burley/Mattli (1993), Weiler (1993 und 1994).

3 Die negative Integration wurde und wird von der Kommission in erster Linie durch „Entscheidungen" und „Richtlinien" gemäß Art. 189 und 190 EGV sowie durch „Aufsichtsklagen" gegen Vertragsverletzungen gemäß Art. 169 EGV durchgesetzt. Von mindestens gleicher praktischer Bedeutung ist die unmittelbare Anwendung des Europarechts in regulären Rechtsstreitigkeiten vor den nationalen Gerichten und die Möglichkeit von „Vorabentscheidungen" des EuGH gemäß Art. 177 EGV auf Vorlage eines nationalen Gerichts. Auch dafür bedarf es keiner Beschlüsse des Ministerrats, und die nationalen Regierungen treten allenfalls als Beklagte vor Gericht auf.

als bloße Wettbewerbsordnung, sondern als Verbindung des „Prinzips der Freiheit auf dem Markte mit dem des sozialen Ausgleichs" definiert (Müller-Armack 1956: 243). Überdies hat das Bundesverfassungsgericht in ständiger Rechtsprechung gegen das Postulat einer neoliberalen „Wirtschaftsverfassung" die Position der „wirtschaftspolitischen Neutralität des Grundgesetzes" verteidigt. Die Wirtschaftsfreiheit ist hier also nur im Rahmen der allgemeinen Gewährleistung der Grundrechte gegen Interventionen geschützt, und die Ziele der Wettbewerbspolitik haben keinen höheren Rang als alle anderen legitimen Zwekke des Gesetzgebers. Marktschaffende und marktkorrigierende Maßnahmen sind hier also grundsätzlich von gleicher Legitimität und haben – wie Kartellgesetzgebung und die kartellrechtliche Praxis zur Genüge belegen – mit den gleichen Schwierigkeiten der Mehrheitsbildung und politischen Durchsetzung zu kämpfen. Erst recht gilt dies für die anderen Mitgliedstaaten der Gemeinschaft, in denen das Verfassungsrecht die Wahlfreiheit der demokratischen Politik generell weniger einschränkt als in der Bundesrepublik.

Aus dem Text der Römischen Verträge und ihrer Entstehungsgeschichte geht nicht hervor, daß die Gemeinschaft diese „Waffengleichheit" zwischen Wirtschaftsfreiheit und marktkorrigierender Intervention aufheben sollte (VerLoren van Themaat 1987; Joerges 1991, 1994a; von der Groeben 1992). Mit der richterrechtlich durchgesetzten Suprematie des Europarechts haben jedoch die Rechte der einzelnen auf Teilnahme am grenzüberschreitenden Wirtschaftsverkehr und die diesen Rechten korrespondierenden Einschränkungen der mitgliedstaatlichen Souveränitäten tatsächlich Verfassungsrang gewonnen (Mestmäcker 1994: 270), während die in den nationalen Verfassungen damit konkurrierenden wirtschafts- und sozialpolitischen Interventions- und Gestaltungsmöglichkeiten auf der europäischen Ebene durch hohe Konsenserfordernisse behindert werden[4]. Die insti-

4 Nach der Theorie der Wirtschaftsverfassung sollen allerdings die Gemeinschaftsorgane auch rechtlich gehindert sein, in der Verfolgung anderer Gemeinschaftsziele die Wirtschaftsfreiheit und Wettbewerbsgleichheit einzuschränken. Deshalb wird die im Maastricht-Vertrag vollzogene Erweiterung des Aufgabenbestandes der Union (z.B. Umweltschutz, Industriepolitik, soziale Kohäsion) kritisch bewertet (Mestmäcker 1992; Behrens 1994). Zum Zwekke ihrer Einschränkung wird postuliert, daß „die Rechte, die der EGV den einzelnen auf Teilnahme am grenzüberschreitenden Wirtschaftsverkehr verliehen hat, ... durch Maßnahmen im Dienste der neu begründeten Zuständigkeiten nicht geschmälert werden" dürfen (Mestmäcker 1994: 286). Im Ergebnis käme man so zu Gemeinschaftszielen unterschiedlichen Ranges.

tutionellen Bedingungen der europäischen Politik haben also in der Tat Konsequenzen hervorgebracht, die weitgehend den Idealen einer neoliberalen Wirtschaftsverfassung entsprechen – auch wenn deren Vertreter dieses Ergebnis zunächst eher einer „List der Idee“ denn einer legimitierten verfassungspolitischen Entscheidung zugeschrieben haben (Müller-Armack 1964: 405).

Im Ergebnis jedenfalls garantiert die negative Integration in der Europäischen Gemeinschaft die Freiheit der Märkte und den unverfälschten Wettbewerb, während die nationale Politik rechtlich und die europäische Politik faktisch kaum die Möglichkeit haben, die „Eigengesetzlichkeit des Ökonomischen“ (Behrens 1994) durch an anderen politischen Zwecken orientierte Interventionen zu stören. Ein gutes Beispiel dafür ist die Verkehrspolitik, die zwar – neben der Agrarpolitik – schon in den Römischen Verträgen zum positiven Aufgabenbestand der Gemeinschaft geschlagen worden war, wo aber bisher in erster Linie Maßnahmen der negativen Integration – beispielweise die Klage der Kommission gegen die deutsche Straßenbenutzungsgebühr für den LKW-Verkehr – Erfolg hatten, während europaweite Regelungen zum Schutz der Umwelt und der Verkehrssicherheit immer wieder an Interessenkonflikten im Ministerrat scheiterten oder nur als Kompromiß auf dem kleinsten gemeinsamen Nenner beschlossen werden konnten (Apel 1994: 97-99).

3. Grenzen der positiven Integration

Während die negative Integration gewissermaßen hinter dem Rücken der Politik von Kommission und Gerichtshof vorangetrieben werden kann, bedürfen Maßnahmen der positiven Integration der expliziten politischen Legitimation. Diese konnte während der Geltung des Luxemburger Kompromisses aus der notwendigen Zustimmung aller nationalen Regierungen im Ministerrat abgeleitet werden. Der Preis der Einstimmigkeit war die extreme Schwerfälligkeit und leichte Blokkierbarkeit der Entscheidungsverfahren. Das sollte durch die Einheitliche Europäische Akte geändert werden, die 1986 nicht nur eine Radikalisierung der negativen Integration, sondern auch erweiterte EG-Zuständigkeiten und für die zur Vollendung des Binnenmarktes notwendigen Entscheidungen (aber auch nur für diese) die Rückkehr zur qualifizierten Mehrheitsabstimmung brachte. In der Tat sind seitdem, weil nun nicht mehr um die letzte Stimme gefeilscht werden muß, die

Entscheidungsverfahren beschleunigt worden (Dehousse/Weiler 1990). Allerdings sind die Stimmenverhältnisse im Rat so austariert, daß zwar einzelne Länder, nicht aber Ländergruppen mit einheitlichen Interessen überstimmt werden können. Für die nicht zur Vollendung des Binnenmarktes erforderlichen Beschlüsse gilt ohnehin weiter das Einstimmigkeitsprinzip. Der Konsensbedarf bleibt für Maßnahmen der positiven Integration also auch weiterhin sehr hoch.

Trotzdem hat die Gemeinschaft – und zwar nicht erst seit der Verabschiedung der Einheitlichen Akte (Rehbinder/Stewart 1984) – im Bereich des Gesundheits- und Arbeitsschutzes, Umweltschutzes und Verbraucherschutzes eine rege Regulierungstätigkeit entwickelt (Joerges 1991; Majone 1993), und dabei offenbar durchaus ein hohes Schutzniveau erreicht (Eichener, in diesem Band; Voelzkow 1993; Héritier et al. 1994). Wie läßt sich das mit den hier behaupteten Hindernissen der positiven Integration vereinbaren?

Zur Erklärung bedarf es eines Rückgriffs auf die zugrundeliegenden Interessenkonstellationen zwischen den im Ministerrat vertretenen Regierungen[5]. Die Existenz multipler institutioneller Vetopositionen reduziert generell die Handlungsfähigkeit der Politik (Tsebelis 1995). Ob daraus aber Blockaden entstehen, ist selbstverständlich abhängig von der faktischen Konstellation der Ziele und Interessen der Beteiligten. Wo diese harmonieren („pure coordination games") oder wenigstens teilweise übereinstimmen („mixed-motive games"), da sind auch in Verhandlungssystemen mit hohem Konsensbedarf einhellige Entscheidungen möglich; nur wo die Interessen konfligieren, sind Entscheidungsblockaden wahrscheinlich, sofern es nicht gelingt, durch Ausgleichszahlungen oder Koppelgeschäfte die Verluste der potentiellen Verlierer auszugleichen (Scharpf 1992). Wenn also die positive

---

5 Ich beschränke mich hier auf die simpelste Form einer „intergouvernementalen" Erklärung. Gewiß trifft es zu, worauf mehrere Kritiker und insbesondere Volker Schneider mich hingewiesen haben, daß die tatsächlichen Interaktionsmuster komplexer sind und neben den nationalen Regierungen mindestens die „supranationale" Kommission und die „subnational" organisierten ökonomischen Interessen als Spieler in verbundenen Spielen einschließen. Ich will auch nicht ausschließen, daß man zur Erklärung mancher Entscheidungen die Komplexität des Erklärungsmodells so weit, und vielleicht noch viel weiter, steigern muß. Aber forschungspragmatisch spricht auch alles dafür, die Erklärungskraft einfacher und deshalb transparenter Modelle so weit wie möglich auszuschöpfen. Für die Relevanz des intergouvernementalen Ein-Ebenen-Spiels spricht immerhin die Tatsache, daß – was immer sonst noch passiert – die Zustimmung der nationalen Regierungen im Ministerrat der kritische Engpaß im EG-Entscheidungsprozeß geblieben ist.

Integration in Europa an unübersteigbare Grenzen stößt, dann müßten sich diese aus der Existenz fundamentaler Ziel- und Interessenkonflikte zwischen den Mitgliedstaaten begründen lassen, die im gegebenen institutionellen Rahmen der Union nicht durch Mehrheitsentscheidung geregelt werden können.

Solche Konflikte gibt es in der Tat, aber sie sind auch innerhalb des Bereichs, der institutionell wie analytisch der positiven Integration zuzurechnen ist, keineswegs überall gleich virulent. Um dies zu zeigen, konzentriere ich mich im folgenden auf die regulative Politik der Gemeinschaft (vernachlässige also sowohl die politische Zusammenarbeit als auch die gemeinsame Agrarpolitik und die regionalpolitischen und technologiepolitischen Förderprogramme). Hier kann man, wenn man von allfälligen ideologischen Differenzen in der Wirtschafts- und Gesellschaftspolitik absieht, im allgemeinen davon ausgehen, daß die nationalen Regierungen sich bei Abstimmungen im Ministerrat vor allem an drei Kriterien orientieren – an der Übereinstimmung mit den jeweiligen Routinen ihrer Verwaltungen, an den Absatz- und Beschäftigungsinteressen ihrer Wirtschaft und – wo diese politisch aktiviert werden – an den Erwartungen und Befürchtungen ihrer Wähler. Die außerordentliche Bedeutung des administrativen Kriteriums ist durch die Untersuchungen von Adrienne Héritier und ihren Mitarbeitern identifiziert worden (Héritier et al. 1994). Es erklärt Konflikte auch zwischen Ländern, denen man im Hinblick auf die beiden anderen Kriterien durchaus gleichgerichtete Interessen zuschreiben könnte. Bei der nachfolgenden Analyse werde ich jedoch auf die administrativen Interessen nicht weiter eingehen und mich auf die ökonomischen (und gegebenenfalls politischen) Kriterien konzentrieren.

Hier läßt sich die Grenze zwischen konsensfähigen und konflikthaften Konstellationen näherungsweise bezeichnen durch die Unterscheidung zwischen der Harmonisierung produkt- oder mobilitätsbezogener Regelungen auf der einen und der Harmonisierung produktions- oder standortbezogener Regelungen auf der anderen Seite. Im ersten Falle dominiert das gemeinsame ökonomische Interesse an europaweit einheitlichen Standards über die divergierenden Interessen. Anders verhält es sich bei Regelungen des anlagen- oder produktionsbezogenen Umweltschutzes und Arbeitsschutzes (Héritier 1995) und vor allem bei sozialpolitischen Regelungen (Leibfried/Pierson 1992; Lange 1992), welche sich nicht unmittelbar auf die Eigenschaften der europaweit zu vermarktenden Produkte beziehen, aber die Produktionskosten der Unternehmen erhöhen würden. Gerade diese Art von

„marktkorrigierenden" Regelungen, so hatte ich eingangs argumentiert, stößt auf nationalstaatlicher Ebene wegen des zunehmenden Standortwettbewerbs im integrierten Binnenmarkt auf immer größere faktische Hindernisse, und deshalb haben sich gerade hier große Hoffnungen auf eine europäische Politik der positiven Integration gerichtet. Aber eben hier stehen die divergierenden Interessen typischerweise so sehr im Vordergrund, daß gemeinsame Standards entweder blockiert werden, oder nur durch teure Ausgleichszahlungen oder Koppelgeschäfte konsensfähig gemacht werden können. Der letztlich ausschlaggebende – und vorderhand nicht ausräumbare – Grund für die Konflikthaftigkeit von produktions- oder standortbezogenen Regelungen liegt in den extremen Unterschieden im ökonomischen Entwicklungsstand der Mitgliedstaaten.

Die Gemeinschaft umfaßt nach der Süderweiterung Länder, die zu den ökonomisch leistungsfähigsten der Weltwirtschaft gehören, und andere, deren Wirtschaft kaum das Niveau von Schwellenländern überschritten hat. Dieser Gegensatz findet seinen Ausdruck in großen Unterschieden der (durchschnittlichen) Faktorproduktivität[6]. Wenn also die ökonomisch weniger entwickelten Länder im europäischen Binnenmarkt trotzdem wettbewerbsfähig sein wollen, dann müssen auch die Faktorkosten der dort produzierenden Unternehmen – also insbesondere die Lohn- und Lohnnebenkosten und die Umweltkosten – entsprechend geringer sein. Deshalb liegen die industriellen Arbeitskosten in Portugal oder Griechenland auch nur bei einem Sechstel bzw. einem Viertel der deutschen[7], und ähnliche Unterschiede gibt es in den Sozialleistungssystemen (Sieber 1993; Ganslandt 1993) und beim Umweltschutz (Fröhlich 1992).

Wenn aber nun diese Kosten durch die Harmonisierung von Sozialleistungen oder Umweltvorschriften dem Niveau der hochproduktiven Länder angenähert würden, dann liefe dies – gerade so, wie nach dem Beitritt der DDR in Ostdeutschland geschehen – auf eine massive De-Industrialisierung und Arbeitsplatzvernichtung hinaus. Je mehr die Unternehmen dem internationalen Preiswettbewerb ausgesetzt sind, desto weniger können verantwortliche Politiker in den ökonomisch weniger entwickelten Ländern kostentreibenden Harmonisierungs-Initiativen zustimmen[8] – insbesondere da, anders als im Verhältnis zwischen Westdeutschland und Ostdeutschland, die reichen EU-Länder gewiß nicht bereit (oder auch nur in

---

6 Selbstverständlich gibt es auch in Portugal oder Griechenland (ebenso wie in Ostdeutschland; vgl. Hank 1994) „Inseln" überdurchschnittlicher Produktivität, insbesondere in den Zweigwerken der multinationalen Unternehmen.

7 Nach Erhebungen des schwedischen Arbeitgeberverbandes SAF differierten 1993 die Gesamtkosten einer Arbeitsstunde in der Industrie zwischen 33 skr in Portugal, 56 skr in Griechenland und 204 skr in Deutschland (Kosonen 1994).

8 Es ist also nicht nur der Widerstand der Unternehmen, der einer europäischen Sozialpolitik entgegensteht (Streeck 1995), sondern vor allem der Widerstand der die Exit-Option des Kapitals antizipierenden Regierungen in den ökonomisch schwächeren Staaten.

der Lage) wären, die industrielle Katastrophe durch massive Transferzahlungen zu kompensieren. Nicht besser stünde es, wenn sozialpolitische oder umweltpolitische Maßnahmen nicht von den Unternehmen, sondern vom Staat durch höhere Einkommens- und Konsumsteuern finanziert würden.

Solange die durchschnittlichen Einkommen im ärmsten EG-Land weniger als ein Fünftel des Durchschnittseinkommens in den reichsten Ländern erreichen, müssen Maßnahmen, die hier als unerläßlich gelten, dort als unerschwinglich angesehen werden. So oder so müssen sich also die weniger entwickelten EG-Länder gegen produktions- oder standortbezogene Maßnahmen wehren, die allenfalls dem Anspruchsniveau und der Zahlungsbereitschaft der Bürger in den reichen Ländern entsprechen – und die Verfassung der Europäischen Union gibt ihnen ein Veto gegen solche Initiativen.

Die in der Literatur hervorgehobenen Erfolge einer europäischen Harmonisierung „auf hohem Niveau" beziehen sich deshalb in erster Linie auf die produktbezogenen Standards des Gesundheitsschutzes, Arbeitsschutzes, Umweltschutzes und Verbraucherschutzes. Gewiß gibt es auch hier zwischen den Ländern unterschiedliche Präferenzen, denn schon im Hinblick auf die Zahlungsfähigkeit ihrer Verbraucher müssen die ärmeren Länder weniger anspruchsvolle Standards bevorzugen als die reichen Länder. Keinen Unterschied gibt es jedoch hinsichtlich der Wünschbarkeit *gemeinsamer* europaweiter Standards. In spieltheoretischer Formalisierung[9] haben wir es hier also mit einer Variante des „Battle of the Sexes" zu tun (Abbildung 1)[10].

Die Einigung erscheint hier möglich, weil die fortdauernde Existenz national unterschiedlicher Anforderungen und Zulassungsverfahren die Produzenten in allen Ländern behindern und dem Zweck des größeren Marktes zuwiderlaufen würde. Da überdies entsprechend Art. 36 und Art. 100a, Absatz 4 EGV die reichen Mitgliedstaaten die Möglichkeit hätten, anspruchsvollere Regelungen im Alleingang durchzusetzen, erscheint es auch plausibel, daß die Harmonisierungspolitik der Gemeinschaft bei den produktbezogenen Regelungen inzwischen das in Art. 100a, Absatz 3 EGV angestrebte „hohe Schutzniveau" tatsächlich auch oft erreicht (Eichener, in diesem Band). Anders wären ja die nationalen Handelshindernisse nicht zuverlässig auszuschalten

9 Für eine Einführung in die Spieltheorie eignet sich Zürn (1992: 323-335).

10 Unterstellt wird, daß für die reichen Länder gemeinsame und hohe Standards die beste Lösung (3) wären, während die armen Länder gemeinsame und niedrige Standards bevorzugen würden. Für beide wäre aber die bei Nicht-Einigung zu erwartende Fortdauer national unterschiedlicher Standards das am wenigsten attraktive (1) Ergebnis.

(Joerges 1994b). Insofern steht die Harmonisierung produktbezogener Standards, auch wenn sie institutionell auf positive Voten im Ministerrat angewiesen ist[11], funktional gesehen in der Nähe der negativen Integration – man kann sie jedenfalls eher zu den „marktschaffenden" als zu den „marktkorrigierenden" Interventionen rechnen.

Abbildung 1: Präferenzen für hohe/niedrige europaweite Standards bei *produktbezogenen* Regelungen (3 = beste Lösung, 1 = schlechteste). Bei Nicht-Einigung (NE) kommt es nicht zu einem gemeinsamen Standard.

		Reiche Länder: hoch	Reiche Länder: niedrig
Arme Länder	hoch	3 2	1 1 (NE)
	niedrig	1 1 (NE)	2 3

Während also bei den produktbezogenen Regelungen beide Seiten einen gemeinsamen Standard der bei Nichteinigung zu erwartenden Fortdauer des ungeregelten Status Quo vorziehen, ist dies bei den produktions- oder standortbezogenen Regelungen nicht der Fall[12]. Hier haben die reichen Länder ein Interesse daran, ihr hohes Regulierungs-Niveau als allgemeine EG-Norm durchzusetzen (Präferenz = 3); wenn das aber nicht durchgesetzt werden kann, wäre zwar aus der Sicht der Unternehmen die gemeinsame Regelung auf niedrigem Niveau die zweitbeste Lösung. Für die Reaktion der Regierungen wird jedoch in der Regel die negative Reaktion der Wähler auf Verschlechterungen des einmal erreichten Schutzniveaus größeres Gewicht haben, so daß die reichen Länder die Fortdauer national unterschiedlicher Regelungen

11 Überdies profitiert die produktbezogene Standardisierung von Verfahrensinnovationen, die den Konsensbedarf im Ministerrat dadurch minimieren, daß dort lediglich Sicherheitsgrundsätze beschlossen werden, deren Konkretisierung dann korporatistischen Gremien überlassen wird (Voelzkow 1993; Eichener 1993; Scharpf 1993).

12 Unterstellt wird dabei, daß die Mitgliedstaaten durch negative Integration daran gehindert werden, ausländische Anbieter, die unter weniger belastenden Regulierungen produzieren, vom heimischen Markt auszuschließen, durch Sonderabgaben zu belasten oder in anderer Weise (etwa bei der Vergabe von öffentlichen Aufträgen) zu diskriminieren.

(Präferenz = 2) gegenüber (allgemein verbindlichen!) gemeinsamen Regeln auf niedrigem Niveau vorziehen werden (Präferenz = 1).

Für die armen Länder dagegen kämen einheitliche Regelungen auf hohem Anspruchsniveau der Vernichtung wenig produktiver Wirtschaftszweige gleich, sofern diese in der nationalen Ökonomie eine Rolle spielen (Präferenz = 1). Aber auch einheitliche Regeln auf niedrigem Anspruchsniveau wären wenig attraktiv, weil die wenig produktiven einheimischen Unternehmen dann dem verschärften Wettbewerb deregulierter Konkurrenten aus den Ländern mit hoher Produktivität ausgesetz würden (Präferenz = 2). Für die armen Länder ist also die fortdauernde Blockade, bei der es überhaupt nicht zu einheitlichen Standards kommt, die ökonomisch attraktivste Lösung. In spieltheoretischer Darstellung könnte die Interessenkonstellation also etwa folgendermaßen charakterisiert werden (Abbildung 2):

Abbildung 2: Präferenzen für hohe/niedrige europaweite Standards bei *produktionsbezogenen* Regelungen (3 = beste Lösung, 1 = schlechteste). Bei Nicht-Einigung (NE) kommt es nicht zu einem gemeinsamen Standard.

		Reiche Länder: hoch	Reiche Länder: niedrig
Arme Länder	hoch	3 1	2 3 (NE)
	niedrig	2 3 (NE)	1 2

Noch deutlicher werden die Unterschiede zwischen beiden Konstellationen, wenn die spieltheoretischen Auszahlungsmatrizen in verhandlungstheoretischer Form dargestellt werden[13], wobei die jeweils von den armen und den reichen Ländern präferierten Verhandlungslösungen (A und R) in Bezug gesetzt werden zu dem bei Nicht-Einigung zu erwartenden Ergebnis (NE = Status Quo), bei dem es zu einer europaweiten Regelung nicht kommt und die jeweiligen nationalen Standards weiter gelten. Verhandlungsergebnisse oberhalb von NE sind für die armen Länder, Ergebnisse rechts von NE für die reichen Länder, attraktiver als der Status Quo (Abbildung 3).

13 Zur Einführung in die Verhandlungstheorie vgl. Scharpf (1992).

Abbildung 3: Mögliche Verhandlungslösungen im Vergleich zur Nichteinigung (NE) bei produktbezogenen und produktionsbezogenen europaweiten Standards („A“ = Präferenz der armen, „R“ = Präferenz der reichen Länder).

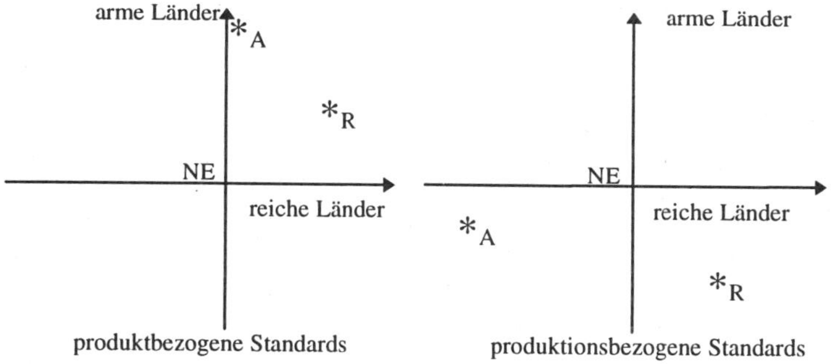

Bei den produktbezogenen Regelungen liegen sowohl die Ausgangs-Forderungen beider Seiten (A und R) als auch alle zwischen diesen liegenden Kompromißlösungen für beide Seiten oberhalb bzw. rechts vom Nicht-Einigungspunkt (NE). Keine Seite wird es also auf ein Scheitern der Verhandlungen ankommen lassen und einvernehmliche Regelungen sind deshalb im Prinzip zu erwarten. Ganz anders die Situation bei den produktionsbezogenen Regelungen. Hier gibt es keine Verhandlungslösung im nordöstlichen Quadranten, die für beide Seiten besser wäre als der bei Nichteinigung fortdauernde Status Quo. Zwar könnten die reichen Länder ihre Lage durch die Einführung europaweiter Standards auf hohem Anspruchsniveau verbessern, aber diese Lösung würde die Lage der ärmeren Länder so stark verschlechtern, daß sie gegen deren Widerstand nur durch einseitigen Oktroi durchgesetzt werden könnte (für den die institutionellen Voraussetzungen fehlen). Da aus der Sicht der armen Länder auch gemeinsame Standards auf niedrigem Niveau eine Verschlechterung bedeuten würden, wäre eine Einigung hier allenfalls dann zu erwarten, wenn die reichen Länder ausreichende Kompensation anbieten könnten und wollten.

4. Handlungsfähigere europäische Politik?

Die Chancen einer aktiven, die Marktentwicklung gestaltenden und die Verteilungsfolgen des Marktes korrigierenden Politik der positiven Integration sind also nach wie vor gering. Dennoch haben der mit der Einheitlichen Europäischen Akte vollzogene (und in seiner Reichweite eng begrenzte) Übergang zur Abstimmung mit qualifizierten Mehrheiten und die Ausweitung des Kompetenzkatalogs im Maastricht-Vertrag nach einer ziemlich langen Schrecksekunde eine öffentliche Debatte über die Legitimation europäischer Entscheidungen ausgelöst, deren Ausgang noch keineswegs absehbar ist. In der Tat hat, obschon immer nur wenige Länder im Ministerrat überstimmt werden können, die europäische Politik mit der Einheitlichen Akte den (demokratietheoretisch ohnehin nicht sehr tragfähigen)[14] Boden der durch die Zustimmung aller Regierungen vermittelten indirekt-demokratischen Legitimation verlassen und sucht nun nach tragfähigeren Legitimationsgrundlagen (von der Groeben 1992; Weidenfeld 1994).

Die negative Integration hingegen ist von solchen Skrupeln nicht betroffen. Ihre Legitimation kann sich weiterhin auf mehrere Varianten von rechtlichen Integrationstheorien (Joerges 1994a) stützen – vom unreflektierten Legalismus der europarechtlichen Praxis (Burley/Mattli 1993) über die „Zweckverbandstheorie" (Ipsen 1972) bis hin zu den Theoremen einer neoliberalen Wirtschaftsverfassung, nach denen die Europäische Wirtschaftsgemeinschaft durch die Verträge (und insoweit ohne weiteren Rückgriff auf das Demokratieprinzip) dazu (und nur dazu) legitimiert wurde, die Öffnung der Märkte herzustellen und den unverfälschten Wettbewerb zu garantieren (Behrens 1994). Faktisch geht es also bei der nach der Ratifizierung der Einheitlichen Akte beginnenden und im Kontext der Ratifizierung des Maastricht-Vertrages vollends virulent gewordenen Legitimationsdebatte immer nur um die positive Integration.

14 Ebenso wie in der deutschen, so geht auch in der europäischen Politikverflechtung die zwischen den Regierungen (und ihren Bürokratien) ausgehandelte Politik an den gliedstaatlichen Parlamenten vorbei. An die Stelle parlamentarischer Kontrolle tritt also bestenfalls eine diffuse Generalverantwortung der Regierungen gegenüber ihren Wählern, während die Verantwortung für spezifische Maßnahmen immer durch den (völlig zutreffenden) Verweis auf die Verhandlungszwänge einer gemeinsamen Politik verweigert werden kann (Scharpf 1993).

Wir haben in der Europäischen Union also die bemerkenswerte Situation, daß die massive Beschränkung der nationalen Handlungskompetenzen durch die Instrumente der negativen Integration so gut wie keine politische (und außerhalb der Jurisprudenz auch kaum wissenschaftliche) Aufmerksamkeit findet, während die ohnehin schwerfälligen und vielfach gehemmten Prozeduren der positiven Integration nun einer demokratietheoretischen Fundamentalkritik ausgesetzt sind, die den weiteren Fortschritt der Integration in Frage stellt. Wenn man daran etwas ändern will, dann müßte man im Sinne einer institutionellen „Vertiefung" zugleich die Handlungsfähigkeit der europäischen Politik und ihre demokratische Legitimität[15] verstärken. Vorschläge dazu liegen seit langem vor, aber ihre Realisierung ist weiterhin wenig wahrscheinlich.

Die Handlungsfähigkeit der europäischen Politik könnte gewiß durch die Generalisierung und Erleichterung von Mehrheitsentscheidungen im Rat gesteigert werden. Die beinahe gescheiterten Verhandlungen über die „Norderweiterung" haben jedoch auch gezeigt, daß nicht einmal die Beibehaltung der gegenwärtigen Abstimmungsregeln gesichert ist, und daß weitergehende institutionelle Veränderungen nach wie vor durch die „Politikverflechtungsfalle" verhindert werden (Scharpf 1985). Normativ gesehen wären sie auch problematisch, wenn nicht zugleich das Demokratiedefizit der Union abgebaut würde (vgl. Kielmansegg, in diesem Band).

Die Wahrscheinlichkeit, daß weitgehende Schritte in Richtung auf eine „institutionelle Vertiefung" der Gemeinschaft die notwendige Zustimmung aller nationalen Regierungen und Parlamente finden könnten, ist freilich gering. Eher sollte man damit rechnen, daß Weilers eingangs zitierte Diagnose vorderhand Bestand haben wird, und daß die politischen Prozesse in der Gemeinschaft – im Gegensatz zu den Prozessen der Rechtsanwendung und Rechtsfortbildung durch Kommission und Gericht – auf absehbare Zeit den Charakter intergouver-

---

15 Der theoretische Hintergrund kann hier nur angedeutet werden (Scharpf 1970). Legitimationsbedarf entsteht dann, wenn Entscheidungen die Interessen oder Präferenzen eines Teils der Betroffenen verletzen. Die EG hat sich bisher zu einem erheblichen Teil auf „output-orientierte" Legitimität (für die es auf die Gemeinwohl-Dienlichkeit der Ergebnisse und die Gerechtigkeit der Verteilung von Leistungen und Lasten ankommt) stützen können; in dem Maße, wie die Interventionen häufiger, spürbarer und ihre Verteilungsfolgen sichtbarer werden, gewinnt aber die Frage nach der „input-orientierten" Legitimität (also nach der potentiell einforderbaren demokratischen Verantwortung der Entscheidenden) an Gewicht.

nementaler Verhandlungen behalten werden (Weiler 1994). Das bedeutet auch, daß im Ministerrat Entscheidungen zur aktiven Integration nicht nur durch Richtungskonflikte zwischen Wirtschaftsliberalen und Interventionisten gebremst werden, sondern auch durch die divergierenden ökonomischen Interessen und Verteilungskonflikte zwischen den Mitgliedstaaten, die nach einer möglichen „Osterweiterung" noch ungleich schwerer (manche meinen sogar: überhaupt nicht – Deubner 1994) auszugleichen wären. Kurz: Von der politischen Handlungsfähigkeit der Gemeinschaft darf man wohl auch künftig nicht allzuviel erwarten – und die Kommission wird deshalb gut daran tun, auch weiterhin nach Entscheidungsverfahren und Koordinationstechniken zu suchen, die den Konsensbedarf im Ministerrat minimieren können (Scharpf 1993).

Erwägenswert wäre dabei auch eine Variante der Konzepte eines „Europa mit zwei Geschwindigkeiten" oder „Europa mit variabler Geometrie", die soweit ersichtlich in die gegenwärtige Diskussion über institutionelle Reformen der Gemeinschaft noch nicht einbezogen wird[16]. Wenn und soweit die Konsensschwierigkeiten der positiven Integration sich aus Interessenkonflikten zwischen ökonomisch hochentwickelten und weniger entwickelten Mitgliedstaaten herleiten lassen, könnte die explizite Vereinbarung unterschiedlicher Standards einen Ausweg bieten. Dann könnten die reichen Länder untereinander sich auf anspruchsvolle Regelungen festlegen, die ihren eigenen Umweltproblemen gerecht werden und ihre sozialpolitischen Errungenschaften gegen die Versuchung der kompetitiven Deregulierung[17] absichern, während die weniger entwickelten Länder ebenfalls gemeinsame Standards auf niedrigerem Anspruchsniveau beschließen könnten.

Dahinter steht die Überlegung, daß es immer noch eine verhältnismäßig stabile internationale Arbeitsteilung zwischen den hochentwickelten und den weniger entwickelten Ländern gibt, bei der erhebliche Kostennachteile durch ebenso erhebliche Produktivitätsvorteile kompensiert werden, und daß deshalb der für marktkorrigierende Inter-

---

16 Überlegungen dieser Art finden sich allerdings in dem von Eberhard Grabitz (1984) herausgegeben Sammelband über „Abgestufte Integration", auf den mich Beate Kohler-Koch hingewiesen hat. Der Band enthält außerordentlich informative Übersichten über die damals praktizierten Übergangs-, Ausnahme- und Mindestregelungen, welche die Vorstellung eines einheitlichen Gemeinschaftsrechts schon damals widerlegten.

17 Im geltenden Europarecht können zwar nationale Regulierungen und Beihilfen als wettbewerbsverzerrend unterbunden werden; die Gewinnung von Wettbewerbsvorteilen durch kompetitive Deregulierung ist dagegen zulässig.

ventionen schädliche Standortwettbewerb in erster Linie zwischen Ländern mit annähernd gleichem Produktivitätsniveau stattfindet. Durch die verbindliche Festlegung unterschiedlicher Standards könnte also der Deregulierungswettlauf zwischen den reichen Ländern mit hohem Regulierungsniveau unterbunden werden. Zugleich könnten die ärmeren Länder sich aus einer Situtìon befreien, in der sie durch die Unterbietungskonkurrenz untereinander von einer Erhöhung ihres Regulierungsniveaus abgehalten werden – und sie können dies erreichen, ohne dadurch ihre Wettbewerbsfähigkeit gegenüber den reichen Ländern zu zerstören. Im Zuge ihrer wirtschaftlichen Entwicklung könnte dieser „untere" Standard dann schrittweise angehoben und dem „oberen" angeglichen werden. Da es hier definitionsgemäß um produktionsbezogene und nicht um produktbezogene Regulierungen ginge, könnte die Vereinbarung solcher Doppelstandards auch nicht als Handelshindernis mit der Integration des Binnenmarktes in Konflikt geraten. Soweit ich sehe, sind jedoch in der Diskussion über ein „Europa mit zwei Geschwindigkeiten" derartige Überlegungen bisher nicht explizit angestellt worden[18], während das in ähnliche Richtung weisende Konzept eines „Europa der Relativitäten" immerhin schon diskutiert wird. Es impliziert, daß überall dort, wo dies möglich und sinnvoll ist, EG-einheitliche Regelungen nicht durch absolute, sondern durch relative Maßstäbe, die den jeweiligen Entwicklungsstand berücksichtigen, definiert werden. Beispielsweise könnte so das in jedem Land zu erzielende Aufkommen einer EG-weiten Umweltsteuer als ein Prozentsatz des jeweiligen Brutto-Inlandsprodukts festgelegt werden, so daß die andernfalls zu erwartende überproportionale Belastung der weniger entwickelten Länder vermieden werden kann (von Weizsäcker 1989). Ähnliche Konzepte werden auch im Hinblick auf eine europäische Sozialpolitik diskutiert[19].

---

18 Adrienne Héritier hat mich darauf hingewiesen, daß die derzeit im Ministerrat behandelte „Integrated Pollution Control Directive" insofern einen Schritt in die hier angedeutete Richtung bedeute, als hier nur die regionalen Luftqualitäts- (d.h. Immissions-) Grenzwerte vereinheitlicht werden sollen, während die Festlegung von Emissions-Grenzwerten den Mitgliedstaaten überlassen bleiben würde. Als Ergebnis wären unterschiedlich strenge Emissionswerte zu erwarten.

19 Den Hinweis verdanke ich Stephan Leibfried.

5. Schutz nationaler Handlungsspielräume?

Derartige Aushilfen sollten genutzt werden. Aber auch sie werden die hohe Konsensabhängigkeit der europäischen Politik nicht wesentlich reduzieren können. Deshalb kommt es für die künftige Entwicklung in Europa auch darauf an, die Handlungsfähigkeit der Politik in den Mitgliedstaaten so wenig wie möglich zu beschneiden. Der Maastricht-Vertrag hat versucht, dem durch die explizite Verankerung des Subsidiaritätsprinzips Rechnung zu tragen. Dieser Versuch wird generell skeptisch beurteilt – einmal weil man mit Blick auf die Entscheidungspraxis des amerikanischen Supreme Court und des deutschen Bundesverfassungsgerichts die Justiziabilität entsprechender Normen bezweifelt, zum anderen weil die Norm selbst mit ihrem unklaren Bezug auf die Kriterien der Effektivität und Effizienz auch einem zur Anwendung entschlossenen Gericht wenig Handhaben zur Beschränkung der Ausübung europäischer Regelungskompetenzen böte (Dehousse 1993). Jedenfalls für die nach langen Verhandlungen im Ministerrat beschlossenen Förderprogramme, Verordnungen und Richtlinien der Gemeinschaft erscheint die vertragliche Verankerung des Subsidiaritätsprinzips praktisch fast bedeutungslos – die Regierungen hätten ja kaum zugestimmt, wenn sie nicht mit großer Mehrheit davon überzeugt gewesen wären, daß „die Ziele der in Betracht gezogenen Maßnahmen auf Ebene der Mitgliedstaaten nicht ausreichend erreicht werden können" (Art. 3b, Absatz 2 EGV) – und wie wollte ein Gericht die Interessen der Mitgliedstaaten trotz dieser Zustimmung schützen wollen? Manche sehen deshalb in der Klausel in erster Linie einen an die Ministerräte selbst gerichteten Appell zur Selbstbeschränkung. Das wäre gewiß nicht unnötig, denn auch in der Europäischen Union ist mit der im deutschen Föderalismus beobachteten Tendenz zur „Überverflechtung" zu rechnen, weil auch hier die Regierungen sich durch Vereinbarungen auf der zentralen Ebene der Kritik und Kontrolle ihrer eigenen Parlamente entziehen können (Scharpf 1985).

Aber die spürbarsten Einschränkungen der nationalen Handlungsfähigkeit ergeben sich ja, so habe ich argumentiert, gar nicht aus den vom Rat auf Vorschlag der Kommission beschlossenen positiven EU-Entscheidungen; sie resultieren vielmehr aus der negativen Integration, d.h. aus den die Öffnung der Märkte und die Freiheit des Wettbewerbs sichernden Regeln der Römischen Verträge und deren extensiver Interpretation durch die Kommission und den Europäischen Gerichtshof. Dieser Prozeß wird nach der im Maastricht-Vertrag gewählten Formulierung auch nicht von der Subsidiaritätsklausel erfaßt. Aber auch wenn man die Formulierung ändern und die dem Sinn der Subsidiarität widersprechende Beschränkung auf „Bereiche, die nicht in ihre [der Gemeinschaft] ausschließliche Zuständigkeit fallen" (Art. 3b, Absatz 1 EGV) streichen würde, könnte die Klausel kaum weiterhelfen. Es kann ja überhaupt kein Zweifel daran bestehen, daß die Ziele der Marktöffnung und der Beseitigung nationaler Wettbewerbshindernisse „besser auf Gemeinschaftsebene erreicht werden können" (ebd.) – in der Tat können sie nur auf dieser Ebene erreicht werden. Stattdessen geht es darum, den Absolutheitsanspruch dieser Ziele zu relativieren und die verlorengegangene Waffengleichheit gegenüber allen anderen legitimen Zielen der Politik wiederherzustellen. Dies kann von der Subsidiaritätsklausel nicht geleistet werden.

Wie es vielleicht geleistet werden könnte, zeigt gerade jenes Urteil des Europäischen Gerichtshofs, das nach verbreiteter Meinung den stärksten Anstoß zur Perfektionierung der negativen Integration gegeben hat. Die Entscheidung *Cassis de Dijon* (EuGH 1979) hat ja keineswegs eine unbedingte Pflicht der Mitgliedstaaten zur „wechselseitigen Anerkennung" ihrer Entscheidungen über die Zulassung von Produkten postuliert. Ehe die Bundesrepublik zur Marktzulassung des französischen Likörs, der aus Champagner Kir Royal macht, verurteilt wurde, hatte das Gericht zunächst die Frage geprüft, ob die deutsche Vorschrift, nach der Spirituosen mindestens einen Alkoholgehalt von 25% haben mußten, irgendeinem plausiblen Zweck des Gesundheitsschutzes oder des Verbraucherschutzes dienen konnte. Erst nachdem diese Frage mit einem überzeugenden Nein beantwortet war[20], konnte die deutsche Norm als Handelshindernis qualifiziert werden, das nicht durch einen der Schutzzwecke des Art. 36 des EG-Vertrages legitimiert war.

Diese Vorschrift erlaubt Ausnahmen vom Verbot nicht-tarifärer Handelsbeschränkungen immer dann, wenn diese „aus Gründen der öffentlichen Sittlichkeit, Ordnung und Sicherheit, zum Schutz der Gesundheit und des Lebens von Menschen, Tieren und Pflanzen, des nationalen Kulturguts von künstlerischem, geschichtlichem oder archäologischem Wert oder des gewerblichen oder kommerziellen Eigentums gerechtfertigt sind." Freilich dürfen derartige Maßnahmen „weder ein Mittel zur willkürlichen Diskriminierung noch eine verschleierte Beschränkung des Handels zwischen den Mitgliedstaaten darstellen". Unter den gleichen ein-

---

20 Die Bundesregierung hatte vor Gericht behauptet, gerade der zu geringe Alkoholgehalt erhöhe – wegen der geringeren Hemmschwelle – die Gefahr des Alkoholismus (Alter/Meunier-Aitsahalia 1994: 538f.). Das dann noch näher liegende Verbot von Bier und Wein wurde offenbar nicht erwogen.

schränkenden Voraussetzungen können nach der Einheitlichen Akte verschärfte nationale Vorschriften zum Schutz der genannten Güter (erweitert um den Schutz der Arbeitsumwelt und den Umweltschutz) sogar dann Bestand haben, wenn eine Harmonisierungsmaßnahme mit europaweit einheitlichen Standards beschlossen wurde (Art. 100a, Absatz 4 und 5 EGV).

Bestimmte nationale Politikziele sollen also nach der erklärten Absicht der Vertragsparteien schon jetzt nicht ohne weiteres den europäischen Zielen der Marktintegration und Wettbewerbsgleichheit geopfert werden. Freilich legt die Kommission – und mehr noch der Europäische Gerichtshof – bei der Prüfung des diskriminierenden oder handelsbeschränkenden Charakters nationaler Vorschriften so strenge Maßstäbe an, daß der praktische Vorrang der negativen Integration nicht gefährdet wird. Im Prinzip verfolgt die Kommission seit Cassis eine konsequente Linie, nach der nicht-tarifäre Handelshindernisse entweder (wie im Cassis-Fall selbst) für ungültig erklärt oder durch harmonisierte europäische Regeln ersetzt werden müssen (Alter/Meunier-Aitsahalia 1994). Separate nationale Regelungen sollen soweit irgend möglich verhindert werden – was auch erklärt, daß bei den produktbezogenen Regelungen tatsächlich ein „hohes Schutzniveau" (Art. 100a, Absatz 3 EGV) erreicht wird. Die von manchen befürchtete „Harmonisierung auf dem kleinsten gemeinsamen Nenner" hätte ja nach Absatz 4 des gleichen Artikels einzelnen Mitgliedstaaten den Erlaß anspruchsvollerer Sonderregelungen gestattet.

Freilich gilt all dies nur für die produktbezogenen Regelungen, und es gilt auch nur zugunsten von nationalen Regelungen, welche den in Art. 36 und 100a EGV genannten „polizeilichen" Schutzzwecken dienen – also gerade nicht für marktgestaltende und marktkorrigierende Maßnahmen mit verteilungspolitischer Zielsetzung, die von der Standortkonkurrenz in erster Linie betroffen werden. Wenn man daran etwas ändern wollte, dann müßte man den mit der Cassis-Entscheidung begonnenen und mit der Einheitlichen Akte fortgesetzten Weg ein gutes Stück weiter gehen – so weit mindestens, daß einerseits nicht nur die in Art. 36 und 100a EGV genannten Schutzgüter, sondern alle legitimen gliedstaatlichen Aufgaben Berücksichtigung finden können, und daß andererseits die Abwägung von der prinzipiellen Gleichrangigkeit zwischen diesen und dem Ziel der Marktintegration auszugehen hätte.

Das würde bedeuten, daß selbstverständlich nationale Regelungen keinen Bestand haben können, für die (wie in der Cassis-Entscheidung unterstellt) keine plausible Ziel-Mittel-Verknüpfung zu einem legitimen Staatsziel dargetan werden kann, oder die primär dem illegitimen Zweck der wirtschaftlichen Diskriminierung gebietsfremder Anbieter dienen.

Auf der anderen Seite könnten gliedstaatliche Regelungen aber nicht schon dann unterbunden werden, wenn irgendein diskriminierender oder handelsbeschränkender Effekt nachgewiesen werden kann (wozu die Praxis des Gerichtshofs tendierte). Stattdessen käme es dann auf die konkrete Abwägung im Einzelfall an, wobei auf der einen Seite die Intensität der Wettbewerbs- oder Mobilitätsbeschränkung, auf der anderen Seite die Bedeutung der Maßnahme für die Verwirklichung der gliedstaatlichen Ziele zu gewichten wäre. Daß es dabei nicht allein auf das Urteil der betroffenen Regierung ankommen kann, liegt auf der Hand – und die deutsche Reaktion auf den britischen „Rinderwahnsinn" zeigt, wie unüberbrückbar die aus unterschiedlichen Problemsichten erwachsenden Konflikte zwischen den Staaten sein können. Sie werden gewiß nicht geringer, wenn der Katalog der potentiell Wettbewerbshindernisse legitimierenden Zwecke über die polizeilichen Schutzgüter hinaus auf andere – ökologische, verteilungspolitische, mitbestimmungspolitische, standespolitische, kulturpolitische oder gesellschaftspolitische – Ziele erweitert wird. Aber derartige Fragen müssen ohnehin beantwortet werden, wenn die vier Freiheiten nun auch in „staatsnahen Sektoren" geltend gemacht werden, die bisher auf höchst unterschiedliche Weise von der nationalen Politik gestaltet wurden (Mayntz/Scharpf 1994). Hätte eine rot-grüne Bundesregierung noch das Recht, den Ausstieg aus der Kernenergie oder die Verlagerung des Güterverkehrs von der Straße auf die Schiene zu betreiben? Wie wäre zu entscheiden, wenn nun das gebührenfinanzierte öffentlich-rechtliche Fernsehen von privaten Fernsehgesellschaften oder das deutsche Gesundheitswesen mit seiner wettbewerbsfeindlichen Kombination von öffentlich-rechtlicher Zwangsversicherung und Versorgungsmonopol der niedergelassenen Kassenärzte von Health-Maintenance-Organisationen als Verletzung der Dienstleistungsfreiheit angegriffen würden? Und wie schließlich steht es um das Mobilitätshindernis der deutschen beamtenrechtlichen Versorgung?

Die bisherige Rechtsprechung des Europäischen Gerichtshofs ist auf derartige Fragen nicht gut vorbereitet. Fixiert auf die Suprematie des Europarechts, hatte sie eine starke Neigung zu Abwägungen nach dem Prinzip einer „lexikographischen Ordnung", in der jede Verletzung eines gemeinschaftsrechtlich legitimierten Zwecks Vorrang vor jeder Verletzung nationaler Zwecke hatte. Wenn diese Tendenz überwunden werden soll, dann käme es darauf an, die Gegenpositionen ebenfalls im Gemeinschaftsrecht zu verankern. Dem entspricht der Vorschlag, bei der bevorstehenden Weiterentwicklung der Unionsverfassung eine duale Kompetenzstruktur zu etablieren, bei der nicht nur die Primärkompetenzen der Gemeinschaft, sondern auch die Primärkompetenzen der Mitgliedstaaten im Vertragswerk selbst statuiert werden (Weidenfeld 1994; Scharpf 1991).

In einem früheren Aufsatz (Scharpf 1993) habe ich zur Erläuterung auf die Rechtsprechung des Bundesverfassungsgerichts zur „Bundestreue" verwiesen, nach der Bund und Länder gleichermaßen verpflichtet sind, in der Ausübung ihrer eigenen Kompetenzen auf die

Aufgaben der jeweils anderen Ebene Rücksicht zu nehmen (BVerfGE 6, 309; 12, 205; 31, 314). Es wird also weder ein genereller Vorrang der Bundeskompetenzen noch die gegenständliche Trennbarkeit der Aufgaben oder Kompetenzbereiche unterstellt. Auf diesen letzten Punkt kommt es deshalb an, weil gerade die negative Integration sich fast überall mit nationalen Kompetenzen überschneiden kann – die personelle Freizügigkeit mit der nationalen Bildungs-, Ausbildungs- und Berufspolitik, die Dienstleistungsfreiheit mit der nationalen Kulturpolitik und Gesundheitspolitik, die Kapitalverkehrsfreiheit mit der nationalen Steuerpolitik oder Einlagensicherungspolitik, und die Wettbewerbsgleichheit mit der nationalen Regionalpolitik, Industriestrukturpolitik, Mitbestimmungspolitik oder Sozialpolitik. Kurz: die negative Integration und das europäische Wettbewerbsrecht interferieren auf breitester Front mit jenen Aspekten der „sozialen Regulierung", für welche die Mitgliedstaaten die primäre Verantwortung behalten haben und auf absehbare Zukunft behalten müssen.

Diese Interdependenz der Regulierungs-Dimensionen läßt sich vernünftigerweise nicht im Sinne eines Entweder-Oder auflösen. Weder können nationale und subnationale Ziele ohne Rücksicht auf die Gemeinschaftsschädlichkeit der gewählten Maßnahmen verfolgt werden, noch dürfen die Maximen der Marktöffnung und Wettbewerbsgleichheit um den Preis einer Desintegration sozialer Ordnungen in den Mitgliedstaaten maximiert werden. Stattdessen geht es um ein „Management der Interdependenz" zwischen nationalen und europäischen Zuständigkeiten (Dehousse 1993), das in der *vertikalen* Dimension jene Spannungen zwischen ökonomischen und sozialen Regulierungszwecken behandelt, die im Nationalstaat in *horizontalen* Auseinandersetzungen zwischen den Ressorts, im Kabinett und im Parlament geregelt werden. Die dafür maßgeblichen Kriterien hat Christian Joerges folgendermaßen formuliert:

> „Europäische Problemlösungen erfordern eine Kompatibilisierung integrationspolitischer und national-gesellschaftlicher Anliegen; sie werden zwischen einer Perfektionierung der Harmonisierungspolitik und einem durch wechselseitige Anerkennung vermittelten regulativen Wettbewerb hindurchsteuern müssen. In dieser Perspektive wären die Dichotomien zwischen Europarecht und nationalem Recht – gemeinschaftlicher Zuständigkeit und nationaler Souveränität, Suprematie und nationaler Verantwortung – als Konkordanzprinzipien neu zu definieren. Die Gemeinschaft würde die Legitimität nationalen Rechts im Grundsatz respektieren. Sie würde ... nur intervenieren, wenn wichtige Gemeinschaftsinteressen auf dem Spiel stünden. Sie würde die regulative Notwendigkeit einheitlicher rechtlicher Rahmenordnungen konkret rechtfertigen" (Joerges 1994a: 117).

Freilich lassen sich diese Maximen einer „autonomieschonenden" europäischen Politik nur dann auf die Instrumente der negativen Integration ausweiten, wenn auch die Mitgliedstaaten dazu gebracht werden können, ihre eigenen, legitimen Zwecke mit möglichst „gemeinschaftsverträglichen" Mitteln zu verfolgen. Dies ist, so habe ich argumentiert, die doppelte Stoßrichtung der deutschen Rechtsprechung zum „bundesfreundlichen Verhalten" (Scharpf 1993), und die politische Praxis von Bundestaaten wie den USA oder der Schweiz, die trotz vollendeter Wirtschaftseinheit mit verhältnismäßig wenig bundeseinheitlicher Regulierung auskommen, sollte ein reichhaltiges Anschauungsmaterial für gemeinschaftsverträgliche Regelungsformen auf der gliedstaatlichen Ebene liefern.

Ob freilich das durch Richterrecht und Lehre gefestigte ordnungstheoretische Paradigma der negativen Integration (Weiler 1994; Behrens 1994) allein durch konzeptionelle Angebote und Anregungen aus dem Rechts- und Politikvergleich verändert werden kann, mag bezweifelt werden. Deshalb könnte man immerhin auch über politische Lösungen nachdenken, die im Prinzip der „Ministererlaubnis" des nationalen Kartellrechts nachgebildet werden könnten. Sie würden darauf hinauslaufen, daß Mitgliedstaaten, deren Maßnahmen, geltende Regelungen oder Regelungsabsichten als Vertragsverletzung angegriffen werden, den Ministerrat anrufen können, der (durch Mehrheitsentscheidung) die Einstellung des Verfahrens beschließen kann[21]. Ähnliche Implikationen hat die in der US-amerikanischen Rechtsprechung nach 1937 zu beobachtende Beschränkung der „negative-commerce-clause"-Doktrin. Zugleich mit der im Prinzip unbeschränkten Ausweitung der Commerce-Kompetenz des Bundes hatte der Supreme Court die Interventionen gegenüber einzelstaatlichen Regelungen reduziert, solange diese nicht konkret mit einem Bundesgesetz konfligieren (Schwartz 1957). Im europäischen Kontext würde dies eine Verlagerung des Prüfmaßstabes von dem hochabstrakten (und deshalb in besonderem Maße der richterrechtlichen Interpretation bedürftigen) primären auf das sekundäre Gemeinschaftsrecht bedeuten, für dessen wesentlich konkretere Formulierung der Ministerrat die politische Verantwortung übernommen hat.

Hinter solchen Anregungen steht die Überlegung, daß der Sinn der europäischen Integration, und insbesondere der negativen Integration, nicht in der Perfektionierung des Freihandels und der Maximierung von Konkurrenz liegen kann – von Zielen also, die zwar der preisgünstigen Versorgung mit Konsumgütern und damit der Steigerung der materiellen Wohlfahrt dienen, deren uneingeschränkter Vorrang vor

---

21 Ein Anknüpfungspunkt im geltenden Recht findet sich in Art. 76 des EG-Vertrages, nach dem bis zum Erlaß EG-einheitlicher Regelungen die Verkehrspolitik der Mitgliedstaaten die Stellung ausländischer Verkehrsunternehmen nicht verschlechtern darf, „es sei denn, daß der Rat einstimmig etwas anderes billigt".

allen anderen Werten aber nicht einmal in der Ökonomie und gewiß nicht in der Politik allgemeine Zustimmung fände. Auf breite Zustimmung kann dagegen eine Interpretation rechnen, nach der die Römischen Verträge und jetzt die Europäische Union auf jeden Fall verhindern sollen, daß die europäischen Staaten noch einmal (wie in den dreißiger Jahren) der Versuchung erliegen, ihre internen Probleme auf Kosten ihrer Nachbarn zu lösen. Dies ist aber im Kern ein politischer Maßstab, und deshalb wäre es durchaus angemessen, wenn im Konfliktfall auch das politische Urteil dieser Nachbarn den Ausschlag gäben.

Dem kann man einen zweiten Gedanken hinzufügen: Die negative Integration bedurfte jeder legitimatorischen Hilfestellung für durchgreifende Interventionen und Kontrollen, solange es darum ging, die durch hohe tarifäre und nicht-tarifäre Barrieren geschützten und überregulierten nationalen Märkte überhaupt erst für den grenzüberschreitenden Wirtschaftsverkehr zu öffnen und den allseits zu erwartenden Rückfällen in den nationalen Protektionismus einen Riegel vorzuschieben. Die unwidersprochene Ermächtigung der Kommission und des Gerichtshofs zur Durchsetzung der negativen Integration kann deshalb durchaus als „Selbstüberlistung“[22] der ihrer eigenen Willensschwäche bewußten (Elster 1979) europäischen Regierungen interpretiert werden. Nachdem nun aber der Binnenmarkt in den Standortentscheidungen der Unternehmen und den faktischen Verflechtungen der Lieferbeziehungen irreversible Realität geworden ist, kann auch das europäische Wettbewerbsrecht und die Aufsicht der Kommission über die nationale Politik auf jenes normale Maß reduziert werden, das innerhalb von reifen Bundesstaaten mit unangefochtener Wirtschaftseinheit als ausreichend angesehen wird.

Einer solchen Normalisierung könnte die Politisierung der Aufsichtsentscheidungen durchaus dienlich sein. Aber selbst wenn es insoweit nicht zu einer Vertragsänderung käme, hätte der Gerichtshof die Möglichkeit, seine „negative-commerce-clause“-Rechtsprechung zu mäßigen[23] und sich bei der Verteidigung des Gemeinsamen Marktes nun-

22 Der Ausdruck und das Argument stammen von Dieter Freiburghaus.

23 Ansätze zu einer Einschränkung der „negative commerce clause“-Rechtsprechung lassen sich in den neuesten Urteilen, auf die mich Christian Joerges aufmerksam gemacht hat, durchaus entdecken – so etwa in der Rechtssache Keck (EuGH 1993a), wo das französische Verbot des Wiederverkaufs importierter Waren unter Einstandspreis mit einer Begründung aufrechterhalten wurde, die stark an die frühere (aber nach 1937 als unpraktikabel aufgegebene) US-amerikanische Regel erinnert, nach der Sachverhalte, die dem interstate com-

mehr in stärkerem Maß auf Konflikte mit dem sekundären Gemeinschaftsrecht zu konzentrieren. Aus der Kombination einer die gliedstaatliche Autonomie schonenden Entscheidungspraxis der Kommission und einer die Maximen des judicial restraint auch gegenüber den Mitgliedstaaten beherzigenden Rechtsprechung des Gerichtshofs könnte sich so der institutionelle Rahmen für eine effektive europäische Mehrebenenpolitik entwickeln, in der die von der weltwirtschaftlichen Verflechtung belassenen Handlungspotentiale *beider* Ebenen besser als bisher genutzt werden können.

6. Sozialstaat in einem Lande?

Aber wieviel wäre damit gewonnen? Sofern nicht die (hier nicht weiter zu erörternde) Option eines massiven europäischen Protektionismus gewählt wird, könnte ja auch eine weniger weitreichende negative Integration im Binnenmarkt nichts an der faktisch vollzogenen Europäisierung und der weitergehenden Globalisierung der Märkte für Kapital, Waren und Dienstleistungen ändern – und damit an der Beschränkung der nationalen Handlungsfähigkeit durch den (in manchen Aspekten „ruinösen") Wettbewerb der Produktionsstandorte um anlagewilliges Kapital und wettbewerbsfähige Unternehmen. Anders als in den Nachkriegsjahrzehnten stehen deshalb Problemlösungen auf nationaler Ebene immer unter dem Vorbehalt, daß sie die Rentabilität von Unternehmen (selbstverständlich unter Einbezug der produktivitätssteigernden Standortfaktoren – Henzler 1993) nicht so stark belasten dürfen, daß die Kapitalrendite unter den an konkurrierenden Standorten gebotenen Satz sinken würde. Wenn politische Gestaltung unter solchen Bedingungen überhaupt eine Chance hat, dann jedenfalls nicht mit den Strategien, mit denen in den fünfziger und sechziger Jahren die europäischen Sozialstaaten ausgebaut werden konnten. Angesichts der überall herrschenden Ratlosigkeit sollte allerdings die Suche nach neuen Lösungen nicht durch rigide europarechtliche Barrieren noch zusätzlich frustriert werden.

---

merce entweder vorausgehen oder nachfolgen, der einzelstaatlichen Regelung vorbehalten bleiben sollten (Scharpf 1965: 325-351). Ein anderes Beispiel ist die Rechtssache Bundesanstalt für den Güterfernverkehr (EuGH 1993b), wo die Tarife im deutschen Straßengüterverkehr nicht als unzulässiges Kartell aufgehoben, sondern als staatliche Regulierung akzeptiert wurden. Zur Kritik an diesem Rückzug des EuGH vgl. Reich (1994).

Aus dem bisher Gesagten läßt sich auch die Richtung erkennen, in der man nach Lösungen suchen müßte: Im Kapitalismus hatten ja Staat und Gewerkschaften auch in den „goldenen" Nachkriegsjahrzehnten nicht die Freiheit, die Exit-Optionen der Kapitalanleger zu ignorieren. Das hohe Niveau und die Vielgestaltigkeit der westeuropäischen Sozialstaaten beruhte allein auf der damals noch vorhandenen Fähigkeit der nationalen Politik, den miteinander in Wettbewerb stehenden Unternehmen jeweils die gleichen Bedingungen aufzuerlegen. Nur weil alle Unternehmen in der Lage waren, die höheren Kosten sozialpolitischer Maßnahmen über Preiserhöhungen auf die Konsumenten zu überwälzen, ohne daß die Kapitalrendite geschmälert wurde, konnte die kapitalistische Ökonomie im schwedischen Wohlfahrtsstaat oder in der deutschen sozialen Marktwirtschaft ebenso florieren wie in den Vereinigten Staaten oder in Japan mit ihrer minimalistischen Sozialpolitik. In allen Fällen wurde die zu erwirtschaftende Mindestrendite eben nicht durch die staatliche Sozialpolitik oder die Lohnpolitik der Gewerkschaften bestimmt, sondern durch das auf den Kapitalmärkten gebotene Realzinsniveau[24].

Mit anderen Worten: auch zu den Hochzeiten des sozialdemokratisch-gewerkschaftlichen Aktivismus wurden die Kosten des Sozialstaats nicht von den Kapitalanlegern, sondern immer von den Beziehern von Arbeitseinkommen oder von den Konsumenten bezahlt. Wenn man dieses verteilungspolitische „Unmöglichkeitstheorem" akzeptiert, dann reduziert sich der mit der „Entgrenzung des Nationalstaats" eingetretene Verlust sozialpolitischer Gestaltungskompetenz auf die eher technische Frage[25] nach der Wahl des primären Finanzierungs-Modus. Während es in den ersten Nachkriegsjahrzehnten nicht darauf ankam, ob Leistungen „in der ersten Runde" über Lohnnebenkosten und kostenträchtige Auflagen für die Unternehmen finanziert wurden oder über Einkommens- und Konsumsteuern, macht dies in der globalisierten Wirtschaft und erst recht im vollendeten Binnenmarkt einen großen Unterschied. Werden die Kosten den Unternehmen aufgeladen, so können diese sie unter dem Druck ausländischer

24 Freilich ist mit der in den siebziger Jahren vollzogenen Globalisierung der Kapitalmärkte die nationale Zins-Souveränität verloren gegangen, so daß heute die Mindest-Rendite nicht mehr von der nationalen Geldpolitik unter das international gebotene Niveau gesenkt werden kann (Scharpf 1987).

25 Freilich hat diese „technische" Frage auch eine eminent politische Bedeutung. Wenn die Unternehmen die Kosten des Sozialstaats auf die Preise überwälzen, bleiben diese für die Mehrheit der Wähler weniger sichtbar als bei einer direkten Steuerfinanzierung.

Konkurrenten nun nicht mehr auf die Verbraucher überwälzen. Wird die Belastung nicht durch Produktivitätssteigerung, Lohnverzichte oder Abwertung ausgeglichen, so sinken die Unternehmensgewinne, und das international mobile Kapital sucht sich andere Anlagemöglichkeiten. Das Land, das die Kosten seiner Unternehmen überdurchschnittlich erhöht, verliert dann Investitionen und Arbeitsplätze. Dies ist die Logik des teils gefürchteten, teils herbeigewünschten „Wettbewerbs der Regulierungssysteme".

Der Standortwettbewerb verliert jedoch an Schärfe, wenn die Kosten des Sozialstaats schon in der ersten Runde nicht den Unternehmen (und damit dem hochmobilen Anlagekapital) aufgeladen, sondern über Steuern auf Einkommen und Konsum finanziert werden. Dann bleiben die Unternehmen wettbewerbsfähig und die Kapitalanlagen rentabel, während die konsumierbaren Einkommen der nicht-mobilen Bevölkerung zurückgehen. Hier wären (solange nicht die hochqualifizierten Fachleute massenhaft auswandern) die ökonomischen Folgeprobleme gering. Ein Beispiel dafür ist Dänemark, wo die Sozialkosten zu 85 Prozent aus dem allgemeinen Steueraufkommen finanziert werden. Da die internationale Wettbewerbsfähigkeit der Unternehmen davon nicht berührt wird, spielt der (sehr aufwendige) Sozialstaat in der dänischen Standortdiskussion offenbar keine Rolle (Münster 1993). Der gleichen Logik entsprechen die (auch von der Kommission unterstützten) Vorschläge für eine Erhöhung der Energiesteuern bei gleichzeitiger Entlastung der Unternehmen von Lohnnebenkosten, um auf diese Weise umweltverträglichere Produktionsmethoden und Konsumgewohnheiten zu fördern (Deutsches Institut für Wirtschaftsforschung 1994).

Damit soll keineswegs behauptet werden, daß alle Ziele der Nachkriegsjahrzehnte auch künftig ohne Belastung der internationalen Wettbewerbsfähigkeit erreichbar wären, oder daß der wachsende Steuerwiderstand der Wähler leicht überwunden werden könnte[26]. Im globalen Kapitalismus sind die ökonomischen Handlungsspielräume einer gesellschaftsgestaltenden Politik in der Tat enger geworden. Aber sie sind keinesweg so eng, wie manche Beiträge zur Standortdebatte unterstellen. Sie können überdies in dem Maße erweitert werden, wie es

26 Hier liegt, so denke ich, der eigentliche Grund für die heutige Krise der europäischen Sozialstaaten. Bei niedrigeren Wachstumsraten und zunehmenden Kosten des Umweltschutzes und der anhaltenden Massenarbeitslosigkeit (und angesichts der Notwendigkeit, die Kapitaleinkommen zu schonen) ist die Zahlungsbereitschaft der Arbeitnehmer mit mittleren Einkommen zur kritischen Grenze jeder auf demokratische Legitimation angewiesenen Politik geworden.

gelingt, die regional unterschiedlichen Standortvorteile und Spezialisierungschancen im weltweiten Wettbewerb effektiv zu nutzen. Voraussetzung dafür ist eine hohe Flexibilität, Handlungsfähigkeit und Kooperationsfähigkeit der Politik auf allen Ebenen – der europäischen, der nationalen und der subnationalen.

Die europäische Wirtschaft braucht vielleicht den größeren Markt, um in Produktionszweigen, in denen *economies of scale* sehr zu Buch schlagen, mit amerikanischen und japanischen Anbietern mithalten zu können. Aber Europa gerät gewiß dann ins Hintertreffen, wenn die negative Integration die Politik auf der nationalen und subnationalen Ebene lähmt, während auf der europäischen Ebene in langwierigen Verhandlungen nur unbefriedigende Kompromisse erzielt werden können. Eine erfolgreiche europäische Mehrebenenpolitik kann deshalb nicht nach dem Muster der deutschen Politikverflechtung mit ihrer rigiden Vereinheitlichung und ihren wechselseitigen Blockaden gestaltet werden. Sie muß den Gliedstaaten mehr Handlungsspielraum belassen, und sie muß deshalb nicht nur die Notwendigkeit der positiven Integration unter den Kriterien der Subsidiarität von Fall zu Fall kritisch überprüfen, sondern sie muß auch den Anspruch der negativen Integration reduzieren. Nur wenn dies gelingt, kann Europa eine Entwicklungsperspektive gewinnen, welche nicht nur die Vorteile des gemeinsamen Marktes, sondern auch die Potentiale des gemeinsamen politischen Handelns auf der europäischen Ebene nutzt und zugleich die Problemlösungs- und Gestaltungsfähigkeit der nationalen und subnationalen Politik erhält.

Gekürzte Fassung. Der vollständige Text ist als Diskussion Paper 94/4 des Max-Planck-Institut für Gesellschaftsforschung, Köln, verfügbar.

Literatur

Alter, Karen J.; Meunier-Aitsahalia, Sophia (1994): Judicial Politics in the European Community. European Integration and the Pathbreaking *Cassis de Dijon* Decision; in: Comparative Political Studies 26, S. 535-561.

Apel, Hans (1994): Der kranke Koloß. Europa – Reform oder Krise (Reinbek).

Behrens, Peter (1994): Die Wirtschaftsverfassung der Europäischen Gemeinschaft; in: Brüggemeier, Gert (Hg.), Verfassungen für ein ziviles Europa (Baden-Baden), S. 73-90.

Burley, Anne-Marie; Mattli, Walter (1993): Europe Before the Court: A Political Theory of Legal Integration; in: International Organization 47, S. 41-76.

Dahl, Robert A. (1994): A Democratic Dilemma: System Effectiveness versus Citizen Participation; in: Political Science Quarterly 109, S. 23-34.

Dehousse, Renaud (1993): Does Subsidiarity Really Matter? EUI Working Paper Law No. 92/32; European University Institute (Florenz).

Dehousse, Renaud; Weiler, Joseph H.H. (1990): The Legal Dimension; in: Wallace, William (Hg.), The Dynamics of European Integration (London) S. 242-260.

Deubner, Christian (1994): Die Funktionsfähigkeit der Europäischen Union jetzt und in Zukunft; Stiftung Wissenschaft und Politik (Ebenhausen), Ms.

Deutsches Institut für Wirtschaftsforschung (1994): Wirtschaftliche Auswirkungen einer ökologischen Steuerreform. Gutachten im Auftrag von Greenpeace e.V., Mai 1994 (Berlin).

Ehmke, Horst (1961): Wirtschaft und Verfassung. Die Verfassungsrechtsprechung des Supreme Court zur Wirtschaftsregulierung (Karlsruhe).

*Eichener, Volker (1993): Soziales Dumping oder innovative Regulation? Interessenkonfigurationen und Einflußchancen im Prozeß der Harmonisierung des technischen Arbeitsschutzes; in: Süß, Werner; Becher, Gerhard (Hg.), Technologieentwicklung und europäische Integration (Berlin), S. 207-235.

Elster, Jon (1979): Ulysses and the Sirens. Studies in Rationality and Irrationality (Cambridge).

EuGH (1979): Rs. 120/78, Slg. 1979, 649 – Cassis de Dijon.

EuGH (1993a): Rs. 267/91 und 268/91; in: Europäische Zeitschrift für Wirtschaftsrecht 4, S. 770 – Keck und Mithouard.

EuGH (1993b): Rs. C-185/91; in: Europäische Zeitschrift für Wirtschaftsrecht 4, S. 769 – Bundesanstalt für den Güterfernverkehr/Reiff.

Featherstone, Kevin (1994): Jean Monnet and the „Democratic Deficit" in the European Union; in: Journal of Common Market Studies 32, S. 149-170.

Fröhlich, Thomas (1992): Reif für die Mülltonne. Die EG-Verpackungspläne beweisen, daß der Umweltschutz dem Binnenmarkt geopfert werden soll; in: SZ vom 25./26. Juli 92, S. 33.

Ganslandt, Herbert (1993): Das System der sozialen Sicherung in Griechenland; in: Lottes, Günther (Hg.), Soziale Sicherheit in Europa. Renten- und Sozialversicherungssysteme im Vergleich (Heidelberg), S. 185-203.

Garrett, Geoffrey (1992): International Cooperation and Institutional Choice: The European Community's Internal Market; in: International Organization 46, S. 533-560.

Grabitz, Eberhard (Hg.) (1984): Abgestufte Integration. Eine Alternative zum herkömmlichen Integrationskonzept? (Kehl am Rhein).

Graebner, William (1977): Federalism in the Progressive Era. A Structural Interpretation of Reform; in: Journal of American History 64, S. 331-357.

von der Groeben, Hans (1992): Probleme einer europäischen Wirtschaftsordnung; in: Baur, Jürgen F.; Müller-Graff, Peter Christian; Zuleeg, Manfred (Hg.), Europarecht, Energierecht, Wirtschaftsrecht. Festschrift für Bodo Börner (Köln), S. 99-123.

Hank, Rainer (1994): Die Eisenacher und die Rüsselsheimer. Im Opel-Werk an der Wartburg hat die Zukunft schon begonnen; in: FAZ vom 6.8.94, S. 11.

Henzler, Herbert (1993): Kritische Würdigung der Debatte um den Wirtschafts-

standort Deutschland; in: Zeitschrift für Betriebswirtschaft 63, S. 5-21.
*Héritier, Adrienne; Susanne Mingers; Christoph Knill; Martina Becka (1994): Die Veränderung von Staatlichkeit in Europa. Ein regulativer Wettbewerb: Deutschland, Großbritannien und Frankreich in der Europäischen Union (Opladen).

Héritier, Adrienne (1995): Rationalität kontextorientierten Staatshandelns: Folgen der Internationalisierung der Innenpolitik, in: Seibel, Wolfgang; Benz, Arthur; Klimecki, Rüdiger G. (Hg.), Regierungssystem und Verwaltungspolitik (Opladen).

Ipsen, Hans Peter (1972): Europäisches Gemeinschaftsrecht (Tübingen).

Joerges, Christian (1991): Markt ohne Staat? Die Wirtschaftsverfassung der Gemeinschaft und die regulative Politik; in: Wildenmann, Rudolf (Hg.), Staatswerdung Europas? Optionen für eine Europäische Union (Baden-Baden), S. 225-268.

Joerges, Christian (1994a): Legitimationsprobleme des europäischen Wirtschaftsrechts und der Vertrag von Maastricht; in: Brüggemeier, Gert (Hg.), Verfassungen für ein ziviles Europa (Baden-Baden), S. 91-130.

Joerges, Christian (1994b): Rationalisierungsprozesse im Vertragsrecht und im Recht der Produktsicherheit: Beobachtungen zu den Folgen der Europäischen Integration für das Privatrecht; European University Institute, EUI Working Paper Law No. 94/5 (Florenz).

Kapteyn, Paul (1991): „Civilization under Negotiation". National Civilizations and European Integration: The Treaty of Schengen; in: Archives Européennes de Sociologie 32, S. 363-380.

Kosonen, Pekka (1994): The Impact of Economic Integration on National Welfare States in Europe; Universität Helsinki, Fachbereich Soziologie (Helsinki), Ms.

Lange, Peter (1992): The Politics of the Social Dimension; in: Sbragia, Alberta M. (Hg.), Euro-Politics; Institutions and Policymaking in the „New" European Community (Washington), S. 225-256.

*Leibfried, Stephan; Paul Pierson (1992): Prospects for Social Europe; in: Politics and Society 20, S. 333-366.

Mayntz, Renate; Scharpf, Fritz W. (1994): Steuerung und Selbstorganisation in staatsnahen Sektoren; MPI für Gesellschaftsforschung (Köln) Ms.

Merkel, Wolfgang (1993): Ende der Sozialdemokratie? Machtressourcen und Regierungspolitik im westeuropäischen Vergleich (Frankfurt am Main).

Mestmäcker, Ernst-Joachim (1992): Widersprüchlich, verwirrend und gefährlich. Wettbewerbsregeln oder Industriepolitik: Nicht nur in diesem Punkt verstößt der Vertrag von Maastricht gegen bewährte Grundsätze des Vertrages von Rom; in: FAZ vom 10.10.92, S. 15.

Mestmäcker, Ernst-Joachim (1994): Zur Wirtschaftsverfassung in der Europäischen Union; in: Hasse, Rolf H.; Molsberger, Josef; Watrin, Christian (Hg.), Ordnung in Freiheit. Festgabe für Hans Willgerodt zum 70. Geburtstag (Stuttgart), S. 263-292.

Müller-Armack, Alfred (1956): Soziale Marktwirtschaft; in: ders. (1964), Wirtschaftsordnung und Wirtschaftspolitik. Studien und Konzepte zur sozialen

Marktwirtschaft und zur europäischen Integration (Freiburg), S. 243-249.

Müller-Armack, Alfred (1964): Die Wirtschaftsordnung des Gemeinsamen Marktes; in: ders. (1964), Wirtschaftsordnung und Wirtschaftspolitik. Studien und Konzepte zur sozialen Marktwirtschaft und zur europäischen Integration (Freiburg), S. 401-415.

Münster, Winfried (1993): Vater Staat schafft es nicht mehr. Die EG im Kampf gegen die Arbeitslosigkeit. Nur neue Märkte können verlorene Arbeitsplätze ersetzen; in: SZ vom 23.10.93, S. 31.

Polanyi, Karl (1977): The Great Transformation. Politische und ökonomische Ursprünge von Gesellschaften und Wirtschaftssystemen (Wien); engl. Erstausgabe 1944.

Rehbinder, Eckard; Stewart, Richard (1984): Environmental Protection Policy (Berlin, New York).

Reich, Norbert (1994): The „November Revolution" of the European Court of Justice: Keck, Meng and Audi Revisited; in: Common Market Law Review 31, S. 459-492.

Scharpf, Fritz W. (1965): Grenzen der richterlichen Verantwortung. Die political-question-Doktrin in der Rechtsprechung des amerikanischen Supreme Court (Karlsruhe).

Scharpf, Fritz W. (1970): Demokratietheorie zwischen Utopie und Anpassung (Konstanz).

Scharpf, Fritz W. (1985): Die Politikverflechtungs-Falle: Europäische Integration und deutscher Föderalismus im Vergleich; in: Politische Vierteljahresschrift 26, S. 323-356.

Scharpf, Fritz W. (1987): Sozialdemokratische Krisenpolitik in Europa (Frankfurt am Main).

Scharpf, Fritz W. (1991): Kann es in Europa eine stabile föderale Balance geben? (Thesen); in: Wildenmann, Rudolf (Hg.), Staatswerdung Europas? Optionen für eine Europäische Union (Baden-Baden), S. 415-428.

Scharpf, Fritz W. (1992): Koordination durch Verhandlungssysteme: Analytische Konzepte und institutionelle Lösungen; in: Benz, Arthur; Scharpf, Fritz W.; Zintl, Reinhard, Horizontale Politikverflechtung. Zur Theorie von Verhandlungssystemen (Frankfurt am Main), S. 51-96.

Scharpf, Fritz W. (1993): Autonomieschonend und gemeinschaftsverträglich: Zur Logik der europäischen Mehrebenenpolitik; MPI für Gesellschaftsforschung, Discussion Paper 93/9 (Köln); wieder abgedruckt in: ders. (1994), Optionen des Föderalismus in Deutschland und Europa (Frankfurt am Main/New York), S. 131-155.

Schwartz, Bernard (1957): The Supreme Court. Constitutional Revolution in Retrospective (New York).

Sieber, Wolfgang (1993): Die soziale Sicherung in Portugal vor dem Hintergrund von EG-Integration und beschleunigtem wirtschaftlich-sozialem Strukturwandel; in: Lottes, Günther (Hg.), Soziale Sicherheit in Europa. Renten- und Sozialversicherungssysteme im Vergleich (Heidelberg), S. 171-185.

Streeck, Wolfgang (1995): From Market-Making to State-Building? Reflections on the Political Economy of European Social Policy; in: Leibfried, Stephan; Pierson, Paul (Hg.), European Social Policy. Between Fragmentation and Integration (Washington).

Taylor, Paul (1983): The Limits to European Integration (New York).

Tinbergen, Jan (1965): International Economic Integration, 2. Aufl. (Amsterdam).

Tsebelis, George (1995): Decisionmaking in Political Systems: Veto Players in Presidentialism, Parliamentarism, Multicameralism, and Multipartism; in: British Journal of Political Science, im Erscheinen.

VerLoren van Themaat, Pieter (1987): Die Aufgabenverteilung zwischen dem Gesetzgeber und dem Europäischen Gerichtshof bei der Gestaltung der Wirtschaftsverfassung der Europäischen Gemeinschaften; in: Mestmäcker, Ernst-Joachim; Möller, Hans; Schwarz, Hans-Peter (Hg.), Eine Ordnungspolitik für Europa. Festschrift für Hans von der Groeben (Baden-Baden), S. 425-443.

Voelzkow, Helmut (1993): Staatseingriff und Verbandsfunktion: Das verbandliche System technischer Regelsetzung als Gegenstand staatlicher Politik; MPI für Gesellschaftsforschung, Discussion Paper 93/2 (Köln).

Weidenfeld, Werner (1994): Europa '96. Reformprogramm für die Europäische Union (Gütersloh)

Weiler, Joseph H.H. (1981): The Community System. The Dual Character of Supranationalism; in: Yearbook of European Law 1, S. 257-306.

Weiler, Joseph H.H. (1993): Journey to an Unknown Destination: A Retrospective and Prospective of the European Court of Justice in the Arena of Political Integration; in: Journal of Common Market Studies 31, S. 417-446.

*Weiler, Joseph H.H. (1994): A Quiet Revolution. The European Court of Justice and Its Interlocutors; in: Comparative Political Studies 26, S. 510-534.

von Weizsäcker, Ernst-Ulrich (1989): Internationale Harmonisierung im Umweltschutz durch ökonomische Instrumente – Gründe für eine europäische Umweltsteuer; in: Jahrbuch zur Staats- und Verwaltungswissenschaft 3, S. 203-216.

*Wildenmann, Rudolph (Hg.) (1991): Staatswerdung Europas? Optionen für eine europäische Union (Baden-Baden).

Zürn, Michael (1992): Interessen und Institutionen in der internationalen Politik (Opladen).

Die Dynamik des EU-Institutionengefüges

Helen Wallace

1. Einleitung

Zwar hat die Europäische Union die Europäische Gemeinschaft abgelöst, aber die Debatte über die Rolle der Institutionen und ihr Verhältnis zueinander geht weiter. Schon bevor sich die neuen Bestimmungen des Vertrages über die Europäische Union in der Praxis bewähren konnten, gab es Vorschläge für weitere Reformen. Diese Debatte beschränkte sich nahezu ausschließlich auf institutionelle Fragen, vor allem im Hinblick auf die Folgen zukünftiger Erweiterungen für ein institutionelles Modell, das ursprünglich für sechs westeuropäische Mitgliedstaaten entworfen worden war. Dabei war jedoch kein politisches Projekt verfügbar, das wie der gemeinsame Binnenmarkt und die regionale Strukturpolitik im Fall der Einheitlichen Europäischen Akte oder wie die Wirtschafts- und Währungsunion im Falle des Maastrichter Vertrages als Triebkraft einer Regierungskonferenz hätte wirken können. Institutionelle Wunschvorstellungen und Veränderungen waren lediglich ein Nebenprodukt, nicht aber das eigentliche Ziel dieser Reformpakete. Die Debatte nach Maastricht läßt lediglich vermuten, daß niemand mit dem Status Quo zufrieden ist. Interessanterweise bewegt sich die Diskussion jedoch nicht vollständig auf eingefahrenen Gleisen, sondern enthält auch einige neue Argumente und unterschiedliche Perspektiven über institutionellen Wandel. So haben einige Kommentatoren eine radikale Reform der Kommission gefordert (Gonzales Sanchez 1994; Vibert 1994), andere für eine explizite Änderung der Machtverhältnisse zwischen den Mitgliedstaaten plädiert (Weidenfeld 1994).

In diesem Kapitel soll es darum gehen, einen Blick hinter diese Debatte zu werfen und einige Grundlinien europäischen Regierens zu diskutieren. Hierzu zählt vor allem die permanente Instabilität in den

Beziehungen zwischen den wichtigsten Institutionen[1]. Die Ursachen, Bezugspunkte und Ergebnisse dieser Instabilität werden sowohl im Lichte der vierzigjährigen Erfahrung mit institutionellen Experimenten als auch unter Berücksichtigung der jüngsten Reformvorschläge untersucht. Die makropolitische Debatte, d.h. die allgemeinen Fragen politischer Integration, werden bewußt vernachlässigt. Stattdessen werden einige Fragen institutioneller Effizienz aufgeworfen, die in der ohnehin schon überladenen Diskussion um die nächste Regierungskonferenz unterzugehen drohen.

Während der letzten Regierungskonferenz, die zum Maastrichter Vertrag führte, war von den Verhandlungsteilnehmern in Brüssel häufig zu hören, daß ihre Vorschläge zur Vertragsänderung mitnichten eine Veränderung der „institutionellen Balance" der damaligen EG im Sinn hatten. Solche Äußerungen sollten die Zuhörer beruhigen und ihnen vielleicht die Tatsache schmackhaft machen, daß diese Regierungskonferenz dabei war, dem „ausbalancierten" Institutionengefüge zumindest im Hinblick auf die Wirtschafts- und Währungsunion erheblich mehr Macht zu verleihen. Indessen führte der Maastrichter Vertrag institutionelle Veränderungen ein und wurde zum Schlachtfeld zwischen denen, die die Autonomie der EG-Institutionen zu verteidigen suchten und denen, die danach strebten, den von britischer Seite als Brüsseler „Zentralisierung" bezeichneten Zustand einzuschränken. Zudem sind die Probleme im Zusammenhang mit der Ratifikation des Maastrichter Vertrages ein Indiz dafür, daß diejenigen, die nach ihrer Zustimmung zum Vertrag gefragt wurden, sehr wohl der Ansicht waren, daß dieser wichtige Veränderungen hinsichtlich Macht und Rolle der europäischen Institutionen mit sich bringen würde.

Es ist deshalb sinnvoll, nach den Implikationen dieses Verständnisses von „Gleichgewicht" zu fragen. Die beruhigenden Äußerungen dahingehend, daß das existierende Gleichgewicht erhalten würde, lassen vermuten, daß ein funktionierendes Gleichgewicht bereits im System europäischen Regierens existierte. Allerdings war es wegen der Natur der EG als Experiment transnationalen Regierens schwer, ein solches stabiles Gleichgewicht herzustellen. Die anläßlich jeder Vertragsreform vorgebrachten Argumente schlossen eine Vielzahl von

---

1 Dieser Beitrag ist im Rahmen des „Single European Market Programme" des britischen Economic and Social Research Council entstanden und greift vor allem auf Ergebnisse des an der Universität Sussex angesiedelten Projektes über „Balancing Public and Private Interests" zurück.

Visionen über die Art des zu erreichenden Gleichgewichts ein, vor allem hinsichtlich des Verhältnisses zwischen Rat und Kommission sowie zwischen diesen beiden und dem Europäischen Parlament. Diese Überlegungen beziehen sich nicht nur auf die Beziehungen der europäischen Institutionen untereinander, sondern auch auf deren Verhältnis zu den Institutionen der Mitgliedstaaten.

Die These dieses Beitrags lautet, daß beim System europäischen Regierens weder vor noch nach Maastricht von einem wie auch immer gearteten Gleichgewicht gesprochen werden kann. Im Gegenteil: sowohl aufgrund der Wirkungen formaler Regeln in den Verträgen als auch durch die Erfahrungen der Praxis schloß der Integrationsprozeß immer auch ein stetiges Ausprobieren von Institutionen und institutionellen Beziehungen mit ein. Diese Kombination von Faktoren umfaßt sowohl eine Dynamik als auch eine gewisse Veränderbarkeit, die institutionelle Anpassung erst erlaubt und die Beteiligten geradezu angespornt hat, die Belastbarkeit ihrer Institutionen zu testen. In der Tat wird sowohl von wissenschaftlichen Analytikern als auch von politischen Befürwortern der europäischen Integration immer wieder hervorgehoben, daß es bei dieser im Kern um ein institutionelles Experiment als Reaktion auf neue politische Herausforderungen gehe, und daß es sich dabei um einen sowohl unvollendeten als auch bedingten Prozeß handele.

Ein Teil dieser Bedingheit hängt mit makropolitischen Argumenten über Macht und Souveränität zusammen, bezieht sich aber auch auf das Funktionieren der Institutionen. Diese können nicht isoliert von den Aufgaben verstanden werden, die sie ausführen sollen oder von der Art und Weise, in der sie dies tun. Der Prozeß europäischen Regierens verfügt über wenig dekorative Elemente, sondern ist problem- und ergebnisorientiert. Ein beträchtlicher Teil des „Erfolges" oder „Mißerfolges" der EU-Institutionen hängt davon ab, ob sie die Erwartungen von Klienten oder Wählern hinsichtlich der Güter erfüllen, zu deren Erzeugung sie errichtet wurden. Aus diesem Grund müssen – wie auch immer definierte – Indikatoren zur Beurteilung der Institutionen und ihrer Beziehungen zueinander herangezogen werden (Metcalfe 1992).

Sowohl aus allgemeinpolitischen wie auch aus konkreteren Überlegungen folgt deshalb, daß der Prozeß des Regierens in der EU gekennzeichnet ist von einer Konkurrenz zwischen Institutionen, Auseinandersetzungen über die Zuordnung politischer Gestaltungsfähigkeit zwischen den Institutionen und zwischen den Ebenen des Regierens sowie von politischen Spannungen zwischen allgemeinen und Partikularinteressen. Diese Faktoren mögen schöpferische politische

Gestaltung erleichtern, fördern aber gleichzeitig Instabilität und Unsicherheit. Sie erschweren es zudem, das Verhältnis zwischen Institutionen und Politikergebnissen hinsichtlich ihrer Relevanz für Politikinhalte, Machtverteilung und politische Prozesse zu bestimmen. In jedem Fall ist das ursprüngliche institutionelle Design der Gründungsverträge der Ausdruck unterschiedlicher Ansätze und Ziele, was bewirkte, daß die Vertreter dieser unterschiedlichen Ansichten weiterhin den Anreiz haben, ihre Interessen durchzusetzen. Politische Institutionen und Prozesse sind somit nicht nur ganz allgemein als Reaktion auf äußere Umstände und Erfahrungen dem Wandel unterworfen, sondern die institutionelle Wechselhaftigkeit ist im europäischen Integrationsmodell selbst enthalten.

Es gab und gibt weder eine eindeutige Gewaltenteilung noch eine klare Kompetenzabgrenzung zwischen der europäischen und der mitgliedstaatlichen Ebene. Diese Mehrdeutigkeiten führen zu Spannungen sowie gleichermaßen zu institutionellen Lücken und Duplikationen. Ein Ergebnis ist die Diskussion des Subsidiaritätsprinzips, ein anderes die Unsicherheit, wie mit dem sogenannten Demokratiedefizit umgegangen werden soll, ein drittes der zunehmende Rückgriff auf Regulierung als politisches Instrument (Majone 1994; Majone, in diesem Band) und ein weiteres das Implementationsdefizit, d.h. die Frage, wer für die Durchführung gemeinsam getroffener Entscheidungen verantwortlich ist (Kommission 1992).

Die Argumentation dieses Beitrages beruht auf drei zentralen Thesen. Das europäische Experiment hat erstens eine innovative institutionelle Konfiguration geschaffen, in der die neuen Institutionen in mancher Hinsicht einen erstaunlichen Kompetenzumfang und Einfluß als System zur Erzeugung kollektiver Regeln und Policies erlangt haben. In der Bilanz halten sich allerdings Erfolge und Fehlschläge die Waage. Politische Fehlschläge wurden von Kritikern oftmals nicht nur auf die fehlerhafte Einschätzung konkreter Fragen, sondern allgemein auf institutionelles Versagen zurückgeführt (Scharpf 1985). Auf der anderen Seite zeigt das Beispiel der Einheitlichen Europäischen Akte, daß politische Erfolge zur Stärkung der Institutionen oder des politischen Regimes der EU benutzt wurden. Zweitens bezeichnet der Übergang von der EG zur EU den Versuch, von einem institutionellen Rahmen zur Erzeugung gemeinsamer politischer Entscheidungen zu einer kollektiven politischen Ordnung zu gelangen, was sowohl zufriedene Klienten dieser Politik verlangt als auch die explizite Übertragung politischer Macht an die EU-Institutionen. Die Anfeindungen, denen der Maastrichter Vertrag sowohl hinsichtlich seines Inhalts wie auch seiner Legitimität ausgesetzt ist, zeigen die Schwierigkeiten eines solchen Übergangs. Drittens schließlich entstand das institutionelle Modell der EU innerhalb einer besonderen Gruppe westeuropäischer Staaten, auf der Basis ihrer mehr oder minder gemeinsamen politischen Verhaltensweisen, Traditionen und Kulturen sowie der allgemeinen politischen Orientierungen eines bestimmten Zeitraumes, nämlich der eher sozialen Marktwirtschaft der fünfziger und sechziger Jahre und der stärker liberalen Marktwirtschaft der achtziger und neunziger Jahre. Die Dauerhaftigkeit und die Stabilität des Integrationsmodells muß sich deshalb selbst für seine gegenwärtige Zusammensetzung noch erweisen, von den Problemen einer erheblich heterogeneren Mitgliedschaft ganz zu schweigen.

2. Die Monnet-Methode

Um diese drei Thesen in ihrem Kontext zu verstehen, ist es zunächst notwendig, sich die wesentlichen Elemente der sogenannten „Monnet-Methode" zu vergegenwärtigen, auf der die ursprüngliche EG beruhte (Haas 1958; Lindberg 1963), wobei allerdings zu berücksichtigen ist, daß es von ihr zahlreiche unterschiedliche Darstellungen gibt. Die hier vorgestellte Version stellt eine stilisierte Version der Gemeinschaftsentwicklung in den Bereichen der politischen Gestaltung und der politischen Integration dar und bildet den Ausgangspunkt für die weiteren Erörterungen dieses Kapitels.

Die Verträge gingen davon aus, daß die Gründungsmitglieder der Gemeinschaft einige politische Zwangslagen miteinander gemeinsam hatten und legten gleichzeitig politische Stabilisierung und wirtschaftlichen Wiederaufbau als gemeinsame politische und wirtschaftliche Ziele fest. Diese sollten durch die Verabschiedung gemeinsamer Regeln und die Erzeugung „europäischer" öffentlicher Güter erreicht werden. In dem Ausmaß, in dem einige dieser öffentlichen Güter kollektiv hergestellt werden könnten, so die damalige Annahme, würde die gemeinsame Anstrengung im Bereich des wirtschaftlichen Wiederaufbaus gleichzeitig die kollektive Wohlfahrt und die Unterstützung der EG durch die Öffentlichkeit erhöhen. Die Verkettung der Wirtschaftspolitiken würde eine Verkettung politischer Beziehungen und Abhängigkeiten nach sich ziehen.

Gemeinsame öffentliche Güter sollten durch gemeinsame europäische Institutionen definiert und erzeugt werden, die zunächst parallel zu den Institutionen der Mitgliedstaaten existieren, diese aber zumindest in den Bereichen, in denen sie besonders einflußreich waren, zumindest auf längere Sicht als Kristallisationspunkte politischen Handelns ersetzen sollten. Es wurde erwartet, daß sich die Interaktionen zentraler wirtschaftlicher und politischer Eliten der Mitgliedstaaten um diese Institutionen herum konzentrieren würden, so daß sich im Laufe der Zeit neue Eliten herausbilden könnten, für die die Gemeinschaftsebene von vornherein die bevorzugte und wichtigste Handlungsebene wäre.

Der institutionelle Prozeß, der sich im wesentlichen um die Interaktion von Kommission und Rat dreht, sollte diese Ziele erreichen, wenn er in dreierlei Hinsicht erfolgreich wäre. Zunächst müßte er in der Lage sein, die Entstehung guter Ideen zu stimulieren und talentierte politische Unternehmer anzuziehen, d.h herausragende gesellschaftliche Kräfte als Quellen der Innovation, der Modernisierung und des Kosmopolitismus einzubinden. Zur damaligen Zeit entsprach dies dem Leitbild der wohlwollenden Technokratie. Ähnliche Gedanken finden sich heute, wenn nach „Wissensgemeinschaften“ zur Unterstützung fortschrittlicher politischer Programme gerufen wird (Haas 1992).

Zweitens wurde von den Institutionen erwartet, daß sie in der Lage seien, praktische Lösungen für allgemein anerkannte politische Probleme zu finden. Es ging nicht darum, gemeinsame Politiken um ihrer selbst willen oder zur Erfüllung technokratischer Wunschträume zu finden, sondern darum, konkrete Probleme durch politische Maßnahmen zu lösen, die durch eindeutige und rechtlich durchsetzbare Regeln abgesichert waren. Ohne effektive Politik gäbe es nur eine geringe Chance für die Institutionen, politisches Vertrauen und politische Glaubwürdigkeit zu erringen.

Drittens schließlich mußten die Interessen der Teilnehmer am EG-System – und zwar vor allem die der Eliten – in aufzeigbarer Weise befriedigt werden. Hiermit sind sowohl substantielle Interessen gemeint, die sich auf sehr konkrete politische Prioritäten beziehen, als auch symbolische Interessen, die sich auf Werte, Überzeugungen und politische Doktrinen beziehen. Solche Interessen können an nationale Identitäten gekoppelt, aber auch mit wirtschaftlichen oder politischen Funktionen verbunden sein. Wenn nur genug solcher Interessen durch die Gemeinschaft befriedigt werden könnten, so sollte die Loyalität gegenüber der Gemeinschaft ansteigen.

Im ursprünglichen institutionellen Konzept fungierte die Kommission als wichtigster Lieferant guter Ideen und gleichzeitig als Garant dafür, daß konkrete Problemlösungen gefunden wurden. Der Rat hingegen diente vor allem dazu, aus der Sicht der Mitgliedstaaten die relevanten Probleme zu identifizieren und einige der entsprechenden Interessen zu artikulieren. Andere wichtige Interessen sollten entweder durch die Kommission und die Mitgliedstaaten oder durch formale Konsultativgremien wie den Wirtschafts- und Sozialausschuß in den Prozeß eingebracht werden. Somit stand das Tandem Kommission-Rat im Zentrum des Prozesses, war aber von einer Vielzahl unterschiedlicher Interessengruppen umgeben. „Normale" politische Prozesse im Sinne parlamentarischer Politik sollten auf Distanz gehalten werden. Der Grund hierfür war weniger der Wunsch nach technokratischer Autokratie, sondern vielmehr die zur Zeit der Gründung der ersten europäischen Institutionen in den Köpfen der Beteiligten noch sehr lebhafte Erinnerung an das völlige Versagen parlamentarischer Politik in mehreren europäischen Staaten. Schon frühzeitig wurde einer Form von Korporatismus der Vorzug gegeben, die besagte, daß die Einbeziehung sozialer und wirtschaftlicher Interessen und ihrer Vertreter in den Integrationsprozeß wichtiger sei als die der „konventionellen" politischen Kräfte (Streeck/Schmitter 1991).

Die Konstruktion der Gründungsverträge steckte nur einen groben Rahmen ab, durch den die EG die Fähigkeit erhalten sollte, die drei oben genannten Ziele der Ideenproduktion, Problemlösung und der Befriedigung gesellschaftlicher Interessen zu erreichen. In dieses grobe Raster wurden jedoch einige stabilisierende Faktoren eingefügt, die sich im nachhinein relativ eindeutig identifizieren lassen. So wurde der Kommission und dem Europäischen Gerichtshof (EuGH) zumindest potentiell ein großes Maß an institutioneller Autonomie und Einfluß zugesprochen, die diese sich allerdings durch ihre eigene Problemlösungsfähigkeit erst konkret erarbeiten mußten. Die Funktionsweise des Rates und die unterschiedlichen Entscheidungsprozeduren je nach politischer Regelungsmaterie stellten dagegen eine Rückversicherung für die Staaten dar.

Die Interessen der Gemeinschaft und die Bevorzugung kollektiver gegenüber partikularen Interessen hingen zum Teil davon ab, ob Kommission und Gerichtshof gemeinsame Ziele aufrechterhalten und sie durch Interpretationen gemeinsamer Zwecke und Übereinkommen abstützen würden. Kollektive Interessen und gemeinsame Ziele wurden weiterhin dadurch gestärkt, daß den kleineren Mitgliedstaaten – den Beneluxstaaten – eine überproportionale Bedeutung im Verhältnis zu ihrer Größe zugestanden wurde. Dies geschah deshalb, weil gerade die kleineren Staaten das größte Interesse an einem starken gemeinschaftlichen Rahmen hatten, durch den die größeren Mitgliedstaaten daran gehindert würden, ihre überlegene wirtschaftliche oder politische Macht zu egoistischen oder gar hegemonialen Zwecken zu nutzen. Zu Anfang sollte die breitere politische Unterstützung für diesen Prozeß nur indirekt über die Legitimation der Mitgliedstaaten erfolgen. Das Europäische Parlament sollte in diesem Konzept später eine wichtigere Rolle übernehmen, aber nur, wenn es gelänge, hierfür eine einvernehmliche Grundlage zu finden.

3. Wie gut bewährte sich das Modell?

In der Europäischen Gemeinschaft wurde zwei Jahrzehnte lang tatsächlich durch das Tandem Kommission-Rat regiert. Die vielleicht unvermeidliche Konkurrenz zwischen beiden entwickelte sich 1965 zu einer dramatischen Konfrontation, die die weitere Entwicklung beider Institutionen geprägt hat. Seitdem hat sich ein Spannungsverhältnis zwischen beiden Institutionen herausgebildet, mit der Folge, daß die Kommission immer um die Glaubwürdigkeit ihrer politischen Maßnahmen kämpfen mußte, während es dem Rat dagegen oftmals schwerfiel, zu kohärenten Entscheidungen zu gelangen. Seit den siebziger Jahren hat auch das Europäische Parlament einigen Einfluß erlangt und durch die Einheitliche Akte und den Maastrichter Vertrag weitere Kompetenzen hinzugewonnen. Diese sollten den Politikgestaltungsprozeß beeinflussen, ohne jedoch die Grundlage für ein politisches Gemeinwesen legen zu können, dem es nach wie vor an einer Legitimitätsgrundlage fehlte. Der Europäische Gerichtshof blieb somit die einzige Institution, der es gelang, systematisch europäische Regeln und Politiken zu konsolidieren.

3.1 Die Kommission

Die Kommission war stets bestrebt, mehr politische Glaubwürdigkeit und einen größeren politischen Einflußraum zu gewinnen. Sie entwickelte sich zu einem komplexen Organ und errichtete eine Vielzahl von direkten Beziehungen vor allem zu den Adressaten ihrer Politik, zu Experten und zu Gesprächspartnern in den Mitgliedstaaten. Der unschöne Begriff „Komitologie“ bringt diese Entwicklung auf den Punkt und suggeriert eine starke Bürokratisierung der Art und Weise, wie die Kommission Politik definiert. Dieses Bild ist jedoch in wesentlichen Elementen irreführend, da die Kommission gleichzeitig und häufig sehr effektiv enge und produktive Beziehungen mit Experten gepflegt hat und oftmals schneller auf neue politische Probleme reagiert hat als die ebenso bürokratischen und nicht selten auch konservativen oder traditionsverpflichteten Regierungssysteme der Mitgliedstaaten. Um die Kommission herum bildeten sich Wissensgemeinschaften, die neue politische Ideen erzeugten. Durch diese neuen Beziehungen entstanden neue Gelegenheiten, den politischen Prozeß zu beeinflussen, die zunehmend von Interessengruppen ausgenutzt wurden.

Dies läßt sich anhand dreier Beispiele belegen. Zum einen nahm die Kommission bei der Entwicklung transnationaler Umweltpolitik im Verhältnis zu den Mitgliedstaaten eine Vorreiterrolle ein. Sie öffnete sich neuen Analysen der Umweltproblematik und hatte ein offenes Ohr für die Ideen und die politischen Präferenzen, die von Nicht-Regierungsorganisationen und der im Entstehen begriffenen grünen Bewegung formuliert wurden. Zweitens wurde die Kommission zum Kristallisationspunkt einer neuen Zusammenarbeit im Bereich der Technologiepolitik. In diesem Fall suchte die Kommission explizit den Kontakt zu einer strategisch ausgewählten Gruppe großer Firmen und traditioneller „nationaler Champions". Drittens schließlich begann die Kommission, sich der Strukturfonds in einer Art und Weise zu bedienen, daß ein größerer Spielraum für lokale oder regionale Politik im Vergleich zu rein nationalstaatlichen Maßnahmen entstand. Schritt für Schritt wurde es ihr so möglich, in direkte Beziehungen zu regionalen Gebietskörperschaften und lokalen Entwicklungsorganisationen zu treten (Keating 1993).

Es geht hier nicht darum, die Programme und Regelungen, die sich in diesen Bereichen in den siebziger Jahren entwickelten, im einzelnen zu bewerten. Es ist aber wichtig festzuhalten, daß die Kommission aufgrund ihrer Entstehung über eigene politische Ressourcen verfügt. Indem sie zur Politikentwicklung in diesen Bereichen beitrug, fand die Kommission neue Klienten oder Zielgruppen, die zumindest im Prinzip davon überzeugt werden konnten, daß europäisches Regieren konkrete oder potentielle politische Vorteile bieten könnte. Empirisch bislang unerforscht ist die Frage, in welchem Ausmaß diese Beziehungen zu der positiven Grundeinstellung großer Firmen gegenüber dem Binnenmarktprogramm beitrugen oder dazu, daß von den Regionen praktisch keine Bedenken über mögliche Gewinner und Verlierer im Binnenmarkt zu hören waren.

Auf der anderen Seite hat das Bestreben der Kommission, Kontakt mit den Adressaten ihrer Politik aufzunehmen, sie in sehr enge Beziehungen mit einigen von ihnen verwickelt. In diesen Fällen verhielt sich die Kommission eher wie eine normale Regierung, auf die der Erwartungsdruck massiver Interessen gerichtet war. Im Bereich sensibler Industriezweige oder in der Landwirtschaft finden sich zahlreiche Beispiele hierfür. Einigen großen Firmen gelang es gleichfalls, extrem enge Beziehungen zur Kommission herzustellen und auf diese Weise beträchtlichen Einfluß auf die Politikformulierung auszuüben – die europäischen Forschungsförderungsprogramme sind ein Beispiel, die zunehmende Tendenz zum Protektionismus durch Antidumping-Maßnahmen oder freiwillige Importbeschränkungen bilden einen anderen, heftig kritisierten Fall (Green Cowles 1994). Allerdings ist auch dieser Bereich noch wenig erforscht.

Auch wenn eine systematische Evaluierung der Kommissionspolitik die Möglichkeiten dieses Kapitels übersteigt, so können doch einige grobe Entwicklungstrends ausgemacht werden. In einigen, wenn auch nicht in allen Politikfeldern hat die Kommission eine beachtliche Fähigkeit unter Beweis gestellt, neue Ideen zu produzieren und sie in den politischen Prozeß der Europäischen Gemeinschaft bzw. der Europäischen Union einzubringen. Die Kommission wird manchmal sogar dafür kritisiert, daß sie zu innovativ, ja exzentrisch in ihren Vorschlägen sei. Wahrscheinlich trifft aber im Gegenteil eher zu, daß die Vorschläge der Kommission dort besonders angreifbar waren, wo ihr Ideen fehlten oder wo sie keinen Kontakt zu den relevanten Wissensgemeinschaften hatte. Obwohl die Vorschläge immer noch mit dem Rat ausgehandelt werden müssen, sind vor allem diejenigen gefährdet, denen es an intellektueller Stichhaltigkeit mangelt.

Ideen sind jedoch nur dann nützlich, wenn sie in praktikable Vorschläge umgewandelt werden können. Hier leidet die Kommission jedoch an einem strukturellen Problem: Sie arbeitet notwendigerweise weit entfernt von den konkreten Problemen und Vorgängen vor Ort. Dies gibt ihr zwar die Freiheit, innovativ, ja sogar idealistisch handeln und häufig durch ihre Abgehobenheit relativ objektiv sein zu können. Ihre Glaubwürdigkeit ist jedoch aufgrund dieses „Mangels an Verantwortlichkeit“ stets angreifbar. Die Mitgliedstaaten verfügen im Gegensatz dazu über große Erfahrung mit den Problemen vor Ort wie auch über festverwurzelte Politiken und sind zudem ihren Wählern direkt verantwortlich. Andererseits neigen sie zu einem traditionsbestimmten Konservatismus und müssen auch auf ihre örtliche Klientel Rücksicht nehmen. Wenn Probleme durch europäische Politik gelöst werden, so schreiben sich die Regierungen dafür gerne den Verdienst zu. Wenn sich jedoch durch europäische Politik Probleme stellen oder zu stellen scheinen, so wird die Kommission von den Regierungen oft als Sündenbock benutzt. Die Kommission gerät somit leicht in das Kreuzfeuer der Kritik, kann aber nur schwer Anerkennung gewinnen.

Hinsichtlich der Befriedigung spezifischer Interessen ist die Kommission in den Bereichen, in denen sie über substantielle Kompetenzen verfügt, als unumgänglicher Gesprächspartner anerkannt. Die Zunahme der Tätigkeit von Interessengruppen in Brüssel zeigt, wie wichtig es für eine Vielzahl von Interessengruppen geworden ist, daß sich die Kommission ihre Sichtweise zu eigen macht und Vorschläge unterbreitet, die auf diese Interessen Rücksicht nehmen. In manchen Fällen ist die Kommission für Verbandsinteressen offener als die nationalen Regierungen (Mazey/Richardson 1992). Aber auch hier existiert nur eine lockere Verbindung zwischen Einflußkanälen und institutioneller Unterstützung der Kommission. Da die Kommission nur in wenigen Bereichen ausschließliche Kompetenzen besitzt, teilen die Interessengruppen ihre Aktivitäten zwischen der Kommission und den Regierungen der Mitgliedstaaten auf. Interessengruppen sind ohnehin nur locker an die Kommission gebunden, da es ihnen weniger um Einfluß auf das System als um die Verfolgung ihrer konkreten Anliegen geht. Da die Kommission nur über eingeschränkte Kompetenzen verfügt und kein direktes politisches Mandat besitzt, fehlt es ihr zudem an der politischen Autorität, zwischen konkurrierenden Interessen zu vermitteln.

3.2 Der Rat

Der Rat ist einerseits eine europäische Institution, befindet sich andererseits aber auch in der Hand der Mitgliedstaaten oder besser gesagt in der Hand ihrer Regierungen. Die kollektive Identität, die er im Laufe der Zeit entwickelt hat, ist eher zerbrechlich und stets von Konflikten zwischen den Mitgliedstaaten und mit der Kommission bedroht. Das bemerkenswerte Wachstum des Rates mit seinen vertikalen Segmenten und seinen horizontalen Schichtungen verweist auf zwei widersprüchliche Trends. Einerseits verlangt die Ausübung politischer Autorität durch europäische Institutionen den zunehmenden Einsatz der nationalen Delegationen im Rat bzw. in den Räten, an denen Minister und tausende nationaler Beamter teilnehmen. Sowohl hinsichtlich der Intensität als auch der Intimität ihrer Einbindung gibt es auf der transnationalen Ebene nichts Vergleichbares. Auf der anderen Seite stellt dieses Engagement auch den Versuch dar, eine Kontrolle über den Inhalt und die Richtung europäischer Politik auszuüben und die Kommission einer dauerhaften und detaillierten Überwachung zu unterwerfen. Dies zeigt deutlich, wie wichtig weiterhin die territoriale Dimension europäischer Politik ist (Sbragia 1992).

In seinen unterschiedlichen Zusammensetzungen kontrolliert der Rat somit die Kommission und bringt häufig Gegenargumente zu ihren Vorschlägen an. Der Verhandlungsprozeß im Rat, angefangen bei den Arbeitsgruppen nationaler Experten bis hin zu den Treffen der auch politische Verantwortlichkeit tragenden Minister, dient nicht der Hervorbringung brillianter Ideen, sondern der Umsetzung von Ideen in annehmbare Entscheidungen. Aus diesem Grund diskutiert der Rat nur selten allgemeine Prinzipien, sondern beschäftigt sich meist mit detaillierten Texten. Der neue Verhaltenskodex, auf den sich der Europäische Rat in Edinburgh im Dezember 1992 geeinigt hat, sieht zwar vor, Teile von Ratssitzungen, die der Diskussion allgemeiner Prinzipien gewidmet sind, der Öffentlichkeit zugänglich zu machen; die Umsetzung läßt allerdings noch sehr zu wünschen übrig (Rat 1993). Obwohl der Rat und vor allem der Europäische Rat häufig Absichtserklärungen mit weitreichenden Konzepten für gemeinsames Handeln verabschieden, lassen sie es meist an konkreten Entscheidungen fehlen, die sich auf diese Konzepte beziehen. Auch ist einzelnen Regierungen oft mehr daran gelegen, dem heimischen Publikum Detailentscheidungen zu präsentieren, bei denen sie Zugeständnisse von anderen Delegationen erwirkt haben, als grundlegende Konzepte gemeinsamer Politik zu erläutern.

Die Teilnehmer an den Ratssitzungen würden zu ihrer Verteidigung sicherlich einwenden, daß ihre Aufgabe gerade darin bestünde, die mehr oder minder intelligenten Vorschläge der Kommission in praktische Politik umzusetzen. Eben weil sie fest in der Politik der Mitgliedstaaten verwurzelt sind, konzentrieren sie sich auf Machbarkeitsfragen und Einzelheiten der Durchführung. Diese Argumentation enthält zwar einen wahren Kern, verzerrt aber auch die tatsächlichen Verhältnisse. Die Mitglieder des Rates beschäftigen sich vor allem mit den potentiellen Auswirkungen von politischen Maßnahmen in ihren Ländern oder mit deren Auswirkungen auf andere Mitgliedstaaten, insoweit ihre eigenen Interessen davon betroffen sind. Der Rat sollte deshalb weniger als ein Organ angesehen werden, das nach problemadäquaten kollektiven politischen Maßnahmen sucht, sondern eher als eine lockere Zusammenkunft unterschiedlicher nationaler Delegationen. In diesem Sinne sprach Fritz Scharpf (1985) von der „Politikverflechtungsfalle", in der die Verhandlungsprozesse im Rat durch den Modus des Verhandelns anstelle des Problemlösens bestimmt seien.

In der Vergangenheit wurde die Politikverflechtungsfalle auf die Einstimmigkeitsregel zurückgeführt, die durch die Notwendigkeit, die zumindest stillschweigende Zustimmung aller Beteiligten zu einer Entscheidung zu erreichen, sowohl das Gewicht von Veto-Positionen erhöhte als auch zu einer Erhöhung der Komplexität einer Maßnahme führte, weil zur Befriedigung von Sonderinteressen der Mitgliedstaaten stetig neue Elemente hinzugefügt werden mußten. Seit Beginn der achtziger Jahre und vor allem seit dem Inkrafttreten der Einheitlichen Europäischen Akte kam es jedoch häufiger zu Entscheidungen mit qualifizierter Mehrheit, so daß der Rat weniger abhängig vom Konsensprinzip wurde. Dies hat der Kommission die Möglichkeit eröffnet, Vorschläge zu entwerfen, die trotz des Widerstandes einiger Mitgliedstaaten angenommen werden können. Weiterhin erhielten dadurch Gruppen von Regierungen mit ähnlichen politischen Zielen die Möglichkeit, sich auf eine Seite der Debatte zu schlagen, sei es als Mehrheitsbeschaffer oder als Sperrminorität. In einigen Bereichen war es deshalb möglich, die Richtung der Politikentwicklung zu beeinflussen und aus der Politikverflechtungsfalle zu entkommen. Selbst bei komplexen Paketlösungen war die Kommission in dieser veränderten Situation in einem überraschenden Ausmaß zum Entwurf zustimmungsfähiger Vorschläge in der Lage. Das Delors-I und das Delors-II-Paket über die Finanzierung der Gemeinschaft sind hierfür die besten Beispiele. Entscheidungen mit qualifizierter Mehrheit können allerdings auch Regierungen wiederholt in die Isolation drängen und die Verpflichtungswirkung derjenigen Entscheidungen reduzieren, denen eine Regierung nicht zugestimmt hat.

Die Regierungen tragen somit mehr Probleme als Ideen in den Rat. Von seinem Entscheidungsprozeß gehen daher auch mehr Einschränkungen als Innovationsimpulse aus. Dies ist allerdings eine starke Vereinfachung, denn manchmal stammen neue Ideen auch von Regierungen oder Gruppen von Regierungen (Garrett 1992). So kam von den Deutschen ein Großteil des Verlangens nach Umweltregelungen auf EG-Ebene, die Franzosen haben die Debatte über die technologische Wettbewerbsfähigkeit der Gemeinschaft wesentlich mit angestoßen, die Briten verlangten als erste nach wirtschaftlicher Liberalisierung und die Spanier drängten auf die Einführung einer Unionsbürgerschaft. Neue politische Optionen können somit auch von einzelnen Regierungen eingebracht werden. Ihre Annahme setzte in der Regel sowohl eine unternehmerische Rolle der Kommission als auch die Herbeiführung tragfähiger Koalitionen im Rat voraus.

Die Vertretung von Partikularinteressen gehört zu den wichtigsten Funktionen des Rates. Die Sprache der Ratsverhandlungen ist durchtränkt von Äußerungen über das, was im Interesse eines Mitgliedstaates ist oder gerade nicht ist, und von Versuchen gekennzeichnet, diese Staatsinteressen als allgemeine Gemeinschaftsinteressen auszugeben. Diese Feststellung bedarf der Präzisierung. Der Rat besteht aus Repräsentanten der Mitgliedstaaten; die konkreten Teilnehmer der Ratssitzungen sind von den Mitgliedstaaten entsandt. Obwohl sie sich auf nationale Interessen beziehen, vertreten sie oft enger definierte Interessen, etwa die der momentanen Regierungsparteien, der fachspezifischen Interessen einzelner Minister oder Ministerien oder konkrete Interessen, die die Regierung vertreten will (etwa die Belange bestimmter Firmen oder bestimmter Regionen). Andere Interessen innerhalb der Mitgliedstaaten werden dagegen möglicherweise von den Regierungen systematisch vernachlässigt. Sowohl die Kommission als auch der Rat haben es deshalb immer nur mit einem partiellen Interessenspektrum zu tun. Im Falle des Rates kann dies aufgrund der Auswirkungen nationaler Wahlen zu Kontinuitätsbrüchen führen.

3.3 Der Europäische Gerichtshof

Der Einfluß des Europäischen Gerichtshofes (EuGH) auf die Politikprozesse der EG ist nicht zu bestreiten und gut erforscht (Burley/Mattli 1993). An dieser Stelle soll es jedoch nur um den Einfluß des EuGH auf Ideen, Problemlösungen und die Befriedigung von Interessen sowie um die Konsequenzen seiner Rechtsprechung für das Verhältnis zwischen Rat und Kommission gehen. Als Ideenlieferant wirkt der EuGH, indem er allgemeine Prinzipien des Gemeinschaftsrechts herausarbeitet oder interpretiert. Die Liste der Beispiele ist lang und eindrucksvoll; hierzu gehören Direktwirkung, Verhältnismäßigkeit, Gleichberechtigung, Rechtssicherheit, Grundrechte usw. Die Rechtsprechung des EuGH hat die Bezugsgrundlage von europäischen Regelungen substantiell verändert (vgl. Joerges, in diesem Band). Sie hat alles in allem die Grundlage für europäische Politik verbreitert und die Handlungskapazität der europäischen Institutionen – vor allem der Kommission – gestärkt. Joseph Weiler vertritt die These, daß der Europäische Gerichtshof auch einen Grundwertekatalog für europäisches Regieren herausgearbeitet hat (Weiler 1992).

Urteile des EuGH haben auch dazu beigetragen, praktische Probleme zu lösen, indem sie Streitfragen zwischen Rat und Kommission entschieden haben. Das berühmteste Beispiel ist das „Cassis de Dijon"-Urteil (EuGH 1979), in dem das Prinzip der „gegenseitigen Anerkennung" eingeführt wurde. Selbst wenn die unmittelbaren Auswirkungen des Urteils nicht so weitreichend waren, wie später behauptet wurde, hat der EuGH doch den Weg für einen neuen Regelungstypus freigemacht und dadurch den neuen Ansatz der Kommission hinsichtlich Harmonisierung und wirtschaftlicher Liberalisierung gestärkt. Andere Urteile waren kontroverser und wurden zum Teil nicht nur als problemlösend, sondern auch als problemerzeugend angesehen. Im Urteil „Barber" (EuGH 1990) und einer Reihe weiterer Fälle zur Gleichberechtigung in betrieblichen Rentenversicherungen, die sich auf ein Urteil aus dem Jahr 1976 zurückführen lassen, hat der Gerichtshof Dinge entschieden, die von Arbeitgebern oder Versicherungsträgern bewußt offengehalten oder restriktiv gehandhabt worden waren. Andererseits habe diese Urteile auch Probleme geschaffen, indem sie von einigen Arbeitgebern finanzielle Anpassungsleistungen in einem Ausmaß erzwungen haben, daß einige große Firmen die Maastrichter Regierungskonferenz erfolgreich bedrängt haben, dem durch eine explizite Entscheidung einen Riegel vorzuschieben, was schon für sich ein interessantes Beispiel von direktem Lobbyismus des Europäischen Rates darstellt.

Durch den Europäischen Gerichtshof und die Möglichkeit direkter Klagerechte war es auch Individuen möglich, Rechtsschutz und eine Klarstellung ihrer Rechte und Pflichten zu erhalten. Allerdings ist es nicht ganz leicht zu sagen, wessen Interessen durch diese Möglichkeit befriedigt wurden. Es muß dabei auch bedacht werden, daß nur solche Parteien vor dem Gerichtshof erscheinen können, die von umstrittenen Regelungen des europäischen Rechts konkret betroffen sind. Für Firmen ist diese Betroffenheit sicher leichter nachzuweisen als etwa für die diffuse Gruppe der Konsumenten. Es besteht deshalb bei den Zugangsmöglichkeiten zum EuGH eine gewisse Vorauswahl zugunsten wirtschaftlicher Akteure. Die Klagen, die vor dem Gerichtshof verhandelt wurden, richteten sich sowohl gegen die Kommission bzw. die Mitgliedstaaten als auch gegen andere wirtschaftliche Akteure. In Fällen, in denen es um die Mobilität der Arbeitskräfte und um die Gleichbehandlung am Arbeitsplatz ging, klagten tatsächlich einzelne Arbeitnehmer, die allerdings häufig eine Vielzahl ähnlicher Fälle repräsentieren. Meistens ging es dabei um die inkorrekte Anwendung des Gemeinschaftsrechtes durch Regierungen oder Firmen in den Mitgliedstaaten.

Bis vor kurzem bestand ein breiter Konsens darüber, daß der EuGH den Anwendungsbereich des Gemeinschaftsrechtes erweitert, seine konzeptuelle Struktur verbessert und die Möglichkeiten der Mitgliedstaaten zur Verabschiedung inkompatibler Gesetze im Bereich von Gemeinschaftskompetenzen verringert habe. In diesem Sinne könnte man den EuGH nicht nur als Quelle der Rechtsprechung, sondern als politischen Akteur bezeichnen, ihm aber zumindest einen aktiven Einfluß auf die Gestaltung politischer Optionen zuschreiben. Die Tatsache, daß die Rechtsabteilungen des Rates und der Kommission eine wichtige Rolle in beiden Organisationen einnehmen, spricht für den zunehmenden Einfluß der Urteile des EuGH auf Beamte und Politiker. Den Nutzen, den beide Gruppen sowohl auf der europäischen wie auf der nationalen Ebene aus den Urteilen zogen, zeigt gleichermaßen, daß die gemeinschaftliche Rechtsprechung Handlungsmöglichkeiten wie auch Einschränkungen erzeugt. Zudem wirkt der EuGH nicht nur durch Interpretationen und Urteile in einzelnen Fällen, sondern auch durch die Entwicklung von Ideen und juristischen Doktrinen.

Dieser Trend hat jedoch sowohl rechtlichen wie auch politischen Widerstand nach sich gezogen. Nationale Gerichte haben einzelne Entscheidungen nicht immer ohne weiteres akzeptiert. Nationale Politiker haben die ihnen vom EuGH auferlegten Einschränkungen ihrer Handlungsfreiheit nicht nur begrüßt, und auch der Kommission fällt es nicht immer einfach, zu einzelnen Fällen oder Interpretationen Stellung zu beziehen. Der Widerstand gegen den Gerichtshof ist jedoch in jüngster Zeit konzentrierter und stärker geworden, als sich im Zuge der Debatte um die Ratifikation des Maastrichter Vertrages die Kritik an der Ausweitung des Gemeinschaftsrechtes und am „Aktivismus" des EuGH verstärkte. Das Urteil des Bundesverfassungsgerichtes zum Maastrichter Vertrag (BVerfG 1994) wirkte als Alarmsignal und zeigte an, daß weder EG-Entscheidungen noch EuGH-Urteile automatisch akzeptiert werden. Das Urteil des Bundesverfassungsgerichtes vom Januar 1995 hinsichtlich der Gemeinschaftsregeln über den Bananenimport ist ein weiterer Schuß vor den Bug der Gemeinschaftsrechtsprechung in einem zentralen Bereich der Landwirtschafts- und Handelspolitik. Äußerungen einiger Mitgliedstaaten, die nächste Regierungskonferenz nutzen zu wollen, um durch eine Vertragsänderung den Einfluß des Europäischen Gerichtshofes zu beschränken, sind ein Anzeichen für einen bestehenden Druck zur Änderung der Balance zwischen den Institutionen.

3.4 Das Europäische Parlament

In den frühen Phasen des Integrationsprozesses verfügte das Europäische Parlament kaum über Einfluß auf die Politikentwicklung und kann in diesem Sinn als eher dekorativ denn effektiv bezeichnet werden. Seit es jedoch über die ersten haushaltsrechtlichen Befugnisse und einige Gesetzgebungskompetenzen verfügt, hat sich das EP zunehmend und direkter in den institutionellen Prozeß eingeschaltet. Nachdem es schon durch die Einheitliche Akte an Einfluß gewonnen hatte, war das Europäische Parlament vielleicht sogar alles in allem der größte Gewinner durch die institutionellen Veränderungen des Maastrichter Vertrages. Einige Beobachter sind mittlerweile der Ansicht, daß sich als Ergebnis des Vertrages die institutionelle Balance in Richtung des Parlaments verschoben habe, auch wenn dessen Befugnisse gegenüber der Exekutive im Vergleich zu denen nationaler Parlamente zumindest nominal zurückblieben und nach wie vor von einem demokratischen Defizit die Rede sei.

Wie läßt sich dies nun auf die ursprüngliche Fragestellung über Ideen, Problemlösung und Befriedigung von Interessen rückbeziehen? Durch seinen mangelnden Einfluß auf die Zusammensetzung der europäischen Exekutive und die relative Schwäche parteipolitischer Disziplin war das Europäische Parlament kaum in der Lage, Ideen in Form politischer Programme hervorzubringen. Nichtsdestotrotz existieren mittlerweile mit den Sozialisten und der Europäischen Volkspartei zwei bedeutende und zunehmend besser organisierte politische Gruppen im Parlament, die von einer breiten gemeinsamen politischen Basis ausgehend politische Programme in ihrem Sinn unterstützen. Sie bemühen sich um eine engere Zusammenarbeit mit Kommissaren und Ratsmitgliedern ihrer eigenen politischen Richtung. Mitglieder des Europäischen Parlaments intervenieren zudem regelmäßig in der institutionellen Debatte für größere Befugnisse nicht nur des EP, sondern auch anderer kollektiver europäischer Institutionen. In den Worten von George Tsebelis nutzt das EP seine Machtposition aus, um die politische Tagesordnung der EU mitzubestimmen (Tsebelis 1994). Die mittlerweile erforderliche Zustimmung des EP zu wichtigen politischen Fragen wie der Erweiterung der Union oder bei Abkommen mit Drittstaaten hat seinen Einfluß gestärkt und ihm die Möglichkeit gegeben, diese Zustimmung mit der Berücksichtigung seiner eigenen Vorstellungen über die institutionelle Entwicklung der EU zu verknüpfen. Durch die Verabschiedung von einzelnen Haushaltstiteln kann das Parlament spezifische Ideen durchsetzen, wie etwa im Falle eines eigenständigen Programms zur Förderung der Demokratisierung in das PHARE-Programm zur Umstrukturierung der osteuropäischen Wirtschaften.

Im Falle praktischer Problemlösungen spielt das EP eine weniger wichtige Rolle. Trotzdem wurden seine Änderungsanträge zu Vorschlägen der Kommission überraschend häufig berücksichtigt. In einer parlamentarischen Körperschaft, in der Expertise eine kultivierte Eigenschaft vieler Abgeordneter ist, fällt es „kompetenten" Abgeordneten leichter, sowohl praktische Vorschläge als auch allgemeine Kommentare zu Kommissionsinitiativen vorzubringen. In einigen Sonderfällen gab es eine direkte Partnerschaft zwischen den EP-Abgeordneten und der Kommission oder dem Rat zu spezifischen Fragen. Ein besonders bemerkenswertes Beispiel bildet die Rolle einiger Abgeordneter bei der Ausdehnung der Gemeinschaft auf das Gebiet der ehemaligen DDR (Spence 1991).

Spezifische „nationale Interessen" wurden von Europaparlamentariern bemerkenswert selten vertreten. Stimmabgaben oder Positionsbekundungen finden nur selten und indirekt entlang nationaler Linien und quer zu den parteipolitischen Orientierungen statt. Lobbyisten und Interessenvertreter wenden sich zunehmend auch den Europaparlamentariern zu; ebenso haben die Vertreter der drei neuen Mitgliedstaaten nachdrücklich versucht, die Abgeordneten von ihren Positionen in den Beitrittsverhandlungen zu überzeugen. Allerdings ist wenig über den Zusammenhang zwischen Intensität des Lobbyismus und Politikergebnissen bekannt. Ähnlich wie die US-amerikanischen Bundesstaaten dies mit dem Kongreß versuchen, so haben sich auch die Vertreter der europäischen Regionen Zugänge zum EP geschaffen und versuchen, „ihren" Abgeordneten von ihren Interessen zu überzeugen. Es gibt Gerüchte über Kompensationsangebote an unentschlossene Europaabgeordnete aus den Regionen der südlichen Mitgliedstaaten, um die Zustimmung des EP zur Erweiterung um die EFTA-Staaten zu gewinnen. Wie und inwieweit sich der neue Ausschuß der Regionen in den Prozeß einschalten wird, bleibt abzuwarten.

3.5 Das Tandem Rat – Kommission

Im Laufe der Zeit wurde die Dominanz des Tandems von Rat und Kommission durch den Einfluß von EuGH und EP auf den politischen Prozeß relativiert. Nichtsdestotrotz bildet das Verhältnis zwischen diesen beiden potentiellen Exekutivinstitutionen nach wie vor den

Kern des Regierungsmodells der EU. Beide Institutionen hängen einerseits voneinander ab, konkurrieren andererseits aber um Einfluß. Die politische Natur dieses Kampfes überlagert das Verhältnis der beiden, wird aber stark von Konflikten über politikfeldspezifische Fragen beeinflußt. Manchmal wird der Entscheidungsprozeß durch den Konflikt zwischen beiden Institutionen gelähmt, manchmal ergibt sich dagegen eine kreative Synergie. Welche Faktoren diesen Konflikt eigentlich ausmachen, läßt sich schwer feststellen, da hohe Politisierung oder polarisierte Meinungsverschiedenheiten zwischen den Mitgliedstaaten keine klaren Anhaltspunkte für frühere oder künftige Politikergebnisse zu liefern scheinen.

In der Interaktion der beiden Institutionen entstand ein innovativer Politikstil und ein transnationaler politischer Prozeß, der von einem partnerschaftlichen Verhältnis zwischen Kommission und Rat abhängt. Die politische Glaubwürdigkeit europäischen Regierens war jedoch stets Anfechtungen seitens der Mitgliedstaaten und seitens derjenigen Akteure in den Mitgliedstaaten ausgesetzt, die sich mit ihren Interessen nicht genügend berücksichtigt fühlten. Durch institutionelle Anpassungen wurde dieser Prozeß nicht etwa transparenter und unmittelbarer, sondern lediglich noch komplizierter. Die Reformbedürftigkeit der Kommission ist zwar seit langem anerkannt (Spierenburg 1979), der konkrete Inhalt dieser Reform ist jedoch nach wie vor umstritten. Im Laufe der Zeit hat die Kommission einen ihr eigenen Konservatismus entwickelt, an Überlastung und mangelhafter Ressourcenausstattung gelitten und war möglicherweise einem übergroßen Einfluß der Interessengruppen verfallen, wodurch ihr Sinn für das Gemeinschaftsinteresse nachgelassen hat. Es gab jedoch immer wieder Perioden und Politikbereiche, in denen es der Kommission gelang, sich von solchen Problemen freizumachen und durch überzeugende Argumente politische Führung auszuüben. Gleichzeitig haben es die Ratsmitglieder verstanden, die zentrale Rolle ihrer Institution immer wieder zu reproduzieren und dabei einen stark von konfrontativem Verhandeln geprägten Politikstil beizubehalten. Auch wenn der Europäische Rat dies gelegentlich versucht, ist es den Mitgliedstaaten jedoch nicht gelungen, den Rat zu einer Institution zu machen, von der politische Führung ausgeht. Der zunehmende Parlamentseinfluß auf die europäische Politik hat diesem Prozeß zusätzliche Elemente hinzugefügt, jedoch keine stabile Legitimitätsgrundlage geschaffen. Viele Entscheidungen beruhen auf formaler Zuständigkeit, nicht aber auf politischer Stichhaltigkeit.

4. Anpassungsdruck auf das Modell

Aus den genannten Gründen wäre das Modell europäischen Regierens selbst ohne Veränderungen im politischen oder ökonomischen Kontext unter Druck geraten. Tatsächlich besteht mittlerweile ein gewaltiger Druck auf alle drei oben diskutierten Dimensionen – Ideen, Problemlösung und Interessenbefriedigung.

Die ursprünglichen zentralen Ideen für europäische Politiken entstammten teilweise dem polit-ökonomischen Kontext der fünfziger und sechziger Jahre, in dem die Staaten den Wohlfahrtsstaat aufbauten und auf europäischer Ebene durch eine Anzahl gemeinsamer Politiken absicherten. Dieses Regime hielt die beiden großen politischen Strömungen Westeuropas, die Sozial- und die Christdemokraten, zusammen und wurde abgestützt durch sozialpartnerschaftliche Arrangements zwischen Arbeitgebern und Gewerkschaften, die beide massive staatliche Interventionen in die Wirtschaft und bedeutende staatliche Wohlfahrtsausgaben befürworteten. Das Binnenmarktprojekt wurde ein politischer Erfolg, da es der europäischen Politik erlaubte, sich hin zu einem neuen polit-ökonomischen Paradigma zu orientieren – aber nur bis zu einem gewissen Grad. Die neue Betonung europäischer Regulierung veränderte Politiktypen und Beziehungen zu Klienten und Interessenvertretungen, war aber nur schwer in der Lage, andere öffentliche Güter zu benennen, die nun durch europäische Politik bereitgestellt werden sollten. Zudem könnten die ökonomisch und sozial Benachteiligten die EG für die Entstehung von Gewinnern und Verlierern verantwortlich machen, selbst wenn schwache Kausalbeziehungen zur europäischen Politik existieren sollten. So gewann das Konzept der Subsidiarität, von anderen als Renationalisierung bezeichnet, in den neunziger Jahren als Argument für die Reduzierung europäischen Regierens an Glaubwürdigkeit.

Der zweite Bereich gemeinsamer Werte und damit auch eine Quelle der Unterstützung für gemeinsame europäische Politik betraf die Rolle der EG als geopolitischem Stabilitätsfaktor sowohl zum Zwecke der Einbindung Deutschlands als auch der Konsolidierung des Westens gegenüber dem Osten. Dieser häufig nur implizite Wertekonsens wurde über viele Jahre als Quelle der Solidarität oder der Regime-Stabilisierung gegen die unvermeidlichen Streitigkeiten über spezifische Vorschläge oder über die Rolle der EG vernachlässigt. Seit 1989 ist diese Wertgrundlage geschwächt, weil zum einen sowohl Deutschland als auch seine Partner Schwierigkeiten haben, eine neue Rolle für Deutschland zu finden, und zum anderen der Kommunismus als ideologischer Gegner verschwunden ist. So hat denn auch die konservative britische Regierung diesen neuen Kontext als ein zusätzliches Argument für ihre Ansicht benutzt, daß das EG-Modell „veraltet" sei und durch weniger verpflichtende Formen ersetzt werden sollte.

Diejenigen, die dieses Argument widerlegen und für stärkere Formen europäischen Regierens plädieren wollen, müssen auf die schwierigen Felder der Wirtschafts- und Währungsunion, der inneren Sicherheit und der Gemeinsamen Außen- und Sicherheitspolitik verweisen. Bei diesen handelt es sich im Kern um Bereiche „hoher Politik", die sich grundsätzlich von denjenigen unterscheiden, in denen sich die ursprüngliche Monnet-Methode entwickelte und die sich hervorragend eignete für die Hervorbringung von Ideen und von praktischen wie praktikablen Lösungsvorschlägen sowie für Koalitionen zufriedener Interessengruppen. Allerdings hatte auch das alte politische Repertoire der EG politische Stagnation und unzufriedene Klienten erzeugt, wie die Beispiele der gemeinsamen Agrarpolitik und des handelspolitischen Protektionismus zeigen.

Unter diesen widrigen Umständen für europäisches Regieren hängt vieles von der Leistungsfähigkeit der Institutionen an sich ab, während gleichzeitig die institutionellen Beziehungen einen Großteil der erwähnten Belastungen aushalten müssen. Vielleicht unvermeidlicherweise wird davon ausgegangen, daß die Kommission eine überproportionale Last der neuen politischen Verantwortlichkeit tragen wird. Es ist deshalb nicht überraschend, daß mittlerweile Vorschläge existieren, die die Kommission nicht etwa in Richtung größerer Effektivität reformieren, sondern ihre Funktionen und ihren Einfluß reduzieren wollen (Vibert 1994). Genausowenig verwunderlich ist es, wenn einige Regierungen auf einer Stärkung zwischenstaatlicher Elemente als notwendigem Korrektiv zur behaupteten größeren Macht der Kommission beharren.

Wenn hierzu noch die Erweiterung um die EFTA-Staaten und möglicherweise um einige osteuropäische Staaten die neue EU weiter belasten, so ist es unumgänglich, nach einem anderen Gleichgewicht zwischen den Institutionen und in ihrem Innern zu suchen. Die gewichtigsten Argumente in dieser Debatte drehen sich um die Anpassung des Verhältnisses zwischen Kommission und Rat, um die jeweiligen Rollen von nationalen Parlamenten und dem Europaparlament sowie um die Machtbalance zwischen den Mitgliedstaaten. Angesichts der nahenden Revisionskonferenz scheint sich die Debatte deshalb vor allem um „makropolitische" Entscheidungen über Institutionen, und zwar vornehmlich im Spannungsfeld zwischen Supranationalität und

Zwischenstaatlichkeit, zu drehen und weniger um die Frage, welche institutionellen Formen die Entwicklung spezifischer und effektiver kollektiver Politiken fördern würden. Eine derartig politisierte Diskussion war angesichts der dramatischen Veränderungen im geopolitischen Kontext und dem Entwicklungsstand des Modells europäischen Regierens vielleicht unvermeidlich. Eine solche Schlußfolgerung ist jedoch riskant, da sie im Vergleich zu früheren Perioden dem Integrationsexperiment erheblich weniger Spielraum zur Bewährung anhand substantieller politischer Erfolge läßt. Durch nostalgische Erinnerungen an die alte Gemeinschaft wird jedoch eine Einigung über ein Nachfolgemodell mit an Sicherheit grenzender Wahrscheinlichkeit nicht gefördert. Die ursprünglichen Eckpfeiler der Erarbeitung guter Ideen, Lösungen für gemeinsame Probleme und Befriedigung spezifischer Interessen völlig zu vergessen hieße jedoch, die Lehren aus der Erfahrung zurückzuweisen. Die Herausforderung besteht darin, zu ihnen moderne funktionale Äquivalente zu finden und institutionelle Änderungen zu entwerfen, die ihre Entfaltung ermöglichen.

Übersetzung: Markus Jachtenfuchs

Literatur

Burley, Anne-Marie; Mattli, Walter (1993): Europe before the Court: A Political Theory of Legal Integration; in: International Organization 47, S. 41-76.

BVerfG (1994): Urteil zum Maastricht-Vertrag; in: Entscheidungen des Bundesverfassungsgerichtes 89, S. 155-213.

EuGH (1979): Rs. 120/78 (REWE), Slg. 1979, S. 649 – Cassis de Dijon.

EuGH (1990): Rs. C-262/88, Slg. I, S.1889 – Barber v GRE.

Garrett, Geoffrey (1992): International Cooperation and Institutional Choice: the European Community's Internal Market; in: International Organization 46, S. 533-560.

Gonzalez Sanchez, Enrique (1994): La Evolucion Institucional de la Union Europea: del Sistema Cuadripartito previsto en los Tratados Originarios a un Sistema Institucional Tripartito en la Perspectiva de Realización de la Unificacion Europea; in: Revista de Instituciones Europeas 21, S. 85-115.

Green Cowles, Maria (1994): The Politics of Big Business in the European Community: Setting the Agenda for a New Europe, Diss. (The American University) (Washington, DC).

Haas, Ernst B. (1958): The Uniting of Europe. Political, Economic, and Social Forces (Stanford).

Haas, Peter M. (1992): Introduction: Epistemic Communities and International Policy Coordination; in: International Organization 46, S. 1-35.
Keating, Michael (1993): The Continental Meso: Regions in the European Community; in: Sharpe, Laurence J. (Hg.), The Rise of Meso Government in Europe (London), S. 296-311.
Kommission (Hg.) (1992): The Sutherland Report: Der Binnenmarkt nach 1992: Die Herausforderungen aufnehmen, SEK (92) 2277.
Lindberg, Leon N. (1963): The Political Dynamics of European Economic Integration (Stanford).
*Majone, Giandomenico (1994): The European Community: An „Independent Fourth Branch of Government"?; in: Brüggemeier, Gert (Hg.), Verfassungen für ein ziviles Europa (Baden-Baden), S. 23-44.
Mazey, Sonia; Richardson, Jeremy (Hg.) (1992): Lobbying in the European Community (Oxford).
Metcalfe, Les (1992): After 1992: Can the Commission Manage Europe?; in: Australian Journal of Public Administration 51, S. 117-130.
Rat (1993): Verhaltenskodex für den Zugang der Öffentlichkeit zu Rats- und Kommissionsdokumenten, 93/730/EG; in: Abl. L 340, S. 41-42, 31.12.1993.
*Sbragia, Alberta (1992): Thinking About the European Future: The Uses of Comparison; in: dies. (Hg.), Europolitics. Institutions and Policymaking in the „New" European Community (Washington, DC), S. 257-291.
*Scharpf, Fritz (1985): Die Politikverflechtungsfalle. Europäische Integration und deutscher Föderalismus im Vergleich; in: Politische Vierteljahresschrift 26, S. 323-356.
Streeck, Wolfgang; Schmitter, Philippe C. (1991): From National Corporatism to Transnational Pluralism: Organised Interests in the Single European Market; in: Politics and Society 19, S. 133-164.
Spence, David (1991): Enlargement without Accession: German Unification and the European Community; RIIA Discussion Paper (London).
Spierenburg (1979): Vorschläge für eine Reform der Kommission der Europäischen Gemeinschaften und ihrer Dienststellen (auf Verlangen der Kommission von fünf unabhängigen Persönlichkeiten unter Vorsitz von Herrn Dirk Spierenburg erstellt, der Kommission übergeben am 24.9. 1979); in: Bulletin der EG 9 (ungekürzte Ausgabe), S. 16-25.
Tsebelis, George (1994): The Power of the European Parliament as a Conditional Agenda Setter; in: American Political Science Review 88, S. 128-142.
Vibert, Frank (1994): The Future Rôle of the European Commission (London).
Weidenfeld, Werner (Hg.) (1994): Europa '96. Reformprogramm für die Europäische Union (Gütersloh).
*Weiler, Joseph (1992): After Maastricht: Community Legitimacy in Post-1992 Europe; in: Adams, William James (Hg.), Singular Europe (Ann Arbor), S. 11-42.

Verwaltung im EG-Mehrebenensystem: Auf dem Weg zur Megabürokratie?*

Wolfgang Wessels

1. Irrelevant oder dominant – Denkschulen in der Debatte

Staat und Verwaltung sind im Wandel begriffen. Auch der westeuropäische Staat der Nachkriegszeit ist kein stationäres Gebilde, sondern zeigt sich durch mehrere grundlegende Entwicklungslinien geprägt. Eine wesentliche Tendenz bildet dabei die „Europäisierung" durch die und im Rahmen der EG/EU: Wachstum und Differenzierung des politischen Systems der EU sind insbesondere daran festzumachen, daß politische und administrative Akteure der EU und ihrer Mitgliedstaaten in wachsendem Maße die Vorbereitung, Herstellung, Durchführung und Kontrolle politischer, d.h. allgemein verbindlicher, Entscheidungen über den Einsatz quasi-staatlicher Steuerungsinstrumente gestalten (Göhler 1990; Wessels 1995).

Ausmaß und Wirkungen der Teilnahme- und Mitgestaltungsmöglichkeiten von Verwaltungen an diesem politisch-administrativen Problemverarbeitungsprozeß waren und sind Gegenstand intensiver politischer und wissenschaftlicher Diskussionen. Zur weiteren Ordnung der Debattenlandschaft werden zwei zentrale – in den jeweiligen Diskursen in unterschiedlichem Maße angesprochene – Formen der Beteiligung mehrerer Akteursgruppen im EG-Mehrebenensystem (Grabitz u.a. 1988: 59ff.) gegenübergestellt (siehe Übersicht 1)[1]. In der ersten Dimension (vertikale Achse) werden mögliche administrative Beziehungen zwischen mehreren Ebenen, d.h. insbesondere zwischen nationalen Beamten einerseits und Kommissionsbeamten andererseits, auf einer Skala mit Extrempunkten angeordnet. Zu analysieren ist, ob

---

* Ich bin Beate Kohler-Koch für ihre vielfältigen Anregungen sowie Thomas Diez und Jürgen Mittag für hilfreiche Zuarbeit zum Dank verpflichtet.

1 Wie üblich soll eine derartige Modellmatrix primär heuristischen und illustrativen Zwecken dienen, um die weitere Darstellung zu fokussieren.

die nationale oder die EG-eigene Verwaltung eine dominierende Position gegenüber der jeweils anderen Administration einnimmt oder ob administrative Verflechtungen entstehen, in denen beide Ebenen „kooperativ" zusammenwirken, d.h. weder die eine noch die andere Seite in der Zusammenarbeit dominiert. Die zweite Dimension (horizontale Achse) erfaßt die Beziehungen zwischen Verwaltung und Regierung bzw. politischer Führung in einem Spannungsverhältnis zwischen Autonomie (Verselbständigung) der Bürokratie über ein kooperatives Verhältnis bis zur hierarchischen Unterordnung der Verwaltung (vgl. zu derartigen Modellbeziehungen Aberbach u.a. 1981; Timsit 1985; Mayntz 1985).

Die beiden Dimensionen veranschaulichen die hier, wie in vielen Debatten, zentrale Fragestellung, ob eine und ggf. welche Verwaltung die Problemverarbeitung und damit den Einsatz staatlicher Steuerungsinstrumente in der EG, d.h. der „ersten Säule" der Maastrichter Tempelkonstruktion, beherrscht.

Eine Denkschule, die vom Staatsbild eines „geschlossenen National- und Verfassungsstaates" (vgl. zu diesen und folgenden Staatsbildern Wessels 1994) abgeleitet werden kann, geht – in der Regel mehr implizit als explizit – von der Irrelevanz einer EG-eigenen Verwaltung für die nationale und europäische Politik aus. Nach der diesem Verständnis entsprechenden Souveränitätsdoktrin erfolgt der Einsatz von Steuerungsinstrumenten durch die dafür vorgesehenen nationalstaatlichen Verfassungsorgane im innerstaatlichen Interaktionsraum. Dabei erhält eine bestimmte Gruppe nationaler Beamte eine exklusive Rolle bei der Pflege grenzüberschreitender Kontakte. Bei einem derartigen Modell der „Monopolverwaltung" (Feld 1 der Übersicht 1) werden alle politisch relevanten Phasen im EG-Problemverarbeitungsprozeß nur von wenigen und besonders ausgebildeten nationalen Beamten, insbesondere Diplomaten, dominiert. Internationale Administrationen – einschließlich der Kommissionsverwaltung – stellen dagegen ausschließlich untergeordnete „Serviceeinrichtungen" dar. Direkte Mitwirkung zusätzlicher nationaler Beamter oder Akteursgruppen – wie Verbände – ist mit einem derartigen Modell nicht vereinbar. Auch im Verhältnis zur nationalen politischen Führung üben diese Beamten als besonders ausgebildete Experten in diplomatischen Verfahren – zumindest de facto – eine Schlüsselfunktion aus, die eine weitgehende Autonomie ermöglicht.

Übersicht 1: (Matrix) Verwaltungsmodelle im EG-Mehrebenensystem

Verselbständigung ← → Unterordnung der Verwaltung

Nationale Dominanz ↑ ↓ Europäische Dominanz

vertikale Beziehung: EG/EU - Mitgliedstaaten	Horizontale Beziehung: Verwaltung - Politik/Regierung		
	bürokratische Autonomie	kooperatives Verhältnis	hierarische Unterordnung der Verwaltung
Dominanz der national-en Ebene	1 **diplomatische Monopol-verwaltung**	2 **pragmatisch-funktionale Verwaltungs- und Regierungskoope-ration**	3 **intergovernementale Lenkung**
kooperatives Mehrebenen-verhältnis	4 **Megabürokra-tie**	5 **fusionierte Verwaltung**	6
Dominanz der EG-Ebene	7 **supranationale Bürokratie**	8	9 **föderale Verwaltung**

Als „Feindbild" dieser Auffassung kann eine immer wieder populäre, wenn nicht sogar ‚populistische' Denkschule verstanden werden, die in das Modell einer „supranationalen Bürokratie" (Feld 7 der Übersicht 1) mündet. Zum Machterwerb und -erhalt verdrängen demnach Kommissionsbeamte sowohl Politiker als auch andere Beamte aus dem Entscheidungsprozeß. De Gaulles Diktum über die Kommission als „aéropague technocratique, apatride et irresponsable" (de Gaulle 1965) fand und findet vielfache politische Resonanz (vgl. Thatcher 1988; Major 1993); auch Ansätze der ökonomischen Theorie der Bürokratie (z.B. Vaubel 1992) formulieren ähnlich lautende Thesen.

Eine alternative Sicht zur Souveränitätsdoktrin sieht den Nationalstaat als „diskreditiert" (vgl. u.a. Spinelli 1958, Mayne/Pinder 1990) bzw. als „Irrweg" (Glotz 1990: 89ff.) an. Für einen „europäischen Bundesstaat“ (Hallstein 1969: 13f.) ist eine eigenständige EG-Administration notwendig und – wenn auch „unvollständig“ (Hallstein 1969) – bereits im Entstehen. Im Unterschied zum Modell der supranationalen Bürokratie sind Kommissionsbeamte in diesem Typus der „föderalen Verwaltung“ (Feld 9 der Übersicht 1) im Rahmen einer bundesstaatlichen Verfassung Europas in einen pluralistischen Problemverarbeitungsprozeß eingebettet, in dem die politische Führung einer ausgebauten EU ihre konstitutionellen Prärogativen gegenüber einer EU-Verwaltung anwenden würde. Die europäischen Beamten stehen danach im Dienste eines demokratischen Bundesstaates.

Diese Extrempunkte einer Debatte decken aber nicht alle denkbaren Modelle ab. So kann aus dem Staatsbild eines „offenen Wohlfahrtsstaates“ das Modell einer zwischenstaatlichen Verwaltungskooperation (Feld 2 der Übersicht 1) entwickelt werden, bei dem Politiker und Beamte mehrerer Hierarchieebenen und Ministerien/Dienststellen über die staatlichen Grenzen hinweg ohne starre Verfahren mit ihren Partnern in anderen Mitgliedstaaten zusammenarbeiten. Administrative Tätigkeiten innerhalb der EG/EU sind demnach – zumindest de facto – nur eine pragmatisch-funktionale Ausdehnung nationalstaatlicher Verwaltungen, die zusammen mit der politischen Führung ein spezifisches Regime der Zusammenarbeit herstellen und tragen (Wessels 1994: 55ff.). Damit ermöglichen sie eine „governance“, ein „Regieren ohne Staat“ (Rittberger 1994: 248). Die Kommissionsdienststellen verfügen dabei über Teilnahme-, aber nicht über wesentliche Mitgestaltungsmöglichkeiten. War bei den Modellen der supranationalen Bürokratie wie der föderalen Verwaltung der zwischenstaatliche EG/EU-Raum dominierend, so sind bei diesem Modell die nationalstaatlichen Verwaltungen aufgrund ihres Gewichts, ihrer Tradition und ihrer Tätigkeiten der Kommissionsverwaltung weit überlegen. Das Verhältnis zur politischen Führung ist durch partnerschaftliche Zusammenarbeit geprägt, die weder eine eindeutige hierarchische Unterordnung der Verwaltung noch einen Trend zur bürokratischen Vorherrschaft annehmen läßt. Die politische Führungen der Mitgliedstaaten sind selbst entsprechend in einem ähnlichen Ausmaß wie die Verwaltungen „europäisiert“.

Bei dem Modell der „intergouvernementalen Lenkung“ (Feld 3 der Übersicht 1) dominieren nationale Regierungen durch Gipfeltreffen und Ministerräte die EG/EU-Problemverarbeitung. Nationale und – in einer noch weiteren Abstufung – zwischenstaatlich angesiedelte Verwaltungen stehen im Dienste dieser gemeinsam von den Mitgliedsregierungen ausgeübten politischen Führung.

Bei den bisherigen Modellen wurde explizit oder implizit von einem Null-Summen-Spiel zwischen nationalen Beamten und der Kommissionsverwaltung ausgegangen; von besonderem Interesse im EG-Problemverarbeitungsprozeß sind jedoch die Formen spezifischer Mehrebenenbeziehungen von inner- und zwischenstaatlich angesiedelten Administrationen (mittlere Reihe der Übersicht 1). Bei einer ersten Variante, in einem Modell der „Megabürokratie" (Feld 4 der Übersicht 1), instrumentalisieren „emanzipierte" Verwaltungen mehrerer Ebenen ihre zwischen- und innerstaatlichen Interaktionsstränge dergestalt, daß sie andere Akteure – Politiker, Parlamente und Verbände – de jure oder doch zumindest de facto aus dem Problemverarbeitungsprozeß der EG/EU herausdrängen. Eine administrative Verflechtung (Scharpf 1985) in einem „Mehrebenenkartell" von nationalen und EG-Beamten fördert die Etablierung eines „gouvernement de comités" (Wheare 1955; Sidjanski 1989), wodurch der Erosionsprozeß des „atomisierten Verfassungsstaates" (vgl. Wessels 1994: 58ff.) gefördert wird.

Bei der zweiten Variante, dem Modell der „fusionierten Verwaltung" (Feld 5 der Übersicht 1), sind in jeder Phase des Problemverarbeitungsprozesses nationale und EG/EU-Beamte maßgeblich beim gemeinsamen Einsatz quasi-staatlicher Steuerungsinstrumente beteiligt. Verwaltungen gewinnen im Unterschied zum Modell der Megabürokratie jedoch keine Dominanz bei der Problemverarbeitung. Regierungen unterliegen in ähnlichem Umfang wie die Verwaltungen einem Fusionsprozeß.

Für Felder 6 und 8 der Übersicht 1 liegen keine in der Debattenlandschaft gängigen Denkschulen vor.

2. Zum empirischen Befund I: Eine Phasenanalyse in historischer Perspektive

2.1 Zum Ansatz und Überblick

Die Modelle bieten einige – aus der politischen und wissenschaftlichen Debatte abgeleiteten – Ansätze, die idealtypische Rolle von Verwaltungen im EG-Mehrebenensystem und deren mögliche Entwicklungsrichtungen zu charakterisieren. Diesen Denkschulen können „reale" Beobachtungen gegenübergestellt werden, die anhand einiger

Indikatoren quantifizierbare Tendenzen zur Beteiligung von Regierungen und Verwaltungen bei der Vorbereitung, Herstellung, Durchführung und Kontrolle von EG-Entscheidungen innerhalb eines Untersuchungszeitraumes zwischen 1960 und 1990 zu erfassen versuchen. Bei einigen – jeweils zu diskutierenden – Bedenken bezüglich der Aussagefähigkeit der hochaggregierten Daten wird angenommen, daß eine Auswertung dieses statistischen Materials als relativ weiterführend und sicherlich ergänzend zu rein qualitativen Aussagen betrachtet werden kann. Um Entwicklungstrends identifizieren zu können, wird – soweit dies die Angaben ermöglichen – ein dreißigjähriger Untersuchungszeitraum (1960-1990) zugrunde gelegt. Die methodischen Bedenken, daß dieser Zeitraum angesichts mehrerer Wellen von „Erweiterungen" und „Vertiefungen" kein in sich geschlossener Untersuchungszeitraum ist, werden jeweils berücksichtigt.

Auf den ersten Blick läßt der Umfang und die Formenvielfalt der Beteiligung nationaler und europäischer Akteure im EG-Problemverarbeitungsprozeß den Eindruck einer „Gremienhypertrophie" (Delbrück 1987: 398) bzw. eines „Wildwuchses" (Hilf 1982: 113ff.) entstehen. Als einen ersten Grobindikator kann man dafür die Anzahl der vom Sprachendienst der Kommission simultan übersetzten Sitzungen heranziehen. Danach stieg die Zahl dieser Form von Aktivitäten in der EG zwischen 1960 und 1990 von 2182 auf 9894 (Tabelle 1 im Anhang, Zeile 1). Die Zahlen veranschaulichen zunächst jedoch nur die Zunahme von Interaktionen zwischen Akteuren der europäischen und nationalen Ebene, die auf vielfältige Einflüsse zurückzuführen und durchaus auch in internationalen Organisationen zu beobachten sind (Wessels 1995). Genauer können Ausmaß und Ausprägungen der politischen und administrativen Teilnahme und Mitgestaltungsmöglichkeiten an dem EG-Problemverarbeitungsprozeß anhand eines idealtypischen Ablaufprozesses mit sieben – den EG-Verfahren angepaßten – Detailphasen eines Policy Cycles (Übersicht 2 im Anhang) analysiert werden.

2.2 Vorbereitung durch die Kommission

In der EG[2] beginnt der Politikprozeß mit einer Vorlage der Europäischen Kommission (Phase I), die ihre Vorschläge intern in einem vielfältig verwobenen Prozeß zwischen den fachlich zuständigen Generaldirektionen (GD) und den Kabinetten der Kommissare, einer aus Frankreich stammenden Variante des „politischen Beamten", entwikkelt. Die Zunahme an Mitgliedern der Kommission von 9 (1960) auf 17 (1990) und an EG-Beamten von 529 (1961) auf 3397 (1990) (Tabelle 1, Zeile 2) hat den Bedarf an vertikaler Hierarchisierung und horizontaler Koordination erheblich ansteigen lassen und dürfte zur Entwicklung eines intensiv genutzten Netzes von Interaktionsbeziehungen beigetragen haben. Trotz mancherlei Reibungsverluste – wozu die erheblichen Unterschiede in den Verwaltungskulturen der beteiligten Beamten gerechnet werden – hat die Kommission eine zunächst als beträchtlich einzustufende Arbeitsproduktivität[3] pro Beamten erreicht und auf diesem Niveau behalten können (Tabelle 1, Zeile 13).

Obwohl die Kommission nach dem EG-Vertrag über ein Initiativmonopol verfügt, sind nationale Beamte und Verbandsvertreter bereits frühzeitig über die Teilnahme an spezifischen Gremien in die Willensbildung einbezogen. Diese „Sachverständigengruppen" werden von der Kommission problembezogen zur Vorbereitung ihrer Vorschläge eingesetzt und je nach Bedarf einberufen (Poullet/Deprez 1976). Die Zahl und thematische Ausdifferenzierung der Sachverständigengruppen, über die allerdings nur unvollständige Angaben vorliegen, läßt auf ein sektoriell hoch differenziertes Geflecht von intensiv genutzten Gremien schließen. Für die zweite Hälfte der achtziger Jahre ist von ungefähr 600 Gruppen auszugehen, in denen pro Jahr mehr als 17.000 nationale Beamte und 10.000 andere Sachverständige zusammentrafen[4].

---

2 Die Gemeinsame Außen- und Sicherheitspolitik GASP (2. Säule) und die Zusammenarbeit in den Bereichen Justiz und Inneres (3. Säule) kennen abweichende Verfahren.

3 Die Relation zwischen bearbeiteten Rechtsakten und Zahl der Beamten ist nur ein sehr grobes Maß für die „Arbeitsproduktivität", da bei der Zunahme von Aufgaben für die Kommission (Edwards/Spence 1994) viele nicht einfach meßbare Aktivitäten hinzugekommen sind und einzelne Akte recht unterschiedlichen Arbeitsaufwand benötigen. Trotzdem kann dieses Verhältnis für die Entwicklung der Kommissionsverwaltung einige weiter zu interpretierende Angaben anbieten.

4 Extrapolation auf der Basis von Angaben aus Kommission (1985).

Die Kommission bedient sich dieser Interaktionsstränge zur Problemidentifizierung, Informationssammlung, Optionensichtung und einer ersten Konsensbildung. Die Ausstattung der Kommission mit Informationen zur Problemverarbeitung wird dadurch erheblich verbessert. Diesem Gewinn stehen jedoch auch Kosten gegenüber. Die dauerhafte, wenn auch nur informelle und indirekte Beteiligung der nationalen Beamten in der Initiativphase der EG-Politik ist gleichbedeutend mit einem „Hineinregieren" nationaler Akteure in den eigenen Gestaltungsraum der Kommission. Die vertraglich vorgegebene Asymmetrie zugunsten der Kommission, die diese Interaktionsstränge formal nach „Belieben" knüpfen und nutzen kann, wird durch das gegenseitige Interesse begrenzt, den weiteren Problemverarbeitungsprozeß innerhalb der EG möglichst kontrolliert und „überraschungsfrei" zu gestalten. Die als „unabhängige Sachverständige" geladenen nationalen Beamten und Verbandsvertreter verfügen häufig auch in weiteren Phasen des EG-Problemverarbeitungsprozesses inner- und zwischenstaatlich über erhebliche Mitgestaltungsmöglichkeiten. Aus diesem Grund liegt es im ureigensten Interesse der Kommission, diese in ihre Willensbildung einzubinden. Darüber hinaus fordern die Mitgliedstaaten selbst immer wieder eine frühzeitige Beteiligung an den Überlegungen der Kommission.

2.3 Vorbereitung durch Ausschüsse und Arbeitsgruppen des Rates

Teilnahme- und Mitwirkungsmöglichkeiten der Verwaltungen an den Beratungen und Entscheidungen in der zweiten Phase des EG-Problemverarbeitungsprozesses (Phase IIa und b), bevor diese den Rat erreichen, werden hier nicht detaillierter dargestellt. Nationale und EG-Beamte sind jedoch – etwa als ständige Beobachter beim Europäischen Parlament – informell über die Willensbildung der jeweiligen EG-Organe und Gremien (Europäisches Parlament, Ausschuß der Regionen, Wirtschafts- und Sozialausschuß) und transnationalen Verbände informiert[5]. Mit steigender Bedeutung eines Gremiums bzw. einer Akteursgruppe wächst das Interesse der Beamten an regelmäßigen Kontakten mit diesem Gremium bzw. der Akteursgruppe. Mit dem

5 Die Beteiligung von Länder- und Kommunalverwaltungen im Rahmen des im Maastrichter Vertrag gegründeten Regionalausschusses konnte noch nicht erfaßt werden.

Maastrichter Vertrag hat insbesondere die Bedeutung des Europäischen Parlaments erheblich zugenommen.

Die Beschlußfassung auf Ministerebene (Phase III) wird weitgehend vom Ausschuß der Ständigen Vertreter (AStV/COREPER) und den Arbeitsgruppen des Rates vorbereitet und von diesen teilweise bereits vorentschieden (Phase IIIa). Bei den als „A-Punkten" bezeichneten Tagesordnungspunkten des Rates ist die Beschlußfassung nach einem Konsens auf administrativer Ebene de facto bereits abgeschlossen.

Zentrales Beamtengremium ist der Ausschuß der Ständigen Vertreter, der selbst auf zwei Ebenen tagt und fachbezogene Arbeitsgruppen einsetzt. Bei der Tagungshäufigkeit des AStV überrascht zunächst, daß die Zahl seiner Sitzungstage seit 1960 weitgehend konstant geblieben ist (Tabelle 1, Zeile 3). Zu beachten ist jedoch, daß dieser Ausschuß immerhin an durchschnittlich zwei Arbeitstagen pro Woche tagt. Die Zahl der Sitzungen der von ihm eingesetzten Arbeitsgruppen hat sich dagegen bereits zwischen 1960 und 1975 vervierfacht (Tabelle 1, Zeile 4) und ist seit Mitte der siebziger Jahre relativ konstant geblieben. Bei einem Brüsseler Arbeitsjahr von 50 Wochen fanden 1990 pro Woche durchschnittlich etwa 40 Sitzungen von Arbeitsgruppen des Rats statt.

Die Zahl und Aufteilung dieser Arbeitsgruppen ist nur den Arbeitsplänen der jeweiligen Präsidentschaft zu entnehmen, deren Systematik nicht einheitlich ist. Aus zwei Momentaufnahmen ist ein Anstieg von 82 Arbeitsgruppen im Jahr 1974 auf 268 im Jahr 1994 zu beobachten[6].

Wenn über die Beteiligung nationaler Beamter in dieser Phase gesprochen wird, so gilt die Aufmerksamkeit in der Regel zuerst den Ständigen Vertretungen der Mitgliedstaaten in Brüssel (Hayes-Renshaw u.a. 1989). Im Beobachtungszeitraum ist rein rechnerisch eine durchschnittliche jährliche Zunahme des Personals der Ständigen Vertretungen der sechs Gründungsmitglieder um 3,2% zu beobachten (Tabelle 1, Zeile 5)[7].

Daraus könnte die These abgeleitet werden, daß – in Anlehnung an das Modell der diplomatischen Monopolverwaltung – die Ständigen Vertretungen eine dominierende Rolle im bürokratischen Dickicht des Mehrebenensystems einnehmen. Die Annahme einer derartigen Schlüsselposition zwischen dem inner- und dem zwischenstaatlichen Interaktionsraum erweist sich jedoch aufgrund mehrerer Beobachtungen

6 Diese Daten beruhen auf Angaben des Auswärtigen Amtes.
7 Im Falle der Bundesrepublik Deutschland betrug die Zunahme 4,4%.

als nicht tragfähig. So liegt das quantitative Wachstum an Beamten in den Ständigen Vertretungen relativ deutlich unterhalb desjenigen an Arbeitsgruppen und deren Sitzungen. Ferner ist ein administrativer Wettbewerb um Einflußpositionen auch durch parallele Direktzugänge anderer, teilweise hierarchisch ranggleich besetzter Ausschüsse, festzustellen. So wirken weitere Gremien hoher Beamter – wie der Sonderausschuß für Landwirtschaft, der Artikel 113-Ausschuß, der Währungsausschuß und der Bildungssausschuß – jeweils in unterschiedlichen Formen an der Problemverarbeitung durch den jeweiligen Fachrat mit. Im Maastrichter Vertrag zur Europäischen Union sind weitere Ausschüsse vorgesehen, so der Wirtschafts- und Finanzausschuß (Art. 109 c (2) EG-Vertrag), das Politische Komitee im Bereich der Gemeinsamen Außen- und Sicherheitspolitik (Art. J.8 EU-Vertrag) und ein Koordinierungsausschuß für die Zusammenarbeit in der Rechts- und Innenpolitik (Art. K.4 EU-Vertrag). Diese Gremien hoher Beamter sollen – unbeschadet der allgemeinen Vorbereitungs- und Ausführungszuständigkeiten des AStV – eigenständig an der Arbeit ihres jeweiligen Rates mitwirken.

In diesen Gremien des Rates wird die administrative Durchdringung des inner- und zwischenstaatlichen Interaktionsraums nachhaltig deutlich. Hier finden intensive Verhandlungen über die Vorlagen der Kommission statt, deren Beamte die Beratungen mitgestalten können. Nationale Beamte haben ihre Belange in der Regel gleichzeitig in bezug auf die Vorschläge der Kommission wie gegen die Interessen der Kollegen aus anderen Mitgliedstaaten zu vertreten.

2.4 *Beschlußfassung des Rates*

Die Herstellung supranationalen Rechts durch Entscheidungen des Rates (Phase III) ist ein zentrales Charakteristikum des politischen Systems der EG. Dabei weist der legislative Output, d.h. die Zahl der vom Rat beschlossenen Richtlinien, Verordnungen und Entscheidungen, zwischen 1960 und 1990 eine beträchtliche Zunahme auf (Tabelle 1, Zeile 6). Während in der Periode von 1960 bis 1975 ein sprunghafter Anstieg der vom Rat erlassenen Rechtsakte um durchschnittlich 33,6% festzustellen ist, stagnierte nach 1975 die Anzahl der Beschlüsse auf hohem Niveau (Graphik 1 im Anhang).

Mit dieser Entwicklung korreliert nicht nur die gesteigerte Arbeitsintensität der Vorbereitungsgremien, sondern auch die des Rates selbst. Dessen Sitzungstage haben bis 1990 mit geringen Schwankungen ständig zugenommen, nach 1975 sogar noch stärker als zwischen 1960 und 1975 (Tabelle 1, Zeile 7). Auch in der ersten Hälfte der neunziger Jahre sind weitere Zunahmen festzustellen. Die wachsende thematische Breite der Regierungsaktivitäten ist an der sektoralen Differenzierung des Rates abzulesen: Die Anzahl der (Fach-) Räte stieg von 7 (1960) auf 22 (1990) (Tabelle 1, Zeile 8). Einige Minister sehen ihre europäischen Partner inzwischen genauso häufig wie ihre nationalen Kabinettskollegen. Nimmt man den Durchschnitt der pro Sitzung verabschiedeten Rechtsakte als Indikator für die Produktivität des Rates[8], so hat diese in der zweiten Hälfte der Untersuchungsperiode zwar erheblich abgenommen (Tabelle 1, Zeile 14); es ist jedoch zu bedenken, daß der Rat auch 1990 pro Sitzungstag durchschnittlich mehr als vier Rechtsakte verabschiedet hat.

Für die nationalen Administrationen ergeben sich aus der intensiven Beteiligung ihrer politischen Führung am EG-Problemverarbeitungsprozeß mehrere direkte und indirekte Konsequenzen. Ein direkter Effekt liegt in der Teilnahmemöglichkeit von Beamten, die durch die Formel „2 plus 6" festgelegt ist: Neben dem Minister sitzt der Ständige Vertreter (oder sein Stellvertreter), außerdem sind sechs weitere Beamte pro nationaler Delegation zugelassen. Diese Praxis hat die Neigung auf Beamtenebene gestärkt, extensive Teilnahmewünsche zu äußern. Hierauf reagieren Minister ihrerseits häufig mit einer höheren Zahl vertraulicher Zusammenkünfte – so zum Mittagessen oder zu informellen Wochenendtreffen.

Die Minister bleiben aber nicht nur Herren des Verfahrens. Die ständige Möglichkeit der „Politisierung" einer Verhandlung bringt es mit sich, daß eine vollkommene administrative Abschottung der Problemverarbeitung gegen politische Interventionen im Regelfall nicht möglich ist. Die politische Führung, einschließlich des Europäischen Rates, verhandelt immer wieder selbst über Details, die dann eben nicht mehr „technisch", sondern „politisch brisant" sind.

2.5 Umsetzung und Operationalisierung

Bei der Umsetzung der rechtlich verbindlichen Beschlüsse (Phase IV) sind nationale Beamte maßgeblich beteiligt. Für den Fall, daß der Rat die Rechtsform einer Richtlinie gewählt hat, sind die zuständigen nationalen Ministerien gehalten, diese fristgemäß in eine angemessene

8 Vgl. Anmerkung 4.

nationale Gesetzesvorlage umzusetzen. Die zuständigen Ministerialbeamten werden dann häufig zum „Anwalt" des Ratsbeschlusses und versuchen, skeptische Abgeordnete in Parlamentsausschüssen zumindest von der Unveränderbarkeit der zentralen Elemente der EG-Beschlüsse zu überzeugen. Auch bei anderen Rechtsakten sind es nationale Beamte, die die entsprechenden Verwaltungsvorschriften erlassen und weitere Umsetzungsschritte einleiten – etwa durch Hinweise auf EG-Förderungsprogramme. Die Beamten der Kommission wirken in dieser Phase als Kontrollinstanz zur Einhaltung der Fristen und Wahrung der Inhalte.

Besonders differenzierte Formen der Zusammenarbeit zwischen nationalen und EG-Beamten sind bei der Operationalisierung von Beschlüssen des Rates durch die Kommission (Phase V) zu beobachten. Die entsprechenden Aktivitäten der Kommission sind exemplarisch an der erheblichen Zunahme ihrer Rechtsakte abzulesen, die von 6 im Jahr 1960 auf 1367 im Jahr 1990 anstiegen (Tabelle 1, Zeile 9). Auf Grundlage von Art. 145 und 155 des EG-Vertrages setzt der Rat in der Regel bei Rechtsakten, nach denen die Kommission weitere diskretionäre Ausführungs- oder Anpassungsentscheidungen zu treffen hat, Ausschüsse nationaler Beamter ein. Die in den Rechtsakten geregelten verbindlichen Beteiligungsformen nationaler Beamter an der Herstellung derartiger operativer Beschlüsse seitens der EG-Kommission weisen eine beträchtliche Variationsbreite auf. Bereits die Erfassung der Formenvielfalt – bezeichnenderweise als „Komitologie" charakterisiert – gilt als schwierig. Der Rat hat mit einer Entscheidung vom 13. Juli 1987 drei Grundtypen mit sieben Verfahren festgelegt, die die bestehende Vielfalt der Gremienformen allerdings nur geringfügig reduzierte.

Bei der Zahl und der thematischen Breite der Durchführungsausschüsse ist eine beträchtliche Zunahme und Differenzierung festzustellen. Von 1962 bis 1990 stieg die Zahl dieser Ausschüsse von 10 auf 276 (Tabelle 1, Zeile 10). Zwar ist der prozentuale Anstieg in der ersten Hälfte des Untersuchungszeitraums noch wesentlich höher; er blieb jedoch auch nach 1975 bei einer durchschnittlichen Wachstumsrate von 7,7% auf hohem Niveau, was angesichts der kontinuierlichen Verabschiedung weiterer Rechtsakte nachvollziehbar erscheint. Dieses Wachstum an eingerichteten – nicht notwendigerweise auch einberufenen – Ausschüssen kann als Reaktion der nationalen Verwaltungen auf die zunehmende Regelungsbreite und -dichte der EG-Gesetzgebung verstanden werden.

Generell bemühen sich die nationalen Regierungen, entgegen der Vorschläge der Kommission und prinzipieller Einwände seitens des

Europäischen Parlaments, Ausschußtypen einzuführen, die den nationalen Verwaltungen möglichst weitgehende Rechte bei der Operationalisierung von EG-Rechtsakten einräumen. Im deutlichen Unterschied zu juristischen und politischen Auseinandersetzungen um die Rolle und den Typ des jeweils eingesetzten Durchführungsausschusses ist die Arbeit dieser Beamtengremien jedoch von einem kooperativen Interaktionsstil geprägt. Formale Abstimmungen und offene Konflikte zwischen der Kommission und den nationalen Verwaltungen sind selten.

2.6 Vollzug und Kontrolle

Für die konkrete Anwendung ihrer Rechtsakte (Phase VI) verfügt die EG über keine eigene Vollzugsverwaltung. Laut Vertrag sind die Mitgliedstaaten und ihre Verwaltungen verpflichtet, Gemeinschaftsrecht anzuwenden. Mit wachsender Regelungsbreite und -dichte treten zunehmend nationale, regionale und kommunale Beamte in den „Dienst" der Gemeinschaft, häufig ohne den Ursprung ihrer konkreten Aufgabenbeschreibung in der EG zu kennen. Trotz Vorrang des Gemeinschaftsrechts gibt es jedoch keine hierarchischen Weisungsbefugnisse zwischen der Kommission einerseits und nationalen Behörden andererseits. Bei dem Vollzug und insbesondere der Kontrolle der Anwendung ist eine enge Kooperation notwendig, die teils wegen unterschiedlicher Verwaltungskulturen, teils wegen konstitutioneller Vorgaben erhebliche Probleme verursacht. Insgesamt hat die Kommission ihre – wenn auch indirekten – Beteiligungsmöglichkeiten auch auf den nationalen Vollzug ausgedehnt.

Die Formen dieser vertikalen Amtshilfe sind durch eine jeweils unterschiedliche Mischung von Kooperation und Mißtrauen geprägt: Einerseits wird „Brüssel" trotz der Auflage der „Gemeinschaftstreue" von den Verwaltungen der Mitgliedstaaten nicht immer „gut bedient". Teilweise wird den EG-Vorschriften „formal" Genüge getan, ohne die Wirksamkeit der Beschlüsse in der nationalen Realität „vor Ort" zu prüfen. Andererseits werden viele EG-Vorschriften ohne weiteren Aufwand zum normalen Bestand alltäglichen Verwaltungshandelns.

Die Kommission und auch das Europäische Parlament bemühen sich nachhaltig, das Umsetzungs- und Vollzugsverhalten nationaler Administrationen durch die Herstellung von Öffentlichkeit und die Einflußnahme auf die politische Führung zu verbessern. Wirksamstes Instrument zur Überprüfung des Vollzugs ist jedoch die Rechtsprechung des EuGH.

Die Zahl der Gerichtsurteile gegen Mitgliedstaaten wegen Vertragsverletzung (Art. 169 EGV) hat in der zweiten Hälfte des Berichtszeitraums von 1 (1975) auf 35 (1990) zugenommen – in der Regel zugunsten des Klägers, d.h. der Kommission. Bereits die Einleitung eines entsprechenden Verfahrens wirkt sich auf das Verhalten nationaler Regierungen und Verwaltungen aus. Auch die Gerichte der Mitgliedstaaten sind für die Einhaltung der Verpflichtungen, die sich für die nationalen Verwaltungen aus der Auslegung des Vertrages ergeben, verantwortlich. Durch das Verfahren der Vorabentscheidung (Art. 177 EGV), welches 1990 in 133 Fällen durch den EuGH angewandt wurde, ergibt sich eine enge Verklammerung zwischen den Gerichten der Mitgliedstaaten und dem EuGH.

3. Zum empirischen Befund II: Innerstaatliche Beteiligungsmuster und Verfahren

Von zentraler Bedeutung für die Analyse des EG-Mehrebenensystems sind innerstaatliche Formen administrativer Beteiligung. Wachstum, Differenzierung und Routinisierung von Verwaltungssträngen in EG-Gremien finden ihren Niederschlag in den entsprechenden Anpassungen administrativer Ressourcen und Verfahren innerhalb der Mitgliedstaaten. Diese sind allerdings durch die Eigenarten des jeweiligen konstitutionellen und politischen Systems geprägt.

Die vorliegenden Daten weisen auf einen hohen Anteil nationaler Ministerialbeamter, die im EG-Problemverarbeitungsprozeß involviert sind, hin. Zur Veranschaulichung kann man eine grobe Überschlagsrechnung vorlegen, bei der es zunächst nur um eine ungefähre Größenordnung geht. Wenn man der Gesamtzahl von etwa 1100 Gremien der EG[9] die entsprechende Zahl an Ministerialbeamten der BRD (Tabelle 1, Zeile 11) gegenüberstellt, dann dürften 1990 ungefähr 25% der höheren Bonner Beamten direkt an Gremien der EG teilgenommen haben. Für die Berechnung ist zu bedenken, daß an vielen EG-Gremien im Laufe eines Jahres gleichzeitig mehrere Beamte aus demselben Mitgliedstaat teilnehmen; da jedoch ein Beamter auch mehrere Sitzungen bedienen kann, erscheint eine derartige Proportionalitätsannahme vertretbar. Nimmt man die Teilnahme an (übersetz-

---

9 Sachverständigengruppen: 600; Arbeitsgruppen des Rates: 270; Durchführungsausschüsse: 280; Zusammensetzungen des Rats: 22.

ten) Sitzungen und unterstellt eine gleichbleibende Beteiligung nationaler Beamter an diesen Gremien, so hat sich die durchschnittliche Beanspruchung Bonner Ministerialbeamter in den letzten dreißig Jahren verdoppelt (Tabelle 1, Zeile 12). Auch dieser Wert ist zunächst als Illustration für grobe quantitative Veränderungen zu verstehen.

Die Zahl der durch inneradministrative Folgeeffekte weiter am EG-Verfahren beteiligten Beamten des Bundes ist schwierig abzuschätzen, da die Verhaltensmuster innerhalb der Ministerien unterschiedlich sein können. Folgt man Aussagen von Beamten zu EG-Routineverfahren, so werden in der Regel zumindest drei weitere Beamte beteiligt. Nach begrenzt zuverlässigen Angaben aus Interviews in jedem Bundesministerium in der zweiten Hälfte der achtziger Jahre waren 40% aller höheren Beamten regelmäßig als Teil ihrer jeweiligen Aufgabenzuweisung auch mit EG-Fragen beschäftigt (Wessels 1995).

Relevant für administrative Beteiligungsmöglichkeiten sind insbesondere die innerstaatlichen Teilnahme- und Mitgestaltungsverfahren, die je nach den Phasen des EG-Verarbeitungsprozesses differieren. Von den Beamten, die an Sachverständigengruppen (Phase I) und Durchführungsausschüssen (Phase V) teilnehmen, wird in der Regel ein dezentrales Vorgehen beschrieben, in dem die Vorabstimmung innerhalb der Ministerien eng auf das Referat und/oder die Unterabteilung begrenzt ist.

Erheblich intensiver sind die Folgen innerhalb und zwischen den Ministerien bei der innerstaatlichen Vorbereitung und Begleitung der Arbeitsgruppen, des Ausschusses der Ständigen Vertreter und des Rates selbst (Phase III). Innerhalb der zuständigen oder mitzeichnenden Ressorts werden Vorlagen für den Ministerrat und seinen Unterbau – je nach politischer Aufmerksamkeit und Zuständigkeitsverteilung – auf mehreren Ebenen behandelt. Zwischen den Ressorts gibt es verschiedene eingespielte Verfahren. Wöchentlich findet im Wirtschaftsministerium eine Sitzung zwischen Beamten der betroffenen Ministerien statt, die die Weisungen für die deutsche Delegation im Ausschuß der Ständigen Vertreter erstellen. In der Regel sind bereits während der Beratung der Kommissionsvorlage in den Arbeitsgruppen des Rates intensive Abstimmungen zwischen den Ministerien erfolgt. Derartige Ressortabstimmungen werden bei kontroversen Positionen auf mehreren Hierarchieebenen durchgeführt.

Höchstes Gremium auf administrativer Ebene ist der Staatssekretärausschuß für Europafragen, in dem – unter dem Vorsitz eines Staatsministers des Auswärtigen Amtes – hohe Beamte des Außenministeriums und der Bundesministerien für Wirtschaft, Finanzen und

Landwirtschaft, bei Bedarf auch anderer Ministerien und des Bundeskanzleramtes, die deutsche Position abstimmen. Auch der Leiter der Ständigen Vertretung nimmt an diesen Sitzungen teil. Dieser Ausschuß tagt monatlich, um die Sitzung des Allgemeinen Rates (der Außenminister) vorzubereiten. Mit der erheblichen Ausweitung des Zuständigkeitsbereichs des AStV, der vom Maastrichter Vertrag auch auf die 2. und 3. Säule ausgedehnt wurde, ist dieses Abstimmungsverfahren erneut in die Diskussion geraten.

Das 1973 eingerichtete „Europakabinett" (offiziell: Kabinettsausschuß für Europapolitik) tagt äußerst selten. Strittige EG-Fragen werden hingegen häufig in normalen Kabinettssitzungen sowie in Ministergesprächen behandelt; auch der Bundeskanzler befaßt sich regelmäßig und intensiv vor den Sitzungen des Europäischen Rates und vor bilateralen Gipfeltreffen mit EG-Themen. Bei Kontroversen zieht es der gegenwärtige Regierungschef wohl vor, in vertraulichen Gesprächen mit den zuständigen Ministern eine gemeinsame Position zu finden.

Eine spezifische Zunahme und Differenzierung administrativer Verfahren ist in der Bundesrepublik Deutschland durch den Ausbau der Teilnahme- und Mitgestaltungsmöglichkeiten der Länderregierungen und -verwaltungen zu beobachten, der – nach einigen Ansätzen seit Gründung der EWG – als Reaktion auf die Einheitliche Europäische Akte (1987) und den Maastrichter Vertrag über die Europäische Union (1993) erfolgte (Morawitz 1993). Die Länderregierungen sind durch den Bundesrat, durch eigene Büros in Brüssel und durch die Teilnahme an EG-Gremien (einschließlich einiger Sitzungen des Rates) in jeder Phase – wenn auch nicht auf jedem Sektor – der EG-Problemverarbeitung in Brüssel und Bonn beteiligt. Nach vorliegenden Informationen verfügen Länderregierungen in 25% aller administrativen EG-Gremien über eine Teilnahmemöglichkeit, zum Teil abgestuft nach Gegenstand der Tagesordnung. In vier Fachräte (Bildung, Kultur, Forschung, Inneres) werden Länderminister als Vertreter entsandt[10].

Innerstaatlich haben die Länder durch die Grundgesetzänderung (neuer Art. 23 GG) und durch entsprechende Ausführungsgesetze ein erhebliches Maß an Mitgestaltungsrechten erreicht, die im wesentlichen durch Beamte wahrgenommen werden. Die Länderregierungen selbst haben interne Koordinierungsverfahren eingeführt, die denen des Bundes ähneln. Sowohl in Sach- als auch in Verfahrensfragen

10 Angaben des Bundesrates (Ausschuß für Fragen der Europäischen Union).

sind Länderbeamte nun angemessen ausgestattet, um mit ihren Kollegen aus den Bundesministerien zu „konkurrieren".

Für die administrative Beteiligung der Bundesrepublik Deutschland führen diese Entwicklungen zu intensiven Dreiebenenbeziehungen, die nicht „vertikal-hierarchisch-gestuft", sondern „kooperativ-komplex-vermischt" ablaufen. Jede Ebene steht mit jeder anderen in intensivem Kontakt. Komplexität und Unübersichtlichkeit des EG-Problemverarbeitungsprozesses nehmen dadurch erneut zu.

Für andere Mitgliedstaaten werden abweichende innerstaatliche Verfahren berichtet (Rometsch/Wessels 1995), die aber jedes für sich in ähnlichem Umfang nationale Gegebenheiten „europäisieren".

4. Auswertung des Befunds

4.1 Die Modelle im Realitätstest

Das Bild, das sich aus dem zwischen- und innerstaatlichen Befund ergibt, läßt einige durchgängige Trends erkennen, mit denen die Realitätsnähe der eingangs dargestellten Modelle überprüft werden kann.

Die vorliegenden Daten lassen zunächst keine Irrelevanz der EG-Organe für die Problemverarbeitung der beteiligten Staaten erkennen. Insbesondere die hohe Zunahme an verbindlichen Beschlüssen spricht gegen eine marginale Bedeutung der zwischenstaatlichen Aktivitäten, worin sich die EG deutlich von anderen internationalen Organisationen unterscheidet[11].

Auch das Modell der diplomatischen Monopolverwaltung (Feld 1 der Übersicht 1) entspricht nach den vorliegenden Daten nicht der Realität. Es besteht vielmehr eine Vielfalt von Verhandlungsgremien, die keineswegs ausschließlich von den Außenministerien personell beschickt oder umfassend gelenkt werden. Auch die Ständigen Vertretungen haben kein Vertretungsmonopol; sie sind nicht einmal in der Lage, alle Phasen und Sektoren des EG-Problemverarbeitungsprozesses zu überblicken. Auch sprechen die Zuwachsraten der Kommissionsbeamten und deren quasi-legislative Tätigkeitsbilanz gegen eine Monopolstellung von Diplomaten.

---

11 In anderen westlichen oder westeuropäischen Organisationen hat zumindest die Interaktionsdichte zwischen Verwaltungen ebenfalls zugenommen (Wessels 1995).

Einige der ermittelten Daten lassen eine Annäherung an das Modell der pragmatisch-funktionalen Verwaltungs- und Regierungskooperation erkennen (Feld 2 der Übersicht 1), so beispielsweise die durchschnittliche Inanspruchnahme einiger Sachverständigengruppen und der Arbeitsgruppen des Rates. Für fast alle Ministerien jedes EG-Mitgliedstaates und für die jeweils sachlich zuständigen Beamten, d.h. nicht nur für mögliche Europareferate, ist es selbstverständlich geworden, die anstehenden Probleme auch in EG-Gremien zu behandeln. Jedoch sprechen die Zunahme an Rechtsakten des Rates und das Wachstum der Kommissionsverwaltung gegen eine ausschließliche Aussagefähigkeit dieses Modells. Angesichts der für internationale Organisationen (Wessels 1995) außergewöhnlichen Zunahme an direkten Regierungskontakten im Europäischen Rat und im Ministerrat, weisen einige Trends durchaus auf die Realitätsnähe des Modells der intergouvernementalen Lenkung (Feld 3 der Übersicht 1); gegen dieses Modell sprechen jedoch die Daten zur Kommission und deren Rollenwahrnehmung, wie auch die zunehmenden Rechte des Europäischen Parlaments und des EuGH. Die EG/EU-Ebene ist zu bedeutsam geworden, um die Entwicklung der Verwaltung im EG-System mit Hilfe dieser Modelle zu erfassen.

Zu diskutieren ist insbesondere die häufig geäußerte Vermutung, daß „Brüssel", d.h. die Europäische Kommission, eine administrative Dominanz entsprechend dem Modell einer supranationalen Bürokratie (Feld 7 der Übersicht 1) ausübt. Anhaltspunkte für diese These könnten in der Zunahme der Zahl höherer Beamte der Kommission von 529 (1961) auf 3397 (1990) gesehen werden (Graphik 2 im Anhang). Das Größenverhältnis hat sich im Untersuchungszeitraum von vier Bonner zu einem Brüsseler Beamten (1960) auf 1,4 zu 1 (1990) verschoben. Die Zahl der Rechtsakte der Kommission zeigt bei einer durchschnittlichen Wachstumsrate von 20,8% eine weiter steigende Tendenz (Graphik 1 im Anhang).

Bei diesen Zahlen ist aber auch zu berücksichtigen, daß sich zum einen der Tätigkeitsbereich der EG und schließlich der EU zunehmend erweitert und daß sich im Laufe des Untersuchungszeitraumes die Zahl der Mitgliedstaaten verdoppelt hat.

Um naive Fehlinterpretationen zu vermeiden, müssen diesen Indikatoren für das Wachstum der Kommissionsverwaltung insbesondere den Beobachtungen zur Entwicklung der Beteiligungsformen nationaler Verwaltungen und Regierungen gegenübergestellt werden. Die entsprechenden Angaben lassen auf einen parallelen Wachstums- und Differenzierungsprozeß schließen: Nationale Beamte dehnen ihre Teilnahme- und Mitwirkungsmöglichkeiten auf alle Phasen und Sektoren der EG-Problemverarbeitung, auch über vertragliche Rechte hinaus, aus und dominieren sie teilweise. Statistisch ablesen läßt sich diese Entwicklung daran, daß Anzahl und Sitzungstage der Gremien nationaler Beamte über den gesamten Untersuchungszeitraum insgesamt ebenfalls beträchtlich wachsen. Gegen eine Anwendung des Parkinsonschen Gesetzes spricht auch die zunächst grobe Berechnung, daß sich die Arbeitsproduktivität, gemessen am durchschnittlichen Output pro Kommissionsbeamten, kaum verändert hat.

Insgesamt geben diese Daten keinen Anlaß, eine durchgängige und dominierende Entwicklung zu einem Modell der supranationalen Bürokratie zu konstatieren. Diese Einwände gegen die Realitätsnähe dieses Verwaltungsmodells führen dann jedoch unmittelbar zur Überprüfung des Modells der Megabürokratie (Feld 4 der Übersicht 1): Lassen sich die Beobachtungen nicht als Belege einer Entwicklung hin zu einem „gouvernement de comités“ deuten, in dem nationale und Kommissionsbeamte den politisch-administrativen Problemverarbeitungsprozeß gemeinsam in einem „Mehrebenenkartell“ beherrschen? Dafür spricht zunächst für den Untersuchungszeitraum insgesamt eine beachtliche Zunahme an administrativen Gremien und der Zahl der beteiligten Beamten. Dieser Trend unterliegt jedoch keinem ungebrochenen, alle Phasen übergreifenden Wachstum, wie es von der ökonomischen Theorie der Bürokratie in Anlehnung an die Parkinsonschen Gesetze erwartet würde. Angesichts der politisch und vertraglich geordneten sektoriellen Ausdehnung der EG haben sich die administrativen Wachstums- und Differenzierungstendenzen zunächst nicht von den vorgegebenen Aufgabenerweiterungen losgelöst. Die Berechnungen zur Arbeitsproduktivität der Kommission und des Rates (Tabelle 1, Zeilen 13 und 14) lassen, auch wenn hier nur punktuell Daten erfaßt wurden, keine ungebrochene Tendenz zur unproduktiven Megabürokratie erkennen. Für einige „technische“ Bereiche sind – gemessen an der hohen Nutzungsintensität – dominierende Positionen der hoch verflochtenen nationalen und Kommissionsadministrationen zu vermuten. Zu prüfen ist jedoch auch in derartigen Fällen, ob Beamtengremien selbst bei diesen Konstellationen Probleme autonom verarbeiten können oder ob sie nicht mit den betroffenen Verbänden inner- und zwischenstaatlich angesiedelte Problemverarbeitungskartelle bilden, die dazu immer auch in die politische Aufmerksamkeit gelangen können. Der Agrarsektor wäre dafür ein besonders ausgeprägtes Beispiel.

Noch bedeutsamer für die Beurteilung der Realitätsnähe des Modells der Megabürokratie ist jedoch, daß die politische Führung, zumindest bei der Verabschiedung verbindlicher Beschlüsse, nicht aus dem zwischenstaatlichen Interaktionsraum verdrängt worden ist. Zahl und Intensität der Tätigkeit von Regierungsmitgliedern hat – abzulesen an den Daten zur Arbeit des Rates (Tabelle 1, Zeilen 6-8) – ebenfalls erheblich zugenommen. Die Zunahme der Sitzungen des Rates liegt in der zweiten Untersuchungshälfte über der Steigerungsrate derjenigen der Arbeitsgruppen. Trotz einer zunehmenden Zahl von „A-Punkten" haben die Regierungschefs im Europäischen Rat und die Minister im Rat Entscheidungen der EG häufig bis in wesentliche Einzelheiten selbst gestaltet (Bulmer/Wessels 1987). Ein „gouvernement de comités" ist demnach nicht erkennbar (so auch Sidjanski 1989).

Für eine über diese relativ traditionellen Modelle hinausgehende Auswertung ist von besonderer Bedeutung, daß seit Beginn des Untersuchungszeitraums eine Ausdehnung und Differenzierung sowohl der Regierungs- als auch der Verwaltungsgremien zu beobachten ist, die als Indikatoren für die Mobilisierung einer zunehmenden Zahl politischer und administrativer Akteure für EG-Belange zu charakterisieren sind. Diese hoch differenzierten Formen von zwischenstaatlichen Gremien, die sich in einer entsprechenden Komplexität innerstaatlicher Vorbereitungs- und Begleitverfahren niederschlagen, deuten in vielen Sektoren der EG auf die Realitätsnähe des Modells der fusionierten Verwaltung hin, bei dem nationale und EG-Beamte Steuerungsinstrumente beider Ebenen gemeinsam einsetzen. Im Unterschied zum Modell der Megabürokratie sind sie jedoch inner- und zwischenstaatlich in ein ebenso ausgedehntes und differenziertes Netzwerk anderer Akteure eingebettet, zu denen neben den Regierungen Verbände und andere wirtschaftliche Akteure zählen (Kohler-Koch 1992). Kooperative Problemverarbeitungsstile prägen – trotz mannigfacher Kontroversen – die zentralen Phasen des Entscheidungsprozesses.

4.2 Perspektiven: Fusion ohne Grenzen?

Die Langzeittrends, die zur administrativen Ausgestaltung des EG-Mehrebenensystems über die Entwicklung in den letzten drei Jahrzehnten hinweg beobachtet werden konnten, sind bis zur Mitte der neunziger Jahre weitgehend ungebrochen. Neuere Daten lassen erkennen, daß bei der Umsetzung des Maastrichter Vertrags und infolge der Erweiterung um mehrere EFTA-Staaten der zentripetale Druck auf Teilnahme- und Mitgestaltungsmöglichkeiten im politischen System der EG/EU inner- und zwischenstaatlich weiter zunimmt. Nationale

Parlamente, nationale Verfassungsgerichte, weitere Verwaltungsabteilungen, Regionen, Kommunen und europäische Abgeordnete sowie Verbände und Unternehmen drängen weiterhin und teilweise verstärkt auf Teilnahme und Mitgestaltung. Die Komplexität der Verfahren und die Differenzierung der Gremien mit Teilnehmern mehrerer Ebenen würden so, auch nachdem der Maastrichter Vertrag bereits einen beträchtlichen Schub gebracht hat, zunächst weiterhin zunehmen. Eine Trendextrapolation erscheint somit – trotz mancher skeptischer Stimmen über die Akzeptanzfähigkeit eines derartigen Systems – als ein zunächst plausibles Szenario. Eine derartige Entwicklung läßt sich jedoch noch weniger als zuvor mit dem Modell einer supranationalen Bürokratie mit der Kommissionsverwaltung als dominierendem Akteur verbinden. Auch ein Trend zur Megabürokratie erscheint angesichts der bisherigen Binnendynamik der EG wenig wahrscheinlich, selbst wenn die Beteiligung der Länderverwaltungen eine derartige Entwicklung zumindest teilweise gefördert hat. Der Wettbewerb um Beteiligungsmöglichkeiten wird sich vielmehr noch verstärken und weiter gegen ein rein administratives Mehrebenenkartell wirken.

Zu diskutieren ist, ob und wo die Grenzen der konstatierten Fusion nationaler und gemeinschaftlicher Verwaltungen und politischer Führungen liegen und durch welche Faktoren dieser Prozeß kontrolliert werden kann. Einfache Gegenstrategien – etwa das gebetsmühlenartige Wiederholen des Subsidiaritätsprinzips oder eines stärkeren Parlamentarisierungsgebots – werden nach den bisherigen Erfahrungen und Trends zu keiner Reduzierung der Komplexität, sondern nur zu einer weiteren Ausdifferenzierung der Beteiligungsformen führen. Auch Varianten besonderer territorial oder funktional begrenzter Problemverarbeitungsansätze, die mit Konzepten wie „Kerneuropa“, „abgestufte Integration“, „l'Europe à la carte“ propagiert werden (Grabitz 1984; Lamers 1994), lassen keine administrative Entflechtung erwarten, vielmehr werden diese unkonventionellen Ansätze die Ausweitung und Differenzierung von Beamtengremien infolge des dann notwendig werdenden Abstimmungs- und Koordinierungsbedarfs weiter verstärken. Zu entwickeln sind so weniger direkt anti-administrative Strategien, sondern eher neuartige Formen der konstitutionellen Gestaltung, die die Instrumente und Verfahren des EG/EU-Mehrebenensystems klarer und eindeutiger ordnen.

Literatur

Aberbach, Joel D. u.a. (1981): Bureaucrats and Politicians in Western Democracies (Cambridge, MA; London).

Bulmer, Simon; Wessels, Wolfgang (1987): The European Council (Houndsmill).

Delbrück, Jost (1987): Internationale und nationale Verwaltung – Inhaltliche und institutionelle Aspekte; in: Jeserich, Kurt G. A. u.a. (Hg.), Deutsche Verwaltungsgeschichte, Bd. 5: Die Bundesrepublik Deutschland (Stuttgart), S. 387-403.

Edwards, Geoffrey; Spence, David (1994): The European Commission (London).

de Gaulle, Charles (1965): Conférence de Presse, 23. September; in: Discours et Messages, Bd. 4 (Paris), S. 372-390.

Glotz, Peter (1990): Der Irrweg des Nationalstaats (Gütersloh).

Göhler, Gerhard (1990): Einleitung: Politische Ideengeschichte – institutionentheoretisch gelesen; in: Göhler, Gerhard u.a. (Hg.), Politische Institutionen im gesellschaftlichen Umbruch. Ideengeschichtliche Beiträge zur Theorie politischer Institutionen (Opladen), S. 7-19.

Grabitz, Eberhard (Hg.) (1984): Abgestufte Integration. Eine Alternative zum herkömmlichen Integrationskonzept? (Kehl am Rhein; Straßburg).

Grabitz, Eberhard u.a. (1988): Direktwahl und Demokratisierung. Eine Funktionenbilanz des Europäischen Parlaments nach der ersten Wahlperiode (Bonn).

Hallstein, Walter (1969): Der unvollendete Bundesstaat (Düsseldorf).

Hallstein, Walter (1979): Die Europäische Gemeinschaft, 5. Aufl. (Düsseldorf); erstmals 1969 unter dem Titel: Der unvollendete Bundesstaat.

Hayes-Renshaw, Fiona; Lequesne, Christian; Mayor López, Pedro (1989): The Permanent Representations of the Member States to the European Communities; in: Journal of Common Market Studies 18, S. 119-137.

Hilf, Meinhard (1982): Die Organisationsstruktur der Europäischen Gemeinschaften (Bechen etc.).

Kohler-Koch, Beate (1992): Interessen und Integration. Die Rolle organisierter Interessen im westeuropäischen Integrationsprozeß; in: Kreile, Michael (Hg.), Die Integration Europas, PVS-Sonderheft 23 (Opladen), S. 81-119.

Kommission (1985): Mitteilung der Kommission an das Europäische Parlament, Bericht über die Ausschüsse und Sachverständigengruppen, KOM (85) 497, 12.9.1985.

Lamers, Karl (1994): Kerneuropa – flexible Methode der europäischen Integration; in: Wirtschaftsdienst 10, S. 495-497.

Major, John (1993): Raise your eyes, there is a land beyond; in: The Economist vom 25. September 1993.

Mayne, Richard; Pinder, John (1990): Federal Union. The Pioneers. A History of Federal Union (London).

Mayntz, Renate (1985): Soziologie der öffentlichen Verwaltung, 3. Aufl. (Heidelberg, Karlsruhe).

Morawitz, Rudolph (1993): Die Zusammenarbeit von Bund und Ländern bei Vorhaben der Europäischen Gemeinschaft (Bonn).

Poullet, Gérard; Deprez, Edouard (1976): Struktur und Macht der EG-Kommission. Die Kommission im System der Europäischen Gemeinschaft (Bonn).

Rittberger, Volker (1994): Internationale Organisationen. Politik und Geschichte (Opladen).

Rometsch, Dietrich; Wessels, Wolfgang (Hg.) (1995): The European Union and Member States (Manchester).

Scharpf, Fritz W. (1985): Die Politikverflechtungsfalle. Europäische Integration und deutscher Föderalismus im Vergleich; in: Politische Vierteljahresschrift 26, S. 323-356.

Sidjanski, Dusan (1989): Communauté européenne 1992: gouvernement de comités?; in: Pouvoirs 48, S. 71-80.

Spinelli, Altiero (1958): Manifest der europäischen Föderalisten (Frankfurt am Main).

Thatcher, Margaret (1988): Rede vor dem Europakolleg Brügge (Belgien) am 20. September; in: Weidenfeld, Werner; Wessels, Wolfgang (Hg.), Jahrbuch der Europäischen Integration 1988/89 (Bonn), S. 411-418.

Timsit, Gérard (1985): Théorie de l'Administration (Paris).

Vaubel, Roland (1992): The Political Economy of Centralization and the European Community (Mannheim), Ms.

Wessels, Wolfgang (1994): Die europäischen Staaten und ihre Union – Staatsbilder in der Diskussion; in: Schneider, Heinrich; Wessels, Wolfgang (Hg.), Föderale Union – Europas Zukunft? Analysen, Kontroversen, Perspektiven (München), S. 51-69.

Wessels, Wolfgang (1995): Die Öffnung des Staates. Modelle zwischenstaatlicher Verwaltungsstränge (im Erscheinen).

Wheare, Kenneth C. (1955): Government by Committee. An Essay on the British Constitution (Oxford).

Anhang

Tabelle 1: Überblick EG 1960-1990

	1960	1975	1990	Ø jährliche Wachstumsrate 1960-1975	Ø jährliche Wachstumsrate 1975-1990	Ø jährliche Wachstumsrate 1960-1990
1.Gesamtzahl der (übersetzten) Sitzungen	2182	7254	9894	8,3%[1]	2,1%[1]	5,2%[1]
2. Zahl der höheren (A-) Beamten der EG-Kommission	529 (1961)	2018	3397	10,0%[1] (1961-1975)	3,5%[1]	6,6%[1] (1961-1990)
3. Zahl der Sitzungstage AStV	97	118	107	1,4%[2]	-1,2%[2]	0,1%[2]
4. Zahl der Sitzungstage Arbeitsgruppen	505	2079,5	2021,5	9,9%[2]	-0,2%[2]	4,7%[2]
5. Zahl der höheren Beamten an den StV („EG 6")	70	142	190 (1992)	4,8%[1]	1,7%[1] (1975-1992)	3,2%[1] (1960-1992)
6. Zahl der Rechtsakte Rat	10	575	618	33,6%[2]	0,5%[2]	16,5%[2]
7. Zahl der Sitzungstage Rat	44	67,5	138	3,3%[2]	4,5%[2]	3,9%[2]
8. Zahl der Räte (Zusammensetzungen)	7 (1967)	12	22	6,9%[1] (1967-1975)	4,1%[1]	5,1%[1] (1967-1990)
9. Zahl der Rechtsakte Kommission	6	838	1367	40,8%[2]	2,5%[2]	20,8%[2]
10. Zahl der Ausschüsse in der Durchführungsphase	10 (1962)	91	276	18,5%[1] (1962-1975)	7,7%[1]	12,6%[1] (1962-1990)
11. Zahl höherer Beamter Bonner Ministerien	2295	4189	4740	4,1%[1]	0,8%[1]	2,4%[1]
12. Bedienungsquote höherer Bonner Beamter für Gesamtsitzungen (Zeile 1/11)	0,95	1,7	2,1	3,9%[1]	1,4%[1]	2,7%[1]

13. Arbeitsproduktivität Kommission (Rechtsakte Kommission pro Beamter; Zeile 9/2, Zeile 2=1960)	0,01	0,41	0,40	28,1%[1]	-0,2%[1]	13,1%[1]
14. Arbeitsproduktivität Rat (Rechtsakte Rat pro Sitzungstage, Zeile 6/7)	0,2	8,5	4,5	28,4%[1]	-4,2%[1]	11,0%[1]

Quellen: Gesamtberichte der Europäischen Kommission 1960, 1975, 1990; Jahresberichte des Rates der Europäischen Gemeinschaft/Union 1960, 1975, 1990; Haushaltspläne der Europäischen Gemeinschaft 1960, 1975, 1990; Bundeshaushaltspläne der Bundesrepublik Deutschland 1960, 1975, 1990; Yearbook of the European Communities 1960, 1975, 1990; Angaben aus der Europäischen Kommission; Angaben der deutschen Ratspräsidentschaft 1994; CELEX-Datenbank

1 Die Angaben zur durchschnittlichen jährlichen Wachstumsrate beruhen auf Berechnungen, die von einer gleichen Steigerungsrate der Jahre zwischen den ausgewählten Zeitpunkten ausgehen. Maßgeblich für diese statistisch weniger zufriedenstellende Vorgehensweise ist die – zum Teil sehr schlechte – Datenlage.

2 Die Angabe dieser Prozentwerte beruht auf der Berechnung des geometrischen Mittels aller Jahre im Untersuchungszeitraum. Aufgrund der höheren Datendichte war in diesem Fall eine statistisch präzisere Berechnung möglich.

Übersicht 2: Phasen des politisch-administrativen Problemverarbeitungsprozesses der EG

Phase / Ebene	Vorbereitung I.	Herstellung II.				
		(a) Vorfeld			(b) EP (626 Mitglieder)	
zwischenstaatliche Ebene	KOM 20 Mitglieder 20 Kabinette 23GD - - - - - Sachverständigengruppen (etwa 600) Beamte und Interessengruppen	Regionalausschuß (222 Mitglieder)	ECOSOC (222 Mitglieder)	Netzwerk der europäischen Verbände und Parteienföderation	10 Fraktionen	20 Ausschü
innerstaatliche Ebene		Kommunen	Regionen	nationale Verbände nationale Parteien		nationale Parteien

		Durchführung			Kontrolle
III.		IV.	V.	VI.	VII.
Präsidentschaft Rat Generalsekretariat					
Vorbereitung	(d) Beschlußfassung	(a) Umsetzung	(b) Operationalisierung	(c) Vollzug	(d) Kontrolle
	A+B Punkte	KOM Überwachung	KOM Operationalisierung	KOM Überwachung	EuGH Rechtsprechung
			Durchführungsausschüsse 7 Grundtypen etwa 280 nationale Verwaltungen		
	AStV				
eits- ppen va 250)					
	nationale Ministerien und Verwaltungen	nationale Regierungen, Parlamente und Verwaltungen		Vollzug durch nationale, regionale, kommunale Verwaltungen	nationale Gerichte

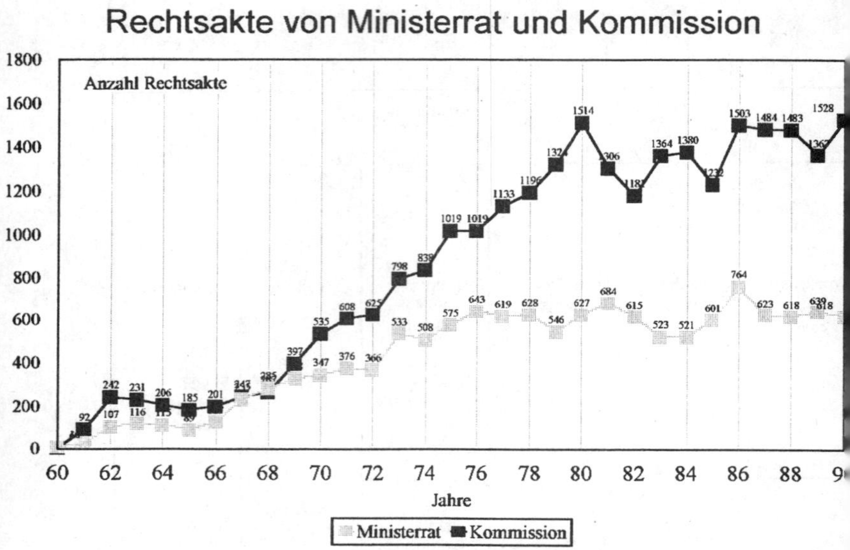
Rechtsakte von Ministerrat und Kommission
Anzahl Rechtsakte
Jahre
Ministerrat
Kommission

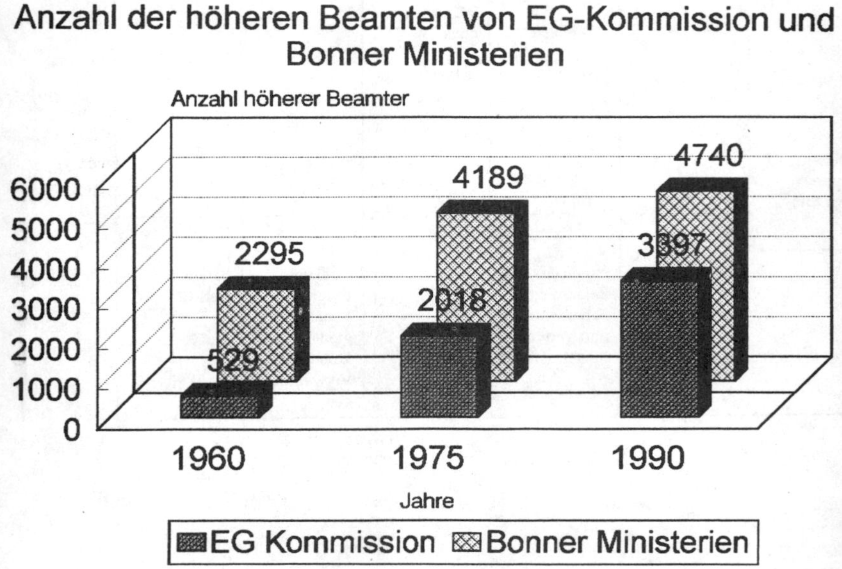
Anzahl der höheren Beamten von EG-Kommission und Bonner Ministerien
Anzahl höherer Beamter
529
2295
2018
4189
3397
4740
1960
1975
1990
Jahre
EG Kommission
Bonner Ministerien

Die Gestaltungsmacht organisierter Interessen

Beate Kohler Koch

1. Lobbyarbeit in Europa

Wer nach leichter Lektüre sucht, um auf unterhaltsame Art etwas über das Innenleben der Gemeinschaft zu erfahren, der greife zu einer der zahlreichen Studien über Lobbying in der Agrarpolitik. In den ersten Jahrzehnten der Gemeinschaftsbildung war dies das von der politikwissenschaftlichen Interessenforschung am besten beackerte Feld. Schließlich war bis weit in die siebziger Jahre hinein europäische Politik gleichzusetzen mit Landwirtschaftspolitik. Nur diese hat über die Regulierung der Märkte, die Festsetzung von Preisen und direkte finanzielle Zuwendungen ganz weitgehend und unmittelbar die Lebenschancen eines Teils der Bevölkerung bestimmt. (vgl. Rieger, in diesem Band). So war zu erwarten, daß die Interessen der Landwirte bestens organisiert und präsent sein würden. In der Tat haben sich die einzelnen nationalen Verbände sehr früh zu einer europäischen Verbandsföderation zusammengeschlossen[1]. Ihre Sichtbarkeit in der europäischen Politik – unterstrichen durch medienwirksame Aktivitäten – und eine Agrarpolitik, die ganz offenkundig auf Kosten der Verbraucher gemacht wurde – hohe Preise, Überproduktion und Mittelverschwendung bei der Vermarktung bzw. Vernichtung landwirtschaftlicher Produkte – machte sie zum beliebtesten Beispiel europäischer „Verbandsmacht". Sie waren ein beliebtes Studienobjekt auch deshalb, weil an ihnen die Einflußnahmen organisierter Interessen auf die europäische Politik besonders eindrücklich nachgezeichnet werden konnte. Erst später lenkte die Politikwissenschaft ihre Aufmerksamkeit auf die Rolle der Interessensvermittlung für die Steuerungs- und Problemlösungsfähigkeit von Politik.

Im folgenden Kapitel werden die aus der bisherigen Forschung gewonnenen Einsichten zusammengefaßt, wobei die Aufmerksamkeit

1 Das Comité des Organisations Professionelles Agricoles (COPA) war über Jahrzehnte der schlagkräftigste europäische Verband.

des Lesers vor allem darauf gelenkt werden soll, daß spezifische Grundannahmen und theoretisch geprägte Sichtweisen die Einschätzung der Natur von Interessenpolitik und ihrer Bedingtheiten wesentlich prägen. Die Darstellung ist knapp gehalten, weil verschiedene Sammelbände (Greenwood/Grote/Ronit 1992; van Schendelen 1992, Mazey/ Richardson 1993; Eichener/Voelzkow 1994) und auch Überblicksartikel aus jüngster Zeit (Kohler-Koch 1992; Kohler-Koch 1994) den Stand der Forschung gut wiedergeben[2]. Lange Zeit war die einflußtheoretische Perspektive dominant. Sie wurde ergänzt und teilweise verdrängt durch neo-korporatismustheoretische Absätze, in denen gleichzeitig auch die Verbesserung staatlicher Steuerungsfähigkeit durch die Konzertierung mit privaten Interessen in den Blick genommen wurde. Ein Perspektivwechsel eigener Art erfolgte in jüngster Zeit in der Weise, daß nun nach dem Zusammenwirken von politischen Institutionen und privaten Interessenorganisationen unter dem Gesichtswinkel einer institutionellen Ko-Evolution gefragt wird (Eichener/Voelzkow 1994; Eising/Kohler-Koch 1994; Kohler-Koch 1995b). Bezogen auf das europäische Mehrebenensystem wird diesbezüglich thematisiert, ob die Wesenszüge dieses Systems, nämlich seine Komplexität und Segmentierung – bei gleichzeitig hoher Interdependenz der Politikbereiche – durch die strukturellen Charakteristika der europäischen Organisation noch verstärkt werden. Ferner ist zu fragen, wie dies sich auf die Prozesse der politischen Willensbildung und auf die Politikergebnisse auswirkt und schließlich im Hinblick auf die Legitimität des Regierens zu beurteilen ist. Diesen Fragestellungen sind die beiden abschließenden Kapitel gewidmet.

1.1 Akteurscharakteristik und Organisationsfähigkeit

Die generellen Eigenschaften, die es einer Gruppe erleichtern, ihre parallelen Interessen organisatorisch zu bündeln und in kollektives Handeln umzusetzen, sind aus diesen und anderen Fallstudien zu weiteren Politikfeldern leicht zu destillieren: Übereinstimmung, Geschlossenheit und Dringlichkeit der Interessen, klare Abgrenzung und Überschaubarkeit der betroffenen Gruppe, Konzentration auf ein dominantes Anliegen, Eindeutigkeit der verfolgten Ziele und die Abhängigkeit ihrer Verwirklichung von Politik. Allerdings genügt dies nicht, um

---

2 Allerdings ist Greenwood (1994) zuzustimmen, daß es immer noch an systematisch angelegten vergleichenden Untersuchungen fehlt.

dem „Dilemma kollektiven Handelns" (Olson 1968) zu entgehen: Je größer die Gruppe und je geringer damit die soziale Kontrolle ist, desto größer ist die Verlockung, als „Trittbrettfahrer" von den vereinten Anstrengungen anderer zu profitieren, ohne zu deren Erfolg selbst beizutragen. Je geringer die Anzahl der zu organisierenden Akteure, je schwächer ausgeprägt die Konkurrenzsituation untereinander und je stärker die Tradition institutionalisierter Kooperation ist, desto leichter gelingt der Zusammenschluß.

Diese allgemeinen Feststellungen finden sich durch die Entwicklung der Organisation europäischer Interessen weitgehend bestätigt. In den Bereichen, in denen auf nationaler Ebene eine Reduktion auf wenige Akteure bereits erfolgt war, erwies es sich auch auf europäischer Ebene leichter, zu einem Zusammenschluß zu kommen. Dies trifft sowohl für Verbände zu, die intern vielleicht sogar eine zahlenmäßig sehr große Mitgliedschaft umfaßten (wie im Agrarbereich), als auch für Unternehmen in oligopolistisch strukturierten Märkten (wie in der Stahlwirtschaft). Die frühe Institutionalisierung in einem Verband trug ihrerseits dazu bei, allgemein verbindliche Prinzipien und Verhaltensnormen insbesondere für die Bearbeitung von Verteilungskonflikten zu etablieren und durch langjährige Praxis zu verfestigen.

Diffuse Interessen erwiesen sich auch auf europäischer Ebene als schwer organisierbar. Eine europäische Verbraucherorganisation (BEUC – Bureau Européen des Unions de Consommateurs) und ein europäischer Umweltverband (EEB – European Environmental Bureau) waren erst viel später und sind auch heute noch immer sehr viel schwächer in Brüssel präsent als die Produzenteninteressen. Auch die europäischen Arbeitnehmerinteressen hatten Schwierigkeiten, sich europäisch zu organisieren. Auf den ersten Blick scheint es plausibel, die Gründe darin zu suchen, daß es immer schwieriger ist, eine Massenmitgliedschaft zu mobilisieren und ihre abweichenden Interessen auf einen Nenner zu bringen, als eine überschaubare Anzahl von Unternehmen zusammenzuführen. Auch schlagen für Gewerkschaften die durch Fremdsprachen und Kulturunterschiede bestehenden Kommunikationsbarrieren stärker ins Gewicht als für die bereits internationalisierte Kapitalseite. Schließlich behindert die historisch bedingte Vielfalt der europäischen Gewerkschaftsbewegung, die in national unterschiedlichen Systemen der Organisation und Umsetzung von Arbeitnehmerinteressen institutionell verfestigt ist, die transnationale Zusammenarbeit (Ebbinghaus/Visser 1994; Visser/Ebbinghaus 1992). Die genauere historische Analyse zeigt allerdings, daß es vor allem die Einbindung der Gewerkschaften in den parteipolitischen Wettbewerb innerhalb der einzelnen Mitgliedstaaten und die damit verbundene ideologische Polarisierung war, die den Zusammenschluß zu einem einheitlichen europäischen Gewerkschaftsverband lange Jahre verhinderte. Der die konkurrierenden Strömungen zusammenfassende Europäische Gewerkschaftsbund (EGB) wurde zwar schließlich 1973 – d.h. 20 Jahre nach Errichtung der EGKS – gegründet, doch gelang es ihm auch danach nur schrittweise, neben den christlichen auch die sozialistisch-kommunistisch orientierten Gewerkschaften einzubinden. Im Landwirtschaftsbereich hatte man die Belastung konkurrierender weltanschaulicher Ausrichtung durch die Ausgrenzung der unerwünschten, vorwiegend nämlich sozialistisch-kommunistischen Organisationen aus dem europäischen Verband beseitigt, was zu ihrer Marginalisierung auf nationaler Ebene[3] beitrug – eine Strategie, die angesichts der starken sozialistisch-kommunistischen Gewerkschaftsbewegung in den romanischen Staaten nicht eingeschlagen werden konnte.

Wie stark die unterschiedlichen nationalen Verbandsfunktionen auf die Philosophie, Verhaltensstrategien und selbst Organisationsmuster der europäischen Interessenvertretungen durchschlagen, wurde im Zuge des britischen EG-Beitritts (1973) deutlich. Die Dominanz einzelner Großunternehmen im brittischen Industrieverband schlug auch auf die europäische Ebene durch und förderte sowohl die direkte Zusammenarbeit zwischen Kommission und Unternehmen, als auch die Reform der Euro-Verbände zu ihren Gunsten[4].

Je eingehender man sich mit der Organisation europäischer Interessen befaßt, desto schwächer wird allerdings die Erklärungskraft der Variable „Akteurscharakteristik". So wurde auch in der Entwicklung der politikwissenschaftlichen Forschung der Blickwinkel zunehmend ausgeweitet. Nicht mehr die Organisation europäischer Interessen in verbandlichen Strukturen stand im Mittelpunkt der Aufmerksamkeit, sondern die Prozesse der Interessenvermittlung über die verschiedenen Stufen des europäischen Mehrebenensystems hinweg. In Fallstudien wurde zunehmend versucht, das Zusammenspiel der Akteure zwischen den unterschiedlichen Handlungsebenen zu erfassen und dabei die jeweils unterschiedlichen Handlungszwänge zu berücksichtigen[5]. Auch die Aufarbeitung der verbandlichen Organisationstruktu-

---

3 Von den sechs Gründungsstaaten betraf dies Frankreich und Italien.

4 Zur Rolle der Großunternehmen in der EG und speziell der Folgen des britischen Beitritts vgl. Cowles (1994).

5 So beispielsweise die in Petite (1987) enthaltenen Beiträge, die vom Ansatz der „neuen politischen Ökonomie" aus die institutionellen Handlungsbedin-

ren beschränkt sich nicht mehr lediglich auf die europäische Ebene (Meynaud/Sidjanski 1971), sondern versucht, die Strukturierung der nationalen Verbandssysteme sozusagen als intervenierende Variable zu erfassen (Burkhardt-Reich/Schumann 1983). Darüberhinaus wurde die Ausprägung bestimmter Muster der Interessenvermittlung nicht mehr überwiegend den die „Mitgliederlogik" prägenden Eigenschaften der Akteure zugeschrieben, sondern gleichermaßen auf die strukturellen Besonderheiten des politischen Adressatensystems und die sich daraus ergebende „Einflußlogik" zurückgeführt[6].

1.2 Der Einfluß der Adressaten

Die „Einflußlogik" hat im Falle der EG zwei Eigentümlichkeiten, die sich in zweierlei Weise von denen nationaler politischer Systeme unterscheiden.

Zum einen handelt es sich um ein dynamisches System, dessen Verfassungsstruktur sich im Laufe der Zeit erheblich wandelt. Dies betrifft sowohl die Ausweitung des materiellen Zuständigsbereichs der EG, jetzt EU, als auch die Verteilung der formalen Zuständigkeit sowohl zwischen den politischen Ebenen als auch zwischen den Gemeinschaftsinstitutionen. Zum anderen weist das politische System der EG unabhängig von all diesen Veränderungen Eigentümlichkeiten auf, die zu einer anderen Ausprägung von Einflußlogik führen, als sie in den Mitgliedsstaaten zu finden ist.

1.2.1 Integrationsdynamik

Ausgangspunkt für eine stärkere Berücksichtigung der externen, durch die spezifischen europäischen Gegenheiten geprägten Handlungsbedingungen ist zunächst die einfache Feststellung, daß Lowis Diktum „policy determines politics" auch in der europäischen Politik gilt. In dem Maße, in dem durch die Übertragung politischer Zuständigkeiten auf die Gemeinschaft die Abhängigkeit von EG-Politik stieg

---

gungen des nationalen wie des europäischen Systems als ausschlaggebend für die erfolgreiche Aneignung von „Renten" erachten.

6 Die Konzeptionalisierung von „Einflußlogik" und „Mitgliederlogik" liegt dem Analysemodell zugrunde, das Schmitter/Streeck (1981) für ein großes Projekt der vergleichenden (nationalen) Verbändeforschung entwickelt haben. Eine Übertragung auf den EG-Kontext erfolgte im Forschungsprojekt Kohler-Koch (1988).

und mit der Ausdifferenzierung der europäischen Politik auch die unmittelbare Betroffenheit der Adressaten zunahm, wuchs das Interesse, Zugang zu dieser politischen Arena zu finden. So gibt es auffallende Parallelitäten zwischen dem Fortgang der europäischen Integration und den Veränderungen im System der Interessenvermittlung.

Drei Entwicklungsschübe sind deutlich erkennbar:

Ein erster erfolgte mit der Gründung der Europäischen Wirtschaftsgemeinschaft; der zweite wurde nach Vollendung der Zollunion mit dem Übergang zur „positiven Integration“[7] ausgelöst und der dritte setzte mit der Binnenmarktinitiative ein[8].

Diese offenkundige Parallelität in der zeitlichen Entwicklung von wirtschaftlicher und politischer Integration auf der einen und Interessenorganisation auf der anderen Seite bestätigt zunächst die Binsenweisheit, daß Betroffenheit ein wichtiges Movens von Politik ist. Die jeweiligen Variationen in den Organisationsformen und Mustern der Interessenvermittlung sind aber nicht mehr aus der Integrationsdynamik als solcher zu erklären, sondern verweisen auf die prägende Kraft von Institutionen.

1.2.2 Institutionelle Eigentümlichkeiten

Gerade die – gemessen an der üblichen Stabilität politischer Ordnungssysteme – raschen Veränderungen der europäischen Institutionen machen deutlich, wie bestimmend die Merkmale der „target structure“ (Almond) für die Modalitäten der Interessenvermittlung sind. Sie spiegeln die Charakteristika des EG-Systems wider: seine Mehrebenenstruktur, die besondere Mischung von supranationalen und intergouvernementalen Elementen im Entscheidungsprozeß, den Wechsel von Akteuren und Akteurskonstellationen in der Abfolge der einzelnen Phasen des Politikprozesses, die Kompetenzverteilung zwischen den Gemeinschaftsinstitutionen und deren jeweiligen institutionellen Eigenheiten[9].

---

7 Vgl. van Scherpenberg, in diesem Band.

8 Zur Phasenentwicklung vgl. ausführlicher Kohler-Koch (1995b).

9 Die folgenden Ausführungen sind äußerst knapp gehalten, weil die Besonderheiten des politischen Systems auf der Grundlage des EWG/EG-Vertrages – die intergovernemental organisierten Säulen der EU werden hier nicht behandelt – in den Beiträgen von Wallace und Wessels in diesem Band ausführlich behandelt werden. Eine gedrängte Darstellung der Struktur- und Prozeßmerkmale als Bestimmungsfaktoren für verbandliche Zusammenarbeit gibt Schu-

Interessen haben sich organisatorisch und strategisch dem Mehrebenencharakter der europäischen Politik angepaßt. Da nicht nur die formalen Zuständigkeiten zur Politikformulierung und -durchführung, sondern auch die Fähigkeiten der faktischen inhaltlichen Ausgestaltung sich nicht auf einzelne Ebenen begrenzen, sind Interessengruppen auf allen Ebenen institutionell präsent und in nationale, supranationale und transnationale Politiknetze gleichermaßen eingebunden[10]. Für die Beharrungskraft etablierter Institutionen und die Prägekraft des weiteren institutionellen Umfeldes spricht, daß die Übertragung politischer Kompetenzen auf die Gemeinschaft nicht einfach die Verdrängung oder gar Auflösung nationaler Politiknetze zur Folge hat. Auch die Vorstellung, daß solche nationalen Netzwerke sich lediglich um eine zusätzliche Dimension erweitern, trifft nicht die Realität.

Aus der empirisch vergleichenden Forschung gibt es Anhaltspunkte, daß Phänomene der Überlagerung und der Umstrukturierung in der Art einer begrenzten wechselseitigen Anpassung am häufigsten anzutreffen sind[11]. Alle verfolgen eine Doppelstrategie, indem sie sowohl die Zusammenarbeit mit nationalen Regierungen als auch mit den Gemeinschaftsinstitutionen suchen. Das Gewicht der Ansprechpartner hat sich mit der Verlagerung der Zuständigkeiten nach Brüssel und der wachsenden Bedeutung von Mehrheitsentscheidungen im Rat verändert (vgl. Wallace, in diesem Band). Die enge Verschränkung nationaler und europäischer Akteure im EG-Verhandlungssystem (vgl. Wessels, in diesem Band) und der Wechsel der Zuständigkeiten im Verlauf des Policy-Zyklus verbietet zum einen die einseitige Konzentration auf nur eine Handlungsebene und überbrückt zum anderen das unverbundene Nebeneinander getrennter Netzwerke. In ähnlicher Weise leistet die Vielfältigkeit der Entscheidungsverfahren der Allgegenwart organisierter Interessen Vorschub: Je nach Rechtsgrundlage hat das Europäische Parlament ein Beratungs-, Mitwirkungs- oder

---

mann (1994). Eine Zusammenfassung der typischen Muster europäischer Interessenvermittlung findet sich in Kohler-Koch (1994).

10 „Politiknetze" wird hier verstanden im Sinne der Verdichtung von Beziehungen zwischen Akteuren verschiedener Art, die aus unterschiedlichen Gründen an einer Politik interessiert sind und sich aus der Aufnahme kontinuierlicher Beziehungen Vorteile versprechen. Die Literatur über Netzwerke ist in jüngster Zeit erheblich angewachsen. Eine Bestandsaufnahme mit ausführlichen Literaturverweisen geben Jansen/Schubert (1995).

11 Dies ist ein Zwischenergebnis aus zwei laufenden Forschungsprojekten über „Europäisierung wirtschaftlicher Interessen" bzw. „Regionen als politische Handlungseinheiten in der europäischen Politik" am Mannheimer Zentrum für Europäische Sozialforschung.

Mitentscheidungsrecht, dessen Anwendung dann auch jeweils die Balance zwischen Kommission und Rat verändert. Da die Willensbildung des Parlamentes darüber hinaus ganz anderen Gesetzmäßigkeiten folgt, ist nicht nur ein zusätzlicher Akteur im Spiele der Interessen zu berücksichtigen, sondern auch eine Veränderung der Spielregeln.

Die Einführung des Mitentscheidungsrechts des Europäischen Parlaments für bestimmte Rechtsakte im neuen EG-Vertrag hat rasch zu veränderten Praktiken und einem Rollenwandel der Akteure geführt. Das klassische Verständnis von Kommission und Parlament als natürlichen Verbündeten, weil beide als Repräsentanten des „europäischen Interesses" zu betrachten sind und strukturbedingt ein institutionelles Eigeninteresse an der Stärkung ihrer Position gegenüber dem Rat verfolgen, muß korrigiert werden. Der Anspruch des EP, dank seiner demokratischen Legitimierung das eigentliche politische Repräsentationsorgan zu sein, kommt inzwischen stärker als je zuvor zum Ausdruck. Aus dieser Perspektive werden die Bemühungen der Kommission, sich über die enge Zusammenarbeit mit Interessengruppen eine eigene Legitimationsbasis im Umgang mit dem Rat zu schaffen, als wenig wünschenswerte Konkurrenzstrategie betrachtet. Das EP hat es zunehmend erreicht, daß die Kommission aus ihrer Position als einflußreicher Mittler oder gar Weichensteller in den Verhandlungen zwischen Parlament und Rat verdrängt wurde. Besteht ein Dissens zwischen Rat und Parlament über eine Gesetzesvorlage, so kommt es zu direkten Verhandlungen. Entgegen der Formulierung des Vertrages, nach der die Kommission „alle erforderlichen Initiativen [ergreift], um auf eine Annäherung der Standpunkte des Europäischen Parlaments und des Rates hinzuwirken" (Art. 189b, 4), ist ihre Handlungsautonomie deutlich eingeschränkt worden, und Kompromisse werden nicht mehr von ihr, sondern direkt durch Initiativen aus dem Parlament oder dem Rat zustande gebracht (Miller 1995: 1). Insgesamt liegt es im Bestreben des EP, die privilegierte Position der Kommission abzubauen. Laut Vertrag ist sie an den Sitzungen des Rates beteiligt; inzwischen wird sie auch zu den Beratungen der Verhandlungsdelegationen des Parlaments eingeladen, um auf diesem Wege die Gefahren einer einseitigen Koalitionsbildung zu vermeiden. Mit der intensiven Einarbeitung der jeweils zuständigen Berichterstatter des EP in die technische Materie versucht das Parlament überdies den Vorsprung der Kommission, den sie aus ihrem Anspruch des überlegenen technischen Sachverstandes ableitet, aufzuheben.

Bezogen auf das Verhältnis zwischen Parlament und Interessenvertretungen sind diese Veränderungen nicht nur insofern relevant, als daß man nun erwarten kann, daß es in umfangreicherem Maße Adressat der Einflußnahme wird. Vielmehr haben sich aus wechselseitigem Interesse veränderte Formen der Zusammenarbeit und teilweise auch ein verändertes Verhältnis beider Akteure ergeben. Indiz hierfür ist die deutliche Zunahme der Einbindung von Interessenvertretern in die „intergroups", d.h. die interfraktionellen Arbeitsgruppen des Parlamentes und die Konzentration der Zusammenarbeit auf die frühe Phase der parlamentsinternen Willensbildung und die darin führenden Personen, vor allem die Berichterstatter.

Die Herausarbeitung der strukturellen Faktoren hat eine sehr differenzierte Beschreibung des Systems der europäischen Interessenvermittlung und der Erklärung seines Entwicklungsverlaufs erlaubt. Das Analysemodell vermag jedoch nicht die Dynamik des Prozesses einzufangen. Es läßt wenig Raum für die Anerkennung der langfristigen Wirkung strategischer Entscheidungen. Der Strukturanalyse wohnt die Tendenz inne, die Gestaltungsmöglichkeiten durch Eingriffe der politischen Akteure systematisch zu vernachlässigen.

2. Management von Interessen im Interesse der Politik

2.1 „Indienstnahme" von Interessen

Die Vorstellung, Verbände seien das Produkt der freien Organisation übereinstimmender Interessen, entspricht nur einem Teilausschnitt historischer Wirklichkeit. Länder mit ausgeprägter Verbandskultur sind typischerweise solche, die an eine lange Tradition meist ständischer „Korporationen" angeknüpfen konnten bzw. in denen der Staat bereits früh Aufgaben der sozialen Sicherung und der wirtschaftlichen Steuerung übernahm. Zu deren Durchführung suchte er die enge Kooperation mit gesellschaftlichen Kräften, die umso besser funktionierte, je effizienter diese organisiert waren. Zu diesem Zweck trat er in zahlreichen Fällen als Initiator und Förderer verbandlicher Zusammenschlüsse auf[12].

Eine ähnliche „Indienstnahme" von Interessengruppen ist auch bei der Kommission zu beobachten. Die historischen Anlässe waren insgesamt unterschiedlicher Natur und die ausschlaggebenden Motive

---

12 Vgl. hierzu beispielsweise die historische Studie von Ullmann (1988) über die Entstehung von Interessenverbänden in Deutschland.

höchst vielschichtig. Nicht nur der jeweils verfolgte Zweck, sondern auch die Art der Maßnahmen variieren erheblich. Man leistete finanzielle und organisatorische Hilfestellung zum Aufbau europäischer Verbandszusammenschlüsse, stärkte ihre Handlungsfähigkeit durch privilegierten Zugang, teils sogar institutionalisiert durch die Einrichtung entsprechender Beratungsausschüsse, man gewährte eine informelle Beteiligung an der hausinternen Beratung politischer Strategien, etc. Versucht man, die verschiedenen Zielsetzungen unter analytischen Gesichtspunkten zu systematisieren, so zeigt sich nicht nur ihre Verschiedenartigkeit, sondern es werden auch latente Zielkonflikte sichtbar.

a) In den Anfangsjahren der Errichtung des Gemeinsamen Marktes zielte die vielfältige Förderung europäischer Verbandszusammenschlüsse zum einen auf die Stärkung der Kommission als Vertreterin des „Gemeinschaftsinteresses" gegenüber den im Rat versammelten Verteidigern einzelstaatlicher Interessen. Zum anderen sah man in der Zusammenarbeit europäischer Interessen die Wegbereitung für eine transnationale gesellschaftliche Integration und hoffte, daß sie als Motor einer fortschreitenden politischen Gemeinschaftsbildung fungieren würde.

b) Je umfangreicher die Aufgaben der Rechtsangleichung wurden, desto unmittelbarer war das Interesse der Kommission auf die Effektivierung der eigenen Arbeit ausgerichtet. Interessenvertretungen wurden sehr viel stärker als zuvor im Hinblick auf ihren möglichen Beitrag zur Informationsbeschaffung, zur vorgeschalteten Interessenaggregation und zur Mobilisierung von Akzeptanz für die jeweilige Politik der Kommission bewertet und einzusetzen versucht. Da die europäischen Verbandsföderationen diesbezüglich etliche Defizite aufwiesen, suchte die Kommission verstärkt, Kontakte zu potenten nationalen Verbänden – vor allem aus den großen Mitgliedstaaten – zu knüpfen.

c) Der Gesichtspunkt der Legitimität der Gemeinschaft und ihrer Institutionen spielte eine erhebliche Rolle bei den Bemühungen der Kommission, den auf europäischer Ebene unterrepräsentierten oder zumindest wenig handlungsfähigen gesellschaftlichen Interessen Präsenz und Stimme zu verleihen. Die in der Öffentlichkeit nachhaltig kritisierte „Produzentenlastigkeit" europäischer Interessenvertretung, die zur Zeit anschwellender Gesellschaftskritik Ende der sechziger, Anfang der siebziger Jahre dem Vorwurf einseitiger Orientierung an Kapitalinteressen Nahrung gab, versuchte die Kommission mit einer gezielten Förderung der europäischen Gewerkschaftsarbeit entgegenzuarbeiten. Von sozialdemokratischen Regierungen gestärkt, wurden auch auf europäischer Ebene eine „Konzertierte Aktion" und drittelparitätisch besetzte Ausschüsse eingeführt. Im Vorfeld der Umsetzung des Binnenmarktprogramms nahm die Kommission einen erneuten Anlauf, um Gewerkschaften und Arbeitgeberverbände ins Gespräch zu bringen. Der „soziale Dialog" war als legitimatorisches Begleitprogramm[13] der Marktintegration

---

13 „Legitimatorisch" deswegen, weil in der Wissenschaft weitgehender Konsens besteht, daß die Chancen zur sozialen Integration der voranschreitenden öko-

gedacht und gleichzeitig als Instrument, um dem Binnenmarkt eine „soziale Dimension" zu verleihen. Mit der Ausbreitung der umweltpolitischen Debatte waren es dann die Umwelt- und Verbraucherverbände, die sich der Aufmerksamkeit und Unterstützung der Kommission erfreuten.

d) In dem Maße, in dem das Feld der europäischen Interessenvertretung weitgehend – wenn auch immer noch in unterschiedlicher Dichtigkeit und Stärke – besetzt war und die Aufgaben europäischer Politik sich weiter ausdifferenzierten, rückte das Interesse der Kommission an Entlastung von Aufgaben und die Suche nach einer Lobby für die eigene Politik in den Vordergrund. Die Ermunterung zu einer verbandlichen „Selbstregulierung", z.B. im Umwelt- oder Verbraucherschutz oder zum Zwecke der Festsetzung technischer Normen und Standards, entspringt zum einen der Erwartung, damit allfällige politische Entscheidungsblockaden umgehen zu können und zu einer effizienten Problemlösung zu gelangen, die von den Betroffenen akzeptiert und damit auch implementiert wird. Auf der Suche nach Unterstützung für das eigene politische Programm hat die Kommission nach den „big players" auf dem europäischen Parkett Ausschau gehalten. Ihr Kalkül hat sich offensichtlich als richtig erwiesen, daß zögerliche Regierungen nur durch unisono vorgetragene Forderungen von Kommission und Großunternehmen überzeugt werden können. Mit Erfolg wurde diese Strategie sowohl bei der Durchsetzung des Binnenmarktes als auch bei der Lancierung der großen High-Tech Programme eingesetzt.

e) Mit dem Übergang in die Politische Union ist eine neue Strategie erkennbar. Die Kommission betreibt eine aktive Politik der Vernetzung, mit der sie zum einen den direkten Kontakt zur sub-nationalen Ebene sucht und zum anderen sich eine eigene, auf sie ausgerichtete Klientel schafft. Die Verankerung des Prinzips der „Partnerschaft" in der Gestaltung und Ausführung der Maßnahmen europäischer Strukturförderung ist der augenfälligste Ausdruck dieser Politik. Aber auch in anderen Politikfeldern, und zwar gerade in jenen, in denen sich die Kommission mangels gemeinschaftlicher Kompetenzen noch nicht als eigener Akteur etablieren konnte, dient der Aufbau eigener Netzwerke als Transmissionsriemen zur Fachöffentlichkeit, die durch zahlreiche Anreizprogramme für eine erweiterte Zuständigkeit der Gemeinschaft geneigt gemacht werden könnte.

2.2 Grenzen der politischen Gestaltung

Die Ausgestaltung der Beziehungen ist jedoch nicht lediglich Ergebnis diskretionärer Politik. Vor allem kann nicht davon ausgegangen werden, daß durch strategisches Handeln die institutionellen und ökonomischen Strukturbedingungen soweit ausgehebelt werden, daß das im wesentlichen pluralistisch verfaßte System europäischer Interessenvermittlung in einen übergreifenden Neo-Korporatismus überführt

---

nomischen Integration weit hinterherhinken und daß dies strukturell bedingt ist; vgl. z.B. Keller (1993).

werden könnte. Im Verlauf der wissenschaftlichen Debatte ist der Begriff des Neo-Korporatismus so schillernd geworden, daß gesagt werden muß, in welchem Sinne er hier verwandt wird. Nicht jede gefestigte Zusammenarbeit, die zwischen staatlichen und privaten Akteuren im Bemühen um eine wechselseitige Funktionalisierung eingegangen wird, soll hier gemeint sein. Vielmehr sollen unter dem Begriff nur jene Kooperationsformen subsumiert werden, die geeignet sind, zu einer spezifischen Form von Regieren beizutragen: der Verhaltenssteuerung durch die wechselseitige Verpflichtung auf eine durch gemeinsame – meist in informellen Gremien – abgestimmte Politik, bei der sich die staatliche Seite selbst auf ein bestimmtes Handeln festlegt und die Verbände sich zur Durchsetzung des entsprechenden Verhaltens ihrer Mitgliedschaft verpflichten. Eine solche Bindungsbereitschaft ist jedoch nur glaubwürdig, wenn sie von einer angemessenen Bindungsfähigkeit gestützt wird. Dazu bedarf es jener Eigenschaften, die Schmitter (1974) als typische Kennzeichen neo-korporatistischer Systeme nannte: eine begrenzte Zahl von in sich hierarchisch strukturierten Verbänden, die innerhalb ihres jeweiligen Funktionsbereiches ohne Konkurrenten sind und vom Staat offiziell als ausschließliche Gesprächspartner anerkannt sind.

Die „Akkreditierung" europäischer Verbandsföderationen beispielsweise durch Verfahrensbestimmungen wie jene, daß nur europaweit organisierte Verbände als Teilnehmer in einem Ausschuß zugelassen sind, ist in dem mühsamen Prozeß der supranationalen verbandlichen Interessenorganisation ein wichtiger Impuls. Seine Effekte verflüchtigen sich jedoch, wenn zum einen gleichfalls wichtige Akteure – seien sie einzelne Regierungen oder das Europäische Parlament – konkurrierende Impulse aussenden und wenn zum anderen die strukturellen Bedingungen ungünstig sind.

Die Aufwertung des Europäischen Parlamentes durch die Vertragsrevision von Maastricht zu einem Mitentscheidungsorgan – wenn auch nur in Teilbereichen der EG-Politik – hat das EP zu einem wichtigen Mitspieler in der europäischen Politik werden lassen. Wer mit Erfolg im Parlament seine Interessen zu Gehör bringen will, der muß sich in seiner Organisation und mit seinen Strategien auf die Eigenheiten dieser Institution einstellen. Die vom Parlament ausgehenden Impulse gehen nun in eine andere Richtung und sind überdies nicht einheitlich.

Das Routinegeschehen in Brüssel ist nach landläufiger Auffassung technokratische Politik. Davon ist das Selbstverständnis der Akteure und die allgemeine Auffassung darüber, in welcher Art und Weise die Auseinandersetzung zwischen unterschiedlichen Auffassungen zu führen ist, geprägt. Legitimes Instrument zur Durchsetzung eigener Positionen ist die sachlich geführte Kontroverse; im Idealfall soll nur die Kraft des Sacharguments gelten. Dieses Selbstverständnis prägt die Meinungsbildung innerhalb der Kommission wie auch die Verhandlungen in den zahlreichen Ausschüssen der Gemeinschaft. Sie vollzieht sich unter dem ständigen Rekurs auf „sachgemäße" bzw. „sachverträgliche", d.h. die vorhandenen Gegebenheiten in Rechnung stellende Problemlösungen. Weltanschaulich oder gar parteipolitisch begründete normative Präferenzen sind in einer solchen Diskussion ein Fremdkörper. Sie werden lediglich in den ohnehin als „politisiert" eingestuften Handlungsfeldern wie z.B. im Bereich der Menschenrechte hingenommen. Parlamentarische Stellungnahmen bringen hier deutlich einen neuen Akzent hinein. Das Europäische Parlament versteht sich insgesamt als Sachwalter des öffentlichen Gewissens Europas und trotz aller Bereitschaft zur fraktionsübergreifenden Zusammenarbeit, wenn es der Stärkung der Institution dienlich ist, sind die weltanschaulichen Unterschiede für die parlamentarische Meinungsbildung ein wesentlicher Bezugspunkt. Aufgrund dieser Tatsache hat das Parlament nicht nur in besonders starkem Maße weltanschaulich orientierte Gruppen angezogen, sondern ist auch bei der Bewertung der europäischen Gesetzgebungsmaßnahmen für normative Gesichtspunkte aufgeschlossen.

Folgenreicher für europäische Lobbyarbeit ist die Wahlkreisorientierung der Abgeordneten. Sie ist je nach nationaler Tradition und Wahlsystem unterschiedlich ausgeprägt. Das Interesse britischer Abgeordneter, deren Wiederwahl in ganz hohem Maße von der Wertschätzung ihrer Person und ihrer Leistung für den Wahlkreis abhängt, ist besonders stark. Doch ist die Bereitschaft, mit Hilfe von Interessenvertretern vom Tierschutzverein bis zur Automobilbranche „grass root politics" zu betreiben, allgemein vorhanden. Eine neue Variante des Euro-Lobbying von transnationalen Unternehmen ist nun, ihre Präsenz in den verschiedenen Mitgliedstaaten in der Form zu nutzen, daß sie sich an ihren jeweiligen Standorten durch intensive Kontaktarbeit um ein positives Meinungsklima und den Zugang zu den europäischen Abgeordneten direkt bemühen. „Constituency services", wie sie im politischen System der USA üblich sind und die darauf abzielen, das Erscheinungsbild des einzelnen Abgeordneten in seinem Wahlkreis bzw. in dem für ihn wahlrelevanten Einzugsbereich zu verbessern, werden in vielerlei Varianten angeboten. Sie reichen von Briefaktionen, in denen dem Abgeordneten bestätigt wird, daß er sich mit besonderem Nachdruck für diese oder jene öffentlichen Belange eingesetzt habe, bis zur gezielten Dienstleistung.

Das strategische Handeln der europäischen Organe muß insgesamt dahingehend relativiert werden, daß es in die institutionellen Gegebenheiten des europäischen Systems und der sich daraus ergebenden Dynamik des Mehrebenensystems eingebunden ist. Solange die Organe der Gemeinschaft – trotz des Initiativrechts der Kommission – nicht tonangebend bestimmen können, was auf die Tagesordnung der Politik gesetzt wird, vor allem aber einen nur marginalen Einfluß darauf haben, welche Aufgaben überhaupt unter die Zuständigkeit der Gemeinschaft fallen, stehen sie weiterhin in Konkurrenz zu den Mitgliedstaaten. Die EU ist im wesentlichen immer noch eine „Regierungsgemeinschaft" und die Verschränktheit der den unterschiedlichen Entscheidungsebenen zugeordneten Politiken betont diesen Umstand. Und da über das „agenda-setting" hinaus die Formulierung europäischer Politik in einem die Ebenen überspannenden Verhandlungsprozeß abläuft, wäre eine einseitige Orientierung der Interessenvertretung hin auf die europäischen Akteure eine kurzsichtige Strategie. In ähnlicher Richtung wirkt die immer noch ausschließlich dezentrale Implementation europäischer Politik. Schließlich darf nicht vergessen werden, daß die Gemeinschaft insgesamt nur über sehr geringe materielle Ressourcen verfügt. Im Unterschied zu den Haushalten der Mitgliedstaaten beansprucht ihr Budget nur wenige Prozentanteile des europäischen Bruttosozialprodukts. In Anbetracht ihrer eingeschränkten Autonomie und beschränkten Mittel ist die Gemeinschaft weit von der Rolle eines „starken Staates" entfernt, in dessen „hierarchischen Schatten" Absprachen getroffen werden, und der dank seiner Verfügung über materielle Ressourcen und gesamtwirtschaftliche Steuerungsfähigkeit Verhalten belohnen könnte[14]. Vor diesem Hintergrund ist auch die vordergründig paradoxe Erscheinung zu erklären, daß Deregulierungsprozesse nicht wie anzunehmen mit einer Lockerung der Verbandszusammenarbeit zusammenfallen, sondern den transnationalen Zusammenschluß erleichtern. Soweit als Folge des Binnenmarktes die Mitgliedstaaten regulative Kompetenzen zurücknehmen mußten,

14 Gorges weist in Bezug auf die Diskussion über die mögliche Zukunft des „sozialen Dialoges" sehr nachdrücklich darauf hin, daß hochgesteckte Erwartungen in einen europäischen Makro-Korporatismus allein schon angesichts der gegebenen Ressourcenverteilung verfehlt sind (Gorges 1993: 80).

eröffneten sie Freiräume für die transnationale verbandliche Organisation[15].

Die europäischen Interessenvertretungen werden sich vor allem deshalb nicht bruchlos den Funktionserfordernissen der supranationalen Ebene anpassen, weil ihre Aktivitäten dort nicht unabhängig von denen auf nationaler oder regionaler Ebene laufen. Jede Intensivierung der Zusammenarbeit ist ein Akt der Integration, der desintegrative Effekte zur Folge haben kann. Dies gilt sowohl für das eingespielte Verhältnis zwischen Staat und Verbänden als auch für die zwischenverbandlichen Beziehungsstrukturen (Bauerdick 1994: 178f.). Die daraus folgende mögliche Destabilisierung funktionierender Systeme nationaler Interessenvermittlung ist eine wirkungsvolle Bremse gegen weitreichende europäische Aktionspläne.

Diese Rückbindung an nationale Organisationsstrukturen, die ihrerseits wieder in je national spezifische soziale, wirtschaftliche und politische Ordnungssysteme eingebunden und durch sie institutionell gefestigt sind, übt insgesamt eine retardierende Wirkung aus. Quer durch die Branchen wird deswegen von Verbandsseite immer noch der Anspruch auf Bewahrung der eigenen Handlungsautonomie trotz aller Kooperationsbereitschaft betont[16].

3. Ein neues Denken über Interessen und Politik. Einbettung und Wechselwirkung von Strukturen

Auf die in den beiden vorangegangenen Kapiteln dargestellten Zusammenhänge konzentrierte sich bislang die Forschung. Zum einen ging es darum, die Einflußmöglichkeiten organisierter Interessen auf die europäische Politik zu beurteilen, zum anderen darum, die sich aus den spezifischen Strukturbedingungen und aus der Strategiewahl der Akteure ergebenden Charakteristika der europäischen Interessenvermittlung zu erfassen. Unter normativen Gesichtspunkten ging es um die Effizienz, Verteilungsgerechtigkeit und demokratische Kontrollierbarkeit der politischen Prozesse und Ergebnisse europäischer Politik.

---

15 Allerdings geht die nationale Deregulierung meist mit einer intensiven Auseinandersetzung auf europäischer Ebene über deren inhaltliche Ausgestaltung – so im Falle der Energiewirtschaft – bzw. mit Maßnahmen der europäischen Re-Regulierung – so im Bereich der technischen Normen und Standards – einher, so daß die Zurechnung der einzelnen Effekte nicht zu leisten ist.

16 Interviewgespräche, Sommer 1995.

In den überwiegend einflußtheoretisch inspirierten Arbeiten über die Lobby-Erfolge organisierter Interessen wurde schwerpunktmäßig das Problem der Einseitigkeit der Interessenrepräsentation und die Frage nach den Bedingungen für die Erfolge partikularer Interessendurchsetzung behandelt. Sie waren von einer gemeinwohlorientierten Sichtweise geprägt und gingen implizit von der Unterstellung der überlegenen Legitimität der europäischen Entscheidungsorgane aus. Die Dichotomie Gemeinwohlorientierung gegenüber partikularer Interessenverfolgung wurde in dem Maße aufgegeben, in dem die Frage nach der Repräsentation von Interessen um den Gesichtspunkt der effizienten Bearbeitung politischer Probleme ergänzt wurde. Die Erkenntnisse aus der Steuerungsdebatte hatten den Blick dafür geöffnet, daß Entscheidungsbarrieren und Implementationsdefizite nicht lediglich durch eine Effektuierung des politisch-administrativen Prozesses behoben werden können, sondern daß die Eigensinnigkeit der gesellschaftlichen Subsysteme berücksichtigt werden muß und folglich deren Einbindung in den politischen Prozeß im Interesse politischer Handlungsfähigkeit unerläßlich ist. Da politische Kontrollierbarkeit *und* Effizienz zusammen als Voraussetzung für legitimes Regieren betrachtet werden, verschob sich auch die politische Bewertung organisierter Interessen.

Auch wenn hier eine deutliche Verschiebung in der Sichtweise zu erkennen ist, so sind beide Ansätze doch einem statischen Denken verhaftet. Es wird nach den Handlungsbedingungen und den jeweiligen Wirkungen des Handelns der Akteure auf die Qualität von Politik gefragt. Der Handlungsrahmen der politischen Ordnung wird als gegeben vorausgesetzt; den Variationen dieses Ordnungsrahmens wird zwar eine erhebliche Bedeutung zugemessen, diese werden aber als exogen vorgegeben erachtet und dementsprechend nicht zum Gegenstand der Analyse erhoben.

Inzwischen zielt das Bestreben politikwissenschaftlicher Forschung darauf, die prozeßhaften Veränderungen der institutionellen Handlungsbedingungen besser erfassen zu können. Damit taucht nun eine Frage wieder auf, die am Anfang der Beschäftigung mit europäischer Interessenorganisation im Mittelpunkt stand: Die Wechselwirkung zwischen der Organisation dieses intermediären Bereiches und den Strukturveränderungen im politischen System. Das Interesse der damaligen Integrationsforschung richtete sich auf die Frage, wie durch die Leistungserfolge der Gemeinschaftsinstitutionen eine allmähliche Hinorientierung zu dem supranationalen Entscheidungszentrum erfolge, eine integrierte europäische Verbandsstruktur erwachse und somit ein Wechselprozeß der institutionellen Stärkung in Gang komme. Den neofunktionalistisch orientierten Autoren (Haas 1958; Lindberg/ Scheingold 1971) ging es in ihren Untersuchungen um die Bedingungen und die Reichweite der Transformation eines regionalen Systems unabhängiger Nationalstaaten in eine politische Gemeinschaft institutionalisierter supranationaler Kooperation. Die Fragestellung, die heute im Mittelpunkt des Interesses steht, richtet sich auf die Veränderungen, die die europäische Integration für die Erscheinungsform von Staat, d.h. die Verfaßtheit der politischen Systeme sowohl der Mitgliedstaaten als auch der Europäischen Union selbst mit sich bringt. Die Anstöße kommen diesmal nicht aus der Integrationsforschung, sondern aus der (vergleichenden) Policy-Analyse und der Diskussion über Regieren in vernetzten Systemen, die sowohl in den internationalen Beziehungen als auch in der vergleichenden Regierungslehre und in der Policy-Forschung geführt wird.

3.1 Eine „Ko-Evolution" von politischen und verbandlichen Systemen?[17]

Die europäische Integration als ein „System im Werden"[18] ist wissenschaftlich attraktiv, weil sie die gleichzeitige Entwicklung eines politisch-administrativen Systems, mit dem sich „öffentliche Politik" einen neuen Handlungsrahmen gibt, und eines intermediären Verbändesystems, mit dem private Interessen Politik zu machen suchen, beobachten läßt. Reizvoll ist dabei zum einen, die Ko-Evolution im Sinne von einem „parallel verlaufenden Prozeß" (Eichener/Voelzkow 1994b: 11) empirisch in all ihren Facetten zu untersuchen. Zum anderen geht es um die politisch-programmatische Einschätzung der Handlungsrestriktionen europäischer Politik und der Chancen ihrer Überwindung. Insbesondere jene Autoren, die sich mit der möglichen Europäisierung der Arbeitsbeziehungen befassen, stellen heraus, daß die Sozialpartner sich eben deshalb nicht zu handlungsfähigen europäischen Akteuren entwickeln können, weil es der Gemeinschaft an Staatsqualität mangele (Streeck/Schmitter 1985, 1991). Diese These, daß eine „Kongruenz von (supra-)staatlichen und verbandlichen Handlungsrestriktionen"

17 Mit der Bezeichnung „Ko-Evolution" nehme ich einen Begriff auf, den Eichener/Voelzkow (1994a) als Überschrift ihres Beitrages gewählt haben.

18 In Anlehnung an die Schrift von Friedrich (1972) „Europa – Nation im Werden?"

(Eichener/Voelzkow 1994a: 259) bestehe, wird zum Ausgangspunkt einer gezielten empirischen Suche nach solchen Fällen genommen, in denen die wechselseitige Blockade strukturbedingter Handlungsrestriktionen durch institutionelle Innovation überwunden wurde und zu einer gleichgerichteten Entwicklung – eben jener Ko-Evolution – von europäischem politischen System und europäischem Verbändesystem führte. Eichener und Voelzkow kommen in dem von ihnen untersuchten Handlungsfeld – die technische Harmonisierung des europäischen Arbeits-, Verbraucher- und Umweltschutzes – zu einem erfreulich positiven Ergebnis: Sie haben nicht nur die flexible Ko-Evolution von politisch-administrativen und verbandlichen Strukturen festgestellt, sondern diese Entwicklung auch als notwendige Vorbedingung für die Qualität europäischer Politik gesehen. Entgegen weit verbreiteter Erwartung ist es durch die europäische Regulierung weder zum sozialen Dumping noch zu einer Absenkung des bisherigen Schutzniveaus gekommen.

Ein etwas trüber gefärbtes Bild zeichnen Eising/Kohler-Koch (1994). Sie befassen sich ebenfalls mit der Frage, wie die institutionellen Besonderheiten des europäischen Systems und die sich daraus ergebende Prozeßlogik von Interessenorganisationen aufgenommen und in institutionelle Innovationen umgesetzt werden, die dann ihrerseits wieder zu institutionellen Modifikationen des europäischen „staatlichen" Handlungssystems führen. Im Mittelpunkt des Interesses steht dabei die Veränderung von Regieren als Folge dieser institutionellen Formgebungsprozesse.

Die Diagnose ist weitgehend gleich: Europäische Politik vollzieht sich politikfeldspezifisch, d.h. die Verhandlungen über geplante Maßnahmen verlaufen höchst unterschiedlich, denn je nach Rechtsgrundlage variiert das Verfahren, die Rolle der Gemeinschaftsakteure, die Wahl der Instrumente und die Verbindlichkeit der getroffenen Entscheidungen. Europäische Politik zeichnet sich durch eine starke, funktional gegliederte Segmentierung aus, die sich auch in der Organisation der inner-institutionellen Arbeitsteilung der Kommission und im Ausschußwesen widerspiegelt. Innerhalb der Kommission genießen die einzelnen Generaldirektionen faktisch eine hohe Autonomie und haben – wie teilweise sogar einzelne Direktionen – eigene „Politikstile" entwickelt. Zusammen mit den Experten aus den einzelnen nationalen Verwaltungen und den jeweils relevanten Interessenorganisationen formieren sich themenbezogene „politische Gemeinschaften", die über die Zeit ein eigenes Verständnis der zu behandelnden Probleme und ihrer „sachgemäßen" Lösung herausbilden. Erfolgreiche Mitgestaltung heißt, in diesen Teilsegmenten präsent zu sein, wodurch die Ausdifferenzierung von Interessenorganisationen belohnt wird. Solche organisatorischen Änderungen wie die Verselbständigung einzelner Fachausschüsse aus den Branchenverbänden zu eigenständigen Euroverbänden leisten einer Fragmentierung der Politikgestaltung Vorschub, die insgesamt dann zu Lasten der Berechenbarkeit und Kohärenz von Politik geht[19]. Die Philosophie von Kommission und Europäischem Parlament zum Umgang mit Interessengruppen, die sich in der gegenwärtigen Debatte um eine Regulierung des Lobbyismus zeigt, leistet solchen Tendenzen Vorschub. Das Bekenntnis zum „offenen Dialog", die populistisch klingende Formulierung, daß „künstliche Schranken"[20] zwischen Parlament und Bürger nur das allerletzte Mittel sein sollten, fördert Praktiken, bei denen Akteure auf relativ untergeordneter Handlungsebene sich innerhalb ihres eigenen Handlungssegments dezentral ihre eigenen Beziehungsstrukturen aufbauen.

Diese Verselbständigung einzelner Akteursgruppen und die daraus resultierende Fragmentierung von Politik mag man bedauern. Sie ist jedoch kein Phänomen, das einzigartig und nur auf das politische System der Gemeinschaft beschränkt ist. Vielmehr ist der Abbau hierarchischer Steuerung in den Mitgliedstaaten ebenso zu beobachten. Parallel hierzu vollzieht sich eine Aufwertung der horizontalen Abstimmung. Die Erscheinungsweise von „modern governance" (Kooiman 1993) hat nur noch wenig Ähnlichkeit mit dem Modell von Politik als „autoritativer Allokation" (Easton), in dem Regieren gleichzusetzen ist mit der Eigentätigkeit der jeweiligen Regierung. Wesenskern des „neuen Regierens" ist die Konzertierung des Verhaltens gewichtiger Akteure. Sie verfügen über ausreichende Handlungsautonomie, um sich externen Lenkungsversuchen zu entziehen, sind jedoch vom Handeln anderer und den allgemeinen Kontextbedingungen soweit abhängig, daß sie ein Eigeninteresse an einer wechselseitigen Abstimmung haben. Unter solchen Bedingungen heißt Regieren, daß die öffentliche Seite zwar weiterhin darauf abzielt, in die Gesellschaft hineinzuwirken. Dies geschieht jedoch nicht durch einseitige Vorgaben, sondern dadurch, daß bis hinunter auf die unterste Verwaltungseinheit private

---

19 Ausführlicher zu diesen Zusammenhängen Eising/Kohler-Koch (1994).

20 Im Vorschlagsentwurf des Berichterstatters des EP-Ausschusses für Umwelt, Öffentliche Gesundheit und Verbraucherschutz heißt es: „Only in the last resort should the European Parliament feel it necessary to establish artificial barriers between its members and European citizens" (Collins 1995: 5).

Akteure in einen gemeinsamen Abstimmungsprozeß einbezogen werden. Zweck ist die Verständigung auf gemeinsame Problemsichten und wünschenswerte Problemlösungsstrategien und die wechselseitige Verpflichtung auf zielkonformes Handeln. Unter solchen Bedingungen ist die Vorstellung einer abgegrenzten Domäne des Öffentlichen und des Privaten ebenso obsolet wie die einer funktionellen Arbeitsteilung zwischen Parteien und Parlament auf der einen Seite und der Regierung und Verwaltung auf der anderen Seite. Danach sind die ersteren als Betreuer der „input“ Faktoren für die Kanalisierung von gesellschaftlichen Forderungen an und Unterstützung für das politische System zuständig und die letzteren als Verantwortliche der „throughput“ und „output“ Faktoren mit der Umsetzung und Durchführung von politischen Zielvorgaben in konkrete Staatstätigkeit und politische Handlungsvorgaben befaßt. Die Strategie einer „dialogorientierten Politik“[21] führt nicht nur zu einer engen Verschränkung zwischen öffentlichen und privaten Akteuren, sondern auch zu einer Verwischung dieser Arbeitsteilung. Indem Regierung und Verwaltung als Initiatoren und Moderatoren solcher Abstimmungsgremien auftauchen, treiben sie diese Verwischung aktiv voran.

3.2 Weiche Wege des Regierens: Strategien europäischer Vernetzung

Die EG fügt sich in die Entwicklung diskursiver Lenkung in dezentralen Netzwerken paßgerecht ein. Zum einen liegt ihr Haupttätigkeitsfeld, nämlich die Förderung von Marktintegration, auf einem Gebiet, das immer schon mit Methoden der „moral suasion“ politisch bearbeitet wurde, weil der Einsatz von Geboten, Verboten und materiellen Anreizen häufig nicht die gewünschten Effekte hervorbrachte. Zum anderen kompensiert eine aktive Vernetzungsstrategie der Kommission etliche strukturbedingte Defizite. Die Kommission ist in höherem Maße als nationale Regierungen auf Regieren durch Verhandeln angewiesen. Weisungsberechtigung und Kontrollmacht mögen für ein effektives Regieren nicht mehr ausreichen, doch die Verfügung über Hoheitsgewalt und Verwaltungskapazität sichert Handlungsspielräu-

---

21 Zum Plädoyer für eine „dialogorientierte Wirtschaftspolitik“ vgl. Spöri (1994); vergleichbare Vorstellungen finden sich in den letzten Jahren in den Äußerungen zahlreicher Politiker, vgl. z.B. die Beiträge in Klepsch/Legrand/Sanne (1994).

me. Die Kommission verfügt weder über politische Entscheidungsmacht, noch kann sie Politik selbst exekutieren. Sie bietet jedoch Ressourcen an, die zahlreiche Akteure dazu bringen, sich auf die Kommission hin zu bewegen. Vor allem die von ihr initiierten Gemeinschaftsprogramme – seien sie in Kernbereichen heutiger Gemeinschaftspolitik wie in der regionalen Strukturförderung (Conzelmann 1995) oder in Randbereichen wie der Gesundheitspolitik (Altenstetter 1994) und Kulturpolitik (Schubert/Bandelow 1994) angesiedelt – bieten Kristallisationspunkte, an die sich vielerlei Akteure ankoppeln.

Die Strategie der Kommission, sich über die Kopplung von Förderprogrammen und Akteursvernetzung eine eigene Klientel zu schaffen, die für die Ausweitung oder gar erst Etablierung von Gemeinschaftskompetenzen eintritt, läßt sich am Beispiel der Kulturpolitik eindrücklich veranschaulichen[22].

Kulturpolitik gehörte nach den Verträgen zunächst überhaupt nicht in den Zuständigkeitsbereich der Gemeinschaft; erst durch die Vertragsrevision von Maastricht wurde eine bescheidene Öffnungsklausel eingefügt. Die Regierungen der Mitgliedstaaten, der Länder bzw. Regionen und die etablierten Kulturverbände sind an einer Revision dieses status quo wenig interessiert. Da es der Kommission an Ansprechpartnern fehlt, zielen ihre Aktivitäten darauf ab, sich eine eigene, europäisch vernetzte Adressatengruppe, die gleichzeitig als ihre Lobby agiert, zu schaffen. Instrument hierfür ist die Etablierung eines zentralen Ansprechpartners (in diesem Fall das Kommissions-Referat „Kulturelle Aktion"), ein für breite Kreise akzeptables Programm mit innovativen Komponenten (wie die Förderung von europaspezifischen Kulturveranstaltungen mit breiter transnationaler Beteiligung bzw. von Aktivitäten zur Stärkung grenzüberschreitender Kulturregionen) sowie die Einsetzung eines Beirates (entsprechend gewohnter Praxis ein Expertengremium, dessen „sachkundige Stellungnahme" die politischen Forderungen der Kommission stützt). Bezogen auf die europäische Kulturpolitik ziehen Schubert/Bandelow (1994: 611) das Fazit: „Der zentrale strategische Ansatz ist dabei die Schaffung eigener europäischer Netzwerke: An die inhaltlichen Interessen der Kulturschaffenden anknüpfend, soll über die Verstetigung und Vertiefung europäischer Beziehungen schließlich ein tragfähiges Netzwerk geschaffen werden, das auch für interessenpolitische Ziele i.e.S. nutzbar gemacht werden kann."

Die Bestrebungen der Kommission, ein eigenes, neues Netzwerk zu schaffen, das die gegebenen Strukturen überwölbt oder gar etablierte Netzwerke marginalisiert, stößt verständlicherweise auf Widerstand. Er ist dort besonders stark, wo die Kommission sich nach eigenen Kriterien einen Kreis von europäischen Ansprechpartnern sucht, ihm eine privilegierte Stellung einräumt und ihn zudem noch beauftragt, sich auf der Ebene der Mitgliedstaaten Basisorganisationen zu schaffen, die dann in

---

22 Ich stütze mich hierbei auf Schubert/Bandelow (1994).

Konkurrenz zu etablierten nationalen Organisationen stehen. Dies ist in nuce die Politik, die die Kommission im Bereich der Wohlfahrtspolitik betrieben hat (Loges 1994; Schmid 1994). Trotz dieses Widerstandes war die Kommission mit ihrer Vernetzungsstrategie nicht völlig erfolglos. Ihr gelingt es vor allem dadurch Partner zu finden, daß sie durch die Finanzierung von Projekten Anreizstrukturen zur Beteiligung vor Ort schafft, wesentliche Hilfestellungen für deren europaweite Vernetzung gibt und den so entstandenen Akteursgruppen, weil sie den allgemein für wichtig erachteten Kriterien von Subsidiarität und Transnationalität entsprechen, Legitimation verleiht.

Ob die so geschaffenen Netzwerke Bestandteil europäischer Steuerungsstrukturen werden können oder hybride Gebilde bleiben, hängt wesentlich von zwei Bedingungen ab. Zum einen von der Parallelität und damit Kooperationsfähigkeit der beteiligten Interessen, zum anderen davon, ob sie in Konkurrenz zu Organisationen stehen, die auf nationaler Ebene eine wichtige Ordnungsfunktion erfüllen (Loges 1994). Je stärker ein Politikbereich durch ein enges Zusammenspiel von Staat und Verbänden gestaltet wird, desto geringer ist die Chance der Kommission, sich durch selbst geschaffene Netzwerke eine Klientel zu schaffen, die als erfolgreiche Lobby für die fortschreitende Vergemeinschaftung eben dieses Politikbereichs tätig werden kann.

4. Zerfaserung, Vernetzung, konzeptionelle Dominanz: Überlegungen zur Gestaltungsmacht europäischer Interessen

Die vorausgehenden Abschnitte haben hoffentlich deutlich gemacht, daß die theoretisch angeleitete Sichtweise der grundlegenden Aufgabenstellung von Politik und der Funktionsweise des politischen Prozesses die Einschätzung der Rolle von Interessen färbt. Der normative Akzent wie auch die analytisch-empirisch ausgerichtete Fragestellung verschiebt sich. Anstelle des Mißtrauens gegenüber einseitig partikularer Einflußnahme tritt die Suche nach Anhaltspunkten für eine gesteigerte gesellschaftliche „Problemlösungskapazität“ bzw. nach innovativen Strategien europäischen Regierens. Zudem sollte offenkundig geworden sein, daß die Art und Weise, wie sich europäische Interessen selbst organisieren und welche Handlungsstrategien sie verfolgen, ein durch das politische Institutionenumfeld selbst beeinflußter Prozeß ist, und daß die Auswirkungen in allen drei Dimensionen von Politik zu verfolgen sind:

Die inhaltliche Ausgestaltung einer konkreten Politik, die Strukturierung des politischen Meinungs- und Willensbildungsprozesses und nicht zuletzt die Verfaßtheit des politischen Systems.

Für die Politikwissenschaft ist die Frage nach der Entwicklung der europäschen Ordnungsstruktur und damit zusammenhängend nach den Chancen für effizientes und verantwortliches Regieren von besonderem Interesse. Damit rückt die These von der institutionellen Ko-Evolution und der Entwicklung neuer Formen des Regierens in den Mittelpunkt der Aufmerksamkeit.

Ein Trend zur Inflation und Zerfaserung europäischer Interessenrepräsentation kann gegenwärtig eindeutig festgestellt werden. Die Verfestigung politikspezifischer Netzwerke leistet der dem Gemeinschaftssystem eingebauten Tendenz zu einer Segmentierung von Politik weiter Vorschub. Es erscheint plausibel, daß die Institutionen der Gemeinschaft eine stark prägende Kraft haben und die von ihnen modellierten Strukturen der Interessenvermittlung auf ihre eigenen Handlungspraktiken dann verstärkend zurückwirken. Eine solche Einschätzung wird theoretisch von den allgemeinen Aussagen des Neo-Institutionalismus (March/Olson 1984) und empirisch durch die Befunde der Policy-Analyse (Eichener 1993; Héritier u.a. 1994) gestützt. Trotzdem muß ein deutlicher Vorbehalt angemeldet werden. Es besteht sonst die Gefahr, daß aus der notwendigerweise beschränkten Sichtweise der Policy-Forschung unzulässige Verallgemeinerungen abgeleitet werden. Abgesehen davon, daß bisher nur sehr wenige systematische Studien vorliegen und mehrere Politikfelder übergreifende Untersuchungen noch ausstehen, ist der Blickwinkel beschränkt, weil er nur einen der drei Pfeiler der europäischen Verfassungskonstruktion, nämlich die EG erfaßt.

Der schleichenden Ausweitung europäischer Handlungskapazität sind eindeutig Grenzen gesetzt. Jede noch so erfindungsreiche Optimierungsstrategie der Kommission in Verein mit nationalen Ministerialbeamten und Interessenvertretern scheitert an Handlungsblockaden, die sich aus grundsätzlichen Interessenkonflikten ergeben. In solchen Fällen wird die Angelegenheit notwendigerweise auf die politische Ebene hochgereicht. Ein Interessenausgleich erfordert dann meist die Bündelung mehrerer Verhandlungsgegenstände zu einem Paket. Dabei wird sehr leicht das Aktionsfeld eingespielter Politiknetzwerke überschritten. Der Prozeß ist zudem meist von einer Politisierung der Verhandlungen begleitet, d.h. es wird offenkundig, daß in die Entscheidung Erwägungen über die Angemessenheit der Verteilungskriterien und die Rangfolge von Präferenzen eingehen. Die politische Arena ist eindeutig die Domäne der Akteure, die nach demokratischen Verfahren zur politischen Verantwortung gezogen werden können. Damit ist das intergouvernementale Spiel eröffnet, das die Abstimmung in den transnationalen Policy-Netzwerken Matt setzt. Dieses Spiel kann nur in Gang setzen, wer zur Politisierung fähig ist. Thema und Akteur müssen in den Augen der Öffentlichkeit dazu hinreichend legitimiert sein, eine Eigenschaft, die die auf enge Handlungsfelder ausgerichteten Netzwerkteilnehmer nur selten erfüllen. So ergibt sich bereits aus der EG-internen Handlungslogik eine Handlungsrationalität, die der Zersplitterung und Zerfaserung von Akteuren und Politikprozeß entgegenwirkt.

Dieses Element verstärkt sich immer dann, wenn eine Angelegenheit in den politischen Gesamtzusammenhang der EU gestellt wird. Die Wirtschaftsintegration wird seit Jahrzehnten als Angelegenheit von gemeinsamem Interesse und supranationaler Regulierung betrachtet. Außenpolitik, Justiz sowie innere und äußere Sicherheit wurden erst viel später für die zwischenstaatliche Abstimmung freigegeben. Institutionelle Änderungen, die von der EG-internen Binnendynamik ihren Ausgangspunkt nehmen, werden nur sehr bedingt und in geringem Maße das Gesamtsystem berühren. Angesichts bevorstehender zusätzlicher Erweiterungsrunden und einer stärkeren Akzentuierung außen- und sicherheitspolitischer Handlungserfordernisse ist eher eine entgegengesetzte Entwicklung zu erwarten. Die EU sendet als Zwittersystem widersprüchliche Signale aus. Diese Tatsache und die mangelnde Vorhersehbarkeit ihrer weiteren institutionellen Entwicklung macht es auch verständlich, daß Akteure mit vergleichbaren Eigenschaften und Interessen an der Gemeinschaft gegenläufige Strategien verfolgen. Während einige Großunternehmen im Zuge der Rationalisierung ihrer Außenvertretung ihre nationalen Verbindungsbüros abbauen und ihre ganze Aufmerksamkeit – und Personal – auf Brüssel konzentrieren, schließen andere ihre dortigen Dependancen und bauen jene in den Hauptstädten der wichtigsten EU-Länder aus.

Während kaum zu erwarten ist, daß das Wirken privater Akteure im Zusammenspiel mit der Kommission das Verfassungssystem der EU transformieren wird, so scheint es doch plausibel, daß es Einfluß auf die weitere Evolution diskursiver Steuerung in Netzwerken haben wird. Die Kommission liefert hierfür ein legitimierendes Konzept, eröffnet geeignete Verfahren und bietet eine vielfältige Praxis (vgl. ausführlicher Kohler-Koch 1995a). Staatliche Akteure erfahren als Teilnehmer solcher Netzwerkkonzertierung einen Rollenwandel von weisungsberechtigter Steuerungszentrale hin zur Position eines Mittlers und Förderers. Aus der vordergründig schwachen Mittlerfunktion kann jedoch neue Handlungsautonomie gewonnen werden (vgl. Grande, in diesem Band) und die Politik der aktiven Vernetzung hat – wie am Beispiel deutscher Länder, allen voran Baden-Württemberg und Nordrhein-Westfalen, zu sehen ist – zu einem weiteren Eindringen des Staates in die Gesellschaft geführt. Die Bilanz für das Einflußverhältnis privater und öffentlicher Akteure unter den Bedingungen vernetzter Politik ist somit nicht eindeutig.

Diese Bilanz wird klarer, wenn man nach den Bedingungen fragt, unter denen die Abstimmung gleichgerichteten Verhaltens zwischen den potentiellen Konkurrenten, die sich in einem Politik-Netzwerk widerfinden, zustandekommen mag. Die Situation eines reinen do-ut-des ist in den multilateralen Verhandlungssituationen selten gegeben. In der Regel wird die Zusammenarbeit auch nicht erst dann aufgenommen, wenn ein klar abgegrenzter Streitgegenstand auf dem Tisch liegt und die Parteien eindeutig ihre Position abgesteckt haben. Vielmehr finden Gespräche in einer noch unübersichtlichen Gemengelage statt, in der die Konturierung des Problems noch umstritten und die Definition eigener Interessen noch offen ist. In diesem Stadium hängt die Weichenstellung für die spätere Problembearbeitung ganz wesentlich davon ab, welche Akteure im Spiel sind und welchen das Recht und die Fähigkeit zugesprochen wird, die Definition der Aufgabe und die Festlegung des politisch-technisch Machbaren vorzunehmen. Interpretationsprobleme sind leicht zu lösen, wenn über „implizite Theorien" (Hofmann 1993) ein Konsens besteht. Ordnungspolitische Orientierungen bieten sichere Wegweiser für die wechselseitige Verständigung über gemeinsame – aber auch gegensätzliche – Auffassungen. Sie sind jedoch eher in etablierten Kommunikationszirkeln und damit national abgegrenzt zu finden und bezogen auf Routineentscheidungen anwendbarer als im transnationalen Kontext und in Bezug auf Entscheidungen, die unter hoher Unsicherheit zu fällen sind. Wer die Meinungführerschaft in solchen Situtionen zu übernehmen vermag, gestaltet Politik. Diese Fähigkeit ist eindeutig ungleich verteilt. Über sie verfügt, wer anerkanntermaßen sich selbst drängenden Herausforderungen stellen muß, bereits in der Vergangenheit Stehvermögen gezeigt und erfolgversprechende Lösungen anzubieten hat, die breitere Interessen einzubinden vermögen. Problemlösungsstrategien sind keine freien Güter. Nur diejenigen, die in der Lage und bereit sind, die mit der Entwicklung und Verbreitung von Lösungskonzepten verbundenen Kosten zu tragen, nehmen Einfluß. Im Kontext der europäischen Wirtschaftsgemeinschaft qualifizieren sich in erster Linie jene Unternehmen für diese Rolle, die unmittelbar dem globalen Wettbewerbsdruck ausgesetzt sind und die Devise verinnerlicht haben, daß sie nur als

„pace setter“ des internationalen Entwicklungstrends eine wirtschaftliche Zukunft haben. Soweit sie zusätzlich über die nötigen Ressourcen verfügen, um genügend intellektuelle Kapazität und Kapital in die Erarbeitung und Propagierung politischer Handlungsstrategien zu investieren, sind sie auch konzeptionell die „trend setter“. Finden sich mehrere Großunternehmen eines Wirtschaftszweiges in Übereinstimmung, so bilden sich leicht informelle Koalitionen, die bei entsprechender Aufnahmebereitschaft der Kommission richtungsgebend sind.

Europäische Verbandszusammenschlüsse nehmen eine andere, doch gleichfalls wichtige Rolle ein. Sie sind nicht selbst Akteur, sondern Aktionsrahmen und als solcher ganz wesentlich für die Produktion eines Handlungsregimes. Je besser der verbandsinterne Informationsfluß funktioniert und die multilaterale Verständigung eingespielt ist, desto rascher kommt eine Verständigung zustande und desto tragfähiger ist sie.

Wenn man die Einschätzung teilt, daß Konzepte eine Schlüsselgröße für die Festlegung von Handlungsstrategien sind, so erscheint Interessenpolitik in einem anderen Licht. Auch wenn sie von einzelnen, benennbaren Akteuren vorangetrieben wird, so ist sie keine willkürlich manipulierbare Einzelaktion. Konzeptionen spiegeln nicht nur Interessen wider, sondern auch ein in allgemeinen Denkkategorien verankertes Verständnis eines Problems und seiner Kontextbedingungen (vgl. Jachtenfuchs, in diesem Band). Zur Beurteilung einer möglichen Einseitigkeit europäischer Interessenpolitik muß deshalb genau in Augenschein genommen werden, welche Denkfiguren die Integrationsideologie selbst produziert hat und welche in den zahlreichen „Verständigungszirkeln“ bewahrt oder neu modelliert werden.

Insgesamt betrachtet ist für die politikwissenschaftliche Forschung daraus der Schluß zu ziehen, daß die Gestaltungsmacht privater Interessen sich nicht durch eine Bestandsaufnahme der Organisations- und Artikulationsfähigkeit gesellschaftlicher Gruppen angemessen erschließen läßt und auch nicht durch die Analyse von Tauschbeziehungen innerhalb politikfeldspezifischer Netzwerke zu ermessen ist. Vielmehr muß beachtet werden, daß etablierte Institutionen und Konzeptionen begünstigende Bedingungen schaffen und daß diese wiederum durch das Handeln der Akteure gefestigt und verändert werden. Die Fähigkeit, den eigenen Handlungskontext so zu formen, daß man weiterhin als wichtiger Mitspieler auf der politischen Bühne geachtet wird und die Rollenzuweisung dem eigenen Selbstverständnis und den eigenen Interessen entspricht, ist wesentlich bedeutsamer als die kurzfristige Einflußnahme auf ein konkretes Geschehen. Mit anderen Worten, die Beurteilung von Gestaltungs“macht“ muß auch zwischen verschiedenen Dimensionen möglicher Handlungseffekte unterscheiden und die Fähigkeit zur ordnungspolitischen Einflußnahme ins Verhältnis zur Durchsetzung erwünschter politischer Maßnahmen setzen. Fehlt es noch an systematisch vergleichenden Studien zum europäischen Lobbying, so ist die kritische Aufarbeitung des Zusammenhangs von Interessenpolitik und politischen Ordnungsfragen, die so zentral für die Beurteilung der demokratischen Qualität europäischen Regierens sind, ein noch völlig unbearbeitetes Feld.

Gekürzte Fassung; der vollständige Text ist als Arbeitspapier 95/14 des Mannheimer Zentrums für Europäische Sozialforschung verfügbar.

Literatur

Altenstetter, Christa (1994): European Union Responses to AIDS/HIV and Policy Networks in the pre-Maastricht Era, in: Journal of European Public Policy 3, S. 413-440.

Bauerdick, Johannes (1994): Arbeitsschutz zwischen staatlicher und verbandlicher Regulierung (Berlin).

Burkhardt-Reich, Barbara; Schumann, Wolfgang (1983): Agrarverbände in der EG (Straßburg/Kehl).

Collins, Ken (1995): Draft Opinion for the Committee on the Rules of Procedure, the Verification of Credentials and Immunities on Lobbying and the European Parliament, 20. Februar 1995, PK 212.031

Conzelmann, Thomas (1995): Networking and the Politics of EU Regional Policy, in: Regional Politics and Policy (im Erscheinen).

Cowles, Maria Green (1994): The Politics of Big Business in the European Community: Setting the Agenda for a New Europe, Diss. (The American University) (Washington, DC).

Ebbinghaus, Bernhard; Visser, Jelle (1994): Barrieren und Wege „grenzenloser" Solidarität: Gewerkschaften und Europäische Integration; in: Streeck, Wolfgang (Hg.), Staat und Verbände, PVS-Sonderheft 25 (Opladen), S. 223-255.

Eichener, Volker (1993): Social Dumping or Innovative Regulation? Processes and Outcomes of European Decision-Making in the Sector of Health and Safety at Work Harmonisation; EUI Working Paper SPS No. 92/28 (Florenz).

Eichener, Volker; Voelzkow, Helmut (1994a): Ko-Evolution politisch-administrativer und verbandlicher Strukturen: Am Beispiel der technischen Harmonisierung des europäischen Arbeits-, Verbraucher- und Umweltschutzes; in: Streeck, Wolfgang (Hg.), Staat und Verbände, PVS-Sonderheft 25 (Opladen), S. 256-290.

*Eichener, Volker; Voelzkow, Helmut (Hg.) (1994b): Europäische Integration und verbandliche Interessenvermittlung (Marburg).

Eising, Rainer; Kohler-Koch, Beate (1994): Inflation und Zerfaserung. Trends der Interessenvermittlung in der Europäischen Gemeinschaft; in: Streeck, Wolfgang (Hg.), Staat und Verbände, PVS-Sonderheft 25 (Opladen), S. 175-206.

Friedrich, Carl J. (1972): Europa – Nation im Werden? (Bonn).

Gorges, Michael J. (1993): Interest Intermediation in the EC after Maastricht; in: Cafruny, Alan W.; Rosenthal, Glenda G. (Hg.), The State of the European Community, Bd. 2: The Maastricht Debates and Beyond (Boulder).

Greenwood, Justin (1994): Representing Interests in the European Union: The Contribution of Case Study Methods. Paper prepared for Presentation at the XVIth World Congress of the International Political Science Association, August 21-25, 1994, Berlin.

Greenwood, Justin; Grote, Jürgen R.; Ronit, Carsten (Hg.) (1992): Organized Interests in the European Community (London).

Haas, Ernst B. (1958): The Uniting of Europe. Political, Social, and Economic Forces (Stanford).

Héritier, Adrienne u.a. (1994): Die Veränderung von Staatlichkeit in Europa. Ein regulativer Wettbewerb: Deutschland, Großbritannien und Frankreich in der Europäischen Union (Opladen).

Hofmann, Jeanette (1993): Implizite Theorien der Politik. Interpretationsprobleme regionaler Technologiepolitik (Opladen).

Jansen, Dorothea; Schubert, Klaus (Hg.) (1995): Netzwerke und Politikproduktion. Konzepte, Methoden, Perspektiven (Marburg).

Keller, Berndt (1993): Die soziale Dimension des Binnenmarktes. Zur Begründung einer euro-pessimistischen Sicht; in: Politische Vierteljahresschrift 34, S. 588-612.

Klepsch, Thomas; Legrand, Hans-Josef; Sanne, Axel (Hg.) (1994): Integrierte Strukturpolitik. Eine Herausforderung für Politik, Wirtschaft und Kommunen (Bonn).

Kohler-Koch, Beate (mit R. Brümmer, B. Myrzik, H.W. Platzer) (1988): Wirtschaftsverbände als transnationale Akteure: Der Beitrag deutscher Verbände zum Management von internationaler Interdependenz, DFG-Abschlußbericht (Darmstadt).

*Kohler-Koch, Beate (1992): Interessen und Integration. Die Rolle organisierter Interessen im westeuropäischen Integrationsprozeß; in: Kreile, Michael (Hg.), Die Integration Europas, PVS-Sonderheft 23 (Opladen), S. 81-119.

Kohler-Koch, Beate (1994): Changing Patterns of Interest Intermediation in the European Union; in: Government and Opposition 29, S. 166-180.

Kohler-Koch, Beate (1995a): The Strength of Weakness: The Transformation of Governance in the EU; in: Gustavsson, Sverker; Lewin, Leif (Hg.) (1995), The Future of the Nation State (Stockholm, im Erscheinen).

Kohler-Koch, Beate (1995b): The Evolution of Organized Interests in the EC. Driving Forces, Co-Evolution or New Type of Governance?; in: Wallace, Helen (Hg.) (1995): Industrial Networks in the European Community (Oxford, im Erscheinen).

Kooiman, Jan (Hg.) (1993): Modern Governance. New Government-Society Interactions (London).

Kommission (Hg.) (1992): Verzeichnis der Verbände in der Europäischen Gemeinschaft, 5. Aufl. (Luxemburg).

Lindberg, Leon N.; Scheingold, Stuart A. (Hg.) (1971): Regional Integration – Theory and Research (Cambridge).

Loges, Frank (1994): Freie Wohlfahrtspflege in der Bundesrepublik Deutschland zwischen Binnenmarkt und politischer Union: Anmerkungen zur Implementation wohlfahrtsstaatlicher Interessen; in: Eichener, Volker; Voelzkow, Helmut (Hg.), Europäische Integration und verbandliche Interessenvermittlung (Marburg), S. 485-502.

March, James G.; Olsen, Johan P. (1984): The New Institutionalism: Organizational Factors in Politival Life; in: American Political Science Review 78, S. 734-749.

Mazey, Sonia (1994): Interest Groups and Representation in the European Union. Paper presented to the workshop ‚Democratic Representation and the Legitimacy of Government in the European Community', ECPR Joint Sessions of Workshops, Madrid, 17-22 April 1994.

*Mazey, Sonia; Richardson, Jeremy (Hg.) (1993): Lobbying in the European Community (Oxford).

McLaughlin, Andrew M.; Jordan, Grant; Maloney, William A. (1993): Corporate Lobbying in the European Community; in: Journal of Common Market Studies 31, S. 191-212.

Meynaud, Jean; Sidjanski, Dusan (1971): Les groupes de pression dans la Communauté Européenne 1958-1968. Structure et action des organisations professionelles (Brüssel).

Miller, Gary (1995): Post-Maastricht Legislative Procedures: Is The Council „Institutionally Challenged"?, Paper to the 4th Biennial International Conference of ECSA, Charleston, South Carolina, 11-14 May 1995.

Olson, Mancur (1968): Die Logik des kollektiven Handelns. Kollektivgüter und die Theorie der Gruppen (Tübingen).

Petite, Michel u.a. (1987): Agricultural Policy Formation in the European Community: The Birth of Milk Quotas and CAP Reform (Amsterdam).

*van Schendelen, M.P.C.M. (Hg.) (1992): National and Private EC Lobbying (Aldershot).

Schmid, Josef (1994): Der Wohlfahrtsstaat Europa und die deutschen Wohlfahrtsverbände: Zur politisch-ökonomischen Dialektik zwischen europäischer Integration und verbandsorganisatorischer Differenzierung; in: Eichener, Volker; Voelzkow, Helmut (Hg.), Europäische Integration und verbandliche Interessenvermittlung (Marburg), S. 453-483.

Schmitter, Philippe C. (1974): Still the Century of Corporatism?; in: Review of Politics 6, S. 85-131.

Schmitter, Philippe C.; Streeck, Wolfgang (1981): The Organization of Business Interests. A Research Design to Study the Associate Action of Management. WZB-Discussion Paper IIM/LMP 81-13 (Berlin).

Schubert, Klaus; Bandelow, Nils (1994): Neue Netze und fremde Gewässer: „Networking" für eine europäische Kulturpolitik; in: Eichener, Volker; Voelzkow, Hartmut (Hg.), Europäische Integration und verbandliche Interessenvermittlung (Marburg), S. 597-615.

Schumann, Wolfgang (1994): Das politische System der Europäischen Union als Rahmen für Verbandsaktivitäten; in: Eichener, Volker; Voelzkow, Helmut (Hg.), Europäische Integration und verbandliche Interessenvermittlung (Marburg), S. 71-108.

Spöri, Dieter (1994): Neue Wege in der marktwirtschaftlichen Industrie- und Strukturpolitik, in: Klepsch, Thomas; Legrand, Hans-Josef; Sanne, Axel (Hg.), Integrierte Strukturpolitik. Eine Herausforderung für Politik, Wirtschaft und Kommunen (Bonn), S. 65-77.

Streeck, Wolfgang (1992): National Diversity, Regime Competition and Institutional Deadlock: Problems in Forming a European Industrial Relations System; in: Journal of Public Policy 12, S. 301-330.

Streeck, Wolfgang (1995): Politikverflechtung und Entscheidungslücke: Zum Verhältnis von zwischenstaatlichen Beziehungen und sozialen Interessen im europäischen Binnenmarkt; in: Bentele, Karlheinz; Reissert, Bernd; Schettkat, Ronald (Hg.), Die Reformfähigkeit von Industriegesellschaften. Fritz W. Scharpf – Festschrift zu seinem 60. Geburtstag (Frankfurt am Main), S. 101-128.

Streeck, Wolfgang; Schmitter, Philippe C. (1985): Community, Market, State – and Associations? The Prospective Contribution of Interest Governance to Social Order; in: European Sociological Review 1, S. 119-138.

Streeck, Wolfgang; Schmitter, Philippe C. (1991): From National Corporatism to Transnational Pluralism: Organized Interests in the Single European Market; in: Politics and Society 19, S. 133-164.

Tiedemann, Rüdiger (1994): Aufstieg oder Niedergang der Interessenverbände? Rent-seeking und europäische Integration (Baden-Baden).

Ullmann, Hans-Peter (1988): Interessenverbände in Deutschland (Frankfurt am Main).

Visser, Jelle; Ebbinghaus, Bernhard (1992): Making the most of diversity? European integration and transnational organization of labour; in: Greenwood, Justin; Grote, Jürgen R.; Ronit, Carsten (Hg.) (1992), Organized Interests in the European Community (London), S. 206-237.

B. Politik im Mehrebenensystem

Redistributive und sozialregulative Politik

Giandomenico Majone

1. Auf der Suche nach dem sozialen Europa

Die meisten Befürworter der europäischen Integration sind sich darüber einig, daß der Integrationsprozeß nicht auf den Bereich der Wirtschaft beschränkt bleiben kann. Die Schaffung eines gemeinsamen Marktes ist kein Ziel, das geeignet ist, die Loyalität und die Zuneigung der europäischen Völker zu ihren supranationalen Institutionen hervorzurufen. Hierzu bedarf es auch einer sozialen Dimension.

Es ist allerdings notorisch schwierig, den Begriff des sozialen Europas mit einer präzisen Bedeutung zu versehen. Diese Schwierigkeiten beginnen schon mit der mehrdeutigen Verwendung des Begriffes „Sozialpolitik" im EWG-Vertrag von 1957. Der Abschnitt über die Sozialpolitik – Titel III im dritten Teil des Vertrages – zählt eine Reihe von „sozialen Fragen" (Beschäftigung, Arbeitsrecht und Arbeitsbedingungen, berufliche Ausbildung und Fortbildung, soziale Sicherheit, Verhütung von Berufsunfällen und Berufskrankheiten, Gesundheitsschutz bei der Arbeit, Koalitionsrecht und Kollektivverhandlungen zwischen Arbeitgebern und Arbeitnehmern) auf, in denen eine enge Zusammenarbeit der Mitgliedstaaten stattfinden sollte (Art. 118). Laut Artikel 119 sollen die Mitgliedstaaten „den Grundsatz des gleichen Entgelts für Männer und Frauen bei gleicher Arbeit anwenden und in der Folge beibehalten". Titel III errichtet außerdem den Europäischen Sozialfonds, der das Ziel hat, die Beschäftigungsmöglichkeiten zu verbessern und die örtliche und berufliche Mobilität der Arbeitskräfte zu fördern.

Die wohl wichtigste sozialpolitische Bestimmung des EWG-Vertrages, das System zur sozialen Sicherheit von Arbeitsmigranten, findet sich nicht im Abschnitt über Sozialpolitik, sondern im Titel über die Freizügigkeit, den freien Dienstleistungs- und Kapitalverkehr (Titel III des zweiten Teils, Art. 51). Schließlich ist es laut Art. 39 eines der Ziele der gemeinsamen Agrarpolitik, „der landwirtschaftlichen Bevölkerung, insbesondere durch Erhöhung des Pro-Kopf-Einkommens der in der Landwirtschaft tätigen Personen, eine angemessene Lebenshaltung zu gewährleisten".

Somit umfaßte „Sozialpolitik" für die an den Vertragsverhandlungen Beteiligten nicht nur soziale Absicherung und die Einkommensverteilung zumindest für bestimmte Arbeitnehmergruppen, sondern auch Umverteilung zwischen Regionen, Elemente von Industrie- und Arbeitsmarktpolitik (Berufsausbildung, Maßnahmen zur Verbesserung der Arbeitskräftemobilität) und sozialregulative Politik (vor allem Arbeits- und Gesundheitsschutz sowie die Gleichberechtigung der Frau).

Die Aufzählung der zur Sozialpolitik gehörenden Bereiche in Art. 118 und die beschränkte Rolle der Kommission im Titel III (Förderung der Koordinierung nationaler Politiken, Untersuchungen, Stellungnahmen und Vorbereitung von Beratungen) zeigen jedoch, daß der Bereich Sozialpolitik abgesehen von den oben erwähnten Ausnahmen als außerhalb der supranationalen Kompetenz der Gemeinschaftsinstitutionen befindlich angesehen wurde (Vogel-Polski/Vogel 1991). Tatsächlich war die Aktivität der Kommission im Bereich der Sozialpolitik und der sozialregulativen Politik zwischen 1958 und dem Ende der siebziger Jahre mit der bemerkenswerten Ausnahme der Umweltpolitik eher bescheiden. Die Begriffe „Umwelt" und „Umweltpolitik" tauchen im EWG-Vertrag von 1958 noch nicht einmal auf. Trotz des Fehlens einer expliziten Rechtsgrundlage hat sich seit 1967 die Umweltpolitik der Gemeinschaft kräftig, wenn auch nicht harmonisch oder systematisch, entwickelt.

Die Einheitliche Europäische Akte weist der Gemeinschaft einige neue Kompetenzen im Sozialbereich zu. Die wichtigsten Entwicklungslinien der Gemeinschaftspolitik in diesem Bereich zeichnen sich zunehmend klarer ab: Es handelt sich um regionale Entwicklung (neuer Titel V über wirtschaftlichen und sozialen Zusammenhalt) und sozialregulative Politik (Art. 100a, Art. 118a und der neue Titel VII über Umweltschutz). Wie oben erwähnt, gehörte bis dahin die Sozialpolitik zum Kompetenzbereich der Mitgliedstaaten, wobei sich die Initiativrolle der Kommission im wesentlichen auf die Förderung der Zusammenarbeit zwischen den Mitgliedstaaten beschränkte. Vor allem gab Art. 118 des EWG-Vertrages der Gemeinschaft keinerlei regulative Kompetenz im Bereich des Arbeits- und Gesundheitsschutzes. Die ersten Richtlinien in diesem Bereich mußten sich deshalb auf Art. 100 stützen, der die Angleichung von Rechtsvorschriften betrifft, die sich unmittelbar auf das Funktionieren des Gemeinsamen Marktes auswirken, und bedurften deshalb zu ihrer Verabschiedung der Einstimmigkeit im Ministerrat. Unter dem neuen Art. 118a können Richtlinien in diesem Bereich vom Rat mit qualifizierter Mehrheit beschlossen werden, ohne daß ihre Relevanz für die Vollendung des Binnenmarktes nachgewiesen werden muß.

Eine andere von Art. 118a eingeführte Neuerung stellt das Konzept der „Arbeitsumwelt" dar, das regulative Interventionen jenseits der traditionellen Grenzen des Arbeits- und Gesundheitsschutzes möglich macht. Nach der vom Europäischen Parlament bevorzugten weiten Interpretation würde das Ziel der Verbesserung der Arbeitsumwelt alle Faktoren umfassen, die die Sicherheit und Gesundheit der Arbeitnehmer beeinflussen könnten: Organisation des Arbeitsmarktes, Dauer, Organisation und Natur der Arbeit sowie physischen und psychologischen Streß. Selbst wenn eine derartig weite Interpretation sowohl vom Rat als auch von der Kommission abgelehnt wird, gehen einige jüngere Richtlinien hinsichtlich der Einbeziehung von ergonomischen und anderen „weichen" Faktoren im Geiste von Art. 118a über die existierenden Regelungen in den meisten Mitgliedstaaten hinaus (z.B. die Arbeitsschutzrahmenrichtlinie, 89/391/EWG, ABl. L 183/1 und die Maschinenrichtlinie, 89/392/EWG, ABl. L 183/9; vgl. auch Eichener, in diesem Band).

Zur Vervollständigung dieses Bildes von beträchtlichem Fortschritt in der sozialregulativen Politik auf Gemeinschaftsebene muß auch Art. 100a, Abs. 3 erwähnt werden, der die Kommission verpflichtet, in ihren Vorschlägen in den Bereichen Gesundheit, Sicherheit, Umweltschutz und Verbraucherschutz von einem hohen Schutzniveau auszugehen. Der in Art. 118a enthaltene Verweis auf Minimalanforderungen (danach „erläßt der Rat ... unter Berücksichtigung der in den einzelnen Mitgliedstaaten bestehenden Bedingungen und technischen Regelungen ... durch Richtlinien Mindestvorschriften") bedeutet deshalb gerade nicht, daß die Gesundheits- und Sicherheitsstandards der Gemeinschaft den kleinsten gemeinsamen Nenner der Mitgliedstaaten darstellen sollten. Vielmehr stellen Gemeinschaftsstandards eine niedrigere Schwelle für nationale Regulierungsbehörden dar, denen freigestellt bleibt, Standards zu verabschieden oder beizubehalten, die höheren Sicherheitsanforderungen genügen.

Die zunehmende Wichtigkeit sozialregulativer Politik zeigt sich auch im Aktionsprogramm zur Umsetzung der von den Mitgliedstaaten mit Ausnahme Großbritanniens am 9. Dezember 1989 angenommen Sozialcharta. Von den zwanzig Richtlinien oder Verordnungen, die das Aktionsprogramm enthält, entfallen zehn auf den Bereich des Arbeits- und Gesundheitsschutzes, drei beschäftigen sich mit der Verbesserung der Lebens- und Arbeitsbedingungen und drei weitere mit der Gleichbehandlung von Mann und Frau, den Rechten der Behinderten und dem Schutz von Kindern (Kommission 1989).

Der Maastrichter Vertrag bewegt sich in die gleiche Richtung. Er enthält einen neuen Abschnitt über Verbraucherschutz (Titel XI), bedeutsame Neuerungen im Bereich Arbeits- und Gesundheitsschutz, führt qualifizierte Mehrheitsabstimmungen für die meisten umweltpolitischen Maßnahmen ein und fügt sogar Verkehrssicherheit zu den regulativen Aufgaben der Gemeinschaft hinzu (Art. 75, Abs. 1c). Der Vertrag schweigt sich jedoch über die meisten Felder der traditionellen Sozialpolitik aus.

Dies alles zeigt, daß die EG-Politik im Sozialbereich anderen Entwicklungslinien folgt als die der Mitgliedstaaten. Während nationale Traditionen in ihrer historischen Entwicklung ein dichtes Netz von Wohlfahrtsinstitutionen hervorgebracht haben, das die meisten Bürger während ihrer gesamten Lebensspanne einbezieht, ist die Gemeinschaft bisher ein Nachzügler in der traditionellen Sozialpolitik und wird dies höchstwahrscheinlich auch bleiben. Im Bereich der sozialregulativen Politik allerdings war der Fortschritt so bemerkenswert, daß einige Richtlinien neueren Datums (wie die beiden oben erwähnten zum Arbeits- und Gesundheitsschutz) in ihrem Schutzniveau die fortschrittlichsten nationalen Regelungen übertreffen.

Dieser Beitrag untersucht die Gründe für diese unterschiedlichen Entwicklungsmuster. Ich behaupte, daß eine zufriedenstellende Erklärung hierfür mehrere zusammenhängende Faktoren mit einbeziehen muß. Hierzu gehört erstens die besondere Natur der Europäischen Gemeinschaft als Struktur europäischen Regierens. Zweitens müssen die Zwänge berücksichtigt werden, unter denen das Gemeinschaftssystem arbeitet. Diese reichen von der sehr begrenzten Finanzausstattung der Gemeinschaft bis hin zur Zurückhaltung der Mitgliedstaaten, ihre Hegemonie über die traditionelle Sozialpolitik aufzugeben und der Schwierigkeit, die äußerst unterschiedlichen nationalen Wohlfahrtssysteme zu harmonisieren. Ein dritter wichtiger Faktor ist das politische Unternehmertum der Kommission. In Abschnitt 5 wird gezeigt, wie James Q. Wilsons Typologisierung von Politiktypen nach der wahrgenommenen Verteilung von Kosten und Nutzen mithelfen kann zu erklären, warum sozialregulative Politik ein besseres Betätigungsfeld für politische Unternehmer darstellt als traditionelle Sozialpolitik.

In der Schlußfolgerung stelle ich die These auf, daß eine größere redistributive Rolle der EG das Problem des „Demokratiedefizits" der europäischen Institutionen nicht lösen, sondern im Gegenteil verschlimmern würde. Hinzu kommen normative Gründe dafür, daß die soziale Dimension der Europäischen Integration durch sozialregulative Politik anstelle traditioneller Sozialpolitik gewährleistet werden sollte.

2. Die Europäische Gemeinschaft als regulativer Staat

Moderne polit-ökonomische Theorien des Staates unterscheiden zwischen Einkommensumverteilung, makroökonomischer Stabilisierung und Regulierung als den drei Hauptformen staatlicher Intervention in die Wirtschaft. Moderne Staaten sind in allen drei Bereichen aktiv, deren relative Wichtigkeit von Land zu Land und innerhalb eines Landes in verschiedenen historischen Phasen variiert.

Bis in die jüngste Zeit maßen die meisten europäischen Staaten Umverteilung und makroökonomischer Stabilisierung eine größere politische Bedeutung zu als der Korrektur von Marktversagen durch Regulierung. Diese Prioritäten spiegeln sich in Begriffen wie „Wohlfahrtsstaat" und „Interventionsstaat", von denen ersterer die redistributive und letzterer die stabilisierende Funktion des Staates betont. Auf der anderen Seite sprechen amerikanische Wissenschaftler oft von der US-Regierung als „regulativem Staat" (vgl. z.B. Sunstein 1990; Seidman/Gilmour 1986). Hieraus läßt sich ableiten, daß in den Vereinigten Staaten die regulative Funktion historisch wichtiger war als die beiden anderen Funktionen.

Tatsächlich spielte die US-Regierung vor F.D. Roosevelts New Deal und der fiskalischen Revolution, die zwischen den Präsidentschaften von Herbert Hoover (1929-1933) und Lyndon B. Johnson (1963-1969) stattfand, nur eine sehr bescheidene Rolle hinsichtlich Umverteilung und makroökonomischer Stabilisierung. Selbst nach dem New Deal blieben die USA, verglichen mit den Standards europäischer Wohlfahrtsstaaten, ein Nachzügler in wohlfahrtsstaatlicher Hinsicht. Trotzdem oder wahrscheinlicher gerade deswegen (Majone 1991) spielten die USA eine führende Rolle nicht nur im Bereich der wirtschaftlichen Regulierung (Kartellgesetzgebung, Regulierung der Finanzmärkte und der öffentlichen Versorgungsunternehmen), sondern auch in der neuen sozialregulativen Politik (Umweltschutz, nukleare Sicherheit, Verbraucherschutz und Produktsicherheit, Lebens- und Arzneimittelregulierung sowie die Regulierung neuer Technologien).

Wenn die Politikentwicklung in der Europäischen Gemeinschaft unter dem Blickwinkel der drei oben genannten Hauptfunktionen der Regierung untersucht werden soll, so fällt als erstes der geringe Umfang der finanziellen Ressourcen auf, die der Gemeinschaft zur Verfügung stehen. Trotz seines starken Wachstums in den letzten Jahren beträgt der Umfang des Gemeinschaftsbudgets weniger als vier Prozent der Gesamtausgaben der nationalen Regierungen aller Mitgliedstaaten und weniger als 1,3 Prozent des Bruttosozialproduktes (BSP) der Europäischen Union. Im Vergleich dazu beträgt der Staatsanteil am BSP in den Mitgliedstaaten unter Einbeziehung der nationalen und der regionalen Ebene um die fünfzig Prozent. Der Haushalt der Gemeinschaft ist nicht nur sehr klein, sondern auch sehr unflexibel, da er zu fast siebzig Prozent aus obligatorischen Ausgaben für Programme wie die Preisstützung im Rahmen der gemeinsamen Agrarpolitik besteht.

Diese finanziellen Daten sind wichtig für das Verständnis der Entwicklung der EG als „regulativem Staat". Auf der einen Seite ist der Gemeinschaftshaushalt eindeutig zu klein, um wirklich bedeutende Maßnahmen der Einkommensumverteilung oder der makroökonomischen Stabilisierung zu unterstützen, auf der anderen Seite ist der begrenzte Einfluß budgetärer Beschränkungen auf die Aktivitäten der Regulierungsbehörden ein wichtiges Charakteristikum regulativer Politik. Der Umfang nicht-regulativer, sondern direkte Ausgaben involvierender Programme ist beschränkt durch die jeweiligen Haushaltstitel und letztlich durch die verfügbaren Steuereinnahmen. Im Gegensatz dazu werden die tatsächlichen Kosten der meisten regulativen Programme direkt von den Individuen, Firmen oder Regierungen getragen, die sich nach ihnen richten müssen. Im Vergleich zu diesen Kosten sind die Ressourcen, die zur Erarbeitung der jeweiligen Regulierungen benötigt werden, zu vernachlässigen.

Die Bedeutung des strukturellen Unterschiedes zwischen regulativer Politik und redistributiven, budgetären oder sonstigen Politiken, die die unmittelbare Verausgabung öffentlicher Mittel beinhalten, kann kaum überschätzt werden. Diese Unterscheidung ist vor allem für die Analyse von Gemeinschaftspolitiken wichtig, da nicht nur die wirtschaftlichen, sondern auch die politischen und administrativen Kosten der Implementation von EG-Verordnungen und Richtlinien von den Mitgliedstaaten getragen werden. Wie oben erwähnt, fließen die finanziellen Ressourcen der Gemeinschaft zum größten Teil in die gemeinsame Agrarpolitik und eine Handvoll weiterer distributiver und redistributiver Programme. Die verbleibenden Mittel sind unzureichend für großangelegte Initiativen der Fiskal-, Industrie- oder Energiepolitik wie auch im Bereich von Forschung und technologischer Innovation. Angesichts dieser Beschränkungen blieb der Kommission nur die Ausweitung ihrer regulativen Aktivitäten zur Verbesserung ihrer Rolle.

Somit muß man zur Erklärung des offenbar unaufhaltsamen Wachstums europäischer Regulierung auf der *Angebotsseite* sowohl das natürliche Bestreben der Kommission, ihren Einfluß zu erhöhen, als auch die Möglichkeit, budgetären Restriktionen durch Rückgriff auf regulative Politik zu entgehen, berücksichtigen (Majone 1994a). Die *Nachfrage* nach EG-Regulierung hängt andererseits von einigen anderen, mehr oder minder unabhängigen Faktoren ab. Zunächst fällt hierunter die funktionale Notwendigkeit der regulativen Harmonisierung in einem zunehmend integrierten Markt. Schon die neofunktionalistischen Integrationstheoretiker wie Ernst Haas erklärten das Wachstum von Gemeinschaftskompetenzen mit der „expansiven Logik sektoraler Integration". Haas ging von einem Prozeß des funktionalen „spillover" aus, bei dem die einmal von den Regierungen getroffenen Entscheidungen zur Delegation von politischer Gestaltungsmacht in bestimmten Sektoren an eine supranationale Institution Druck dahingehend ausübt, die Kompetenzen dieser Institution auch auf benachbarte Sektoren auszudehnen (Haas 1964, 1968).

Die spätere Entwicklung hat gezeigt, daß dieser Prozeß des funktionalen spillover weder unvermeidlich war noch automatisch erfolgte. Ein schweres methodisches Versäumnis des Neofunktionalismus bestand darin, nicht zwischen *Politiktypen* wie distributiver, redistributiver und regulativer Politik zu unterscheiden. Während die meisten distributiven und redistributiven Politiken (z.B. Regionalförderung, Entwicklungshilfe, Bildungs- und Kulturpolitik) nicht zufriedenstellend durch rein funktionale Argumente erklärt werden können, ist der Begriff des funktionalen spillover offensichtlich für die regulative Politik relevant. Selbst in diesem Fall überschätzt die neofunktionalistische Analyse den Automatismus des spillover und unterschätzt sowohl die unternehmerische Rolle der Kommission als auch die Aktivitäten mächtiger wirtschaftlicher Akteure, die nicht abwarten können, bis die schrittweise Aufgabenerweiterung der Gemeinschaft die Politikergebnisse produziert, die sie sich wünschen.

So sind zum Beispiel multinationale exportorientierte Industrien daran interessiert, inkonsistente und zunehmend strengere Regelungen in verschiedenen Staaten innerhalb und außerhalb der EU zu vermeiden. Gemeinschaftliche Regulierung kann dieses Risiko ausschalten oder zumindest verringern. Ein ähnliches Phänomen wurde in den USA beobachtet, wo bestimmte Industrien angesichts der Gefahr, beträchtliche Marktanteile durch bundesstaatliche oder örtliche Gesetzgebung zu verlieren, die Regulierung auf Bundesebene stark unterstützt haben. Die Automobilindustrie etwa, die während der sechziger Jahre erfolgreich bundesweite Emissionsstandards für Kraftfahrzeuge verhindert hatte, verkehrte ihre Position Mitte 1965 abrupt ins Gegenteil: unter der Voraussetzung, daß bundesweite Standards von einer technokratischen Regulierungsbehörde festgelegt und daß damit strengere Standards als die kalifornischen verhindert würden, war die Automobilindustrie bereit, bundesweite Gesetzgebung zu unterstützen. Analoge Gründe erklären die Bevorzugung gemeinschaftlicher Regulierungen durch mächtige und gutorganisierte Industrien wie etwa die europäische Chemie- und Pharmaindustrie (Majone 1992).

Die Nachfrage nach EG-Regulierung wird außerdem angeregt durch nicht-ökonomische Interessen wie Umweltgruppen, Verbraucherverbände, Unterstützer der Gleichberechtigung von Mann und Frau, wissenschaftliche Spezialisten in verschiedenen Bereichen des Arbeits- und Gesundheitsschutzes sowie zunehmend von regionalen und lokalen Körperschaften. Es ist auch bekannt, daß die Kommission häufig Gesetzgebungsvorschläge aufgrund der Initiative nationaler Regierungen in dem jeweiligen Bereich einbringt. So hat die britische Regierung beträchtlichen Druck auf die Kommission ausgeübt, den Markt für Lebensversicherungen und andere Versicherungen zu liberalisieren, da dort die britischen Versicherer über einen beträchtlichen Vorsprung gegenüber ihren Konkurrenten auf dem europäischen Festland verfügen.

Die breite Nachfrage nach EG-Regulierung und die Bereitschaft der Kommission, diese zu befriedigen, reichen nicht aus, um die Entwicklung der Gemeinschaft als zunehmend mächtiger werdendem regulativen Staat zu erklären. Es ist nämlich nicht von vornherein einsichtig, warum die Mitgliedstaaten bereit sein sollten, mehr regulative Macht abzugeben als wegen des EG-Vertrags oder der Logik des funktionalen spillover erforderlich ist. Wie Ronald Coase in einem berühmten Aufsatz gezeigt hat, verhindert die Existenz negativer Externalitäten oder anderer Formen von Marktversagen nicht als solche die effektive Koordinierung zwischen unabhängigen Akteuren (Coase 1960). Aus dem Coase-Theorem ergibt sich, daß eher *regulatives Versagen* als Marktversagen die Begründung für supranationale Regulierung darstellt.

Marktversagen mit internationalen Auswirkungen (z.B. grenzüberschreitende Umweltverschmutzung) könnte in einer kooperativen (zwischenstaatlichen) Weise bearbeitet werden, ohne daß dazu regulative Kompetenzen an eine supranationale Institution wie die Kommission abgegeben werden müßten. Voraussetzung dazu wäre allerdings, daß die nationalen Regulierungsbehörden bereit und in der Lage wären, die internationalen Auswirkungen ihrer Entscheidungen zu berücksichtigen, daß sie über ausreichendes Wissen der Absichten der jeweils anderen verfügten, daß die (Transaktions)kosten der Organisation und Überwachung der Politikkoordinierung nicht zu hoch wären, und daß vor allem ein gegenseitiges Vertrauen in die korrekte Umsetzung der gemeinsamen Entscheidungen bestünde. Diese Voraussetzungen sind in der Praxis selten erfüllt. Wenn es aber schwierig ist zu beobachten, ob Regierungen ernsthafte Anstrengungen unternehmen, eine kooperative Übereinkunft auch umzusetzen, dann ist diese Übereinkunft nicht glaubwürdig.

Wenn etwa Umweltverschmutzung internationale Effekte hat und Strafzahlungen beträchtliche Konkurrenznachteile für international konkurrierende Firmen zur Folge haben, werden diese Firmen wahrscheinlich davon ausgehen, daß nationale Regulierungsbehörden, wenn sie das Ausmaß der Anwendung einer Umweltnorm selbst bestimmen, sie weniger streng verfolgen werden als unter supranationaler Überwachung. Somit kann ein Transfer regulativer Kompetenzen an eine supranationale Behörde das Verhalten der betroffenen Firmen verbessern, indem dadurch der strengeren Regulierung mehr Glaubwürdigkeit verliehen wird (Gatsios/Seabright 1989). Zudem hat die Kommission, da ihre Regulierungstätigkeit eine große Anzahl von Firmen in der EU betrifft, durch Kontakte in jedem individuellen Fall mehr zu gewinnen als nationale Regulierungsbehörden, da eine schwache Durchsetzung der jeweiligen Regulierungsakte ihre Glaubwürdigkeit in den Augen einer größeren Anzahl von Firmen zerstören würde. Sie wird deshalb zumindest in Bereichen wie der Wettbewerbspolitik, in denen ihr die Verträge die notwendigen Kompetenzen verleihen, eher als die Mitgliedstaaten dazu bereit sein, Sanktionen auch wirklich durchzusetzen.

Ein weiterer Vorteil der Delegation regulativer Kompetenz auf die europäische Ebene liegt darin, daß die EG-Behörden im Vergleich zu nationalen Behörden weniger anfällig für politischen Druck oder auch für Lobbying von Firmen und Gewerkschaften sind. Die (relative) politische Unabhängkeit der Kommission ist besonders wichtig im Falle der Genehmigung von Firmenfusionen, staatlichen Beihilfen für die Industrie und dem Abbau nationaler wettbewerbswidriger Vorschriften. Alles in allem läßt sich also die Bereitschaft der Mitgliedstaaten zur Delegation bedeutender regulativer Kompetenzen an die Kommission und somit zur Schaffung der Grundlagen eines supranationalen regulativen Staates durch die geringe Glaubwürdigkeit und die hohen Überwachungs- und Durchsetzungskosten rein zwischenstaatlicher Vereinbarungen erklären.

3. Die Unmöglichkeit eines europäischen Wohlfahrtsstaates

Im vorangegangenen Abschnitt habe ich die strukturellen, die funktionalen und die Verhaltensfaktoren analysiert, die die Entwicklung der Europäischen Gemeinschaft zum regulativen Staat ermöglicht haben. Im folgenden werde ich die Gründe diskutieren, die meiner Ansicht nach einen anderen Typus der institutionellen und politischen Entwicklung – in die Richtung eines europäischen Wohlfahrtsstaates – sowohl unmöglich als auch unerwünscht machen.

Die Idee eines europäischen Wohlfahrtsstaates, der irgendwie als „transnationale Synthese" nationaler Wohlfahrtssysteme entstehen sollte, wurde in den letzten Jahren mehrfach diskutiert. Die Verfechter dieser Idee argumentieren im allgemeinen auf der Basis einer historischen Analogie, sind aber vor allem besorgt über die Zukunft von Sozialleistungen in einem integrierten europäischen Markt.

Die Analogie bezieht sich auf die integrative Rolle der Sozialpolitik in der Entstehung des Nationalstaates im Europa des 19. Jahrhunderts. Historisch gesehen hat die Sozialpolitik einen wesentlichen Beitrag zum Prozeß der Nationenbildung geleistet, indem sie die Kluft zwischen Staat und Gesellschaft überbrücken half. Nationale Versicherungssysteme, soziale Sicherheitsleistungen, das öffentliche Bildungssystem und ein staatlich organisiertes Gesundheitssystem waren und sind großenteils noch immer mächtige Symbole nationaler Identität. Einige Autoren behaupten, daß ein supranationaler Wohlfahrtsstaat eine gleichermaßen starke Demonstration europaweiter Solidarität darstellen würde (Streeck 1990; Offe 1990; Leibfried 1991).

Der Erfolg des nationalen Wohlfahrtsstaates selbst setzt jedoch einer Ausdehnung der sozialpolitischen Gemeinschaftskompetenzen eine Grenze. Angesichts der abnehmenden Kontrolle über die Wirtschaftspolitik bildet die Sozialpolitik zusammen mit der Außen- und Verteidigungspolitik eine der wenigen fast intakten Bastionen nationaler Souveränität, und schon aus diesem Grund werden die nationalen Regierungen alles tun, um sie zu erhalten. Tatsächlich läßt sich ein frappierender Unterschied zwischen Größe und Ausmaß nationaler Sozialpolitik und der bescheidenen Rolle (traditioneller) Sozialprogramme im Prozeß der europäischen Integration feststellen.

Wenn die historische Analogie von zweifelhaftem Wert ist, wie gut begründet sind dann die Befürchtungen, daß die Konkurrenz zwischen unterschiedlichen nationalen Wohlfahrtssystemen in einem integrierten Markt zur freien Wahl von Sozialsystemen, zu Sozialdumping und zu Deregulierung führen wird? Zur Beantwortung dieser Frage ist es notwendig, auf indirekte empirische Indizien zurückzugreifen. Das Ausmaß und die Richtung ausländischer Direktinvestitionen in Entwicklungsländern etwa scheint dafür zu sprechen, daß Firmen nicht in Ländern mit niedrigen Sozialleistungen (und deshalb niedrigeren Löhnen) investieren, wenn nicht noch andere Faktoren wie Infrastruktur und Arbeitsproduktivität solche Investitionen rechtfertigen (Knödgen 1979). Staaten mit hohen Sozialleistungen wie Deutschland oder Frankreich ziehen nach wie vor ausländische Direktinvestitionen an, eben weil sie Vorteile durch überlegene Infrastruktur und hohe Arbeitsproduktivität bieten. Tatsächlich werden die zweischneidigen sozialen Konsequenzen der Integration dadurch deutlich, daß die nordeuropäischen Besorgnisse über Abwanderungen in Niedriglohnländer ihre Entsprechung in südeuropäischen Befürchtungen finden, daß Investitionen sich in den am meisten entwickelten europäischen Regionen ansiedeln würden, wo sich eine überlegene Infrastruktur und gutausgebildete Arbeitskräfte finden (Leibfried/Pierson 1993: 21).

Selbst in den Vereinigten Staaten koexistieren hochentwickelte Wohlfahrtssysteme, etwa die von Wisconsin oder Kalifornien, mit einfacheren. In Kalifornien z.B. waren die Zahlungen an Wohlfahrtsempfänger im Jahr 1990 sechsmal so hoch wie in Alabama. Der höchste Auszahlungsbetrag, den eine dreiköpfige Familie in Kalifornien erhielt, belief sich auf 694 $ pro Monat, während eine vergleichbare Familie in Alabama 118 $ erhielt (Peterson/Rom 1990: 7). Die eben genannten Autoren zeigen, daß die Unterschiede in der Politik der einzelnen Staaten nicht als Besonderheiten einiger weniger Staaten angesehen werden können und daß sie auch nicht im Verschwinden begriffen sind. Stattdessen zeigt die Statistik, daß die Unterschiede zwischen den Sozialleistungen der einzelnen Staaten 1990 genau so groß waren wie 1940. Solche Unterschiede erzeugen das Phänomen der „Wohlfahrtsmagneten“, d.h. Staaten, die durch ihre relativ hohen Sozialleistungen die Armen anziehen. Selbst nach der Vollendung des Binnenmarktes wird dies jedoch aufgrund sprachlicher und kultureller

Barrieren sowie des ansteigenden Lebensstandards selbst in den ärmeren Regionen der EU kaum ein Problem in Europa werden. Wenn man sich zudem das relativ hohe europäische Niveau im Arbeits- und Gesundheitsschutz vor Augen hält, wird klar, daß die Befürchtungen hinsichtlich einer Erosion der nationalen Wohlfahrtsstaaten *als Konsequenz der europäischen Integration* übertrieben sind. Wenn es eine Krise des Wohlfahrtsstaates gibt – worüber die Meinungen weit auseinander gehen –, dann entspringt sie aus Faktoren, die nichts mit dem europäischen Integrationsprozeß zu tun haben, etwa demographischen Trends, den steigenden Kosten des Gesundheitssystems, der weltweiten Krise der sozialen Absicherung, Protesten der Steuerzahler, exzessiver Bürokratisierung usw.

Es ist gut, daß die normativen Gründe für einen europäischen Wohlfahrtsstaat nicht überzeugen, denn auch die Chancen seiner Realisierung sind äußerst gering. Die offensichtlichste Schwierigkeit liegt darin, daß die Gemeinschaft zur Zeit nicht über die finanziellen Ressourcen verfügt, die ein moderner Wohlfahrtsstaat benötigt und sich dies auch in absehbarer Zukunft nicht ändern wird (vgl. Abschnitt 2).

Ein zweites Problem besteht in der Vielfalt wohlfahrtsstaatlicher Formen in Europa. Zumindest vier Haupttypen lassen sich identifizieren: ein skandinavisches und ein angelsächsisches Modell, das Modell der „Bismarck-Staaten" und die Wohlfahrtssysteme der Länder am südlichen Rand der EU (Leibfried 1991; für eine andere Typologie vgl. Esping-Andersen 1990). Jedes dieser Modelle und ihrer zahlreichen Varianten entspringen besonderen historischen und politischen Traditionen und sind aufs engste mit ihrem sozialen und wirtschaftlichen Kontext verwoben. Die europäischen Politiker sind sich darüber im klaren, daß jeder Versuch einer Harmonisierung derartig unterschiedlicher Systeme fehlschlagen muß. Art. 129 des Maastrichter Vertrages schließt explizit jede Harmonisierung von Gesetzen und Verordnungen der Mitgliedstaaten im Bereich der Gesundheitspolitik aus. Das Aktionsprogramm zur Umsetzung der Sozialcharta von 1989 erklärt zur sozialen Sicherheit:

> „Die zwölf Mitgliedstaaten der Gemeinschaft verfügen über unterschiedliche Systeme der sozialen Sicherheit. Sie sind Ausdruck von Entwicklungen und Traditionen sowie sozialen und kulturellen Errungenschaften eines jeden Staates, die nicht in Frage gestellt werden können. In diesem Bereich ist somit nicht an eine Harmonisierung zu denken" (Kommission 1989: 28).

Aus den gleichen Gründen wurde von wissenschaftlicher Seite vorgeschlagen, daß die Mitglieder der EU anstelle einer Supranationalisierung der Sozialpolitik besser im Rahmen der Sozialcharta des Europarates zusammenarbeiten sollten. Ein flexiblerer und weniger einengender Ansatz auf der Basis multilateraler Übereinkommen böte eine Gelegenheit, von den besten nationalen Erfahrungen zu lernen und so Änderungen in der nationalen Gesetzgebung zu stimulieren (Kaufmann 1986).

Man könnte behaupten, daß es zumindest möglich sein müßte, wenigstens einige Elemente eines europäischen Wohlfahrtsstaates zu entwickeln, wenn schon ein voll ausgebauter europäischer Wohlfahrtsstaat gegenwärtig als politisch nicht machbar erscheint. Später könnten diese Elemente dann zu einem umfassenden System zusammengefügt werden. So bewirkt die gemeinsame Agrarpolitik einen beträchtlichen Finanztransfer von Verbrauchern und Steuerzahlern zu den Landwirten und könnte in diesem Sinne als Teil eines „Wohlfahrtsstaates für Landwirte" (Leibfried/Pierson 1993) angesehen werden. Die gemeinsame Agrarpolitik verkörpert jedoch nicht nur einen ineffizienten, sondern auch einen widersinnigen Typus von Sozialpolitik, da sie die wohlhabenden Landwirte Nord- und Mitteleuropas stärker fördert als die armen Bergbauern des Südens. Nur wenn das gegenwärtige System der Preisstützungen auf direkte Einkommensbeihilfen umgestellt würde, könnte die Landwirtschaftspolitik zu einer echten Sozialpolitik werden, auch wenn sie auf eine bestimmte Gruppe von Beschäftigten beschränkt bliebe.

Ähnliche Überlegungen gelten für die Regionalpolitik. Die Nachfrage nach regionaler Umverteilung in der Europäischen Union hat sich in den letzten Jahren verstärkt und zu einer Verdopplung der Ausgaben der Strukturfonds (des Europäischen Sozialfonds und des Europäischen Fonds für regionale Entwicklung) zum Stichjahr 1993 geführt. Dieses bedeutende Wachstum der den ärmeren Regionen der EU zur Verfügung gestellten Ressourcen zeigt, daß regionale Disparitäten zunehmend als ernsthaftes Hindernis einer weiteren Integration angesehen werden. Die jüngsten Reformen der Strukturpolitik der EU haben zudem neue Möglichkeiten zur direkten Interaktion mit politischen Akteuren einzelner Regionen für die Entscheidungsträger auf EU-Ebene geschaffen. Die Befürworter eines „Europa der Regionen" bemühen sich, diese Möglichkeiten zur Realisierung ihrer Vision einer neuen europäischen Ordnung auszunutzen, in der die zunehmende Zentralisierung von Entscheidungsprozessen in Brüssel durch die Entstehung mächtiger regionaler Institutionen, die direkt mit dem Zentrum verbunden sind, ausbalanciert wird (Marks 1993).

Trotz dieser interessanten politischen Perspektiven ist die regionale Umverteilung ein ineffizientes Instrument der Sozialpolitik. In ihrer begeisterten Befürwortung des „sozialen Zusammenhaltes" vergessen europäische Politiker oft, daß es einen wesentlichen Unterschied ausmacht, ob Ungleichheit zwischen Individuen oder Disparitäten zwischen Regionen reduziert werden sollen. Die Probleme der Auswahl von Regionen zur Erzielung eines besseren individuellen Einkommens sind gut bekannt (Musgrave/Musgrave 1973). Da in den meisten Regionen sowohl arme als auch reiche Individuen anzutreffen sind, führt ein Programm, das Ressourcen zu einer Region mit niedrigem Durchschnittseinkommen umverteilen soll, möglicherweise lediglich zu einer Reduzierung der Besteuerung. Die Hauptprofiteure des Programmes sind dann die reichen Individuen in den armen Regionen, ein aus dem italienischen Mezzogiorno wohlbekanntes Phänomen, das sich durch die jüngsten Erhöhungen der Regionalfondsmittel auch in anderen Regionen der EU wiederholen könnte.

Auf der anderen Seite ist es in föderalen oder quasi-föderalen Systemen schwierig, Umverteilung direkt auf die Individuen auszurichten. Selbst in den Vereinigten Staaten, wo die Bundesregierung drei Viertel der Kosten des Sozialsystems bezahlt, bestimmen die Bundesstaaten die Höhe der Sozialleistungen. Sie unterscheiden sich in ihrer Einschätzung dessen, was eine Familie für einen angemessenen Lebensstandard benötigt und in der Höhe des Anteils, den sie hierzu beisteuern wollen. Zudem unterscheiden sich die Zugangskriterien für Sozialleistungen je nach Bundesstaat. Es wurde bereits erwähnt, daß als Konsequenz dieser Unterschiede das Niveau der Sozialleistungen zwischen den amerikanischen Bundesstaaten stark variiert, und zwar stärker als die Unterschiede in der Lohnhöhe oder den Lebenshaltungskosten, die zwischen den Staaten bestehen. Im gleichen Sinne verlangen auch gegenwärtig in Europa die Länder der südlichen Peripherie und vor allem Spanien den nicht-individualisierten Transfer von Gemeinschaftsmitteln.

Es ist also schwierig zu erkennen, wie eine kohärente und effiziente europäische Sozialpolitik aus derartig unterschiedlichen Elementen wie den Zahlungen an Landwirte, dem System der sozialen Absicherung für Wanderarbeiter und einem gewissen Grad regionaler Umverteilung entstehen könnte. Die soziale Dimension der europäischen Integration muß etwas anderes bedeuten.

4. Sozialpolitik und sozialregulative Politik: Unterschiede und Gemeinsamkeiten

Im ersten Abschnitt dieses Artikels habe ich auf die Mehrdeutigkeit des Begriffes „Sozialpolitik", so wie er im EWG-Vertrag von 1957 benutzt wird, hingewiesen. Diese Mehrdeutigkeit bleibt auch in jünsten Dokumenten bestehen, etwa im Grünbuch der Kommission über die europäische Sozialpolitik. Das Grünbuch stützt sich auf eine Arbeitsdefinition von Sozialpolitik als das „gesamte Spektrum der Maßnahmen im sozialen Bereich, einschließlich der Arbeitsmarktpolitiken" (Kommission 1993: 6), geht aber über so wichtige soziale Fragen wie den Umwelt- und den Verbraucherschutz, Produktsicherheit oder Risikomanagement hinweg. Diese Unstimmigkeit läßt sich vielleicht historisch und institutionell erklären: das Grünbuch beruht auf einer traditionellen Konzeption von Sozialpolitik und beschäftigt sich nur mit Fragen, die in die formale Kompetenz der für die Erarbeitung des Grünbuches zuständigen Generaldirektion in der Kommission fallen. Das Ergebnis ist aber eine sehr unvollständige Darstellung der Rolle von Gemeinschaftspolitiken im sozialen Bereich.

Wie bereits erwähnt, hat sich die konkrete Politik trotz der konzeptuellen Mehrdeutigkeit der offiziellen Texte in Richtung sozialregulativer Politik bewegt. Die Gemeinschaft ist heute ein Nachzügler im Bereich der traditionellen Sozialpolitik, spielt jedoch eine zunehmend wichtigere und manchmal stark innovative Rolle in nahezu allen Bereichen der sozialregulativen Politik. Um die wirkliche Bedeutung dieser Entwicklung abzuschätzen, ist eine stärker analytische Unterscheidung zwischen Sozialpolitik und sozialregulativer Politik notwendig, als sie üblicherweise in der Literatur verwendet wird. Eine solche Unterscheidung läßt sich auf der Basis unterschiedlicher Begründungen für staatliche Interventionen in die Wirtschaft treffen.

In der Sichtweise der Wohlfahrtsökonomie, einer normativen Sichtweise, die jedoch wichtige Implikationen für die positive Wissenschaft hat (Joskow/Noll 1981; de Swaan 1988; Peltzman 1989; Majone 1992), besteht der Zweck wirtschaftlicher und sozialer Regulierung in der Korrektur bestimmter Formen des Marktversagens wie negativer Externalitäten und Informationsproblemen. Umweltverschmutzung ist ein herausragendes Beispiel einer negativen Externalität. Dagegen sind eine Anzahl regulativer Eingriffe im Arbeits- oder Verbraucherschutzbereich durch unvollständige Information motiviert sowie durch den Glauben, daß der Markt alleine nicht genügend Informationen bereitstellt.

Folgende Haupttypen von Marktversagen werden genannt:

1. Wettbewerbsversagen
2. öffentliche Güter
3. Externalitäten
4. unvollständige Märkte
5. Informationsprobleme
6. Arbeitslosigkeit, Inflation und wirtschaftliches Ungleichgewicht

Zwei weitere Gründe für staatliche Intervention ohne Bezug zu Marktversagen sind:

7. Einkommensumverteilung
8. meritorische Güter

Diese acht Gründe für Staatsinterventionen lassen sich in drei Gruppen aufteilen, die den in Abschnitt 2 erwähnten drei Funktionen der Regierung entsprechen: die regulative Funktion (1 bis 5), makroökonomische Stabilisierung (6) und Umverteilung (7 und 8). In der Sichtweise der Wohlfahrtsökonomie gibt es keine Rechtfertigung für regulative Eingriffe, wenn kein Marktversagen vorliegt, d.h. wenn sich die Wirtschaft in einem Pareto-effizienten Zustand befindet. Eine Pareto-effiziente Wirtschaft kann jedoch möglicherweise eine sehr ungleiche Einkommensverteilung erzeugen. Wenn die Mehrheit der Bürger die Ungleichheit der Einkommensverteilung als exzessiv empfindet, so werden sie staatliche Interventionen aus politischen und moralischen Gründen verlangen, selbst wenn dies zu einem gewissen Verlust wirtschaftlicher Effizienz führt.

Das zweite Argument für staatliche Intervention in eine Pareto-effiziente Wirtschaft entspringt der Befürchtung, daß Individuen möglicherweise nicht in ihrem eigenen Interesse handeln. Güter, zu deren Konsum das Individuum vom Staat verpflichtet wird, heißen meritorische Güter. Hierzu gehören z.B. die Schulausbildung oder Unterkünfte für Arme anstelle direkter Geldzahlungen. Dieses paternalistische Argument ist natürlich nur dann plausibel, wenn man annimmt, daß die Regierung besser als die Individuen weiß, was in deren Interesse ist. In jedem Fall muß man sich jedoch vor Augen halten, daß die paternalistische Argumentation nicht mit der über negative Externalitäten identisch ist.

Nun ist „Sozialpolitik“ kein technischer Begriff mit einer präzisen und einheitlichen Bedeutung. Es besteht aber allgemeines Einvernehmen darüber, daß ihr Kern aus Sozialversicherung, Sozialleistungen, den Gesundheits- und Wohlfahrtsdiensten und der Wohnungspolitik besteht. Die vorangegangene Diskussion hat deutlich gemacht, daß sich Sozialpolitik in ihrem traditionellen Verständnis von sozialregulativer Politik sowohl hinsichtlich des Ausmaßes staatlicher Intervention als auch wegen ihrer Begründung unterscheidet. Im Fall der sozialregulativen Politik sind dies öffentliche Güter, negative Externalitäten und Informationsprobleme, im Fall der traditionellen Sozialpolitik dagegen Umverteilung und meritorische Güter. Die Trennungslinie ist natürlich nicht eindeutig zu ziehen. So spielen meritorische Güter auch in der sozialregulativen Politik eine begrenzte Rolle, etwa wenn es um Schutzausrüstung für Arbeiter oder um Sicherheitsgurte für Autofahrer geht. Selbst in diesen Fällen sind die Rechtfertigungen jedoch meist unterschiedlich (Stiglitz 1988).

Obwohl analytisch unterschiedlich, hängen Sozialpolitik und sozialregulative Politik historisch und funktional zusammen und gehören zum gleichen „policy space". Beide Gruppen von Politiken haben mit Problemen der Lebensqualität zu tun. Wie Kaufmann (1986) zutreffend bemerkt hat, hängt heutzutage die Lebensqualität mindestens genauso stark vom Umwelt- und Verbraucherschutz wie von traditionellen sozialpolitischen Programmen ab. Wie oben erwähnt, definiert das Grünbuch der Kommission Sozialpolitik als das „gesamte Spektrum der Maßnahmen im sozialen Bereich, einschließlich der Arbeitrsmarktpolitiken" (Kommission 1993: 6). Daraus folgt, daß sozialregulative Politik als Teil des europäischen „policy space" der Sozialpolitik betrachtet werden sollte und zwar als dessen wichtigster Teil, weil durch sie die Gemeinschaft viele Fragen der Lebensqualität behandelt (wie Verbraucherschutz und Gleichberechtigung für Mann und Frau), die die traditionelle Sozialpolitik vernachlässigt.

5. Sozialregulative Politik und der Schutz diffuser Interessen

Um die Bedeutung der sozialregulativen Politik in der politischen Ökonomie der Europäischen Gemeinschaft zu verstehen, ist es sinnvoll, sich James Q. Wilsons Klassifizierung des politischen Prozesses in unterschiedlichen Politikfeldern zu bedienen (Wilson 1980: 366-372). Nach Wilson ist der politische Prozeß im Politikfeld durch die wahrgenommene Verteilung von Kosten und Nutzen bestimmt. Dies zeigt die folgende Tabelle:

		Nutzen	
		diffus	konzentriert
Kosten	diffus	Politik der Mehrheitsregel	klientelistische Politik
	konzentriert	unternehmerische Politik	Interessengruppenpolitik

Wenn sowohl Kosten als auch Nutzen breit gestreut sind (z.B. im Fall der sozialen Absicherung, der staatlichen Krankheitsfürsorge und des Bildungssystems), haben Interessengruppen nur wenig Anreize, sich um solche Themen zu bilden, da kein aufzeigbarer Teil der Gesellschaft erwarten kann, einen übergroßen Anteil am Nutzen zu erhalten oder einen übergroßen Anteil an den Kosten zu vermeiden. Solche Themen werden deshalb im traditionellen Bereich der Politik durch Mehrheitsentscheidungen behandelt. Im europäischen Zusammenhang bedeutet dies, daß die betreffenden Sachfragen eher auf der nationalen als auf der supranationalen Ebene behandelt werden. Somit bleibt ein Großteil der Sozialpolitik unter der Kontrolle der Mitgliedstaaten.

Wenn sowohl Kosten als auch Nutzen konzentriert sind, hat jede Seite einen starken Anreiz, politischen Einfluß zu organisieren und auszuüben. Die EG-Strukturpolitik ist hierfür ein typisches Beispiel. Obwohl die Strukturfonds auch einigen Krisenregionen in den reicheren Ländern helfen, besteht das Gesamtergebnis der Strukturpolitik in einem Ressourcestransfer von einer klar definierten Gruppe von Geberländern zu einer ebenso klar definierten Gruppe von Empfängerländern. Dieses Beispiel zeigt, daß das europäische Pendant zur Interessengruppenpolitik die zwischenstaatlichen Verhandlungen zwischen zwei (oder mehr) Gruppen von Ländern sind.

Wenn der Nutzen einer künftigen Politik konzentriert, die Kosten aber breit gestreut sind, haben kleine und leicht organisierbare Interessengruppen (wie z.B. oligopolistische Firmen in der Automobil-, Elektronik-, Chemie- oder Pharmaindustrie) einen starken Anreiz zum Lobbyismus, um die Verabschiedung von Gesetzen in ihrem Sinne auf nationaler und zunehmend auch auf europäischer Ebene zu erreichen. Auf der anderen Seite haben die Verbraucher nur einen geringen Anreiz, sich zu organisieren, da für sie die Kosten der Regulierung pro Kopf gering sind. Die Bezeichnung „klientelistische Politik“ für diese spezifische Kombination von Kosten und Nutzen schließt die Möglichkeit ein, daß die Regulierungsbehörden unter den Einfluß der zu regulierenden Interessengruppen geraten.

Schließlich kann eine Politik von allgemeinem, wenn auch vielleicht geringem Nutzen sein, die Kosten dafür jedoch einem kleinen

Teil der Gesellschaft aufbürden. Der Großteil der sozialregulativen Politik fällt unter diese Kategorie. Die Kosten reinerer Luft oder reineren Wassers, sichererer Produkte und besserer Arbeitsbedingungen werden zumindest am Anfang von bestimmten Teilen der Industrie getragen. Da der Anreiz zur Interessenorganisation stark für die Gegner, aber schwach für die Nutznießer der jeweiligen Politik ist, können sozialregulative Maßnahmen nur verabschiedet werden, wenn ein politischer Unternehmer existiert, der öffentliche Unterstützung mobilisieren kann (indem etwa Krisen wie die Katastrophen von Seveso oder Tschernobyl ausgenutzt werden), die Gegner der Maßnahme in die Defensive drängt und die geplante Gesetzgebung mit allgemein geteilten Werten zu verbinden vermag – saubere Luft und sauberes Wasser, Gesundheit und Sicherheit oder die Gleichberechtigung der Frau.

Laut Wilson dient der politische Unternehmer als mittelbarer Repräsentant von Gruppen, die nicht unmittelbar am politischen Prozeß teilnehmen (Wilson 1980: 370). Obwohl diese Beobachtung auf amerikanischen Erfahrungen beruht, hilft sie doch, die wachsende Bedeutung sozialregulativer Politik auf der EG-Ebene zu erklären. Wie in Abschnitt 2 dargelegt wurde, hat zunächst die regulative Funktion des Staatseingriffes in die Wirtschaft in den Mitgliedstaaten nur eine unbedeutende Rolle gespielt. Die mächtigsten wirtschaftlichen Koalitionen bildeten sich im Hinblick auf Fragen der Umverteilung und der gesamtwirtschaftlichen Steuerung. Die daraus resultierende Politik hat die Produzenten (Manager, gewerkschaftlich organisierte Arbeiter, Verwaltungsangehörige, organisierte Berufsstände) gefördert, und zwar üblicherweise auf Kosten der Verbraucher.

Zudem ließen politische Systeme, die durch tiefe ideologische Gräben, eine starke Kontrolle von Exekutive wie Legislative durch die Parteien, stark zentralisierter öffentlicher Verwaltung und schwacher richterlicher Kontrolle gekennzeichnet sind, wenig Raum für die direkte Vertretung diffuser Interessen oder für die Entstehung unabhängiger politischer Unternehmer. Selbst heute beeinflussen Gruppen wie etwa Umweltgruppen oder Verbraucherverbände, die für das öffentliche Interesse tätig sind, den Gesetzgebungsprozeß mehr über soziale Bewegungen als über traditionelle politische Parteien.

Umgekehrt wird die Tatsache, daß diffuse Interessen oftmals besser auf der europäischen als auf der nationalen Ebene vertreten sind und daß politisches Unternehmertum ein wichtiges Charakteristikum europäischer Politik ist (Eichener 1993; Schink 1993; Dehousse/Majone 1994), erklärt durch die Bedeutungslosigkeit ideologischer Konflikte für Fragen der europäischen Integration, die Isolierung der Kommission von der Parteipolitik, den Aktivismus des Europäischen Gerichtshofs, die Suche des Europäischen Parlaments nach einer eigenen spezifischen Rolle und schließlich durch die Schwäche von Verteilungskoalitionen und korporatistischen Strukturen in einem System, in dem die redistributive Funktion weitgehend beschränkt ist und gesamtwirtschaftliche Steuerung praktisch nicht existiert. Man beachte das scheinbare Paradox: dieselben supranationalen Institutionen, die so häufig wegen ihres Mangels demokratischer Legitimation kritisiert werden, vertreten gleichzeitig diejenigen diffusen Interessen, die über keine angemessene Artikulationsmöglichkeit in nationalen politischen Systemen verfügen (für eine ausführlichere Erklärung dieses Paradoxons vgl. Majone 1994b).

6. Schlußfolgerung

Um genauer die jeweilige Rolle von Gemeinschaft und Mitgliedstaaten im Bereich der Sozialpolitik im weitesten Sinne zu erfassen, ist es notwendig, zur Unterscheidung zwischen traditioneller Sozialpolitik und sozialregulativer Politik zurückzukehren. Die große Aufgabe des Kompromisses zwischen wirtschaftlicher Effizienz und einer gleichmäßigeren Einkommens- und Vermögensverteilung hat sich jedem europäischen Staat seit dem Beginn der Industrialisierung gestellt. Die heutigen Sozialpolitiken sind das Ergebnis vergangener Kämpfe über die Verteilung des Sozialproduktes.

Da diese Kämpfe in verschiedenen Ländern unterschiedliche Formen hatten, unterscheiden sich nationale Sozialpolitiken selbst dann beträchtlich, wenn sie scheinbar dieselben Instrumente benutzen. Wie oben angemerkt, ist dies bereits für sich genommen ein ernsthaftes Hindernis für die Definition einer europäischen Sozialpolitik im traditionellen Sinn. Zudem können schwierige Werturteile über das angemessene Verhältnis zwischen Effizienz und Gleichheit, für die die Sozialpolitiken stehen, nur in ziemlich homogenen Gemeinschaften getroffen werden. Es ist nicht zu ersehen, wie sozial akzeptable Niveaus der Umverteilung von Einkommen und der Bereitstellung meritorischer Güter in einer Gemeinschaft zentral bestimmt werden können, in der das Niveau der wirtschaftlichen Entwicklung und die politischen, administrativen und rechtlichen Traditionen sich noch derartig stark unterscheiden.

Da historische und sprachliche Barrieren die Mobilität der europäischen Gesellschaft reduzieren, sind gleichzeitig die Argumente für die Zentralisierung von Umverteilungsmechanismen in der Europäischen Union weniger überzeugend als in den Nationalstaaten. Auf der anderen Seite sind Umverteilungsprogramme ohne ein heute für die EU-Mitglieder nicht akzeptables Niveau an Zentralisierung im allgemeinen ineffektiv. So wurde z.B. gezeigt, wie regionale Umverteilung aufgrund der Schwierigkeit, die richtigen Zielregionen mit ihrer Mischung aus Reichen und Armen zu bestimmen, tendenziell ineffizient ist. Wenn es um Ungleichheit zwischen Individuen geht, sollten Individuen das Ziel der Umverteilung sein und nicht die Regionen. Genau daran wollen die Mitgliedstaaten die Gemeinschaft hindern, wenn sie auf nicht-individualisierten Transferzahlungen aus den Gemeinschaftsfonds bestehen.

Aus den diskutierten Gründen erscheint ein europäischer Wohlfahrtsstaat weder politisch noch wirtschaftlich machbar und ist beim gegenwärtigen Entwicklungstand der europäischen Institutionen auch nicht wünschenswert. Das „soziale Europa“ der Zukunft sollte sich auf sozialregulative Politik konzentrieren und die redistributive Sozialpolitik der nationalen oder subnationalen Ebene überlassen.

Übersetzt von Markus Jachtenfuchs

Literatur

Coase, Ronald (1960): The Problem of Social Cost; in: The Journal of Law and Economics 3, S. 1- 44.

Dehousse, Renaud; Majone, Giandomenico (1994): The Institutional Dynamics of European Integration (Florence), Ms.

Eichener, Volker (1993): Social Dumping or Innovative Regulation? Processes and Outcomes of European Decision Making in the Sector of Health and Safety at Work Harmonization; European University Institute, Robert Schumann Centre, EUI Working Papers in Political and Social Sciences No. 92/28 (Florence).

Esping-Andersen, Gösta (1990): The Three Worlds of Welfare Capitalism (Cambridge).

Gatsios, Kristos; Seabright, Paul (1989): Regulation in the European Community; in: Oxford Review of Economic Policy 5, S. 37-60.

Haas, Ernst B. (1964): Beyond the Nation State. Functionalism and International Organization (Stanford).

Haas, Ernst B. (1968): The Uniting of Europe Political, Social and Economic Forces 1950-1957, 2. Aufl. (Stanford).

*Haungs, Peter (Hg.) (1989): Europäisierung Europas? (Baden-Baden).
Joskow, Paul J.; Noll, Roger G. (1990): Regulation in Theory and Practice: An Overview; in: Fromm, Gary (Hg.), Studies in Public Regulation (Cambridge), S. 1-65.
Kaufmann, Franz-Xaver (1986): Nationale Traditionen der Sozialpolitik und europäische Integration; in: Albertin, Lothar (Hg.), Probleme und Perspektiven europäischer Einigung (Düsseldorf), S. 69-82.
Knödgen, Gabriele (1979): Environment and Industrial Siting; in: Zeitschrift für Umweltpolitk 2, S. 403-418.
Kommission (1989): Mitteilung der Kommission über ihr Aktionsprogramm zur Anwendung der Gemeinsamen Charta der sozialen Grundrechte, KOM (89) 568.
Kommission (1993): Grünbuch über die Europäische Sozialpolitik: Weichenstellungen für die Europäische Union, KOM (93) 551.
Leibfried, Stephan (1991): Europe's Could-Be Social State: Social Policy in European Integration after 1992; in: Adams, William J. (Hg.), Singular Europe (Ann Arbor), S. 97-118.
Leibfried, Stephan; Pierson, Paul (1993): Prospects for Social Europe; in: Politics and Society 21, S. 13-64.
*Leibfried, Stephan; Pierson, Paul (Hg.) (1995): European Social Policy. Between Fragmentation and Integration (Washington).
Majone, Giandomenico (1991): Cross-National Sources of Regulatory Policymaking in Europe and the United States; in: Journal of Public Policy 11, S. 79-106.
Majone, Giandomenico (1992): Market Integration and Regulation: Europe after 1992; in: Metroeconomica 43, S. 131-156.
Majone, Giandomenico (1994a): The Rise of the Regulatory State in Europe; in: West European Politics 17, S. 77-101.
Majone, Giandomenico (1994b): Independence vs. Accountability? Non-Majoritarian Institutions and Democratic Government in Europe; in: Hesse, Joachim Jens (Hg.), European Yearbook of Public Administration and Comparative Government (Oxford).
Marks, Gary (1993): Structural Policy and Multilevel Governance in the EC; in: Cafruny, Alan W.; Rosenthal, Glenda (Hg.), The State of the European Community, Vol. 2 (Boulder) S. 391-410.
*Mueller, Wolfgang C.; Wright, Vincent (Hg.) (1994): The State in Western Europe: Retreat or Redefinition? (London).
Musgrave, Richard A.; Musgrave, Peggy B. (1973): Public Finance in Theory and Practice (New York).
Offe, Claus (1990): Europäische Dimensionen der Sozialpolitik; Zentrum für Sozialpolitik (Bremen), unv. Ms.
Peltzman, Sam (1989): The Economic Theory of Regulation after a Decade of Deregulation; in: Brookings Institution (Hg), Brookings Papers on Economic Activity (Washington), S. 1-41.
Peterson, Paul E.; Rom, Mark C. (1990): Welfare Magnets (Washington).

Schink, Gertrud (1993): Kompetenzerweiterung im Handlungssystem der Europäischen Gemeinschaft: Eigendynamik und „Policy Entrepreneurs“ (Baden-Baden).
Seidman, Harold; Gilmour, Robert (1986): Politics, Position and Power: From the Positive to the Regulatory State, 4. Aufl. (Oxford).
Stiglitz, Joseph E. (1988): Economics of the Public Sector (New York).
Streeck, Wolfgang (1990): La Dimensione Sociale del Mercato Unico Europeo; in: Stato e Mercato 28, S. 29-68.
Sunstein, Cass (1990): After the Rights Revolution (Cambridge, MA).
*de Swaan, Abram (1988): In Care of the State (Cambridge).
*Telo, Mario (Hg.) (1994): Quelle Union Sociale Europeénne? (Bruxelles).
Vogel-Polski, Eliane; Vogel, Jean (1991): L’Europe sociale 1993: illusion, alibi ou réalité (Bruxelles).
Wilson, James Q. (1980) (Hg.): The Politics of Regulation (New York).

Die Rückwirkungen der europäischen Integration auf nationale Politikmuster

Volker Eichener

1. Theorie

Nach der Logik intergouvernementalen Verhandelns besteht das Bestreben der nationalen Regierungen gerade darin, Rückwirkungen der europäischen Integration auf nationale Politikmuster zu vermeiden. Da die Regierungen der Mitgliedstaaten, um im eigenen Land wiedergewählt zu werden, danach trachteten, wirtschaftliche, soziale und politische Anpassungskosten zu minimieren, neigten sie dazu, jegliche Harmonisierungsbeschlüsse, die ihrem eigenen Land solche Anpassungskosten auferlegen würden, mit Hilfe ihres Vetos oder – seit der partiellen Abschaffung des Einstimmigkeitsprinzips durch die Einheitliche Europäische Akte – durch die Formierung einer Sperrminorität im Europäischen Rat bzw. den Ministerräten zu blockieren (vgl. Hoffmann 1982: 30). Das Ergebnis dieser „Politikverflechtungsfalle" (Scharpf 1985) bestehe darin, daß die Europäische Union weitgehend handlungsunfähig sei, weil es angesichts der heterogenen Strukturen und der divergierenden Interessen in den Mitgliedsländern entweder zu überhaupt keiner Einigung oder allenfalls zu einer Einigung auf dem Niveau des kleinsten gemeinsamen Nenners kommen könne.

Diese „Politikverflechtungsfalle" sollte sich nach den skeptischen Prognosen, welche die wissenschaftliche Analyse der Europäischen Integration vor allem in den achtziger Jahren dominierten, aber auch heute noch zu finden sind, in einer „Selbstblockierung" des politischen Systems der EU niederschlagen. Während die ökonomische Integration voranschreite, weil es sich hier um ein Positivsummenspiel handele, das allen Mitgliedstaaten unmittelbare Vorteile bringe, werde die Verwirklichung der „sozialen Dimension des Binnenmarktes" durch Harmonisierung der regulativen Politiken an den nationalen Egoismen der Mitgliedstaaten scheitern:

„Auch unter der qualifizierten Mehrheitsregel werden die Brüsseler Harmonisierungsbeschlüsse durch gravierende Interessenkonflikte (etwa zwischen den fortgeschrittenen und den rückständigen Industrieländern) und durch mindestens ebenso gravierende Richtungskonflikte (etwa zwischen der britischen und der deutschen Umweltpolitik) blockiert. Das in der Einheitlichen Akte (Art. 100A, Abs. 3) geforderte hohe Niveau des Gesundheitsschutzes, der Arbeitssicherheit, des Umweltschutzes und des Verbraucherschutzes läßt sich also nicht gemeinsam durchsetzen, sondern es kommt entweder zu Harmonisierungsbeschlüssen auf dem niedrigsten gemeinsamen Niveau oder zur wechselseitigen Anerkennung der jeweils geltenden nationalen Regelungen“ (Scharpf 1990: 36, vgl. auch Scharpf, in diesem Band).

Wenn jedoch im Zuge der Binnenmarktintegration die nicht-tarifären Handelshemmnisse und damit auch die Importrestriktionen für Produkte, die den einheimischen Normen nicht entsprechen, fallen, ohne daß eine europäische Regulierung der Produkt- und Verfahrensstandards möglich wäre, müßte der nun ungehinderte Wettbewerb im europäischen Binnenmarkt zur Verdrängung kostentreibender nationaler Standards im Arbeits-, Umwelt- und Verbraucherschutz führen, d.h. zum *sozialen und ökologischen Dumping*:

„Der Wettbewerb der Normen im vollendeten Binnenmarkt kann also über einen – gerade bei uns durchaus sinnvollen – Deregulierungsschub hinaus zu einem Wettlauf der wechselseitigen Unterbietung ausarten, dem nicht nur die wettbewerbsbeschränkenden und bürokratischen Exzesse der Normierung zum Opfer fallen können, sondern auch wohlbegründete und hart erkämpfte Errungenschaften im Arbeitsschutz, Gesundheitsschutz, Verbraucherschutz und in der sozialen Sicherung“ (Scharpf 1990: 38).

Am Beispiel des Umweltschutzes haben Rehbinder und Stewart (1985: 9-12) eine spieltheoretische Prognose der europäischen Harmonisierung durchgeführt, bei der zwischen Produkt- und Prozeßregulation unterschieden wird. Geht man davon aus, daß die Länder mit hohem Schutzniveau seit dem *Cassis de Dijon*-Urteil des Europäischen Gerichtshofes keine Produkte aus Niedrigniveauländern mehr diskriminieren können, so ergibt sich folgende Interessenkonstellation:

- Im Bereich der *Produktregulierung* haben die Hochniveauländer ein Interesse an einer Harmonisierung auf hohem Schutzniveau, weil sie den Import der preiswerteren, weil mit geringerem Sicherheitsniveau versehenen Produkte aus den Niedrigniveauländern nicht ausschließen können und darüber hinaus ihre Produkte in den Niedrigniveauländern gegenüber deren einheimischen Produkten preislich nicht konkurrenzfähig wären. Die Niedrigniveauländer sind dagegen an einer Produktharmonisierung auf niedrigem Niveau interessiert, weil ihnen dadurch die Märkte der Hochniveauländer geöffnet würden, auf denen sie ihren Preisvorteil ausspielen könnten, während sie durch ein hohes Schutzniveau, das sie aufgrund technologischer Defizite nicht erreichen könnten, sogar von allen – den fremden und den heimischen – Märkten ausgeschlossen werden könnten.
- Im Bereich der *Prozeßregulierung* sind die Hochniveauländer ebenfalls an einer Harmonisierung auf hohem Niveau interessiert, damit die Niedrigniveau-

länder ihre komparativen Kostenvorteile aufgrund geringerer Verfahrensstandards einbüßen. Die Niedrigniveauländer sind im Bereich der Prozeßregulierung dagegen überhaupt nicht an einer Harmonisierung – auch nicht auf niedrigem Niveau – interessiert, um ihre Kostenvorteile zu erhalten.

Während bei der Produktregulierung zumindest noch ein gemeinsames Interesse besteht, daß überhaupt harmonisiert wird und sich die Mitgliedstaaten „nur" um die Höhe des Schutzniveaus streiten, weisen die Niedrigniveauländer bei der Verfahrensregulierung ein massives Interesse auf, eine Harmonisierung als solche zu verhindern (vgl. dazu auch Scharpf, in diesem Band). Da es aufgrund der Entscheidungsregeln im Rat leichter ist, eine Sperrminorität als eine qualifzierte Mehrheit zu formieren, wäre nach der spieltheoretischen Logik intergouvernementalen Verhandelns zu erwarten, daß es bei der Produktregulierung zu einer Harmonisierung lediglich auf dem Niveau des kleinsten gemeinsamen Nenners derjenigen Mitgliedstaaten kommt, die für eine qualifizierte Mehrheit benötigt werden, und daß eine Prozeßharmonisierung am Widerstand der Niedrigniveauländer scheitern wird (Rehbinder/Stewart 1985: 11).

Nach diesem Modell der intergouvernementalen Verhandlungslogik versuchen zwar die Mitgliedstaaten, ihre heimischen Politikmuster gegen europäische Harmonisierungsansätze zu verteidigen, handeln sich jedoch genau durch diese Strategie – als „paradoxen Effekt" rationalen intentionalen Handelns – zumindest einen durch die Dynamik des Wettbewerbs im Binnenmarkt bedingten ökonomischen Zwang zur Deregulierung, zum sozialen und ökologischen Dumping, ein.

Das Anliegen dieses Beitrags besteht darin, in einer vergleichenden Perspektive, die mit dem Arbeitsschutz und dem Umweltschutz zwei für die Verwirklichung des Binnenmarkes zentrale Politikfelder umfaßt, anhand der empirisch feststellbaren Rückwirkungen der europäischen Integration auf nationale Politikfelder zu untersuchen,

- ob es tatsächlich zum sozialen und ökologischen Dumping gekommen ist bzw. welche Schutzniveaus die europäische Regulierung aufweist,
- welche qualitativen Veränderungen nationaler Politikmuster darüber hinaus durch die Europäisierung der legislativen Kompetenzen eingetreten sind und
- durch welche Spezifika des Mehrebenensystems der Europäischen Union die Befunde zu erklären sind.

2. Empirische Befunde

2.1 *Vergleichsraster*

Der Arbeitsschutz und der Umweltschutz stellen zwei Politikfelder dar, die einerseits strukturell vergleichbar sind, andererseits sehr unterschiedliche Regulierungsbedingungen und Politikstile aufweisen. *Vergleichbar* ist, daß divergierende nationale Regulierungen in beiden Politikfeldern nicht-tarifäre Handelshemmnisse darstellen und daß niedrige Regulierungsniveaus zu komparativen Kostenvorteilen führen. *Unterschiedlich* ist, daß es sich beim Arbeitsschutz um einen klassischen Regulierungsbereich mit etablierten Regelwerken, Institutionen, Verfahren und Akteuren in den einzelnen Mitgliedstaaten handelt, während der Umweltschutz ein innovatives Politikfeld mit weitaus weniger festgefügten Strukturen und Traditionen darstellt.

Um festzustellen, wie sich diese politikfeldspezifischen Merkmale im europäischen Mehrebenensystem auswirken, soll die europäische Regulierung des Arbeitsschutzes und des Umweltschutzes anhand folgender Variablen verglichen werden:

- Regulierungsansatz, d.h. die Instrumente der Regulierung (z.B. staatliche Regulierung vs. verbandliche Selbstregulierung, Intervention vs. Anreiz etc.);
- Regulierungsphilosophie, d.h. die Gegenstände und Adressaten der Regulierung (z.B. immissions- vs. emissionsorientiert, technikzentriert vs. humanzentriert);
- Regulierungsniveau, d.h. die materielle Höhe des Schutzniveaus und die Reichweite der Regulierung;
- Regulierungs- und Implementationsakteure, d.h. die regelsetzenden und überwachenden Institutionen.

2.2 *Europäische Regulierung des Arbeitsschutzes*

Die Harmonisierung der technischen Vorschriften zur Sicherheit und zum Schutz der Gesundheit der Arbeitnehmer gehörte bis in die achtziger Jahre hinein zu den Paradebeispielen für die von Scharpf (1985) diagnostizierte Selbstblockade der Europäischen Union. Die nach dem 1969 in Kraft getretenen „Allgemeinen Programm zur Beseitigung der technischen Handelshemmnisse“ erlassenen Richtlinien benötigten im

Durchschnitt neuneinhalb Jahre bis zur endgültigen Verabschiedung. Eine einzige Richtlinie über Gasbehälter aus unlegiertem Stahl – wohl kaum eine besonders komplexe Regelungsmaterie – wurde 10 Jahre lang, zwischen 1975 und 1984, beraten (Joerges u.a. 1988: 260, 274). Die notorischen Verzögerungen bei der Verabschiedung der Richtlinien resultierten dabei nicht nur aus dem Zwang zur Einstimmigkeit im Ministerrat, sondern vor allem aus dem Ansatz, jedes technische Detail mit den Richtlinien selber zu spezifizieren (Pelkmans 1987).

Aber es ging auch anders: Die 1973 verabschiedete Niederspannungsrichtlinie folgte dem in Deutschland seit dem 19. Jahrhundert bewährten Prinzip, die Gesetztestexte lediglich auf einige grundlegende Anforderungen zu beschränken und ansonsten mit Hilfe von Generalklauseln (z.B. „Stand der Technik", „anerkannte Regeln der Technik") auf die technischen Regelwerke zu verweisen, die von technischen Verbänden, insbesondere den verbandlich organisierten Normungsinstituten, aufgestellt werden.

Die Verweisung auf technische Normen wirkt in mehrfacher Hinsicht staatsentlastend (vgl. Eichener/Heinze/Voelzkow 1993): Erstens stehen der staatlichen Verwaltung in der Regel nicht die technisch-wissenschaftlichen Informationen zur Verfügung, um den neuesten Stand der Technik wirklich bestimmen zu können. Zweitens fehlen dem Staat die erforderlichen personellen Ressourcen, deren Größenordnung deutlich wird, wenn man bedenkt, daß allein für das Deutsche Institut für Normung (DIN) rund 40.000 hochqualifizierte Fachleute ehrenamtlich tätig sind. Drittens weisen die im Konsens der überwiegend aus der Industrie entsandten Fachleute festgelegten Normen in der Regel eine hohe Akzeptanz bei ihren Adressaten auf – im Gegensatz zu mancher staatlichen Regulation. Viertens stellen technische Normen, die regelmäßig aktualisiert werden, das adäquatere Instrument dar, um der Dynamik der technischen Entwicklung Rechnung zu tragen als das Recht mit seinem immanenten „Hang zur Statik" (Ossenbühl 1982; Nicklisch 1983; Wolf 1987). Fünftens schließlich wirkt die technische Normung, die im Konsens der „interessierten Kreise" (so die Bestimmung der Verfahrensnorm DIN 820) erfolgt, legitimationsentlastend, weil der Staat die technische Regulierung damit an gesellschaftliche Gremien funktionaler Repräsentation delegiert, in denen er selbst zwar auch durch eigene Fachleute vertreten ist, die aber als gleichberechtigte „Mitspieler" unter anderen auftreten.

Das demokratietheoretische Problem dieser Verweisungstechnik besteht zum einen darin, daß gewährleistet sein muß, daß auch tatsächlich alle relevanten gesellschaftlichen Interessen die Chance haben, ihre Positionen in den Normungsprozeß einzubringen – dies ist in der Bundesrepublik durch einige zwischen der Bundesregierung und dem DIN ausgehandelte prozedurale Vorschriften einigermaßen geregelt –, und zum anderen darin, daß die gesellschaftliche Selbststeuerung trotz formaler Partizipationsmöglichkeiten dazu neigt, die im gesellschaftlichen Raum bestehenden Unterschiede der Organisationsfähigkeit verschiedener privater und kollektiver Interessen zu reproduzieren. Bei den Interessen am Arbeitsschutz und beim Umweltschutz handelt es sich um kollektive Interessen, die unter dem Problem mangelnder Partizipationsfähigkeit leiden, weil weder Umweltverbände noch Gewerkschaften die personellen Ressourcen und die Expertise mobilisieren können, die zwingend erforderlich sind, um ihre Interessen erfolgreich in die Normungsgremien einbringen zu können. Aus demokratietheoretischer Perspektive darf sich der Staat, wenn er die technische Regulierung an Gremien gesellschaftlicher Selbststeuerung delegiert, nicht darauf beschränken, die formalen Partizipationsmöglichkeiten zu sichern, sondern muß auch für eine Chancengleichheit der privaten und kollektiven Interessen sorgen, indem er die nicht partizipationsfähigen Interessen mit den erforderlichen Ressourcen ausstattet. In der deutschen Normung ist dies hinsichtlich der Interessen der Verbraucher durch die Einrichtung des aus Bundesmitteln finanzierten Verbraucherrats im DIN und hinsichtlich der Umweltinteressen durch die Finanzierung der Kommission Umweltschutz im DIN geschehen (Eichener/Voelzkow 1991). Die ebenfalls notorisch unzureichende Vertretung der Arbeitnehmerinteressen in der Normung hatte bis zur Europäisierung der Arbeitsschutzregulation keine Unterstützung aus öffentlichen Mitteln erfahren (Eichener/Voelzkow 1992).

Der Ansatz, in der staatlichen Regulierung auf detaillierte technische Spezifikationen zu verzichten und stattdessen auf technische Normen zu verweisen, wurde von der Europäischen Kommission Anfang der achtziger Jahre, parallel zu ihren Vorbereitungen des Binnenmarktprogramms, in mehreren Schritten zur „Neuen Konzeption zur technischen Harmonisierung und Normung" ausgebaut. Die Neue Konzeption definierte den *Regulierungsansatz*, der als Grundlage für das mit dem Weißbuch zur Vollendung des Binnenmarkts aufgestellte Programm zur Harmonisierung des Arbeitsschutzes verwendet wurde. Nach der Neuen Konzeption legen die europäischen Richtlinien lediglich „grundlegende Anforderungen" fest, die durch harmonisierte europäische Normen spezifiziert werden (vgl. dazu die Darstellung in den Erwägungsgründen der Maschinenrichtlinie 89/392/EWG, ABl. L 183/9).

Die Regulierung des Arbeitsschutzes erfolgte im Rahmen des Binnenmarktprogramms systematisch auf der Grundlage der Arbeitsschutzrahmenrichtlinie 89/391/EWG (ABl. L 183/1), von der die problem- und technologiespezifischen Einzelrichtlinien abgeleitet werden. Diese Einzelrichtlinien folgen sowohl einem einheitlichen *Regulierungsansatz*, nämlich der Neuen Konzeption, als auch einer konsistenten *Regulierungsphilosophie*, obgleich sie sowohl Richtlinien zur *Produkt*regulierung auf der Basis des Art. 100a EG-Vertrag als auch zur *Prozeß*regulierung nach Art. 118a umfassen.

Art. 100a – der zentrale Artikel zur Schaffung des Binnenmarktes – schreibt – unbeschadet der Schutzklausel des Abs. 4 – eine Beseitigung der nicht-tarifären, technischen Handelshemmnisse durch eine vollständige Harmonisierung der nationalen Vorschriften vor. Die auf der Basis von Art. 118a EGV erlassenen Richtlinien zur Verbesserung der Arbeitsumwelt definieren dagegen lediglich unionsweite Mindeststandards, über die nationale Regelungen hinausgehen dürfen.

Strenggenommen folgen nur die 100a-Richtlinien der Neuen Konzeption, weil es im Belieben der Mitgliedstaaten steht, bei der Umsetzung der Richtlinien in nationales Recht die technischen Details auch auf gesetzlichem Wege zu regulieren. Das europäische Recht folgt jedoch auch im 118a-Bereich insoweit der Neuen Konzeption, als sich auch die Mindestvorschriften der 118a-Richtlinien lediglich auf grundlegende Anforderungen erstrecken, die der Spezifikation bedürfen.

Der Regulierungsansatz der Neuen Konzeption, der den etatistischen Regulierungsansatz der siebziger Jahre abgelöst hat, stellt für das deutsche Arbeitsschutzrecht im Grundsatz keine Innovation dar, weil die EU hier ja gerade den deutschen Regulierungsansatz übernommen hat. So hatte das wichtigste deutsche Arbeitsschutzgesetz, das Gerätesicherheitsgesetz, noch nicht einmal grundlegende Anforderungen definiert, sondern lediglich auf die „anerkannten Regeln der Technik" verwiesen. So überrascht es nicht, daß das DIN – „die aktivste Normungsorganisation der Welt" (OECD 1991) – seinen Startvorteil nutzen konnte und in den 45 CEN-Komitees (Europäisches Komitee für Normung), die für die Spezifikation der Maschinenrichtlinie zuständig sind, 39% der Sekretariate und 42% der Vorsitze besetzt (CEN 1991).

Wurde beim Regulierungs*ansatz* das bewährte deutsche Modell übernommen, so bedeutete die Regulierungs*philosophie* der europäischen Arbeitsschutzgesetzgebung eine erhebliche Innovation für das deutsche Arbeitsschutzsystem. Der deutsche Arbeitsschutz (wie auch der Arbeitsschutz in den meisten anderen EU-Ländern), der aus der Dampfkesselregulierung zur Mitte des 19. Jahrhunderts hervorgegangen ist, kann in mehrfacher Weise als „mechanistisch" charakterisiert werden, während der europäische Arbeitsschutz eine Reihe innovativer Elemente einführt:

- Während der deutsche Arbeitsschutz auf die Sicherheit technischer Einrichtungen fokussiert ist, also technikzentriert ist, stellt das europäische Arbeitsschutzrecht den Schutz der menschlichen Gesundheit in den Mittelpunkt, ist also humanzentriert.
- Während der traditionelle Arbeitsschutz lediglich Gefahren verhüten will, fordert die Arbeitsschutzrahmenrichtlinie die „Berücksichtigung des Faktors ‚Mensch' bei der Arbeit" (Art. 6 Abs. 2), d.h. nicht nur sichere, sondern auch *menschengerechte* Arbeitsbedingungen.
- Während sich der deutsche Arbeitsschutz dementsprechend auf die Sicherheit von Arbeitsmitteln, Maschinen, Anlagen und Arbeitsplätzen beschränkt, erfaßt das europäische Recht die gesamte Arbeitsumwelt einschließlich der Arbeitsorganisation, der Arbeitszeit, der sozialen Beziehungen im Betrieb, der Qualifizierung und anderer „sozialer" Aspekte, sogar den Datenschutz – ein absolu-

tes Novum für das deutsche Arbeitsschutzrecht und gewiß eine weite Interpretation des Begriffes „Arbeitssicherheit".

- Während sich der deutsche Arbeitsschutz auf die Vermeidung physischer Gefährdungen beschränkt (§ 546 Reichsversicherungsordnung), umfaßt das europäische Konzept des Gesundheitsschutzes in der Arbeitswelt sowohl die physische als auch die psychische Gesundheit, indem es den innovativen Gesundheitsbegriff der Weltgesundheitsorganisation übernimmt, die Gesundheit als Wohlbefinden definiert. Dementsprechend schreiben die europäischen Richtlinien vor, daß Belästigung, Ermüdung, psychische Belastung, Streß und sogar eintönige Arbeit bei maschinenbestimmtem Arbeitsrhythmus durch die Anwendung ergonomischer Prinzipien soweit wie möglich zu reduzieren sind.
- Während der deutsche Arbeitsschutz aus festen Vorschriften besteht, die auf dem jeweiligen Stand der Technik beruhen, schließt das europäische Arbeitsumweltrecht prozedurale Vorschriften zur dynamischen Bewertung und Verbesserung des Arbeitsschutzes ein.

  Als wesentliche prozedurale Innovation gilt der Ansatz der Risikobewertung (risk assessment) in der Maschinenrichtlinie (Anhang I, Nr. 1.1.2). Die Risikobewertung verpflichtet – über die Berücksichtigung der durch die Maschinenrichtlinie definierten Anforderungen hinaus – zur präventiven Abschätzung und Vermeidung von Gefährdungen bereits im Stadium der Konstruktion von Maschinen. Dadurch sollen insbesondere bei neuen Technologien, für die es noch keine ausreichenden technischen Regeln gibt, und bei bestimmten Kombinationen von jeweils für sich akzeptablen Einzeltechnologien, die aber insgesamt neue Gefahrenpotentiale bergen, Gefährdungen vermieden werden. Die Bildschirmrichtlinie 90/270/EWG (ABl. L156/14) beinhaltet eine ähnliche Verpflichtung zur Arbeitsanalyse, die auch Kombinationseffekte einzelner Risiken einbeziehen soll (Art. 3 Abs. 2).
- Während der deutsche Arbeitsschutz sowohl hinsichtlich der Aufstellung technischer Regeln als auch hinsichtlich der Implementation und Überwachung als eine Angelegenheit von Experten angesehen wird, beinhaltet das europäische Recht prozedurale Vorschriften zur Beteiligung der Betroffenen an der Gestaltung der Arbeitsumwelt (Art. 11 der Rahmenrichtlinie).

Diese Neuerungen aus Brüssel werden von deutschen Arbeitsschutzexperten als „wichtiger Fortschritt" und als eine längst überfällige Modernisierung des schwerfälligen und mechanistischen deutschen Arbeitsschutzes eingestuft (Kohte/Bücker 1993: 273f.). Es bedurfte erst der europäischen Regulierung des Arbeitsschutzes, um innovative Aspekte im Arbeitsschutz, die in Deutschland als staatlich nicht regelungsfähig gegolten hatten, wie Fragen der Arbeitsorganisation, der ergonomischen und menschengerechten Gestaltung der Arbeitswelt oder des betrieblichen Datenschutzes, gesetzlich zu verankern. Dies ist aus deutscher Sicht – und aus der Perspektive von zumindest neun weiteren Mitgliedsländern (mit Ausnahme Dänemarks und der Niederlande, die bereits zuvor eine innovative Regulierungsphilosophie eingeführt hatten) – das genaue Gegenteil von sozialem Dumping.

Allein durch die erhebliche Erweiterung des Regulierungsbereiches führt das europäische Arbeitsumweltrecht zu einer Steigerung des Schutzniveaus. Insgesamt ergibt sich ein hohes *Regulierungsniveau* durch folgende Bestimmungen:

- Während das Arbeitsschutzrecht der meisten Mitgliedstaaten einschließlich Deutschlands aus historischen Gründen erhebliche Arbeitnehmergruppen ausnimmt (Vogel 1991), erstreckt sich der Geltungsbereich der EU-Arbeitsschutzrichtlinien auf alle Arbeitskräfte in allen Sektoren. Die einzige Ausnahme sind Hilfen in privaten Haushalten.
- Höchstes Schutzniveau wird durch die Generalverpflichtung des Arbeitgebers zur aktiven Gewährleistung des Arbeitsschutzes entsprechend dem neuesten Stand der Technik, über den er sich selbst zu informieren hat, etabliert (Rahmenrichtlinie, Art. 5 u. 6).
- Die Bestimmungen der Rahmenrichtlinie und mehrerer Einzelrichtlinien, sogar Monotonie, Ermüdung, Unbehagen und mentalen Streß zu vermeiden, kann ebenfalls nur als das Bemühen um höchstes Schutzniveau interpretiert werden. Auch hier ist kein unterschiedliches Schutzniveau zwischen den produktbezogenen Richtlinien nach Art. 100a und den prozeßbezogenen Richtlinien nach Art. 118a EGV festzustellen, sondern z.T. identische Formulierungen.
- Das Schutzniveau wird auch dadurch gesteigert, daß vollkommen neue Aspekte der Arbeitsumwelt in den Regulierungsbereich aufgenommen wurden. Die ergonomische Gestaltung der Bildschirmarbeit war bisher in allen Mitgliedsländern außer den Niederlanden nicht verbindlich geregelt worden. Auch hier ist es wieder eine verfahrensbezogene Richtlinie nach Art. 118a, die einen „Mindeststandard" festlegt, der aber bereits über die existierenden nationalen Standards fast aller Mitgliedstaaten hinausgeht.
- Die Verpflichtung zur antizipativen Risikoabschätzung in der Maschinen- und Bildschirmrichtlinie stellt eine prozedurale Vorschrift dar, die zur sukzessiven Steigerung des Schutzniveaus führt. Das Konzept des „risk assessment" stammt übrigens aus England und ist nach erfolglosen Versuchen, das konservative britische Arbeitsschutzsystem zu reformieren, in die europäische Regulation eingebracht worden, um auf der nationalen Ebene einen Fortschritt über den Brüsseler Umweg zu erreichen.
- Schließlich begnügt sich die Maschinenrichtlinie mit ihren grundlegenden Anforderungen nicht damit, das höchste nach dem gegenwärtigen Stand der Technik zu realisierende Sicherheitsniveau vorzuschreiben, sondern definiert absolute Sicherheitsanforderungen, die z.T. nach dem zur Zeit ihrer Verabschiedung herrschenden Stand der Technik noch gar nicht erfüllt werden können (89/392/EWG, Anhang I, Vorbemerkung Nr. 2).

Indem die EU-Richtlinien, durch die eine konsistente und systematische Regulierung stattfindet, die historisch bedingten Lücken in den Geltungsbereichen der nationalen Arbeitsschutzsysteme schließen, indem sie die Regulierungsansätze und -philosophien aus mehreren – und hier den jeweils fortgeschrittensten – Mitgliedstaaten miteinander kombinieren (die Neue Konzeption aus Deutschland, die technikimmanente Sicherheit aus Frankreich, das innnovative Gesundheitskonzept aus Dänemark bzw. Schweden, die Ergonomie aus den Niederlanden) und indem sie dazu noch innovative Ansätze aufnehmen, die bislang in keinem Mitgliedsland realisiert waren (die Verpflichtung zur Risikoabschätzung), legen sie ein Regulierungsniveau fest, daß nicht nur weit über den kleinsten gemeinsamen Nenner der Mitgliedstaaten hinausgeht, sondern das aufgrund der Kombination innovativer Ansätze insgesamt gesehen sogar das Schutzniveau in allen Mitgliedstaaten übersteigt. Für die meisten Mitgliedstaaten – so auch für Deutschland – ergibt sich aus der europäischen Regulierung ein geradezu revolutionärer Impuls zur Innovation der nationalen Arbeitsschutzsysteme.

Der Innovationsimpuls erstreckt sich nicht nur auf die *Regulierungsphilosophie* (die in Deutschland vollkommen fremd ist) und das *Regulierungsniveau* (das ebenfalls manche schmerzhafte Anpassung nach oben verlangt), sondern auch auf die *Regulierungs- und Implementationsakteure*. Ein paradoxer Effekt der Europäisierung besteht darin, daß die politische Handlungsfähigkeit auf der nationalen Ebene auch dadurch gesteigert werden kann, daß institutionell auskristallisierte Machtbalancen aufgebrochen werden und dadurch Reformfähigkeit wiedergewonnen wird.

Nationale institutionelle Strukturen sind in der Regel das Ergebnis langfristiger historischer Prozesse, in denen sich stabile Machtbalancen irgendwann in Form dauerhafter institutioneller Arrangements auskristallisieren. Solche Strukturen weisen dann ein großes Beharrungsvermögen auf und widersetzen sich Reformversuchen, auch wenn sie aufgrund veränderter Bedingungen längst nicht mehr problemadäquat sind, weil jede Reform zu Lasten bestimmter Gruppeninteressen und vor allem zu Lasten der aus diesen Arrangements entstehenden institutionellen Eigeninteressen ginge, d.h. der irgendwann nach langen Auseinandersetzungen mühsam austarierte Interessenkompromiß wieder in Frage gestellt würde.

Ein Beispiel für ein solches institutionell auskristallisiertes Arrangement ist das duale Arbeitsschutzsystem in der Bundesrepublik Deutschland. Die Geschichte der Regulierung des Arbeitsschutzes in Deutschland, die in der Mitte des 19. Jahrhunderts mit der Regulierung der Sicherheit von Dampfkesseln begann, war lange Zeit die Geschichte einer Oszillation zwischen staatlichen Steuerungsversuchen und verbandlicher Selbstregulierung (vgl. hierzu und zum folgenden Bauerdick 1994). Das institutionelle Arrangement, das schließlich die tatsächliche Machtbalance zwischen Staat und Verbänden widerspiegelte, bestand in einem „sowohl als auch“, d.h. der parallelen Zuständigkeit von staatlicher Gewerbeaufsicht und paritätisch getragener Selbstregulierung durch die Berufsgenossenschaften: dem dualen System.

Solche, aus historischen Prozessen erwachsene Arrangements können sehr gut geeignet sein, um die Aufgaben zu bewältigen, die zu ihrer Entstehungszeit bestanden. Sie erweisen sich jedoch als ausgesprochen innovationsfeindlich, da jede Veränderung der Zuständigkeiten das austarierte Machtgleichgewicht zwischen den beteiligten Akteuren gefährden und entsprechenden Widerstand provozieren würde. So erwies sich das duale System des Arbeitsschutzes als relativ erfolgreich, als es um die klassischen Arbeitsschutzaufgaben ging, d.h. um die Gewährleistung der technischen Sicherheit von Maschinen und Anlagen. Es zeigte sich jedoch nicht in der Lage, die neuen Herausforderungen aufzunehmen, die aus neuen Technologien – insbesondere der Informationstechnologie –, neuen Formen der Arbeitsorganisation und einem erweiterten Gesundheitsbegriff, der auch das psychische Wohlbefinden als schutzwürdig ansah, erwuchsen, so daß die Führerschaft im Arbeitsschutz innerhalb Europas an Dänemark und die Niederlande, welche die innovative schwedische Arbeitsschutzphilosophie übernahmen, abgetreten wurde.

Das duale System hatte sich lange Zeit gegen die immer wieder angemahnten Reformversuche gesperrt. Seitdem die europäische Harmonisierung des Arbeitsschutzes jedoch die so erstarrt erscheinende Struktur aufgebrochen hat, zeigte das bedrohte Arbeitsschutzsystem eine erstaunliche Anpassungsfähigkeit. Insbesondere die Berufsgenossenschaften schienen zunächst auf der Verliererseite zu stehen. Im gesamten Harmonisierungsbereich nach Art. 100a EG-Vertrag, d.h. bei der Produktharmonisierung, verloren sie ihre Regelungskompetenz, die im Rahmen der Neuen Konzeption der technischen Harmonisierung und Normung in die Hände der europäischen Normungsorganisationen CEN und CENELEC (Europäische Kommission für elektrotechnische Normung) gegeben wurde. Die Berufsgenossenschaften reagierten erstens darauf, indem sie sehr rasch zentrale Positionen (Spiegelgremien, Delegationen, Sekretariate, Ausschußvorsitze) in der europäischen Normung besetzten, um auf diese Weise ihren Zuständigkeitsverlust zu kompensieren.

Zweitens begannen sie im Bereich der europäischen Mindestharmonierung nach Art. 118a EG-Vertrag, d.h. bei der Verfahrensharmonisierung, in der das europäische Recht lediglich Mindeststandards setzt, über die nationale Regelungen (beispielsweise durch berufsgenossenschaftliche Unfallverhütungsvorschriften) hinausgehen können, ihre Regelungsaktivitäten auf die innovativen Bereiche auszudehnen. Beispielsweise führte die europäische Bildschirmrichtlinie dazu, daß erstmals die Erarbeitung einer Unfallverhütungsvorschrift über Bildschirmarbeit begonnen wurde – was vorher, zu Zeiten rein nationalen Rechts, nie möglich gewesen war.

Drittens scheint es den Berufsgenossenschaften zu gelingen, die europäischen Regelungen in sehr geschickter Weise für sich auszunutzen – und zwar auch solche Maßnahmen, mit denen eigentlich eine Stärkung der Position anderer Akteure intendiert wurde. So schreibt das europäische Arbeitsschutzrecht vor, daß die Mitgliedstaaten Maßnahmen zu treffen haben, um die Möglichkeiten zur Beteiligung der notorisch unterrepräsentierten Sozialpartner an der europäischen Normung zu verbessern (Maschinenrichtlinie, Art. 5 Abs. 3).

Gemeint waren damit staatlich finanzierte Organisationshilfen für die Vertretung der Arbeitnehmerinteressen in den Normungsinstituten nach dem Vorbild des vom Bundeswirtschaftsministerium finanzierten Verbraucherrats im DIN, der vom Bundesumweltministerium finanzierten Kommission Umweltschutz im DIN oder dem von der EU-Kommission finanzierten Technischen Gewerkschaftsbüro zur Beobachtung des europäischen Normungsgeschehens in Brüssel. Was schließlich im Frühsommer 1994 verwirklicht wurde, war etwas völlig anderes: nämlich die Einrichtung einer vom Bundesarbeitsministerium finanzierten Kommission „Normung und Arbeitsschutz", die keineswegs bei der zuständigen Normungsorganisation, dem DIN, angesiedelt wurde, sondern beim Hauptverband der gewerblichen Berufsgenossenschaften in St. Augustin.

Dieses überraschende Ergebnis kann als Resultat eines geschickten Taktierens angesehen werden. Seit einigen Jahren wurden die Berufsgenossenschaften heftig von ihren unmittelbaren Konkurrenten innerhalb des dualen Systems, den für die Gewerbeaufsicht zuständigen Ländern, attackiert, aus denen Pläne zur Regionalisierung der Berufsgenossenschaften präsentiert wurden. Diese Frontstellung sicherte ihnen allerdings die Unterstützung des Bundesarbeitsministers, der wiederum alle Versuche einer Kompetenzausweitung der Länder argwöhnisch betrachtete. Außerdem konnte der christdemokratische Bundesarbeitsminister mit dem Eintreten für die Berufsgenossenschaften die Forderung nach Beteiligung der Gewerkschaften formal abdecken und gleichzeitig die schwächste, nämlich nur indirekte Beteiligungsform realisieren, die allerdings auch die Abteilung Arbeitsschutz im Deutschen Gewerkschaftsbund präferierte, die relativ eng mit den Berufsgenossenschaften verflochten ist, während bei einer direkten Beteiligung der Sozialpartner wohl die Einzelgewerkschaften, namentlich die eigentlich zuständige IG Metall, von der staatlichen Unterstützung profitiert hätten.

Erst durch die europäische Integration erhielt somit das duale Arbeitsschutzsystem den längst überfälligen Reformimpuls. Dies stellte übrigens kein deutsches Spezifikum dar: Aus Großbritannien, wo Bestreben zur Reform des Arbeitsschutzsystems ebenfalls auf der nationalen Ebene gescheitert waren, wurden ebenfalls innovative Vorschläge für das europäische Arbeitsschutzrecht erfolgreich lanciert, so daß man hier ebenfalls von einer Reform des eigenen Systems via Brüssel sprechen kann.

2.3 Europäische Regulierung des Umweltschutzes

Im Gegensatz zur Regulierung des Arbeitsschutzes, die im Zuge des Binnenmarktprogramms aus einem einheitlichen Richtlinienprogramm bestand, das aus der Arbeitsschutzrahmenrichtlinie abgeleitet wurde, setzt sich die europäische Umweltschutzregulierung aus einer Vielzahl von Einzelrichtlinien zusammen, die keinen einheitlichen Regulierungsstil widerspiegeln, sondern unterschiedliche Regulierungsansätze, -philosophien und auch -niveaus, die verschiedenen Phasen der Umweltpolitik, aber auch unterschiedlichen nationalen Initiativen geschuldet sind.

Bereits 1985, d.h. vor der Aufweichung der Einstimmigkeitsregel durch die Einheitliche Europäische Akte, konstatierten Rehbinder und Stewart (1985: 12 und 315) ein „bruckstückhaftes, aber substantielles" Maß an Prozeßregulation, obwohl nach ihrem spieltheoretischen Modell überhaupt keine europäische Regulierung zu erwarten gewesen wäre, und „vielleicht auch mehr Harmonisierung der Produktregulation, als erwartet werden könnte".

2.3.1 Frühe Regulierungsansätze: Die Luftqualitätsrichtlinien

In der ökologischen Prozeßregulierung ragten insbesondere die in den frühen achtziger Jahren, d.h. in der als Stagnations- und Blockadephase beschriebenen Periode, verabschiedeten Immissionsschutzrichtlinien heraus, so die Richtlinie über Schwefeldioxid und Schwebestaub (80/779/EWG, ABl. L 229/30), die Richtlinie über Blei (82/884/EWG, ABl. L 378/15) und die Richtlinie über Stickstoffdioxid (85/203/EWG, ABl. L 87/1). All diese Richtlinien erschienen zwar als relativ konsensfähig, weil sie von der Regulierungs*philosophie* her der seinerzeit in den meisten Mitgliedstaaten relativ einheitlich geübten luftqualitätsorientierten Strategie entsprachen, und weil sie den (mit großzügigen Fristen) zur Implementation verpflichteten Mitgliedstaaten weder hinsichtlich des Regulierungs*ansatzes* Vorschriften machten (bei einer Überschreitung der Immissionsgrenzwerte haben die Mitgliedstaaten „die notwendigen Maßnahmen" zu treffen), noch hinsichtlich der Überwachungs*institutionen*, wo ebenfalls, wenn überhaupt, nur geringe Anpassungen erforderlich wurden.

Beachtlich war dagegen das Regulierungs*niveau*: Die festgelegten Grenzwerte waren, auch im Vergleich mit den einschlägigen, am neuesten Stand der Wissenschaft ausgerichteten Richtlinien des VDI (Verein Deutscher Ingenieure), relativ strikt und gingen z.T. sogar über das in Deutschland als hoch eingeschätzte, von der Umweltministerkonferenz festgelegte Niveau hinaus. Ihre regulative Schärfe gewannen die Immissionsschutzrichtlinien jedoch durch die sehr detaillierten – und in dieser Hinsicht für bundesdeutsche Verhältnisse vollkommen ungewöhnlichen – Vorschriften über die Meßverfahren und das Meßnetz. Aufgrund dieser Kombination von Grenzwerten *und* Meßvorschriften kann – zumindest aus deutscher Perspektive – von „ökologischem Dumping“ keine Rede sein. An dieser frühen europäischen Umweltschutzregulierung war nicht nur bemerkenswert, daß sie noch unter der Einstimmigkeitsregel verabschiedet wurde, sondern auch, daß sie verabschiedet wurde, ohne daß der EWG-Vertrag vor seiner Novellierung durch die Einheitliche Akte der Gemeinschaft eine umweltpolitische Kompetenz zugewiesen hätte (vgl. Majone 1989: 165; Task Force 1990: 187f.).

Die immissionsorientierte Regulierungsphilosophie ist zwar seit der Mitte der achtziger Jahre gegenüber neueren emissionsorientierten und prozeduralen Regulierungen etwas in den Hintergrund getreten, aber von der EU bis in die Gegenwart weitergeführt worden. Die in einer Rekordzeit von nur vierzehn Monaten im September 1992 verabschiedete Richtlinie über die Luftverschmutzung durch Ozon (92/72/EWG, ABl. L 297/1) setzt den immissionsorientierten Ansatz fort. Die Ozonrichtlinie legt insgesamt vier Schwellenwerte für den Gesundheitsschutz (110 µg/m^3), den Schutz der Vegetation (65 µg/m^3), für die Unterrichtung der Bevölkerung (180 µg/m^3) und für die Auslösung eines Warnsystems (360 µg/m^3) fest.

Abgesehen davon, daß die EU mit dieser Richtlinie als Schrittmacher einer gesetzlichen Regulierung der Ozonimmissionen auftritt – in der Bundesrepublik hatte es lediglich Richtwerte der Umweltminister gegeben –, sind diese Grenzwerte als scharf zu beurteilen – auch vor dem Hintergrund der Grenzwerte der deutschen Umweltministerkonferenz von 180/360 µg/m^3 und des Bundesozongesetzes von 240 µg/m^3.

Dies hat allerdings keine unmittelbaren Konsequenzen: Die EU-Richtlinie schreibt lediglich beim Überschreiten der Schwellenwerte für Unterrichtung und Alarm konkrete Maßnahmen vor, nicht jedoch beim Überschreiten der Schwellenwerte zum Schutz der Gesundheit und der Vegetation. Die Mitgliedstaaten werden lediglich verpflichtet, die Ozonkonzentrationen zu messen und die Meßwerte der Europäischen Umweltagentur zu melden. Die Festlegung eines Grenzwerts, der überhaupt keine praktischen Konsequenzen hat, muß wohl im Rahmen einer längerfristigen regulativen Strategie der EU-Kommission gesehen werden: Denn immerhin hat die Kommission mit der Richtlinie zugleich das Mandat erhalten, nach Auswertung der Messungen Vorschläge zur Verringerung der Ozonkonzentrationen zu unterbreiten.

Zusammenfassend ergibt sich bei den Luftqualitätsrichtlinien, die eine Prozeßregulierung darstellen, ebenfalls, wie auch im Arbeitsschutz, ein hohes Regulierungsniveau, das – im Fall der Meßvorschriften zur Stickstoffdioxidrichtlinie und im Fall der Ozonrichtlinie – das deutsche Schutzniveau z.T. erheblich überschreitet (und den deutschen Immissionsschutzbehörden dadurch nicht unbeträchtliche Probleme verursacht, die allerdings durch eine laxe Implementation abgemildert werden).

2.3.2 Die Kraftfahrzeugemissionsrichtlinien

Zu den frühen europäischen Aktivitäten im Bereich der ökologischen Produktregulierung gehören die Kraftfahrzeugemissionsrichtlinien (Holzinger 1994). Der Rat hatte bereits am 20. März 1970 eine Richtlinie zur Angleichung der Rechtsvorschriften der Mitgliedstaaten über Maßnahmen gegen die Verunreinigung der Luft durch Abgabe von Kraftfahrzeugmotoren durch Fremdzündung (70/220/EWG, ABl. L 76/1) erlassen, um, wie es in den Erwägungsgründen heißt, nicht-tarifäre Hemmnisse gegen das Funktionieren des Gemeinsamen Marktes zu beseitigen. Bemerkenswert war, daß bereits diese Richtlinie vorsah, daß „die technischen Vorschriften rasch dem technischen Fortschritt angepaßt werden“ – was durch mehrere Folgerichtlinien, die das Schutzniveau stetig verschärften, in den Jahren 1974 (74/290/EWG, ABl. L 159/61), 1977 (77/102/EWG, ABl. L 32/32), 1978 (78/665/EWG, ABl. L 223/48) und 1983 (83/351/EWG, ABl. L 197/1) auch geschehen ist –, bis 1987, vor dem Hintergrund der intensivierten Umweltschutzdiskussion und des vor allem in den USA entwickelten Stands der Technik mit der Richtlinie 88/76/EWG (ABl. L 36/1) (und 88/436/EWG für Dieselmotoren, ABl. L 214/1) eine weitere, erhebliche Grenzwertverschärfung vorgenommen wurde, die im Rat heftig umstritten war und letztlich in einen Kompromiß mündete.

Regulierungs*ansatz*, Regulierungs*philosophie* und Regulierungs*akteure* spielten bei der Codifizierung der Richtlinien zur Begrenzung der Kraftfahrzeugemissionen keine nennenswerte Rolle. Hier ging der Konflikt, der vor allem zwischen den Nordländern unter Führung Deutschlands sowie den Südländern unter Führung Frankreichs und Italiens ausgetragen wurde, nahezu ausschließlich um das Regulierungs*niveau*, d.h. die Höhe der Emissionsgrenzwerte, konkret: ob die EU die US-amerikanischen Abgasgrenzwerte, die praktisch nur unter Einsatz des geregelten Katalysators zu erreichen waren, übernehmen oder sich auf schwächere europäische Grenzwerte beschränken solle, die auch mit einfacheren technischen Maßnahmen („Magermotor", ungeregelter Katalysator) zu erreichen waren.

Bei der Regulierung der Abgasgrenzwerte handelte es sich um eine typische Produktregulierung, die der eingangs skizzierten Entscheidungssituation geradezu idealtypisch entsprach: Die deutsche Automobilindustrie war letztlich an der Übernahme der US-Grenzwerte interessiert, weil sie wegen hoher Exportanteile nach Nordamerika weder technologische noch wirtschaftliche Probleme damit hatte, während die vorwiegend auf Kleinwagen für den europäischen Markt ausgerichtete französische und italienische, aber auch die britische Automobilindustrie den Zwang zum geregelten Katalysator auf das heftigste bekämpfte. Das deutsche Eintreten für schärfere Grenzwerte wurde nicht nur als Versuch einer „Teutonisierung" der europäischen Umweltpolitik, sondern auch als eine „verkappte Markteroberungspolitik zugunsten der deutschen Industrie" angegriffen (WZB 1991: 16).

Der Streit endete zunächst mit einem Kompromiß, der beinhaltete, daß die US-Grenzwerte zunächst nur für Fahrzeuge mit mindestens 1,4 l Hubvolumen galten, während für Personenwagen mit kleineren Motoren schwächere Grenzwerte eingeführt wurden. Immerhin enthielt die Präambel der Richtlinie 88/76/EWG die Verpflichtung, die Grenzwerte „so rasch wie möglich" zu verschärfen. Tatsächlich hat der Rat bereits im Juli 1989 mit der sogenannten „Kleinwagenrichtlinie" (89/458/EWG, ABl. L 226/1) sogar noch eine deutliche Verschärfung der Emissionswerte verabschiedet – mit den Stimmen Frankreichs und Italiens, deren Regierungen ihren Widerstand aufgaben, und nur noch gegen die Stimmen Dänemarks und Griechenlands, deren Proteste freilich in unterschiedliche Richtungen gingen. Die Verschärfung der Anforderungen war dabei wesentlich auf die gegenseitige Unterstützung von Kommission und Parlament zurückzuführen, die sich gemeinsam gegenüber dem Ministerrat für ein höheres Schutzniveau einsetzten. Für die Fahrzeuge mit größeren Motoren wurde die Verschärfung mit der Richtlinie 91/441/EWG (ABl. L 242/1) nachvollzogen. Letztlich kam es auch hier – in einem hochgradig politisierten Fall – zumindest im zweiten Anlauf zu einer Regulierung auf hohem Niveau.

2.3.3 Die Richtlinien zur Kontrolle industrieller Emissionen[1]

Die Verabschiedung der Richtlinien zur Begrenzung der Emissionen von Industrieanlagen stellt den wohl bislang schwierigsten Akt der Umweltschutzregulation durch die EU dar, zumal hier Konflikte gleich über mehrere kritische Fragen auftauchten, nämlich nicht nur über die Höhe des Regulierungs*niveaus*, sondern auch über den Regulierungs*ansatz* und insbesondere über die Regulierungs*philosophie*. War die luftqualitätsorientierte Regulierungsphilosophie noch relativ unstrittig, zumal sie die Mitgliedstaaten nicht zu bestimmten Maßnahmen verpflichtete, trat ein heftiger Richtungskonflikt auf, als sich die Europäische Union anschickte, den bereits zuvor von der Bundesrepublik eingeschlagenen Paradigmenwechsel von der immissions- zur emissionsorientierten Regulierungsphilosphie nachzuvollziehen.

Während sich Frankreich zu diesen Richtlinienvorschlägen neutral verhielt, weil es weder davon profitierte, noch damit Probleme gehabt hätte, provozierten sie energischen Widerstand des Vereinigten Königreiches, das sich gleich in mehrfacher Hinsicht unter Anpassungsdruck gesetzt sah: Erstens stand die „klassische deutsche ordnungsrechtliche Interventionsphilosophie" „in krassem Gegensatz" zu der „an der lokalen Umweltqualität orientierten, vollkommen ohne gesetzliche Standards operierenden britischen Praxis" (Héritier u.a. 1994: 199, 203). Zweitens hatte Großbritannien aufgrund von Insellage und Westwind wenig Probleme mit Immissionen und hatte daher in der Vergangenheit einen Wettbewerbsvorteil aus einer laxen Emissionskontrolle gezogen. Drittens hätte die britische Industrie erhebliche Probleme mit den deutschen Emissionsstandards gehabt. Als britisches Sonderproblem kam hinzu, daß die Stromerzeugung weitgehend verstaatlicht war und das unter hohem industriellen Einfluß stehende Energieministerium ein unmittelbares ökonomisches Interesse an der Vermeidung von Emissionskontrollen hatte.

Der (relativ unverbindlichen) Rahmenrichtlinie 84/360/EWG stimmte die britische Regierung erst zu, nachdem sie einige Aufweichungen hinsichtlich des Regulierungsniveaus und der Implementationsfrist, vor allem aber ein Vetorecht bei der Verabschiedung konkreter Emissionsgrenzwerte durch den Ministerrat durchgesetzt hatte. Spannend wurde es dann bei der Entscheidung über die Großfeuerungsanlagenrichtlinie. Nachdem die britische Regierung vier Jahre lang ihr

1 Der folgende Abschnitt stützt sich auf die Analyse in Héritier u.a. (1994), S. 195ff.

Veto aufrechterhalten hatte, gab sie ihre Zustimmung zur Großfeuerungsanlagenrichtlinie 88/609/EWG erst, als die mittlerweile im Ministerrat völlig isolierte Regierung ein Interesse an einem schnellen Abschluß der Verhandlungen entwickelte, um die inzwischen angestrebte Privatisierung der Energieversorgungsunternehmen nicht durch Spekulationen über ungewisse zukünftige europäische Auflagen zur Schadstoffreduktion zu gefährden (Héritier u.a. 1994: 225).

2.3.4 Prozedurale Richtlinien zum Umweltschutz[2]

Hatte sich die Bundesrepublik Deutschland in Koalition mit der Europäischen Kommission bei der Regulierung industrieller Emissionen durchgesetzt und insbesondere Großbritannien ihren Regulierungsstil aufgezwungen, so verhielt es sich bei den prozeduralen Umweltschutzrichtlinien (Umweltinformationsrichtlinie, Öko-Audit-Verordnung, Umweltverträglichkeitsprüfungsrichtlinie) nahezu umgekehrt.

Im Rahmen eines umweltpolitischen Akzentwechsels, der durch ein wachsendes Umweltbewußtsein in der Wählerschaft ausgelöst wurde, wurde in Großbritannien das bisher konsensuelle, durch informelle Aushandlungen zwischen Regulierungsbehörden und Industrie gekennzeichnete Genehmigungsverfahren durch einen „formaleren und transparenteren Stil“ abgelöst, dessen Kernpunkt der „public access“, der öffentliche Zugang zu allen genehmigungsrelevanten Informationen, darstellt (Héritier u.a. 1994: 250-259). Da auf diese Weise auch die ausländischen Konkurrenzunternehmen an betriebsinterne Informationen gelangen können, stellte diese nationale Regelung einen einseitigen Wettbewerbsnachteil der britischen Industrie dar. Deshalb ging die britische Regierung auf der europäischen Ebene erstmals in die Offensive und betätigte sich als Schrittmacher für eine Reihe von Richtlinien, die der eher auf prozeduralen Maßnahmen denn auf substanziellen Ge- und Verboten beruhenden britischen Regulierungstradition entsprachen.

Die europäische Kommission nahm die britischen Initiativen genauso positiv auf wie zuvor die ordnungsrechtlich-technikzentrierten deutschen Vorschläge. Nationale Vorschriften zum öffentlichen Akteneinsichtsrecht standen zwar in völligem Gegensatz zur deutschen verwaltungsrechtlichen Tradition, waren aber bereits in einigen anderen EU-Mitgliedsländern in Kraft. Nachdem die britische Delegation der Umweltinformationsrichtlinie (90/313/EWG, ABl. L 158/56) ih-

2 Auch dieser Abschnitt beruht auf Héritier u.a. (1994), hier S. 238ff.

ren Stempel aufgedrückt hatte, wurde sie schließlich 1990 verabschiedet. Die deutschen Behörden begnügen sich nun mit einer laxen Implementation (Héritier u.a. 1994: 277).

Eine weitere prozedurale Innovation stellt die 1993 verabschiedete Verordnung über die freiwillige Beteiligung gewerblicher Unternehmen an einem Gemeinschaftssystem für das Umweltmanagement und die Umweltbetriebsprüfung (Öko-Audit) dar (3037/90/EWG, ABl. L 168/1). Auch hier griff die Kommission eine britische Norm auf. Als prozedurales Recht kam der Vorschlag insbesondere der britischen Rechtstradition entgegen, während die Bundesrepublik als einziger EU-Mitgliedstaat opponierte. Ein Kompromiß wurde schließlich erzielt, indem der britische Regulierungsansatz mit deutschen Forderungen hinsichtlich eines strengeren materiellen Regulierungsniveaus verknüpft wurde. Ein analoger Konflikt entstand bei der Diskussion über die Richtlinie über die Umweltverträglichkeitsprüfung (UVP) (85/337/EWG, ABl. L 175/40), die ebenfalls einen typisch angelsächsischen Regulierungsansatz darstellt, mit dem sich die deutschen Behörden nicht anfreunden konnten (und können).

Pflegt man aus deutscher Sicht üblicherweise über die niedrigeren Umweltschutzstandards und die schlampige Implementation in anderen Mitgliedstaaten zu klagen, so fällt auf, daß sich die Bundesrepublik bei EU-Richtlinien, die sie mit innovativen Regulierungsansätzen und -philosophien oder aber auch mit einem strengeren Regulierungsniveau konfrontieren, selber nicht anders verhält. Offenbar sind aus Brüssel statt „ökologischem Dumping" auch manche schmerzhaften Verschärfungen nach Deutschland gekommen.

3. Vergleich

Auf den ersten Blick scheint die regulative Politik der EU im Arbeitsschutz ganz anders verlaufen zu sein als im Umweltschutz: Die Arbeitsschutzrichtlinien stellen ein in sich konsistentes, auf einer durchgängigen, sich in vielen identischen Formulierungen manifestierenden Regulierungsphilosophie beruhendes Normenwerk dar, das sich auf die Arbeitsschutzrahmenrichtlinie gründet. Das intergouvernementale Konfliktniveau war trotz gravierender Einschnitte in nationale Regulierungen (und trotz des nicht übermäßig ernst gemeinten deutschen Widerstands gegen die Maschinenrichtlinie) überraschend niedrig, so daß die Richtlinien mit beeindruckendem Tempo verabschiedet werden konnten. Dazu trug auch bei, daß die Arbeitsschutzregulierung kaum ein Thema der öffentlichen Debatte war, sondern im wesentlichen Angelegenheit technischer Experten – die freilich mit den organisierten Interessen eng verwoben sind. Ganz anders die Umweltschutzregulierung: Die einzelnen Richtlinien stehen jeweils für sich und spiegeln vollkommen unterschiedliche Regulierungsansätze und -philosophien wider. Richtlinien, die stark vom deutschen ordnungsrechtlich-technikorientierten Regulierungsstil beeinflußt sind, stehen prozeduralen Richtlinien gegenüber, deren angelsächsische Herkunft unverkennbar ist. Entsprechend heftig waren die Konflikte im Ministerrat, entsprechend langwierig die Entscheidungsverfahren. Im Gegensatz zur routinisierten Arbeitsschutzregulierung war die Umweltgesetzgebung z.T. stark politisiert und entsprechend kontrovers. Soweit die Unterschiede, die hauptsächlich den Entstehungszusammenhang der Richtlinien betreffen. Umso überraschender sind die Gemeinsamkeiten der europäischen Regulierung in den beiden Politikfeldern.

3.1 Hohes Schutzniveau

Zieht man Bilanz über das gesamte Regulierungswerk im Arbeitsschutz und im Umweltschutz hinweg, so läßt sich feststellen, daß das Schutzniveau in jedem Fall das Niveau des kleinsten gemeinsamen Nenners der Mitgliedstaaten, die erforderlich sind, um eine qualifizierte Mehrheit zu bilden, deutlich übersteigt. Das Regulierungsniveau ist aber nicht nur „hoch“ (im Sinne des Art. 100a Abs. 3 EG-Vertrag), in einigen Bereichen liegt es sogar an der Spitze oder ist sogar höher als das in allen Mitgliedstaaten auf nationaler Ebene realisierte Niveau, wobei sich kein Unterschied zwischen Produkt- und Prozeßregulierung feststellen läßt.

3.2 Innovative Regulierungsstile

Die Regulierungsansätze, Regulierungsphilosophien und die Konsequenzen für die Regulierungs- und Implementationsakteure, die aus Brüssel kommen, stellen für das nationale Regulierungssystem grundlegende Innovationen dar.

Hinsichtlich des Regulierungs*ansatzes* wird der deutsche Arbeitsschutz – im Gegensatz zu den früher viel etatistischeren Regulierungssystemen der Partnerländer – noch mit den geringsten Veränderungen konfrontiert, weil mit der Neuen Konzeption im wesentlichen das deutsche Modell übernommen wurde. Teilweise gilt dies – was den staatsinterventionistischen Ansatz beim Immissions- und Emissionsschutz betrifft – auch im Umweltschutz, wo allerdings mit dem prozeduralen Recht zugleich auch angelsächsische Regulierungsansätze übernommen wurden, die dem deutschen Recht bisher völlig fremd waren.

Den stärksten Innovationsimpuls stellen sicherlich die neuen Regulierungs*philosophien* dar, die sowohl im Arbeitsschutz als auch im Umweltschutz die mechanistische deutsche Regulierungsphilosophie ergänzen. In beiden untersuchten Politikfeldern finden sich Beispiele, daß dieser Innovationsimpuls nicht nur daraus resultiert, daß eine bestimmte Regulierungsphilosopie aus einem anderen Mitgliedstaat einfach importiert worden ist, sondern daß die europäische Regulierung die Chance bot, erstmals vollkommen neue Regulierungsphilosophien zu implementieren. Ein Beispiel für die europaweite Generalisierung von nationalen Regulierungen mit Schrittmacherfunktion ist im Arbeitsschutz das innovative Gesundheitskonzept, das ursprünglich aus Schweden stammt und in der EU zuerst in Dänemark Recht wurde; ein Beispiel für eine erstmalige gesetzliche Verankerung einer neuen Regulierungsphilosophie ist die Risikobewertung im Arbeitsschutz. Die Einführung der Risikobewertung in die Arbeitsschutzrichtlinien ist auch ein Beispiel dafür, daß die europäische Regulierung von nationalen parteilichen Akteuren („partisans" im Sinne Lindbloms), deren Versuch, auf der nationalen Ebene Reformen durchzusetzen, gescheitert ist, systematisch genutzt wird, um die Innovation doch noch auf dem Umweg über Brüssel im eigenen Land zu implementieren. Das Prozedere der europäischen Regulierung, insbesondere die Chance, in den beratenden Kommissionsausschüssen innovative Ideen zu präsentieren oder sogar Teile der Richtlinienentwürfe zu formulieren, fördert solche innovativen Regulierungen, insbesondere wenn man die tendenziell gleichgerichteten institutionellen Eigeninteressen von Kommission und Parlament an innovativer Regulierung (Majone 1989: 167; Majone 1992: 137f.; Eichener 1993: 53f.) in Rechnung stellt.

Die europäische Regulierung ist daher mehr als eine bloße *Harmonisierung* nationaler Regelungen: Sie bietet die Chance, ohne Rücksicht auf historisch gewachsene Zufälligkeiten ein vollkommen neues, dem aktuellen Diskussionsstand entsprechendes Regulierungskonzept konsistent und systematisch zu entwickeln. Dadurch bietet die europäische Integration auch die Chance, auskristallisierte Machtbalancen aufzubrechen, die sich auf der nationalen Ebene als Fortschrittsblokkaden erwiesen haben. Die (partielle) Außerkraftsetzung des hundertjährigen dualen Arbeitsschutzsystems im Bereich des Art. 100a EGV, d.h. der Produktregulierung, ist das wohl gravierendste Beispiel für diese Revolution nationaler Politikmuster. Die Veränderung der Machtbalancen führt nicht nur zur Beschneidung von Zuständigkeiten (wie hier der Berufsgenossenschaften), sondern beinhaltet auch die Chance für bislang einflußarme Akteure, am Spiel teilzunehmen, insbesondere wenn sie, wie die Gewerkschaften, von der Kommission noch durch exklusive Beteiligungsrechte (Beobachterstatus auf der supranationalen Ebene bei der Normung, Interventionsmöglichkeit bei der Normanerkennung durch den Ständigen Ausschuß) und durch massive finanzielle Hilfen (das technische Gewerkschaftsbüro) gefördert werden.

Erhebliche Auswirkungen auf die *Akteurskonstellationen* gehen aber auch von der prozeduralen Regulierung im Umweltschutz aus: Umweltverträglichkeitsprüfung und Öko-Audit konfrontieren die deutschen Kommunen und Unternehmen ebenfalls mit vollkommen neuen Handlungszwängen (die aber auch, bei offensiver Haltung, als Handlungsmöglichkeiten genutzt werden könnten). Auch die Umweltregulierung bietet den bisher auf der nationalen Ebene notorisch unterrepräsentierten Umweltverbänden neue Einflußchancen (Hey/Brendle 1994).

Allerdings zeigt sich sowohl im Arbeitsschutz als auch im Umweltschutz, daß die Gewerkschaften und Umweltverbände auch von den supranationalen Partizipationsmöglichkeiten überrascht worden sind und diese – z.T. aufgrund einer defensiven Haltung gegenüber der europäischen Integration[3] – auch kaum zu nutzen vermögen.

4. Erklärungen

Vergleicht man die tatsächlichen Entwicklungen in der europäischen Regulierung des Arbeits- und Umweltschutzes mit den eingangs skizzierten theoretischen Prognosen, stellt sich die zentrale Frage, wie zu erklären ist, daß die Vertreter der Regierungen im Rat Richtlinien verabschiedet haben, welche die Mitgliedstaaten nicht nur mit hohen Standards konfrontieren, sondern die darüber hinaus hinsichtlich der Regulierungsansätze, der Regulierungsphilosophien und der Konse-

3 Vgl. zur defensiven Haltung der Gewerkschaften Markovits/Otto (1992) und der Umweltverbände Hey/Brendle (1994).

quenzen für die nationalen Akteurskonstellationen gravierende Rückwirkungen auf nationale Politikmuster aufweisen.

4.1 Schaffung neuer Handlungsspielräume für die nationalen Fachminister durch Legitimationsentlastung

Eine erste, durchaus noch im Rahmen der Logik intergouvernementalen Verhandelns bleibende Erklärung liegt darin, daß gar nicht so ohne weiteres unterstellt werden kann, daß die Vertreter der nationalen Regierungen ein Interesse an der Minimierung von Anpassungszwängen durch die europäische Harmonisierung haben. Solange eine Regelungsmaterie nicht hochgradig politisiert ist und damit Sache des Gipfels der Staats- und Regierungschefs wird – was sehr selten vorkommt –, verhandeln nicht die Regierungen, sondern die jeweils zuständigen Fachministerien. Auch wenn diese die anderen Ressorts konsultieren, so vermag sich ein Arbeits- oder ein Umweltminister mit einer innovativen europäischen Regulierung auf der nationalen politischen Bühne – auch gegen die Kollegen aus den konkurrierenden Ressorts (vor allem Wirtschaft und Landwirtschaft) – durchaus zu profilieren. Gerade in den Niedrigniveauländern bietet die europäische Regulierung die Chance, lang ersehnte, aber bislang auf der nationalen Ebene unrealistische Kompetenzen zu erhalten – und die Gelegenheit, die politischen Kosten der Innovationen durch den Verweis auf die mangelnde Möglichkeit, einen besseren Kompromiß zu erreichen, zu externalisieren. Die legitimationsentlastende Funktion der europäischen Regulierung schenkt damit den nationalen Fachministern neue Handlungsspielräume, Innovationen auch gegen mächtige nationale Widerstände der anderen Fachressorts, der Interessengruppen oder auch der eigenen Bürokratien durchzusetzen (vgl. auch Grande, in diesem Band).

Diese Hypothese vermag einiges zu erklären, insbesondere die Zustimmung der mit besonders hohen Anpassungskosten belasteten peripheren Mitgliedstaaten, aber nicht alles. Manchmal wird eine Richtlinie eben doch zwischen den Fachressorts abgestimmt (so wie in Deutschland die Maschinenrichtlinie zwischen Arbeits- und Wirtschaftsministerium oder in Großbritannien die Großfeuerungsanlagenrichtlinie zwischen Umwelt- und Energieministerium), manchmal will sich ein konservativer Fachminister gar nicht mit einer innovativen Regulierung profilieren, und manchmal gibt es auch gar keinen Umweltminister mit eigenständigem Ressort. Es werden also noch weitere Erklärungen benötigt.

4.2 Legislativer Eklektizismus als Konsequenz additiver Entscheidungslogik

Während des Gipfels von Birmingham (am 16.10.1992) parierte der damalige Kommissionspräsident Delors den Vorwurf einer europäischen „Regelungswut" (so der Bundeskanzler in der Regierungserklärung vom 25.9.1992) mit der Feststellung, daß „die Babies", d.h. die Richtlinienvorschläge der Kommission, nur deshalb „so fett werden", weil die Mitgliedstaaten während des legislativen Prozesses so viele Petita in die Richtlinien einbringen. Tatsächlich fördert die additive Entscheidungslogik im Beratungs- und Verabschiedungsprozeß der EU-Richtlinien einen legislativen Eklektizismus, weil die Repräsentanten der Mitgliedstaaten ihre Vorschläge in die beratenden Ausschüsse einbringen, wo nicht darüber abgestimmt wird (was auf eine negative Entscheidungslogik hinausliefe), so daß sich die Vorschläge zu umfangreichen Listen addieren, aus denen die Kommission ihre durch die Vertretungen der Mitgliedstaaten legitimierten Richtlinienvorschläge zu extrahieren vermag. Bei der Abstimmung im Ministerrat ist ein Richtlinienvorschlag umso konsensfähiger, je mehr Länder darin berücksichtigt sind, da der additive Charakter allen beteiligten Akteuren – vom Ministerialbeamten im Ausschuß bis hin zum Fachminister – die Möglichkeit gibt, das Verhandlungsergebnis durch die nachweisliche Berücksichtigung positiver nationaler Petita zu legitimieren (Quelle: Interviews mit Mitgliedern beratender Ausschüsse zur Arbeitsschutzregulierung).

In der Umweltschutzregulierung zeigte sich, daß selbst die britische Regierung ihre Strategie „um 180 Grad" änderte (zit. n. Héritier u.a. 1994: 266): Nachdem die Blockadestrategie nicht mehr durchzuhalten war, sie also die „teutonisch" geprägten Richtlinien zur Emissionskontrolle nicht verhindern konnte, ging die britische Regierung dazu über, dann wenigstens zum Ausgleich „angelsächsische" Richtlinien über prozedurale Regelungen durchzusetzen. Beim Umweltschutz macht sich die additive Logik darin bemerkbar, daß sich die aus unterschiedlichen nationalen Traditionen stammenden Regulierungsansätze und -philosophien in verschiedenen Einzelrichtlinien zusammenfügen, so daß ein eklektizistisches Gesamtwerk entsteht.

Beim Arbeitsschutz spiegelt sich dieser Eklektizismus in jeder Einzelrichtlinie wider, die Elemente der deutschen, skandinavischen, niederländischen, französischen und britischen Regulierungsphilosophie enthält. Dieser additive Charakter der europäischen Regulierung trägt, wie gezeigt, nicht unwesentlich zu dem hohen Schutzniveau bei.

Dieser politikfeldspezifische legislative Eklektizismus scheint die vor Inkrafttreten der Einheitlichen Akte üblichen – ungeheuer schwierigen und zeitraubenden – politikfeldübergreifenden Paketverhandlungen abgelöst zu haben. Vergleicht man Arbeits- und Umweltschutz, so scheint die additive Berücksichtigung der nationalen Petita innerhalb der beratenden Ausschüsse und bezogen auf die einzelne Richtlinie erheblich effektiver zu sein als das *do ut des* im Ministerrat.

4.3 Interesse und Einfluß der supranationalen Akteure: Kommission und Parlament

Ein entscheidender Erklärungsfaktor liegt darin, daß der Ministerrat zwar das oberste Entscheidungsorgan der EU ist, daß seine Macht jedoch durch die prozedurale Regelung des legislativen Verfahrens im EG-Vertrag – schon vor Maastricht – vielfach gebrochen ist, so daß auch supranationale Interessen in die Regulierung einfließen.

An erster Stelle ist hier die Kommission zu nennen, deren Initiativmonopol ihr eine Schlüsselrolle gibt. Ihre Veto-Macht (ohne Kommissionsvorschlag kann der Rat nicht agieren), ihre Prozeßführerschaft während des gesamten legislativen Prozesses und ihre Macht, die Texte zu formulieren, verleiht ihr entscheidenden Einfluß auf die Ergebnisse des politischen Prozesses (Wallace 1990: 217; Weiler 1988: 339). Unterstützt wird die Kommission durch ihren „natürlichen Koalitionspartner“, das Europäische Parlament, sowie – weniger wichtig, aber auch nicht unbedeutend – den Wirtschafts- und Sozialausschuß. Daß sich Kommission, Parlament und WSA beim Regulierungsniveau gegenseitig hochschaukeln, läßt sich sowohl an der legislativen Geschichte der Arbeitsschutzrichtlinien (Eichener 1993: 57ff.) als auch verschiedener Umweltschutzrichtlinien (für die Kleinwagenrichtlinie Arp 1993: 166ff.; Strübel 1992: 286; für die Benzolrichtlinie TGB 1991: 44) demonstrieren.

Das gemeinsame Interesse ergibt sich daraus, daß Kommission, Parlament und WSA als supranationale Institutionen von einer Harmonisierung auf hohem Niveau und in innovativen Bereichen eine politische Profilierung sowie eine tendenzielle Erweiterung ihrer Kompetenzen und Ressourcen erwarten können (Majone 1989, 1992). Aufgrund der formalen Rechte, die ihnen der EG-Vertrag gibt, können Kommission und Parlament keine positive Entscheidung des Rates erzwingen, aber sie können eine Entscheidung unterhalb des von ihnen angestrebten Niveaus sehr wohl blockieren. Umgekehrt haben Héritier u.a. (1994) am Beispiel des zusammengebrochenen britischen Widerstands gegen die Großfeuerungsanlagenrichtlinie gezeigt, daß der Rat eine Regulierungsinitiative der Kommission seinerseits nicht langfristig blockieren kann, wenn die politischen Kosten, die durch die Unsicherheit über eine zukünftige europäische Regulierung produziert werden, größer werden als die Kosten einer Akzeptanz des Kommissionsvorschlags. Damit geraten die Regierungen, die eine Regulierung auf hohem Niveau vermeiden wollen, in ein Dilemma: Selbst wenn sie im Ministerrat eine qualifizierte Mehrheit für einen Kompromiß auf dem Niveau des „kleinsten gemeinsamen Nenners" finden, kann das Parlament den gemeinsamen Standpunkt des Rates ablehnen. Einen einstimmigen Ratsbeschluß nach Art. 189c EGV zu erreichen, um die Ablehnung des Parlaments zurückzuweisen, dürfte allerdings schwerfallen, wenn es Mitgliedstaaten gibt, die auf einer Regulierung auf hohem Niveau bestehen. Somit bleibt nur noch die Alternative, entweder einem Richtlinienvorschlag mit hohem Regulierungsniveau zuzustimmen oder zu verhindern, daß es überhaupt zu einer Regulierung kommt. Genau dann, wenn die politischen Kosten der Unsicherheit, die aus einer solchen Blockadepolitik resultiert, oder des Verlusts an politischer Handlungsfähigkeit auf europäischer Ebene, der durch die permanente Verweigerungshaltung entsteht, größer werden als die Kosten einer Akzeptanz, muß die jeweilige Regierung die Kröte schlucken – was ihr allerdings durch eine eklektizistische Regulierung schmackhaft gemacht wird, die es ihr erlaubt, gegenüber ihrer politischen Klientel das Zugeständnis durch Erfolge bei anderen Aspekten zu kompensieren.

4.4 Vertrauen auf verzögerte und laxe Implementation

Ein weiterer Erklärungsfaktor insbesondere für die Zustimmung der Niedrigniveauländer zu Richtlinien, die ein hohes Schutzniveau vorschreiben, liegt darin, daß nahezu alle Arbeits- und Umweltschutzrichtlinien mit großzügigen, in der Regel mehrjährigen Umsetzungsfristen ausgestattet sind, zu denen noch mehrjährige Schonfristen kommen, so daß die heimische Regierung, wenn die Folgen der Richtlinie auf der nationalen Ebene wirklich spürbar werden, wohl kaum noch zur Rechenschaft für eine mehrere Jahre zurückliegende Entscheidung gezogen werden kann. Die Relevanz langer Implementationsfristen zeigte sich beispielsweise daran, daß bei der Rahmenrichtlinie über industrielle Emissionen die Verlängerung der Implementationsfrist um 30 Monate sogar ein wesentliches Element des Kompromisses war, mit dem schließlich die britische Zustimmung erzielt worden war.

Darüber hinaus kann manch harte Bestimmung in den Richtlinien durch eine laxe de facto-Implementation in den Mitgliedsländern aufgeweicht werden. Im Arbeitsschutz verfügen einige Länder überhaupt nicht über die administrativen Kapazitäten, um die Umsetzung der Vorschriften überwachen zu können (Vogel 1991, Baldwin/Daintith 1992), in anderen werden die gesetzlichen Vorschriften durch eine bewußt liberale und konsensorientierte Kontrollpraxis abgeschwächt (Baldwin 1992: 229f.).

Die mit den legislativen Aufgaben des Binnenmarktprogramms belastete Kommission schien sich in den vergangenen Jahren auch wenig um die de-facto-Implementation zu kümmern (Siedentopf/Ziller 1988, Bd. 2: 665, zit. n. Baldwin 1992), möglicherweise auch bewußt die Augen zu verschließen, um den Niedrigniveauländern die Zustimmung zu den anspruchsvollen Richtlinien zu erleichtern. Diese Strategie scheint sich jedoch zu ändern. Sowohl im Arbeitsschutz als auch im Umweltschutz sind Europäische Agenturen eingerichtet worden, die zunächst nur den harmlos erscheinenden Auftrag haben, „Informationen zu sammeln“ – aber damit auch ohne weiteres einen Einstieg der Kommission in die de facto-Implementation vorbereiten können, wenn sich – wie zu erwarten ist – herausstellen sollte, daß die Umsetzung in den Mitgliedstaaten erhebliche Defizite aufweist. Organisationslogisch macht es für die Kommission durchaus Sinn, sich nach der Abwicklung des legislativen Programms auch noch Implementationskompetenzen (und die dafür benötigten Ressourcen) anzueignen.

4.5 Handeln unter Bedingungen unvollständiger Konsequenzenabschätzung

Eine weitere Erklärung für die Zustimmung einzelner Mitgliedstaaten zu Harmonisierungsrichtlinien, die ihnen hohe Anpassungskosten auferlegen, liegt schließlich in der begrenzten Rationalität der Handelnden, d.h. in Informationsrestriktionen, insbesondere der unvollständigen Abschätzung der Konsequenzen des Handelns. Für die Beobachter aus der Wissenschaft erscheint es zunächst überraschend, daß die Regierungsvertreter im Ministerrat bzw. im COREPER (Comité des Représentants Permanents) (in dem über die weniger strittigen Richtlinien entschieden wird) EU-Richtlinien verabschieden sollen, deren problematische Konsequenzen für ihr Land sie nicht vollständig überblicken. Die empirische Evidenz ist jedoch mehr als zufällig, wenn in unabhängig voneinander durchgeführten Forschungsprojekten zu unterschiedlichen Politikfeldern nahezu identische Interviewäußerungen seitens der Schlüsselakteure in Kommission und beratenden Ausschüssen erhoben wurden, die darauf hindeuten, daß sich die Regierungsvertreter nicht vollständig darüber im klaren waren, welche Konsequenzen die von ihnen unterschriebenen Rechtsakte haben würden (Héritier u.a. 1994: 200; Eichener 1993: 56). Dies wird gelegentlich von der EU-Kommission taktisch genutzt (Lord Cockfield 1994: 56f., 66, 68, 136ff.).

Solche Informationsrestriktionen entstehen nicht zufällig, sondern systemisch. Zum einen erfolgt die technische Regulierung in Expertenausschüssen, in denen die Spitzenfachleute aus Staat, Industrie und Wissenschaft auf höchstem technisch-wissenschaftlichem Niveau diskutieren, dem die als Generalisten ausgebildeten Regierungsvertreter nicht immer folgen können.

Zum anderen befleißigt sich die Kommission gern einer Politik der Selbstbindung durch kleine Schritte, indem eine Eigendynamik der Zustimmung bei Sequenzen von Entscheidungen erzeugt wird, bei denen die Zustimmung zu jedem Schritt durch den Verweis auf die Selbstbindung durch die bereits erfolgte Zustimmung zum vorhergehenden Schritt, der freilich weniger konkrete Konsequenzen beinhaltete, gefordert wird.

Eine Eigendynamik in Richtung eines höheren Regulierungsniveaus ist durch die Anpassungsklausel in nahezu alle Arbeitsschutzrichtlinien eingebaut, ebenso wie in die Richtlinien über Kraftfahrzeugemissionen. Auch die Ozonrichtlinie scheint sich in diese Strategie einzureihen, wenn ein extrem scharfer Grenzwert festgelegt wird, dessen Überschreitung allerdings (noch) keine Konsequenzen aufweist, sondern nur angekündigt wird, daß die Kommission nach Auswertung der Messungen neue Vorschläge unterbreitet. Auch die typische, sowohl im Arbeitsschutz wie im Umweltschutz praktizierte Sequenz von (relativ unverbindlicher) Rahmenrichtlinie und einem Bündel von konkreten Einzelrichtlinien, deren Regulierungsniveaus sich aus den Bestimmungen der Rahmenrichtlinie „logisch ergeben", sind Beispiele für diese Strategie der Kommission, den Ministern die Zustimmung zu relativ scharfen Grenzwerten zu erleichtern, weil sie noch nicht mit konkreten Konsequenzen verbunden sind. Wenn die Kommission dann einige Jahre später solche Konsequenzen als logische, vielfach sogar vorprogrammierte Folge längst verabschiedeter Beschlüsse vorschlägt, fällt es den Ministern schwer, dagegen zu argumentieren, ohne eingestehen zu müssen, daß sie bereits zuvor einen gravierenden Fehler begangen hatten[4].

5. Schluß

Der Vergleich der europäischen Regulierung im Arbeitsschutz und im Umweltschutz weist trotz großer Unterschiede in den Ausgangsbedingungen und den Regulierungsprozessen erstaunliche Gemeinsamkeiten auf. Insbesondere überrascht, daß es weder im Arbeitsschutz noch im Umweltschutz zu Deregulierung, sozialem und ökologischem Dumping oder zumindest zu regulativem Stillstand gekommen ist; im Gegenteil, wir finden eine Re-Regulierung auf hohem Niveau und darüber hinaus innovative Impulse, die zum Fortschritt nationaler Regulierungssysteme beitragen. Nationale Innovationsblockaden aufgrund auskristallisierter Machtbalancen werden durch die europäische Regulierung aufgebrochen. Nationale Politikmuster verändern sich dadurch stärker, als bisher wahrgenommen wird. Die nationalen Akteure reagieren zumeist überrascht – und gerade diejenigen, denen die europäische Integration neue Einflußchancen bietet, vermögen diese am wenigsten zu nutzen. Wer rasch reagiert, kann dagegen die zentralen Positionen besetzen, wie das Beispiel der eigentlich stark geschwächten Berufsgenossenschaften im Arbeitsschutz zeigt. Gerade

---

4 Bei Lord Cockfield (1994) finden sich konkrete Beispiele, wie er die britische Premierministerin durch die Konfrontation mit ihrer eigenen Zustimmung zu solchen Vorläuferbeschlüssen unter Druck zu setzen wußte.

die kollektiven Interessen am Arbeitsschutz und am Umweltschutz erhalten durch die europäische Integration neue Partizipationschancen – ob sie sie zu nutzen wissen, erscheint jedoch mehr als fraglich.

Literatur

Arp, Henning (1993): Technical Regulation and Politics. The Interplay Between Economic Interests and Environmental Policy Goals in EC Car Emission Legislation; in: Liefferink, J. Duncan; Lowe, Philip D.; Mol, Arthur P. J. (Hg.), European Integration and Environmental Policy (London, New York), S. 150-171.

Baldwin, Robert (1992): The Limits of Legislative Harmonization; in: Baldwin, Robert; Daintith, Terence (Hg.), Harmonization and Hazard: Regulating Workplace Health and Safety in the EC (London), S. 223-251.

*Baldwin, Robert; Daintith, Terence (Hg.) (1992): Harmonization and Hazard: Regulating Workplace Health and Safety in the EC (London).

Bauerdick, Johannes (1994): Arbeitsschutz zwischen staatlicher und verbandlicher Regulierung (Berlin).

Bundesregierung (1992): Begründung zum Entwurf der Verordnung zur Durchführung des Bundes-Immissionsschutzgesetzes (Bonn), Ms.

CEN (Comité Européen de Coordination des Normes) (1991): CEN Memento 1991 (Brüssel).

Eichener, Volker (1993): Social Dumping or Innovative Regulation? Processes and Outcomes of European Decision-Making in the Sector of Health and Safety at Work Regulation; EUI Working Paper SPS 92/28 (Florenz).

Eichener, Volker; Heinze, Rolf G.; Voelzkow, Helmut (1993): Techniksteuerung im Spannungsfeld zwischen staatlicher Intervention und verbandlicher Selbstregulierung; in: Voigt, Rüdiger (Hg.), Abschied vom Staat – Rückkehr zum Staat? (Baden-Baden), S. 393-424.

Eichener, Volker; Voelzkow, Helmut (1991): Umweltinteressen in der verbandlichen Techniksteuerung (Dortmund).

Eichener, Volker; Voelzkow, Helmut (1992): Gewerkschaftliche Beteiligung an Normungsprozessen; Hans-Böckler-Stiftung (Düsseldorf).

Eichener, Volker; Voelzkow, Helmut (Hg.) (1994): Europäische Integration und verbandliche Regulierung (Marburg).

*Héritier, Adrienne u.a. (1994): Die Veränderung von Staatlichkeit in Europa. Ein regulativer Wettbewerb: Deutschland, Großbritannien, Frankreich (Opladen).

Hey, Christian; Brendle, Uwe (1994): Umweltverbände und EG (Opladen).

Hoffmann, Stanley (1982): Reflections on the Nation-State in Western Europe Today; in: Journal of Common Market Studies 21, S. 21-38.

Holzinger, Katharina (1994): Politik des kleinsten gemeinsamen Nenners? Umweltpolitische Entscheidungsprozesse in der EG am Beispiel der Einführung des Katalysatorautos (Berlin).

Joerges, Christian u.a. (1988): Die Sicherheit von Konsumgütern und die Entwicklung der Europäischen Gemeinschaft (Baden-Baden).

Kohte, Wolfhard (1992): Die EG-Bildschirmrichtlinie: Einordnung, Struktur und Inhalt; in: Werthebach, Erich; Wienemann, Marianne (Hg.): EG-Arbeitsschutzpolitik: Praktische Umsetzung am Beispiel der neuen Bildschirmrichtlinie (Bochum).

Kohte, Wolfhard; Bücker, Andreas (1993): Die Rezeption des europäischen Arbeitsumweltrechts in das deutsche Arbeitsschutzsystem – Mißverständnisse und Defizite; in: Meulemann, Heiner; Elting-Camus, Agnes (Hg.), 26. Deutscher Soziologentag: Lebensverhältnisse und soziale Konflikte im neuen Europa, Tagungsband 2 (Opladen), S. 273-274.

LIS (Landesanstalt für Immissionsschutz Nordrhein-Westfalen) (1991): TEMES-Berichte (Essen).

Lord Cockfield (1994): The European Union. Creating the Single Market (London etc.).

Markovits, Andrei S.; Otto, Alexander (1992): German Labor and Europe '92; in: Comparative Politics 24, S. 163-180.

Majone, Giandomenico (1989): Regulating Europe: Problems and Prospects; in: Ellwein, Thomas u.a. (Hg.), Jahrbuch zur Staats- und Verwaltungswissenschaft, Bd. 3 (Baden-Baden), S. 159-177.

Majone, Giandomenico (1992): Market Integration and Regulation: Europe After 1992; in: Metroeconomica 43, S. 131-156.

Nicklisch, Fritz (1983): Technologierecht: Hemmschuh des technischen Fortschritts?; in: DIN-Mitteilungen 62, S. 509-513.

OECD (Organization for Economic Cooperation and Development) (1991): Information Technology Standards: The Economic Dimension (Paris).

Ossenbühl, Fritz (1982): Die Bewertung technischer Risiken bei der Rechtsetzung; in: Hosemann, Gerhard (Hg.), Risiko – Schnittstelle zwischen Recht und Technik (Berlin, Offenbach), S. 155-181.

Pelkmans, Jacques (1987): The New Approach to Technical Harmonization and Standardization; in: Journal of Common Market Studies 25, S. 249-269.

Rehbinder, Eckard; Stewart, Richard (1985): Environmental Protection Policy (Berlin, New York).

Scharpf, Fritz W. (1985): Die Politikverflechtungsfalle: Europäische Integration und deutscher Föderalismus im Vergleich; in: Politische Vierteljahresschrift 26, S. 323-356.

Scharpf, Fritz W. (1990): Regionalisierung des europäischen Raums. Die Zukunft der Bundesländer im Spannungsfeld zwischen EG, Bund und Kommunen; in: von Alemann, Ulrich u.a. (Hg.), Die Kraft der Region. Nordrhein-Westfalen in Europa (Bonn), S. 32-47.

Siedentopf, Heinrich; Ziller, Jacques (Hg.) (1988): Making European Policies Work: The Implementation of Community Legislation in the Member States, 2 Bde. (London etc.).

Streeck, Wolfgang; Schmitter, Philippe C. (1991): From National Corporatism to Transnational Pluralism: Organized Interests in the Single European Market; in: Politics and Society 19, S. 133-164.

Strübel, Michael (1992): Nationale Interessen und europäische Politikformulierung in der Umweltpolitik; in: Kreile, Michael (Hg.), Die Integration Europas, PVS-Sonderheft 23 (Opladen), S. 274-291.

Task Force Environment and the Internal Market (Hg.) (1990): „1992" – The Environmental Dimension (Bonn).

TGB (Europäisches Technikbüro der Gewerkschaften für Gesundheit und Sicherheit) (1991): Verbesserung von Gesundheitsschutz und Sicherheit in der Europäischen Gemeinschaft (Brüssel).

Vogel, Laurent (1991): A Survey of Occupational Health and Safety Services in the Member States of the European Community and the European Free Trade Association; First Interim Report (Brüssel).

Wallace, Helen (1990): Making Multilateral Negotiations Work; in: Wallace, William (Hg.), The Dynamics of European Integration (London, New York), S. 213-228.

Weiler, Joseph H. H. (1988): The White Paper and the Application of Community Law; in: Bieber, Roland u.a. (Hg.): One European Market? (Baden-Baden), S. 337-358.

Wolf, Rainer (1987): Zur Antiquiertheit des Rechts in der Risikogesellschaft; in: Leviathan 15, S. 357-391.

WZB (Wissenschaftszentrum Berlin für Sozialforschung) (1991): Magermotor vs. Katalysator. EG-Konflikt zwischen England und der Bundesrepublik; in: WZB-Mitteilungen 54, S. 12-16.

Spill-over-Dynamik und Spill-back-Potential in der europäischen Währungsintegration – ein Beitrag zur Integrationstheorie*

Klaus Busch

Dieser Artikel ist der Analyse der Entwicklungsdynamik des europäischen Integrationsprozesses gewidmet, einer Frage, der seit dem Inkrafttreten des Maastrichter Vertrages in der internationalen Diskussion wieder eine größere Aufmerksamkeit geschenkt wird. Ich werde dieses Problem anhand der europäischen Währungsintegration diskutieren, die sich als Studienobjekt der Perspektiven der Europäischen Union in besonderer Weise eignet. Die Wirtschafts- und Währungsunion stellt in der Integrationsdynamik das Bindeglied zwischen dem einheitlichen Binnenmarkt und der Politischen Union dar. Aufgrund des umfangreichen Souveränitätsverzichtes, den sie den Nationalstaaten abverlangt, ist die WWU aufs engste mit dem Projekt der Politischen Union verbunden. Die Frage der Realisierbarkeit der WWU wird damit zum zentralen Prüfstein für die Entwicklungsdynamik des Integrationsprozesses insgesamt.

Als theoretischen Orientierungspunkt für die Bearbeitung dieses Problems habe ich auf den Neofunktionalismus zurückgegriffen. Im Grunde bestand keine andere Wahl. Trotz ihrer etwas angegrauten Verfassung müssen wir bei der Diskussion der Perspektiven der Integration auf die neofunktionalistische Theorie Bezug nehmen, weil in den letzten zwei Jahrzehnten keine relevante Alternative herangewachsen ist. Im übrigen zeigt sich, daß die verkürzte und pejorative Darstellung, die das neofunktionalistische Modell lange Zeit erfahren hat, nicht gerechtfertigt ist.

Ich werde in diesem Beitrag zu zeigen versuchen, daß die neofunktionalistische Analyse der Entwicklungsdynamik zu kurz greift, weil sie die innere Logik des Integrationsobjektes nicht als erklärende

* Für kritische Anregungen nach der Lektüre der ersten Fassung dieses Beitrages danke ich Beate Kohler-Koch und Klaus-Peter Weiner.

Variable einbezieht. Erweitert man jedoch die im Haas-Schmitter-Nye-Modell vorgeschlagenen Hintergrundfaktoren um diese Variable, gewinnt es an Erklärungskraft. Auf der Grundlage dieser Erweiterung läßt sich dann auch Haas' 1968 formulierte Forderung an die Integrationstheorie erfüllen, bei der Analyse der Entwicklungsdynamik sogenannte Integrationsschwellen zu bestimmen. Hinfällig wird ebenso das Monitum von Keohane/Hoffmann, das neofunktionalistische Modell könne die Frage nicht beantworten „of how fast and how far spill-over from an initial bargain will extend" (Keohane/Hoffmann 1990: 289).

Der Artikel ist in drei Teile gegliedert: im ersten Abschnitt wird die Entwicklung des spill-over-Begriffs in der neofunktionalistischen Theorie vorgestellt; deren Unzulänglichkeiten werden dann im zweiten Abschnitt anhand der Probleme der europäischen Währungsintegration verdeutlicht; der Versuch der Reformulierung der Theorie und der Bestimmung der Integrationsschwellen ist schließlich Gegenstand des dritten Abschnitts.

1. Das spill-over-Konzept in der neofunktionalistischen Integrationstheorie

Nachdem der Neofunktionalismus jahrelang mit einer etwas hochnäsigen Attitüde behandelt wurde, stößt die Beschäftigung mit dieser Integrationstheorie in letzter Zeit wieder auf ein vermehrtes Interesse. Dies hängt sicherlich damit zusammen, daß nach der Überwindung der langen Stagnationsperiode des Integrationsprozesses durch die Verabschiedung der Einheitlichen Europäischen Akte und des Maastrichter Vertrages die Frage nach der Entwicklungsdynamik der Gemeinschaft von aktueller Bedeutung ist. In deutlichem Kontrast zu den Integrationsstudien der siebziger und achtziger Jahre, die sich überwiegend Einzelfragen widmeten, wurden die vom Neofunktionalismus inspirierten Arbeiten von Ende der fünfziger bis Anfang der siebziger Jahre mit einer integrationstheoretischen Perspektive verfaßt. Hierin liegt ihr Reiz, und dies begründet das heutige Interesse an einer (Neu-) Lektüre der Schriften dieser Schule.

Der Grandseigneur des Neofunktionalismus, Ernst B. Haas, formulierte 1958 in seinem ersten grundlegenden Werk „The Uniting of Europe" die Entwicklungsdynamik des Integrationsprozesses wie folgt:

„Thus, the negotiation, the acceptance by the parliaments, and the clearly predictable impact of Euratom and EEC on political integration vindicate strikingly the expansive logic inherent in the sector integration principle. From the initially merged sectors, a demonstrable process of expanding group expectations among industrialist, dealers, and trade unions emerges. A spill-over into as yet unintegrated economic areas and a concern over political techniques appropriate for the control of new and larger problems is manifest. ... Finally, the spill-over process asserts itself in the relations among civil servants, national government offices, central banks and technical advisers. As the lesson of the ECSC Council of Ministers shows, a commitment to the realisation of agreed upon economic goals permits of no indefinite sabotaging of collective decisions: hence the logic of intergovernmental relations within the framework of the EEC-Euratom-ECSC Council of Ministers, its associated committees of national experts, working under the prodding of supranational Commissions, can lead only to more collective decision-making in the effort to overcome the inevitable crises and unforeseen contingencies" (Haas 1968: 313).

Auch wenn Keohane/Hoffmann (1990: 285) behaupten, Haas habe den spill-over-Prozeß keineswegs als Automatismus verstanden, sind doch viele seiner Einlassungen bis zum Vorwort der zweiten Auflage von „The Uniting of Europe" im Jahre 1968 zumindest mißverständlich. In einem 1964 gemeinsam mit Philippe Schmitter veröffentlichten Aufsatz mit dem Titel „Wirtschaft und unterschiedliche Muster politischer Integration" wird die Frage: „Löst die wirtschaftliche Integration einer Gruppe von Nationen automatisch politische Einheit aus?" von den Autoren unmißverständlich beantwortet: „Dieser Aufsatz wird in der Folge der These gewidmet, daß unter modernen Bedingungen die Beziehungen zwischen wirtschaftlicher und politischer Union als Kontinuum behandelt werden sollten. Folglich können ganz bestimmte politische Implikationen mit den meisten Bewegungen zu einer Wirtschaftsintegration verbunden werden, auch wenn die beteiligten Hauptakteure selbst zu dem Zeitpunkt, wo sie ihre neue konstitutive Charta annehmen, derartige Vorstellungen nicht hegen" (Haas/Schmitter 1964: 164). Unter der Voraussetzung, daß im Verlaufe der wirtschaftlichen Integration in Konfliktkonstellationen eine „Politisierung", eine „Verlagerung der Erwartungen" der Akteure, ihre Anpassung an einen neuen Prozeß des gegenseitigen Entgegenkommens stattfinde, entwickele sich der Integrationsprozeß auf dem wirtschaftlich-politischen Kontinuum in Richtung politische Union. Sofern diese Bedingungen erfüllt seien, könne von einem Automatismus gesprochen werden. „Automatismus impliziert aber nicht, daß es keine Konflikte gibt, daß die Verhandlungen ohne Schwierigkeiten ablaufen und daß es nicht zeitweilig Rückschläge im Prozeß gibt"

(Haas/Schmitter 1964: 176). Unter den Mitte der sechziger Jahre zu beobachtenden Wirtschaftsunionen der Welt sahen die beiden Autoren für die EWG und die EFTA gute Chancen für einen Prozeß der „automatischen Politisierung". Hoffnungen setzten sie auch in den Gemeinsamen Markt Mittelamerikas. Hingegen betrachteten sie mit Skepsis die Anzeichen der Politisierung in der OECD, dem COMECON und der LAFTA.

Die Politik Frankreichs unter der Führung de Gaulles veranlaßte Haas 1968 zu einer Revision seiner Integrationstheorie, insbesondere seiner ursprünglichen Auffassung des spill-over-Prozesses:

> „Diese historischen Ereignisse weisen darauf hin, daß in der Erklärung des Integrationsprozesses – wie sie in „The Uniting of Europe" zu finden ist – etwas ausgelassen wurde. Das Phänomen eines de Gaulle fand keine Berücksichtigung. Es wurde angenommen, daß schrittweise wirtschaftliche Entscheidungen die grundlegenden politischen Optionen überspielen würden und durch die in Europa vorgegebenen sozialen und wirtschaftlichen Strukturen eine ganz bestimmte Entwicklung vorgezeichnet sei. Die Argumentation baute darauf auf, daß alle Bedingungen vorhanden waren, um eine automatische Entwicklung von einem politisch inspirierten Gemeinsamen Markt zu einer Wirtschaftsunion und schließlich zu einer politischen Union zwischen den Staaten zu garantieren. Unter den in Westeuropa vorherrschenden Gegebenheiten konnte die dem funktionalen Entwicklungsprozeß inhärente Logik keine andere Richtung einschlagen. De Gaulle hat bewiesen, daß diese Überlegungen nicht stichhaltig waren. Inwiefern treffen sie überhaupt zu? Kann unsere These noch aufrecht erhalten werden?" (Haas 1969: 59).

Haas führt weiterhin aus, daß die neofunktionalistische Integrationstheorie vor allem vier Aspekten keine ausreichende Beachtung geschenkt habe (Haas 1968: xxii ff.):

- Die Theorie habe nicht zwischen den Hintergrundvariablen unterschieden, die zu Beginn des Integrationsprozesses vorhanden gewesen seien, und den neuen Zielen und Erwartungen, die sich nach der Startphase der Integration ergeben hätten.
- Die ursprüngliche Theorie sei vom Ende des Zeitalters der Ideologie ausgegangen und habe damit etwa das Phänomen des Nationalismus unterbelichtet.
- Vernachlässigt habe die funktionalistische Theorie auch die Bedeutung der äußeren Umwelt, also der Konstellationen im internationalen System für den Integrationsprozess.
- Schließlich hätten sich parallel zum Integrationsprozess grundlegende Veränderungen im sozialen und politischen Lebensstil Europas vollzogen, die die Theorie nicht berücksichtigt habe.

In einer Reflexion der Nachkriegsgeschichte Europas expliziert Haas insbesondere die ersten beiden Punkte seiner Selbstkritik. Durch die Wiedergeburt des Nationalismus und der antifunktionalistischen „high politics" in Frankreich seien die übrigen fünf Mitgliedstaaten gezwungen worden, zwischen den Vorteilen des Gemeinsamen Marktes und der supranationalen Methode des Entscheidungsprozesses zu wählen. Daß ein charismatischer Politiker, wie de Gaulle, die Fünf in dieser Weise habe erpressen können, offenbare die Grenzen einer an pragmatischen Interessen orientierten Integrationspolitik.

> „Die wichtigste Erkenntnis dieser Lektion ist die Einsicht, daß pragmatische Interessenpolitik, in deren Mittelpunkt die wirtschaftliche Wohlfahrt steht, ihre eigenen eingebauten Grenzen hat. .... Maßnahmen der Integration, die der hohen Politik oder grundlegenden Bekenntnissen entspringen, sind ohne Zweifel dauerhafter als Entscheidungen, die auf konvergierenden pragmatischen Entscheidungen beruhen" (Haas 1969: 59f.).

Der Integrationsprozess in Westeuropa sei nicht von den Visionen und der Kraft eines Bismarck, Cavour oder Disraeli angespornt worden, sondern von Pragmatikern wie Monnet, Hallstein und Erhard. Ein solch gradualistischer Prozeß sei in Konfliktsituationen stets von Rückschlägen bedroht, und seine schlimmsten Feinde seien „charisma and national self-assertation". Allerdings lehre die Geschichte der EWG auch, daß nicht nur der spill-over, sondern auch der spill-back seine Grenzen habe. In beide Richtungen habe der Integrationsprozeß offensichtlich Schwellen zu überwinden, und die Hauptaufgabe künftiger neofunktionalistischer Theorie sei die Bestimmung dieser „Integrationsschwellen".

Die Unzulänglichkeiten der ursprünglichen neofunktionalistischen Integrationstheorie führten zu Beginn der siebziger Jahre zu den Bemühungen, das Modell zu verfeinern. Die Ergebnisse dieser kritischen Arbeit sind insbesondere in dem von Lindberg und Scheingold herausgegebenen Sammelband „Regional Integration – Theory and Research" zu finden. Hervorzuheben sind hier vor allem die Beiträge von Nye und Schmitter, die beide in ihrem revidierten neofunktionalistischen Modell die Vorstellung eines automatischen spill-overs aufgeben und ein Ensemble von Variablen einführen, das bei der Analyse der Entwicklungsdynamik des Integrationsprozesses zu berücksichtigen ist.

Schmitter bezeichnet das von Haas und ihm 1964 präsentierte Modell (Haas/Schmitter 1964) als Fehlschlag, der insbesondere wegen der Annahme eines automatischen spill-over keine Sensibilität für unterschiedliche Resultate des Integrationsprozesses gezeigt habe.

„The basic structure of the following model, therefore, consists not of a single continuum or even a multitude of continua, nor does it involve any assumptions about cumulative and irreversible progress toward a single goal. Successive cycles of induced decisionmaking may involve complex movements ‚upward‘ and ‚downward‘ simultaneously in different issue areas“ (Schmitter 1971: 240).

Schmitters Konzeption des Integrationsprozesses geht davon aus, daß die Nationalstaaten zu Beginn eine ständige *regionale Institution (regional institution, RI 1)* gründen, um bestimmte *gemeinsame Ziele (common objectives, CO 1)* zu erreichen. Beim Versuch, diese Ziele zu verwirklichen, würden Spannungen, Konflikte, besser Widersprüche entstehen, die Rückwirkungen auf die regionale Institution (RI 1) hätten.

„Summarizing ...., these basic contradictions are: a) uncertainty in regard to the capacity to guarantee relative equality of perceived benefits once productive and distributive forces are unleashed (equity); b) impossibility of maintaining prolonged separability of different issue areas in complex, interdependent policy matrix (engrenage); c) difficulty in isolating joint regional deliberations from a context of global socioeconomic dependence (externalization); d) heightened sensitivity to the comparative performance of one's ‚partners‘ generated by higher transactions and available information (envy). The consequences produced by this ‚competition‘ between regional institutions and exogenous tensions or process-generated contradictions ‚feed back‘ to the regional institutions“ (Schmitter 1971: 235 f.).

Die abhängige Variable seines revidierten neofunktionalstischen Modells sei „the scope and level of regional decisionmaking“, und alle theoretischen Anstrengungen seien darauf konzentriert, die erklärenden Variablen zu spezifizieren, die in Reaktion auf die genannten Widersprüche eine Neubestimmung der Akteursstrategien gegenüber der regionalen Institution auslösten. Zu bestimmen seien die Variablen, die dafür verantwortlich seien, daß die im Verlaufe des Integrationsprozesses sich entwickelnden Spannungen und Konflikte entweder zu einem Wachstum von scope und level der RI (spill-over) oder zu einer Abnahme von scope und level der RI (spill-back) oder zu einer Verfestigung des status quo der RI (encapsulation) führten. Spill-over, spill-back und encapsulation sind jedoch nach Schmitter nur drei wesentliche von sieben möglichen Entwicklungspfaden der RI. Das Schaubild 1 faßt die verschiedenen Handlungsstrategien graphisch zusammen (Schmitter 1971: 241).

Schaubild 1: Alternative Entwicklungspfade von RI

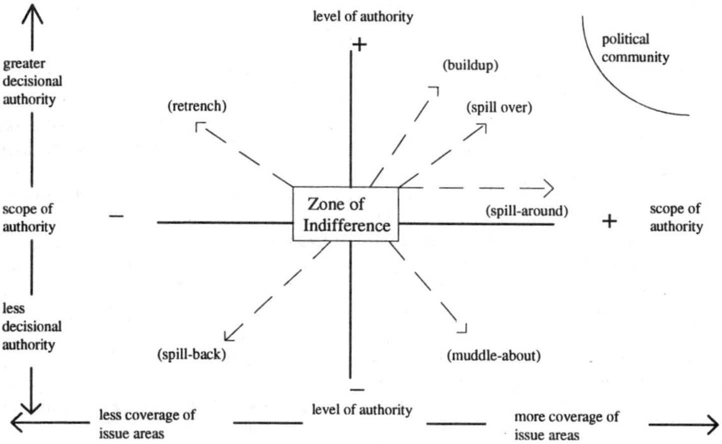

Schmitter definiert die alternativen Strategien wie folgt:

1. spill-over: scope und level von RI wachsen gleichzeitig, d.h. RI werden gleichzeitig mehr Aufgaben und eine größere Entscheidungsmacht zugewiesen;
2. spill-around: nur die Aufgabenreichweite nimmt zu, jedoch nicht die Entscheidungsmacht;
3. build-up: nur die Entscheidungsmacht der regionalen Institutionen wächst, neue Aufgabenbereiche werden ihnen jedoch nicht übertragen;
4. retrench: die Reichweite von RI sinkt, dennoch nimmt die Entscheidungsgewalt zu;
5. muddle-about: die Aufgaben von RI werden erweitert, gleichzeitig wird ihr Entscheidungsmacht entzogen;
6. spill-back: beide Dimensionen, scope und level, werden verringert;
7. encapsulate: auf Krisen wird nur geringfügig reagiert, scope und level verharren im wesentlichen im status quo, in der „zone of indifference".

Im weiteren Gang der Argumentation versucht Schmitter, die erklärenden Variablen für die Entwicklungspfade von RI zu bestimmen. Für diesen Zweck unterscheidet er vier kriseninduzierte Entscheidungszyklen (crisis-induced decisionmaking cycles): the initiation cycle, the priming cycle(s), the transforming cycle(s), the transcending cycle(s).

An dieser Stelle können nicht alle Variablen der vier Zyklen dargestellt, exemplarisch sollen nur die Variablen der initiation und priming cycles erläutert werden:

Unabhängige Variablen des initiation cycle:

A) Machtstruktur (RSP): Grad an Homogenität/Symmetrie in der Kapazität der nationalen Akteure, das politische Handeln im Kontext von RI zu kontrollieren.
B) Verflechtungsgrad (ROT): Umfang der ökonomischen, sozialen und kulturellen Transaktionen innerhalb der Region.
C) Gesellschaftlicher Pluralismus (MIP): Anzahl und Umfang von funktional differenzierten, vom Staat unabhängigen, organisierten Interessengruppen mit Einfluß auf den politischen Prozeß in den Mitgliedstaaten.
D) Wertekonsens (der Eliten) (EVC): Verteilung der Pro- und Contra-Haltungen zum Integrationprozeß bei den verschiedenen nationalen Akteure.
E) Externe Abhängigkeit (ERD): Umfang der Abhängigkeit der Region oder einzelner Mitgliedstaaten von externen Hegemonialmächten.
F) Nationale Akteursstrategien: Umfang der Bereitschaft nationaler Akteure, das Wachstum von scope und level der RI zu unterstützen.

Intervenierende Variablen der priming cycles:

In den priming cycles behalten die Variablen des initiation cycle ihre Bedeutung. Zu berücksichtigen sind jetzt allerdings auch mögliche Veränderungen dieser Variablen seit Beginn des Integrationsprozesses. Als weitere Variablen dieser neuen Integrationsphase führt Schmitter ein:

G) Verteilungsgerechtigkeit (EGB): das Ausmaß, zu dem die aus dem Integrationsprozeß erwachsenden Gewinne unter den Mitgliedstaaten als gleich verteilt wahrgenommen werden.
H) Regionalisierung organisierter Interessen (RGF): Gründung von nongovernmental organisations (NGOs), die vor allem der Interessenvertretung auf der regionaler Ebene dienen.
I) Entwicklung einer regionalen Identität (DRI): Umfang des Loyalitätsgefühls der nationalen Akteure gegenüber den regionalen Prozessen.
J) Regionale politische Unternehmer (RRM): das Ausmaß, zu dem sich regionale Technokraten aktiv und freiwillig für neue regionale Kompetenzen engagieren, bevor dies Politiker oder Interessenvertreter fordern.
K) Internationaler Status (ISE): Ausmaß, zu dem das Verhalten einzelner Mitgliedstaaten oder der Region als RI-abhängig wahrgenommen wird.

Den Einfluß dieser unabhängigen Variablen auf die Entwicklung von RI in der initiation- und priming-Phase beschreibt Schmitter wie folgt:

1. Je größer die Machtsymmetrie zwischen den beteiligten Akteuren sei, desto eher seien sie bereit, positive Integrationsstrategien zu unterstützen. Je weniger sich diese Machtverteilung zwischen den nationalen Akteuren in der priming- gegenüber der initiation-Phase verändern würde, desto größer sei die Akzeptanz der Verteilung der Integrationsgewinne.
2. Je größer und vielfältiger die Transaktionsraten zwischen den Mitgliedstaaten seien, desto stärker werde der Integrationsprozeß gefördert, desto eher würden regionale Gruppen gebildet, desto schneller entwickle sich ein Prozeß regionaler Identitätsfindung.
3. Je größer der gesellschaftliche Pluralismus, desto größer sei die Wahrscheinlichkeit, daß die Widersprüche des Integrationsprozesses mit spill-over-Strategien beantwortet würden.
4. Je größer die positive Wertschätzung des Integrationsprozesses bei den beteiligten nationalen Eliten sei, desto eher würden sich transnationale Verbände bilden und regionale Loyalitäten entstehen.
5. Je größer die ursprüngliche internationale Abhängigkeit der Region von externen Hegemonialmächten sei, desto eher würden auf nationaler Ebene die Kosten einer Integrationsstrategie akzeptiert werden.
6. Je größer die ursprüngliche Reichweite und die Entscheidungsmacht der regionalen Institutionen (RI) sei, desto größer die Wahrscheinlichkeit, daß der Integrationsprozeß sich expansiv entwickele, daß sich ein Prozeß des „upward grading“ vollziehe.
7. Akteure, die mit der Verteilung der Integrationsgewinne zufrieden seien, würden möglicherweise für eine Strategie der encapsulation votieren. Unzufriedene nationale Akteure dagegen für eine Veränderung der Integrationsstrategie optieren. Der Ausgang dieses Konfliktes sei offen.
8. Je mehr regionale Interessenverbände es gäbe, je stärker ihre Aktivitäten seien, desto eher könnten nationale Widerstände gegen das Wachstum von Reichweite und Entscheidungsmacht der RI überwunden werden.
9. Je stärker sich eine spezifische regionale Identität entwickele und je mehr diese klassen- und schichtenübergreifend sei, desto eher könnten sich nationale Akteure an prointegrativen Koalitionen und Strategien beteiligen.
10. Je stärker die Aktivitäten der regionalen Technokraten seien (reform-mongering), desto wahrscheinlicher die Wahl prointegrativer Strategien.
11. Je stärker der internationale Status eines Mitgliedstaats oder der Region aufgrund des Integrationsprozesses wachse, desto größer die Neigung der nationalen Akteure, der regionalen Institution mehr Kompetenzen zu verleihen.

In den „transforming“ und „transcending cycles“ könnten sich diese Prozesse derartig verstärken, daß schließlich eine neue, souveräne Regionalmacht entstehe. Schmitter selbst ist skeptisch, ob die Entwicklungsdynamik von Integrationsprozessen ausreiche, dieses hohe Ziel zu verwirklichen. Er hält die Strategie der „encapsulation“ für das wahrscheinlichste Resultat dieser Prozesse:

„Moving ‚upward‘ and/or ‚forward‘, of course, involves both greater uncertainty, the upsetting of established patterns of reward, and, probably, progressively greater controversiality. .... These ‚boundary‘ conditions help explain why I hypothesize that the maintenance of the institution within its zone of indifference or encapsulation is the most probable outcome" (Schmitter 1971: 241f.).

Erinnern wir uns an die Selbstkritik Haas' von 1968, dann hat Schmitter in seinem 1971 präsentierten Modell den überwiegenden Teil der Monita von Haas zu berücksichtigen versucht:

- er hat den Determinismus der ursprünglichen spill-over-These zugunsten sehr differenzierter Annahmen über die Entwicklung von RI in Reaktion auf Widersprüche des Integrationsprozesses überwunden,
- er unterscheidet bei der Bestimmung der erklärenden Variablen zwischen vier verschiedenen Phasen des Integrationsprozesses,
- er bezieht sehr bewußt die Bedeutung der externen Umwelt in das Ensemble der erklärenden Variablen für die Veränderungen von RI ein.

Ohne Resonanz bleibt dagegen Haas' Kritik an der Rationalitätsprämisse des ursprünglichen neofunktionalistischen Modells. Während Haas fordert, den Einfluß „irrationaler" Prozesse, wie „charisma" und „national self-assertion" in der Integrationstheorie zu berücksichtigen, lehnt Schmitter dies bewußt ab:

„Irrational postures or strategies, whether for dogmatic-ideological or personal-emotive reasons, are never absent from social action, even at the international level, but they are from this theory. ... The model assumes that integration is basically (but not exclusively) a rational process whereby actors calculate anticipated returns from various alternative strategies of participation in joint decisionmaking structures" (Schmitter 1971: 238).

Trotz dieser durch Schmitter (und auch Nye) geleisteten beachtlichen Verfeinerung der neofunktionalistischen Theorie nimmt die nachfolgende Integrationsforschung der siebziger und achtziger Jahre bestenfalls noch in Form von Abgrenzungen auf den Neofunktionalismus Bezug. Dies ist zunächst sicherlich darauf zurückzuführen, daß der Integrationsprozeß von Mitte der siebziger bis Mitte der achtziger Jahre eine tiefe Stagnationskrise durchlebte, die im krassen Gegensatz zu den Annahmen des ursprünglichen neofunktionalistischen Modells stand. Desweiteren hängt der geringe Rekurs auf diese Integrationstheorie auch damit zusammen, daß diese selbst mit ihren verfeinerten Varianten (Schmitter, Nye) die komplexe Integrationswirklichkeit nicht ausreichend erklärt.

Es ist auffällig, daß auch in der momentanen Phase des wiedererwachenden Interesses an integrationstheoretischen Fragestellungen, die Re-Reflexion des Neofunktionalismus oberflächlich bleibt. So nehmen Keohane/Hoffmann in ihrem Versuch, die neue Entwicklungsdynamik des Integrationsprozesses seit der EEA theoretisch zu erfassen, den spill-over-Begriff des Neofunktionalismus nur beschreibend auf. Sie behaupten zwar, die neue Wirklichkeit könne z.T. mit diesem alten Begriff erklärt werden, verwenden das spill-over-Konzept aber nur mehr oder weniger illustrativ, denn sie verzichten auf eine Analyse der erklärenden Variablen sowohl des ursprünglichen als auch des verfeinerten Neofunktionalismus. Von theoretischem Interesse ist aber heute nicht die Frage, ob die aktuelle Integrationsdynamik mit dem spill-over-Wort *beschrieben* werden kann, sondern die *Explikationskraft* der unabhängigen Variablen des neofunktionalistischen Modells. Keohane/Hoffmann benennen nur die Themenkomplexe, die die Grenzen des spill-over im Europa nach der EEA markieren, z.B: die Währungsunion, die Sozialpolitik und die Europäische Politische Zusammenarbeit (EPZ). Sie bieten aber keinerlei Erklärungen für diese Grenzen an, ja, sie diskutieren nicht einmal die Variablen, die die neofunktionalistischen Modelle vorschlagen (Keohane/Hoffmann 1990: 290ff.).

Ich werde im folgenden versuchen aufzuzeigen, daß das Unbehagen am Neofunktionalismus nicht mit der mangelnden Relevanz, sondern der mangelhaften Reichweite der erklärenden Variablen dieses Modells begründet werden sollte. Die von der neofunktionalistischen Integrationstheorie angebotenen Hintergrundvariablen reichen nicht aus, die Dynamik des Prozesses zu erklären, weil die Logik und die inneren Widersprüche des Integrationsobjektes selbst nicht reflektiert werden. So gelten etwa für die beiden Projekte des einheitlichen Binnenmarktes und der Wirtschafts- und Währungsunion sehr unterschiedliche innere Sachlogiken und Konflikte, die eine je spezifische Konstellation von spill-over- und spill-back-Tendenzen erzeugen, und zwar unabhängig von den auch bedeutsamen, aber zusätzlich zu berücksichtigenden erklärenden Variablen des neofunktionalistischen Modells. Der Hauptmangel des Haas-Schmitter-Nye-Modells liegt m.E. in der vollständigen Vernachlässigung der inneren Strukturen des Gegenstands der Integration. Zwar betonen diese Theoretiker übereinstimmend, daß sich im Integrationsprozeß innere Konflikte, Spannungen und Widersprüche ergäben, die für die weitere Dynamik von entscheidender Bedeutung seien, dem Inhalt dieser Widersprüche, der je nach Integrationsbereich (Binnenmarkt, WWU, Politische Union) sich sehr unterschiedlich darstellt, schenken sie jedoch keinerlei Beachtung. Die immer wieder konstatierte mangelnde Erklärungskraft des Neofunktionalismus basiert m.E. auf diesem zentralen Schwachpunkt des Modells. Am Beispiel der Dynamik der europäischen Währungsintegration, ihrer spill-over- und spill-back-Potentiale, werde ich diese These zu begründen versuchen.

2. Die Entwicklungsdynamik der europäischen Währungsintegration

Schon seit Mitte der sechziger Jahre wurden in der Gemeinschaft Pläne diskutiert, den ökonomischen Integrationsprozeß über den Gemeinsamen Markt hinaus durch die Realisierung einer Wirtschafts- und Währungsunion zu komplettieren. Im Unterschied zum Gemeinsamen Markt/ Einheitlichen Binnenmarkt haben die Mitgliedstaaten in einer Wirtschafts- und Währungsunion nicht nur alle Beschränkungen des freien Waren-, Dienstleistungs-, Personen- und Kapitalverkehrs beseitigt, sie haben darüber hinaus ihre Währungen durch unwiderruflich feste Wechselkurse miteinander verbunden oder durch eine einheitliche Währung ersetzt und betreiben eine gemeinsame Fiskal- und Geldpolitik.

2.1 Erste Pläne zur Errichtung einer Wirtschafts- und Währungsunion

Die Motive für die ersten Entwürfe einer WWU lassen sich durchaus mit dem spill-over-Konzept der neofunktionalistischen Theorie begründen:

- im Gemeinsamen Markt war durch die Intensivierung des Handelsverkehrs die wechselseitige Abhängigkeit der nationalen Volkswirtschaften gewachsen und dadurch die Fähigkeit der Mitgliedstaaten verringert worden, eine autonome Geld- und Finanzpolitik durchzuführen. Um die Wirksamkeit der Wirtschaftspolitik zu erhalten, schien es für die stärker verflochtenen westeuropäischen Ökonomien sinnvoll, im Rahmen einer WWU die Geld- und Fiskalpolitik zu vergemeinschaften.
- Grundlage für das in den EWG-Agrarmarktordnungen festgelegte gemeinsame Preisniveau waren feste Wechselkurse zwischen den Mitgliedstaaten. Um dieses Preisgefüge nicht durch Änderungen der Währungsparitäten zu beeinträchtigen bzw. nicht komplizierte Währungsausgleichsmaßnahmen im Agrarsektor einführen zu müssen, war die Einführung einer WWU auch im Interesse der EWG-Agrarpolitik.

- Auch die externe Abhängigkeit begünstigte die WWU-Pläne. Durch die Einführung einer gemeinsamen Währung könnte die Stellung der EWG gegenüber der Hegemonialmacht USA gestärkt werden. Eine gemeinsame Stimme der Sechs hätte in Währungskonflikten mit den USA ein größeres Gewicht. Darüber hinaus könnten die europäischen Unternehmen im internationalen Handels- und Dienstleistungsverkehr einen größeren Teil ihrer Geschäfte in der eigenen Währung fakturieren und sparten dadurch Kurssicherungskosten ein.
- Generell entstünden durch den Fortfall der Wechselkursunsicherheit und der Devisentransaktionskosten im gemeinsamen Währungsraum Effizienzgewinne. Die Produktionskosten würden sinken, die risikobereinigte Renditen steigen und somit die Wachstumskräfte in der Union stimuliert werden.

Die WWU-Pläne der sechziger Jahre können aus der „expansive logic inherent in the sector integration principle“ (Haas 1968: 313) erklärt werden. Der Neofunktionalismus versagt aber bei der Analyse des Scheiterns dieser Pläne vollständig. Bekanntlich mißlang der vom Rat auf der Grundlage des Werner-Berichts 1971 verabschiedete Drei-Stufen-Plan zur Verwirklichung einer WWU bereits in seiner ersten Phase (Lipfert 1974: 269ff.; Busch 1978: 87ff.; Jaekel 1985: 17ff.; Jarchow/Rühmann 1989: 282ff.). Dieser Mißerfolg kann mit keiner der von Schmitter oder Nye vorgeschlagenen Hintergrundvariablen erklärt werden. Das Scheitern des WWU-Projekts liegt in dieser Phase vielmehr darin begründet, daß

- auch die EG-Staaten Mitte der siebziger Jahre von der Krise der Weltwirtschaft erfaßt wurden,
- angesichts unterschiedlicher wirtschaftspolitischer Optionen die Mitgliedstaaten auf die Krise mit divergierenden fiskal- und geldpolitischen Konzepten reagierten und
- von daher eine Konvergenz der wirtschaftlichen Entwicklung, insbesondere bei den Inflationsraten, nicht zu realisieren war. Die Länder mit den höchsten Inflationsraten in der Gemeinschaft, Großbritannien und Italien, scherten als erste aus dem Wechselkursverbund aus.

Der Mißerfolg des geplanten spill-over erklärt sich aus der inneren Logik des neuen Integrationsprojektes, der WWU. Diese setzt eine Konvergenz der wirtschaftspolitischen Konzepte und eine Konvergenz der realen wirtschaftlichen Entwicklung voraus, soll auch nur der erste Schritt in Richtung gemeinsamer Währung, die Stabilisierung der gegebenen Paritäten, erfolgreich in Angriff genommen werden. In den siebziger Jahren waren die EG-Staaten weit davon entfernt, diese Prämissen zu erfüllen, und insofern mußte der Werner-Plan trotz der obengenannen Motive mißlingen. Die im Haas-Schmitter-Nye-Modell vorgeschlagenen Variablen zur Bestimmung der Entwicklungsdynamik des Integrationsprozesses reichen nicht aus, die reale Entwicklungsgeschichte der EWG/EG zu verstehen. Die Theorie des Neofunktionalismus ist unvollständig, weil sie die inneren Prozesse der einzelnen Integrationsprojekte ausblendet.

2.2 Das Europäische Währungssystem (EWS)

Nach dem Debakel des ersten Drei-Stufen-Plans zur Errichtung einer WWU setzten die EG-Staaten ihre währungspolitischen Integrationsbemühungen zunächst mit einem weit weniger ambitionierten Projekt fort. Im Dezember 1978 beschloß der Europäische Rat, zum 1. März 1979 das Europäische Währungssystem mit folgenden Kernelementen zu gründen: Fixierung der Wechselkurse zwischen den EG-Währungen, Einführung einer Europäischen Währungseinheit (ECU) und Erweiterung der Kreditmechanismen im Rahmen des Europäischen Fonds für die Währungspolitische Zusammenarbeit (EFWZ). Im Vergleich zum Werner-Plan fällt am EWS-Konzept der Verzicht auf eine Supranationalisierung der Geld- und Fiskalpolitik und die Ausklammerung der Vollendung des Gemeinsamen Marktes auf. Die Konstruktionselemente des EWS weisen eine eindeutige „monetaristische" Handschrift auf.

Obwohl nach den Erfahrungen mit den Währungsexperimenten in den siebziger Jahren gerade der wirtschaftswissenschaftliche Sachverstand die Erfolgschancen des EWS sehr skeptisch beurteilte, war es formell – zumindest bis zu seiner faktischen Suspendierung am 1.8.1993 – wesentlich stabiler als das Währungschlangenprojekt der ersten Stufe des Werner-Plans. Für diese äußere Stabilität des EWS waren vor allem drei Faktoren verantwortlich:

1. In der Wirtschaftspolitik der EG-Staaten wurde seit Beginn der achtziger Jahre der Keynesianismus zugunsten neokonservativer Doktrinen aufgegeben. Nach dem Scheitern ihres linkskeynesianistischen Programms in den Jahren 1981 und 1982 schloß sich auch die Wirtschaftspolitik Frankreichs diesem Trend an. Den am Wechselkursmechanismus (WKM) des EWS teilnehmenden Staaten gelang es, durch

die Kombination von restriktiver Geldpolitik, einer auf die Konsolidierung der öffentlichen Haushalte ausgerichteten Fiskalpolitik und einer restriktiven Lohnpolitik (Reduktion der realen Lohnstückkosten wegen hoher Arbeitslosigkeit und schwacher Gewerkschaften) die Inflationsraten im Verlaufe der achtziger Jahre deutlich zu senken. Unterstützt wurde diese Anti-Inflationspolitik durch die Baisse an den internationalen Rohstoffmärkten, insbesondere dem Ölmarkt.

2. Parallel zum Siegeszug der neokonservativen Philosophien in der makroöonomischen Theorie (Monetarismus, Angebotsökonomie, neue klassische Makroökonomik) verdrängte in der Außenwirtschaftstheorie die monetäre Zahlungsbilanztheorie die keynesianische. Dieser Paradigmenwechsel hatte für die Währungspolitik insofern eine große Bedeutung, als die monetäre Zahlungsbilanztheorie radikal bestreitet, daß mit Hilfe von Auf- und Abwertungen der Währungen dauerhaft reale Veränderungen des Einkommens, der Beschäftigung und der Leistungsbilanz erreicht werden können. Die monetäre Zahlungsbilanztheorie (Dornbusch 1973; Johnson 1975; Claassen 1975) interpretiert Zahlungsbilanzungleichgewichte als rein monetäres Phänomen, als bloßen Ausdruck von Geldmarktungleichgewichten. Die Abwertung hat also am Ende keinerlei reale Effekte, sonder nur Inflation erzeugt. Es ist verständlich, daß eine unter dem Einfluß dieser Theorie stehende Wirtschaftspolitik der Stabilisierung des Wechselkurses und damit der EWS-Konformität eine große Beachtung schenkte.

3. Einige Länder mit überdurchschnittlichen Inflationsraten verzichteten in bestimmten Perioden des EWS bewußt auf eine Abwertung ihrer Währungen, weil sie statt der Anpassung des Wechselkurses interne Anpassungsmechanismen ins Spiel bringen wollten. Die Regierungen dieser Mitgliedstaaten sahen in der Lohnpolitik der Gewerkschaften eine der wesentlichen Quellen der Inflation, empfanden sich aber entweder angesichts der innenpolitischen Kräfteverhältnisse als zu ohnmächtig, den Gewerkschaften Grenzen zu setzen, oder wollten angesichts ihrer sozialistischen Rhetorik die wahren Ziele ihrer Wirtschaftspolitik vor den Wählern kaschieren. Diese Regierungen versuchten, die Hartwährungsoption als Preis des europäischen Integrationsprozesses zu deklarieren, die sozialen Härten ihrer Wirtschaftspolitik durch „europäische" Zwänge zu legitimieren. Diese Politikvariante haben zu Beginn und Mitte der achtziger Jahre, insbesondere aber zwischen 1987 und 1992 die Regierungen Italiens und Frankreichs und seit ihrem Beitritt zum EWS auch diejenige Spaniens gespielt.

Zwar läßt sich aufgrund dieser veränderten Rahmenbedingungen die im Vergleich zur Währungsschlange größere formelle Stabilität des EWS erklären, dennoch wies auch diese neue Phase der währungspolitischen Integration gravierende spill-back-Potentiale auf. Wie bereits erwähnt, kann eine Politik der Stabilisierung der Wechselkurse nur dann gelingen, wenn sich nicht nur die wirtschaftspolitischen Konzepte der beteiligten Staaten angenähert haben, sondern auch eine Konvergenz der realen ökonomischen Entwicklung erreicht wird. Bei der Erfüllung dieser zweiten Voraussetzung einer Politik stabiler Wechselkurse verzeichneten die WKM-Staaten jedoch auch in den achtziger Jahren erhebliche Defizite. Eine Analyse verschiedener Konvergenzkriterien (Inflationsrate, reale Lohnstückkosten, Arbeitsproduktivität, Leistungsbilanzsaldo, Finanzierungssaldo der öffentlichen Hand sowie öffentliche Bruttoverschuldung) ergibt, daß zwischen den Mitgliedstaaten im Zeitraum von 1980 bis 1993 nach wie vor deutliche Unterschiede bestanden (vgl. Kommission 1993a: 47ff. sowie Busch 1994: 30ff.). Angesichts dieser Divergenzen in der realen ökonomischen Entwicklung ist es verständlich, daß seit dem Inkrafttreten des EWS im März 1979 bis zu seiner faktischen Suspendierung im August 1993 insgesamt 17 Neufestsetzungen der Wechselkurse (Realignments) notwendig waren (Deutsche Bundesbank 1993).

Realignments, die der Anpassung der Paritäten an die veränderten Wettbewerbsbedingungen dienen, stellen für ein Festkurssystem an sich keine Bedrohung dar, sie sind nur Ausdruck der Divergenzen in der ökonomischen Entwicklung der beteiligten Staaten. Spill-back-Gefahren ergaben sich für das EWS vielmehr daraus, daß die aufgrund der ökonomischen Divergenzen notwendigen Wechselkursanpassungen teils stark verzögert wurden, teils nicht ausreichten, um die Veränderungen in der Wettbewerbsposition zwischen den WKM-Staaten zu kompensieren. Die Folge dieser verzerrten realen Wechselkurse war eine Zuspitzung der ökonomischen Disparitäten zwischen den Teilnehmerstaaten des Festkurssystems: einerseits wuchsen die Ungleichgewichte im innergemeinschaftlichen Handelsverkehr zu Gunsten Deutschlands und zu Ungunsten der Länder mit stark überbewerteter Währung (Italien, Spanien, Großbritannien, aber auch Frankreich), andererseits konnten die Paritäten der Weichwährungsländer von deren Notenbanken nur durch eine Hochzinspolitik verteidigt werden, die das wirtschaftliche Wachstum dieser Länder schmälerte (vgl. Grimm 1987: 60ff. sowie Deutsche Bundesbank 1993). Verzerrte Handels- und Investitionsströme, die für die Länder mit überbewerteteter Währung große ökonomische und soziale Kosten in

Gestalt von Wachstums- und Beschäftigungseinbußen implizierten, waren das Ergebnis einer auf die Hartwährungsoption fehlorientierten Wirtschaftspolitik.

Doch der Preis dieser Fixierung der Wirtschaftspolitik auf das Ziel der Wechselkursstabilität bestand am Ende nicht nur in strukturellen ökonomischen Verzerrungen zwischen den EWS-Staaten, sondern in einem Kollaps des Wechselkursmechanismus selbst. In den Krisenjahren 1991 und 1992 verschärfte sich in der EG das Problem der Arbeitslosigkeit derartig, daß die Hartwährungspolitik, die insbesondere in Italien, Spanien und Großbritannien eine überbewertete Währung und überhöhte Zinsen mit sich brachte, von den Finanzmärkten nicht mehr als glaubwürdig betrachtet wurde. Die Währungsspekulation ermittelte rasch die Schwachstellen des nur mühsam gestützten Gebäudes, dessen Zusammenbruch sich daraufhin in drei Etappen vollzog:

- am 17. September 1992 verließen Italien und Großbritannien den WKM des EWS,
- die Währungen Spaniens, Portugals und Irlands wurden 1992/93 teilweise mehrfach abgewertet,
- am 1. August 1993 beschlossen die EG-Finanzminister, die Bandbreite im WKM auf 15% zu erweitern und damit das Festkurssystem faktisch zu suspendieren.

Auch dieses komplexe Zusammenspiel von integrationsfördernden und integrationshemmenden Tendenzen seit der Gründung des EWS kann mit dem Haas-Schmitter-Nye-Modell nicht analysiert werden. Obwohl unter dem neuen Währungsregime mehrere der erklärenden Variablen Schmitters deutlich an Gewicht gewonnen haben – so der Verflechtungsgrad, der Wertekonsens der Eliten, die externe Abhängigkeit, die nationalen Akteursstrategien sowie die regionalen politischen Unternehmer – und keine der im Modell aufgeführten Variablen eine negative Tendenz aufweist, verläuft die Währungsintegration seit 1979 nicht als sich selbst verstärkender Prozess, sondern mündet als ungewollte Konsequenz 1992/93 in ein Fiasko.

Der Widerspruch, daß gerade eine auf die Stabilisierung der Wechselkurse orientierte Hartwährungspolitik schließlich das Festkursregime selbst unterminiert hat, kann nicht mit den Hintergrundvariablen der neofunktionalistischen Integrationstheorie, sondern nur aus der inneren Logik eines Systems fester Wechselkurse erklärt werden. Auch diese Etappe der europäischen Währungsintegration macht damit deutlich, daß eine Integrationstheorie, die die innere Dynamik des Integrationsobjektes vernachlässigt, zu kurz greift.

2.3 Der Maastrichter Vertrag über die Wirtschafts- und Währungsunion

Obwohl die Krise des EWS die EU-Staaten zwang, den Wechselkursmechanismus zu flexibilisieren, hielten sie an dem im Maastrichter Vertrag verankerten neuen Drei-Stufen-Plan zur Verwirklichung der WWU fest. Die Motive der EU-Staaten, diesen zweiten Anlauf in Richtung WWU zu unternehmen, unterschieden sich im Kern nicht von den in Abschnitt 2.1 genannten Gründen für den Werner-Plan. Zusätzliche Schubkraft verlieh dem neuerlichen Versuch allerdings der Erfolg des Binnenmarktprojekts. Die obengenannten spill-over-Triebkräfte wurden durch die Realisierung des einheitlichen Binnenmarkts aus ihrem Dornröschenschlaf geweckt und artikulierten sich mit neuer Kraft. Die Voraussetzungen, die Maastrichter WWU-Pläne in die Tat umzusetzen, sind jedoch bei genauerer Analyse nur scheinbar günstiger als die Realisierungsbedingungen des Werner-Planes. Zwar ist nach der Verwirklichung der vier Grundfreiheiten im einheitlichen Binnenmarkt die ökonomische Interdependenz der EU-Volkswirtschaften noch größer und damit die Möglichkeit der Nationalstaaten, eine autonome Wirtschafts- und Währungspolitik zu betreiben, noch geringer geworden, dennoch hat das Maastrichter WWU-Projekt mit einer Reihe mehr oder weniger fundamentaler Schwierigkeiten zu kämpfen:

1. In der ersten Phase der WWU, die vom 1. Juli 1990 bis zum 31. Dezember 1993 reichte, hatte die auf die Erfüllung der Konvergenznormen des Maastrichter Vertrages ausgerichtete Politik insgesamt mehr Rückschritte als Fortschritte zu verzeichnen. Erfolge konnten in der Entwicklung der Inflationsraten und damit auch bei den langfristigen Zinssätzen erzielt werden, große Rückschläge waren jedoch im Hinblick auf die beiden Verschuldungsnormen (Finanzierungsdefizite der öffentlichen Hand, öffentliche Bruttoschuld) und vor allem beim Kriterium der Wechselkursstabilität zu verbuchen.

Mit Blick auf die Norm für den Schuldenquotienten (öffentliche Bruttoschuld in Relation zum BIP), die von allen Konvergenznormen für die meisten EU-Staaten die größte Hürde bildet, haben ohnehin nur Deutschland, Frankreich, Luxemburg, Großbritannien, Spanien und eventuell Portugal eine Chance, sich bis 1996 für die Endstufe der WWU zu qualifizieren. Dabei ist es z.Zt. sehr fraglich, ob Spanien aufgrund seiner außerordentlich hohen Arbeitslosenquote in der Lage sein wird, das Finanzierungsdefizit des Staates deutlich nach unten zu korrigieren. Gelingt dies nicht, wird auch Spanien in den kommenden Jahren einen Schuldenquotienten von mehr als 60% erreichen. Auch für Portugal ist anzunehmen, daß der finanzpolitische Kurs in den nächsten Jahren ein Unterschreiten der 60%-Marke nicht zulassen wird. Spanien und Portugal verzeichneten 1993 beim sogenannten Basissaldo, d.h. dem Haushaltssaldo unter Abzug der Zinszahlungen, ein Defizit (Kommission 1993c: 66). Für die Wachstumsrate des Schuldenquotienten ist dieser Basissaldo neben der Differenz zwischen dem Realzinsniveau und der Wachstumsrate des Bruttoinlandsprodukts der bestimmende Faktor.

Da Großbritannien nicht an der Endstufe der WWU teilnehmen will, würden aufgrund dieser Überlegungen 1996 nur Deutschland, Frankreich und Luxemburg für die Einführung einer einheitlichen Währung zur Verfügung stehen und damit nach Art. 109j EGV die Voraussetzungen für den Übergang zur Endstufe der WWU nicht gegeben sein. Dieses Ergebnis ändert sich auch durch die Erweiterung der EU um Finnland, Schweden und Österreich nicht. Von diesen drei Staaten wird nur Österreich 1996 die Konvergenzkriterien erfüllen.

2. Um die Konvergenz in der wirtschaftlichen Entwicklung der Mitgliedstaaten in der am 1.1.1994 in Kraft getretenen zweiten Phase der WWU zu stärken, fordern die Kommission und der Rat in ihren Empfehlungen für die Grundzüge der Wirtschaftspolitik der Mitgliedstaaten und der Gemeinschaft (Kommission 1993c: 7ff. bzw. 13ff.) energische Anstrengungen zur Wiederherstellung von Wachstum, Beschäftigung und Stabilität. Gestützt auf das Weißbuch der Kommission wird die Rückkehr zur Preis- und Wechselkursstabilität sowie zu gesunden öffentlichen Finanzen angemahnt (Kommission 1993c). Eine deutliche Erhöhung des Wirtschaftswachstums und insbesondere der Beschäftigungsintensität des Wachstums seien notwendig, um die Arbeitslosenquote in der EU bis Ende des Jahrhunderts zu halbieren. Die dafür erforderlichen 15 Mio. zusätzlichen Arbeitsplätze seien nur zu schaffen, wenn die Lohnpolitik eine Verbesserung der Kapitalrentabilität zulasse. Die Reallöhne sollten deshalb wie in den achtziger Jahre um einen Prozentpunkt langsamer wachsen als die Produktivität (Kommission der EG 1993c: 20f.).

Die Perspektiven für die Wirtschaftspolitik der EU in den weiteren neunziger Jahren sind damit klar abgesteckt: Bekämpfung der Inflation, Konsolidierung der öffentlichen Finanzen, Wiederherstellung der Wechselkursstabilität, Bekämpfung der Arbeitslosigkeit durch höheres Wachstum sowie Lohnzurückhaltung zur Verbesserung der Kapitalrentabilität.Für die abhängig Beschäftigten derjenigen EU-Staaten, die noch mit einer zu hohen Inflationsrate und einer zu starken Staatsverschuldung zu kämpfen haben, d.h. insbesondere Portugal, Spanien, Italien, Griechenland, Irland, aber auch Belgien und die Niederlande, wird die Fortsetzung dieser Konvergenzpolitik folgendes Szenario mit sich bringen:

- Erhöhung der indirekten Steuern und der Beiträge für die Sozialversicherungssysteme bei gleichzeitigem
- Abbau staatlicher, insbesondere sozialer Leistungen,
- Stagnation oder Abbau der Realeinkommen,
- Reduktion der realen Lohnstückkosten, d.h. Umverteilung des Einkommens zugunsten der Kapitaleigentümer und
- kurzfristig steigende Arbeitslosenquoten.

Wenn eine Vertiefung des europäischen Vergemeinschaftsprozesses nur um den Preis wachsender sozialer Disparitäten und Spannungen erzielt werden kann, ist die Wahrscheinlichkeit sehr groß, daß das Projekt der WWU in vielen EU-Staaten Legitimationsverluste erleiden wird. Die Streiks der Gewerkschaften Spaniens, Italiens, aber auch Belgiens gegen die sozialpolitischen Implikationen der Konvergenzpolitik ihrer Regierungen indizieren bereits die Möglichkeit eines Integrationsrückschrittes.

3. Sollte es den EU-Staaten wider Erwarten gelingen, die Endstufe der WWU zu erreichen, würden der Union aufgrund der äußerst ungleichen Tarifmacht der nationalen Gewerkschaftsbewegungen neue ökonomische und soziale Disparitäten ins Haus stehen (Bispinck/Lecher 1993; Däubler/Lecher 1991; Deppe/Weiner 1991; Platzer 1991). In einer WWU wird sich die Wettbewerbsposition der einzelnen Regionen (Volkswirtschaften) aufgrund der Tarifpolitik nur dann nicht verschieben, wenn sich die Lohnstückkosten gleichgerichtet entwickeln. Die Untersuchung der Tarifpolitik in der EG in den achtziger Jahren ergibt, daß diese Bedingung kaum zu realisieren sein wird (Busch 1994).

Neoklassiker – wie Sievert und Matthes – haben bereits formuliert, daß die WWU die Macht der europäischen Gewerkschaften fundamental beeinträchtigen werde und insofern in Europa durch die Einführung der gemeinsamen Währung ein „optimaler Währungsraum" entstehe (Sievert 1992; Matthes 1992). Vermittelt über den Wettbewerbsmechanismus würden die schwächsten Glieder im europäischen Gewerkschaftskonvoi, d.h. die Gewerkschaften in Irland, Griechenland, Portugal und Spanien, letztlich die Tarifpolitik in Europa bestimmen. Die abhängig Beschäftigten in den höher entwickelten EU-Staaten hätten damit in der WWU einen hohen Preis zu zahlen: der Wettbewerbsverlust ihrer Volkswirtschaften würde zunächst zu Beschäftigungsverlusten und am Ende zu einer Reduktion der Lohn- und Sozialstandards führen.

4. Ökonomische Ungleichgewichte zwischen den Volkswirtschaften der Union sind ferner aufgrund von Steuerungsverlusten der Fiskalpolitik zu befürchten. Im Vergleich zur WWU-Konzeption, die in mehreren großen westlichen Bundesstaaten, wie den USA, Kanada und Australien verwirklicht wurde, fällt an der EU-Variante vor allem das hohe Maß an Dezentralisierung auf. Als Ausfluß des Subsidiaritätsprinzips werden die öffentlichen Finanzen in der EU-WWU in sehr geringem Maße zentralisiert sein. Während in den USA, Kanada und Australien die Ausgaben des Bundes mindestens die Hälfte der gesamten Staatsausgaben ausmachen, erreicht der EU-Haushalt lediglich 2% der gesamten öffentlichen Ausgaben in der Gemeinschaft. Der Zentralhaushalt in der EU wird deshalb bei der Gestaltung der Fiskalpolitik der Gemeinschaft kein großes Gewicht haben. Als neuralgischer Punkt für die wirtschaftliche Entwicklung der Gemeinschaft erweist sich damit die Frage, wie die Koordinierung der Fiskalpolitik zwischen den Mitgliedstaaten zu gestalten ist (Hrbek 1992; Lehment/Scheide 1992; Gäckle 1992; Jochimsen 1994: 101ff.). Die Union dürfte Schwierigkeiten haben, etwa bei gößeren Divergenzen zwischen den Mitgliedstaaten in der Finanzierung der öffentlichen Haushalte oder bei einem gravierenden gemeinsamen Leistungsbilanzdefizit eine abgestimmte Fiskalpolitik zu realisieren. Diese Steuerungsverluste in der Fiskalpolitik implizieren Ungleichgewichte in der ökonomischen Entwicklung der Mitgliedstaaten und ein politisches Konfliktpotential, das den Bestand der Union gefährden kann.

Wie beim EWS gelangen wir damit auch bei der WWU zu dem Resultat, daß für den Vergemeinschaftungsprozeß produktive und kontraproduktve Triebkräfte zur gleichen Zeit wirksam sind. Wiederum ist es nicht auszuschließen, daß sich trotz der sehr positiven Entwicklung einer Reihe der Rahmenbedingungen, die vom neofunktionalistischen Integrationsmodell als zentrale Einflußfaktoren gewertet werden, letztlich ein Desintegrationsprozeß durchsetzt. Auch in diesem Falle wäre die Erklärung in den inneren Spielregeln einer WWU und ihrer spezifischen europäischen Variante zu finden.

3. Überlegungen zu einer Reformulierung der Integrationstheorie

Die Ausführungen in Abschnitt 2 sollten deutlich machen, daß sich die Bestrebungen einer Vertiefung des Vergemeinschaftungsprozesses in Richtung WWU zwar mit Hilfe des Prinzips der Sektor-Integration von Haas erklären lassen, die währungspolitischen Desintegrationstendenzen aber selbst mit der Erweiterung des neofunktionalistischen Modells durch Schmitter nicht zu analysieren sind. Dieses Manko verlangt nach einer Neuformulierung der Integrationstheorie.

Implizit ist aus meiner kritischen Auseinandersetzung mit dem Neofunktionalismus hervorgegangen, daß eine Analyse der Entwicklungsdynamik des Integrationsprozesses sich auf folgende erklärenden Variablen stützen sollte:

A) die nationalen, regionalen und internationalen Hintergrundfaktoren des Haas-Schmitter-Nye-Modells (s. Abschnitt 1),
B) die Bündelung und Verarbeitung dieser Variablen in den Handlungsstrategien nationaler und regionaler Akteure (s. Schmitter 1971: 246 ff.),
C) die innere Logik des Integrationsobjekts (Binnenmarkt, WWU, Politische Union): spill-over- und spill-back-Tendenzen im Widerstreit (s. Schaubild 2).

Während die Variablen des Vektors A) im Abschnitt eins beschrieben worden sind, bedürfen die Vektoren B) und C) noch einiger Erläuterungen:

Zu B): Schmitter erfaßt hier die Handlungsstrategien nationaler und regionaler Akteure gegenüber der Regionalorganisation, und zwar insbesondere die Frage, inwieweit diese auf der Grundlage der Verarbeitung der Hintergrundvariablen (Vektor A) für einen Ausbau, einen Abbau oder eine Konservierung der Aufgabenbereiche und der Entscheidungsmacht von RI eintreten (vgl. dazu Schaubild 1). In Bezug auf den europäischen Integrationsprozeß sollten darüber hinaus im Vektor B) speziell als erklärende Variablen die grundlegenden, historisch gewachsenen Verhaltensmuster der einzelnen nationalen Akteure gegenüber der Gemeinschaft angesiedelt werden. Seit Ende des 2. Weltkrieges haben die verschiedenen europäischen Staaten gegenüber dem Integrationsprozeß je spezifische, offensichtlich historisch bedingte Handlungsstrategien offenbart, ohne deren Berücksichtigung die Entwicklungsdynamik der Gemeinschaft nicht erklärt werden könnte. Bei einer gleichen Ausprägung der Hintergrundvariablen des Vektors A) nehmen Großbritannien, Frankreich und Deutschland, um nur diese drei Mitgliedstaaten als Beispiele herauszugreifen, in den verschiedensten Politikfeldern je unterschiedliche Haltungen ein. So ergibt sich etwa in Fragen der europäischen Währungsintegration die vorwiegend ablehnende Position Großbritanniens gegenüber dem Projekt einer gemeinsamen Währung aus seiner Furcht vor dem Verlust nationaler Souveränität, während Frankreichs Haltung stark von dem Motiv gesprägt wird, die Abhängigkeit von der Geldpolitik der Deutschen Bundesbank zu überwinden und Deutschlands konditionierte Pro-Haltung entscheidend von dem Interesse an einer stabilen Währung bestimmt wird.

Schaubild 2: Integrationsmodell

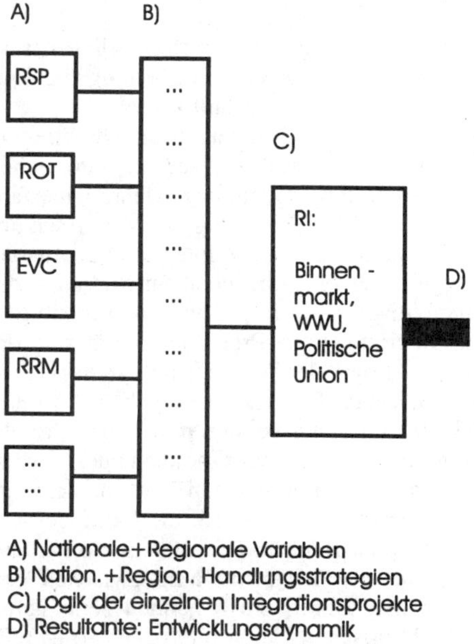

Obwohl derartige, für die einzelnen Nationalstaaten charakteristische Verhaltensmuster gegenüber dem Integrationsprozeß auch einem Wandel unterliegen können, ist ihre Invarianz über längere Zeiträume so stark ausgeprägt, daß sie als eigenständige erklärende Variablen betrachtet werden sollten.

Zu C): Die einzelnen Integrationsprojekte weisen eine je spezifische innere Logik auf, d.h., ihre Realisierung ist an bestimmte Voraussetzungen gebunden, die sich aus den inneren Strukturen des Integrationsobjektes selbst ergeben, und durch ihre Verwirklichung kommen neue Regeln und Mechanismen ins Spiel, deren Verletzung Konflikte und Krisen erzeugt.

So setzt etwa der einheitliche Binnenmarkt die Liberalisierung des Waren-, Dienstleistungs-, Personen- und Kapitalverkehrs voraus, erzeugt über einen intensivierten Wettbewerb Kosten- und Preissenkungen und verbessert die Wachstums- und Beschäftigungsperspektiven der Gemeinschaft insgesamt. Aus dieser inneren Logik des Binnenmarktes entstehen Anpassungszwänge auf einzelwirtschaftlicher, sektoraler und makroökonomischer Ebene, deren Verarbeitung die Entwicklungsrichtung des Integrationsprozesses beeinflussen.

In Abschnitt zwei habe ich die Voraussetzungen und Spielregeln von EWS und WWU erläutert und verdeutlicht, daß die zahlreichen Krisen, die beiden Projekten seit Anfang der siebziger Jahre widerfahren sind, sich überwiegend aus der Nichtbeachtung der Voraussetzungen und der inneren Regelmechanismen dieser Integrationsvorhaben erklären lassen. Die Konvergenz der ökonomischen Entwicklung, die Konvergenz der wirtschaftspolitischen Konzepte und die Substitution der Wechselkursanpassung durch die Lohn-Preis-Flexibilität sind die wichtigsten Aspekte der inneren Logik der Währungsintegration.

Lassen sich für die ökonomischen Integrationsvorhaben die inneren Spielregeln exakt beschreiben, ist dies bei den politischen Projekten schwieriger. Aber auch hier können auf der Grundlage der Verfassungsgeschichte und der gegenwärtigen politischen Systeme der Mitgliedstaaten Voraussetzungen beschrieben werden, ohne die sich ein europäischer Bundesstaat nicht verwirklichen läßt. Ebenso sollten auf diesem Hintergrund Regeln für die Gewaltenteilung zwischen den Einzelstaaten und dem Bund (der Union) zu benennen sein, deren Mißachtung ein Scheitern der Politischen Union impliziert. So ist z.B. die Übertragung der Loyalitätsgefühle der Bürger der Union von der nationalen auf die europäische Ebene eine conditio sine qua non für die Verwirklichung der Finalität des politischen Integrationsprozesses. Im Zusammenhang mit der Bestimmung von Integrationsschwellen werde ich weiter unten auf diesen Gedanken zurückkommen.

Die Dynamik des Integrationsprozesses läßt sich aus dem komplexen Zusammenspiel der in den drei Vektoren A), B) und C) erfaßten unabhängigen Variablen erklären. Integrationsfortschritt ergibt sich dabei nur dann, wenn in allen drei Vektoren eine spill-over-Konstellation vorherrscht. Einige Beispiele sollen diese These verdeutlichen:

- Die inneren Gesetzmäßigkeiten des einheitlichen Binnenmarkts (C) können in einer gegebenen Region aufgrund der möglichen Wohlfahrtsgewinne (Wachstum und Beschäftigung) für alle potentiellen Mitgliedstaaten eine positive Tendenz zur Realisierung dieses Projektes indizieren. Das Vorhaben scheitert dennoch, wenn etwa die Variablen Verflechtungsgrad und Wertekonsens der Eliten zu schwach ausgeprägt sind (A) und/oder wichtige nationale Akteure (B) aufgrund befürchteter Wettbewerbsnachteile für die eigene Volkswirtschaft eine Verhinderungsstrategie verfolgen.
- Umgekehrt mögen die nationalen, regionalen und internationalen Variablen (A) auf einen spill-over vom Binnenmarkt zur WWU drängen. Das Projekt wird fehlschlagen, wenn die Spielregeln der WWU in spezifischen Konstellationen größere ökonomische und soziale Konflikte zwischen den beteiligten Staaten erzeugen (C). Es ist auch denkbar, daß ein WWU-Plan trotz positiver Hintergrundfaktoren und optimistischer Erwartungen hinsichtlich seiner ökonomischen Effekte gar nicht erst in Angriff genommen wird, weil in wichtigen Unionskandidaten der Verzicht auf die nationale Souveränität in der Wirtschafts- und Währungspolitik politisch nicht akzeptiert wird (B).
- Ebenso ist eine regionale Konstellation vorstellbar, in der aufgrund eines bereits realisierten Binnenmarktprojektes und einer faktisch existierenden Währungsunion (seit Jahren ermöglicht ein günstiges ökonomisches Umfeld feste Paritäten) der überwiegende Teil der Hintergrundvariablen (A) sowie die Strategie mehrerer nationaler und regionaler Akteure (B) auf den Übergang zu einer Politischen Union drängen. Ist jedoch trotz aller rationalen Argumente eine entscheidende innere Voraussetzung für die Gründung eines neuen Staates nicht gegeben, wie die Herausbildung einer neuen „regionalen" Identität seiner potentiellen Bürger (C), wird der Verzicht auf die nationale Souveränität in zentralen Felder der Politik (Außen- und Sicherheitspolitik, Rechts- und Innenpolitik, Wirtschaftspolitik) nicht möglich sein.

Die Resultante D) im Schaubild 2, die Entwicklungsdynamik, wirkt ihrerseits auf die erklärenden Variablen der drei Vektoren A), B) und C) zurück. Ein erfolgreich realisiertes Binnenmarktprojekt wird eine Reihe der Variablen des Vektors A) entscheidend verändern (Verflechtungsgrad, gesellschaftlicher Pluralismus, Wertekonsens der Eliten, Regionalisierung organisierter Interessen, Regionale Identität und Regionale politische Unternehmer). Möglicherweise beeinflußt es auch nach und nach die historisch gewachsenen Verhaltensmuster einiger nationaler Akteure gegenüber dem Integrationsprozeß. Diese Veränderungen der Variablen in den Vektoren A) und B) führen gegebenenfalls zur Inangriffnahme weiterreichender Integrationsprojekte (C), etwa der Wirtschafts- und Währungsunion, deren Realisierungsbedingungen sich verbessert haben mögen (positive Rückkoppelung). Umgekehrt können gescheiterte Integrationsvorhaben auch negative Rückkoppelungsprozesse in den Vektoren A) und B) auslösen, die wiederum nicht ohne Auswirkungen auf die weitere Entwicklungsdynamik (D) bleiben.

Durch die Aufnahme des Vektors C, der inneren Strukturen des jeweiligen Integrationsgegenstands, in die Matrix der erklärenden Variablen wird es im Unterschied zum Haas-Schmitter-Nye-Modell auch möglich, spezifische „Integrationsschwellen" zu ermitteln, eine Aufgabe, die Haas in seiner Selbstkritik von 1968 als wichtigstes Programm künftiger Integrationstheorie formulierte.

Betrachten wir die drei Integrationsfelder Gemeinsamer Markt (einheitlicher Binnenmarkt), Wirtschafts- und Währungsunion, Politische Union als die relevantesten, aufeinander folgenden Stufen des Integrationsprozesses, dann lassen sich aufgrund der jeweiligen Besonderheiten der drei Bereiche Integrationsschwellen bestimmen, die von Stufe zu Stufe größer werden.

Der Widerstand bei der Realisierung des *Binnenmarkts* ergibt sich aus dem Gewicht des Protektionismus, der in den einzelnen Mitgliedstaaten und in der Region insgesamt zu Beginn des Prozesses anzutreffen ist. Der Abbau von Zöllen, Kontingenten und weiteren nichttarifären Handelshemmnissen (z.B. im öffentlichen Beschaffungswesen oder im Dienstleistungssektor) ruft diejenigen Kräfte auf den Plan, deren Wettbewerbsfähigkeit (oder z.T. auch Extraprofit) durch den Liberalisierungsprozeß beeinträchtigt wird. Da die Verwirklichung des Binnenmarkts jedoch für die beteiligten Staaten kein Nullsummenspiel ist – *alle* erzielen aufgrund der Kostensenkungs- und Arbeitsteilungseffekte Wachstumsgewinne –, sind die Chancen zur Überwindung dieser Integrationsschwelle auf lange Sicht günstig. Auf die Erfolgsmöglichkeiten dieses Integrationsprojektes wirkt sich sicherlich auch positiv aus, daß die Nationalstaaten in diesem Falle keine Eingriffe in Kernbereiche ihrer Souveränität erdulden müssen. Der Binnenmarkt läßt sich realisieren, ohne die nationalen Kompetenzen in der Außen- und Sicherheitspolitik, in der Geld- und Fiskalpolitik, in der Rechts- und Innenpolitik, in der Sozial- und Bildungspolitik gravierend zu berühren.

Weitaus höher sind bereits die Integrationsschwellen, die das Projekt der *Wirtschafts- und Währungsunion* zu überwinden hat (vgl. Abschnitt 2). Ökonomische Ungleichgewichte zwischen den Volkswirtschaften können jetzt nicht mehr durch Veränderungen der Währungsparitäten aufgefangen werden. Die Lohn-Preis-Flexibilität übernimmt die Rolle der Anpassungsvariablen, womit – wie oben dargestellt – die sozialen Kosten, die der Integrationsprozeß den abhängig Beschäftigten aufbürdet, erheblich ansteigen. Das Erreichen der Endstufe der WWU setzt darüber hinaus eine Konvergenz der wirtschaftspolitischen Konzepte sowie der realen ökonomischen Entwicklung (Konvergenzkriterien) voraus, eine Bedingung, an deren Erfüllung die EG/EU seit nunmehr 25 Jahren bislang vergeblich arbeitet. Es kommt hinzu, daß die Nationalstaaten in einer WWU zentrale Bereiche ihrer Souveränität an supranationale Instanzen abzugeben haben. Nicht nur die Geld- und Fiskalpolitik ist betroffen, letztlich muß auch eine gemeinsame Sozialpolitik und eine gemeinsame Steuerpolitik (einschließlich eines horizontalen Finanzausgleichs) entwickelt werden, soll die Union auf Dauer in der Lage sein, der Gefahr wachsender ökonomischer und sozialer Disparitäten zu begegnen. Der Verlust nationalstaatlicher Souveränität ist in einer WWU so umfangreich, daß zu bezweifeln ist, ob dieses Projekt ohne einen gleichzeitigen spillover in Richtung Politische Union erfolgreich abgeschlossen werden kann.

Damit sind wir bei der höchsten Stufe des Integrationsprozesses, dem neuen supranationalen Staat, angelangt, dessen Verwirklichung die Überwindung der höchsten Integrationsschwellen voraussetzt. In Abschnitt 1 hatten wir gesehen, daß Haas in seinem ursprünglichen Modell den Weg der EWG vom Gemeinsamen Markt zur *Politischen Union* für einen automatischen Prozeß hielt.

Für das Scheitern dieses funktionalistischen Weges machte er später vor allem das Charisma de Gaulles und Frankreichs „national selfassertion“ verantwortlich. Obwohl Haas deshalb die Analyse des Nationalismus für einen entscheidenden Programmpunkt künftiger Integrationstheorie hielt, klammerte Schmitter in seinem revidierten Modell diese Frage durch eine bewußte Selbstbeschränkung auf „rationales Verhalten" aus. Hier ist ein offensichtlicher Schwachpunkt aller bisherigen integrationstheoretischen Bemühungen verborgen. Zwar betont Deutsch bereits 1957 in seiner berühmten Definition der Integration das Erreichen eines Gemeinschaftssinns („sense of community") als neuralgischen Punkt (Deutsch u.a. 1957: 5), zwar heben auch später viele Beiträge (Etzioni 1965; Haas 1968; Schmitter 1971) die Herausbildung einer regionalen Identität als wichtige Bedingung für einen Übergang zur Politischen Union hervor, der Frage jedoch, wie sich die Transformation von einem nationalen zu einem regionalen Bewußtsein vollziehen kann, widmen sich im folgenden nur wenige Beiträge der Integrationsforschung. Ronald Inglehart stellte Mitte der siebziger Jahre die These auf, daß der bei der Jugend der westlichen Industriegesellschaften zu beobachtende Wertewandel vom Materialismus zum Postmaterialismus auch eine größere Offenheit gegenüber internationalen Integrationsprozessen mit sich bringe (Inglehart 1977), er selbst konnte aber in späteren empirischen Untersuchungen einen solchen Trend nicht verifizieren.

Dagegen unterstellen viele Studien zum Integrationsprozeß implizit stets die Rationalitätshypothese, wonach im Fortgang des Integrationsprozesses nicht nur nationalistisches, sondern auch nationales Denken abgeschliffen werde und sich ein ausreichender „identitive support" für das neue übernationale Staatsgebilde herauskristallisiere (Feld 1994). Daß diese Prämisse nicht zu halten ist, hat uns nicht nur das Frankreich de Gaulles in den sechziger Jahren, sondern auch der schwierige Weg der Ratifikation des Maastrichter Vertrages in Dänemark und Frankreich zu Beginn der neunziger Jahre gezeigt. Auch die Volksabstimmungen in der Schweiz über den EWR-Vertrag und in Norwegen über den Beitritt zur EU sollten vor der Unterstellung warnen, daß sich mit einer wachsenden ökonomischen und sozialen Kommunikation in Europa das Nationalbewußtsein nach und nach von selbst aufhebe. Ohne diese Transformation ist jedoch in Europa kein neuer Staat zu machen.

Die Einführung der parlamentarischen Mehrheitsregel auf europäischer Ebene setzt ein primär europäisches Bewußtsein seiner Bürger voraus, denn nur dieses gewährleistet, daß politische Mehrheitsentscheidungen auch von unterlegenen „nationalen" bzw. „regionalen" Minderheiten als legitim erachtet werden (von Bogdandy 1993).

Die Diskussion der Integrationshürden, die die drei wichtigsten möglichen Stufen des europäischen Einigungsprozesses verbinden, veranschaulicht die These, daß nach der Einführung des einheitlichen

Binnenmarktes mit hoher Wahrscheinlichkeit eine Phase der „encapsulation" zu erwarten ist. Die spill-over-Tendenzen in Richtung Wirtschafts- und Währungsunion dürften sich an den starken „Schwellen", die diesem Projekt eigen sind, noch sehr lange Zeit brechen. Sie besiegeln damit gleichzeitig die noch ambitionierteren Bestrebungen, die den europäischen Integrationsprozeß mit der Errichtung eines Bundesstaat krönen wollen.

Dieses Ergebnis bestätigt eine der zentralen Aussagen der unter der Leitung von Karl W. Deutsch Ende der fünfziger Jahre durchgeführten Studie über die Geschichte von Integrationsprozessen seit der Frühen Neuzeit. Danach sind die „pluralistic security-communities", die Integrationsprozesse unter Wahrung der Souveränität der beteiligten Staaten bezeichnen, leichter zu realisieren und leichter zu bewahren als die „amalgamated security-communities", die die Verschmelzung vormals unabhängiger Staaten implizieren (Deutsch u.a. 1957: 28).

Literatur

Bellers, Jürgen; Häckel, Erwin (1990): Theorien internationaler Integration und internationaler Organisationen; in: Rittberger, Volker (Hg.), Theorien der Internationalen Beziehungen, PVS Sonderheft 21 (Opladen), S. 286-310.

Bispinck, Reinhard; Lecher, Wolfgang (Hg.) (1993): Tarifpolitik und Tarifsysteme in Europa (Köln).

*Bofinger, Peter (1990): Der Weg zur Wirtschafts- und Währungsunion in Europa – Analysen und Dokumente (Wiesbaden).

von Bogdandy, Armin (1993): Supranationale Union als neuer Herrschaftstypus: Entstaatlichung und Vergemeinschaftung in staatstheoretischer Perspektive; in: Integration 16, S. 210-224.

Busch, Klaus (1978): Die Krise der Europäischen Gemeinschaft (Köln).

Busch, Klaus (1992): Umbruch in Europa – die ökonomischen, ökologischen und sozialen Perspektiven des einheitlichen Binnenmarkts, 2. Aufl. (Köln).

Busch, Klaus (1994): Europäische Integration und Tarifpolitik – Lohnpolitische Konsequenzen der Wirtschafts- und Währungunion (Köln).

Claassen, Emil-Maria (1975): Der monetäre Ansatz der Zahlungsbilanztheorie, in: Weltwirtschaftliches Archiv 11, S. 1-23.

Committee for the Study of Economic and Monetary Union (1989): Report on Economic and Monetary Union in the European Community (Luxembourg).

Däubler, Wolfgang; Lecher, Wolfgang (Hg.) (1991): Die Gewerkschaften in den 12 EG-Ländern – Europäische Integration und Gewerkschaftsbewegung (Köln).

Deutsch, Karl W. u.a. (1957): Political Community and the North Atlantic Area – International Organization in the Light of Historical Experience (Princeton).

Deutsche Bundesbank (1993): Die jüngsten geld- und währungspolitischen Beschlüsse und die Entwicklungen im Europäischen Währungssystems; in: Monatsberichte der Deutschen Bundesbank, August 1993 (Frankfurt am Main), S. 19-27.

Deppe, Frank; Weiner, Klaus-Peter (Hg.) (1991): Binnenmarkt '92 – Zur Entwicklung der Arbeitsbeziehungen in Europa (Hamburg).

Dornbusch, Rüdiger (1973): Devaluation, Money and Nontraded Goods; in: American Economic Review 63, S. 871-880.

Englander, A. Steven ; Egedo, Thomas (1992): Adjustment under Fixed Exchange Rates: Application to the European Monetary Union; OECD, Economics Department, Working Papers, No. 117 (Paris).

Etzioni, Amitai (1965): Political Unification – A Comparative Study of Leaders and Forces (New York etc.).

Feld, Werner J. (1994): Sociological Theories of European Integration; in: Michelmann, Hans J.; Soldatos, Panayotis (Hg.), European Integration: Theories and Approaches (Lanham), S. 43-55.

Gäckle, Thomas (1992): Begrenzung von Budgetdefiziten in einer EWU; in: Wirtschaftsdienst 72, S. 264-270.

Grimm, Doris (1987): Das Europäische Währungssystem – Ein erfolgreicher Währungsverbund?; in: Die Weltwirtschaft, o.Jg., Nr. 2, S. 60-72.

von der Groeben, Hans; Möller, Hans (Hg.) (1980): Möglichkeiten und Grenzen der Europäischen Union, Bd 1: Die Europäische Union als Prozeß (Baden-Baden).

Haas, Ernst B. (1968): The Uniting of Europe. Political, Social, And Economic Forces 1950-1957, 2. Aufl. (Stanford).

Haas, Ernst B. (1969): Die Einigung Europas, in: Kohler, Beate (Hg.), Erfolge und Krisen der Integration (Köln), S. 38-66.

Haas, Ernst B. (1971): The Study of Regional Integration: Reflections on the Joy and Anguish of Pretheorizing; in: Lindberg, Leon N.; Scheingold, Stuart A. (Hg.), Regional Integration (Cambridge, MA), S. 3-42.

Haas, Ernst B. (1975): The Obsolescence of Regional Integration Theory (Berkeley).

*Haas, Ernst B.; Schmitter, Philippe C. (1964): Wirtschaft und unterschiedliche Muster politischer Integration; in: Doeker, Günther; Veitl, Friedrich (Hg.) (1981), Regionalismus und regionale Integration – Zur Theorie der regionalen Integration (Frankfurt am Main etc.), S. 163-181.

Hrbek, Rudolf (1992): Kontroversen und Manifeste zum Vertrag von Maastricht; in: Integration 15, S. 225-245.

Inglehart, Ronald (1977): The Silent Revolution (Princeton).

Jaekel, Richard (1985): Die Integrationswirkung des Europäischen Währungssystems (Hamburg).

Jarchow, Hans-Joachim; Rühmann, Peter (1989): Monetäre Außenwirtschaft – II. Internationale Währungspolitik, 2. Aufl. (Göttingen).

*Jochimsen, Reimut (1994): Perspektiven der europäischen Wirtschafts- und Währungsunion (Köln).

Johnson, Harry G. (1975): Der monetäre Ansatz der Zahlungsbilanztheorie (München).
*Keohane, Robert O.; Hoffmann, Stanley (1990): Conclusions: Community Politics and Institutional Change; in: Wallace, William (Hg.), The Dynamics of European Integration (London), S. 276-300.
*Kommission (1990): Ein Markt, eine Währung – Potentielle Nutzen und Kosten der Errichtung einer Wirtschafts- und Währungsunion – Eine Bewertung; in: Europäische Wirtschaft, Nr. 44 (Luxemburg).
*Kommission (1993a): Jahreswirtschaftsbericht 1993 (Luxemburg).
Kommission (1993b): Grundzüge der Wirtschaftspolitik und Konvergenzbericht; in: Europäische Wirtschaft, Nr. 55 (Luxemburg).
Kommission (1993c): Wachstum, Wettbewerbsfähigkeit, Beschäftigung – Herausforderungen der Gegenwart und Wege ins 21. Jahrhundert (Weißbuch) (Luxemburg).
Lindberg, Leon N.; Scheingold, Stuart A. (Hg.) (1971): Regional Integration – Theory and Research (Cambridge, MA).
Lipfert, Helmut (1974): Einführung in die Währungspolitik (München).
Matthes, Heinrich (1992): Währungsunion mit Peripherie?; in: Wirtschaftsdienst 72, S. 634-638.
Mundell, Robert A. (1961): A Theory of Optimum Currency Areas; in: American Economic Review 51, S. 657-664.
*Nye, Joseph S. (1971a): Peace in Parts – Integration and Conflict in Regional Organization (Boston).
Nye, Joseph S. (1971b): Comparing Common Markets: A Revised Neo-Functionalist Model; in: Lindberg, Leon N.; Scheingold, Stuart A. (Hg.), Regional Integration – Theory and Research (Cambridge, MA), S. 192-231.
Platzer, Hans-Wolfgang (1991) Gewerkschaftspolitik ohne Grenzen? Die transnationale Zusammenarbeit der Gewerkschaften im Europa der neunziger Jahre (Bonn).
*Schmitter, Philippe C. (1971): A Revised Theory of Regional Integration; in: Lindberg, Leon N.; Scheingold, Stuart A. (Hg.), Regional Integration – Theory and Research (Cambridge, MA), S. 232-264.
Sievert, Olaf (1992): Geld, das man nicht selbst herstellen kann; in: FAZ Nr. 225 vom 26. September 1992, S. 13.

Politikmuster und Einflußlogik in der Strukturpolitik*

Gary Marks

Es wird oft behauptet, daß Politik in der Europäischen Union durch große politikfeldspezifische Unterschiede gekennzeichnet sei. Ein Blick auf die meisten Politikfelder zeigt jedoch, daß auch diese alles andere als homogen sind. Mit Sicherheit trifft diese Beobachtung auf die Strukturpolitik der EU zu, innerhalb derer sich mehrere aufeinanderfolgende Phasen, nämlich finanzielle Verhandlungen, institutionelle Vereinbarungen sowie die Aufstellung, Aushandlung, Implementation und Evaluierung regionaler Entwicklungspläne, unterscheiden lassen[1]. In diesem Beitrag wird die These vertreten, daß sich die besondere politische Dynamik innerhalb des Politikfeldes nur dann richtig verstehen läßt, wenn diese Phasen der Strukturpolitik mit ihrer je unterschiedlichen Verfahrenslogik getrennt analysiert werden.

Die Strukturpolitik weist auch in ihrer räumlichen Anwendung Unterschiede auf. Sie wird weitgehend von mitgliedstaatlichen Exekutiven und der Kommission auf der europäischen Ebene entworfen und finanziert. In dieser Hinsicht läßt sich zwar von einer *europäischen* Politik sprechen, doch ein Blick auf die Verwendung der strukturpolitischen Mittel enthüllt erhebliche diesbezügliche Unterschiede zwischen den Mitgliedstaaten und teilweise sogar innerhalb derselben. Entwurf, Aushandlung, Umsetzung und Evaluierung der regionalen

---

* Ich bin Liesbet Hooghe für wichtige Anregungen und Ratschläge zu Dank verpflichtet. Gleichfalls möchte ich mich bei Jeffrey Anderson, Ian Bache, Richard Balme, Stefaan de Rynck, Stephen George, Michael Keating und Mark Pollack für Kommentare zu einer früheren Fassung sowie bei Richard Haysley und Stanislav Vasiliev für ihre Hilfe bei der Materialsammlung bedanken.

1 Der Begriff „Strukturpolitik" bezieht sich in diesem Beitrag auf die Maßnahmen der Strukturfonds und des Kohäsionsfonds der EU.

Entwicklungsprogramme (die sog. „Programmplanung") weisen einen spezifischen räumlichen Bezug auf und spiegeln erwartungsgemäß die politischen Besonderheiten der jeweiligen Mitgliedstaaten und Regionen wider.

Um ein wirklichkeitsgetreues Verständnis der verschiedenen unter dem Sammelbegriff „Strukturpolitik" zusammengefaßten politischen Aktivitäten zu erhalten, müssen deshalb zwei unterschiedliche Herangehensweisen gewählt werden, nämlich zum einen eine Längsschnittanalyse, die zwischen den unterschiedlichen *Politikphasen* unterscheidet, und zum anderen eine Querschnittanalyse entlang der räumlichen Dimension, die einen Vergleich zwischen *unterschiedlichen territorialen Einheiten* ermöglicht. Das Ergebnis ist notwendigerweise heterogener als bei einem holistischen Ansatz, jedoch keineswegs zufällig. Durch diese Vorgehensweise läßt sich das zu untersuchende Phänomen in seiner Vielfalt besser begreifen, und es werden Politikmuster deutlich, die bei einem weniger differenzierten Ansatz im Verborgenen blieben.

Die Fragen, die ich an das empirische Material stellen werde, beziehen sich auf das grundlegende und umstrittene Thema des politischen Einflusses in der Europäischen Union. In welchem Umfang waren die Regierungen und Verwaltungen der Mitgliedstaaten in der Lage, ihre Macht in die europäische Arena einzubringen? In welchem Umfang muß der Zentralstaat seine Entscheidungsgewalt in der Strukturpolitik mit anderen Akteuren teilen – sei es mit subnationalen Regierungs- und Verwaltungsstellen oder mit supranationalen Akteuren? Die Antworten auf diese Fragen tragen zu einem besseren Verständnis der Natur des politischen Systems der Union bei und helfen gleichzeitig bei der Beantwortung der Frage, ob die EU ein eigenständiges politisches Mehrebenensystem ist oder eine immer noch nationalstaatlicher Regierungsgewalt unterworfene Gemeinschaft (Marks/Hooghe/Blank 1994; Moravcsik 1993; Caporaso/Keeler 1993; Scharpf 1994; Borras-Alomar/Christiansen/Rodriguez-Pose 1994).

Wenn sich unser Interesse also auf den politischen Einfluß im Entscheidungsprozeß konzentriert, so lassen sich in der Strukturpolitik drei Phasen unterscheiden:

- Verhandlungen um die Ausgestaltung des finanziellen Rahmens;
- die Schaffung des institutionellen Kontextes sowie
- die Erstellung und Umsetzung der regionalen Entwicklungspläne (Programmplanung).

Tabelle 1 gibt einen zusammenfassenden Überblick über die Verteilung des politischen Einflusses der verschiedenen Akteure in diesen drei Phasen und ihren jeweiligen Unterphasen[2]. Auf diese drei Phasen beziehen sich die ersten drei Teile dieses Beitrages. Der anschließende Abschnitt versucht, die gefundenen Unterschiede in der dritten Phase (Programmplanung) zu erklären, und das Schlußkapitel befaßt sich mit den Konsequenzen der Programmplanung.

Tabelle 1: Politischer Einfluß in den einzelnen Politikphasen

Politikphasen		Politischer Einfluß der Akteure: Zentralstaat	subnationale Ebene	Europäische Kommission
Aushandlung des finanziellen Rahmens		stark	unbedeutend	schwach
Schaffung des institutionellen Kontexts	institutioneller Rahmen	stark	unbedeutend	stark
	Förderungskriterien	schwach	je nach Land unbedeutend bis mittel	mittel
Programmplanung	Kohäsionsfonds	stark	unbedeutend	je nach Land schwach bis mittel
	Gemeinschaftliche Förderkonzepte	je nach Land schwach bis stark	je nach Land schwach bis stark	je nach Land schwach bis mittel
	Gemeinschaftsinitiativen	schwach	schwach	stark

2 Ich definiere politischen Einfluß als die relative Fähigkeit eines Akteurs, Politikergebnisse zu bestimmen. Politikergebnisse umfassen dabei sowohl eine substantielle (Ressourcenallokation) wie auch eine prozedurale Komponente (Entscheidungskompetenzen).

1. Die Verhandlungen um die Ausgestaltung des finanziellen Rahmens

Europäische Strukturpolitik beruht auf Entscheidungen über finanzielle Transferleistungen zwischen den Mitgliedstaaten. Sie zeichnet sich dadurch aus, daß redistributive Entscheidungen getroffen werden, bevor die allgemeinen Zielsetzungen dieser Politik festgelegt oder ein institutioneller Rahmen geschaffen wurde. Im Mittelpunkt dieser ersten Politikphase stehen Verhandlungen zwischen den Mitgliedstaaten, bei denen es um die *Verteilung* der Mittel geht. Ihre *Verwendung* kommt erst in späteren Verhandlungen mit einer eigenständigen politischen Logik zur Sprache.

Dieses Auftaktstadium der zwischenstaatlichen Finanzverhandlungen ist in zweierlei Hinsicht strukturiert: Zum einen folgen die Verhandlungen dem mehrjährigen Zyklus strukturpolitischer Pläne („Gemeinschaftliche Förderkonzepte"), die für jeden der betroffenen Mitgliedstaaten aufgestellt werden. Die beiden bisherigen strukturpolitischen Verhandlungsrunden fanden 1988 und 1992 statt; die erste im Vorfeld des fünfjährigen Zyklus von 1989 bis 1993 („Delors I-Paket"), die zweite vor dem sechsjährigen Zyklus von 1994 bis 1999 („Delors II-Paket"). Zum anderen werden die Finanzverhandlungen zwischen den Mitgliedstaaten durch die Kommissionsvorschläge über die mittelfristige Finanzplanung der Union bestimmt. Dabei ist die Kommission keineswegs ein passiver Zuschauer zwischenstaatlicher Verhandlungen, sondern legt deren Rahmen fest, indem sie in ihrem Budgetvorschlag auch bestimmte Beträge für die Strukturpolitik vorsieht.

In finanzieller Hinsicht bildet die Strukturpolitik ein ausgeklügeltes System von Ausgleichszahlungen der reicheren an die ärmeren Mitgliedstaaten, wobei die Gegenleistung der letzteren in ihrer Zustimmung zu einer engeren wirtschaftlichen Integration besteht (Marks 1992). Anders als eine einfache Betrachtungsweise erwarten läßt, die lediglich Geber- und Empfängerstaaten einander gegenüberstellt, haben sich jedoch keine klaren Lager herausgebildet. Hierfür lassen sich drei Gründe anführen:

1. Die relative Position der Mitgliedstaaten steht nicht fest, sondern verändert sich (so hat Deutschland ein wirtschaftlich rückständiges Territorium hinzugewonnen, während Spanien den Sprung aus der Gruppe der ärmsten Mitgliedstaaten geschafft hat).
2. Die Strukturpolitik besteht aus verschiedenen redistributiven Instrumenten (den sechs Zielkategorien der Strukturfonds sowie dem neu geschaffenen Kohäsionsfonds), die jeweils leicht unterschiedliche Gruppen von Gewinnern und

Verlierern schaffen und so eine eindeutige Lagerbildung verhindern. Einige Mitgliedstaaten, darunter Großbritannien, Deutschland und Belgien, sind Gewinner *und* Verlierer, je nachdem, um welchen Aspekt der Strukturpolitik es sich handelt. Aus diesem Grund brechen die festgefügten konkurrierenden Bündnisse hinsichtlich der strukturpolitischen Gesamtausgaben auf, sobald spezifische Maßnahmen zur Debatte stehen.

3. Die Verfolgung nationaler Interessen in der Strukturpolitik wird durch normative Fragen überlagert, die sich auf die beträchtlichen und offensichtlichen Unterschiede in den Lebenschancen innerhalb der Union beziehen. Insoweit die Bürger ärmerer Mitgliedstaaten zur Schaffung einer europaweiten marktwirtschaftlichen Gesellschaftsordnung beitragen, können ihnen die Angehörigen der reicheren Mitgliedstaaten einen moralischen Anspruch als Mitglieder eben dieser Gemeinschaft kaum bestreiten. Dies verleiht der Strukturpolitik eine zusätzliche ideologische Dimension. Viele Angehörige der politischen Linken, die sich innerhalb ihrer eigenen Mitgliedstaaten für eine Politik des sozialen Ausgleichs einsetzen, dehnen ihre Forderungen nach größerer Gleichheit auf die gesamte EU aus. Die Angehörigen der sozialistischen Fraktion im Europäischen Parlament etwa haben sich durchgängig für eine Erhöhung der strukturpolitischen Ausgaben eingesetzt. Weil die Strukturpolitik zu den nicht-obligatorischen Ausgaben zählt, hat das EP in diesem Bereich auch einige Mittelerhöhungen durchsetzen können.

Zwar werden letztlich die Gesamtausgaben der Strukturpolitik von den Exekutiven der Mitgliedstaaten bestimmt. Die Kommission hat jedoch mit dem sogenannten „Partnerschaftsprinzip" ein komplexes Verfahren der Prioritätensetzung für strukturpolitische Ausgaben in den einzelnen Mitgliedstaaten entwickelt, das dazu dient, subnationale Akteure, die Kommission und die jeweiligen Regierungen der Mitgliedstaaten bei Entwurf und Durchführung regionaler Entwicklungsprogramme in ein multilaterales Beziehungsgeflecht einzubinden. Die Auswirkungen dieses Prinzips für die Programmplanung werden weiter unten diskutiert. Das Partnerschaftsprinzip ist jedoch auch in finanzieller Hinsicht von Bedeutung, da es der Kommission eine Möglichkeit an die Hand gibt, die Auszahlung bereits beschlossener Ausgaben zu beschleunigen oder zu verzögern. Dies verschafft ihr eine wichtige – wenn auch politisch delikate – Einflußmöglichkeit im Umgang mit den Regierungen der Mitgliedstaaten, wie sich an einigen Beispielen zeigen läßt (Anderson 1996; McAleavey 1993).

Die Aufteilung der strukturpolitischen Mittel zwischen konkurrierenden Zielkategorien und Regionen wird durch Verhandlungen der Mitgliedstaaten untereinander, durch Verhandlungen zwischen Mitgliedstaaten und Kommission sowie (in geringerem Umfang) durch politischen Druck subnationaler Akteure auf Mitgliedstaaten und Kommission bestimmt. Allgemein läßt sich hier feststellen, daß die politischen Prozesse um so deutlicher von den Regierungen der Mitgliedstaaten bestimmt werden, je mehr die zu entscheidende Frage finanzielle Auswirkungen hat und/oder ein Nullsummenspiel darstellt. Umgekehrt besitzt die Kommission einen größeren Einfluß, wenn die betreffende Frage keine finanziellen Implikationen besitzt und/oder ein Positivsummenspiel darstellt. Das politische Gewicht der Kommission steigt somit von Phase 1, in der es um die Aufteilung der Finanzen zwischen den Mitgliedstaaten geht, zu den Phasen 2 und 3, in denen es um die Verwendung der Mittel geht. Bei Entscheidungen über Ausgaben, die über den jedem Mitgliedstaat zustehenden Mindestanteil hinausgehen und bei der Aufteilung der Gelder zwischen den verschiedenen Zielkategorien besitzt die Kommission eine beträchtliche Entscheidungsfreiheit. Dasselbe gilt auch für etwa neun Prozent des strukturpolitischen Budgets, die für sektorale „Gemeinschaftsinitiativen" zur Verfügung stehen. In jedem dieser Bereiche bemüht sich die Kommission, politisierte Nullsummen-Konflikte zugunsten einer technokratisch und sektoral orientierten Entscheidungsfindung zu vermeiden.

2. Die Schaffung des institutionellen Rahmens

Die Mitgliedstaaten legen zwar den Ausgabenrahmen der Strukturpolitik fest, bestimmen jedoch nur in allgemeiner Form darüber, wie die Gelder verteilt werden. Der auf dem Brüsseler Gipfel von 1988 und dem Gipfel von Edinburgh 1992 beschlossene institutionelle Rahmen spiegelt deutlich die Vorstellungen der Kommission wider. Die Kommission war hier aus mehreren Gründen einflußreich: Zum einen waren die zwischenstaatlichen Vereinbarungen hinsichtlich der Verwaltung der Strukturfonds im Detail äußerst unklar geblieben. Dazu kam, daß die diesbezüglichen Vorschläge der Kommission konzipiert wurden, bevor die Mitgliedstaaten offiziell die Gelegenheit hatten, sie zu beraten. Schließlich verteidigte die Kommission ihre institutionellen Vorstellungen mit dem Hinweis, daß diese die Instrumente zur Erreichung von gemeinsamen Anliegen bereitstellten und insbesondere der Verbesserung der wirtschaftlichen Lage in den ärmeren Regionen Europas dienten. Diese Strategie trug dazu bei, die Vorschläge der Kommission von der Einflußnahme der Mitgliedstaaten freizuhalten.

Dies heißt jedoch nicht, daß die Kommission völlig freie Hand hinsichtlich der Gestaltung des institutionellen Rahmens hätte. Hatten die Mitgliedstaaten noch die bahnbrechende Reform der Strukturfonds von 1988 akzeptiert, die der Kommission eine Vielzahl an finanziellen und administrativen Einflußmöglichkeiten verliehen hatte (Hooghe 1996b), so war die vorläufig letzte Reform von 1993 heftig umstritten gewesen. Auf der einen Seite wollten die Regierungen Frankreichs, Großbritanniens, Deutschlands und Spaniens den Einfluß der Kommission beschneiden und die Regionalpolitik renationalisieren. Die französische Regierung stellte ein umfassendes Konzept vor, das die britische Regierung mit dem Hinweis unterstützte, die Regierungen der Mitgliedstaaten könnten besser als die Kommission für eine effiziente Regionalpolitik sorgen. Die Spanier, die nationalen anstelle von regionalen Prioritäten in der Wirtschaftsentwicklung ein stärkeres Gewicht verschaffen wollten, schlossen sich dem französischen Vorschlag ebenso an wie die deutsche Regierung, die sich über die Kontrolle der deutschen regionalen Beihilfen durch die Kommission beklagte. Mit Portugal und Irland auf der anderen Seite standen dieser Koalition zwei Hauptempfängerländer der EU-Strukturpolitik gegenüber, die noch von Belgien als einem ständigen Alliierten der Kommission unterstützt wurden.

Auch wenn eine solche Konstellation eigentlich tiefgreifende Veränderungen erwarten lassen würde, ließen die beschlossenen Maßnahmen die 1988 verabschiedeten grundlegenden Prinzipien der Strukturpolitik unberührt. Anstelle der angestrebten Renationalisierung gelang den Mitgliedstaaten lediglich eine Veränderung in Randbereichen der europäischen Strukturpolitik, und auch dies nicht immer mit dem angestrebten Ergebnis. Es stellt sich somit die Frage, warum es einer mächtigen Allianz von Regierungen nicht gelang, den Einfluß der Kommission nachhaltig zu beschneiden.

Ein Grund hierfür war sicherlich, daß die Mitgliedstaaten in dem bei der Reform der Strukturpolitik anzuwendenden Entscheidungsverfahren nicht alleine vorgehen konnten. Nach den Bestimmungen des Maastrichter Vertrages wäre sowohl Einstimmigkeit im Ministerrat als auch ein Mehrheitsvotum des Europäischen Parlaments notwendig gewesen. Da der Vertrag zum fraglichen Zeitpunkt im Juli 1993 noch nicht in Kraft war, wurde für die Reform der Strukturpolitik ein ad hoc-Verfahren angewandt, das Einstimmigkeit im Rat und das Verfahren der Zusammenarbeit für die Beteiligung des Europäischen Parlaments vorsah. Somit war absehbar, daß das EP die Renationalisierung der Strukturpolitik abgelehnt hätte, wenn ihm ein solcher Vorschlag zugegangen wäre. Paradoxerweise genügte vermutlich schon das Einstimmigkeitserfordernis im Rat, um die Renationalisierung zu vereiteln, da die Kommission die Unterstützung Belgiens sowie mit Portugal und Irland zweier weiterer Mitgliedstaaten besaß, die von den zuvor geltenden Regelungen besonders profitiert hatten. Zwar wird die Einstimmigkeitsregel üblicherweise als Hemmschuh des europäischen Integrationsprozesses angesehen, doch ist es wohl angemessener zu sagen, daß dadurch ganz allgemein politische Veränderungen schwieriger werden, unabhängig davon, ob sie die Integration stärken oder schwächen. Wenn ein gewisser Integrationsgrad erst einmal erreicht ist, können die Mitgliedstaaten durch das Einstimmigkeitserfordernis auch daran gehindert werden, wieder mehr Kontrolle über den Integrationsprozeß zu erlangen.

Wenn man dieses Problem nur durch die Brille eines Machtkampfes zwischen Kommission und Mitgliedstaaten sieht, wird die Kommission tendenziell schlechter abschneiden. Die Kommission kann nur verlieren, wenn sie zuläßt, daß die Ausgestaltung des institutionellen Rahmens zu einem Machtkampf zwischen ihr und den Mitgliedstaaten wird. Dies ist jedoch nur selten der Fall und traf sicherlich nicht auf die Reform der Strukturfonds von 1993 zu. Auf dem Gipfel von Edinburgh und auf den darauf folgenden Sitzungen des Ministerrats ging es im wesentlichen um größere Effizienz bei der regionalen Verteilung von Strukturbeihilfen, um die Vereinfachung des Entscheidungsprozesses, um die Verbesserung der Evaluierung und finanziellen Kontrolle der strukturpolitischen Ausgaben der EU sowie vor allem um die Frage der Aufteilung der Gelder. Diese Probleme können nicht einfach auf das Problem supranationaler versus mitgliedstaatlicher Einflußnahme verkürzt werden. Einige Mitgliedstaaten waren hin- und hergerissen zwischen dem Wunsch nach substantiellen Politikergebnissen und dem Versuch, die Entscheidungsfindung zu renationalisieren. So vertrug sich beispielsweise das Streben der britischen Regierung nach einer Renationalisierung der Strukturpolitik nicht gut mit ihrem Wunsch, die Effizienz der eingesetzten Mittel sicherzustellen. Es wurde sogar berichtet, daß sich ein britischer Vertreter für verschärfte Aufsichtsbefugnisse der Kommission bei der Mittelvergabe einsetzte, um der Korruption in den Mitgliedstaaten vorzubeugen. Großbritannien sollte hiervon allerdings ausgenommen sein!

3. Programmplanung

Die Programmplanungsphase weist ein andere politische Logik auf als die redistributiven Finanzverhandlungen und die Schaffung des institutionellen Kontextes. Während bei der Ausgestaltung des finanziellen wie auch des institutionellen Rahmens der Strukturpolitik die Kommission und die Regierungen der zwölf Mitgliedstaaten beteiligt sind, kommen in der Phase der Programmplanung neben der Kommission und der betreffenden nationalen Regierung auch die jeweiligen subnationalen Akteure hinzu. Bevor jedoch die resultierenden landesspezifischen Unterschiede näher beleuchtet werden, ist eine weitere analytische Aufgliederung des Politikprozesses notwendig, da in der Strukturpolitik drei unterschiedliche Instrumente mit einer jeweils spezifischen politischen Logik zum Einsatz kommen.

Der im Maastrichter Vertrag geschaffene *Kohäsionsfonds* zur Finanzierung von Projekten im Bereich des Umweltschutzes und der „Transeuropäischen Netze“ operiert unabhängig von den Strukturfonds. Seine Tätigkeit ist begleitet von bilateralen Beziehungen zwischen der Kommission und den Regierungen der jeweiligen Empfängerländer (Spanien, Griechenland, Irland und Portugal), bei denen subnationale Akteure weitgehend ausgeschlossen sind. Die Einrichtung eines besonderen Kohäsionsfonds, der die zu erwartenden Kosten der wirtschafts- und umweltpolitischen Konvergenz für die ärmeren Mitgliedstaaten ausgleichen sollte, führte zu einer heftigen Auseinandersetzung und gipfelte in der Drohung eines spanischen Vetos gegen den Maastrichter Vertrag. Die zur Verfügung stehenden Gelder – rund 10 Mrd. ECU über fünf Jahre verteilt – sind jedoch gering im Vergleich zum Gesamtvolumen der Strukturfonds von insgesamt 141 Mrd. ECU im selben Zeitraum (Armstrong 1995).

Knapp zehn Prozent der strukturpolitischen Ausgaben werden von der Kommission selbständig über das Instrument der *Gemeinschaftsinitiativen* verteilt. Dies sind regionenübergreifende Programme, die spezifische Probleme in Angriff nehmen sollen, etwa den Strukturwandel in ehemaligen Bergbauregionen oder den Ausbau der Kommunikationsinfrastruktur in den peripheren Regionen der Union. Beim Europäischen Fonds für Regionale Entwicklung (EFRE), der hierfür im wesentlichen verantwortlich ist, finden die Anliegen und Bedürfnisse der nationalen und subnationalen Akteure zwar durchaus Gehör, doch ist die Kompetenz zur Politikformulierung ausdrücklich für die Kommission reserviert. Die Kommission bestimmt über Inhalt und

Zeitpunkt der Gemeinschaftsinitiativen und bringt je nach Bedarf weitere – insbesondere auch subnationale – Akteure ins Spiel, die bei der Formulierung der jeweiligen Initiativen mithelfen und diese auch politisch unterstützen (Hooghe/Keating 1994).

Der weitaus größte Teil der Strukturfonds wird über sogenannte *Gemeinschaftliche Förderkonzepte* verwaltet, bei denen es sich um wirtschaftliche Entwicklungspläne für den jeweiligen Mitgliedstaat und seine Regionen handelt. Die Strukturpolitik greift mehr als jede andere EU-Politik unmittelbar in das innere Gefüge der Mitgliedstaaten ein und bewirkt, daß sowohl subnationale Körperschaften als auch private Akteure in direkte Beziehungen zu Kommission und mitgliedstaatlichen Regierungen treten. Während das Budget der Strukturpolitik von den Akteuren eines einzigen Politiknetzwerks ausgehandelt wird, existieren im Fall der Programmplanung mehrere unterschiedlich strukturierte Netzwerke in den einzelnen Mitgliedstaaten, deren einzige Gemeinsamkeit in der regelmäßigen Beteiligung eines bestimmten Akteurs, nämlich der Europäischen Kommission, liegt[3]. Da zwischen diesen Netzwerken landesspezifische Unterschiede bestehen, sollen diese im folgenden beschrieben und der Versuch unternommen werden, die Unterschiede in den Entscheidungsprozessen der Mitgliedstaaten zu erklären.

Im Zeitraum von 1989 bis 1993 (Delors I) wurden die Gemeinschaftlichen Förderkonzepte (GFKs) in einem vierstufigen Prozeß umgesetzt: zunächst wurden regionale oder nationale Entwicklungspläne für jedes Empfängerland erarbeitet, aus denen dann in einem zweiten Schritt durch Verhandlungen zwischen der Kommission und Vertretern der Mitgliedstaaten rechtlich bindende Gemeinschaftliche Förderkonzepte wurden. In der dritten Phase wurden auf der Grundlage der GFKs Operationelle Programme vereinbart, die aus einzelnen Entwicklungsprojekten bestanden; viertens schließlich wurden diese in den Zielregionen umgesetzt und begleitend überwacht. Im folgenden werden diese Phasen der Reihe nach behandelt.

Phase 1: Die erste Phase beinhaltete den Entwurf nationaler oder – häufiger – regionaler Entwicklungspläne durch die Regierungen der Mitgliedstaaten, die dann zur Grundlage der Verhandlungen mit der Kommission wurden. Meist kontrollierten die mitgliedstaatlichen Re-

3 Ich vermeide in diesem Beitrag eine theoretische Konzeptualisierung des Netzwerk-Konzeptes und verwende den Ausdruck lediglich, um ein mehr oder weniger stabiles Muster politischer Beziehungen zwischen verschiedenen Akteuren zu kennzeichnen.

gierungen den Zugang subnationaler Akteure zu diesem Prozeß und fungierten damit in traditioneller Weise als Vermittler zwischen innenpolitischen Interessen und der internationalen (in diesem Fall europäischen) Politik. Allerdings waren die mitgliedstaatlichen Regierungen in höchst unterschiedlichem Maße gewillt oder in der Lage, ihre Vermittlerrolle zu Lasten subnationaler Interessen auszunutzen.

Da in Belgien die Regionalregierungen über die alleinige Kompetenz in der Regionalpolitik verfügen, stellte sich hier die Frage, welche Mitsprache sie den subregionalen Akteuren einräumen würden. Obgleich es hier Unterschiede zwischen den lokalen Körperschaften gab, wurde im allgemeinen den subregionalen Akteuren während des gesamten Prozesses eine Schlüsselrolle zugestanden. Die lokalen Akteure nahmen während der Entscheidungsvorbereitung, der Entscheidungsfindung und der Umsetzung der Entwicklungsprogramme eine entscheidende Rolle ein (de Rynck 1996).

Auch in Deutschland spielte die Bundesregierung im Vergleich zu den Ländern eine untergeordnete Rolle, da letztere die Regionalen Entwicklungspläne aufstellten. Diese Pläne wurden dann sowohl vertikal (mit der Bundesregierung) als auch horizontal (mit den anderen Landesregierungen) über das Instrument der Gemeinschaftsaufgabe (zur Verbesserung der regionalen Wirtschaftsstruktur) abgestimmt. Letztere stellt ein hochgradig institutionalisiertes Verhandlungssystem im Rahmen der bundesdeutschen Politikverflechtung dar (Anderson 1991, 1996).

Obwohl den spanischen Autonomen Gemeinschaften im Verlauf der achtziger Jahre Kompetenzen im Bereich der regionalen Wirtschaftsentwicklung übertragen wurden, hatten sie keinen maßgeblichen Einfluß auf die Entstehung Regionaler Entwicklungspläne. Die Pläne zur Verwendung eines Großteils der zur Verfügung stehenden Finanzhilfen wurden auf der nationalen Ebene und unter nationalen Gesichtspunkten erstellt (Morata/Muñoz 1996). Obwohl regionale Akteure in die Planungen einbezogen wurden, bestimmte die spanische Zentralregierung insgesamt den Prozeß und behielt das letzte Wort über die Mittelverwendung.

In Frankreich, Griechenland, Irland und Großbritannien bestimmten die Zentralregierungen die Formulierung der Gemeinschaftlichen Förderkonzepte, während subnationale Akteure eine schwache bis unbedeutende Rolle spielten. Wie schon der Name vermuten läßt, wurde der irische „nationale Entwicklungsplan" nach landesweiten sektoralen und nicht nach regionalen Gesichtspunkten erstellt. Wichtige Entscheidungen wurden vom Kabinett, also von einem Organ der Zentralregierung, getroffen (Laffan 1996). Der griechische Entwicklungsplan gliederte sich in einen nationalen und einen regionalen Teil, die aber beide maßgeblich vom nationalen Wirtschaftsministerium gestaltet wurden. Das Ministerium forderte die neugegründeten Regionalbehörden zwar zu Vorschlägen auf, entwarf jedoch selbst den Plan, der mit der Kommission verhandelt werden sollte (Ioakimidis 1996).

In der französischen Region Rhône-Alpes wurden die Regionalen Entwicklungspläne maßgeblich von den regionalen Präfekten gestaltet, die ihre jeweiligen Départements und Regionen koordinierten (Balme/Jouve 1996). Obwohl die Planungsverträge („Contrats du Plan") gemeinsam von den Präfekten und den Regionalräten erstellt wurden, spielte der Zentralstaat in Gestalt der zentralen Entwicklungsagentur (DATAR) die entscheidende Rolle (Conzelmann 1995). In Großbritannien wurden die regionalen Entwicklungspläne von den Regionalbüros des Umweltministeriums entworfen und dann vom Ministerium für Handel und Industrie zu einem nationalen Programm für regionale Entwicklung verarbeitet (Anderson 1991). Lokale Verwaltungen – sofern sie beteiligt waren – hatten vor allem mit dem Finanzministerium zu kämpfen (Bache/George/Rhodes 1996; Keating 1994)[4].

Phase 2: In der zweiten Phase der Programmplanung werden die regionalen Entwicklungspläne durch Verhandlungen zwischen den einzelnen Mitgliedstaaten und der Kommission in bindende Verträge – die Gemeinschaftlichen Förderkonzepte – eingebracht, in denen auch die Vergabe von Finanzmitteln festgelegt wird. Diese Verhandlungen finden hinter verschlossenen Türen statt und werden deswegen in wissenschaftlichen Untersuchungen zur Strukturpolitik fast nie oder nur sehr vage behandelt. Trotz des Fehlens guter Primär- und Sekundärquellen scheint es doch offensichtlich, daß diese Verhandlungen den Einfluß der an den Verhandlungen beteiligten Akteure zu Lasten der Nichtteilnehmer erhöhen.

In den meisten Mitgliedstaaten (Frankreich, Griechenland, Irland, Italien, Spanien und Großbritannien) wurde so die Bedeutung nationaler Regierungen als Vermittler zwischen innerstaatlicher und europäischer Politik gestärkt, während sich der Einfluß subnationaler Akteure verringerte. Mit der Ausnahme Spaniens läuft dies in jedem der genannten Länder auf eine weitere Schwächung der ohnehin schon unterrepräsentierten regionalen oder kommunalen Akteure hinaus. Aus diesem Grund wurde in Tabelle 2 der Grad politischer Einflußnahme subnationaler Akteure in diesen Ländern fast durchgängig von „schwach" (Phase 1) auf „unbedeutend" (Phase 2) herabgestuft. Der Unterschied im politischen Einfluß der Regionen zwischen Phase 1 und 2 ist im Falle Spaniens besonders groß. Zwar besitzt Spanien ebenso wie Belgien und Deutschland ein regionalisiertes Regierungssystem, doch müssen die regionalen Akteure in Spanien nach wie vor darum kämpfen, ihre Einflußnahme auf die EU-Politik institutionell

4 Ian Bache, Stephen George und R.A.W. Rhodes weisen darauf hin, daß die britische Regierung seit November 1993 durch die Einrichtung sogenannter „Integrated Regional Offices", die die örtlichen Verwaltungen der beteiligten Ministerien unter einer einheitlichen Führung koordinieren sollen, eine neue und kohärentere Herangehensweise an die regionale Strukturpolitik verfolgt. Sie beobachten auch, daß die Kommunalverwaltungen nun enger in den regionalen Planungsprozeß eingebunden sind.

abzusichern. Ein Beleg hierfür ist der Ausschluß regionaler Vertreter von den Verhandlungen über die Gemeinschaftlichen Förderkonzepte.

In Belgien handelten die Regionen anstelle der Zentralregierung die Gemeinschaftlichen Förderkonzepte mit der Kommission aus. Die Zentralregierung, die ohnehin nur eine untergeordnete Rolle in der Programmplanung einnimmt, blieb von den Verhandlungen ausgeschlossen. Dasselbe galt für subregionale Akteure, die allerdings während des Entwurfs der regionalen Entwicklungspläne in Phase 1 eine herausgehobene Position innehatten. Im deutschen Fall mußte die Bundesregierung in die Verhandlungen mit der Kommission einbezogen werden. Auch wenn die Länder die Verantwortung für die Aufstellung der regionalen Entwicklungspläne innehatten, waren Vertreter der Bundesregierung gleichberechtigt an den Verhandlungen über die GFKs beteiligt. Hier waren die Akteure auf Kreisebene von den Verhandlungen ausgeschlossen.

Auf der anderen Seite steht, daß in Phase 2 die üblicherweise durch Beamte der Generaldirektion XVI vertretene Kommission als einer von lediglich zwei Verhandlungspartnern eine herausgehobene Rolle einnahm. Bei den Verhandlungen ging es um die Festlegung der förderungswürdigen Gebiete und der Art der zu leistenden Hilfe. Vor allem wenn die Kommission an der Erarbeitung regionaler Entwicklungspläne nicht maßgeblich beteiligt war, konnte sie in dieser Phase aufgrund fehlender Informationen über mögliche alternative Entwicklungspläne inhaltlich nur wenig Einfluß nehmen. Die Verhandlungen drehten sich in erster Linie um die Qualität der Beiträge der relevanten subnationalen Akteure und darum, inwieweit die schriftlich eingereichten Vorschläge der Mitgliedstaaten den von der Kommission festgesetzten technischen Vorschriften genügten. Dies war nicht immer der Fall, wie man daraus ersehen kann, daß die Kommission ihre Gesprächspartner in den Mitgliedstaaten zur Einhaltung der Additionalität (Großbritannien), zur Begrenzung von im nationalen Rahmen gewährten regionalen Beihilfen (Deutschland) und zur Beteiligung regionaler Akteure beim Entwurf der regionalen Entwicklungspläne (Spanien und Irland) anhalten mußte. Mit einigen Mitgliedstaaten mußte auch über die Auswahl der Gebiete, die in den Genuß von Strukturfondsmitteln kommen sollten, (nach-)verhandelt werden. Die Einflußmöglichkeiten der Kommission bestanden hauptsächlich darin, daß sie einem GFK ihre Zustimmung versagen und so die Mittelverwendung in dem betreffenden Mitgliedstaat verzögern oder gar stoppen konnte.

Phase 3: In der dritten Phase wurden die zuvor beschlossenen Gemeinschaftlichen Förderkonzepte durch weitere Verhandlungen in sogenannte Operationelle Programme umgesetzt. Diese führten im einzelnen die Maßnahmen auf, durch deren finanzielle Unterstützung die im GFK allgemein formulierten Entwicklungsziele erreicht werden sollten. Im Unterschied zu den bilateralen Verhandlungen der Phase 2 zeugt der institutionelle Rahmen der Phase 3 von dem Bedürfnis der mitgliedstaatlichen Behörden nach Legitimität und vor allem von der Notwendigkeit, Informationen von den Akteuren vor Ort zu erhalten. Konnten in Phase 1 die nationalen Regierungen die in den regionalen oder nationalen Entwicklungsplänen niedergelegten allgemeinen Entwicklungsziele noch selbständig festlegen, so wurden für die Formulierung konkreter Projekte in weitaus höherem Maße die Kenntnisse und Ressourcen der Akteure vor Ort benötigt. Dies sollte aber nicht zu funktionalistischen Fehlschlüssen führen: die Regierungen der Mitgliedstaaten bewältigten die genannten Erfordernisse durch sehr unterschiedliche Maßnahmen, die von echter Dezentralisierung bis hin zu einer staatlich kontrollierten Dezentralisierung von Entscheidungsprozessen reichten. Gleichwohl hatte das 1988 bei der Reform der Strukturfonds eingeführte Prinzip der „Partnerschaft" zwischen Kommission und lokalen, regionalen und nationalen Behörden in den Phasen 3 und 4 (Umsetzung und begleitende Überwachung) die größte Aussicht auf Verwirklichung.

Bei der Erstellung der Operationellen Programme hatten subnationale Regierungen und Verwaltungen in Belgien, Deutschland und Spanien den größten Einfluß, auch wenn sich in diesen Ländern die Beziehungen zwischen regionalen und nationalen bzw. lokalen Akteuren unterschiedlich gestalten. In Belgien hatten die regionalen und lokalen Behörden durchgängig einen weitaus größeren Einfluß als die nationale Regierung, wobei sich allerdings innerhalb Belgiens durchaus Unterschiede zeigten (de Rynck 1996). In Deutschland verfügten die Länder über die ausschließliche Kompetenz im Bereich regionaler Entwicklung, sobald die Aufteilung der Mittel zwischen den Ländern festgesetzt worden war. Dies hatte zu einem geringeren Einfluß des Bundes in Phase 3 geführt. In Spanien gab es eine Aufteilung ausschließlicher Kompetenzen: Die einzelnen Autonomen Gemeinschaften bestimmten selbständig über die Erstellung der auf ihrem jeweiligen GFK beruhenden Operationellen Programme, während die Zentralregierung die Operationellen Programme für die drei GFKs erstellte, die mehrere Regionen umfaßten.

In den übrigen Ländern hatten die subnationalen Behörden einen geringeren Einfluß bei der Formulierung der Operationellen Programme. In Frankreich beruhten sie ebenso wie die zuvor formulierten Gemeinschaftlichen Förderkonzepte auf den von den Präfekten und den Regionalräten erstellten „Contrats du Plan" (Conzelmann 1995). In Griechenland wurden die Operationellen Programme vom nationalen Wirtschaftsministerium abgefaßt, wobei subnationalen Akteuren lediglich eine formale bzw. symbolische Beteiligung zugestanden wurde (Ioakimidis 1996). In Irland waren neben den lokalen Akteuren auch gesellschaftliche Interessen an ihrer Erstellung beteiligt, doch blieb ihr Einfluß meist gering (Laffan 1996; Holmes/Reese 1995). In Großbritannien waren zwar die Gemeindeverwaltungen und andere nichtstaatliche Akteure wie beispielsweise die Wasserbehörden und die britische Eisenbahngesellschaft während der Phase 3 enger an der Entscheidungsfindung beteiligt als in jeder der vorherigen Phasen, doch wurde der Gesamtprozeß nach wie vor sehr stark von der Zentralregierung bestimmt (Bache/George/Rhodes 1996).

Phase 4: Die Umsetzung und begleitende Überwachung der Operationellen Programme stellte die abschließende Phase der Programmplanung dar. Bedingt durch die Vielfalt der in den verschiedenen Regionen durchgeführten Projekte, die von Infrastrukturverbesserungen (z.B. im Straßenbau und der Telekommunikation) bis hin zur Entwicklung oder Wiederherstellung endogener Wirtschaftspotentiale (z.B. durch die Konversion traditioneller Industrien, die Schaffung von Weiterbildungseinrichtungen oder die Einrichtung von Informationszentren für die Wirtschaft) reichen, konnten sehr unterschiedliche Gruppen von staatlichen und privaten Akteuren an der Implementationsphase beteiligt sein.

In Belgien, Deutschland und Spanien entwickelten sich partnerschaftliche Formen in der Umsetzung der Programme durch subnationale und nationale Akteure, wobei auch die Kommission einen gewissen Einfluß hatte. Gleichwohl unterschieden sich die institutionellen Rahmenbedingungen und die relativen Einflußmöglichkeiten der Akteure recht deutlich. In Belgien wurde die Programmimplementation meist durch lokale Entwicklungsagenturen durchgeführt, teilweise auch in Verbindung mit kommunalen Verbänden und einer Reihe von nichtstaatlichen Akteuren. Die Kommission war sowohl bei regional wie bei lokal umgesetzten Programmen einflußreich. In Deutschland war die Bundesregierung zwar ebenfalls von der Implementationsphase weitgehend ausgeschlossen, doch sind hier die politischen Einflußmöglichkeiten im gesamten Politikbereich eher auf Länderebene angesiedelt. In diesem Stadium waren die Länder die wichtigsten Akteure innerhalb eines stark institutionalisierten Beziehungsgeflechtes, das die Kommission und subregionale Akteure zwar einbezieht, jedoch gleichzeitig ihren Einfluß auch stark beschränkt.

In Spanien wurden die regionalen Operationellen Programme auf der Ebene der Autonomen Gemeinschaften implementiert, während die nationalen Operationellen Programme zwar mit einer gewissen Beteiligung regionaler Akteure, jedoch prinzipiell unter der Aufsicht der Zentralregierung umgesetzt wurden. Gleichwohl wurde die begleitende Überwachung beider Programmtypen auf der nationalen Ebene durch einen aus Kommissionsbeamten sowie nationalen und regionalen Vertretern zusammengesetzten Ausschuß durchgeführt, der einstimmig zu entscheiden hatte.

Im Falle Irlands läßt sich zwar eindeutig von Partnerschaft sprechen, doch war hier die Balance zugunsten der Zentralregierung verschoben. Die Kommission hatte einen relativ großen Anteil an der Programmumsetzung, subnationale Akteure dagegen weniger. In Griechenland war die gesamte Programmplanung zentralisiert. Die formale Kontrolle über Phase 4 wurde in erster Linie von der Zentralregierung ausgeübt, auch wenn innerhalb der zuständigen Ausschüsse informelle Netzwerke zwischen den kommunalen Akteuren und der EU entstanden (Ioakimidis 1996). In Frankreich und Großbritannien blieb das Konzept der Partnerschaft mehr Schein als Wirklichkeit. Bei der Umsetzung und Überwachung der Operationellen Programme wurden in Frankreich verschiedene lokale Akteure einbezogen, einschließlich der Vertreter der Départements und der Regionen. Im Einklang mit der traditionellen Form der „Dekonzentration“ (anstelle einer Dezentralisierung) der französischen Verwaltungsstrukturen wurde allerdings die Abstimmung zwischen diesen Akteuren von den Präfekturen übernommen. In Großbritannien waren in Phase 4 die Kommunalverwaltungen sowie eine Reihe von privaten oder halbstaatlichen Akteuren einbezogen, doch nahm die Zentralregierung eine Schlüsselrolle hinsichtlich der Zusammensetzung der jeweiligen Ausschüsse sowie der Abstimmung ihrer Tätigkeiten ein.

4. Eine Erklärung der unterschiedlichen Muster in der Programmplanung

Tabelle 2 faßt den politischen Einfluß der verschiedenen territorialen Ebenen der Staatsorganisation für jede der vier Phasen der EU-Strukturpolitik und für jeden der in diesem Kapitel behandelten Mitgliedstaaten zusammen. Wie lassen sich diese unterschiedlichen Befunde erklären?

1) Insoweit *innerhalb* der einzelnen Staaten Unterschiede in den verschiedenen Phasen der Programmplanung bestehen, so folgen diese Unterschiede einem verallgemeinerbaren Muster, das auf den Charakteristika des Entscheidungsprozesses in den einzelnen Phasen beruht. Ein nützlicher Maßstab zum Vergleich dieser unterschiedlichen Phasen ist der Grad der Abhängigkeit der zentralstaatlichen oder (im Falle Belgiens) der regionalen Exekutiven von Informationen, die von regionalen bzw. (im Falle Belgiens) subregionalen Akteuren geliefert werden. Die höchste Abhängigkeit von solchen Informationen besteht in Phase 4, während derer die Operationellen Programme vor Ort umgesetzt und begleitend überwacht werden. Hierauf folgt Phase 3, in der konkrete Projekte auf der Grundlage der breiter angelegten Gemeinschaftlichen Förderkonzepte bestimmt werden; dann Phase 1, in der nationale und regionale Entwicklungsziele festgelegt werden und schließlich Phase 2, also die Verhandlungen mit der Kommission über die Gemeinschaftlichen Förderkonzepte. Diese Rangfolge abnehmender Abhängigkeit von subnationalen Regierungs- und Verwaltungsstellen spiegelt sich ausnahmslos in der relativen Machtstellung subnationaler Akteure (im Falle Belgiens der subregionalen Akteure) innerhalb der einzelnen Länder und während der unterschiedlichen Phasen der Programmplanung wider. Damit gilt für jedes der einbezogenen Länder die folgende Rangfolge des subnationalen Einflusses: Phase 4 ≥ Phase 3 ≥ Phase 1 ≥ Phase 2. Hinsichtlich des Einflusses der nationalen Regierungen besteht – ebenfalls ausnahmslos – genau die umgekehrte Reihenfolge.

Tabelle 2: Politischer Einfluß in der Programmplanung (1989-1993)

		Politischer Einfluß der Akteure			
		Zentralstaat	Regionen	Kommunen	EU-Kommission
Belgien	Phase 1	schwach	mittel	schwach	mittel
	Phase 2	schwach	stark	unbedeutend	mittel
	Phase 3	schwach	stark	unbedeutend	mittel
	Phase 4	schwach	mittel - stark	schwach - stark	mittel - stark
Frankreich	Phase 1	stark	schwach	schwach	unbedeutend
	Phase 2	stark	unbedeutend	unbedeutend	schwach
	Phase 3	stark	schwach	schwach	mittel
	Phase 4	stark	schwach	schwach	schwach
Deutschland (westliche Länder)	Phase 1	mittel	stark	schwach	unbedeutend
	Phase 2	stark	stark	unbedeutend	schwach
	Phase 3	unbedeutend	stark	mittel	schwach
	Phase 4	unbedeutend	stark	mittel	mittel
Griechenland	Phase 1	stark	schwach	unbedeutend	schwach
	Phase 2	stark	unbedeutend	unbedeutend	mittel
	Phase 3	stark	schwach	unbedeutend	mittel
	Phase 4	stark	schwach	mittel	mittel
Irland	Phase 1	stark	unbedeutend	schwach	schwach
	Phase 2	stark	unbedeutend	unbedeutend	mittel
	Phase 3	stark	unbedeutend	unbedeutend	mittel
	Phase 4	stark	schwach	mittel	mittel
Italien	Phase 1	stark	schwach - mittel	unbedeutend	schwach
	Phase 2	stark	schwach	unbedeutend	mittel
	Phase 3	mittel	schwach - mittel	schwach	mittel
	Phase 4	mittel	schwach - mittel	schwach	mittel
Spanien	Phase 1	stark	mittel - stark	unbedeutend	schwach
	Phase 2	stark	schwach	unbedeutend	mittel
	Phase 3	stark	stark	unbedeutend	mittel
	Phase 4	stark	stark	unbedeutend	mittel
Großbritannien	Phase 1	stark	unbedeutend	unbedeutend	unbedeutend
	Phase 2	stark	unbedeutend	unbedeutend	schwach
	Phase 3	stark	unbedeutend	schwach	schwach
	Phase 4	stark	unbedeutend	schwach	mittel

Der Einfluß der Kommission in den einzelnen Ländern folgt während der unterschiedlichen Politikphasen einem weniger konsistenten Muster. Eine Ausnahme stellt hier lediglich der Befund dar, daß ihr Einfluß durchgängig in Phase 1 ebenso schwach oder sogar noch schwächer ist als in jeder anderen Phase. Dies hat seinen Grund darin, daß Phase 1 im wesentlichen von der innenpolitischen Auseinandersetzung in den jeweiligen Mitgliedstaaten um die Aufstellung nationaler oder regionaler Entwicklungspläne geprägt ist.

2) Der politische Einfluß der verschiedenen Akteure variiert zwischen den Mitgliedstaaten stärker als innerhalb derselben. Der Ort (d.h. das Land) erlaubt eine bessere Vorhersage des politischen Einflusses eines Akteurs als die Politikphase. Ein wesentliches Ergebnis dieses Kapitels ist deshalb, daß in der Programmplanung enorme territoriale Unterschiede existieren. In dieser Phase hat die Strukturpolitik einen starken räumlichen Bezug: Entscheidungen werden innerhalb der Mitgliedstaaten getroffen und umgesetzt, weswegen sich in ihnen auch die große Bandbreite territorialer Beziehungsmuster innerhalb der Europäischen Union widerspiegelt.

Verschiedene der in diesem Kapitel zitierten Autoren haben festgestellt, daß die Programmplanung stark von den territorialen Beziehungen innerhalb eines Mitgliedstaates beeinflußt wird. Es soll nun diskutiert werden, inwieweit diese These auf die hier untersuchten Fälle zutrifft. Tabelle 3 untersucht das Ausmaß der Autonomie regionaler Regierungen und Verwaltungen in den neun Mitgliedstaaten, die nennenswerte Zahlungen aus den Strukturfonds erhalten. Es muß betont werden, daß die Zuordnungen in der Tabelle unabhängig von den Erfahrungen mit der EU-Strukturpolitik getroffen wurden und deshalb dazu benutzt werden können, um den Einfluß regionaler Akteure im allgemeinen mit ihrem Einfluß auf die Programmplanung im besonderen zu vergleichen.

Tabelle 3 beruht auf zwei Variablenbündeln, die einerseits die politische Rolle regionaler Akteure innerhalb ihrer jeweiligen Nationalstaaten und andererseits ihre relative finanzielle Unabhängigkeit erfassen. Das erste Variablenbündel wird teilweise durch die verfassungsmäßigen Besonderheiten des jeweiligen Staates bestimmt und wird hier durch eine Skala erfaßt, die vom Einheitsstaat (Wert 0) bis zum stark föderalen Staat (Wert 4) reicht (vgl. Spalte 1). Allerdings sind die politischen Aufgaben mancher Regionen (etwa in Frankreich und Großbritannien) nicht in formellen Verfassungsbestimmungen des Gesamtstaates festgelegt, sondern lediglich in Sonderregelungen für bestimmte Regionen. Diese werden in Spalte 2 erfaßt. Die finanzielle Ausstattung der Regionen im Vergleich zu den jeweiligen nationalen

Regierungen sind in Spalte 3 (Ausgaben) und Spalte 4 (Einnahmen) erfaßt. Wo die regionale Ebene maßgeblichen Anteil an der Formulierung nationaler Politik hat (wie beispielsweise in Belgien), gibt der Umfang der Ausgaben und des Steueraufkommens der regionalen Regierungen keinen vollen Aufschluß über die tatsächliche Kontrolle der Regionen über finanzielle Ressourcen. Dieser Aspekt regionaler Macht wird in Spalte 5 gemessen.

Tabelle 3: Index regionaler Autonomie

	Föderalismus (Werte von 0 bis 4)	Besondere territoriale Autonomie (Werte von 0 bis 2)	Regionale Ausgaben (Werte von 0 bis 2)	Regionaler Steueranteil (Werte von 0 bis 2)	Beteiligung der Regionen an zentralstaatlicher Politik (Werte von 0 bis 2	Summe (Werte von 0 bis 12)
Belgien	3	1	1	0	2	7
Deutschland	4	0	2	2	2	10
Frankreich	1	0	1	1	0	3
überseeische Gebiete	1	1	1	1	0	4
Griechenland	0	0	0	0	0	0
Großbritannien	0	0	1	1	0	2
Schottland, Wales, Nordirland	0	1	1	1	0	3
Irland	0	0	0	0	0	0
Italien	1	0	0	0	0	1
Spanien						
Sonderstatut	3	2	1	1	0	7
Normalstatut	3	1	1	1	0	6

Diese Tabelle beruht auf einer aktualisierten, überarbeiteten und erweiterten Fassung des von Jan-Erik Lane und Svante O. Ersson entworfenen Index regionaler Autonomie (Lane/Ersson 1991: Kap. 6). Die Spalte „Beteiligung der Regionen an zentralstaatlicher Politik“ wurde von Nathan (1991) übernommen.

Erläuterungen zu den Kategorien

Föderalismus

Die Werte in dieser Spalte beziehen sich auf die verfassungsmäßigen Möglichkeiten regionaler Regierungstätigkeit innerhalb der Staaten. Angesichts der starken Veränderungen in diesem Bereich beziehen sich die Werte in etwa auf den Zustand des Jahres 1989. Es bedeuten im einzelnen:

0 starker Einheitsstaat ohne oder mit nur schwach institutionalisierter regionaler Regierung
1 Einheitsstaat mit eingeschränkten und sachlich begrenzten regionalen Kompetenzen
2 regionalisierter Staat mit ausgedehnten und sachlich differenzierten regionalen Kompetenzen, jedoch einem geringeren Autonomiegrad als in Kategorie 3
3 föderaler Staat, in dem die Regionen ein hohes Maß an politischer, verwaltungsmäßiger und finanzieller Eigenständigkeit aufweisen
4 stark föderaler Staat, in dem die Regionen einen bedeutenden Einfluß auf die Politik der Zentralregierung haben

Besondere territoriale Autonomie

Dieser Wert ergänzt den Föderalismus-Index, indem er die innerhalb eines Staates bestehenden besonderen Autonomierechte für einzelne Regionen erfaßt. Die Werte bedeuten:

0 Regionen ohne Sonderrechte
1 Regionen mit eng begrenzten Sonderrechten
2 Regionen mit umfassenden Sonderrechten

Regionale Ausgaben

Es wird der Anteil der Regionen an den gesamten Staatsausgaben (mit Ausnahme der Sozialausgaben) gemessen. Alle Werte beziehen sich auf das Jahr 1989, mit Ausnahme Portugals (1986) und Spaniens (1988) (Quelle: OECD 1990). Die Werte entsprechen folgenden Anteilen:

0 unter 25%
1 zwischen 25 und 50%
2 über 50%

Regionaler Steueranteil

Diese Skala mißt den Anteil der Regionen am Aufkommen direkter und indirekter Steuern (mit Ausnahme der Sozialabgaben). Alle Werte beziehen sich auf das Jahr 1989, mit Ausnahme Portugals (1986) und Spaniens (1988) (Quelle: OECD 1990). Die Werte entsprechen folgenden Anteilen:

0 unter 10%
1 zwischen 10 und 20%
2 über 20%

Der Gesamtindex regionaler Autonomie (Spalte 6) weist einen starken Zusammenhang mit einem Gesamtindex des regionalen Einflusses auf die Programmplanung in den strukturpolitischen Entscheidungsprozessen der EU auf[5]. Dieses Ergebnis bestätigt die Hypothese, daß Po-

5 Dieser Index errechnet sich durch die Addition der in Tabelle 2 getroffenen Einschätzungen des regionalen Einflusses während der vier Phasen der Pro-

litiknetzwerke in der Strukturpolitik maßgeblich vom allgemeinen Muster der territorialen Beziehungen innerhalb des betreffenden nationalen politischen Systems geprägt werden (Rhodes/Bache/ George 1996).

3) Die Rolle subnationaler Regierungen im Bereich der Strukturpolitik ist jedoch kein einfaches Abbild innenpolitischer Konstellationen. Wie weiter unten ausgeführt, besteht zunächst die Möglichkeit, daß sich kausale Einflüsse in beide Richtungen erstrecken, daß also die Machtbeziehungen in der Programmplanung zu einem gewissen Grad auch auf die territorialen Beziehungsmuster in den Mitgliedstaaten zurückwirken. Des weiteren hängt der Grad der Beteiligung subnationaler Akteure an der Strukturpolitik vom politischen Wettbewerb und vom strategischen Verhalten der beteiligten Akteure und somit auch von den Präferenzen der zentralen Entscheidungsträger ab. Die Beziehungen zwischen subnationalen und zentralen Regierungen können leicht in parteipolitisch geprägte Auseinandersetzungen geraten, wie es z.B. in der flämischen Provinz Limburg der Fall war (de Rynck 1996). In Großbritannien hat die konservative Regierung den Einfluß des überwiegend von Labour gehaltenen englischen Nordostens eingeschränkt und gleichzeitig eine bessere Beteiligung der West Midlands gefördert, wo die Konservativen nur über eine knappe Mehrheit verfügten (Bache/George/Rhodes 1996).

4) Schließlich hängt die Rolle der Kommission in erster Linie von ihrer relativen finanziellen Stärke ab, genauer gesagt von dem Ausmaß, in dem die EU im Vergleich zu anderen Geldgebern zur Finanzierung regionaler Entwicklungsprogramme beiträgt. In Abbildung 1 werden die jährlichen pro-Kopf-Ausgaben der EU für die Regionalpolitik mit den entsprechenden nationalen Ausgaben in den Empfängerländern verglichen. Dabei zeigt sich, daß Griechenland, Irland, Portugal und Spanien besonders stark von den finanziellen Zuwendungen der EU abhängig sind. Diese Länder empfangen von der Union weit mehr Gelder für regionale Entwicklungspolitik, als sie selbst aufwenden. Folglich ist der politische Einfluß der Kommission bei der Programmplanung

---

grammplanung, wobei einem unbedeutenden Einfluß der Wert 0, einem schwachen der Wert 1, einem mittleren der Wert 2 und einem starken Einfluß der Wert 3 zugeordnet wurde. Bei Einordnungen zwischen zwei Kategorien wurden halbe Punkte vergeben. Es ergeben sich die folgenden Werte: Belgien 11; Deutschland 12; Frankreich 3; Griechenland 3; Großbritannien 0; Irland 1; Italien 5,5 und Spanien 9,5.

in diesen Ländern vergleichsweise hoch[6]. Zusammen mit Belgien sind diese vier Länder die einzigen unter den hier untersuchten Mitgliedstaaten, in denen der Gesamteinfluß der Kommission nicht lediglich als „schwach" oder „unbedeutend" eingeschätzt wurde.

Abbildung 1: Strukturpolitische Ausgaben

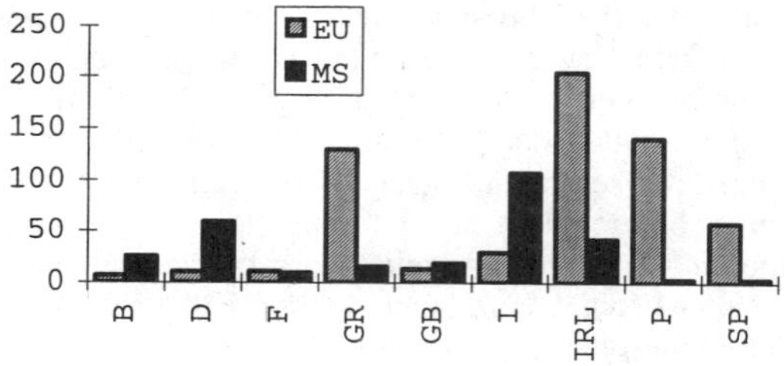

„EU": von der EU geleistete strukturpolitische pro-Kopf-Ausgaben im Jahresdurchschnitt von 1989-1993;

„MS": von den Mitgliedstaaten geleistete strukturpolitische pro-Kopf-Ausgaben im Jahresdurchschnitt von 1988-1990

Angaben in ECU; Daten von Wishlade (1996)

Während die Kommission in allen von EU-Ressourcen abhängigen Ländern einen hohen Einfluß besitzt, gilt dasselbe auch für Belgien und Italien, wo *keine* vergleichbare Abhängigkeit besteht. Möglicherweise hat dies mit dem Institutionalisierungsgrad bestehender Politiknetzwerke zu tun. Mir scheint, daß in den Fällen, in denen nationale Akteure umfassende Normen zur Regelung ihrer Beziehungen untereinander entwickelt haben, eine externe Einflußnahme auf diese Beziehungen (auch durch die Kommission) schwierig ist. Wo diese Normen jedoch nur schwach ausgeprägt sind und/oder sich verändern, sind Politiknetzwerke der externen Einflußnahme leicht zugänglich.

---

6 Die Anwendung der in der vorherigen Anmerkung dargelegten Berechnungsmethode ergibt folgende Werte für den Einfluß der Kommission: Belgien 8,5, Deutschland 3, Frankreich 4, Griechenland 6, Großbritannien 4, Irland, Italien und Spanien jeweils 7.

In der Gruppe der hier untersuchten Länder bestehen die am schwächsten institutionalisierten Beziehungsmuster zwischen Zentralstaat und Regionen in Belgien, Italien und Spanien, wo es in den letzten zehn Jahren zu relativ raschen Veränderungen kam. Das gleiche gilt auch für Griechenland und Irland, wo subnationale Regierungs- und Verwaltungsstrukturen ohnehin nur sehr schwach ausgeprägt sind. Frankreich und Großbritannien weisen ein relativ stark institutionalisiertes System territorialer Beziehungen auf, und in Deutschland schließlich ist dessen Institutionalisierung bei weitem am stärksten. Diese Rangordnung korrespondiert recht deutlich mit den in Tabelle 2 getroffenen Einschätzungen des Einflusses der Kommission. Belgien ist nur wenig von EU-Zuwendungen abhängig, aber die in der Tabelle getroffenen Bewertungen lassen sich im Rahmen der Institutionalisierungs-Hypothese verstehen.

5. Die Auswirkungen der Programmplanung

Eine der interessantesten Fragestellungen im Bereich der EU-Strukturpolitik betrifft die Auswirkungen der Programmplanung auf die territorialen Beziehungen in den Mitgliedstaaten. Die hierauf gegebenen Antworten haben auch Auswirkungen auf die umfassendere und umstrittene Frage der sich ändernden Rolle des Staates in Westeuropa. Zusammen mit anderen Autoren sehe ich im Bereich der Strukturpolitik Anzeichen einer Schwächung der Zentralstaaten und einer entsprechenden Tendenz zur Herausbildung eines Mehrebenensystems (Marks 1992, 1993; Holliday 1994).

Da die Programmplanung jüngeren Datums ist, wäre es verfrüht, endgültige Antworten auf diese Frage geben zu wollen. Der erste Zyklus begann 1989 und endete 1993, während der zweite jetzt erst anläuft. In so kurzer Zeit sind dramatische Veränderungen der territorialen Beziehungen unwahrscheinlich. Zudem ist der kausale Zusammenhang zwischen Programmplanung und territorialen Beziehungen komplex und verschlungen[7].

---

7 Eine solche Untersuchung wird unvermeidlicherweise dadurch erschwert, daß die Strukturpolitik nur einer unter vielen Faktoren ist, die auf die territorialen Beziehungen innerhalb eines Staates einwirken. Man darf auch nicht die Möglichkeit außer acht lassen, daß diese Faktoren in einem komplizierten *wechselseitigen* Einflußverhältnis stehen könnten. So können z.B. die Auswirkungen der EU-Strukturpolitik auf Deutschland nicht unabhängig von den vielfältigen

Trotz alledem läßt sich wohl bereits eine Bilanz der beginnenden Veränderungen ziehen, die sich in der Zeit zwischen dem Beginn der ersten Runde der reformierten Strukturpolitik 1989 und dem Beginn der zweiten Runde im Jahre 1994 gezeigt haben. Im Falle Irlands wurde durch die Strukturpolitik nach der Reform von 1988 die Rolle der Zentralregierung als Kontrollinstanz untergraben (Laffan 1996). Auch wenn sich die Machtverteilung insgesamt nicht signifikant verschoben hat, so führte die Strukturpolitik doch zu einer Veränderung in den Beziehungen zwischen nationalen und subnationalen Akteuren: Subnationale Akteure wurden mobilisiert, der subnationale Einfluß auf die nationale Politik hat sich erhöht, subnationale Akteure versuchten, die lokale Wirtschaftsentwicklung stärker zu kontrollieren und schließlich lieferte die Strukturpolitik einen neuen Anstoß zu einer grundlegenden Verwaltungsreform unterhalb der zentralstaatlichen Ebene (Laffan 1996; Coyle/Sinnott 1992).

Auch in Griechenland hat die Strukturpolitik zwischen 1989 bis 1993 nicht zu einer einschneidenden Veränderung der territorialen Beziehungen, wohl aber zu Verschiebungen auf der informellen Ebene geführt. Die subnationalen Regierungsstellen haben neue Impulse erhalten, so daß ihre Erwartungen wie auch ihre Forderungen gestiegen sind, die Verwaltungsstrukturen modernisiert wurden und neue Kommunikationskanäle für lokale und regionale Behörden geschaffen wurden, die ihnen sowohl Zugang zur nationalen Regierung als auch – unter Umgehung der Zentralregierung – Kontakte zu subnationalen Akteuren in den übrigen europäischen Ländern und zur Kommission verschafft haben (Ioakimidis 1996). Es wird sogar die These vertreten, daß in diesen Entwicklungen die Anfänge eines Mehrebenensystems sichtbar würden, was bemerkenswert ist angesichts der Tatsache, daß Griechenland einer der am stärksten zentralisierten Staaten, wenn nicht sogar der zentralistischste Staat in der Europäischen Union ist (Ioakimidis 1996; Verney/Papageorgiou 1992).

In Belgien und Spanien gibt die Strukturpolitik den Forderungen nach Regionalisierung und dem andauernden Konflikt um die Verteilung von Kompetenzen zwischen den verschiedenen Regierungsebenen neue Schubkraft. In beiden Ländern sind die territorialen Beziehungen im Wandel begriffen, wobei sich die Auswirkungen der Strukturpolitik jeweils mit starken und tiefsitzenden ethnisch-kulturellen Konflikten überkreuzen. In Belgien fand die Programmplanung in ei-

Effekten des deutschen Vereinigungsprozesses analysiert werden (Anderson 1996).

nem politisierten Umfeld statt, in dem die politischen Akteure bereits mobilisiert waren. Aus diesem Grund war sie eher das Objekt strategischer Auseinandersetzungen als eine Quelle neuer Erwartungen oder Forderungen wie in Irland und Griechenland. Die wichtigste Auswirkung der EU-Strukturpolitik bestand hier darin, durch die Schaffung neuer Verwaltungseinheiten die ohnehin schon sehr komplexe belgische Verwaltungsstruktur noch weiter zu verkomplizieren (de Rynck 1996).

In Spanien überschnitten sich die Auswirkungen der EU-Strukturpolitik mit dem fortschreitenden Prozeß der Regionalisierung und den andauernden Konflikten des Zentralstaats mit den Regionen (insbesondere im Fall Kataloniens und des Baskenlandes) um die Frage der regionalen Kompetenzausstattung. Die Autonomen Gemeinschaften, insbesondere die mit einem Sonderstatut, konnten weder von der Programmplanung ausgeschlossen werden, noch sind sie durchgängig in sie integriert worden. Die spanische Regierung versuchte entweder, die Regionen zu umgehen, oder bemühten sich, wenn dies nicht möglich war, ihren Einfluß dadurch einzuschränken, daß strukturpolitische Mittel in ein nationales und ein regionales Budget aufgeteilt wurden.

In Italien haben Koordinationsprobleme die Programmplanung erschwert. Ein beträchtlicher Anteil der Strukturfondsmittel wurde überhaupt nicht verwendet. Sowohl bei der Umsetzung der Integrierten Mittelmeerprogramme als auch im Fall der Strukturpolitik spielen sich die Beziehungen zwischen der EU und den italienischen Regionen in einem rechtsfreien Raum ohne verfassungsmäßige oder sonstige rechtliche Grundlage ab (Grote 1996). Innerhalb dieses unstrukturierten Umfeldes scheint die Programmplanung in Richtung einer Reform und Rationalisierung der Beziehungen zwischen Zentralstaat und Regionen gewirkt und zur Einrichtung informeller Austauschbeziehungen zwischen beiden Ebenen geführt zu haben.

In Frankreich, Großbritannien und Deutschland sind die Beziehungen zwischen dem Zentralstaat und den Regionen hochgradig institutionalisiert. Die strukturpolitischen Mittel der EU bewegen sich im Falle Frankreichs in der gleichen Größenordnung wie die entsprechenden Zuwendungen des Zentralstaates und liegen im Falle Deutschlands und Großbritanniens sogar darunter. Die Kommission konnte nur geringen Einfluß auf die Politikgestaltung und auf die Kompetenzverteilung zwischen den Beteiligten ausüben. Die zentrale Entwicklungsagentur DATAR konnte zusammen mit den Präfekturen die Rolle eines Koordinators zwischen den verschiedenen subnationalen Ebenen einnehmen und so deren Einflußmöglichkeiten begrenzen. In Deutschland wurde die

EU-Strukturpolitik in das bestehende hochgradig institutionalisierte Netzwerk der Gemeinschaftsaufgabe „Verbesserung der regionalen Wirtschaftsstruktur“ eingefügt, das die Landesregierungen untereinander und mit dem Bund verbindet. Darüber hinaus sind im deutschen System bereits Elemente des von der Kommission geforderten Partnerschaftsprinzips enthalten, so daß die Programmplanung einschlägige institutionell bereits verankerte Normen weiter gefördert hat. Auch in Großbritannien blieben bestehende formale institutionelle Strukturen unversehrt. Lokale Behörden bleiben machtlos und abhängig von der Zentralregierung, die sowohl über die Verteilung von Geldern als auch über die Zuweisung von Entscheidungsbefugnissen zwischen den einzelnen Ebenen der Staatsorganisation bestimmt. Gleichwohl läßt sich für Frankreich und Großbritannien insgesamt sagen, daß die Erfahrungen mit der Programmplanung zwischen 1989 und 1993 den Forderungen subnationaler Akteure nach Beteiligung an der regionalen Wirtschaftsplanung neuen Auftrieb gegeben, zumindest aber die Auseinandersetzungen zwischen subnationalen und zentralen Akteuren verstärkt haben.

6. Schlußfolgerungen

Die in diesem Beitrag vorgestellten Forschungsergebnisse liefern deutliche Belege für die These, daß sich die EU zu einem Mehrebenensystem entwickelt hat. Nationale, supranationale und subnationale Akteure üben die Verantwortung für die Gestaltung der Strukturpolitik *gemeinsam* aus, auch wenn dieser Befund je nach Phase des Politikprozesses und des institutionellen Kontexts der Entscheidungsfindung variiert. Um die Machtverteilung innerhalb dieses Politikfeldes verstehen zu können, darf nicht lediglich die formale Kompetenzverteilung betrachtet werden, sondern es müssen – wie in der Netzwerkliteratur betont wird – auch finanzielle Abhängigkeiten, Informationsasymmetrien und die Einbettung der betreffenden Politikprozesse in bereits bestehende institutionelle Umfelder berücksichtigt werden (Bache/George/Rhodes 1996). Weder in Brüssel noch bei sich zu Hause bestimmen die Regierungen der Mitgliedstaaten autonom über irgendeine Phase der Strukturpolitik. Trotz ihrer beachtlichen Ressourcen stellen die mitgliedstaatlichen Regierungen nur eine von mehreren Akteursgruppen dar, die in mehreren Politikarenen zugleich tätig sind. In der Strukturpolitik sind subnationale Akteure zusammen mit supranationalen und nationalen Akteuren auf der supranationalen Ebene tätig, und genauso sind supranationale Akteure zusammen mit nationalen und subnationalen Akteuren auf der subnationalen Ebene präsent.

Entscheidend ist deshalb weniger, welche Phasen des politischen Prozesses von den mitgliedstaatlichen Regierungen exklusiv gestaltet werden, sondern wie sich die *Verteilung* des Einflusses von nationalen, supranationalen und subnationalen Akteuren in den jeweiligen Phasen des politischen Prozesses darstellt. Dieser Mehrebenenansatz beruht auf methodischen Annahmen, die sich von denen des Intergouvernementalismus unterscheiden, wonach letztendlich die nationalen Regierungen die Entscheidungsträger in der Europäischen Union seien. Anstatt den Staat als einheitlichen Akteur aufzufassen, disaggregiert der Mehrebenenansatz ihn und fragt nach der Entscheidungsmacht einzelner staatlicher Instanzen – wobei die mitgliedstaatlichen Regierungen und Verwaltungen selbstverständlich mit einbezogen werden. Anstatt anzunehmen, daß die Staaten vor allem auf die Wahrung ihrer Souveränität bedacht seien, postuliert dieser Ansatz, daß staatliche Akteure vielschichtige und möglicherweise widersprüchliche Ziele verfolgen. Anstatt sich auf die großen politischen Weichenstellungen, insbesondere die Gemeinschaftsverträge und ihre Änderungen, zu konzentrieren, verfolgt dieser Ansatz die politischen Prozesse unterhalb dieser Ebene. Auch die These, daß die Mitgliedstaaten durchgängig in der Lage seien, die Politikergebnisse zu kontrollieren, wird durch die Behauptung ersetzt, daß sich der Einfluß von Akteuren auf den verschiedenen Regierungsebenen zwischen einzelnen Politikfeldern und sogar innerhalb derselben erheblich unterscheidet.

In der Strukturpolitik hängt der Einfluß der Kommission ab von den Regeln der Entscheidungsfindung auf europäischer Ebene, von den finanziellen Ressourcen, die die Kommission in den Mitgliedstaaten im Verhältnis zur Zentralregierung aufwenden kann und vom Institutionalisierungsgrad der Beziehungen zwischen den verschiedenen Regierungsebenen innerhalb der Mitgliedstaaten. Der Einfluß der Kommission ist auch von der Eigenart des jeweils zur Entscheidung anstehenden Problems abhängig. Aus diesen Gründen konnte die Kommission auf die Gestaltung des institutionellen Rahmens der Strukturpolitik einen weitaus größeren Einfluß ausüben als auf ihren finanziellen Rahmen, der die Mittelverteilung auf die einzelnen Staaten festlegte. Die Verhandlungen über den institutionellen Rahmen lassen sich weder als Nullsummenspiel begreifen noch war hier die Verteilung von Kosten und Nutzen transparent oder vorhersehbar. Im Gegensatz dazu wiesen die Verhandlungen über den finanziellen Rahmen einen ausgeprägten Nullsummencharakter auf, da es hier um die Verteilung von eindeutig meßbaren Ressourcen zwischen den Mitgliedstaaten über einen klar bestimmten Zeitraum von fünf Jahren ging.

Zudem verfügt die Kommission über mehr Einfluß, wenn es sich um Angelegenheiten handelt, in denen die Verteilung von Einflußchancen selbst nicht im Mittelpunkt steht. Da die Kommission für die Ausdehnung ihres Einflusses allein wenig Legitimität beanspruchen kann, sind ihre Erfolgsaussichten um so geringer, je mehr die betreffende Angelegenheit als Machtkampf zwischen rivalisierenden Institutionen aufgefaßt wird. Von daher besteht eine mögliche Strategie nationaler Regierungen darin, eine von ihnen abgelehnte Politik als einen Versuch der Kommission zur Ausweitung ihrer eigenen Macht darzustellen. Dies ist jedoch in einigen Sachbereichen einfacher als in anderen. Im Falle der Programmplanung bestimmt sich die Rolle der Kommission größtenteils durch ihr Bemühen, die Effizienz der eingesetzten Mittel zu verbessern. Zu diesem Zweck stellt die Kommission Expertise, eine staatenübergreifende Sichtweise und technokratische Objektivität bereit, die gerade von den Regierungen der ärmeren Mitgliedstaaten geschätzt wird. Solange diese grundlegende Funktion der Kommission in der Strukturpolitik ausreichende Unterstützung findet, wird ihr Einfluß wahrscheinlich auch von den Regierungen derjenigen Mitgliedstaaten toleriert werden, die ansonsten eine gemäßigt kritische Haltung gegenüber supranationaler Entscheidungsfindung einnehmen.

Die Auffassungen über den Nutzen der Kommissionsbeteiligung könnten sich jedoch ändern. Supranationale Einflußnahme in der Strukturpolitik ist nicht unabdingbar. Das überzeugendste Argument zugunsten supranationaler Entscheidungsfindung, nämlich die Vermeidung von Transaktionskosten beim Ausgleich negativer Externalitäten (Majone, in diesem Band), trifft auf die Strukturpolitik gerade nicht zu. In der Strukturpolitik geht es um wirtschaftliche Umverteilung und die Gestaltung regionaler Investitionen, und beides könnte auch erfolgen, wenn der Einfluß der Kommission drastisch beschnitten werden würde.

Es besteht ein beachtliches Konfliktpotential über die Kompetenzverteilung in der Strukturpolitik, das sich zurückführen läßt auf deren relativ kurze Existenzperiode, die Bandbreite möglicher Meinungsunterschiede über ihre Ziele und die Rolle der Kommission im Bereich der Politikformulierung und -implementation sowie auf die Möglichkeit vielfältiger Spannungen zwischen subnationalen, nationalen und supranationalen Akteuren in Brüssel und in den Mitgliedstaaten. Die

Erfahrungen der letzten Jahre weisen sowohl auf einen beachtlichen Lernprozeß bei den Beteiligten hin als auch auf den Umstand, daß die der Strukturpolitik zugrundeliegenden Kompromisse nicht dauerhafter Natur sind. In der Zeitspanne zwischen der institutionellen Neugestaltung der Strukturpolitik im Jahr 1988 und der Reform von 1993 begannen einige Mitgliedstaaten, auf eine „Renationalisierung" der Strukturpolitik zu drängen. Die meisten Mitgliedstaaten unterstützten Reformbestrebungen in Richtung einer größeren Effizienz in der Verwaltung der Strukturfonds, einer Beschneidung des Einflusses der Kommission bei der Auswahl förderungswürdiger Gebiete und einer Lokkerung der Vorschriften zur „Additionalität" der Mittel. Die Beamten der Kommission sammelten Erfahrungen in der Anpassung der zunächst einheitlichen Vorschriften an die unterschiedlichen Bedingungen in den Mitgliedstaaten und darin, die mitgliedstaatlichen Regierungen zur Anwendung des Partnerschaftsprinzips im Umgang mit subnationalen Stellen anzuhalten. Die Vertreter der subnationalen Ebene lernten, Einfluß in Brüssel in einem Maße auszuüben, das sie sich noch 1988 nicht hätten träumen lassen. In einigen Mitgliedstaaten schließlich führten die Erfahrungen mit der Strukturpolitik zu einer Neubelebung und Verstärkung der Forderungen nach politischer Dezentralisierung.

Übersetzt von Thomas Conzelmann und Markus Jachtenfuchs. Michèle Knodt sei für vielfältige Hilfe gedankt.

Literatur

Anderson, Jeffrey (1991): Skeptical Reflections on a Europe of Regions: Britain, Germany, and the ERDF; in: Journal of Public Policy 10, S. 417-447.

Anderson, Jeffrey (1996): Germany and the Structural Funds; in: Hooghe, Liesbet (Hg.), Cohesion Policy, the European Community and Subnational Government (im Erscheinen, Oxford).

Armstrong, Harvey (1995): The Role and Evolution of European Community Regional Policy; in: Jones, Barry; Keating, Michael (Hg.), The European Union and the Regions (Oxford).

Bache, Ian; George, Stephen; Rhodes, Roderick A. W. (1996): Cohesion Policy and Subnational Authorities in the United Kingdom; in: Hooghe, Liesbet (Hg.), Cohesion Policy, the European Community and Subnational Government (im Erscheinen, Oxford).

Balme, Richard; Jouve, Bernard (1996): Building the Regional State: French Territorial Organisation and the Implementation of Structural Funds; in: Hooghe, Liesbet (Hg.), Cohesion Policy, the European Community and Subnational Government (im Erscheinen, Oxford).

Borras-Alomar, Susana; Christiansen, Thomas; Rodriguez-Pose, Andres (1994): Towards a „Europe of the Regions“? Visions and Reality from a Critical Perspective; in: Regional Politics and Policy 4, S. 1-27.

Caporaso, James A.; Keeler, John T. S. (1995): The European Community and Regional Integration Theory; in: Rhodes, Carolyn; Mazey, Sonia (Hg.): The State of the European Union, Vol. 3, (im Erscheinen, Boulder).

Conzelmann, Thomas (1995): Networking and the Politics of EU Regional Policy. Lessons from North Rhine-Westphalia, Nord-Pas de Calais and North West England; in: Regional and Federal Studies (im Erscheinen).

Coyle, Carmel; Sinnott, Richard (1992): Regional Elites, Regional Powerlessness and European Regional Policy in Ireland; in: Regional Politics and Policy 1/2, S. 71-108.

Grote, Jürgen R. (1996): Cohesion in Italy: A View on Non-Economic Disparities; in: Hooghe, Liesbet (Hg.), Cohesion Policy, the European Community and Subnational Government (im Erscheinen, Oxford).

Holliday, Ian (1994): Critical Reflections on a Europe of the Regions. Identity and the Incidence of Success; paper presented at ECPR Joint Sessions, Workshop on the Political Economy of Regionalism, April 1994 (Madrid).

Holmes, Michael; Reese, Nicolas (1995): Regions within a Region: The Paradox of the Republic of Ireland; in: Jones, Barry; Keating, Michael (Hg.), The European Union and the Regions (Oxford).

*Hooghe, Liesbet (Hg.) (1996a): Cohesion Policy, the European Community and Subnational Government (im Erscheinen, Oxford).

Hooghe, Liesbet (1996b): Building a Europe with the Regions: The Politics of the Commission Bureaucracy under the Structural Funds; in: Hooghe, Liesbet (Hg.), Cohesion Policy, the European Community and Subnational Government (im Erscheinen, Oxford).

Hooghe, Liesbet; Keating, Michael (1994): The Politics of EC Regional Policy; in: Journal of European Public Policy 1, S. 367-393.

Ioakimidis, P. C. (1996): The Implementation of EC Cohesion Policy in Greece: The Tension Between Bureaucratic Centralism and Regionalism; in: Hooghe, Liesbet (Hg.), Cohesion Policy, the European Community and Subnational Government (im Erscheinen, Oxford).

*Jones, Barry; Keating, Michael (Hg.) (1995): The European Union and the Regions (Oxford).

Keating, Michael (1994): The Nations and Regions of the United Kingdom and European Integration; in: Bullmann, Udo (Hg.), Die Politik der dritten Ebene. Regionen im Europa der Union (Baden-Baden), S. 225-247.

Laffan, Brigid (1996): Ireland: A Region Without Regions-The Odd Man Out?; in: Hooghe, Liesbet (Hg.), Cohesion Policy, the European Community and Subnational Government (im Erscheinen, Oxford).

Lane, Jan-Erik; Ersson, Svante O. (1991): Politics and Society in Western Europe, 2. Aufl. (London).

*Marks, Gary (1992): Structural Policy in the European Community; in: Sbragia, Alberta (Hg.), Europolitics: Institutions and Policymaking in the

„New“ European Community (Washington), S. 191-224.
*Marks, Gary (1993): Structural Policy and Multilevel Governance in the EC; in: Cafruny, Alan W.; Rosenthal, Glenda G. (Hg.), The State of the European Community, Vol. 2 (Boulder), S. 391-411.
Marks, Gary; Hooghe, Liesbet; Blank, Kermit (1994): European Integration and the State; paper presented at the American Political Science Association Meeting, September 1994 (New York).
McAleavey, Paul (1993): The Politics of European Regional Development Policy: Additionality in the Scottish Coalfields; in: Regional Politics and Policy 3/2, S. 88-107.
Morata, Francesc; Muñoz, Xavier (1996): Vying for European Funds: Spanish Territorial Restructuring and the Implementation of Structural Funds; in: Hooghe, Liesbet (Hg.), Cohesion Policy, the European Community and Subnational Government (im Erscheinen, Oxford).
Moravcsik, Andrew (1993): Preferences and Power in the European Community: A Liberal Intergovernmental Approach; in: Journal of Common Market Studies 31, S. 473-524.
Nathan, Richard P. (1991): Implications for Federalism of European Integration; in: Ornstein, N.J.; Perlmann, M. (Hg.), Political Power and Social Change. The United States Faces a United Europe (Washington), S. 11-23.
Rhodes, Roderick A. W.; Bache, Ian; George, Stephen (1996): Policy Networks and Policy Making in the European Union: A Critical Appraisal; in: Hooghe, Liesbet (Hg.), Cohesion Policy, the European Community and Subnational Government (im Erscheinen, Oxford).
de Rynck, Stefaan (1996): Europe and Regional Policy-making in the Flemish Region; in: Hooghe, Liesbet (Hg.), Cohesion Policy, the European Community and Subnational Government (im Erscheinen, Oxford).
Scharpf, Fritz W. (1994): Community and Autonomy: Multi-Level Policy-Making in the European Union; in: Journal of European Public Policy 1, S. 219-242.
Verney, Susannah; Papageorgiou, Fouli (1992): Prefecture Councils in Greece: Decentralization in the European Community Context; in: Regional Politics and Policy 1/2, S. 109-138.
Wishlade, Fiona (1996): European Community Cohesion Policy and the 1988 Reform of the Structural Funds; in: Hooghe, Liesbet (Hg.), Cohesion Policy, the European Community and Subnational Government (im Erscheinen, Oxford).

Ordnungspolitische Konflikte im Binnenmarkt

Jens van Scherpenberg

1. Einleitung

Die Europäische Gemeinschaft hat mit der weitgehend gelungenen Vollendung des Binnenmarktes eine kritische Schwelle erreicht. Das Programm „Europa 1992" verkörperte in all seiner Suggestivkraft letztlich nicht den dynamischen Aufbruch in eine neue Qualität europäischer Supranationalität, sondern den logischen Höhe- und Endpunkt der bisherigen primär wirtschaftlichen Integrationspolitik der EG. Das Ausmaß der Regelungskompetenzen, die mit der Umsetzung des Binnenmarktprogramms aus der nationalen Regelungshoheit auf die Gemeinschaftsinstanzen übergingen, hat wesentlich zu den wachsenden Vorbehalten in mehreren Mitgliedstaaten gegen Stand und Fortgang der Integration beigetragen. Der Vertrag von Maastricht über die Europäische Union trägt diesen Vorbehalten nur sehr begrenzt Rechnung. Zwar wurde das Subsidiaritätsprinzip in Art. 3b des neugefaßten „Vertrags über die Gründung der Europäischen Gemeinschaft" (EGV) stärker verankert. Doch die praktische Umsetzung dieser Vertragsbestimmung bleibt problematisch.

Für die Funktions-, Entwicklungs- und Erweiterungsfähigkeit des Binnenmarktes ist es unerläßlich, daß ein hinreichender Konsens über die ordnungspolitischen Rahmenbedingungen besteht, unter denen die Wirtschaft der Europäischen Union auf dem Binnenmarkt operiert. Der mit dem Fortgang der Integration wachsende Bedarf an gemeinsamen Positionen auf dem Gebiet der wirtschaftlichen Ordnungspolitik ist jedoch nicht nur der tatsächlich sich herausbildenden ordnungspolitischen Konvergenz zeitlich weit vorausgeeilt – solche temporären Ungleichgewichte im Integrationsprozeß haben diesen seit Gründung der Gemeinschaft durch die daraus entstehenden integrationspolitischen Sachzwänge eher beschleunigt. Die Diskrepanz zwischen dem Bedarf an ordnungspolitischer Konvergenz und den tatsächlichen Divergenzen auf diesem Gebiet offenbart auch tiefgreifende Unterschiede zwischen verschiedenen Mitgliedstaaten über die grundlegenden Orientierungen gemeinsamer Binnen- und Außenwirtschaftspolitik der Europäischen Union wie auch darüber, wieviel Politikintegration in diesem Bereich überhaupt nötig sei.

Dies wird im folgenden gezeigt. Dazu werden zunächst die Basisentscheidungen zur wirtschaftlichen Ordnungspolitik, wie sie in die Römischen Verträge Eingang fanden, sowie die ordnungspolitischen Grundsätze des Binnenmarktprogramms erläutert. Anschließend werden die mit der Vollendung des Binnenmarktes hervortretenden ordnungspolitischen Defizite und Konflikte behandelt, die sich vor allem auf das Gebiet der flankierenden Politiken verlagert haben. An diesen ordnungspolitischen Konfliktfeldern wird dargelegt, wie weit aus dem Binnenmarktprozeß ein neuer ordnungspolitischer „acquis comunautaire" oder zumindest eine Tendenz zur ordnungspolitischen Konvergenz erwächst.

Wenn im folgenden die Ausdrücke „Ordnungspolitik" und „ordnungspolitisch" verwendet werden, ist, soweit nicht anders vermerkt, durchgängig der Begriff der *wirtschaftlichen Ordnungspolitik* in Abgrenzung zu politikwissenschaftlichen Konzepten von Ordnungspolitik gemeint. Er wird jedoch im Kontext dieser Ausführungen weiter definiert und umfaßt nicht nur die vom deutschen Ordoliberalismus (vgl. Eucken 1990) postulierten Aufgaben von Ordnungspolitik: eine das Privateigentum sichernde Eigentumsordnung, eine die Stabilität des Geldes sichernde Währungsordnung und die Sicherung eines funktionsfähigen Wettbewerbs. Vielmehr wird, im Sinne der Position, die in den sechziger und siebziger Jahren in der internationalen wirtschaftswissenschaftlichen Debatte in den Vordergrund trat (vgl. Cooper 1976), unter Ordnungspolitik darüber hinaus die Gesamtheit der Politiken verstanden, die die wirtschaftlichen, rechtlichen und sozialen Rahmenbedingungen von Produktions- und Marktprozessen gestalten. Durch diese Rahmenbedingungen werden die Eigentumsrechte der Wirtschaftssubjekte definiert und diese damit auf übergeordnete Politikziele verpflichtet, die als Bedingungen für die gesellschaftlichen Oberziele der Vermehrung und gerechten Verteilung des nationalen Wohlstands gelten, über den Marktmechanismus aber nicht erreicht werden. Gemeinsam ist mithin dem engeren wie dem weiteren Verständnis von Ordnungspolitik eine Diagnose des Marktversagens bezüglich der Bereitstellung bestimmter essentieller Leistungen und Rahmenbedingungen für den Wirtschaftsprozeß als ganzen und seine in bezug auf die Struktur der gesellschaftlichen Präferenzen optimalen Resultate. Die Diagnose fällt jedoch bei aller Bemühung der Wirtschaftswissenschaft um die Definition klarer Kriterien aufgrund der unterschiedlichen normativen Ausgangspositionen von Fall zu Fall und von Land zu Land sehr verschieden aus.

In diesem Sinne repräsentieren die Mitgliedstaaten der EU nicht nur unterschiedliche ordnungspolitische Konzepte entsprechend ihren nationalen wirtschaftspolitischen Zielprioritäten. Diese Konzepte sind auch verschieden weit ausgebildet und weisen in sich eine höchst unterschiedliche, nie aber vollständige Konsistenz auf. Das zeigt etwa der unter diesem Gesichtspunkt angestellte Vergleich der „vier großen" EU-Staaten Deutschland, Frankreich, Italien und Großbritannien durch Rahmsdorf für die ersten zwanzig Jahre der EG (Rahmsdorf 1982) und durch den Verfasser für den Binnenmarktprozeß (van Scherpenberg 1992).

2. Ordnungspolitische Grundlagen und Defizite der EG-Wirtschaftsintegration bis 1985

Die konstituierenden Rechtsgrundlagen der Europäischen Gemeinschaft, der Vertrag über die Europäische Gemeinschaft für Kohle und Stahl (EGKS-V), sowie die 1957 in Rom unterzeichneten Verträge zur Gründung der Europäischen Wirtschaftsgemeinschaft (EWG) und der Europäischen Atomgemeinschaft (EURATOM) enthalten keine generellen Festlegungen bezüglich der ordnungspolitischen Orientierung der Gemeinschaft. Verschiedene partielle oder sektorale Regelungen stehen zueinander teilweise im Widerspruch und reflektieren darin die unterschiedlichen ordnungspolitischen Traditionen der Mitgliedstaaten. Grundsätzlich wird davon ausgegangen, daß die Volkswirtschaften der Mitgliedstaaten marktwirtschaftlich verfaßt sind. Ferner enthielt das Vertragswerk als ein zentrales Element der Wirtschaftsintegration von Anfang an ein weitgefaßtes Verbot nationaler Diskriminierungen in den innergemeinschaftlichen Wirtschaftsbeziehungen. Und schließlich wurden – auf Drängen der Bundesrepublik – vergleichsweise strikte Bestimmungen zur Sicherung des Wettbewerbsprinzips aufgenommen. Solchen liberalen, marktorientierten Grundprinzipien standen jedoch ebenfalls von Anfang an starke dirigistische Elemente gegenüber, institutionalisiert in der durch den EGKS-Vertrag vergemeinschafteten Industriepolitik für die Montanindustrie, sowie in der auf weitreichender Marktregulierung beruhenden Gemeinsamen Agrarpolitik.

2.1 Negative und positive Integration

Diese Dichotomie findet ihren Ausdruck auch im unterschiedlichen Verlauf, den die wirtschaftliche Integration der EG in ihren beiden „integrationspolitischen Abteilungen" nahm. Diese sollen mit den von Jan Tinbergen eingeführten Begriffen als „negative" und „positive Integration" bezeichnet werden (Tinbergen 1965).

Unter „negativer Integration" ist der Abbau von Hemmnissen und Diskriminierungen in den zwischenstaatlichen Wirtschaftsbeziehungen zu verstehen. Auf einige Maßnahmen dieser Art hätte sich das von Großbritannien favorisierte Integrationskonzept einer europäischen Freihandelszone beschränkt. Im EWG-Vertrag erscheint die negative Integration in den „vier Freiheiten": der Abschaffung der Zölle, mengenmäßigen Beschränkungen und sonstigen Maßnahmen gleicher Wirkung im Warenverkehr, sowie der Beseitigung der Hindernisse für den freien Personen-, Dienstleistungs- und Kapitalverkehr zwischen den Mitgliedstaaten (Art. 3, a und c EWGV von 1957).

Die sechs Gründerstaaten der EWG strebten aber im Hinblick auf die von ihnen anvisierte politische Finalität der europäischen Integration von Beginn an auch in der Wirtschaftsintegration eine weitreichende „positive Integration" an: die Entwicklung gemeinsamer makroökonomischer und sektoraler Wirtschaftspolitiken nebst den dazugehörigen neuen supranationalen Politikinstrumenten und -institutionen. Zu den gemeinsamen Politiken, die vom EWG-Vertrag ursprünglich vorgesehen waren (hinzu kommen die sektoralen Zuständigkeiten von EGKS und EURATOM), gehören :

- die gemeinsame Außenhandelspolitik gegenüber dritten Ländern,
- die gemeinsame Agrarpolitik,
- die gemeinsame Wettbewerbspolitik,
- eine gemeinsame Verkehrspolitik,
- Ansätze zu einer gemeinsamen Sozialpolitik, vor allem durch Schaffung des Europäischen Sozialfonds,
- eine Koordinierung der Wirtschafts- und insbesondere Zahlungsbilanzpolitik der Mitgliedstaaten.

Von diesen sechs Aufträgen des Vertrags von 1957 zur positiven Integration wurden nur die ersten drei auch zügig umgesetzt; zu einer gemeinsamen Verkehrspolitik kam es erst im Zuge der Vollendung des Binnenmarktes nach 1986; in den anderen beiden Politikbereichen blieben die Gemeinschaftsaktivitäten bis zum Inkrafttreten des Maastrichter Vertrages weitgehend unverbindlich.

Unter ordnungspolitischen Gesichtspunkten sind die Maßnahmen der negativen von denen der positiven Integration kaum zu trennen. In der konkreten Ausgestaltung und Umsetzung sowohl der positiven wie der negativen Integrationspolitiken zeigte sich denn auch von Anfang an das ganze Feld ordnungspolitischer Konflikte, die die Gemeinschaft seit ihrer Gründung beherrschen und die mit ihrer Erweiterung um Dänemark, Irland und Großbritannien 1973, um Griechenland 1981, Spanien und Portugal 1986 sowie mit den Integrationsfortschritten bis „Maastricht" an Gewicht eher noch zugenommen haben.

2.2 Rechtsangleichung und Gemeinschaftspolitiken

Die *negative Integration* geriet im Bereich des Warenverkehrs bis Mitte der achtziger Jahre über den Abbau der Zölle und der mengenmäßigen Beschränkungen im innergemeinschaftlichen Warenverkehr, sowie über die bloße Freizügigkeit der Arbeitskräfte (ohne Berücksichtigung des Zugangs zu Berufen mit besonderen staatlich festgelegten Qualifikationserfordernissen) kaum hinaus. Denn die „sonstigen Maßnahmen gleicher Wirkung", vor allem die technischen Handelshemmnisse im Warenverkehr, fanden ihre solide Rechtfertigung vor allem in der Ausnahmeklausel des Art. 36 EWGV, wonach sie „aus Gründen der öffentlichen Sittlichkeit, Ordnung und Sicherheit, zum Schutz der Gesundheit und des Lebens von Menschen, Tieren oder Pflanzen, des nationalen Kulturguts ... oder des gewerblichen und kommerziellen Eigentums gerechtfertigt sind."

Als ausschließlich gangbarer Weg der Integration in diesem Bereich wurde unter diesen Bedingungen das Instrument der *Rechtsangleichung* gewählt (vgl. Joerges, in diesem Band). Doch folgte die langjährige Dominanz der Rechtsangleichung keineswegs zwingend aus der Definition der entsprechenden Aufgabe der Gemeinschaft durch den EWG-Vertrag – „die Angleichung der innerstaatlichen Rechtsvorschriften, *soweit dies für das ordnungsgemäße Funktionieren des Gemeinsamen Marktes erforderlich* ist" (Art. 3 [h] EWGV, Hervorhebung v. Verf.) – sondern war Ergebnis einer politischen Konvention.

Durch den Prozeß der Rechtsangleichung oder auch „Harmonisierung" wurde nicht nur das Ziel der Beseitigung technischer Handelshemmnisse unter der Hand in ein sehr viel weitergehendes Ziel positiver Integrationspolitik verwandelt: die Erarbeitung gemeinsamer Politiken auf den Gebieten des Arbeits-, Gesundheits-, Umweltschutzes, der Tier- und Pflanzengesundheit und anderer durch den Art. 36

EWGV berührter Felder. Die Rechtsangleichung verkörpert damit, zu Ende gedacht, auch einen sehr maximalistischen ordnungspolitischen Ansatz: die Herstellung völliger Konvergenz sowohl in bezug auf sämtliche in den einzelnen Mitgliedstaaten gewachsenen Schutzbedürfnisse hinsichtlich des Handels mit Gütern und Dienstleistungen, wie auch in bezug auf die konkreten Regelungen, mit denen diesen Schutzbedürfnissen Rechnung getragen wurde. Diese Regelungen wurden – in den wenigen Fällen, bei denen es nach bis zu 17 Jahre dauernden Verhandlungen überhaupt zur Verabschiedung einer EWG-Richtlinie kam – dank der starren Haltung der Mitgliedstaaten dementsprechend quasi addiert zu höchst komplexen, ausufernden Regelwerken. Die resultierende hochgradige Überregulierung trug nicht nur wesentlich dazu bei, den Ruf der dafür keineswegs primär verantwortlichen EG-Kommission als hypertrophierte Bürokratie zu begründen. Sie wäre auch zu einem gravierenden Marktzutrittshemmnis für inner- wie außergemeinschaftliche Anbieter geworden – wäre der Rechtsangleichungsansatz erfolgreicher gewesen.

Auch der originäre Bereich *positiver Integration*, die gemeinsamen Politiken, lieferte Beispiele für das nahezu volle Spektrum ordnungspolitischer Positionen – vom weitgehenden Setzen auf Markt und Wettbewerb als Steuerungsmechanismen des Wirtschaftsprozesses bis hin zu nahezu planwirtschaftlichen Regulierungsformen.

Die *gemeinsame Handelspolitik* konnte zwar grundsätzlich, unterstützt durch den Druck, der von den GATT-Zollsenkungsrunden (General Agreement on Tariffs and Trade), der Dillon- und der Kennedy-Runde in den sechziger Jahren sowie der 1979 abgeschlossenen Tokio-Runde, auf einen durchaus liberalen Kurs gebracht werden. Dem standen aber nicht nur die zahlreichen Präferenzregelungen der EG für einzelne Drittländer gegenüber, sondern vor allem auch die von einzelnen Mitgliedstaaten, wie Frankreich und Italien, intensiv genutzte Möglichkeit, zur Abwehr „wirtschaftlicher Schwierigkeiten" die Schutzklausel des Art. 115 EWGV in Anspruch zu nehmen und gegen bestimmte Drittlandimporte einseitig quantitative Handelsbeschränkungen einzuführen, die dann natürlich auch im innergemeinschaftlichen Handel Kontrollen erforderlich machten. Bemerkenswerterweise hat der Art. 115 entgegen den Bestrebungen der Europäischen Kommission und verschiedener freihändlerisch orientierter Mitgliedstaaten sogar die Abschaffung der Grenzkontrollen im Binnenmarkt überlebt und in den EG-Vertrag in der Fassung von Maastricht erneut Eingang gefunden: als Hebel der protektionistisch orientierten Mitgliedstaaten unter Führung Frankreichs, die gemeinsame Außenhandelspolitik zumindest bei solchen Produkten im eigenen Sinne beeinflussen wollen, deren Import auch ohne Grenzkontrollen administrativ kontrolliert werden kann, wie das vor allem bei Kraftfahrzeugen der Fall ist. (van Scherpenberg 1992: 54ff.)

Die Ambivalenz der gemeinsamen Außenhandelspolitik der EG hat sich auch nach außen bis zur Gegenwart erhalten. Jeder neue Liberalisierungsschub wurde ergänzt durch eine Verschärfung des protektionistischen Instrumentariums: Nach der GATT-Tokio-Runde wurde Anfang der achtziger Jahre das Anti-Dumping-Instrumentarium der EG eingeführt. Und mit dem Abschluß der Uruguay-Runde wurde seine Anwendung durch Umkehr der Zustimmungsregel für den Ministerrat (qualifizierte Mehrheit zur Ablehnung statt zur Billigung von Anti-Dumping-Maßnahmen der Kommission erforderlich) wesentlich erleichtert.

Die *Wettbewerbspolitik* war das Feld, auf dem sich deutsche ordnungspolitische Vorstellungen am stärksten durchsetzen konnten. Durch Art. 85 EWGV wurden Kartelle und sonstige wettbewerbsbeschränkende Vereinbarungen, die den innergemeinschaftlichen Handel berühren, und durch Art. 86 wurde die mißbräuchliche Ausnutzung einer marktbeherrschenden Stellung verboten; Art. 92 untersagte wettbewerbsverzerrende Subventionen; die Kommission wurde für beide Bereiche als Kontrollbehörde mit entsprechenden Exekutivzuständigkeiten eingesetzt. Diese Kompetenzen wurden von ihr in der Folge konsequent wahrgenommen. Um Art. 86 wirksam anwenden zu können, wurde jedoch eine gemeinschaftliche Fusionskontrolle immer wichtiger, vor allem im Zuge der mit der Vollendung des Binnenmarktes einhergehenden Fusionswelle (s. unten).

Das andere Extrem in ordnungspolitischer Hinsicht ist zweifellos die *Gemeinsame Agrarpolitik* (vgl. Rieger, in diesem Band). Sie ging von einer normativen politischen Vorgabe und einer ökonomischen Prämisse aus (Art. 39 EWGV): Vorgegeben waren übergeordnete Erwägungen der wirtschaftlichen Sicherheit (als Sicherstellung der Versorgung) sowie der Sozialpolitik (Sicherung einer angemessenen Lebenshaltung der in der Landwirtschaft tätigen Personen). Die Prämisse war, daß diese Zielvorgaben sich aufgrund der Besonderheiten der landwirtschaftlichen Produktion unter den Bedingungen eines freien, ungeregelten innergemeinschaftlichen Handels oder gar Drittlandhandels mit Agrarprodukten nicht erreichen lasse, daß in diesem Sinne mithin Marktversagen vorliege, das eine politische Ordnung der wichtigsten Agrarmärkte der Gemeinschaft erforderlich mache (Art. 40 EWGV).

Das Resultat war bekanntlich eine Marktregulierung von solcher Komplexität und Intensität, daß auf sie bis heute der weitaus größte

Teil der Rechtsakte der EG entfällt, und zudem von solchem Aufwand, daß sie lange Zeit gut 80% und noch heute etwa 60% der Finanzmittel beansprucht, die der Gemeinschaft zur Verfügung stehen. Die ausgeprägte „Regelungskultur", die sie auf Kommissionsebene, in der Generaldirektion VI, hat entstehen lassen, führte nicht nur dazu, daß diese mit dem in ihre Zuständigkeit fallenden Teil des Binnenmarktprogramms, dem Abbau der innergemeinschaftlichen technischen Handelshemmnisse im Bereich der Tier- und Pflanzengesundheit gemäß den Grundsätzen der Binnenmarktpolitik, am weitesten in zeitlichen Rückstand geriet.

Daß sich in der GAP ein so weitgehend marktfeindliches ordnungspolitisches Konzept realisieren konnte, hat seine wichtigste Ursache sicher darin, daß alle Gründerstaaten der EWG an einer solchen hochregulierten Gemeinschaftspolitik für die Landwirtschaft als Ersatz für ihre bisherigen nationalen, ebenso weitreichenden Regelungen der Agrarmärkte gleichermaßen interessiert waren, und daß unter den später beigetretenen Mitgliedstaaten lediglich Großbritannien eine liberale, marktorientierte Agrarpolitik hatte.

Anders gelagert waren die Verhältnisse hinsichtlich der *Verkehrspolitik*, der vierten der im ursprünglichen Vertrag vorgesehenen gemeinsamen Politiken. Hier verfolgten die Mitgliedstaaten so unterschiedliche ordnungspolitische Ansätze – von weitestgehender Deregulierung und Liberalisierung bis zu strikter Regulierung der einzelnen Verkehrsmärkte und dem daraus folgenden Interesse an möglichst vollständiger Harmonisierung der verkehrswirtschaftlichen Rahmenbedingungen –, daß es nahezu 30 Jahre lang zu keinen gemeinschaftlichen Regelungen kam. Erst im Rahmen des Binnenmarktprozesses und unter dem Druck erfolgreicher Untätigkeitsklagen der Kommission gegen den Ministerrat vor dem Europäischen Gerichtshof wurde ab Mitte der achtziger Jahre begonnen, eine gemeinsame Verkehrspolitik zu entwickeln.

3. Der neue Ansatz des Binnenmarktprogramms

Für die ersten 25 Jahre der EG-Integration kann mithin von der Herausbildung einer konsistenten wirtschaftlichen Ordnungspolitik auf Gemeinschaftsebene noch sehr viel weniger als auf der Ebene der Mitgliedstaaten die Rede sein. Um so bemerkenswerter sind die grundsätzlichen ordnungspolitischen Neuorientierungen, die mit der Umsetzung des Binnenmarktprogramms in der Gemeinschaft wirksam wurden und dessen Erfolg überhaupt erst ermöglichten.

Sie wurden sowohl durch äußere Entwicklungen als auch durch innere Kräfte angestoßen, die beide den Kern marktwirtschaftlicher Ordnungspolitik auf Gemeinschaftsebene aktivierten: die Aufgabe, Wettbewerb und Markt statt administrativer Lenkung als Allokationsmechanismus zu installieren, wo immer das die gesamtwirtschaftliche Effizienz des Einsatzes der Produktionsfaktoren steigert. Als äußerer Anstoß wirkten die sich verschlechternde Wettbewerbsposition europäischer Unternehmen auf den Weltmärkten, sowie die sich verschlechternde Position der EG als Investitionsstandort im internationalen Standortwettbewerb. Dies wurde sowohl der Fragmentierung der innergemeinschaftlichen Märkte als auch, unter dem Eindruck umfassender Deregulierungsmaßnahmen vor allem in den USA und ihrer positiven Wirkung auf Wachstum und Beschäftigung, den die Wirtschaftsaktivität behindernden ordnungspolitischen Rigiditäten in den meisten Ländern der Gemeinschaft zugeschrieben. Das heißt, hier tat neben dem verschärften Wettbewerb auf den Weltmärkten auch der bereits bestehende internationale Wettbewerb der Ordnungspolitiken seine Wirkung und trug dazu bei, die ordnungspolitische „Eurosklerose“ zu überwinden (Giersch 1987).

Den Anstoß von innen gab vor allem der Europäische Gerichtshof (EuGH) mit seiner Rechtsprechung zum freien Warenverkehr, in der er die Ausnahmeklausel des Art. 36 außerordentlich restriktiv auslegte und – zuerst in seinem berühmten „Cassis-de-Dijon“-Urteil von 1979 – den Grundsatz verkündete, daß Güter, die in einem Mitgliedstaat zum Handel zugelassen sind, grundsätzlich auch in allen anderen Mitgliedstaaten verkehrsfähig und daher zuzulassen seien. Parallel dazu legten Frankreich und die Bundesrepublik Deutschland auf politischer Ebene einen Streit über die Wirkung der DIN-Normen als technisches Handelshemmnis bei und einigten sich auf eine zunächst begrenzte gegenseitige Anerkennung ihrer technischen Normen und Standards (Woolcock 1994: 10f.).

Diese Impulse nahm die Kommission auf und entwickelte die sogenannte „neue Strategie“, die nach Zustimmung des Ministerrats 1985 eine der Grundlagen des Weißbuchs zur Vollendung des Binnenmarktes wurde (Kommission 1985). Durch diesen neuen Ansatz erhielt die wirtschaftliche Integrationspolitik der EG eine neue markt- und wettbewerbsorientierte ordnungspolitische Qualität: Die bisherige Strategie der Rechtsangleichung durch Harmonisierung wurde weitgehend aufgegeben zugunsten eines auf gegenseitiger Anerkennung beruhenden Wettbewerbs nationaler Regelungssysteme (Woolcock 1994: 9ff.). Als unerläßliche Rahmenbedingungen dieses Wettbewerbs waren auf EG-Ebene lediglich noch die Mindeststandards im Arbeits-, Gesundheits-, Umweltschutz, sowie im Verbraucher- und Anlegerschutz festzusetzen und ihre einheitliche Anwendung sicherzustellen. Eine darüber hinausgehende Harmonisierung – vor allem auf der Ebene der Normen- und Standardsetzung – war wünschenswert, sollte ihre Impulse aber vom Markt erhalten.

Analog vollzog sich die Entwicklung im Handel mit Dienstleistungen, allen voran den Verkehrs- und Finanzdienstleistungen. Auch hier gab es – ausgelöst durch eine weitreichende Deregulierung und Liberalisierung vor allem in den USA – unmittelbaren externen Wettbewerbsdruck auf die EG als Wirtschaftsstandort. Und von innen wurde die Binnenmarktpolitik auch im Dienstleistungssektor durch die EuGH-Rechtsprechung unterstützt, die den Ministerrat zur innergemeinschaftlichen Öffnung der Verkehrsmärkte verpflichtete und bei den Finanzdienstleistungen analog zum Gütermarkt, wenngleich mit gewissen Einschränkungen, das Prinzip der gegenseitigen Anerkennung nationaler Regelungen auf Basis gemeinsamer Mindeststandards für maßgeblich erklärte. Was im Warenverkehr der weitgehende Übergang vom Bestimmungsland- zum Ursprungslandprinzip war, wurde mithin in den wichtigsten Bereichen des Dienstleistungshandels der Übergang vom Niederlassungsland- zum Heimatlandprinzip.

Insbesondere die Herstellung des Binnenmarktes für Finanzdienstleistungen gemäß dem Heimatlandprinzip war eine Voraussetzung dafür, daß die am 1.7.1990 (mit Übergangsfristen für die südeuropäischen Staaten bis maximal 1996) in Kraft getretene völlige Liberalisierung des Kapitalverkehrs in der EG auch praktisch zu einem gemeinsamen Kapitalmarkt führt.

Bei der Liberalisierung des traditionellen Güter- und Dienstleistungsverkehrs waren in mehreren Mitgliedstaaten noch erhebliche Widerstände der in den bisherigen Marktordnungen und Regelungssystemen etablierten Interessengruppen zu überwinden. Für die neuen Informations- und Telekommunikationsdienstleistungen ließen sich auf der Grundlage der einmal in Gang gekommenen Binnenmarktdynamik ohne große nationale Divergenzen von Anfang an einheitliche, vor allem innergemeinschaftlich liberale, wettbewerbsorientierte Rahmenbedingungen auf EG-Ebene entwickeln. Auch hier bedurfte es jedoch erst des globalen Wettbewerbsdrucks, verstärkt durch das Vorpreschen Großbritanniens und der Niederlande, damit sich diese Liberalisierungsdynamik auf die bisher in den meisten übrigen Staaten der EU noch staatlichen Monopolanbietern vorbehaltenen Basis-Telefondienstleistungen auswirken konnte.

Ein auch unter ordnungspolitischen Gesichtspunkten wichtiger Erfolg des Binnenmarktprogramms ist schließlich die Öffnung der nationalen öffentlichen Beschaffungsmärkte für Anbieter aus anderen Mitgliedstaaten. Zunächst für öffentliche Liefer- und Bauaufträge ab einer bestimmten Mindestauftragsgröße beschlossen (Richtlinien 88/295/EWG und 89/440/EWG), wurde sie 1990 auch auf die bis dahin ausgeschlossenen „strategischen Bereiche“ Wasser-, Energieversorgung, Verkehr und Telekommunikation ausgeweitet (Richtlinie 90/531/EWG). Ein eigenes Nachprüfungsverfahren ermöglicht der Kommission, bei Beschwerden von Unternehmen wegen Verstößen gegen das gemeinschaftsweite Ausschreibungs- und Vergabeverfahren die Mitgliedstaaten zum Einschreiten aufzufordern.

Die wirtschaftliche Bedeutung dieser Maßnahmen liegt angesichts eines geschätzten Anteils der öffentlichen Beschaffungsmärkte von bis zu 15% des BSP (Bruttosozialprodukt) der EG-Mitgliedstaaten, wovon die Hälfte bis zwei Drittel gemeinschaftsweiter Auftragsvergabe zu öffnen wären (Cecchini 1988: 37) auf der Hand. Ihre ordnungspolitische Bedeutung hat jedoch möglicherweise noch weiterreichende Integrationswirkungen. Erstens wurde die Zuordnung der Eigenschaft „öffentlicher Auftraggeber“ im Sinne der Öffnungsrichtlinien erstmals konsequent nicht auf das formale verwaltungsrechtliche Kriterium „Hoheitsträger ja/nein“, sondern auf bestimmende Merkmale der tatsächlichen wirtschaftlichen Tätigkeit des betreffenden Akteurs, seine wirtschaftliche Kontrolle durch öffentliche Mehrheitseigentümer und seine Ausstattung mit exklusiven monopolgleichen Eigentumsrechten abgestellt. Und zweitens erschweren die Öffnungsrichtlinien in dieser weiten Form bei vollständiger und richtiger Umsetzung ganz erheblich den Einsatz öffentlicher Aufträge für regional- und strukturpolitische oder industriepolitische Ziele auf nationaler Ebene. Die Bedeutung öffentlichen Eigentums und öffentlicher Kontrolle in den betreffenden Bereichen wurde damit faktisch abgewertet, was dazu beigetragen hat, die Privatisierungsoption attraktiver zu machen.

4. Verbleibende Aufgaben der Binnenmarktpolitik

Der Erfolg und die Dynamik des Binnenmarktprozesses übertrafen selbst die optimistischen Erwartungen der ersten Jahre. Dennoch wurde zum einen mit dem Heranrücken des 1. Januar 1993 deutlich, daß der Binnenmarkt in wichtigen Bereichen noch keineswegs vollendet sein würde; zum anderen haben sich gerade aus der erfolgreichen Umsetzung des Binnenmarktprogramms neue Anforderungen an eine gemeinschaftsweite Ordnungspolitik für den Binnenmarkt ergeben. Die Europäische Kommission trug den bleibenden Anforderungen an die Binnenmarktpolitik Ende 1993 mit der Vorlage ihres strategischen Programms „Die optimale Gestaltung des Binnenmarktes" Rechnung (Kommission 1993b).

Wenn von einem noch immer unvollendeten Binnenmarkt gesprochen wird, so werden damit meist zwei unterschiedliche Politikebenen angesprochen. Einerseits setzen die Mitgliedstaaten die verabschiedeten Binnenmarkt-Richtlinien unterschiedlich schnell in nationales Recht um und damit auch zu verschiedenen Zeitpunkten in ihrem Rechtsbereich in Kraft: Dabei kommt es in einigen Fällen zu größeren Überschreitungen der vorgesehenen Fristen für die Umsetzung. Andererseits stehen noch wichtige Entscheidungen aus. Das betrifft einzelne Teilbereiche des ursprünglichen Binnenmarktprogramms wie vor allem die binnenmarktkonforme Harmonisierung der indirekten Steuern, aber auch einige weitere wirtschaftlich wichtige Teilmärkte, in denen nationale Regelungen den Marktzutritt für Anbieter aus anderen Mitgliedstaaten der EU nach wie vor verhindern.

Die verzögerten nationalen Umsetzungsmaßnahmen von Binnenmarkt-Richtlinien (zum aktuellen Stand siehe Kommission 1991ff.) lassen zwar in einzelnen Mitgliedstaaten über den gemeinschaftlich vereinbarten Zeitpunkt hinaus Handelshemmnisse und Wettbewerbsverzerrungen fortbestehen. Doch ob diese zugunsten der betreffenden Länder und ihrer im Einzelfall berührten Wirtschaftszweige oder nicht eher als spezifisch administrativer Standortnachteil zu ihrem Schaden wirken, sei dahingestellt.

Für jene Teilmärkte und Regelungsfelder hingegen, die wegen ihrer politischen Sensibilität besonderen Bestimmungen unterliegen, und für deren einheitliche Regelung im Sinne eines gemeinschaftsweiten Wettbewerbs schon bislang kein politischer Konsens zu erzielen war, sind Integrationsfortschritte auch zwei Jahre nach dem Inkrafttreten des Binnenmarktes noch gar nicht oder erst in Umrissen absehbar. Drei Problembereiche seien hier genannt:

- die Harmonisierung der indirekten Steuern – hier ist nach Art. 99 EGV Einstimmigkeit im Ministerrat erforderlich,
- die Öffnung von Teilmärkten, die in einigen Mitgliedstaaten gegenwärtig in Form von nationalen oder Gebietsmonopolen organisiert sind: der Eisenbahnverkehr, der Markt für leitungsgebundene Energieträger, das terrestrische Telefonnetz mit seinen Basisdienstleistungen,
- der einheitliche Binnenmarkt für Rüstungsgüter – dieser Teilmarkt ist durch Art. 223 EGV von der Geltung des Gemeinschaftsrechts vollständig ausgenommen. Hier geht es bei der Diskussion über eine Marktöffnung nicht um eine ordnungspolitische, sondern primär um die hier nicht zu erörternde Perspektive einer gemeinsamen Sicherheits- und Verteidigungspolitik.

4.1 Indirekte Steuern

Die indirekten Steuern, die Umsatzsteuer und die spezifischen Verbrauchssteuern, darunter als wichtigste – da aufkommenstärkste – die Alkohol-, die Tabak-, und die Mineralölsteuern, sind definitionsgemäß vom Endverbraucher zu tragen. Der Einfachheit halber aber werden sie nicht bei diesem, sondern bei dem gewerblichen Hersteller oder Erbringer der Dienstleistung erhoben, der sie auf den Verkaufspreis seiner Güter und Dienstleistungen aufschlägt. Im Außenhandel erfordert diese Trennung jedoch Sonderregelungen: Der Exporteur muß steuerfrei gestellt werden, da er die Steuern nicht im Preis an seinen Abnehmer im Bestimmungsland weitergeben kann: Dieser und mit ihm der Endverbraucher des Bestimmungslands wird mit dessen Steuersätzen auf die betreffenden Güter und Leistungen besteuert. Dieser Grundsatz, das Bestimmungslandprinzip im grenzüberschreitenden Handel anzuwenden, bedarf zwingend der Kontrolle des tatsächlichen Grenzübertritts der gehandelten Güter. Werden grenzüberschreitende Lieferungen in einem einheitlichen Binnenmarkt nicht mehr steuerlich erfaßt, also auch durch das Ursprungsland nicht mehr steuerfrei gestellt, dann führen die nationalen Unterschiede der Steuersätze, je mehr sie gegenüber den Transport- und sonstigen Transaktionskosten ins Gewicht fallen, zu rein steuerbedingten, gesamtwirtschaftlich möglicherweise kostspieligen Handelsverlagerungen.

Dieser Effekt läßt sich ohne Beeinträchtigung der ordnungspolitischen Rahmenbedingungen eines funktionsfähigen Binnenmarktes auf zweierlei Art korrigieren (Mischlösungen sind möglich): ohne oder mit Maßnahmen positiver Integrationspolitik. Ohne weitere integrationspolitische Maßnahmen findet ein institutioneller Steuersenkungswettbewerb zwischen den Mitgliedstaaten statt, als dessen Resultat sich eine gemeinschaftsweite Struktur nationaler Steuersätze einstellt, die die Transaktionskosten zwischen den verschiedenen Mitgliedstaaten für die verschiedenen Handelsströme widerspiegelt. Die zweite Möglichkeit wäre, den Binnenmarkt durch einen Akt positiver Integrationspolitik zu einem einheitlichen Steuergebiet mit einheitlichen Sätzen für die indirekten Steuern zu erklären (vgl. dazu Biehl 1969). Dann fallen Ursprungs- und Bestimmungsland wieder zusammen und das Steueraufkommen wäre ex post nach Finanzausgleichskriterien umzuverteilen – ein tiefer Eingriff in die nationale Fiskalsouveränität der Mitgliedstaaten.

Die Harmonisierungsvorschläge der EG-Kommission von 1987 kamen eher der zweiten Alternative nahe: Harmonisierung der Steuersätze innerhalb einer für annähernd wettbewerbsneutral gehaltenen Spanne von 5% der Bemessungsgrundlage, Übergang zum Ursprungslandprinzip bei der Umsatzbesteuerung mit nachfolgender Umverteilung durch ein Clearingverfahren. Sie fanden denn auch unter den Mitgliedstaaten keine Mehrheit. Stattdessen wurden bis 1992 lediglich gemeinsame Mindestsätze vereinbart, mithin ein nach unten limitierter interinstitutioneller Wettbewerb der Steuersätze. Ferner wurde für die Umsatzsteuer (1.1.1993-31.12.1996) zunächst eine komplizierte Übergangsregelung in Kraft gesetzt, deren praktische Umsatzung die Transaktionskosten des innergemeinschaftlichen Handels, zumal für kleine und mittlere Unternehmen, um bis zu 0,7% vom Umsatz erhöht und damit die Kostenvorteile des Binnenmarktes deutlich reduziert.

Aufgrund des Ratsbeschlusses von 1992 soll ab 1997 doch noch das Ursprungslandprinzip in der Umsatzbesteuerung eingeführt werden. Doch sind angesichts der Qualität der Einwände gegen ein solches Umsatzsteuerregime und der zwischenzeitlich deutlich reduzierten Integrationsdynamik erhebliche Zweifel angebracht, ob diese Absichtserklärung 1996 in eine entsprechende Richtlinie umgesetzt wird.

4.2 *Nationale Monopole*

Bei der Öffnung derjenigen nationalen Märkte, die bis vor kurzem noch in den meisten EU-Mitgliedstaaten monopolistisch organisiert waren – Telekommunikation, Bahnverkehr, leitungsgebundene Energieträger – sind in den letzten Jahren, dem schlechter werdenden integrationspolitischen Klima zum Trotz, die bedeutendsten Forschritte erzielt worden.

Die Aufhebung der Netzmonopole der nationalen Telefongesellschaften – von Großbritannien bereits realisiert – ist vom Ministerrat im November 1994 für spätestens 1998 mit längeren Übergangsfristen bis zum Jahr 2003 lediglich für die drei Staaten der Süderweiterung beschlossen worden. Über die Öffnung der nationalen Bahnnetze für Verkehrsangebote, also Züge, aus anderen EU-Staaten innerhalb des nächsten Jahrzehnts ist der grundsätzliche politische Konsens hergestellt worden. Und die Verhandlungen auf EU-Ebene über ein Ende der faktischen oder gar rechtlich fundierten Gebietsmonopole für die beiden leitungsgebundenen Energieträger Erdgas und Elektrizität machen sichtbare Fortschritte, wenngleich hier ein Konsens noch aussteht.

Es fällt auf, daß alle drei genannten Monopole mit großen Infrastrukturnetzen verknüpft sind. Aus den technischen und wirtschaftlichen Sachzwängen des Auf- und Ausbaus dieser Netze und dem öffentlichen Interesse an einer flächendeckenden Bereitstellung der entsprechenden Infrastruktur wurde denn auch historisch in Europa die Berechtigung der entsprechenden Monopole auf die über die Netze bereitgestellten Leistungen abgeleitet. Diese ordnungspolitische Ausnahmestellung ist inzwischen sowohl technisch und wirtschaftlich als auch politisch überholt. In der Telekommunikation sind nicht nur die Investitionskosten bezogen auf die Übertragungsleistung durch neue Übertragungstechniken drastisch gesunken, während für den Kapazitätsbedarf – zumal bei einem Preisrückgang – hohe Zuwachsraten prognostiziert werden. Neue Technologien, wie die mobile Telekommunikation und deren Weiterentwicklung zu unmittelbar satellitengestützten Systemen, haben darüber hinaus begonnen, die Monopolstellung der traditionellen terrestrischen Kommunikationsnetze gegenstandslos zu machen.

Im Bahnverkehr hat die zunehmende Konkurrenz der verschiedenen Verkehrsträger den politischen Auftrag der Verkehrserschließung in den Hintergrund treten lassen, den wirtschaftlichen Zwang zur Unternehmensführung nach privatwirtschaftlichen Rentabilitätskriterien bis hin zur Privatisierung hingegen verstärkt.

Auch für die Märkte der leitungsgebundenen Energieträger Erdgas und Elektrizität gilt es als unabdingbar für einen funktionsfähigen unionsweiten Wettbewerb, daß die Bereitstellung der Leitungs-Infrastruktur und die Energielieferung selbst wirtschaftlich getrennt werden (vgl. Ehlermann 1994). Denkbare Möglichkeiten sind, ähnlich verschiedenen in den USA in der Gas- und Elektrizitätswirtschaft realisierten Konzepten:

- die unternehmensrechtliche Trennung („unbundling“) von Leitungsbetrieb einerseits und Energieerzeugung und -lieferung andererseits (diese – den Vorschlägen bei den Bahnen analoge – Regelung käme vor allem für die Gaswirtschaft in Frage, nach dem Vorbild der überwiegenden Praxis in Nordamerika),
- ein „Common-carriage“-System, also die Verpflichtung der Fernleitungsbetreiber, auch Energielieferungen dritter Anbieter an Abnehmer gegen Entgelt durchzuleiten,
- eine Verpflichtung der Energieversorgungsunternehmen, anderen Anbietern mit wettbewerbsfähigen Preisen den Zugang zu ihrem Gebiet zu öffnen, indem sie ihnen ihre Lieferungen abkaufen und selbst weitervermarkten (Alleinkäufersystem).

Unter den genannten drei Bereichen ist die Deregulierung und Marktöffnung der leitungsgebundenen Energiewirtschaft, vor allem der Elektrizitätswirtschaft, politisch derzeit noch am meisten umstritten. Denn die Marktprozesse in diesem Wirtschaftszweig sind in den meisten Mitgliedstaaten durch übergeordnete energie-, umwelt- und industriepolitische Ziele und Vorgaben geprägt und modifiziert, die zudem noch stark differieren. So werden in Deutschland über den Strompreis derzeit noch die nationale Steinkohleförderung sowie in zunehmendem Maße die Stromerzeugung aus regenerativen Energiequellen (Wind-, Solarenergie) subventioniert. In Frankreich ist die Energiepolitik seit langem auf eine weitgehende Autarkie beim Primärenergieeinsatz für die Stromerzeugung durch Nutzung der Nuklearenergie ausgerichtet. Andere EU-Mitglieder, wie Italien und Österreich, haben sich explizit gegen die Nuklearenergienutzung entschieden. Eine Liberalisierung des Strommarktes ist mithin schwer vorstellbar, wenn sie nicht durch eine umfassende positive Integration in der Energiepolitik ergänzt wird.

5. Der ordnungspolitische „acquis comunautaire“ und die „flankierenden Politiken“

Die genannten, noch nicht binnenmarktkonformen Bereiche und die großen Fortschritte, die auch hier teilweise bereits erzielt worden oder absehbar sind, lassen noch einmal deutlich werden, wie weit die ordnungspolitische Dynamik des Binnenmarktprogramms trug und noch immer trägt. Die Überlegenheit des (mit der bedeutenden Ausnahme der Agrarmärkte) unionsweit wirkenden Koordinationsmechanismus „Markt" über wettbewerbsbeschränkende oder -verhindernde nationalstaatliche oder gemeinschaftliche Regulierungen scheint weitgehend anerkannt und Bestandteil des „acquis comunautaire" geworden zu sein.

Doch sind mit dem Deregulierungskonsens des Binnenmarktprogramms die ordnungspolitischen Differenzen keineswegs verschwunden. Sie haben sich vielmehr auf das Feld der positiven Integrationspolitik verlagert, die parallel zum Binnenmarktprozeß erheblich ausgeweitet worden ist.

Diejenigen Mitgliedstaaten, allen voran Frankreich, die bislang eine sehr aktive Politik der staatlichen Ordnung oder zumindest Steuerung der Märkte betrieben hatten, sind bestrebt, diese ordnungspolitische Orientierung möglichst weitgehend auf die Union zu übertragen. Nachdem sie im Zuge des Binnenmarktprozesses auf ihre *nationalen* Kompetenzen auf diesem Feld verzichtet haben, sollen durch Maßnahmen der EU zumindest die politisch unerwünschten Resultate des Marktprozesses nachträglich korrigiert und zugleich die *Fähigkeit* für wichtig gehaltener Unternehmen oder Branchen für die Behauptung im Wettbewerb gezielt hergestellt werden.

Andere Mitgliedstaaten sehen in solchen Bestrebungen den mit ihrem Verständnis von wirtschaftlicher Ordnungspolitik nicht vereinbaren Versuch, die alte Politik der Regulierung und Behinderung marktwirtschaftlicher Allokationsprozesse im EU-Rahmen neu zu installieren und durch solche wettbewerbsverzerrenden Eingriffe die im Wettbewerb erfolgreichen Unternehmen um die Früchte ihres Erfolgs zu bringen.

Die ordnungspolitischen Konflikte werden unter dem Binnenmarktregime folglich vor allem im Entscheidungsprozeß über die Reichweite und die Inhalte *gemeinsamer* „positiver Integrationspolitiken" in den Unionsinstanzen ausgetragen. Sie, in der Sprachregelung der EU die „flankierenden Politiken" des Binnenmarktprogramms, vervollständigen mithin einen ordnungspolitischen „acquis comunautaire", dessen Inkonsistenz, Defizite und letztlich Instabilität an ihnen deutlich abgelesen werden können. Das soll die folgende übersichtsartige Darstellung zeigen. Sie geht nicht näher auf Inhalt und Mittel der einzelnen flankierenden Politiken ein, denn diese sind Gegenstand zahlreicher spezieller Untersuchungen, auch im Kontext des vorliegenden Bandes.

5.1 „Marktversagen" und Subsidiaritätsprinzip

Zwei grundsätzliche ordnungspolitische Entscheidungen sind hinsichtlich jedes Politikfeldes (und jeder einzelnen Maßnahme) der positiven Integration im Binnenmarkt zu treffen:

1. Sind überhaupt politische Maßnahmen notwendig, um das angestrebte Ziel zu erreichen, oder läßt sich dieses besser über den Marktmechanismus erreichen? Zu entscheiden ist also darüber, ob *Marktversagen* vorliegt oder nicht.
2. Wenn politische Maßnahmen für notwendig gehalten werden, ist es dann erforderlich, daß sie auf EU-Ebene realisiert werden oder können sie mit gleicher Wirksamkeit von den Mitgliedstaaten wahrgenommen werden? Zu entscheiden ist mithin darüber, ob Zuständigkeiten und Einzelmaßnahmen der EU auch unter Beachtung des *Subsidiaritätsprinzips* begründet sind.

Schon auf dieser Ebene ist nahezu jede Entscheidung des hier betrachteten Zeitraums seit 1985 umstritten gewesen.

Marktversagen liegt nach wirtschaftswissenschaftlichem Verständnis nicht nur im Fall *öffentlicher* Güter und Leistungen vor, die sich definitionsgemäß nicht privaten Eigentumsrechten unterwerfen lassen. Von Marktversagen im Binnenmarkt, das politisches Handeln durch die Union begründet, wird auch in den Fällen gesprochen, in denen bestimmte wirtschaftliche Aktivitäten im Binnenmarkt grenzüberschreitende *negative externe Effekte* verursachen. Deren Diagnose und erst recht quantitative Ermittlung ist jedoch nach objektiven Kriterien selten möglich. Normative Entscheidungen sind daher bei der Begründung politischer Maßnahmen die Regel. Entsprechende nationale Positionen im EU-Entscheidungsprozeß mögen sich aus den jeweils spezifischen gesellschaftlichen Präferenzen in den einzelnen Mitgliedstaaten ableiten. Ebenso aber können solche – vorgeblichen – nationalen gesellschaftlichen Präferenzen auch nur der Legitimation spezifischer wirtschaftlicher Wettbewerbsinteressen im Binnenmarkt dienen.

Auch das *Subsidiaritätsprinzip* ist eine politische Leitlinie, deren Umsetzung weitgehend politischem Ermessen unterliegt. Als Rechtsnorm ist es, wiewohl in Art. 3, Abs. 2 EGV explizit niedergelegt, kaum operabel. So kann es von den Mitgliedstaaten auch zur Legitimation einer Desintegration unter dem Titel der Dezentralisation in Anspruch genommen werden. Statt einheitlicher politischer Rahmenbedingungen würde dies zu einem verstärkten institutionellen Wettbewerb der Mitgliedstaaten und ihrer Regelungssysteme im Binnenmarkt führen. Wohlfahrtsverluste durch politische Beeinflussung der Standortwahl von Unternehmen und damit eine Verzerrung des Allokationsprozesses könnten die Folge sein. Ordnungstheoretisch muß, wie der Wissenschaftliche Beirat des BMWi (Bundesministerium für Wirtschaft) feststellt, eingeräumt werden: „Wenn der Staat tätig wird, weil Wettbewerb allein die bessere Lösung nicht hervorbringen kann, so läßt sich auch nicht die Vermutung begründen, die bessere Lösung werde dann im Wettbewerb der Staaten gefunden." (Wissenschaftlicher Beirat 1994: 25f.).

5.2 Die „klassischen" marktsichernden Felder der Ordnungspolitik: Eigentumsordnung, Wettbewerb, Geldwertstabilität

Folgt man in der Betrachtung der positiven Integrationspolitik nicht der chronologischen Reihenfolge, sondern der ordnungspolitischen Systematik, so werden gegenwärtiger Stand und Grenzen ordnungspolitischer Konvergenz in der Union gerade an den eingangs genannten drei im deutschen ordoliberalen Verständnis elementaren Aufgaben marktwirtschaftlicher Ordnungspolitik deutlich: sichere Eigentumsordnung, funktionsfähiger Wettbewerb, stabiler Geldwert. Für alle drei ist zwar unbestritten, daß sie nicht dem Marktmechanismus überlassen werden können. Und sie lassen sich auch in konkrete Anforderungen des Binnenmarktes übersetzen. In der Praxis des politischen Entscheidungsprozesses besteht jedoch zumindest für zwei der drei Bereiche kein Konsens, die Zuständigkeit auf die Union zu übertragen.

Die *Sicherung der Eigentumsordnung* kann in einem hochintegrierten Wirtschaftsraum wie dem der EU durch unzureichend koordinierte nationalstaatliche Maßnahmen nicht mehr hinreichend gewährleistet werden. Die Liberalisierung des Kapitalverkehrs erleichtert die Geldwäsche von Erträgen aus kriminellen Aktivitäten, wenn es keine effizienten unionsweiten Instrumente zum Aufspüren der entsprechenden Finanztransaktionen und zum Einfrieren der betreffenden Beträge gibt. Die erheblichen Finanztransfers im Rahmen des supranationalen Finanzausgleichs ermöglichen Subventionsbetrug im großen Stil. Diesen illegalen Zufluß von Mitteln aus dem Gemeinschaftshaushalt zu unterbinden, haben nationalstaatliche Exekutiven häufig keinen hinreichenden Anreiz.

Die Zusammenarbeit auf den Gebieten Justiz und Inneres, die in Maastricht beschlossen wurde (Titel VI, Art. K-K. 9, EUV), trägt mithin aus wirtschaftlicher Sicht einem dringenden ordnungspolitischen Erfordernis des Binnenmarktes Rechnung; ihre wirksame Umsetzung scheitert jedoch bislang an den Souveränitätsvorbehalten einiger Mitgliedstaaten, insbesondere Frankreichs und Großbritanniens.

Ein *funktionsfähiger Wettbewerb* im gemeinsamen Markt erfordert eine gemeinsame Wettbewerbspolitik. Diese bildete einen Kernbestandteil des EWG-Vertrages seit 1957. Der Binnenmarkt hat jedoch eine Anpassung der bestehenden wettbewerbspolitischen Instrumente unerläßlich gemacht. Mit dem Abbau der sonstigen zur Verbesserung der Wettbewerbsposition inländischer Anbieter nutzbaren Handelshemmnisse haben direkte und indirekte nationale, regionale oder lokale Subventionen für bestimmte Branchen oder Unternehmen, nicht zuletzt solcher in Staatseigentum, an Bedeutung erheblich gewonnen. Die supranationale Subventionskontrolle muß mit dieser Entwicklung Schritt halten.

Unter dem Druck des verschärften Wettbewerbs im Binnenmarkt sind in den letzten Jahren sogar neue Wünsche zur Genehmigung von einmaligen, vorgeblich „letztmaligen" Strukturanpassungs- und Sanierungsbeihilfen für staatliche Unternehmen an die Kommission gerichtet und von dieser genehmigt worden.

Dennoch erlaubt die Handhabung und öffentliche Diskussion dieser Fälle die Schlußfolgerung, daß die Kommission das Subventionsverbot des EG-Vertrages nicht nur mit zunehmender Entschlossenheit und Konsequenz umsetzt, sondern in dieser Position auch durch einen wachsenden ordnungspolitischen Konsens unter den Mitgliedstaaten unterstützt wird.

Im Unterschied zum Instrumentarium der Subventionskontrolle erwies sich das der Kartellaufsicht im Wettbewerbsrecht der EG als unzureichend. Es mußte durch eine gemeinschaftsweite Fusionskontrolle ergänzt werden. Grenzüberschreitende Unternehmenszusammenschlüsse und -übernahmen waren durch die auf den nationalen Markt abstellende Fusionskontrolle einzelner Mitgliedstaaten nicht zu erfassen. Die Definition einer möglichen marktbeherrschenden Stellung im Binnenmarkt als Untersagungsgrund für Fusionen wurde unerläßlich. Sie wurde 1989 durch die Verordnung 4064/89 des Rates (Abl. L 395) eingeführt, vor allem auf Betreiben der beiden Staaten, die auch national bereits wirksame Fusionskontrollen hatten: Großbritannien und Deutschland. Im britischen und deutschen ordnungspolitischen Verständnis wird die Fähigkeit von Unternehmen, sich im globalen Wettbewerb zu behaupten, wesentlich durch einen funktionsfähigen Wettbewerb auf ihrem Heimatmarkt stimuliert. Aus französischer Sicht hingegen sind Unternehmensgröße und hoher Marktanteil auf dem Heimatmarkt eine wichtige Voraussetzung für die internationale Wettbewerbsfähigkeit; um sie zu erreichen, sei daher eine marktbeherrschende Stellung europäischer Großunternehmen im Binnenmarkt in Kauf zu nehmen. Dieser ordnungspolitische Konflikt ist auch nach Inkrafttreten der EU-Fusionskontrolle bestehen geblieben. Er entzündet sich unter anderem an der Stellung der Europäischen Kommission als oberster Wettbewerbsbehörde und zugleich höchster *politischer* Instanz bei wettbewerbsrechtlichen Entscheidungen. Sie gibt etwa auf deutscher Seite Anlaß zur – durch die bisherige Praxis kaum gerechtfertigten – Sorge vor einer Politisierung der EU-Fusionskontrolle und damit ihrer letztlichen Subsumtion unter industriepolitische Erwägungen. Auf französischer Seite hingegen wird eine ungenügende Berücksichtigung industriepolitischer Kriterien und *globaler* Wettbewerbsverhältnisse kritisiert. Aktuelle Reformüberlegungen, die vor allem von der Bundesregierung in die Diskussion auf EU-Ebene eingebracht wurden und auf die Schaffung einer unabhängigen europäischen Kartellbehörde nach deutschem Vorbild zielen, die der Kommission nur noch die letztinstanzliche politische Entscheidung ließe, sind jedoch auch in Deutschland ordnungspolitisch sehr umstritten (Janicki/Molitor 1995). Auch das Verhältnis zwischen nationalen und Unionszuständigkeiten in der Wettbewerbspolitik und namentlich in der Fusionskontrolle wird unter Berufung auf das Subsidiaritätsprinzip weiterhin kontrovers diskutiert. Die Tendenz geht jedoch bislang in die Richtung, die auch vom BDI in einem Memorandum zur Wettbewerbspolitik vertreten wird (Bundesverband der Deutschen Industrie 1995): Im Interesse einer größeren Konsistenz der Fusionskontrolle sollten die EU-Zuständigkeiten zu Lasten der Kompetenzen nationaler Kartellbehörden ausgeweitet werden.

Die *Stabilität des Geldwertes* gilt grundsätzlich keineswegs in allen Mitgliedstaaten als vorrangiges Ziel wirtschaftlicher Ordnungspolitik. Unter den Staaten der EU-15 kann das in längerfristiger Betrachtung nur für Deutschland, Österreich und die Niederlande gesagt werden. Umstritten war und ist aber auch, ob dies überhaupt Aufgabe einer *gemeinsamen Politik* ist oder in der Hoheit der einzelnen Mitgliedstaaten bleiben sollte. Zwar reduziert eine einheitliche Währung die Transaktionskosten im Binnenmarkt. Doch ist dieser zusätzliche gesamtwirtschaftliche Grenzertrag eines Übergangs zur Währungsunion gering im Verhältnis zu dem Verzicht der Mitgliedstaaten auf den Kernbereich ihrer wirtschaftspolitischen Souveränität. Zudem spricht die Erfahrung seit der Einrichtung des Europäischen Währungssystems (EWS) (vgl. Busch, in diesem Band) dafür, daß gerade die unter ordnungspolitischen Gesichtspunkten wünschenswerte stabilitätspolitische Konvergenz der Mitgliedstaaten unter Binnenmarktbedingungen auch durch wirtschaftspolitische „institutional competition" der Mitgliedstaaten erreicht wird. Auf der anderen Seite erlaubt es die nationale geld- und währungspolitische Souveränität, wie die Entwicklung im EWS seit 1992 gezeigt hat, spezifische nationale Anpassungslasten über Wechselkursveränderungen oder den Zinsmechanismus teilweise auf andere Mitgliedstaaten abzuwälzen.

Nachdem mit dem Maastrichter Vertrag die Entscheidung für die Errichtung der Wirtschafts- und Währungsunion (WWU) aus übergeordneten integrationspolitischen Erwägungen (die hier nicht weiter erörtert werden) grundsätzlich gefallen ist, das „ob" mithin nicht mehr zur Debatte steht, wird es unter ordnungspolitischen Aspekten vor allem darum gehen, welche Priorität der zukünftige Rat der Europäischen Zentralbank (EZB) in der Praxis der Preisstabilität in der WWU geben wird, die ihm von Art. 105 EGV als „vorrangiges Ziel" vorgeschrieben wird.

5.3 Den Markt korrigierende flankierende Politiken

In den Kontext des eingangs genannten weiteren Verständnisses von Ordnungspolitik gehören auch jene Politiken zur Gestaltung der ordnungspolitischen Rahmenbedingungen des Binnenmarktes, deren erklärte Aufgabe es ist, Marktversagen im Binnenmarkt zu kompensieren oder zu korrigieren.

Das sind vor allem:

- die Umwelt-, Gesundheits- und Verbraucherschutzpolitiken,
- die Industrie- und Technologiepolitik,
- die Sozialpolitik.

Politik in diesen Bereichen bewegt sich notwendig zwischen zwei Vorwürfen: entweder zu wenig zu tun, um Schäden oder Mängel zu vermeiden oder zu beheben, die von marktgesteuerter Wirtschaftsaktivität verursacht werden, oder aber zu viel zu tun, indem statt der Kompensation tatsächlichen Marktversagens vor allem unerwünschte Wettbewerbsresultate korrigiert werden sollen.

5.4 Normensetzung im Umwelt-, Gesundheits- und Verbraucherschutz

So erfolgreich das liberale, deregulierungsorientierte ordnungspolitische Konzept des Binnenmarktprogramms in den Bereichen Waren- und Dienstleistungsverkehr (vgl. van Scherpenberg 1992: Kap. II und III) bislang umgesetzt worden ist, stieß es von Anfang an auch auf Kritik und ist bis heute umstritten geblieben. Die Befürchtung, der Wettbewerb der nationalen Regelungen könnte zu einer Angleichung auf niedrigem Niveau („race to the bottom") führen, war im „Binnenmarkt"-Artikel 100a EWGV, einer der wichtigsten durch die Einheitliche Europäische Akte (EEA) von 1987 neu eingeführten Vertragsbestimmungen, in Gestalt der Ausnahmeklausel des Absatz 4 berücksichtigt worden.

Aber auch unabhängig von dieser Vertragsbestimmung gibt es keine durchgängige Evidenz dafür, daß es unter dem Druck des Wettbewerbs zu einer Konvergenz auf niedrigem Niveau kommt (vgl. Eichener, in diesem Band).

5.5 Industrie- und Technologiepolitik

Die Auseinandersetzungen um die Industriepolitik lassen die ordnungspolitischen Gegensätze, die unter den Bedingungen des Binnenmarktes durch politischen Konsens überbrückt werden müssen, sowie die Art und Weise dieser Überbrückung ohne Überwindung vielleicht am deutlichsten hervortreten (vgl. Grande, in diesem Band).

Vor allem auf französischen Druck hin, unterstützt insbesondere durch Belgien, Italien und Spanien, hat die Industriepolitik als Aufgabe der EU schließlich im Vertrag von Maastricht einen wesentlich höheren Rang erhalten. „Die Stärkung der Wettbewerbsfähigkeit der Industrie der Gemeinschaft" wurde in den Katalog der Tätigkeiten der Gemeinschaft in Art. 3 EGV aufgenommen. Und ein neuer Art. 130 EGV konkretisiert in drei Absätzen die Wahrnehmung dieser Aufgabe.

Doch konnte sich in dessen endgültiger Formulierung das Interesse der Gegner einer aktiven Industriepolitik, neben Deutschland und Großbritannien auch die Niederlande, Luxemburg und Dänemark, an einer möglichst nichtinterventionistischen, wettbewerbsorientierten Ausrichtung der neuen Vertragsbestimmungen weitgehend durchsetzen. Vor allem wurde auf Druck Deutschlands für die Beschlußfassung über spezifische industriepolitische Maßnahmen nach den Kriterien des Art. 130 die *Einstimmigkeit* vorgeschrieben (Art. 130,3).

Zu welchem Fiasko eine sektorspezifische Industriepolitik führen kann, hat sich am Beispiel des hochauflösenden Fernsehens (HDTV) gezeigt (Hellmann 1994). Die Europäische Kommission hatte schon mit ihrem unter Federführung Bangemanns erarbeiteten industriepolitischen Rahmenprogramm (Kommission 1990) einer interventionistischen sektorbezogenen Industriepolitik eine klare Absage erteilt und das Konzept einer am Wettbewerb in offenen Märkten orientierten „horizontalen" Industriepolitik vorgestellt. Darunter sind vor allem Maßnahmen im Bereich der wirtschaftlichen und sozialen Rahmenbedingungen zu verstehen, durch die Hemmnisse für die Wettbewerbsfähigkeit der europäischen Industrie abgebaut und Impulse für ihre Entfaltung gegeben werden: zum Beispiel durch Deregulierung, Flexibilisierung der Faktormärkte, Investitionen in gesamtwirtschaftliche Infrastruktur und Humankapital (Ausbildung, Forschung und technologische Entwicklung), ordnungspolitische Erleichterungen für das Erreichen von Größenvorteilen, Anreize für Innovationen.

Diese Linie ist durch das Weißbuch über Wachstum, Wettbewerbsfähigkeit und Beschäftigung, das die Kommission im Herbst 1993 vorlegte (Kommission 1993a) grundsätzlich bestätigt worden.

5.6 *Sozialpolitik*

Unter den „flankierenden Politiken" hat die Sozialpolitik, auch unter dem Begriff der „sozialen Dimension des Binnenmarktes" zusammengefaßt, in der Öffentlichkeit der meisten Mitgliedstaaten wegen ihres breiten Wirkungsbereiches besondere Aufmerksamkeit gefunden (vgl. auch Leibfried und Majone, in diesem Band).

Die Nichtteilnahme Großbritanniens verweist auf die tiefgreifenden ordnungspolitischen Differenzen, die hier zutage traten. Aus britischer Sicht ist die Sozialpolitik vielleicht der wichtigste Bereich innerhalb der europäischen Integration, für den das Prinzip des Institutionenwettbewerbs unter den Mitgliedstaaten gelten sollte. Statt einheitliche wohlfahrtsstaatliche Mindeststandards für die EU anzustreben, sollte jeder Staat mit seinem System der sozialen Sicherung, der sozialen Schutzbestimmungen für Arbeitnehmer und der Organisation der innerbetrieblichen Beziehungen der Sozialpartner die Standortkonkurrenz im Binnenmarkt bestreiten können.

Eine der ersten Maßnahmen im Rahmen des Abkommens über die Sozialpolitik war die 1994 verabschiedete – im wesentlichen produktionskostenneutrale – Richtlinie über die Einführung europäischer Betriebsräte für Großunternehmen mit Betrieben in mehreren Mitgliedstaaten. Sie ist zugleich ein gutes Beispiel dafür, wie der Wettbewerb der Normen und Regelungen in Europa in diesem Bereich funktionieren könnte: Obwohl sie für Unternehmen und Betriebsstätten in Großbritannien nicht gilt, haben doch bereits jetzt eine Reihe von Unternehmen, darunter auch solche mit Sitz der Unternehmensführung in Großbritannien, auf freiwilliger Basis begonnen, mit den gewerkschaftlichen Vertretungen der Arbeitnehmer ihrer britischen Betriebsstätten über die Modalitäten der Einrichtung von Betriebsräten zu verhandeln, da sie offensichtlich die Vorteile dieser Einrichtung für den Betriebsfrieden höher bewerten als mögliche Verluste an Flexibilität der Unternehmensführung.

6. Perspektiven ordnungspolitischer Konvergenz

Im Nebeneinander von ausgehandelten gemeinschaftsweiten Regelungen einerseits und einem Wettbewerb nationaler Standards und sonstiger ordnungspolitischer Rahmenbedingungen andererseits scheint sich eine allmähliche Konvergenz der unterschiedlichen ordnungspolitischen Denkweisen in der EU zu entwickeln. Sie wird aus drei Richtungen gefördert:

- durch den Zwang zum Konsens in den Entscheidungsgremien,
- durch die innergemeinschaftliche Standortkonkurrenz,
- durch die allmähliche Herausbildung einer gemeinschaftsweiten Öffentlichkeit, über die sich so etwas wie europäische gesellschaftliche Präferenzen zu ordnungspolitischen Fragen artikulieren.

Beispiele sind nicht nur die gemeinschaftsweit zunehmende Popularität konsequenter Stabilitätspolitik oder die öffentliche Unterstützung für die Privatisierung und Deregulierung von bislang staatlich kontrollierten Unternehmen und Wirtschaftszweigen in Italien, Spanien, Frankreich und Deutschland. Auch das wachsende politische Gewicht von Umwelt-, Gesundheits- und Verbraucherschutzbedürfnissen in bislang in dieser Hinsicht wenig sensibilisierten Mitgliedstaaten kann als Beleg dafür aufgefaßt werden, daß ordnungspolitische Konflikte im Binnenmarkt immer weniger als Konflikte unterschiedlicher nationaler Interessen, stattdessen immer mehr als übernationale gesellschaftliche Konflikte auftreten.

In dieser Entwicklung zeichnet sich eine entstehende ordnungspolitische Identität der Gemeinschaft ab, die sich unterscheidet von den „Gespenstern" der achtziger Jahre – dem diskretionär-interventionistischen, „voluntaristischen" französischen Modell und dem regulierungsfeindlichen, strikt deregulierungsorientierten neoliberalen wirtschaftspolitischen Konzept der britischen Regierung unter Margaret Thatcher, das vor allem die wissenschaftlichen Vertreter der „Brügge-Gruppen" als Leitmotiv für die EU propagierten (Minford 1992). Beide Ansätze erweisen sich in einer hochintegrierten Staatengemeinschaft mit supranationalen Entscheidungsprozessen, wie sie die EG des vollendeten Binnenmarktes darstellt, als nicht hinreichend kompromißfähig und damit nicht praktikabel. Der Ansatz der deutschen Ordnungspolitik (auf einen funktionsfähigen Marktmechanismus hin orientierte Regelgebundenheit) hat demgegenüber in der Praxis, wie auch Hodges/Woolcock (1993: 341ff.) unter der Überschrift „An *Ordnungspolitik* for Europe?" betonen, die größeren Aussichten, im Rahmen einer maßvollen, pragmatischen Rechtsangleichung (Ehlermann 1995) diese künftige ordnungspolitische Identität der EU zu prägen.

Dies könnte auch für die Außenwirtschaftsbeziehungen der EU gelten. Hier treten die unterschiedlichen ordnungspolitischen Konzepte im Binnenmarkt bislang noch am stärksten als nationale Interessendivergenzen auf. Denn mit der Vollendung des Binnenmarktes entstand auf diesem Gebiet neuer Handlungsbedarf, da alte bilaterale Maßnahmen, die bislang noch nach Art. 115 EWGV zulässig waren, ohne innergemeinschaftliche Grenzkontrollen nicht mehr konsequent durchzusetzen sind. Insbesondere die traditionell stärker protektionistisch orientierten Mitgliedstaaten unter Führung Frankreichs zeigen hier, daß sie ihr Festhalten an dem für die eigene Wirtschaft zu schützenden und als Operationsbasis zu erhaltenden Markt nicht mehr auf den nationalen, sondern auf den EU-Binnenmarkt beziehen. Zwar ist für einen die „Festung Europa" schützenden EU-Protektionismus im Ministerrat in der Regel keine Mehrheit zu haben. Das zeigte sich erst im Februar 1995 wieder in der vorläufigen Abwehr des französischen Vorstoßes zur Begrenzung nichteuropäischer Sendungen auf europäischen Fernsehprogrammen. Doch die Stärkung der außenwirtschaftspolitischen Kompetenzen der Europäischen Kommission, die auf französischen Druck im Gegenzug für Frankreichs Zustimmung zur jüngsten GATT-Vereinbarung beschlossen wurde, vor allem aber solche Exzesse an interventionistischer und protektionistischer Außenwirtschaftspolitik wie die 1993 in Kraft getretene Bananenmarktordnung lassen erkennen, daß gerade die Außenwirtschaftspolitik der EU weiterhin eines der wichtigsten ordnungspolitisches Konfliktfelder in der Union bleiben wird.

Insgesamt gesehen aber ist auch die ordnungspolitische Außenwirkung der Binnenmarktpolitik in Europa positiv. Denn diese hat wesentliche Anstöße dazu gegeben, auch international eine stärkere ordnungspolitische Konvergenz anzustreben. Das gilt sowohl für außereuropäische regionale Integrationsansätze – zu sehen etwa an den Vereinbarungen im Rahmen des NAFTA-Abkommens (North American Free Trade Assoziation) über Umwelt- und Sozial-Mindeststandards – als auch auf multilateraler Ebene: die *internationale wirtschaftliche Ordnungspolitik*, verkörpert in den „neuen Themen" der Welthandelspolitik: Harmonisierung von Umweltstandards, Sozialstandards, Wettbewerbspolitik, sowie nichtdiskriminierende Behandlung ausländischer Direktinvestitionen. Die EU fungiert mit der im Binnenmarkt erreichten ordnungspolitischen Konvergenz auf allen vier Gebieten als Vorbild einer erfolgreichen internationalen ordnungspolitischen Annäherung.

Literatur

BDI (Bundesverband der Deutschen Industrie) (1995): Standortfaktor Wettbewerbspolitik – Reformbedarf auf deutscher und europäischer Ebene, BDI-Drucksache Nr. 286.

Biehl, Dieter (1969): Ausfuhrland-Prinzip, Einfuhrland-Prinzip und Gemeinsamer-Markt-Prinzip. Ein Beitrag zur Theorie der Steuerharmonisierung (Köln).

Cecchini, Paolo (1988): Europa '92. Der Vorteil des Binnenmarktes (Baden-Baden).

Cooper, Richard N. (1976): Worldwide versus Regional Integration: Is there an Optimum Size of the Integrated Area?; in: Machlup, Fritz (Hg.), Economic Integration Worldwide, Regional, Sectoral (London), S. 41-53.

Ehlermann, Claus-Dieter (1994): Quelles règles de fonctionnement pour le Marché Intérieur de l'énergie?; in: Revue du Marché Commun et de l'Union Européene 380, S. 450-459.

Ehlermann, Claus-Dieter (1995): Ökonomische Aspekte des Subsidiaritätsprinzips: Harmonisierung versus Wettbewerb der Systeme; in: Integration 18, S. 11-21.

Eucken, Walter (1990): Grundsätze der Wirtschaftspolitik, 6. Aufl. (Tübingen).

Giersch, Herbert (1987): Eurosklerose, Europhorie oder Revitalisierung der europäischen Wirtschaft?; in: Die Europäische Gemeinschaft in der Weltwirtschaft. Dokumente zum Malenter Symposion 6 (Baden-Baden), S. 43-67.

*Hellmann, Rainer (1994): Europäische Industriepolitik. Zwischen Marktwirtschaft und Dirigismus (Baden-Baden).

*Hodges, Michael; Woolcock, Stephen (1993): Atlantic Capitalism versus Rhine Capitalism in the European Community; in: West European Politics 16, S. 329-344.

Janicki, Thomas; Molitor, Bernhard (1995): Wettbewerbssicherung durch Schaffung eines Europäischen Kartellamtes; in: Wirtschaftsdienst 75, S. 36-39.

Kommission (1985): Vollendung des Binnenmarktes. Weißbuch der Kommission an den Europäischen Rat, KOM (85) 310, 14.6.1985.

Kommission (1990): Industriepolitik in einem offenen und wettbewerbsorientierten Umfeld: Ansätze für ein Gemeinschaftskonzept, KOM (90) 556, 16.11.1990.

Kommission (1991ff.): Nationale Umsetzungsmaßnahmen. Zur Durchführung des Weißbuchs der Kommission über die Vollendung des Binnenmarktes, halbjährlich zum 30.4. und 31.10.

Kommission (1993a): Wachstum, Wettbewerbsfähigkeit und Beschäftigung. Herausforderungen der Gegenwart und Wege ins 21. Jahrhundert. Weißbuch; in: Bulletin der Europäischen Gemeinschaften, Beilage 6/93.

Kommission (1993b): „Die optimale Gestaltung des Binnenmarktes“: Strategisches Programm. Mitteilung der Kommission an den Rat, KOM (93) 632, 22.12.1993.

*Kommission (1994) (Hg.): Wettbewerb und Integration. Die Fusionskontrollpolitik der Gemeinschaft (mit Beiträgen von P. Seabright, L. Sleuwaegen, P.J. Williamson); in: Europäische Wirtschaft 57.

Minford, Patrick (Hg.) (1992): The Cost of Europe (Manchester).

Rahmsdorf, Detlev W. (1982): Ordnungspolitischer Dissenz und europäische Integration (Kehl am Rhein).

*van Scherpenberg, Jens (1992): Ordnungspolitik im EG-Binnenmarkt. Auftrag für die Politische Union (Baden-Baden).

Tinbergen, Jan (1965): International Economic Integration, 2. Aufl. (Amsterdam).

*Tsoukalis, Loukas (1993): The New European Economy. The Politics and Economics of Integration (Oxford).

Wissenschaftlicher Beirat beim Bundesministerium für Wirtschaft (1994): Gutachten „Ordnungspolitische Orientierung für die Europäische Union“ vom 31. August 1994.

*Woolcock, Stephen (1994): The Single European Market. Centralization or Competition among National Rules; The Royal Institute of International Affairs, European Programme (London).

Das Paradox der Schwäche: Forschungspolitik und die Einflußlogik europäischer Politikverflechtung

Edgar Grande

1. Einleitung: Regieren in verflochtenen Verhandlungssystemen

Der europäische Integrationsprozeß hat die Staats- und Politikwissenschaft in eine schwierige Situation gebracht. Die „Eigenartigkeit und Einzigartigkeit der Gemeinschaft gegenüber aller Staatlichkeit" (Ipsen 1987: 202), die sich mit den jüngsten Integrationsschritten immer deutlicher zeigt, läßt die in der Staats- und Verfassungslehre gebräuchlichen Begriffe und Konzepte zunehmend ins Leere greifen. Alle Versuche, das bisherige Resultat des europäischen Integrationsprozesses mit den gängigen Kategorien des Völker- und Staatsrechts zu fassen und entweder als „Staatenbund" oder als „Bundesstaat" zu klassifizieren, haben wenig befriedigende Ergebnisse gebracht. Und auch die Vorstellungen vom „modernen Staat" mit seiner inneren und äußeren Souveränität, wie sie von Otto Hintze (1970) und Max Weber (1972) zu Beginn des 20. Jahrhunderts idealtypisch entwickelt wurden, helfen zum Verständnis der politischen Ordnung in Europa nur noch wenig (vgl. Ellwein 1992). Einfachen Zuordnungen und eindeutigen Begriffen hat sich die Europäische Union bislang mit Erfolg entzogen.

Ob dies daran liegt, daß in Westeuropa – ungewollt von der Politik und weitgehend unbemerkt von der Staats- und Politikwissenschaft – eine neue Form der politischen Herrschaft entstanden ist (so insbesondere Schmitter 1991 und Wessels 1992), das bedarf zweifellos noch der weiteren Klärung und kann hier offen gelassen werden. Weniger strittig dürfte sein, daß mit dem europäischen Integrationsprozeß bereits jetzt eine neue Architektur von Staatlichkeit entstanden ist, in der supra-nationale und nationale (bzw. sub-nationale) Akteure und Kompetenzen auf eine höchst spannungsreiche und komplizierte Art und Weise integriert sind (vgl. Grande 1993; Héritier u.a. 1994). Auch wenn es sich bei der Europäischen Union um keinen „Staat" im herkömmlichen Sinn handelt, so ist sie inzwischen doch ein integraler Bestandteil eines ausdifferenzierten, mehrstufigen Gesamtsystems von Staatlichkeit in Europa und nichts dieser Staatlichkeit äußerliches. Wenn deshalb vom „Staat" in Europa die Rede ist, dann kann folglich nicht mehr (nur) der Nationalstaat gemeint sein, dann muß die europäische Ebene mit eingeschlossen werden, und die Institutionen der Gemeinschaft müssen zu den (korporativen) „staatlichen" Akteuren gezählt werden. Wie die Aktivitäten und Kompetenzen in dieser Mehrebenen-Struktur europäischer Staatlichkeit auf die verschiedenen Akteure und Handlungsebenen verteilt sind, welche Handlungs- und Problemlösungsfähigkeit der „Staat" unter diesen Bedingungen besitzt, sofern es überhaupt noch sinnvoll ist, hier von „Staat" zu sprechen, diese Fragen rücken zunehmend ins Zentrum politikwissenschaftlichen Interesses. Zu ihrer Beantwortung bedarf es auch empirischer Analysen, die Aufschluß geben über die Institutionen und Verfahren, die Akteure und Aktivitäten in den zahlreichen Politikfeldern, in denen die Europäische Union inzwischen Kompetenzen erlangt hat.

Die Forschungs- und Technologiepolitik (FuT-Politik), das Politikfeld, das im Mittelpunkt dieses Beitrags steht[1], ist ein gutes Beispiel, um die neue Gesamtarchitektur von Staatlichkeit in Europa zu analysieren. Die FuT-Politik wurde vor allem in den achtziger Jahren institutionell erheblich ausdifferenziert – und europäisiert. Selbstverständlich ist die staatliche Technologiekooperation auf europäischer Ebene kein gänzlich neues Phänomen. Die europäischen Staaten arbeiten bereits seit den fünfziger Jahren in einer Reihe von Technologiebereichen und in den unterschiedlichsten institutionellen Formen zusammen (vgl. Sharp/Shearman 1987). Mit der Übertragung eigener Kompetenzen auf die Europäische Gemeinschaft, insbesondere mit Art.

---

1 Der vorliegende Beitrag faßt Teilergebnisse eines empirischen Forschungsvorhabens zusammen, das am Max-Planck-Institut für Gesellschaftsforschung im Rahmen des Projekts „Industrieforschung und staatliche Politik" durchgeführt wurde. Er basiert im wesentlichen auf einer Untersuchung der bundesdeutschen und der europäischen Förderprogramme im Bereich der Informationstechnik. Eine ausführliche Darstellung dieser Programme mit zusätzlichen Quellenangaben ist im Abschlußbericht des Projekts zu finden, der unter dem Titel „Industrieforschung und Forschungspolitik" erschienen ist (Grande/Häusler 1994). Eine systematischere Analyse der Europäisierung der Forschungs- und Technologiepolitik enthält meine Habilitationsschrift „Vom Nationalstaat zur europäischen Politikverflechtung. Expansion und Transformation moderner Staatlichkeit – untersucht am Beispiel der Forschungs- und Technologiepolitik" (Grande 1994).

130 f-q der Einheitlichen Europäischen Akte von 1987, erhielt die europäische Technologiekooperation jedoch eine neue Qualität. Auf dieser Basis konnte sich die Europäische Gemeinschaft erfolgreich in der FuT-Politik etablieren und verfügt inzwischen über ein nahezu flächendeckendes Netzwerk eigener Forschungsförderprogramme (vgl. Stremmel 1988; Starbatty/Vetterlein 1990; Sandholtz 1992; Grande 1994).

Die FuT-Politik zählt damit zu den – immer zahlreicher werdenden – Politikbereichen, in denen die EG inzwischen eine so große Kompetenzausstattung und ein so hohes Aktivitätsniveau erreicht hat, daß ihre Handlungs- und Problemlösungsfähigkeit nicht mehr nur von der Kooperations- und Verhandlungsbereitschaft der Mitgliedstaaten abhängt. Diese ist nach wie vor eine unverzichtbare Voraussetzung. Aber in diesen Politikbereichen zeigen sich zunehmend auch jene Kernprobleme des Regierens und der Regierbarkeit, die sich bislang vor allem in der Innenpolitik der Nationalstaaten gestellt haben. Hierzu zählen die Probleme der institutionellen Organisation und der internen Koordination staatlichen Handelns, seiner politischen Legitimation und seiner regionalen und sozialen Verteilungsgerechtigkeit.

Zu diesen Kernproblemen des Regierens gehört zweifellos auch die Handlungsautonomie staatlicher Akteure gegenüber organisierten gesellschaftlichen Interessen. Im „Jahrhundert der Verbände“ (Eschenburg 1989), so der allgemeine Befund, sind die Beziehungen zwischen Staat und organisierten Interessen eine Determinante der Politik in demokratischen Industriegesellschaften geworden. Mit der Entdeckung, daß bestimmte Formen der Verbändebeteiligung an öffentlichen Entscheidungsprozessen auch gemeinwohlfördernd sein können, wie sie insbesondere durch die neuere Korporatismusforschung und die Untersuchungen zum „Private Interest Government“ (Streeck/Schmitter 1985) gemacht wurde, konnten zwar überzogene „Unregierbarkeits“-Befürchtungen entkräftet werden, aber das Verhältnis zwischen Staat und organisierten Interessen gilt nach wie vor als prekär, die Kooperationsbereitschaft und „Gemeinwohlorientierung“ von Verbänden als höchst voraussetzungsvoll (vgl. Schmitter/Lehmbruch 1979; von Alemann/Heinze 1979; Mayntz 1992; Streeck 1994). Und im besonderen Fall der FuT-Politik wurde die autonome Handlungsfähigkeit des Staates und seine Problemlösungsfähigkeit bislang aufgrund der großen Abhängigkeit der staatlichen Akteure von den Adressaten ihrer Politik – insbesondere von der Industrie – nur gering veranschlagt.

Mit der Europäisierung staatlicher Politik stellen sich folglich alte Fragen, aber sie stellen sich in einem neuen institutionellen Zusammenhang – und es soll im weiteren am Beispiel der Beziehungen zwischen öffentlichen und privaten Akteuren in der FuT-Politik gezeigt werden, daß dies zu neuen Antworten im Hinblick auf die „Zukunft des Regierens in Europa" (Eising/Kohler-Koch 1994) führen kann. Die These meines Beitrags lautet, daß aufgrund des mehrstufigen Systems europäischer Politikverflechtung, wie es sich in der FuT-Politik herausgebildet hat, eine *substantielle Veränderung in der Einflußlogik staatlicher Politik* erfolgte. Ich werde diese These im folgenden in drei Schritten entwickeln. Zunächst werde ich die Relevanz der europäischen Ebene in der FuT-Politik skizzieren; im zweiten Schritt werden dann die Strukturmerkmale der neuen Organisation staatlicher FuT-Politik herausgearbeitet; und schließlich werde ich am Beispiel der Staat-Industrie-Beziehungen analysieren, wie sich die Einflußlogik staatlicher FuT-Politik mit der europäischen Politikverflechtung verändert hat.

2. Von der „Agrargemeinschaft" zur „Technologiegemeinschaft"? – Die Relevanz europäischer Forschungs- und Technologiepolitik

Ist die EG mit ihren Aktivitäten überhaupt ein relevanter Akteur in der FuT-Politik? Oder haben wir es hier mit einem Fall zu tun, in dem lediglich quantitativ unbedeutende europäische Förderprogramme auf bereits vorhandene nationale Programme „aufgepfropft" werden? Vergleicht man die nationalen Forschungsbudgets mit dem Forschungshaushalt der EG, dann liegt in der Tat der Schluß nahe, daß die EG bei allem Aktivismus, den sie in den achtziger Jahren entwickelt hat, noch immer ein marginaler Akteur in der FuT-Politik ist: Im Jahr 1992 standen den 50 Mrd. ECU, die die EG-Mitgliedstaaten für Forschung ausgegeben haben, lediglich 1,8 Mrd. ECU auf Seiten der EG gegenüber, das waren ca. 3,5% (Eurostat 1994: Tabelle 2). Mit solchen groben Indikatoren wird die Relevanz der EG in der FuT-Politik jedoch erheblich unterschätzt[2]. Die tatsächliche Bedeutung der EG zeigt sich

---

2 Gleichzeitig werden bei diesem Vergleich die finanziellen Handlungsspielräume der nationalen FuT-Politik überschätzt. Denn ein Teil der nationalen Forschungsbudgets besteht lediglich aus Transferzahlungen an internationale Organisationen wie die europäische Weltraumbehörde ESA, und ein weiterer Teil der nationalen Fördermittel wird im Rahmen internationaler Forschungskooperationen wie EUREKA vergeben.

in diesem Politikfeld erst, wenn man differenzierter vorgeht und zumindest drei Aspekte berücksichtigt:

– die *große Dynamik* in der Entwicklung der EG-Aktivitäten,
– ihre starke industriepolitische Orientierung,
– die eindeutige thematische Schwerpunktsetzung.

Tabelle 1: Das Verhältnis der bundesdeutschen[a] und der europäischen FuE-Ausgaben 1980-1993 (in Mio. ECU)

Jahr	D	EG	EG/D in %
1980	6.753,1	284,3	4,2
1981	7.057,5	351,7	5,0
1982	8.125,4	389,2	4,8
1983	8.410,2	462,6	5,5
1984	8.674,1	442,1	5,1
1985	9.446,4	572,2	6,1
1986	10.047,0	660,7	6,6
1987	10.633,1	817,0	7,7
1988	10.729,8	972,1	9,1
1989	11.417,6	1.215,5	10,6
1990	12.240,3	1.313,6[b]	10,7
1991	14.360,7[d]	1.646,4[b]	11,5
1992	15.394,6[d]	1.761,9[b]	11,4
1993	16.227,0[d]	1.950,6[b]	12,0

a Gesamtausgaben von Bund und Ländern für FuE.
b Ohne Verwaltungskosten.
c Sollzahlen.
d Einschließlich der neuen Bundesländer.

Quelle: Eurostat (1994; Tabelle 2); eigene Berechnungen.

Erstens ist der Forschungshaushalt der EG seit der Mitte der achtziger Jahre, beginnend mit dem 1. Forschungsrahmenprogramm, erheblich gewachsen. Zwischen 1980 und 1990 haben sich die Ausgaben für Forschung und Entwicklung (FuE) der EG mehr als vervierfacht; der Anteil der FuE-Ausgaben am EG-Haushalt hat sich mehr als verdoppelt. Die Steigerungsraten blieben zwar hinter dem zurück, was von der Kommission und dem Europäischen Parlament an Mitteln gewünscht und forschungspolitisch für erforderlich gehalten wurde; verglichen mit der inkrementellen Entwicklung der meisten nationalen Forschungshaushalte sind die Zuwächse allerdings enorm. Als Folge dieser ungleichen Entwicklungsdynamik haben sich die Gewichte zwischen den FuE-Ausgaben der Mitgliedstaaten und der EG deutlich (vgl. Tabelle 1). Und mit diesem Vergleich wird die technologiepolitische Bedeutung der EG noch stark unterschätzt, denn die Aufwendungen der EG für die institutionelle Förderung von Hochschulen und Forschungseinrichtungen, die den Großteil der nationalen Forschungsbudgets ausmachen, sind relativ gering.

Tabelle 2: Die Förderschwerpunkte der Forschungsrahmenprogramme der EG (in Mio. ECU)

Rahmenprogramme Aktionsfelder	1984-87	%	1987-91	%	1990-94[a]	%
1. Lebensqualität/ Umweltschutz	385	10,2	375	6,9	587	8,9
2. Information und Kommunikation	600	16,0	2.275	42,2	2.516	38,1
3. Industrielle Modernisierung	460	12,3	845	15,7	1007	15,3
4. Landwirtschaft/ Biotechnologie/ Meeresressourcen	210	5,6	360	6,7	840	12,7
5. Energie	1.770	47,2	1.173	21,7	1063	16,1
6. Wissenschaft und Technik im Dienste der Entwicklung	150	4,0	80	1,5	–	–
7. Wissenschaftlich-technische Zusammenarbeit in Europa	175	4,7	288	5,3	587	8,9
Gesamte Fördermittel	3.750	100,0	5.396	100,0	6.600	100,0

a Die Mittel für das 3. Forschungsrahmenprogramm wurden mit Beschluß des Rates der EG vom 15. März 1993 von 5,7 auf 6,6 Mrd. ECU aufgestockt.

Quelle: Rat (1983; 1987; 1990; 1993).

Zweitens ist die starke industriepolitische Orientierung der FuT-Politik der EG zu beachten. Die Förderaktivitäten der EG erstrecken sich inzwischen zwar über ein breites Spektrum von Themen und Technologien; wie die Verteilung der Mittel erkennen läßt, stehen die „Schlüsseltechnologien" für die industrielle Wettbewerbsfähigkeit der

Gemeinschaft (Informations- und Kommunikationstechnik, Industrielle Modernisierung) aber eindeutig im Mittelpunkt (vgl. Tabelle 2). Ihr Anteil am Forschungsbudget der Gemeinschaft erreichte bereits mit dem 2. Forschungsrahmenprogramm mehr als 50%, und diesen großen Stellenwert konnten sie seither beibehalten.

Drittens schließlich muß berücksichtigt werden, daß die EG bei aller Vielfalt der Programme und Aktionslinien stärkere thematische Schwerpunkte setzt als die FuT-Politik der großen Mitgliedstaaten. Die industrieorientierten Förderaktivitäten selbst sind eindeutig auf die Informations- und Kommunikationstechnik konzentriert. Im 2. und 3. Forschungsrahmenprogramm waren rund 40% der Mittel für Förderaktivitäten in diesem Bereich vorgesehen, und im 4. Forschungsrahmenprogramm sind es (bei insgesamt weiter steigendem Gesamtvolumen) noch immer ca. 36%. Seit der Mitte der achtziger Jahre hat die EG-Kommission hier vor allem die folgenden Programme durchgeführt:

- ESPRIT I – III (European Strategic Programme for Research in Information Technologies; mit einem Fördervolumen von insgesamt ca. 3,7 Mrd. ECU);
- RACE I und II (Research and Development in Advanced Communication Technology for Europe) (ca. 1 Mrd. ECU);
- verschiedene Programme zur Förderung von Anwendungen der Informations- und Kommunikationstechnik u.a. in den Bereichen Verkehr (DRIVE, Dedicated Road Infrastructure for Vehicle Safety in Europe), Gesundheit (AIM, Advanced Informatics in Medicine) und Lernen (DELTA, Development of European Learning through Technology), die im 3. Forschungsrahmenprogramm zum Telematikprogramm zusammengefaßt wurden (ca. 0,5 Mrd. ECU).

Das gesamte Fördervolumen dieser Programme beträgt mehr als 5 Mrd. ECU. Bei einer Förderquote von 50%, wie sie bei EG-Projekten üblich ist, heißt das, daß diese Programme ein Forschungsvolumen von rund 20 Mrd. DM umfassen. Damit haben die Förderprogramme der EG zumindest in diesem Technologiebereich eine Größenordnung erreicht, die für die Unternehmen und die Forschungseinrichtungen der EG-Mitgliedstaaten – an diese wenden sich diese Programme in erster Linie – alles andere als marginal ist. Dies bestätigt sich am Beispiel von Siemens, einem der aktivsten Teilnehmer an den Informationstechnik-Förderprogrammen der EG. Anfang der neunziger Jahre kamen die öffentlichen Fördermittel, die das Unternehmen erhielt, etwa je zur Hälfte aus Programmen des Bundes und aus Programmen der EG. Die öffentlichen Fördermittel deckten zwar nur (noch) 2% der gesamten FuE-Aufwendungen des Unternehmens ab; differenziert man jedoch im Hinblick auf die unterschiedlichen Typen von Forschung und Entwicklung, dann zeigt sich, daß die Bedeutung öffentlicher Förderprogramme teilweise erheblich ist. So werden schätzungsweise 30% der generischen, langfristigen Informationstechnik-Forschung des Unternehmens im Rahmen von Förderprogrammen der EG durchgeführt.

Alles in allem muß die Frage nach der Relevanz der EG in der FuT-Politik mit einem qualifizierten „Ja" beantwortet werden. Das heißt, daß es wichtige Bereiche gibt, in denen die EG ein maßgeblicher, wenn nicht sogar der maßgebliche staatliche Akteur geworden ist. Aber das gilt nicht generell, hiervon ist insbesondere die Finanzierung der Grundlagenforschung und der wissenschaftlich-technischen Infrastruktur in den Mitgliedstaaten der Gemeinschaft (noch) ausgenommen. Und selbstverständlich ist die EG, gemessen an der Verteilung der Haushaltsmittel, noch immer in erster Linie eine „Agrargemeinschaft" und keine „Technologiegemeinschaft". Dies ändert jedoch nichts daran, daß die EG inzwischen in industriepolitisch bedeutsamen Technologiefeldern wie der Informations- und Kommunikationstechnik den Mitgliedstaaten den Rang abgelaufen hat. Nicht von ungefähr wird neuerdings an die „Staatsraison Europas" appelliert und nicht mehr an die Mitgliedstaaten, wenn es darum geht, der „japanisch-amerikanischen Herausforderung" wirkungsvoll zu begegnen (Seitz 1990: 359; vgl. auch Grewlich 1992; Weidenfeld/Turek 1993).

3. Die neue Organisation staatlicher Forschungspolitik: Europäische Politikverflechtung

Welche Konsequenzen hatte diese Europäisierung von Kompetenzen und Aktivitäten für die institutionelle Struktur der FuT-Politik? Ein Blick auf die Organisation der europäischen FuT-Politik zeigt zunächst, daß diese in einem komplexen Institutionen- und Akteursystem formuliert und implementiert werden muß. Es ist an dieser Stelle weder möglich noch erforderlich, das Geflecht all der Institutionen und Akteure, die auf formelle oder informelle Weise Einfluß auf den Verlauf oder den Inhalt der gemeinschaftlichen FuT-Politik haben, in seinen Details darzustellen. Wichtig ist hier vor allem, daß der Kreis der *relevanten* Akteure nicht auf die im Ministerrat vertretenen Mitgliedstaaten und ihre Regierungen beschränkt ist. Inzwischen ist hinlänglich bekannt, daß die Gemeinschaftsorgane eine gewisse Handlungsautonomie und eine eigenständige Handlungskompetenz besitzen, die sie zur Durchsetzung eigener strategischer Ziele nutzen. Das gilt im Fall der FuT-Politik insbesondere für die EG-Kommission, die gegenüber den Mitgliedstaaten und ihren Regierungen als autonomer „Akteur" mit eigenen Präferenzen und Handlungsressourcen auftritt (vgl. Schneider/Werle 1989), das gilt aber auch für den Europäischen Gerichtshof, der über die Kompetenz verfügt, das Europäische Recht auf der Basis der Europäischen Verträge für die Mitgliedstaaten verbindlich weiterzuentwickeln. Kurz gesagt, die EG ist auch in der FuT-Politik weit mehr als ein „Regime", als eine intergouvernementale Vereinbarung oder eine internationale Forschungsorganisation.

Die Analyse des Institutionen- und Akteursystems der EG zeigt gleichzeitig aber auch, daß mit der EG kein neuer „Superstaat", kein neues „Zentrum" souveräner Herrschaft entstanden ist, dem sich die einzelnen Mitgliedstaaten einfach unterzuordnen haben. Mit der EG hat sich zwar eine neue, supranationale Ebene staatlicher Organisation herausgebildet, es ist aber kein neuer, den Nationalstaaten übergeordneter „souveräner" Staat entstanden (vgl. Wessels 1992). In institutioneller Hinsicht ist das Wesentliche an der EG denn auch nicht ihr „Akteur"-Status, den sie ohne Zweifel besitzt, und auch nicht ihre (vielfach überschätzte) „bürokratische" Organisation, in institutioneller Hinsicht läßt sich das neue „Gebilde" von Staatlichkeit, mit dem wir es in der FuT-Politik zu tun haben, am besten durch drei Merkmale charakterisieren:

- *erstens* den ausgeprägten *Mehrebenen-Charakter* des Institutionen- und Akteursystems der EG, wobei der Ausdifferenzierung von intergouvernementalen und supranationalen Handlungsarenen im Entscheidungssystem der EG selbst besondere Bedeutung zukommt (Grande 1994: 185-225; vgl. auch Grabitz u.a. 1988);
- *zweitens* die starke *institutionelle Verflechtung* zwischen nationalen und supranationalen Institutionen (Wessels 1990, 1992), durch die die EG zu einem „Verbundsystem" wird mit „sich überlappenden, gegenseitig durchdringenden und aufeinander wirkenden Elementen" (Hrbek 1993: 85);
- *drittens* das große Maß an *Präsenz und Entscheidungskompetenz der einzelstaatlichen Akteure* im EG-System, denen nicht zuletzt die „Kompetenz-Kompetenz" in der EG zukommt.

Das Ergebnis der (partiellen) Vergemeinschaftung der FuT-Politik ist damit eine institutionelle Konfiguration, die bereits vom bundesdeutschen Föderalismus her bekannt ist: die vertikale „Politikverflechtung“ (vgl. insbesondere Scharpf 1985). Angesichts der supranationalen Dimension dieses „Verbundsystems“ liegt es nahe, dies als *europäische Politikverflechtung* zu bezeichnen.

Charakteristisch für die europäische Politikverflechtung ist ein ganz bestimmter Modus der Konfliktlösung: die *Verhandlung*, bei der in allen wichtigen Fragen ungeachtet der formal geltenden Entscheidungsregel die Lösung einvernehmlich gefunden werden muß. Aus dieser Perspektive muß die europäische Politikverflechtung als ein *integriertes Verhandlungssystem* mit mehreren, ineinander verschachtelten Verhandlungsebenen begriffen werden.

Um zu einer angemessenen Einschätzung der institutionellen Transformation des Staates in der europäischen FuT-Politik zu kommen, muß der Blick aber über die EG hinausgehen. Denn durch den Transfer von Kompetenzen und Ressourcen auf die EG wurden die anderen Organisationsformen europäischer Technologiekooperation, die seit den fünfziger Jahren geschaffen wurden, nicht obsolet. Die in diesem Zusammenhang entstandenen Einrichtungen konnten ihren Bestand erhalten. Mit der Initiative EUREKA (European Research Coordination Agency) wurde in den achtziger Jahren gerade im Bereich der industrieorientierten Technologieförderung sogar ein neuer intergouvernementaler Handlungsrahmen geschaffen. EUREKA ist mit dem EG-System zwar lose verklammert, ist formal aber eigenständig und unterscheidet sich in wesentlichen Merkmalen von der EG. Einer der wichtigsten Unterschiede dürfte sein, daß EUREKA über kein eigenes Budget verfügt und die Fördermittel vollständig bei den Mitgliedstaaten beläßt. Allerdings bleibt auch durch EUREKA die Handlungsautonomie der Mitgliedstaaten nicht völlig unangetastet, denn durch diese intergouvernementale Form der Technologiekooperation werden die teilnehmenden Staaten in ein System der *horizontalen Politikverflechtung auf europäischer Ebene* integriert.

Durch diese zugleich horizontale und vertikale Politikverflechtung hat die institutionelle Struktur des Staates in der FuT-Politik insgesamt eine *komplexe und variable Geometrie* erhalten. Öffentliche Aktivitäten erfolgen zugleich auf nationaler Ebene, im intergouvernementalen Rahmen und auf der Ebene der EG. Und jede dieser verschiedenen Formen der FuT-Politik zeichnet sich durch eine eigene, je spezifische Institutionen- und Akteurkonstellation aus sowie durch eigene Normen, Interaktionsregeln und Konfliktkonstellationen. Mit dieser neuen, variablen Form von Staatlichkeit wurde gerade das *politisch* kontingent, worin selbst die neuere Systemtheorie (vgl. Willke 1992) noch eine unverzichtbare Leistung des modernen Staates sieht: die territoriale Fokussierung kollektiv verbindlicher Entscheidungen. Die FuT-Politik erstreckt sich inzwischen nicht nur auf höchst unterschiedliche territoriale Sphären, bei all dem muß noch bedacht werden, daß die Übergänge zwischen den verschiedenen institutionellen Formen fließend sind: So ist die EG auch Mitglied der EUREKA-Initiative und an EG-Programmen nehmen Organisationen aus Ländern teil, die nicht Mitglied der EG sind. Kurz gesagt, *die territorialen Grenzen der staatlichen FuT-Politik sind unscharf geworden.*

4. Industrielle Interessen und europäische Politikverflechtung: Das Paradox der Schwäche

Mit der Europäisierung der FuT-Politik hat sich die Gesamtarchitektur des Staates in diesem Politikfeld erheblich gewandelt. Diese Veränderungen in der Binnenstruktur des Staates blieben nicht ohne Folgen für die Beziehungen zwischen der neuen Form von Staatlichkeit und ihrer gesellschaftlichen Umwelt. Das wird besonders deutlich bei den Beziehungen der staatlichen Forschungsadministrationen zu den Großunternehmen und deren Forschungseinrichtungen. Verglichen mit den überschaubaren, zumeist klientelistischen Formen, in denen Firmen wie Siemens und AEG in den sechziger Jahren, zu Beginn der systematischen staatlichen Technologieförderung in der Bundesrepublik, in den Amtsstuben der Bonner Ministerialbürokratie ihre Interessen vertreten haben, sind die Beziehungen zwischen Staat und Industrie weitaus unübersichtlicher geworden.

Die größere Binnenkomplexität des Staates, die mit der *institutionellen Ausdifferenzierung* des staatlichen Akteursystems entstanden ist, erhöhte nicht nur den Bedarf an *interner* Koordination; dadurch veränderte sich gleichzeitig auch die „Zielstruktur" – im Sinne von Almonds „target structure" (Almond 1958: 278) – für *externe* Einflußnahme. Die Unternehmen und Forschungsorganisationen haben es längst nicht mehr nur mit einem einzigen (Forschungs-)Ministerium zu tun, an das sie ihre Forderungen adressieren können; sie mußten die Erfahrung machen, daß immer mehr öffentliche Akteure Einfluß auf die FuT-Politik gewonnen haben. Auch innerhalb der EG-Kommission ist nicht einfach eine Generaldirektion an die Stelle der nationalen Forschungsadministrationen getreten. Entstanden ist vielmehr eine neue institutionelle Konfiguration mit einer komplizierten Verteilung und Verflechtung von Kompetenzen und Ressourcen. Für Großunternehmen wie Siemens besteht die „Zielstruktur" des staatlichen Entscheidungsprozesses selbst im engeren Bereich der FuT-Politik inzwischen aus mehreren Bundesministerien, verschiedenen Kommissaren und Generaldirektionen der EG-Kommission, dem nationalen und dem europäischen Parlament – und damit sind nur die wichtigsten staatlichen Akteure genannt. Kurz gesagt, infolge der Europäisierung der FuT-Politik nahm die Zahl der „important points of access" (Almond 1958: 278) zum politisch-administrativen Entscheidungssystem erheblich zu.

Allein schon die Vielschichtigkeit und Komplexität des staatlichen Institutionen- und Akteursystems läßt die Vorstellung, daß die Unternehmen und ihre Verbände in der Lage sein könnten, die europäische FuT-Politik in ähnlicher Weise zu beeinflussen, wie sie dies zu den Blütezeiten nationaler „Champions" in den sechziger und siebziger Jahren auf anderer Ebene konnten, als unrealistisch erscheinen. Das schließt nicht aus, daß es der Industrie gelingen kann, einzelne staatliche Akteure zu „vereinnahmen" oder hin und wieder Entscheidungen zu ihren Gunsten zu erreichen. Aber solche Fälle von Dominanz und Durchsetzungsfähigkeit sind in einem so komplizierten, mehrdimensionalen Verhandlungssystem, wie wir es inzwischen in der FuT-Politik haben, nicht regelmäßig zu erwarten.

Das differenzierte Institutionen- und Akteursystem eröffnet den Unternehmen und ihren Verbänden nicht nur eine Vielzahl von Zugängen zu Entscheidungsprozessen, es verlangt von ihnen auch ein umfangreiches Repertoire an komplexen Strategien zur Verfolgung ihrer Interessen. Ein erfolgreicher „Lobbyist" muß unter diesen Bedingungen „like the chess master ... be able to play several games at once at different tables, as far afield as Strasbourg, Luxembourg, Brussels as well as in his national capital" (Butt Philip 1983: 23).

Die Ausdifferenzierung des staatlichen Institutionen- und Akteursystems, seine „Zerfaserung" (Eising/Kohler-Koch 1994), ist freilich nur ein Aspekt. Darüber darf ein zweites institutionelles Charakteristikum europäischer FuT-Politik nicht vergessen werden: Die Tatsache, daß die FuT-Politik inzwischen in einem „verflochtenen" Mehrebenen-System organisiert ist. Für die Unternehmen und ihre Verbände heißt das, daß ihre Aufgabe nicht mehr allein darin besteht, den „Zugang zur entscheidenden Stelle" (Hennis 1961: 25) ausfindig zu machen, wenn sie auf die staatliche Politik Einfluß nehmen wollen.

Diese Aufgabe wird zusätzlich dadurch erschwert, daß es eine solche „entscheidende Stelle“ nicht mehr gibt und die öffentliche Entscheidungsgewalt auf eine Mehrzahl von zugleich autonomen *und* interdependenten Akteuren verteilt ist. In den horizontal und/oder vertikal verflochtenen Entscheidungsprozessen, wie wir sie in der FuT-Politik inzwischen haben, können Lösungen weder hierarchisch noch majoritär erzielt werden, sondern müssen einvernehmlich in Verhandlungen ermittelt werden. Die entscheidende Frage ist dann, welche Auswirkungen diese europäische „Politikverflechtung“ auf die Berücksichtigungs- und Durchsetzungsfähigkeit industrieller Interessen gegenüber dem Staat hat.

Bei der Beantwortung dieser Frage zeigt sich eine nicht unerhebliche Leerstelle politikwissenschaftlicher Theoriebildung. Die wichtigsten Theorien der gesellschaftlichen Interessenorganisation und -vermittlung, sei es die Pluralismustheorie oder die Korporatismustheorie, haben sich mit den Details der „Zielstruktur“ gesellschaftlicher Interessen nur wenig beschäftigt und es versäumt, deren Unterschiede systematisch in die Theorie einzubeziehen[3]. Diese Forschungsrichtung kam lange Zeit über die Dichotomie von „starkem“ und „schwachem“ Staat nicht hinaus; und als „stark“ galt, ganz in der Tradition von de Tocqueville, in der Regel ein zentralisierter, unitarischer Staat, ein Staat mit „ungeteilter Souveränität“ (de Tocqueville 1959: 151). Eine zentralisierte staatliche Entscheidungsgewalt gilt nicht nur im Falle äußerer (militärischer) Bedrohung als notwendig, sie wird auch zur Aufrechterhaltung des Gewaltmonopols im Inneren und zur Abwehr der Ansprüche organisierter gesellschaftlicher Interessen für unverzichtbar erachtet. Jede Fragmentierung des Staates muß nach dieser Einflußlogik die „Pressure Groups“ bei der Durchsetzung ihrer Interessen begünstigen (vgl. Anderson 1965). Nicht von ungefähr ist der Autonomieverlust des Staates gegenüber seiner gesellschaftlichen „Umwelt“, der aus der Macht gesellschaftlicher Interessen, Interessengruppen und Verbände und ihrer Beteiligung an staatlichen Entscheidungen resultiert, seit Jahrzehnten ein zentrales Thema politikwissenschaftlicher Forschung.

---

3 Dies gilt insbesondere auch für die in jüngster Zeit stark anwachsende politikwissenschaftliche Literatur zum „Lobbying“ und zum Einfluß von „Pressure Groups“ in der EG (u.a. Butt Philip 1983, 1985; Andersen/Eliassen 1991; Mazey/Richardson 1993a, 1993b; van Schendelen 1993; Greenwood/Ronit 1994). Soweit diese sich mit den Strukturen des EG-Entscheidungsprozesses beschäftigt, gilt ihr Interesse zumeist nur der Komplexität des Entscheidungssystems, während dessen Verflechtungscharakter unberücksichtigt bleibt.

Auffällig ist dabei, daß die Theorien der gesellschaftlichen Interessenorganisation und -vermittlung in der Regel eine relativ einfache staatliche Zielstruktur unterstellen. Sie arbeiten, sofern sie den staatlichen Akteuren überhaupt autonome Handlungsfähigkeit zubilligen, zumeist mit der Prämisse, daß der Adressat gesellschaftlicher Interessen eine *entscheidungsbefugte, autonome Organisationseinheit* ist. In idealtypischer Zuspitzung steht einer entscheidungsbefugten staatlichen Einrichtung in einem abgegrenzten Aufgabenbereich ein Verband mit Sonderinteressen („special interest group") gegenüber. Die Machtverteilung und Interaktionsstruktur zwischen öffentlichen und privaten Akteuren hängt dann, in der Austauschlogik „administrativer Interessenvermittlung" (Lehmbruch 1987), von den aufgaben- und sektorspezifischen Ressourcenabhängigkeiten zwischen den Akteuren ab.

Exemplarisch beobachten läßt sich dieser Fall zweifellos in den USA mit ihrer Tradition der unabhängigen Regulierungsbehörden. Dieses Modell wurde aber durchaus generalisierend auf die Beziehungen zwischen „dem Staat" im Sinne eines unitarischen, zentralisierten Akteurs und organisationsstarken gesellschaftlichen Interessen (insbesondere Gewerkschaften und Unternehmerverbände) übertragen. Die Frage war dann vielfach, ob der Staat „stark" genug sei, um sich den organisierten Interessen zu widersetzen oder diese wenigstens in Dienst zu nehmen für das „Gemeinwohl" (vgl. Kielmansegg 1979). Allerdings zeigte sich, daß auch ein unitarischer, zentralisierter Staat unter bestimmten Umständen das „Opfer" organisierter Interessen werden kann. Ja, gerade die Konzentration und Zentralisierung staatlicher Handlungskapazitäten kann die Durchsetzung organisierter Interessen begünstigen. Denn diese müssen dann lediglich eine „souverän" entscheidungsbefugte Regierung in die Knie zwingen, die selbst keine weiteren Rücksichten nehmen muß. Für dieses „Paradox der Stärke" (Berrington 1984) finden sich in der politikwissenschaftlichen Literatur durchaus Beispiele (vgl. Suleiman 1987).

Eine Fragmentierung der staatlichen Handlungsressourcen und Entscheidungskompetenzen, wie sie der europäische Integrationsprozeß mit sich brachte, müßte in dieser Forschungsperspektive den Staat nur noch weiter schwächen. Im schlimmsten Fall, für den der „semisouveräne Staat" (Katzenstein 1987) der Bundesrepublik als Vorbild gelten könnte, wäre ein intern fragmentierter Staat mit zentralisierten Verbänden konfrontiert, eine Konstellation, in der die Handlungs- und Problemlösungsfähigkeit des Staates nur noch gering veranschlagt werden müßte.

Was geschieht nun aber, wenn der Staat wie in unserem Fall nicht nur intern fragmentiert ist, sondern wenn die einzelnen staatlichen Organisationseinheiten außerdem miteinander „verflochten", also nicht mehr autonom entscheidungsbefugt, sind? Die Theorie der Politikverflechtung (Scharpf u.a. 1976; Scharpf 1985, 1991; Benz u.a. 1992), von der man am ehesten eine Antwort auf diese Frage erwarten würde, hat sich mit dem Verhältnis zwischen öffentlichen und privaten Akteuren bisher nur am Rande beschäftigt. Ihr zentrales Problem ist der Autonomieverlust staatlicher Akteure *im Inneren*, d.h. die Beschränkung staatlicher Handlungs- und Problemlösungsfähigkeit durch ihre Einbindung in (horizontale oder vertikale) Verhandlungssysteme. Dabei verfährt die Theorie der Politikverflechtung weitgehend „staatszentriert", ihre zentralen Variablen sind die Struktur- und Prozeßmerkmale des politisch-administrativen Systems; gesellschaftliche Interessen, Interessengruppen oder Verbände spielen in ihr keine größere Rolle.

So haben Scharpf u.a. (1976: 18-20) zwar eine „anspruchsdisziplinierende Wirkung" verflochtener Entscheidungsprozesse beobachtet, sie sahen darin aber keine grundsätzliche Veränderung in den Beziehungen zwischen dem Staat und organisierten Interessen. Durch die Politikverflechtung werde die Durchsetzung gesellschaftlicher Interessen lediglich komplizierter und mühsamer und die Anforderungen an das Geschick (und die Geduld) der beteiligten Akteure größer.

Allerdings kann nicht ausgeschlossen werden, daß durch den Einfluß organisierter Interessen eine Einigung in dem ohnehin komplizierten politischen Entscheidungsprozeß zusätzlich erschwert wird, weil diese den Verhandlungsspielraum der von ihnen beeinflußten staatlichen Akteure verringern und dadurch den „win-set" (Putnam 1988) für Verhandlungslösungen verkleinern[4]. Die neuere Geschichte der Bundesrepublik liefert zahlreiche gut dokumentierte Beispiele, wie die Kombination von föderativer Politikverflechtung und starken sektoralen Interessen zu suboptimalen Ergebnissen, oftmals sogar zu unüberwindbaren Reformblockaden führte. Und ebenso denkbar ist, daß sich gesellschaftliche Interessen und Interessengruppen die Einigungszwänge und -probleme in verflochtenen Entscheidungsprozessen zunutze machen, um selektiv und gezielt in den Verhandlungspro-

---

4 Dieser Sachverhalt ist aus der Theorie internationaler Verhandlungen bekannt: „The greater the autonomy of central decision-makers from their [...] constituents", so Putnam (1988: 449), „the larger their win-set and thus the greater the likelihood of achieving international agreement".

zeß zu intervenieren. Auf diese Weise hätte dann zwar nicht jedes Interesse und jede Interessengruppe die Chance, Berücksichtigung zu finden und sich durchzusetzen; aber bestimmte Interessen und Interessengruppen erhielten unter Umständen überdurchschnittliche Einflußchancen.

Zusammengenommen läßt sich aus den politikwissenschaftlichen Theorien, die für unsere Fragestellung einschlägig sind, ein höchst beunruhigendes „worst case"-Szenario entwickeln: In einem politischen System mit organisationsstarken gesellschaftlichen Interessen droht die „Politikverflechtung" einen gravierenden Autonomieverlust des Staates sowohl im Inneren als auch gegenüber seiner gesellschaftlichen „Umwelt" mit sich zu bringen. In extremer Zuspitzung könnte dies dazu führen, daß organisierte Interessen systematisch verhindern, daß überhaupt noch Verhandlungsergebnisse zustande kommen und daß der „verhandelnde Staat" (Scharpf 1993) völlig gelähmt wird.

Die empirische Analyse der Staat-Industrie-Beziehungen in der europäischen FuT-Politik führt zu einem ganz anderen Ergebnis: Der Einfluß der Unternehmen und ihrer Verbände hat mit der Ausdifferenzierung des staatlichen Akteursystems und der gleichzeitigen Verflechtung der Entscheidungsstrukturen nicht zugenommen, er ging *deutlich zurück*. Dieser Befund war keineswegs zu erwarten. Er läßt sich nicht plausibel aus den gängigen Theorien der gesellschaftlichen Interessenvermittlung und der Politikverflechtung ableiten, und auch die vorliegenden empirischen Untersuchungen zur Rolle von Interessenverbänden im EG-System haben diese Möglichkeit übersehen[5]. In dem hier skizzierten Theorie- und Problemkontext läßt sich aus meinen empirischen Beobachtungen die folgende These formulieren: Der Autonomie*verlust* der staatlichen Akteure im *Inneren*, die *Abnahme* ihrer autonomen Handlungsfähigkeit, die aus der Einbindung in verflochtene Entscheidungsprozesse herrührt, kann einhergehen mit einem Au-

5 Zum Stand der Forschung siehe insbesondere Kohler-Koch (1992, 1994) und Eising/Kohler-Koch (1994). Die vorliegenden empirischen Untersuchungen zur europäischen FuT-Politik tendieren aus zwei Gründen dazu, den Einfluß der Unternehmen und ihrer Verbände zu überschätzen. Zum einen konzentrieren sich die Analysen auf die europäische Ebene, so daß ihnen die ungleich größeren Einflußmöglichkeiten, die die Industrie auf die nationale FuT-Politik in der Vergangenheit zumeist hatte, entgehen muß. Hinzu kommt, daß in der Literatur vielfach zu Unrecht die starke Präsenz der Unternehmen in den Konsultationsprozessen der EG-Kommission gleichgesetzt wird mit einem großen Einfluß auf das Resultat dieser Konsultationsprozesse.

tonomie*gewinn* des Staates gegenüber seiner *gesellschaftlichen* „Umwelt". Ich möchte dies das „Paradox der Schwäche" nennen.

Dieses Paradox der Schwäche, d.h. die mit der Politikverflechtung verbundene Veränderung in der Einflußlogik staatlicher Politik, läßt sich in dem von mir untersuchten Fall der Staat-Industrie-Beziehungen in der FuT-Politik vor allem an zwei Punkten festmachen. Zum einen veränderte sich mit der zunehmenden Politikverflechtung die *Verhandlungsposition* der Unternehmen und ihrer Verbände im Entscheidungsprozeß; und zum anderen änderten sich für sie die *Zugangsbedingungen* zu staatlichen Entscheidungen. Beides hatte erhebliche Konsequenzen für die Einflußchancen der Industrie auf die FuT-Politik.

1. Zunächst muß gesehen werden, daß mit der Verflechtung von Entscheidungsstrukturen eine substantielle Transformation staatlicher *Verhandlungs*macht erfolgte: Durch die *internen* Bindungen und Verpflichtungen wurde die Verhandlungsposition der staatlichen Akteure gegenüber *externen* Verhandlungspartnern wie den Unternehmen *gestärkt*. Diese Logik des „self-commitment" (Schelling 1960: 27) ist aus der Theorie internationaler Verhandlungen durchaus bekannt: „The stronger a state is in terms of autonomy from domestic pressures, the weaker its relative bargaining position internationally" (Putnam 1988: 449). Und umgekehrt läßt sich, wie unser Fall zeigt, innere Schwäche in äußere Stärke ummünzen.

Am einfachsten kann die Gebundenheit an die Präferenzen und Ressourcen anderer bei der Abweisung von Forderungen strategisch genutzt werden. Seit ihrer Einbindung in (intergouvernementale oder supranationale) Mehrebenen-Verhandlungssysteme sind die staatlichen Förderinstanzen in einer sehr viel besseren Position, unerwünschte oder unerfüllbare Forderungen ihrer industriellen Klientel zurückzuweisen als zuvor. So sehr die ordnungspolitischen Bedenken des Wirtschaftsministeriums, die wettbewerbspolitischen Vorbehalte der zuständigen Generaldirektion der EG-Kommission oder die Sonderwünsche von mitbeteiligten Staaten, um nur einige Beispiele zu nennen, auch die Handlungsfähigkeit einer Forschungsadministration einschränken, alle diese Bindungen und Rücksichtnahmen lassen sich auch als Begründung zur Ablehnung von Förderwünschen instrumentalisieren. Sowohl die zuständigen Generaldirektionen der EG-Kommission als auch die nationalen Förderinstanzen sind dadurch weit weniger „erpreßbar" durch nationale Großunternehmen, als dies in der Vergangenheit der Fall war.

Wichtiger noch als diese Fähigkeit, einfach „nein" zu sagen, ist für die Praxis der FuT-Politik allerdings ein anderer Vorteil von Mehrebenen-Verhandlungen: Die staatlichen Akteure können die internen Bindungen und Verpflichtungen in ihren Verhandlungen mit den Unternehmen auch dazu benutzen, um das Verhandlungsergebnis *in ihrem Sinne* zu verbessern. Die empirische Analyse der europäischen Informationstechnik-Programme und von intergouvernementalen Großprojekten wie JESSI (Joint European Submicron Silicon Initiative) hat gezeigt, daß die Forschungsadministration gerade von solchen „commitments" (Schelling) im Verhandlungsprozeß mit den Unternehmen intensiv Gebrauch macht. Bei diesen Verhandlungen hatten die staatlichen Akteure in der Regel nicht das Ziel, die Unternehmen in gänzlich neue Forschungsgebiete zu lenken oder zu völlig anderen Wettbewerbsstrategien zu bewegen. Im Förderalltag ging es der Forschungsadministration zumeist darum, den inhaltlichen Zuschnitt von Projekten, die Zahl und die Art der Projektteilnehmer, die Möglichkeiten und die Bedingungen der kommerziellen Nutzung von Projektergebnissen oder anderes zu verändern. Diese Anforderungen konnte sie den Unternehmen nicht einfach oktroyieren, sie mußte sie in (vor allem bei Großprojekten oftmals langwierigen) Verhandlungen mit den Projektteilnehmern aus Industrie und Wissenschaft durchsetzen. Und in diesen Verhandlungen, darauf kommt es hier an, konnte sie vielfach ihre Position mit dem Verweis auf den Zustimmungsbedarf anderer staatlicher Akteure entscheidend verbessern.

Im günstigsten Fall kann die staatliche Forschungsverwaltung ihre Stellung in verflochtenen Entscheidungsstrukturen sogar dazu benutzen, um ihre Verhandlungsposition *nach beiden Seiten*, sowohl gegenüber anderen staatlichen Akteuren als auch gegenüber ihrer Klientel aus der Industrie, zu verbessern. Der Entstehungsprozeß des europäischen Telekommunikations-Forschungsprogramms RACE ist ein Beispiel hierfür. In diesem Fall nutzte die EG-Kommission ihre Rolle als „multilateral broker" (Mandell 1988) in teils getrennten, teils gemeinsamen Verhandlungen mit den nationalen Fernmeldeverwaltungen und mit der Telekommunikationsindustrie, um von beiden Seiten die Zustimmung zu einem – zunächst zwischen allen Beteiligten umstrittenen – EG-Forschungsprogramm zu erreichen und ihre Teilnahme daran sicherzustellen. Die Kommission verwendete dabei in einem mühsamen und langwierigen Verhandlungsprozeß, in dem sie sehr geschickt die Reihenfolge und die Zusammensetzung der Verhandlungsrunden bestimmte, die (tatsächlichen oder vermeintlichen) Zugeständnisse der einen Seite immer wieder dazu, um Zugeständnisse auf der anderen Seite zu erreichen.

2. Die Komplizierung des staatlichen Entscheidungsprozesses durch interministerielle Koordinationserfordernisse wie auch durch die „doppelte Politikverflechtung" (Hrbek 1986) mit der EG und den Bundesländern hatte aber noch einen anderen Effekt, durch den die Einflußchancen der Industrie gemindert wurden: Die temporäre *Schließung* des Entscheidungsprozesses gegenüber den Unternehmen und ihren Verbänden. Sowohl bei der interministeriellen Beratung und Abstimmung auf nationaler Ebene als auch in den entscheidenden Verhandlungen auf europäischer Ebene sind Phasen zu erkennen, in denen der Entscheidungsprozeß für Unternehmen und Verbände kaum zugänglich war, sich die Verhandlungsrunden im Ministerrat, den Kommissionsdienststellen und den Bundesministerien gegenüber Externen abschotteten. Eine solche Schließung scheint eine wichtige Voraussetzung dafür zu sein, daß verflochtene Entscheidungsprozesse überhaupt zu Verhandlungslösungen führen können und nicht durch die Vetoposition organisierter Interessen blockiert werden. Insgesamt ließ sich im Prozeß der Interessenvermittlung ein *Interaktionszyklus* zwischen öffentlichen und privaten Akteuren beobachten, in dem sich Phasen der sozialen *Öffnung* und *Schließung* abwechselten.

In der *ersten Phase* öffnete die staatliche Verwaltung sich gegenüber den Adressaten ihrer Aktivitäten und organisierte ein themenspezifisches Politiknetzwerk. Dieses „issue network" (Heclo 1978) diente ihr dazu, Informationen darüber zu sammeln, in welchen Bereichen die Industrie staatlichen Handlungsbedarf sieht und um die Interessen der wichtigsten industriellen (und wissenschaftlichen) Akteure zu eruieren. Im Vorfeld der anstehenden Verhandlungen mit anderen staatlichen Akteuren sollte damit aber auch Unterstützung mobilisiert und organisiert werden.

Im Mittelpunkt der *zweiten Phase* stand der Abstimmungsprozeß zwischen den verschiedenen staatlichen Akteuren. In dieser Phase schlossen sich die Dienststellen der EG-Kommission und die nationale Ministerialverwaltung gegenüber ihrer industriellen „Umwelt" weitgehend ab. Für die Unternehmen und Verbände war der Abstimmungsprozeß in dieser Phase nicht direkt zugänglich, und die meiste Zeit war er für sie auch nicht transparent.

Erst als das Ergebnis der internen Beratungen vorlag, öffnete sich der Entscheidungsprozeß wieder für Externe, begann die *dritte Phase* des Interaktionszyklus. Der Konsultationsprozeß wurde in dieser Phase von der Verwaltung zum einen dazu genutzt, ihre Entwürfe und Programmvorschläge mit Hilfe externen Sachverstandes zu optimieren, und zum anderen wollte sie dessen Akzeptanz bei seinen Adressaten testen. Substantielle Einflußmöglichkeiten auf den Inhalt ergaben sich für die Unternehmen und ihre Verbände zu diesem Zeitpunkt mit der Öffnung des Verfahrens nicht mehr. Dies lag allein schon an der *Abgestimmtheit* der Vorlage. Größere Änderungen am Ergebnis der internen Beratungen hätten das mühsam erreichte Verhandlungsergebnis zwischen den staatlichen Akteuren wieder gefährden können und waren deshalb in der Regel ausgeschlossen.

Alles in allem scheint es für das „Paradox der Schwäche", den Autonomiegewinn staatlicher Akteure gegenüber gesellschaftlichen Interessen, der aus ihrem Autonomieverlust in verflochtenen Entscheidungsstrukturen resultiert, plausible Gründe zu geben. Und es spricht auch einiges dafür, daß dies kein Ausnahmefall in der europäischen FuT-Politik ist. Es läßt sich nicht nur bei der Entscheidungsfindung innerhalb der EG beobachten, wir finden es auch bei der intergouvernementalen Abstimmung von Förderentscheidungen im Rahmen von EUREKA. Ganz offensichtlich wurden mit der Europäisierung der FuT-Politik die politischen Entscheidungsprozesse nicht einfach auf eine andere Ebene verlagert. Dadurch hat sich auch die Einflußlogik zwischen öffentlichen und privaten Akteuren verändert. Dies bestätigt die Annahme von Eising und Kohler-Koch (1994: 200), wonach davon auszugehen ist, „daß die Verschränkung von Handlungsebenen, die Ausweitung der Arenen und die Multiplizierung von Akteuren zu grundlegenden Veränderungen in den Arrangements zwischen organisierten Interessen und Staat und zu einer Gewichtsverlagerung zwischen nationaler und europäischer Ebene beitragen werden".

5. Zwischen Scylla und Charybdis: Auf dem Weg zu einer Neubewertung der Politikverflechtung?

Die europäische Politikverflechtung mit ihren typischen Verhandlungszwängen und Mehrebenen-Problemen, wie wir sie in der FuT-Politik beobachten können, hat erhebliche Auswirkungen auf die Einflußlogik der staatlichen Politik. Aufgrund der vielfältigen *internen* Bindungen und Beziehungen können die verflochtenen Entscheidungsprozesse eine *Eigendynamik* entwickeln, dergegenüber gesellschaftliche Interessen signifikant an Durchsetzungskraft verlieren.

Dieser Befund steht nicht nur im Gegensatz zu den gängigen Vorstellungen über den großen Einfluß organisierter Wirtschaftsinteressen auf die europäische Politik, er scheint auch den bisherigen Urteilen über die geringe Problemlösungsfähigkeit der Politikverflechtung zu widersprechen. Allerdings muß vor vorschneller Euphorie ebenso gewarnt werden wie vor gewagten Generalisierungen. Die Ergebnisse der vorliegenden Fallstudie zur Europäisierung der FuT-Politik müssen abschließend in mindestens zweierlei Hinsicht differenziert und relativiert werden.

Zum einen ist zu beachten, daß die Konsequenzen der europäischen Politikverflechtung für die staatliche Handlungs- und Problemlösungsfähigkeit in der FuT-Politik höchst zwiespältig sind. Denn es ist keineswegs gesagt, daß die verflochtenen Entscheidungsstrukturen immer zu besseren Lösungen führen, ja, es ist nicht einmal sicher, daß auf diese Weise überhaupt in jedem Fall Lösungen gefunden werden können. Die bekannten Probleme verflochtener Entscheidungsprozesse (vgl. Scharpf 1985) – die schwer kalkulierbaren politischen Eigendynamiken, die Suboptimalität politischer Kompromißbildung, der große Zeitbedarf von Entscheidungen und die permanente Gefahr der Entscheidungsblockade – sollen weder bestritten noch verharmlost werden. Im Gegenteil, in der Förderpraxis europäischer FuT-Politik zeigen sich die Probleme, die verflochtene Entscheidungsstrukturen mit sich bringen, in aller Deutlichkeit (Grande 1995). Vor diesem Hintergrund möchte ich hier lediglich darauf hinweisen, daß alle diese Defizite gegen die aus der nationalen FuT-Politik ebenfalls hinlänglich bekannten Gefahren einer Vereinnahmung des Staates durch gesellschaftliche Partikularinteressen, einer „Herrschaft der Verbände" (Eschenburg 1955) oder der Großunternehmen, aufgewogen werden müssen. Eine Beurteilung der Politikverflechtung wird dann zumindest zu dem Ergebnis kommen, daß verflochtene Entscheidungsstrukturen mit ihrer spezifischen Einflußlogik zu *anderen* Ergebnissen führen – und die hier untersuchten Fälle haben gezeigt, daß diese Ergebnisse nicht notwendig schlechter sein müssen.

Hinzu kommt, daß die konkreten Bedingungen, unter denen die europäische Politikverflechtung ihr im Fall der FuT-Politik beobachtbares „Paradox der Schwäche" entfaltet, zweifellos noch der weiteren empirischen Klärung bedürfen. Angesichts der Vielgestaltigkeit und der Ungleichzeitigkeit des europäischen Integrationsprozesses muß die Aussagekraft von sektoralen Fallstudien wie dieser zwangsläufig begrenzt bleiben[6]. Selbst innerhalb eines Politikfeldes wie der FuT-Politik haben wir es mit höchst unterschiedlichen Problemsituationen, Akteurkonstellationen und institutionellen Arrangements zu tun, so daß keineswegs gesagt ist, daß die für den einen Förderbereich gemachten Aussagen auch für alle anderen Förderbereiche gelten. Aus diesem Grund ist anzunehmen, daß das bei den europäischen Informationstechnik-Programmen erkennbare „Paradox der Schwäche" nur eine unter mehreren Möglichkeiten zur Gestaltung der Beziehungen zwischen Staat und Industrie in der FuT-Politik darstellt, eine Möglichkeit, die bislang wohl unterschätzt oder übersehen worden ist. Allerdings könnte die EG aufgrund der Tatsache, daß die Politikverflechtung zu den wesentlichen Strukturmerkmalen des Institutionen- und Akteursystems der Gemeinschaft gehört, eine besondere Disposition für diese Art der Einflußlogik aufweisen.

Eine intensivere Beschäftigung mit der Einflußlogik europäischer Politikverflechtung verspricht deshalb nicht nur wichtige Erkenntnisse zur künftigen „Regierbarkeit" in Europa, sie könnte darüber hinaus auch zu einer Neubewertung der „Politikverflechtung" als Problemlösungsmechanismus führen. Selbstverständlich ist der „verflochtene" Staat nicht souverän im Sinne des Staatsmodells des 19. Jahrhunderts. Moderne Staatlichkeit, so wie sie sich am Ende des 20. Jahrhunderts in Europa darstellt, hat nur noch wenig gemeinsam mit jenem nach innen und außen souveränen Territorialstaat, wie er durch die Staats- und Verfassungslehre idealtypisch stilisiert wird. In der Staatspraxis besteht der „moderne Staat" inzwischen aus einem komplexen Ensemble von Akteuren und Institutionen, die längst die nationalen Grenzen überschreiten und unterlaufen. Diese neue Form von Staatlichkeit mit ihren vielfältigen internen Differenzierungen und Verflechtungen erlaubt nicht mehr den zügigen und präzisen „Eingriff", der den souveränen Staat auszeichnen sollte. Großangelegte „Technologiekriege", wie sie in den vergangenen Jahren immer wieder propagiert wurden, um die „japanisch-amerikanische Herausforderung" erfolgreich zu bestehen, sind mit einem solchen Staat nicht zu führen – geschweige denn zu gewinnen.

Orientiert man sich freilich nicht am überkommenen Ideal staatlicher Souveränität, sondern an den realen Möglichkeiten und Bedingungen staatlicher Handlungs- und Problemlösungsfähigkeit im angehenden 21. Jahrhundert, dann scheint der „verflochtene" Staat nicht

---

6 Zu den sektoralen Variationen der europäischen Interessenvermittlung vgl. Greenwood u.a. (1992) und Eichener/Voelzkow (1994).

unbedingt die schlechtere Option zu sein. Denn die Handlungsfähigkeit staatlicher Akteure muß in diesem Fall, summa summarum, nicht kleiner sein als im Falle entflochtener Entscheidungsstrukturen und die Rationalität von Entscheidungen nicht notwendig geringer. Darüber darf freilich nicht vergessen werden, daß die Handlungs- und Problemlösungsfähigkeit des Staates auch in verflochtenen Verhandlungssystemen begrenzt ist. Wie auch immer, es scheint nur die Wahl zwischen Scylla und Charybdis zu geben.

Literatur

von Alemann, Ulrich; Heinze, Rolf G. (Hg.) (1979): Verbände und Staat. Vom Pluralismus zum Korporatismus (Opladen).

Almond, Gabriel A. (1958): A Comparative Study of Interest Groups and the Political Process; in: American Political Science Review 52, S. 270-282.

Andersen, Svein S.; Kjell A. Eliassen (1991): European Community Lobbying; in: European Journal of Political Research 20, S. 173-187.

Anderson, Totton J. (1965): Pressure Groups and Intergovernmental Relations; in: The Annals of the American Academy of Political and Social Science 359, S. 116-126.

Benz, Arthur; Scharpf, Fritz W.; Zintl, Reinhard (1992): Horizontale Politikverflechtung. Zur Theorie von Verhandlungssystemen (Frankfurt am Main).

Berrington, Hugh (1984): British Government: The Paradox of Strength; in: Kavanagh, Dennis; Peele, Gillian (Hg.), Comparative Government and Politics (London), S. 20-48.

Butt Philip, Alan (1983): Pressure Groups and Policy-Making in the European Community; in: Lodge, Juliet (Hg.), Institutions and Policies of the European Community (London), S. 21-26.

Butt Philip, Alan (1985): Pressure Groups in the European Community (London).

*Eichener, Volker; Voelzkow, Helmut (Hg.) (1994): Europäische Integration und verbandliche Interessenvermittlung (Marburg).

*Eising, Rainer; Kohler-Koch, Beate (1994): Inflation und Zerfaserung: Trends der Interessenvermittlung in der Europäischen Gemeinschaft; in: Streeck, Wolfgang (Hg.), Staat und Verbände, PVS-Sonderheft 25 (Opladen), S. 175-206.

Ellwein, Thomas (1992): Staatlichkeit im Wandel. Das Staatsmodell des 19. Jahrhunderts als Verständnisbarriere; in: Kohler-Koch, Beate (Hg.), Staat und Demokratie in Europa (Opladen), S. 47-69.

Eschenburg, Theodor (1955): Herrschaft der Verbände? (Stuttgart).

Eschenburg, Theodor (1989): Das Jahrhundert der Verbände. Lust und Leid organisierter Interessen in der deutschen Politik (Berlin).

Eurostat (1992): Öffentliche Aufwendungen für Forschung und Entwicklung 1980-1991. (Luxemburg).

Eurostat (1994): Forschung und Entwicklung: Jährliche Statistiken 1994 (Luxemburg).

Grabitz, Eberhard u.a. (1988): Direktwahl und Demokratisierung – Eine Funktionenbilanz des Europäischen Parlaments nach der ersten Wahlperiode (Bonn).

Grande, Edgar (1993): Die neue Architektur des Staates: Aufbau und Transformation nationalstaatlicher Handlungskapazität – untersucht am Beispiel der Forschungs- und Technologiepolitik; in: Czada, Roland; Schmidt, Manfred G. (Hg.), Verhandlungsdemokratie, Interessenvermittlung, Regierbarkeit (Opladen), S. 51-71.

Grande, Edgar (1994): Vom Nationalstaat zur europäischen Politikverflechtung. Expansion und Transformation moderner Staatlichkeit – untersucht am Beispiel der Forschungs- und Technologiepolitik. Habilitationsschrift, Univ. Konstanz (Konstanz).

Grande, Edgar (1995): Forschungspolitik in der Politikverflechtungs-Falle? Institutionelle Strukturen, Konfliktdimensionen und Verhandlungslogiken europäischer Forschungs- und Technologiepolitik; in: Politische Vierteljahresschrift 36, S. 460-483.

*Grande, Edgar; Häusler, Jürgen (1994): Industrieforschung und Forschungspolitik. Staatliche Steuerungspotentiale in der Informationstechnik (Frankfurt am Main).

Greenwood, Justin; Grote, Jürgen R.; Ronit, Karsten (Hg.): 1992: Organized Interests and the European Community (London).

Greenwood, Justin; Ronit, Karsten (1994): Interest Groups in the European Community: Newly Emerging Dynamics and Forms; in: West European Politics 17, S. 31-52.

Grewlich, Klaus W. (1992): Europa im globalen Technologiewettlauf: Der Weltmarkt wird zum Binnenmarkt (Gütersloh).

Heclo, Hugh (1978): Issue Networks and the Executive Establishment; in: King, Anthony (Hg.), The New American Political System (Washington, D.C.), S. 87-124.

Hennis, Wilhelm (1961): Verfassungsordnung und Verbandseinfluß; in: Politische Vierteljahresschrift 2, S. 23-35.

Héritier, Adrienne u.a. (1994): Die Veränderung von Staatlichkeit in Europa. Ein regulativer Wettbewerb: Deutschland, Großbritannien, Frankreich (Opladen).

Hintze, Otto (1970): Wesen und Wandlung des modernen Staats; in: ders., Staat und Verfassung, 3. Aufl. (Göttingen), S. 470-496 (erstmals 1931).

Hrbek, Rudolf (1986): Doppelte Politikverflechtung: Deutscher Föderalismus und Europäische Integration. Die deutschen Länder im EG-Entscheidungsprozeß; in: Hrbek, Rudolf; Thaysen, Uwe (Hg.), Die Deutschen Länder und die Europäischen Gemeinschaften (Baden-Baden), S. 17-36.

Hrbek, Rudolf (1993): Deutungen und Perspektiven aus politikwissenschaftlicher Sicht. Einführendes Referat; in: ders. (Hg.), Die Entwicklung der

EG zur Politischen Union und zur Wirtschafts- und Währungsunion unter der Sonde der Wissenschaft (Baden-Baden), S. 81-91.

Ipsen, Hans Peter (1987): Europäische Verfassung – Nationale Verfassung; in: Europarecht 22, S. 195-213.

Kielmansegg, Peter Graf (1979): Organisierte Interessen als „Gegenregierungen"?; in: Hennis, Wilhelm; Kielmansegg, Peter Graf; Matz, Ulrich (Hg.), Regierbarkeit. Studien zu ihrer Problematisierung, Bd. 2 (Stuttgart), S. 139-176.

Katzenstein, Peter (1987): Policy and Politics in West Germany: The Growth of a Semisovereign State (Philadelphia).

Kohler-Koch, Beate (1992): Interessen und Integration: Die Rolle organisierter Interessen im westeuropäischen Integrationsprozeß; in: Kreile, Michael (Hg.), Die Integration Europas, PVS-Sonderheft 23 (Opladen), S. 81-119.

Kohler-Koch, Beate (1994): Patterns of Interest Intermediation in the European Union; in: Government and Opposition 29, S. 165-180.

Kommission (1983): Vorschlag für einen Beschluß des Rates zur Annahme des ersten europäischen strategischen Programms für Forschung und Entwicklung auf dem Gebiet der Informationstechnologie (ESPRIT), KOM (83) 258, 2.6.1983.

Lehmbruch, Gerhard (1987): Administrative Interessenvermittlung; in: Windhoff-Héritier, Adrienne (Hg.), Verwaltung und ihre Umwelt. Festschrift für Thomas Ellwein (Opladen) S. 11-43.

Mandell, Myrna P. (1988): Intergovernmental Management in Interorganizational Networks: A Revised Perspective; in: International Journal of Public Administration 11, S. 393-416.

Mayntz, Renate (Hg.) (1992): Verbände zwischen Mitgliederinteressen und Gemeinwohl (Gütersloh).

Mazey, Sonia; Richardson, Jeremy J. (1993a): Interest Groups in the European Community; in: Richardson, Jeremy J. (Hg.), Pressure Groups (Oxford), S. 191-213.

*Mazey, Sonia; Richardson, Jeremy J. (Hg.) (1993b): Lobbying in the European Community (Oxford).

Putnam, Robert D. (1988): Diplomacy and Domestic Politics: The Logic of Two-level Games; in: International Organization 42, S. 427-460.

Rat (1983): Entschließung des Rates vom 25. Juli 1983 über Rahmenprogramme für die Tätigkeiten der Gemeinschaft im Bereich Forschung, Entwicklung und Demonstration und über das erste Rahmenprogramm 1984-1987; in: Abl. C 208, S. 1-4, 4.8.1983.

Rat (1987): Beschluß des Rates vom 28. September 1987 über das gemeinschaftliche Rahmenprogramm im Bereich der Forschung und technologischen Entwicklung (1987-1991); in: Abl. L 302, S. 1-23, 24.10.1987.

Rat (1990): Beschluß des Rates vom 23. April 1990 über das gemeinschaftliche Rahmenprogramm im Bereich der Forschung und technologischen Entwicklung (1990-1994); in: Abl. L 117, S. 28-43, 8.5.1990.

Rat (1993): Beschluß des Rates vom 15. März 1993 zur Änderung des Beschlusses 90/221/Euratom, EWG über das gemeinschaftliche Rahmenprogramm im Bereich der Forschung und technologische Entwicklung (1990-1994); in: Abl. L 69, S. 43, 20.3.1993.

Rat (1994): Beschluß Nr. 1110/94/EG des Europäischen Parlaments und des Rates vom 26. April über das Vierte Rahmenprogramm der Europäischen Gemeinschaft im Bereich der Forschung, technologischen Entwicklung und Demonstration (1994-1998); in: Abl. L 126, S. 1-33, 18.4.1994.

Riesenhuber, Heinz (1984): Internationale Aspekte der Forschungs- und Technologie-Politik; in: Europa-Archiv, S. 530-536.

*Sandholtz, Wayne (1992): High-Tech Europe: The Politics of International Cooperation (Berkeley).

Scharpf, Fritz W. (1985): Die Politikverflechtungs-Falle: Europäische Integration und deutscher Föderalismus im Vergleich, in: Politische Vierteljahresschrift 26, S. 323-356.

Scharpf, Fritz W. (1991): Die Handlungsfähigkeit des Staates am Ende des zwanzigsten Jahrhunderts; in: Politische Vierteljahresschrift 32, S. 621-634.

Scharpf, Fritz W. (1993): Versuch über Demokratie im verhandelnden Staat, in: Czada, Roland; Schmidt, Manfred G. (Hg.), Verhandlungsdemokratie, Interessenvermittlung, Regierbarkeit (Opladen), S. 25-50.

Scharpf, Fritz W.; Reissert, Bernd; Schnabel, Fritz (1976): Politikverflechtung: Theorie und Empirie des kooperativen Föderalismus in der Bundesrepublik (Kronberg/Ts.).

Schelling, Thomas (1960): The Strategy of Conflict (Cambridge, MA).

van Schendelen, M.P.C.M. (Hg.) (1993): National Public and Private EC Lobbying (Aldershot).

Schmitter, Philippe C. (1991): The European Community as an Emergent and Novel Form of Political Domination; Juan March Institute, Working Paper 1991/26 (Madrid).

Schmitter, Philippe C.; Lehmbruch, Gerhard (Hg.) (1979): Trends Toward Corporatist Intermediation (Beverly Hills, London).

Schneider, Volker; Werle, Raimund (1989): Vom Regime zum korporativen Akteur: Zur institutionellen Dynamik der Europäischen Gemeinschaft; in: Kohler-Koch, Beate (Hg.), Regime in den internationalen Beziehungen (Baden-Baden), S. 409-434.

Seitz, Konrad (1990): Die japanisch-amerikanische Herausforderung: Deutschlands Hochtechnologie-Industrien kämpfen ums Überleben (Stuttgart).

Sharp, Margaret; Shearman, Claire (1987): European Technological Collaboration (London).

*Starbatty, Joachim; Vetterlein, Uwe (1990): Die Technologiepolitik der Europäischen Gemeinschaft: Entstehung, Praxis und ordnungspolitische Konformität (Baden-Baden).

Streeck, Wolfgang (Hg.) (1994): Staat und Verbände, PVS-Sonderheft 25 (Opladen).

Streeck, Wolfgang; Schmitter, Philippe (Hg.) (1985): Private Interest Government. Beyond Market and State (London).

Stremmel, Jörg (1988): Die Forschungs- und Technologiepolitik der Europäischen Gemeinschaft (Aachen).

Suleiman, Ezra (1987): State Structures and Clientelism: The French State Versus the 'Notaires'; in: British Journal of Political Science 17, S. 257-279.

de Tocqueville, Alexis (1959): Über die Demokratie in Amerika. Erster Teil (Stuttgart) (erstmals 1835).

van Tulder, Rob; Junne, Gerd (1988): European Multinationals in Core Technologies (Chichester).

Weber, Max (1972): Wirtschaft und Gesellschaft, 5. Auflage (Tübingen).

Weidenfeld, Werner; Turek, Jürgen (1993): Technopoly – Europa im globalen Wettbewerb (Gütersloh).

Wessels, Wolfgang (1990): Administrative Interaction; in: Wallace, William (Hg.), The Dynamics of European Integration (London), S. 229-241.

Wessels, Wolfgang (1992): Staat und (westeuropäische) Integration; in: Kreile, Michael (Hg.), Die Integration Europas, PVS-Sonderheft 23 (Opladen), S. 36-61.

Willke, Helmut (1992): Ironie des Staates: Grundlinien einer Staatstheorie polyzentrischer Gesellschaft (Frankfurt am Main).

Agrarpolitik: Integration durch Gemeinschaftspolitik?

Elmar Rieger

Die Gemeinsame Agrarpolitik ist die am weitesten entwickelte und durchstrukturierte Politik der Europäischen Gemeinschaft. Der Umfang der von ihr ausgehenden supranationalen Regulierung eines Wirtschaftssektors, die Intensität der agrarwirtschaftlichen Integration und nicht zuletzt die finanziellen und administrativen Ressourcen, die dieser Politikbereich nach wie vor bindet, verschaffen ihr einen Ausnahmestatus im politischen System der Gemeinschaft. Die folgenden Ausführungen konzentrieren sich auf die Ursprünge, Grundlagen und inhaltlichen Schwerpunkte der Vergemeinschaftung der Agrarpolitik (1.), auf eine Auseinandersetzung mit den verschiedenen Erklärungsversuchen der besonderen Entwicklung der Gemeinsamen Agrarpolitik und ihrer Persistenz trotz einer ziemlich allgemeinen negativen Haltung gegenüber dieser Politik (2.), und schließlich auf den Versuch einer Bestimmung der spezifischen Natur der Europäischen Integration im Bereich der Landwirtschaft (3.).

1. Institutionelle Ursprünge und politische Ziele der Vergemeinschaftung der Agrarpolitik

Die Entscheidung für eine wirtschaftliche und institutionelle Integration der westeuropäischen Land- und Agrarwirtschaft gehörte nicht zu den auslösenden Momenten oder gar zu den auch langfristig tragenden Motiven der politischen Vergemeinschaftung und der wirtschaftlichen Integration Europas. Die westeuropäische Landwirtschaft wie auch die institutionellen Strukturen der westeuropäischen Agrarpolitik waren durch Merkmale geprägt, die entsprechende Sonderlösungen einer agrarwirtschaftlichen und agrarpolitischen Integration verlangten. Dazu sind im Zusammenhang mit den agrarischen Sozial- und Wirtschaftsstrukturen hauptsächlich das dominierende Element der zum großen Teil noch kleinbetrieblichen Familienlandwirtschaft, eine stark ausgeprägte Unterbeschäftigung der landwirtschaftlichen Lohnarbeitskräfte, der ausgesprochen periphere Charakter eines Großteils der Agarregionen und der allgemein niedrige produktionstechnische Stand der Agrarwirtschaft zu zählen (Dovring 1965; Franklin 1968). Die Agrarpolitik der Nachkriegszeit unterschied sich insofern von anderen Formen der Wirtschaftspolitik, als sie weniger an der Schaffung der allgemeinen Rahmenbedingungen für die möglichst freie Entfaltung einer liberalen Agrarwirtschaft orientiert war, sondern mit großem finanziellen und administrativen Aufwand die Lebenslage der landwirtschaftichen Erwerbsbevölkerung unmittelbar zu beeinflußen versuchte.

Zwei Besonderheiten im langwierigen, fast eine Dekade umfassenden Gründungsprozeß der Gemeinsamen Agrarpolitik verweisen auf grundlegende Merkmale dieser Gemeinschaftspolitik. Die erste Besonderheit ist die eigentlich überraschend späte Einbeziehung des Agrarsektors in die Europäische Integration und in den Aufbau gemeinschaftlicher Institutionen, nämlich zu einem Zeitpunkt, zu dem einmal die großen agrar- und ernährungswirtschaftlichen Probleme der Nachkriegszeit bereits überwunden waren und zum anderen in allen Mitgliedstaaten die teilweise sehr unterschiedlichen institutionellen Rahmenbedingungen der nationalen Agrarpolitik bereits ihre definitive Gestalt gefunden hatten. Um so erstaunlicher scheint deshalb die Radikalität – gemessen am Grad der Vergemeinschaftung – mit der in diesem Politikfeld mit dem Prinzip nationalstaatlicher Souveränität gebrochen wird. Es liegt ja keineswegs in der Natur der Sache, daß ausgerechnet die Agrarintegration – in durchaus positiver Absicht – als Symbol der Europäischen Integration und als „Gradmesser des Integrationswillens und der Integrationsfähigkeit" bezeichnet werden konnte (Wächter 1962: 709). Die späte Regelung der Grundsätze der agrarwirtschaftlichen Integration ist ein erster Hinweis darauf, daß zum einen die Agrarintegration besonderen Zwängen ausgesetzt war und zum anderen mit der Vergemeinschaftung der Agrarpolitik auch Ziele verfolgt wurden – oder, vorsichtiger ausgedrückt, die Verfolgung von Zielen möglich gemacht wurde –, die sehr viel stärker auf die spezifisch nationalen Interessen zurückzuführen sind, als es der Entschluß zur Bildung eines umfassenden Agrarbinnenmarktes nahelegt.

Die zweite Besonderheit ist die nach langwierigen Verhandlungen zustandegekommene Entscheidung für ein System geschlossener, gemeinschaftsweit geltender Marktordnungen mit einem vergleichsweise hohen Preisniveau. Bereits zu diesem Zeitpunkt begannen sich bei allen wichtigen Agrarerzeugnissen jene Überschußprobleme abzuzeichnen, die zur Dauerkrise der Gemeinsamen Agrarpolitik führen sollten (Weinstock 1987). Die Systeme der Markt- und Preisregulierung und das hohe Preisniveau als Ergebnis einer hochgradig verbandspolitisch bestimmten Verhandlungssituation zu interpretieren, greift allerdings zu kurz (Ackermann 1970). Die interessenpolitische Dynamik agrarpolitischer Preisfestsetzungen ist nur eine Seite der Medaille. Hinter den Reizworten „Marktregulierung“ und „hohe Agrarpreise“ verbirgt sich ein umfassender Komplex gesellschaftspolitischer bzw. sozialer Werthaltungen, Gerechtigkeitsvorstellungen und Rationalitätskriterien, deren Legitimität sowohl in breiten Kreisen der Bevölkerung wie auch im politischen System außer Frage steht. Dieser Komplex ist der Ausgangspunkt für die Revolutionierung der Agrarpolitik, die alle fortgeschrittenen Industriegesellschaften im Gefolge der Agrardepression der dreißiger Jahre und der Versorgungsengpässe im Zweiten Weltkrieg erfuhren (Milward 1992: 228; Paarlberg 1989).

Der beträchtliche politische, finanzielle und administrative Aufwand, der mit dem allgemeinen Funktionswandel der Agrarpolitik und der besonderen Form der Vergemeinschaftung der Agrarpolitik notwendig wurde, ist das Ergebnis einer bestimmten gesellschaftspolitischen Konstellation, in der wohlfahrtsstaatliche Elemente eine zentrale Stellung einnehmen. Der Blick auf die zeitgenössische Diskussion läßt keinen Zweifel daran, daß mit den Beschlüssen über Marktpreise und die Organisation von europäischen Marktordnungen auch Entscheidungen darüber fielen bzw. festgeschrieben wurden, auf welche Art und Weise die Landwirtschaft in Westeuropa in Gesellschaft und Politik eingegliedert werden soll (Milward 1992: 224-317; Röpke 1979: 257). Diese Entscheidungen beziehen sich auf das Problem der sozialen und politischen Integration der Landbevölkerung in die neuformierten Nationalstaaten mit ihren grundlegend veränderten Interventionsstrukturen und den sie leitenden Wertideen.

Die Legitimität der noch sehr prekären demokratisch-parlamentarischen Nachkriegsordnungen Deutschlands, Italiens und zum Teil auch Frankreichs hing entscheidend davon ab, daß sich diese neuen Ordnungen, in einem weit größeren Maß als noch in der Zwischenkriegszeit, für das Bedürfnis *aller* Bevölkerungsgruppen nach sozialer und wirtschaftlicher Sicherheit empfänglich zeigten und diese Ansprüche einlösen konnten. Die Stabilität nicht nur der ersten Nachkriegsregierungen, sondern des gesamten politischen Systems hing auch davon ab, wie schnell es gelang, vor allem die große Masse der Landbevölkerung über die Teilhabe am industriewirtschaftlichen Aufschwung in die Gesellschaft zu integrieren. Marktwirtschaftliche Ordnungskonzepte schienen im Unterschied zu einer umfassenden staatlichen Regulierung der Agrarwirtschaft dieser Aufgabe nicht gerecht zu werden, während man sich umgekehrt von einer derartigen sektoralen Gesellschaftspolitik auch eine Steigerung der Agrarproduktion versprach. Es kam deshalb vor allem darauf an, für die Landwirtschaft gewissermaßen funktionale Äquivalente zu Sozialversicherungen und ähnlichen Einrichtungen einer materialen Sozialpolitik zu finden, die ein vergleichbares Maß an sozialer und wirtschaftlicher Sicherheit leisten konnten.

Die großen agrarpolitischen Gesetzgebungswerke der fünfziger Jahre in Westdeutschland, Frankreich, Italien und Großbritannien kreisten deshalb keineswegs zufällig um das Problem der Parität, d.h. die Behauptung strukturell bedingter Unterschiede in den wirtschaftlichen Entwicklungsmöglichkeiten der Landwirtschaft gegenüber der Industriewirtschaft mit dem damit verbundenen Gefälle in den Lebenslagen und Lebenschancen der jeweiligen Bevölkerungsgruppen. Das überragende und gemeinsame Ziel der westeuropäischen Gesellschaften war deshalb die soziale und politische Integration der Landbevölkerung in das nationale politische und soziale System bei gleichzeitiger Stabilisierung einer zu einem großen Teil noch kleinbetrieblichen Familienlandwirtschaft. In allen westeuropäischen Ländern einschließlich Großbritanniens kam es im ersten Nachkriegsjahrzehnt zu umfangreichen Gesetzgebungsmaßnahmen, die der Landwirtschaft einen wirtschaftlichen und politischen Sonderstatus einräumten und die mit politischen Mitteln eine auf Dauer gestellte Förderung allein der nationalen Agrarwirtschaft ohne Berücksichtigung des industriewirtschaftlichen und internationalen Umfeldes anstrebten (Priebe/Scheper/von Urff 1984: 43-114; Tracy 1989: 215-241).

Die Orientierung an primär wohlfahrtsstaatlichen Normen und Werten, d.h. die Verknüpfung formaler Gleichheitsrechte mit materiellen Ansprüchen gegenüber der öffentlichen Gewalt auf der Grundlage spezifischer Gerechtigkeitsvorstellungen, wurde zur entscheidenden Antriebskraft der agrarpolitischen Entwicklung in Westeuropa (Milward 1992: 229). Agrarpolitik entwickelte sich dabei von einer selektiven, von rivalisierenden Interessengruppen geprägten Wirtschaftspolitik zu einer umfassenden und systematischen Sozialpolitik, die eine uneingeschränkte Verantwortung für die Einkommensverhältnisse und die Lebenslage der gesamten Agrarbevölkerung übernahm.

Diese grundlegende gesellschafts- und sozialpolitische Orientierung der mitgliedstaatlichen Agrarpolitik wurde auf die Gemeinsame Agrarpolitik übertragen. Hier liegt einer der Gründe für die Hartnäckigkeit, mit der das System der Gemeinsamen Agrarpolitik gegen innere wie äußere Kritik verteidigt wurde und über die vielen Krisen hinweg immer noch Bestand hat. Die Marktordnungen der Gemeinsamen Agrarpolitik und die Einkommensbeihilfen bedeuten eine unmittelbare Verknüpfung von Einkommensverhältnissen einer Bevölkerungsgruppe einerseits und der Gemeinschaftspolitik andererseits. Diese Verknüpfung kommt auch dadurch zum Ausdruck, daß außenhandels- und finanzpolitische Erwägungen der gesellschafts- und sozialpolitischen Orientierung der Gemeinsamen Agrarpolitik untergeordnet werden. Allerdings war diese Entwicklung alles andere als ein selbstverständlicher Bestandteil der Europäischen Integration.

Die großen Schwierigkeiten der Agrarintegration ergaben sich hauptsächlich dadurch, daß die grundsätzliche Idee der EWG, die Schaffung eines neuen Binnenmarktes, in dem Marktkräfte auf der Grundlage freier Konkurrenz eine neue Dynamik entfalten können, für die Land- und Agrarwirtschaft von vornherein als nicht durchführbar angesehen wurde (Mansholt 1953). Die Probleme einer angemessenen Ernährung und Versorgung der Bevölkerung Europas haben aber sehr früh Pläne für eine agrarwirtschaftliche Integration reifen lassen. Die wirtschaftspolitische Rationalität einer derartigen Politik stand außer Frage (Wissler 1949: 52-59). Erstens wurde durch die Art und Weise der Beendigung des Zweiten Weltkrieges das vergleichsweise hochindustrialisierte und urbanisierte Westeuropa, das traditionell auf Agrareinfuhren angewiesen war, von den Überschußgebieten Ostdeutschlands, Osteuropas und Rußlands abgeschnitten und war deshalb nach damaliger Einschätzung auf Hilfe der USA dringend und aller Wahrscheinlichkeit nach auch für eine längere Zeit angewiesen. Zweitens hatte der Agrarprotektionismus im Gefolge der Weltwirtschaftskrise zusammen mit der ernährungswirtschaftlichen Autarkiepolitik im Zweiten Weltkrieg die Entwicklung von hauptsächlich binnenwirtschaftlich orientierten Agrarsektoren hervorgebracht und damit die im Laufe des neunzehnten Jahrhunderts entstandenen internationalen Austauschbeziehungen weitgehend zerstört. Und drittens bedeutete die Abhängigkeit von amerikanischen Agrarexporten die Bindung von Devisen, die an anderer Stelle wirksamer eingesetzt werden konnten (Lindberg 1963: 220-225; Milward 1984: 435-442).

Trotz der drängenden agrarwirtschaftlichen Probleme und der durchaus überzeugenden wirtschaftspolitischen Rationalität einer Agrarintegration blieben die westeuropäischen Regierungen nicht nur bei einer vorrangig nationalen Regulierung der Landwirtschaft, sondern bauten sie noch weiter aus. Diese Entwicklung stand in einem deutlichen Widerspruch zur Diskussion um eine agrarwirtschaftliche Integration Europas wie auch zu der von amerikanischer Seite betriebenen Politik der Liberalisierung des Welthandels (Gareis/Schütz 1953, 1955; Papi 1952). Die Erklärung dieses Widerspruchs ist erstens in der bereits angesprochenen grundlegenden Strukturveränderung der westeuropäischen Nachkriegsgesellschaften zu umfassenden, sozialer Kohäsion und gesellschaftlicher Solidarität oberste Priorität einräumenden Wohlfahrtsstaaten zu suchen. Und zweitens war die Agrar- und Landwirtschaft der meisten westeuropäischen Länder weder volkswirtschaftlich noch sozialstrukturell bedeutend genug, um Ausgangspunkt eigenständiger, aber sektoral eingegrenzter Integrationsbestrebungen sein zu können.

Nachdem sich die Regierungen der ursprünglichen Sechsergemeinschaft zur Bildung einer Wirtschaftsgemeinschaft durchgerungen hatten, stellte sich jedoch die Frage, ob und wie die Landwirtschaft in diese Gemeinschaft einbezogen werden könne. Über das ob wurde insofern schnell Einigkeit erzielt, als bereits unmittelbar nach Kriegsende Vorschläge zur Schaffung gemeinsamer Agrarmärkte und zur Bildung eines „Grünen Pools" als Lösung der drängenden Fragen landwirtschaftlicher Produktion und der Ernährungswirtschaft auf die politische Tagesordnung kamen. Aber erst die Gemeinschaft für Kohle und Stahl und später die Europäische Wirtschaftsgemeinschaft machten eine Agrarintegration insofern zu einem konkreten und durchführbaren Projekt, als durch sie die institutionellen und politischen Vorbilder für ein derartiges Vorhaben zur Verfügung standen. Ohne die institutionellen Vorgaben und Möglichkeiten, die die Europäischen Gemeinschaften der nationalen Agrarpolitik boten, wäre aber eine derartige Form der Vergemeinschaftung und der Agrarintegration niemals in Frage gekommen. Ihre formale Legitimität und die politischen Voraussetzungen ihrer Durchführbarkeit erhielt die Gemeinsame Agrarpolitik durch die institutionellen Blaupausen der Montan-Union und des EWG-Vertrags.

Gerade das Vorbild der ausgeprägt supranationalen Elemente der Montanunion, deren Integrationskonzept gleichzeitig umfassender und tiefgreifender war als das der Europäischen Wirtschaftsgemeinschaft, eröffnete einer Agrarintegration neue Wege. Die supranationalen Elemente der Montanunion in Verbindung mit ihren ausdrücklich sozialpolitischen Kompetenzen kamen der Agrarintegration insofern entgegen, als ja die nationale Agrarpolitik der Sechsergemeinschaft hochgradig staatsbestimmt und umfassend angelegt war (Collins 1975: 21)[1]. Der Agrarsektor der westeuropäischen Länder war zwar nicht bedeutend genug, eine eigenständige und sektoral eingegrenzte Integration zu erzwingen, er war aber immer noch wichtig genug, um die Ausgrenzung aus einer umfassenderen Wirtschaftsgemeinschaft nicht zuzulassen. Erstens sprach bereits die bloße Größe der landwirtschaftlichen Erwerbsbevölkerung in Italien, Frankreich und in der Bundesrepublik für eine Einbeziehung. Zweitens war die Landwirtschaft für Frankreich und die Beneluxländer traditionell ein wichtiger Bestandteil ihres Außenhandels. Und drittens wurde im Gemeinsamen Agrarmarkt ein wirksames Mittel der Wiederherstellung einer agrarwirtschaftlichen Arbeitsteilung gesehen, die durch die Teilung Deutschlands und die Blockbildung im Gefolge des Kalten Krieges zerstört worden war[2].

Im EG-Vertrag stehen deshalb die Ausführungen zur Landwirtschaft unter den „Grundlagen der Gemeinschaft", also auf gleicher Ebene wie der freie Warenverkehr, die Freizügigkeit, der freie Dienstleistungs- und Kapitalverkehr und der Verkehr. Außerdem wird in Art. 3 die „Einführung einer gemeinsamen Politik auf dem Gebiet der Landwirtschaft" als Tätigkeit der Gemeinschaft besonders hervorgehoben. Allerdings verweist bereits die Formulierung des Art. 39 – „Der Gemeinsame Markt umfaßt *auch* die Landwirtschaft und den Handel mit landwirtschaftlichen Erzeugnissen" (meine Hervorhebung, E.R.) – darauf, daß die Einbeziehung der Landwirtschaft alles andere als selbstverständlich war. Außerdem enthielten die entsprechenden Ausführungen des Vertrages kaum mehr als ein „agreement to agree" (Dam 1967: 219). Das läßt auch die Aufzählung der Ziele erkennen, die im Art. 39 des EG-Vertrags genannt werden und deren Widersprüchlichkeit offensichtlich ist. Nach diesem Artikel ist das Ziel der Gemeinsamen Agrarpolitik die Steigerung der Produktivität der Land-

1 Für Walter Hallstein war die Einigung auf eine gemeinsame Agrarpolitik ein Zeichen dafür, daß auch im Rahmen des EWG-Vertrages eine ausgesprochen supranationale Politik, die sich am Vorbild der Gemeinschaft für Kohle und Stahl messen kann, möglich ist (1962: 19).

2 Das übliche Argument eines „Tauschs" französischer Zugeständnisse im Industriebereich mit deutschen Zugeständnissen im Agrarbereich gehört zu den wohl unausrottbaren Legenden zur Europäischen Integration (Milward 1992: 283-4; Vaubel 1994: 174; Willgerodt 1983: 111-114).

wirtschaft, die Erhöhung und Sicherung der Einkommen der landwirtschaftlichen Erwerbsbevölkerung, die Stabilisierung der Märkte, die Sicherstellung der Versorgung und die Belieferung der Verbraucher zu angemessenen Preisen. Diese Widersprüche verweisen deshalb eher auf das gemeinsame Interesse der Mitgliedstaaten an einem großen Interpretationsspielraum und weniger auf ein schlüssiges agrarpolitisches Konzept.

Der EG-Vertrag läßt deshalb auch ausdrücklich offen, auf welchem Wege die Agrarintegration zu erreichen sei. Art. 40 (2) zählt drei Möglichkeiten auf: (a) Gemeinsame Wettbewerbsregeln, (b) bindende Koordinierung der verschiedenen einzelstaatlichen Marktordnungen und (c) Europäische Marktordnungen. Diese grundsätzliche Offenheit hinsichtlich der zukünftigen Form der Gemeinsamen Agrarpolitik konnte allerdings nicht darüber hinwegtäuschen, daß keine Regierung der Mitgliedstaaten damit rechnen konnte, die parlamentarische und verbandspolitische Zustimmung zu einer Lösung zu bekommen, die hinter dem Schutz- und Leistungsniveau der nationalen Agrarpolitik zurückblieb. Art. 43, 3 (a) berechtigt deshalb auch die Mitgliedstaaten, ein Veto gegen die Einführung gemeinsamer Agrarmarktordnungen einzulegen, wenn diese nicht „gleichwertige Sicherheiten für die Beschäftigung und Lebenshaltung der betreffenden Erzeuger bietet". Darüber hinaus räumt Art. 44 den Mitgliedstaaten das Recht ein, für bestimmte Produkte ein System von Mindestpreisen anzuwenden, um Preiseinbrüche in Folge des Abbaus der Zölle und mengenmäßigen Beschränkungen zwischen den Mitgliedstaaten zu verhindern.

Aus diesem Grund reflektiert die Konzentration der Gemeinsamen Agrarpolitik auf eine Preispolitik im Rahmen von Marktordnungen mit einem entsprechenden Zollschutz zwangsläufig die Grundzüge der nationalen Agrarpolitik der Sechsergemeinschaft. Wie in den jeweiligen nationalen Kontexten, so war auch die zukünftige, supranational organisierte Preispolitik auf die soziale und wirtschaftliche Situation großer Gruppen von Agrarproduzenten bezogen. Im Mittelpunkt standen dabei die allgemeine Problematik der niedrigen Einkommen hauptsächlich der kleineren Betriebe und die gleichermaßen allgemeine Problematik jener Preisschwankungen, die auf die für Agrarmärkte typische zyklische Aufeinanderfolge von Über- und Unterangebot zurückzuführen sind. Diese Schwerpunktsetzungen sind angesichts der Art und Weise, wie die Gemeinsame Agrarpolitik ihre eigentümliche Gestalt gewann, auch kaum anders zu erwarten.

2. Manifeste und latente Funktionen der Gemeinsamen Agrarpolitik

Gemessen an ihren im EG-Vertrag fixierten Zielvorstellungen ist die Gemeinsame Agrarpolitik nach weitgehend einhelliger Meinung ein Fehlschlag. Die „Ausnahme" ist die Steigerung der Produktivität der westeuropäischen Landwirtschaft. Sie ist allerdings ein eher zweifelhafter Erfolg. Außerdem hielt sich auf diesem Gebiet die Tätigkeit der Gemeinschaft in engen Grenzen. Sie ist weder mit Agrarforschung und landwirtschaftlichem Beratungswesen noch mit Verbesserungen der ländlichen Infrastruktur oder allgemein der Verbesserung und Rationalisierung der betrieblichen Grundlagen der Land- und Agrarwirtschaft befaßt. Falls die Gemeinschaft überhaupt in diesen Bereichen aktiv ist, beschränkt sie sich auf die Ergänzung von Maßnahmen der Mitgliedstaaten.

Mißt man die Gemeinsame Agrarpolitik an ihren eigenen Zielen, scheint harsche Kritik durchaus angebracht zu sein (Hitris 1994: 169-185; Hrubesch 1987; Willgerodt 1983)[3]. Wie kann man die Persistenz dieser Politik angesichts der offensichtlichen Zielverfehlungen erklären? Zwei sehr einflußreiche Erklärungsansätze wurden formuliert, die helfen sollen, diesen perplexen Tatbestand zu erhellen. Der erste verweist auf die dominante Rolle von Interessenverbänden, die erfolgreiche „capture" der Gemeinsamen Agrarpolitik durch die Agrarverbände. Der theoretische Ausgangspunkt dieser Erklärungsversuche sind die bekannten Arbeiten von Anthony Downs (1957) und Mancur Olson (1965). Der zweite Ansatz konzentriert sich auf die besondere Form der Verflechtung von Steuerungsebenen der Gemeinsamen Agrarpolitik. Er wurde in prägnanter Form von Fritz Scharpf in seiner These von der „Politikverflechtungsfalle" formuliert (1985).

Für eine bestimmte Richtung sozialwissenschaftlicher Theoriebildung ist die Gemeinsame Agrarpolitik ein Paradebeispiel für das „rent-seeking" von Interessengruppen: der gezielte Aufbau von Verbandsmacht, um die starke politische und finanzwirtschaftliche Zentralisierung der europäischen Agrarpolitik und ihre finanziellen Mittel im Interesse der eigenen Klientele auszunützen (Haase 1983; Nello 1984; Paarlberg 1989: 1158-1159; Rausser 1982; Vaubel 1994: 173-175). Allerdings legen die obigen Ausführungen über die Veränderungen

3 Zum agrarstrukturellen Wandel in Westeuropa unter dem Einfluß der gemeinsamen Agrarpolitik vgl. Bowler (1985) und Rieger (1995a).

der moralischen Ökonomie des westeuropäischen Agrarprotektionismus die Vermutung nahe, daß die herausragende Stellung der Agrarverbände eine Funktion der besonderen Orientierung der Agrarpolitik ist. Trifft diese Vermutung zu, dann ist die Macht der agrarischen Interessenverbände stark eingeschränkt und ihre Machtstellung im wesentlichen abgeleiteter und nicht originärer Natur. Entsprechend gering ist dann auch das Erklärungspotential von Ansätzen, die Verbandspolitik in den Mittelpunkt der Analyse der Agrarpolitik fortgeschrittener Industriegesellschaften stellen.

Erst nachdem die westeuropäischen Gesellschaften zu Wohlfahrtsstaaten wurden, also zu Gemeinwesen, in denen Maßstäbe sozialer Mindestsicherung, spezifische Gerechtigkeitsvorstellungen, der Ausgleich regionaler Gefälle von Lebenslagen und Lebenschancen und die umfassende Integration aller Bevölkerungsgruppen im Mittelpunkt standen, wurden die Agrarverbände in die Lage versetzt, ihre Interessen entsprechend zu formulieren und, was von entscheidender Bedeutung ist, auch zu legitimieren. Es waren also der allgemeine Strukturwandel der Politik und die veränderte Form und Rolle von Staatlichkeit mit ihrem enorm verbreiterten Interventionspotential, die für die neuen Formen der Agrarpolitik und die daran anschließende neue Rolle von Agrarverbänden konstitutiv wurden. Diese institutionelle Perspektive wendet sich deshalb ausdrücklich gegen Theorien der Formulierung von Agrarpolitik, die den agrarischen Interessengruppen als Erklärungsfaktoren eine zentrale Rolle zugestehen. Die spezifische Zielrichtung agrarischer Interessen im Nachkriegseuropa, die Forderung nach wirtschaftlicher und sozialer Sicherheit, nach intersektoraler „Parität" der Einkommensverhältnisse, ist eine Reaktion auf das neue, administrativ und parteipolitisch institutionalisierte wohlfahrtsstaatliche Handlungspotential der westeuropäischen Gesellschaften.

Eine zweite einflußreiche Interpretation der überraschenden Persistenz der Gemeinsamen Agrarpolitik stammt von Fritz W. Scharpf. Die Gemeinsame Agrarpolitik ist für Scharpf das Paradebeispiel für eine „Politikverflechtungsfalle", d.h. die systematische, auf die institutionellen Strukturen der Europäischen Gemeinschaft zurückzuführende Begünstigung suboptimaler Politikergebnisse. Bei der Gemeinsamen Agrarpolitik kommt die „Selbstblockierung" und „Selbstbeschädigung" eines europäischen Politikbereichs deshalb so deutlich zum Tragen, „weil sie der Vollkompetenz eines Bundesstaates am nächsten kommt" (Scharpf 1985: 331). Für Scharpf ist der Ausgangspunkt europäischer Politikverflechtung die Verlagerung wichtiger politischer

Aufgaben auf die nächsthöhere institutionelle Ebene, wobei die Wahrnehmung dieser Aufgaben an die „einvernehmliche Zustimmung der Mitgliedstaaten" gebunden bleibt (1985: 331). Für ihn ist das entscheidende Moment der Verselbständigung der Pathologie der europäischen Agrarpolitik die Einstimmigkeits-Regel. Vor dem Hintergrund der großen Regelungsdichte der Gemeinsamen Agrarpolitik bedeute Nicht-Einigung „die Weitergeltung früherer Beschlüsse und nicht die Rückkehr in einen Zustand ohne kollektive Regelung" (1985: 337). Die Einstimmigkeitsregel führe deshalb dazu, daß die „alte Regelung (...) nicht korrigiert werden (kann), solange auch nur ein Mitglied an ihr festhalten will. Anstatt freiwilliger Zustimmung herrscht also jetzt institutioneller Zwang, und anstatt optimaler Interessenverwirklichung die Privilegierung der durch die Status-Quo-Politik begünstigten Minderheit und eine im Zeitablauf zunehmend schlechtere Übereinstimmung mit der realen Problem- und Interessenlage" (1985: 337-338).

Der Scharpfschen These von der Politikverflechtungsfalle ist im Zusammenhang mit der Gemeinsamen Agrarpolitik in zwei Punkten zu widersprechen. Der erste Punkt ist die tatsächliche Bedeutung der Einstimmigkeits-Regel, der zweite Punkt seine Darstellung der Funktionen und Ziele der Gemeinsamen Agrarpolitik. Zum ersten Punkt ist anzumerken, daß die Einstimmigkeitsregel bei der Beschlußfassung des Ministerrats eine komplexere Angelegenheit ist, als es seine Darstellung glauben macht. Zum einen ist die Grundlage der Einstimmigkeits-Regel der sogenannte Luxemburger Kompromiß vom 29. Januar 1966. Er sieht u.a. vor, daß „bei sehr wichtigen Interessen die Erörterung fortgesetzt werden muß, bis ein einstimmiges Ergebnis erzielt worden ist" (zit. nach Ipsen 1972: 497). In seinem Kern ist der Luxemburger Kompromiß eine politische Erklärung ohne vertragliche oder gesetzliche Grundlage. Die Kommission war an der Formulierung des Kompromisses nicht beteiligt und hat auch seine Gültigkeit nie anerkannt. Die tatsächliche Bedeutung des Luxemburger Kompromisses und die auf ihn zurückgehende Konsenspraxis im Bereich der Gemeinsamen Agrarpolitik ergibt sich erst vor dem Hintergrund und im Zusammenspiel mit dem Prinzip der qualifizierten Mehrheit, der eigentlichen Regel der Beschlußfassung im Agrarministerrat (Lahr 1983; Vasey 1988).

Seit Beginn der achtziger Jahre zeichnete sich im Agrarministerrat zunehmend ab, daß es sich bei einem Veto nach dem Luxemburger Kompromiß nicht um ein liberum veto handelt[4]. Die anderen Mit-

4 Liberum veto, wörtlich „freies" Veto: ein Veto ohne Begründungspflicht.

gliedstaaten müssen die Legitimität des Vetos anerkennen, müssen davon überzeugt sein, daß tatsächlich „sehr wichtige Interessen" auf dem Spiel stehen[5]. Zum anderen bedeutet ein Veto weder unbefristetes Verschieben einer Entscheidung noch die Weitergeltung des status quo. Für den Fall, daß ein Veto im Agrarministerrat das Funktionieren der Gemeinsamen Agrarpolitik gefährdet, kann die Kommission von ihrer Notkompetenz Gebrauch machen. Entscheidend ist dabei, daß, entgegen der Annahme von Scharpf, der status quo *nicht* erhalten bleiben muß:

„The Commission did not confine itself to maintaining the status quo on a temporary basis, which could have led to speculative operations and unnecessary expenditure, but actually implemented the proposed package where this involved changes in the status quo, e.g. price cuts. Thus the Federal Republic in 1985 and Greece in 1988 could not prevent the package accepted by all the other delegations from being implemented, albeit by the Commission rather than the Council" (Vasey 1988: 731).

Insgesamt läßt die Entwicklung der Gemeinsamen Agrarpolitik keineswegs den Schluß zu, die Mitgliedstaaten hätten ihre eigenständige Handlungsfähigkeit verloren und sich gleichzeitig durch die institutionell induzierten Schwierigkeiten einer Konsensbildung auf der europäischen Ebene selbst blockiert. Die für die Struktur und die Wirkungen der Gemeinsamen Agrarpolitik grundlegenden und sehr weitreichenden Entscheidungen, die seit Beginn der achtziger Jahre gefallen sind, vom Beginn einer generell restriktiven Preispolitik über die Einschränkung der Intervention in die Agrarmärkte durch Quotenregelungen, Garantieschwellen und Mitverantwortungsabgaben bis zum Einstieg in die Entkoppelung von Marktordnungs- und Einkommenspolitik durch die Reform vom Sommer 1992, lassen durchaus auf ein funktionierendes Entscheidungssystem schließen[6].

---

5 Zum Beispiel wurde 1982 das britische Veto gegen die Preisbeschlüsse des Agrarministerrats nicht anerkannt. Die Vertreter der Mitgliedstaaten ließen nicht zu, die britische Position im Agrarministerrat mit dem Wunsch der Briten nach einer Verringerung ihres Beitrags zum Haushalt der Gemeinschaft zu verbinden. Der Beschluß wurde mit qualifizierter Mehrheit verabschiedet (Vasey 1988: 726-727).

6 Vgl. dazu auch den Hinweis eines Referatsleiters im Bundesministerium für Ernährung, Landwirtschaft und Forsten auf „ein Phänomen (...), das bisher – wenn überhaupt –, nur wenig beachtet und gewürdigt wird: Die Fähigkeit der Gemeinschaft zu schnellen agrarpolitischen Entscheidungen auch und gerade in Bereichen höchster politischer Schwierigkeit und größter technischer Komplexität (...). Es kann wohl festgestellt werden, daß die Gemeinschaft – zumin-

Wenn man, anders als Scharpf, nicht von inhärenten Defiziten des Verhandlungssystems der Gemeinsamen Agrarpolitik ausgeht, wie läßt sich dann die Dauerhaftigkeit der offenkundigen Defizite und Probleme dieses Politikbereichs erklären? Weder die Überschußproduktion mit ihren vielfältigen Konsequenzen noch die offensichtlichen Verzerrungen in den Verteilungsergebnissen, die die nördlichen gegenüber den südlichen Agrarsektoren privilegieren, noch die überproportionalen Vorteile der Preispolitik für die Großerzeuger gegenüber den kleineren Betrieben lassen sich mit den Zielvorgaben der Gemeinsamen Agrarpolitik in Einklang bringen. Eine derartige Konstellation, wo manifeste Ziele dauerhaft und offensichtlich außer acht gelassen werden können, läßt deshalb vermuten, daß sie bestimmte „latente" Funktionen erfüllt[7]. Diese latenten Funktionen oder verborgenen Zweckmäßigkeiten können erklären, warum die Gemeinsame Agrarpolitik trotz der offensichtlichen Probleme ihre Struktur nicht nur erhalten, sondern ihre Ressourcen auch immer weiter ausdehnen konnte. Die Zusammenhänge, die im folgenden kurz beschrieben werden sollen, könnten darauf hindeuten, daß die manifesten Ziele der Gemeinsamen Agrarpolitik, die im EG-Vertrag ausdrücklich benannt werden, vielleicht weniger wichtig sind als ihre latenten Funktionen.

Diese latenten Funktionen leiten sich von der institutionellen Struktur der Gemeinsamen Agrarpolitik her. Sie beziehen sich auf die nicht beabsichtigten und auch als solche von den beteiligten Akteuren nicht bewußt reflektierten, aber trotzdem „objektiven" Konsequenzen der Gemeinsamen Agrarpolitik. Die systematische Anwendung des Konzepts der latenten Funktionen kann Hinweise darauf geben, daß sowohl die besondere Entscheidungsstruktur mit ihren scheinbar widersinnigen Politikergebnissen als auch die Konzentration der Gemeinsamen Agrarpolitik auf die Preispolitik als Mittel der Beeinflussung agrarischer Einkommen in bestimmten Zusammenhängen und zu bestimmten Zeitpunkten positive Funktionen für die westeuropäische Landwirtschaft erfüllen kann. Drei Funktionen sollen hier hervorgehoben werden: die Intensivierung des außenwirtschaftlichen Schutzes, die Verbreiterung der Interessenbasis der Gemeinsamen Agrarpolitik und schließlich die Kompensation der interessenpolitischen Defizite parlamentarisch-demokratischer Systeme.

---

dest im Bereich der Agrarpolitik – entscheidungsfreudiger und -fähiger ist als viele ihre Mitglieder" (Schwinne 1994: 149).

7 Die Unterscheidung zwischen manifesten und latenten Funktionen sozialer und politischer Strukturen geht auf Robert Merton zurück (1968: 73-138).

Das Konzept der latenten Funktionen kann deshalb der sozialwissenschaftlichen Analyse ein Instrument in die Hand geben, aus dem scheinbaren Versagen der Gemeinsamen Agrarpolitik nicht umstandslos auf institutionelle Schwerfälligkeit und Selbstblockierung, bloßes Überdauern aufgrund des Eigeninteresses der Bürokratie oder die erfolgreiche Manipulation von einschlägigen Interessengruppen schließen zu müssen (Merton 1968: 119). Außerdem kann diese Perspektive zeigen, daß die Reform der Gemeinsamen Agrarpolitik auch deshalb eine „unendliche Geschichte" (Heinrichsmeyer 1991) ist, weil sich die Refomversuche nur auf die manifesten, nicht aber auf die latenten Funktionen und Zweckmäßigkeiten richten. Solange aber keine funktionalen Äquivalente für diese latenten Funktionen geschaffen werden, solange sind auch keine grundsätzlichen Veränderungen der institutionellen Struktur der Gemeinsamen Agrarpolitik zu erwarten.

Eine erste wichtige latente Funktion ergibt sich aus den Konsequenzen der umfassenden Natur der Vergemeinschaftung zentraler Teile mitgliedstaatlicher Agrarpolitik. Die Entscheidung für ein sehr umfassendes Konzept der agrarwirtschaftlichen Integration, d.h. die Einigung auf gemeinschaftsweit geltende Preise auf der Grundlage geschlossener Marktordnungen mit Absatzgarantien, ein variables System des Außenschutzes und eine gemeinschaftliche Finanzierung der Agrarpolitik, hatte den unschätzbaren Vorteil, die Landwirtschaft zu einem zentralen Feld der politischen Vergemeinschaftung und der Bildung einer Zollunion zu machen. Denn damit lag auch die Vertretung der landwirtschaftlichen Interessen der Mitgliedsländer gegenüber Dritten bei der Gemeinschaft. Die Lage der westeuropäischen Landwirtschaft in ihrer internationalen politischen und wirtschaftlichen Umwelt wie auch die Verhandlungsposition der Mitgliedsländer veränderten sich dadurch grundlegend. Indem sie als Teil der EWG-Institutionen und des Binnenmarktes in die allgemeine Außenhandelspolitik der Gemeinschaft eingebunden wurden, erhöhte sich das Gewicht der agrarpolitischen Interessen der Mitgliedsländer ganz beträchtlich. Die Bewältigung der (gewichtigeren) Probleme im industriell-gewerblichen Bereich wurde von der Lösung der Probleme im landwirtschaftlichen Bereich abhängig. Wie die verschiedenen Verhandlungsrunden im Rahmen des GATT gezeigt haben, war ein erfolgreicher Abschluß nur dann möglich, nachdem agrarpolitische Streitfragen ausgeklammert wurden. Von grundsätzlicher Bedeutung war allerdings der Umstand, daß durch die Gemeinsame Agrarpolitik die Mitgliedsländer in die Lage versetzt wurden, für die Agrarpolitik die generelle Herausnahme aus dem liberalen Freihandelsregime des GATT unter dem Art. XXIV zu erreichen (Evans 1971: 82-85).

Indem weite Bereiche der nationalen Agrarpolitik Teil der EWG wurden, fielen sie wie die anderen Bereiche der Zollunion unter jene Regelung des GATT, die für regionale Wirtschaftszusammenschlüsse einen gemeinsamen Zollschutz als Ausnahme vom Ziel einer grundsätzlich liberalen und multilateralen Ordnung der internationalen Wirtschaft zuließen (Martinstetter 1959; Snape 1993). Eine protektionistisch orientierte nationale Agrarpolitik der westeuropäischen Länder außerhalb des Rahmens der EWG wäre auf die Dauer wahrscheinlich von keiner Regierung gegen den Widerstand der Agrarexportländer aufrechtzuerhalten gewesen, weil einzelne Länder eine Herausnahme ihrer Agrarpolitik aus dem Regelwerk des GATT nicht durchsetzen konnten.

Es war deshalb auch kein Zufall, daß die wichtigen Entscheidungen über die zukünftige Gestalt der Gemeinsamen Agrarpolitik mit dem Abschluß der Dillon-Runde des GATT zusammenfielen, wo eines der großen Hindernisse die Behandlung der Agrarpolitik der westeuropäischen Länder war. Und es hatte seinen Grund, wenn im „Economist" die Gemeinsame Agrarpolitik als „diabolisch" bezeichnet wurde, als Agrarprotektionismus (The Economist, December „deus ex machina" der westeuropäischen Länder zur Rettung ihres 15, 1962). Im Rahmen der Kennedy-Runde des GATT, die im Jahr 1964 begann, stand dann auch von vornherein außer Frage, daß nur durch eine weitgehende Ausklammerung des Agrarbereichs Fortschritte im gewerblich-industriellen Bereich erreicht werden können. Die Landwirtschaft der Mitgliedsländer der Gemeinschaft hatte durch den supranationalen Ansatz der Gemeinsamen Agrarpolitik einen sicheren Hafen erreicht.

Eine zweite latente Funktion der Gemeinsamen Agrarpolitik ist die Erzeugung einer potentiellen Interessenkongruität von Agrarhandel und Nahrungsmittelindustrie einerseits und Landwirtschaft andererseits. Damit wird die Interessenbasis der Gemeinsamen Agrarpolitik entscheidend vergrößert und ihr politisches Gewicht erhöht.

Zwei Merkmale der Gemeinsamen Agrarpolitik sind dabei besonders bemerkenswert. Das erste Merkmal ist die besondere Struktur des Interventionssystems der Marktordnungen. Beim Großteil der Agrarerzeugnisse greift die Intervention nicht bei den primären Erzeugnissen, sondern erst auf einer nachgeordneten Verarbeitungsstufe. Aufgekauft, eingelagert und verschiedenen Zwecken zugeführt – Verkauf auf dem Markt zur Stabilisierung des Angebots, subventionierter Export, Vernichtung oder Denaturierung – werden also in der Regel bereits bearbeitete oder im Handel befindliche Produkte. Selbst bei Getreide gibt es keine direkte Belieferung der Interventionsstellen durch die Landwirte, weil diese Stellen Mindestmengen verlangen, die einzelne Landwirte nicht erfüllen können. Ohne die aktive Mitarbeit der Nahrungsmittelindustrie wäre die Gemeinsame Agrarpolitik nicht funktionsfähig (Harris/Swinbank/Wilkinson 1983: 241). Diese Art und Weise der Organisation bindet die der Landwirtschaft nachgeordnete Agrar- und Ernährungswirtschaft der ersten Verarbeitungsstufe an das politische System der Gemeinsamen Agrarpolitik und verstärkt dadurch ihr politisches Gewicht (Harris/Swinbank/Wilkinson 1983: 238). Sowohl Landwirte als auch die Nahrungsmittelindustrie der ersten Verarbeitungsstufe haben das gleiche Interesse an möglichst hohen Interventionspreisen. Dazu kommt noch, daß die Kommission hauptsächlich mit Hilfe bestimmter Teile der Verarbeitungsindustrie und des Agrarhandels den Export in Drittländer organisiert. Handel und Industrie sind dabei darauf angewiesen, daß die Kommission die Exportsubventionen so festlegt, daß ihnen ein ausreichender Gewinn entsteht.

Die gleiche Wirkung einer Verbreiterung der Interessenbasis hat ein zweites Merkmal der Gemeinsamen Agrarpolitik, die Ausdehnung der Instrumente und Mechanismen der Agrarpreisstützung über die landwirtschaftlichen Grunderzeugnisse und Produkte der ersten Verarbeitungsstufe hinaus auf höherwertige Verarbeitungserzeugnisse. Das bedeutet, daß z.B. auch Margarine, Stärke und verschiedene Zubereitungen aus Früchten durch Sonderregelungen erfaßt werden, die ähnliche Wirkungen wie Marktordnungen entfalten – vor allem was den Schutz gegen billigere Importe betrifft – und auf die auch das System der Währungsausgleichsbeträge Anwendung findet. Der Grund dafür ist in dem Umstand begründet, daß die europäische Nahrungsmittelindustrie gegenüber der außereuropäischen Konkurrenz, deren Rohstoffe in der Regel bedeutend billiger sind, nicht bestehen könnte. Deshalb wurden parallel zu den Marktordnungen für die verschiedenen Primärprodukte umfassende Handelssysteme für Verarbeitungserzeugnisse aufgebaut (Harris/Swinbank/Wilkinson 1983: 243). Die Position der Nahrungsmittelindustrie gegenüber der Gemeinsamen Agrarpolitik ist aus diesem Grund zutiefest ambivalent. Auf der einen Seite profitiert sie von einem großen und abgeschirmten europäischen Markt mit einem hohen und stabilen Preisniveau und ist insofern Nutznießer der Marktabriegelung der Gemeinsamen Agrarpolitik. Auf der anderen Seite ist sie an billigen Rohmaterialien interessiert und gehört insofern zu den Kritikern der Marktordnungspolitik der Gemeinschaft. Eine wichtige Konsequenz dieser Ambivalenz besteht nun darin, daß die Nahrungsmittelindustrie zu keiner einheitlichen Politik gegenüber der Gemeinsamen Agrarpolitik fähig und ihr

Einfluß entsprechend gering ist. Diese Wirkung der Einbindung der Nahrungsmittelindustrie in die Gemeinsame Agrarpolitik wird noch dadurch verstärkt, daß sowohl die Marktordnungen als auch die parallelen Systeme für Verarbeitungsprodukte die großen Unternehmen des Agrarhandels und der Nahrungsmittelindustrie gegenüber den kleineren privilegieren und damit auch spezifische, wechselseitige Abhängigkeitsbeziehungen mit der Agrarmarktbürokratie schaffen.

Eine dritte, ihre institutionelle Struktur stabilisierende und legitimierende Funktion der Gemeinsamen Agrarpolitik ergibt sich aus ihrem supranationalen Ansatz. Aus dem mit schnellem Tempo schwindenden Anteil der Landwirtschaft an der Bevölkerung ergibt sich mehr oder weniger zwangsläufig eine systematische parlamentarische Unterrepräsentation dieser Gruppe. Im Rahmen der Gemeinsamen Agrarpolitik werden die Konsequenzen der Unterrepräsentation durch die zusätzliche, durch den sektoralen Ansatz der Vergemeinschaftung gruppenförmig ausgerichtete Organisation der Interessenartikulation auf der Ebene der Gemeinschaft bis zu einem bestimmten Grad kompensiert (Rieger 1995b). Dazu trägt auch bei, daß der Rat der EG als Zentralinstanz der politischen Verhandlung und des Interessenausgleichs sich zu einem fachlich homogenen Agrarministerrat entwickelte. Diese Konstruktion erlaubt eine sehr viel stärkere Kohärenz und Kontinuität in der agrarpolitischen Entscheidungsfindung, als es im Rahmen der fachlich heterogenen Kollegialstruktur einer Regierung oder eines Kabinetts möglich wäre. Dieses Moment einer zusätzlichen Sicherung landwirtschaftlicher Interessen gegen die Unwägbarkeiten parlamentarischer Mehrheiten auf der nationalen Ebene wird noch durch den quasi-öffentlichen Status der landwirtschaftlichen Interessenvertretung auf der Ebene der Gemeinschaft unterstützt (Verschuer 1964: 142-143). Die Kommission hat bei der Entwicklung und Umsetzung der Gemeinsamen Agrarpolitik die Einbindung der EG-Zusammenschlüsse der Agrarverbände nachdrücklich gefördert. Die Größe, die differenzierte Struktur und die planmäßige Beteiligung der COPA (Comité des organisations professionnelles agricoles) am Prozeß der Verwirklichung der Gemeinsamen Agrarpolitik sorgt dafür, daß die sehr komplexen und spannungsreichen Regelungstatbestände auf eine Art und Weise bearbeitet werden, die ihrer besonderen sozialen und politischen Bedeutung gerecht wird. Die Rolle der Agrarverbände im System der Gemeinsamen Agrarpolitik kann als klassisches Beispiel der von Wolfgang Streeck hervorgehobenen Vorteile „privater Interessenregierung“ gelten:

„So haben private Interessenregierungen oft detaillierteres Wissen über zu regelnde Probleme oder verfügen über bessere Experten. Wo dies nicht von vornherein der Fall ist, sind Gruppenmitglieder häufig gegenüber Verbänden bei der Weitergabe von Informationen weniger zurückhaltend als gegenüber staatlichen Stellen. Verbände sind auch weniger als Behörden an bürokratische Verfahrensweisen oder rechtstaatlich-verfassungsrechtliche Normen gebunden; dies macht sie typischerweise flexibler, was die Legitimität und Effektivität verbandlicher Selbstregulierung erhöhen kann. Nicht zuletzt steht daher zu vermuten, daß Verbände besser als staatliche Agenturen in der Lage sind, sozial unverträgliche Präferenzen der in ihnen organisierten Gruppen durch interne diskursive Enttäuschungsarbeit in sozial verträgliche zu transformieren" (Streeck 1994: 16-17).

Mit der Schwächung der sozialpolitischen Elemente der gemeinsamen Preispolitik unter dem Eindruck der Finanzkrise der Gemeinschaft verloren allerdings die agrarischen Interessenorganisationen an Einfluß. Das gilt besonders für die COPA, die in den siebziger Jahren als wichtigstes Beispiel einer „europäischen" Interessenorganisation galt (Averyt 1977; Burckhardt-Reich/Schumann 1983; Moyano 1990). Nachdem sich seit dem Ende der siebziger Jahre die Kommission selbst zum wichtigsten Kritiker der Gemeinsamen Agrarpolitik entwickelte und auf grundlegende Reformen drängte, und nachdem auch die stärker sozialpolitisch orientierten Instrumente der Strukturpolitik an Bedeutung gewannen, rückte die nationale Ebene der Interessenpolitik in den Vordergrund (Phillips 1990: 47). Dazu kommt noch, daß inzwischen die sozio-ökonomische Strukturpolitik zunehmend von einer strikt landwirtschaftlichen Orientierung abrückt und diese Politik in einen allgemeineren regional- und entwicklungspolitischen Kontext einbindet. Indem landwirtschaftliche Interessenpolitik stärker mit beschäftigungspolitischen und ökologischen Problemen und Akteurskonstellationen konfrontiert wird, relativiert sich auch zwangsläufig ihr Einfluß. Trotzdem sorgt die institutionelle Struktur der Gemeinsamen Agrarpolitik nach wie vor dafür, landwirtschaftlichen Interessen ein größeres Gewicht zu geben, als sie es in einem ausschließlich nationalen Rahmen wahrscheinlich hätten.

3. Die politische Kontrolle der agrar- und landwirtschaftlichen Integration

Die Ausführungen des vorstehenden Abschnittes versuchen deutlich zu machen, welche strukturellen Faktoren und interessenpolitischen

Zusammenhänge das politische System der Gemeinsamen Agrarpolitik stabilisieren. Die Hervorhebung verborgener Zweckmäßigkeiten der Gemeinsamen Agrarpolitik gibt aber auch Hinweise darauf, welche Art von Integration mit der Gemeinsamen Agrarpolitik erreicht wird und wie sich das Verhältnis von mitgliedstaatlicher Agrarpolitik und der Agrarpolitik der Gemeinschaft gestaltet.

Die allgemeinste Definition von „Integration" ist die einer Umwandlung vormals getrennter Einheiten in Bestandteile eines zusammenhängenden Systems. Der entscheidende Unterschied zum vorherigen Zustand besteht in der Entstehung wechselseitiger Abhängigkeiten, das heißt, Veränderungen in einem Teil bewirken voraussagbare Veränderungen in den anderen Teilen (Deutsch 1968: 224). Wenn von dieser einfachen Definition von Integration ausgegangen wird, dann scheint ein durchgehender roter Faden der Agrarintegration und der auf sie bezogenen mitgliedstaatlichen und supranationalen Politik darin zu bestehen, die Wirkungen der Vergemeinschaftung zentraler Bestandteile der mitgliedstaatlichen Agrarpolitik gerade im Hinblick auf die „wechselseitige Abhängigkeit" so weit wie möglich zu kontrollieren oder gar ganz auszuschalten.

In diesem letzten Abschnitt wird deshalb die These zu entwickeln versucht, daß im Bereich der westeuropäischen Land- und Agrarwirtschaft nicht eine „Sozialintegration", sondern eine „Systemintegration" zu beobachten ist[8]. Weder die Europäische Gemeinschaft im allgemeinen noch die Gemeinsame Agrarpolitik im besonderen entwickelte sich zum Bezugspunkt eines die mitgliedstaatlichen Grenzen transzendierenden Werte- und Normensystems der landwirtschaftlichen Erwerbsbevölkerung. Während noch die frühen Ansätze der neofunktionalistischen Integrationstheorie davon ausgingen, daß sich mit der Herausbildung eines neuen, supranationalen Machtzentrums auch die

---

8 Diese Begriffe wurden von David Lockwood (1964/1979) in die sozialwissenschaftliche Theorie eingeführt. Für eine Weiterentwicklung vgl. Rieger (1992). Der Begriff der Sozialintegration bezieht sich auf die Interessen- und Wertkonflikte zwischen Akteuren – individuellen und kollektiven –, der Begriff der Systemintegration bezieht sich auf die geordneten oder konfliktreichen Beziehungen zwischen Teilen eines Systems. Im Zusammenhang mit der Systemintegration kann man zwischen einer horizontalen und einer vertikalen Dimension unterscheiden. In der horizontalen Dimension sind beispielweise die Beziehungen zwischen funktional differenzierten Wirtschaftssektoren oder die Wechselbeziehungen zwischen den typischen Subsystemen – Recht, Wirtschaft, Kultur, Politik – moderner Gesellschaften angesiedelt. In der vertikalen Dimension stehen Probleme im Vordergrund, die sich aus der Über- und Unterordnung verschiedener Steuerungsebenen ergeben.

identitäts- und verhaltensprägenden Zugehörigkeitsgefühle, Loyalitäten und Erwartungshaltungen breiter Kreise der Bevölkerung verlagern würden (Haas 1964: 21-22; Schmitter 1970), wurde bereits Ende der sechziger Jahre deutlich, daß sich für eine derartige Entwicklung kaum Anhaltspunkte finden lassen (Lindberg/Scheingold 1970). Analogien zwischen der institutionellen Entwicklung der Gemeinschaft und den historischen Prozessen der Staats- und Nationenbildung schienen deshalb kein brauchbarer Ausgangspunkt der Analyse und Interpretation der Europäischen Integration. Dementsprechend veränderte sich auch die Einschätzung der eigentlichen Natur der Vergemeinschaftung und der von ihr getragenen Integrationsprozesse (Puchala 1970).

Die institutionelle Struktur und die Entwicklung der Gemeinsamen Agrarpolitik lassen sich besser verstehen, wenn sie unter dem Gesichtspunkt der Probleme einer Systemintegration analysiert werden, also im Kontext jener Spannungen und Konflikte, die sich aus dem Neben- und Gegeneinander funktional differenzierter, aber mit eigenständigem Handlungspotential, eigenen Ressourcen, Wertbezügen und Rationalitätskriterien ausgestatteten Teilen eines Systems ergeben. Die Besonderheit der Gemeinsamen Agrarpolitik besteht nun darin, daß sie auf die Probleme einer horizontalen *und* einer vertikalen Systemintegration bezogen ist. Im folgenden liegt der Schwerpunkt auf den charakteristischen Konflikten, die sich aus einer funktionalen Differenzierung institutioneller Kontexte in einer vertikalen Dimension ergeben.

Die herausragenden Konflikt- und Spannungsquellen der Gemeinsamen Agrarpolitik sind zum einen die Versuche der Gemeinschaft einer Stärkung ihrer Selbständigkeit und autonomen Handlungsfähigkeit und zum anderen die Anstrengungen der Mitgliedstaaten, für ihre Land- und Agrarwirtschaft die primäre politische Instanz zu bleiben und sowohl die Wirkungen der Gemeinsamen Agrarpolitik auf die Lage der landwirtschaftlichen Erwerbsbevölkerung wie auch die Forderungen ihrer Landwirtschaft an die Gemeinschaft bzw. die Gemeinsame Agrarpolitik zu mediatisieren. Diese Spannungen werden soweit in Grenzen gehalten, als sich die institutionelle Struktur der Gemeinsamen Agrarpolitik nur in beschränktem und kontrolliertem Maße wandelt. Dieses Maß ist das gemeinsame Interesse von Mitgliedstaaten und Gemeinschaft an der Gemeinsamen Agrarpolitik, die hauptsächlich in Form ihrer manifesten und latenten Funktionen zum Ausdruck kommt. Darüber hinaus zeichnet sich bereits die Gesamtstruktur des vertikal differenzierten agrarpolitischen Systems aus Gemeinschaftspolitik und mitgliedstaatlicher Agrarpolitik durch eine spannungsabführende, stabilisiernde Konstruktion aus.

Diese Konstruktion enthält in dreierlei Hinsicht Momente einer Institutionalisierung von Konflikten und Spannungen: in der systematischen und wechselseitigen Verschränkung von mitgliedstaatlichen und gemeinschaftlichen Steuerungsebenen, durch die sehr weitgehende Neutralisierung der Wirkungen der Gemeinsamen Agrarpolitik durch die Bewahrung nationaler Besonderheiten der institutionellen wie auch der intermediären Strukturen der Agrarpolitik und schließlich durch die Einschränkung der Bedeutung der Gemeinsamen Agrarpolitik bei der Bestimmung der land- und agrarwirtschaftlichen Einkommens- und Lebensverhältnisse. Diese Konstruktion trägt entscheidend dazu bei, die Herausbildung eines transnationalen Gemeinschaftsbewußtseins und eine entsprechende Verstärkung supranationaler Institutionen und Entscheidungszentren zu verhindern.

Der erste Punkt einer Kontrolle der Integrationswirkungen zeigt sich an der Art und Weise, wie die Handlungsfähigkeit der Kommission an mitgliedstaatliche Interessen und Präferenzen zu binden versucht wird. In einer formalen Perspektive sind die Rechte und Funktionen der Kommission als supranationaler Akteur durchaus eindrucksvoll. Eine nähere Betrachtung der Wirklichkeit der Formulierung der Gemeinschaftspolitik zeigt allerdings eine deutliche Relativierung des formalen Monopols der Kommission hinsichtlich der Initiierung der Rechtssetzung der Gemeinschaft. Dazu leistet einmal die Institutionalisierung des Europäischen Rats einen Beitrag, als von ihm die gewichtigsten Anstöße einer Weiterentwicklung der Gemeinschaft ausgehen. Zweitens tragen die durchaus pragmatischen Erwägungen der Kommission hinsichtlich des wahrscheinlichen Erfolgs ihrer Vorschläge an den Rat dazu bei, daß sie den jeweiligen Interessen der Mitgliedstaaten besondere Aufmerksamkeit widmet. Und drittens kam es durch die Herausbildung des Verwaltungsausschußverfahrens gerade im Bereich der Agrarpolitik zu einer sehr intensiven und durchstrukturierten wechselseitigen Verschränkung der politischen Steuerungsebenen bei der nachgeordneten gemeinschaftlichen Politikformulierung und Rechtsetzung. Mittels der Verwaltungsausschüsse kontrollieren und beeinflussen die Mitgliedstaaten in jenen Bereichen die Tätigkeit der Kommission, in denen ihr vom Rat Rechtsetzungsbefugnisse übertragen werden. Das Verwaltungsausschußverfahren ist damit gewissermaßen die Verlängerung und Intensivierung des Einflusses der Mitgliedstaaten über den Rat hinaus (Usher 1988: 147-149). Auf der Gegenseite hat die Kommission aufgrund ihrer sehr weitgehenden Kompetenzen mehr Möglichkeiten als in anderen Wirtschafts- und Politikbereichen, gegen Maßnahmen der Mitgliedstaaten vorzugehen, die Entscheidungen der Gemeinschaft konterkarieren könnten (Gilsdorf/Sack 1994; Usher 1988: 150). Trotzdem wird man behaupten können, daß der Kampf der Kommission gegen unerlaubte staatliche oder regionale Beihilfen sehr stark von Erwägungen politischer Expedienz geprägt sein dürfte.

Ein weiteres stabilisierendes, potentielle Konflikte kanalisierendes und regulierendes Moment der institutitionellen Struktur der Gemeinsamen Agrarpoltitik ist darin zu finden, daß die Gemeinschaft die Aufrechterhaltung nationaler Besonderheiten der institutionellen Struktur der Agrarpolitik auf verschiedenen Wegen zuläßt. Dazu zählt erstens die Absicherung und Perpetuierung nationaler handelspolitischer Regelungen, die auf den Schutz empfindlicher Wirtschaftsbereiche zielen. Ihre Rechtsgrundlage ist der Art. 115 des EG-Vertrages, der die Funktion einer souveränitätsbewahrenden Schutzklausel erfüllt (Tangermann 1994: 225). Ein zweiter Weg der Bewahrung nationaler Besonderheiten und ihrer Funktionsfähigkeit ist die Schaffung einer gemeinschaftlichen Sondergesetzgebung in der Form, als Verordnungen erlassen werden, deren Anwendung in anderen Mitgliedstaaten unter den gegebenen Umständen praktisch nicht möglich ist. Drittens ist für das Verständnis der Wirkungsweise der strukturpolitischen Instrumente der Gemeinsamen Agrarpolitik wichtig zu wissen, daß ihre Implementierung von der Kooperation mit den Verwaltungen der Mitgliedstaaten abhängig ist. Mitgliedstaaten können weder von der Gemeinschaft gezwungen werden, bestimmte Strukturprogramme umzusetzen, noch können die Landwirte in den Mitgliedstaaten unter Umgehung ihrer nationalen Regierungen an diesen Programmen teilnehmen. Aber selbst die Kooperation der nationalen Verwaltung in bestimmten Programmen bedeutet nicht, daß die bereitstehenden Mittel in jedem Fall auch tatsächlich ausgeschöpft werden. Der Grund dafür ist in der Regel die nationale Ausrichtung der Agrarpolitik und die ihr zugrundeliegende Konstellation der verschiedenen agrarischen Interessengruppen (Priebe 1988). Viertens gibt es die Möglichkeit der Genehmigung nationaler Beihilfen im Rahmen allgemeiner Beihilferegelungen oder von Zusatzbeihilfen, die auf einzelne Mitgliedstaaten beschränkt sind. Auf diesem Weg ist eine sehr weitgehende nationale und regionale Differenzierung land- und agrarwirtschaftlicher Entwicklungen möglich, mit der Gefahr einer allgemeinen Aufsplitterung der Agrarregelungen in nationale Sonderrechte. Die Aufsplitterung wurde noch durch das Aufbrechen des gemeinsamen Agrarmarktes in verschiedene Preiszonen durch die Einführung des Systems der Währungsausgleichsbeträge („Grenzausgleich") verstärkt. Das System der

Währungsausgleichsbeträge bedeutet im Grunde eine Renationalisierung des gemeinsamen Agrarmarktes und eröffnet darüber hinaus Möglichkeiten einer politisch motivierten Manipulation der Höhe der Währungsausgleichsbeträge und damit der nationalen Differenzierung der Einkommenslage der Landwirte (Heine 1988: XXII; Willgerodt 1983: 108-109).

Damit sind wir beim letzten Punkt angekommen, der im Zusammenhang mit den Problemen einer vertikalen Systemintegration potentiell spannungsabführend wirkt und der ebenfalls dafür sorgt, daß trotz der Supranationalität der Gemeinsamen Agrarpolitik die souveränitätsbetonenden und -bewahrenden Elemente ihren Stellenwert behalten. Die Gemeinsame Agrarpolitik ist nur *eine* Determinante der Lebenslage der landwirtschaftlichen Erwerbsbevölkerung. Obwohl die Gemeinsame Agrarpolitik eine sehr weitgehende Verlagerung zentraler Bestandteile mitgliedstaatlicher Agrarpolitik bedeutet und obwohl die Gemeinschaft aufgrund ihrer umfassenden Kompetenzen im Bereich der Landwirtschaft grundsätzlich jedes Problem, das agrarpolitisch relevant ist, regeln kann, spielen nationale und regionale Beihilfen für die Einkommen der landwirtschaftlichen Erwerbsbevölkerung immer noch eine überragende Rolle. Das Verhältnis dieser Leistungen zu den Leistungen im Rahmen der Gemeinsamen Agrarpolitik ist deshalb von Mitgliedstaat zu Mitgliedstaat unterschiedlich und von vielfältigen Wechselverhältnissen geprägt. Deshalb ist es auch kein Wunder, daß die landwirtschaftliche Erwerbsbevölkerung, obwohl in einem formalen Sinne „Agrarmarktbürger", sich für das nächst- und naheliegende interessiert: die Leistungen der Verwaltung ihres Landes, deren Vermögen, Einfluß auf die Gemeinschaft auszuüben. Aus diesem Grund kommt es bei der ländlichen Bevölkerung zu keiner Ausbildung eines Gemeinschaftsbewußtseins oder gar einer Verantwortlichkeit für die Gemeinschaft.

Zusammenfassend kann deshalb festgehalten werden, daß durch die Agrarintegration kein institutionell und sozialstrukturell homogener Sozialraum mit den gleichen wirtschaftlichen und politischen Imperativen, mit den gleichen Rechts- und Schutzansprüchen gegen eine zentrale Instanz geschaffen wurde. Verteilungskonflikte werden zwischen den Regierungen der Mitgliedsländer ausgetragen, aber nicht grenzübergreifend zwischen den verschiedenen landwirtschaftlichen Gruppen. Weder zwischen den Landwirten und Gemeinschaftsorganen noch zwischen den nach wie vor durch Grenzen getrennten Landwirten gibt es Berührungspunkte, die alternative und tiefergehende Prozesse von Integration auslösen könnten (Hill 1990). Die nationalen

Regierungen bzw. die nationale Agrarpolitik hat in diesen wie in den anderen, die Landwirtschaft berührenden Konflikten nach wie vor ein Vermittlungsmonopol und dadurch auch eine starke Machtstellung gegenüber ihrer Landwirtschaft. Diese Position wurde durch die Gemeinsame Agrarpolitik und die Agrarintegration eher noch verstärkt als geschwächt.

4. Die Zukunft der Landwirtschaft in Westeuropa

Die vorangegangenen Überlegungen zu den konstitutiven Problemlagen der Gemeinsamen Agrarpolitik und den tragenden Motiven der Agrarintegration machen deutlich, daß die eigentliche Legitimationsgrundlage dieser Politik ein wirksamer Schutz gegenüber den Fluktuationen der Weltagrarmärkte und den handelspolitischen Interessen der großen Agrarexportländer einerseits und der über die Systeme institutioneller Preise erreichten sozialen und wirtschaftlichen Sicherheit der Landwirte andererseits ist. Daraus folgt, daß die Gemeinsame Agrarpolitik in ihrer gegenwärtigen Gestalt für die Mitgliedsländer in dem Maße entbehrlich wird, in dem sie diese Funktionen nicht mehr erfüllt. Die Einbindung der Gemeinsamen Agrarpolitik in das GATT im Rahmen der Uruguay-Runde und die damit zusammenhängende Umstellung des agrarpolitischen Instrumentariums auf direkte Einkommensbeihilfen haben deshalb auch bei einigen Kritikern die Hoffnung auf eine stärkere Liberalisierung der Gemeinsamen Agrarpolitik aufkommen lassen (Miner/Hathaway 1988; Rayner/Ingersent/Hine 1990; Reeves 1987).

Ein genauerer Blick auf die Art und Weise der Einbindung der Agrarpolitik in das GATT wie auch auf die Umstände der Einführung neuer Programme der Einkommenshilfe für Landwirte zeigt allerdings, daß die Bedeutung der Gemeinschaft für die nationalen Regierungen eher größer als kleiner geworden ist[9]. Gerade die GATT-Vereinbarungen machen deutlich, in welchem Maße die institutionelle Einbindung in eine multilaterale und liberale Ordnung der Weltagrarmärkte in ihrem Kern eine politische Veranstaltung mit prinzipiell offenem Ausgang ist. Was die GATT-Vereinbarungen gebracht haben, ist im Grunde eine Institutionalisierung von Konflikten zwischen den Mitgliedstaaten der Gemeinschaft einerseits und den konkurrierenden

9 Vgl. dazu die verschiedenen Beiträge in Anania/Carter/McCalla (1994).

Agrarexportländern unter Führung der USA andererseits, aber nicht ihre abschließende Lösung. Es gibt jetzt Vereinbarungen und Foren einer geregelten Konfliktaustragung, die durch die gegenseitige Anerkennung der Legitimität unterschiedlicher agrar- und handelspolitischer Ausrichtungen möglich gemacht wurden. Auch in Zukunft wird gelten, daß die Gemeinschaft in den mehr oder weniger zwangsläufigen Konflikten ein unentbehrliches Instrument der nationalen Regierungen zur Verteidigung *ihrer* Landwirtschaftspolitik und *ihrer* Agrarstrukturen gegenüber den Freihandelsinteressen der dominierenden Agrarexportnationen darstellt.

Literatur

*Anania, Giovanni; Carter, Colin A.; McCalla, Alex F. (Hg.) (1994): Agricultural Trade Conflicts and GATT. New Dimensions in U.S. – European Trade Relations (Boulder).

*Averyt, William F. Jr. (1977): Agropolitics in the European Community. Interest Groups and the Common Agricultural Policy (New York etc.).

*Bowler, Ian (1985): Agriculture under the Common Agricultural Policy. A Geography (Manchester).

Burckhardt-Reich, Barbara; Schuman, Wolfgang (1983): Agrarverbände in der EG (Kehl am Rhein etc.).

Collins, Doreen (1975): The European Communities. The Social Policy of the First Phase. Vol. I: The European Coal and Steel Community (London).

Dam, Kenneth W. (1967): The European Common Market in Agriculture; in: Columbia Law Review 67, S. 209-265.

Deutsch, Karl W. (1968): Die Analyse internationaler Beziehungen (Frankfurt am Main).

Dovring, Folke (1965): Land and Labour in Europe in the Twentieth Century (The Hague).

Downs, Anthony (1957): An Economic Theory of Democracy (New York).

Evans, John W. (1971): The Kennedy Round in American Trade Policy. The Twilight of the GATT (Cambridge, MA).

*Franklin, S.H. (1968): The European Peasantry. The Final Phase (London).

Gareis, H.; Schütz, G. (1953): Die europäische Agrargemeinschaft. Rückblick und Ausblick auf die Verhandlungen der Europäischen Landwirtschaftskonferenz; in: Berichte über Landwirtschaft 31, S. 129-151.

Gareis, H.; Schütz, G. (1955): Die europäische Agrargemeinschaft. Zur Überführung der Europäischen Landwirtschaftskonferenz in die OEEC; in: Berichte über Landwirtschaft 33, S. 1-7.

Gilsdorf, Peter; Sack, Jörn (1994): Kommentar zu Art. 42 EG-Vertrag; in: Grabitz, Eberhard; Hilf, Meinhard (Hg.), Kommentar zur Europäischen Union (München), Rndnr. 1-24.

Haas, Ernst B. (1964): Beyond the Nation State (Stanford).

Haase, Katharina (1983): Die Politische Ökonomie der Agrarpolitik. Eine Untersuchung zur Anwendbarkeit der Neuen Politischen Ökonomie auf die Entscheidungen in der deutschen und europäischen Agrarpolitik (Hannover).

Harris, Simon; Swinbank, Alan; Wilkinson, Guy (1983): The Food and Farm Policy of the European Community (Chichester).

Heine, Joachim Friedrich (1988): Die agrarmonetären Regeln des Gemeinschaftsrechts (Regensburg).

Heinrichsmeyer, Wilhelm (1991): Reform der EG-Agrarpolitik: Eine unendliche Geschichte; in: Agrarwirtschaft 40, S. 329-331.

*Hill, Berkeley (1989): Farm Incomes, Wealth, and Agricultural Policy (Aldershot).

Hill, Berkeley (1990): In Search of the Common Agricultural Policy's „Agricultural Community“; in: Journal of Agricultural Economics 41, S. 316-326.

Hitris, Theo (1994): European Community Economics (Hemel Hempstead).

Hrubesch, Peter (1987): 30 Jahre EG-Agrarmarktsystem. Entstehungsgeschichte – Funktionsweise – Ergebnisse; in: Aus Politik und Zeitgeschichte B37, S. 34-47.

Ipsen, Hans Peter (1972): Europäisches Gemeinschaftsrecht (Tübingen).

Kommission (1987): Die Regionen der erweiterten Gemeinschaft. Dritter periodischer Bericht über die sozio-ökonomische Lage und Entwicklung der Regionen der Gemeinschaft – Zusammenfassung und Schlußfolgerungen (Luxemburg).

Lahr, Rolf (1983): Die Legende vom Luxemburger Kompromiß; in: Europa-Archiv 38, S. 223-232.

Lindberg, Leon N. (1963): The Political Dynamics of European Economic Integration (Stanford).

Lindberg, Leon N.; Scheingold, Stuart A. (1970): Europe's Would-Be Polity. Patterns of Change in the European Community (Englewood Cliffs).

Lockwood, David (1964/1979): Soziale Integration und Systemintegration: in: Zapf, Wolfgang (Hg.), Theorien sozialen Wandels (Königstein), S. 124-137.

MacKinnon, M. u.a. (1991): Pluriactivity, Structural Change and Farm Household Vulnerability in Western Europe; in: Sociologia Ruralis 31, S. 58-71.

Mansholt, Sicco L. (1953): Toward European Integration: Beginnings in Agriculture; in: Foreign Affairs 31, S. 106-113.

Martinstetter, H. (1959): Landwirtschaft und GATT; in: Berichte über Landwirtschaft 37, S. 41-56.

Merton, Robert K. (1968): Manifest and Latent Functions; in: ders., (Hg.), Social Theory and Social Structure (New York), S. 73-138.

Milward, Alan S. (1984): The Reconstruction of Western Europe 1945-51 (London).

*Milward, Alan S. (1992): The European Rescue of the Nation-State (Berkeley etc.).

Miner, William M.; Hathaway, Dale E. (Hg.) (1988): World Agricultural Trade: Building a Consensus (Halifax).
Moyano, Eduardo (1990): The Agricultural Professional Organizations in the EC: Theoretical and Practical Aspects; in: Bonanno, Alessandro (Hg.), Agricultural Policies and Agricultural Systems (Boulder), S. 180-226.
Nello, Susan Senior (1984): An Application of Public Choice Theory to the Question of CAP Reform; in: European Review of Agricultural Economics 11, S. 261-283.
Olson, Mancur (1965): The Logic of Collective Action (Cambridge, MA).
*Paarlberg, Robert (1989): The Political Economy of American Agricultural Policy: Three Approaches; in: American Journal of Agricultural Economics 71, S. 1157-1164.
Papi, G. U. (1952): Myths and Realities of the European Green Pool; in: Banca nazionale del lavoro 5, S. 201-214.
Phillips, Peter W.B. (1990): Wheat, Europe and the GATT. A Political Economy Analysis (London).
*Priebe, Hermann (1988): Die subventionierte Unvernunft. Landwirtschaft und Naturhaushalt, 3. Aufl. (Berlin).
Priebe, Hermann; Scheper, Wilhelm; von Urff, Winfried (1984): Agrarpolitik in der EG – Probleme und Perspektiven (Baden-Baden).
Puchala, Donald (1970): International Transactions and Regional Integration; in: International Organization 24, S. 732-763.
Rausser, Gordon C. (1982): Political Economic Markets: PERTs and PESTs in Food and Agriculture; in: American Journal of Agricultural Economics 64, S. 821-833.
Rayner, A.J.; Ingersent, K.A.; Hine, R.C. (1990): Agriculture in the Uruguay Round: Prospects for Long-Term Reform; in: Oxford Agrarian Studies 18, S. 3-21.
Reeves, George W. (1987): World Agricultural Trade and the New GATT Round; in: Journal of Agricultural Economics 38, S. 393-405.
Rieger, Elmar (1992): Strategien der Institutionenbildung. Über die Bedeutung von Wahlverwandschaften im Prozeß der Entstehung des Wohlfahrtsstaates; in: Journal für Sozialforschung 32, S. 157-176.
Rieger, Elmar (1995a): Der Wandel der Landwirtschaft in der Europäischen Union. Ein Beitrag zur Analyse transnationaler Integrationsprozesse; in: Kölner Zeitschrift für Soziologie und Sozialpsychologie 47, S. 65-94.
Rieger, Elmar (1995b): Bauernopfer. Das Elend der europäischen Agrarpolitik (Frankfurt am Main).
Röpke, Wilhelm (1979): Internationale Ordnung – Heute, 3. Aufl. (Bern etc.).
Scharpf, Fritz W. (1985): Die Politikverflechtungsfalle: Europäische Integration und deutscher Föderalismus im Vergleich; in: Politische Vierteljahresschrift 26, S. 323-356.
Schmitter, Philippe C. (1970): A Revised Theory of Regional Integration; in: International Organization 24, S. 836-868.

Schrader, Jörg-Volker (1993): EG-Agrarreform und GATT-Vereinbarungen. Vom Leistungseinkommen zur Quasi-Rente (Kiel).

Schwinne, Erhard (1994): Entscheidungsmechanismen in der EG-Agrarpolitik: Handlungsspielräume, Entscheidungsvorbereitung und Entscheidungsfindung; in: Hagedorn, Konrad u.a. (Hg.), Gesellschaftliche Forderungen an die Landwirtschaft (Münster-Hiltrup), S. 143-150.

Snape, Richard H. (1993): History and Economics of GATT's Article XXIV; in: Anderson, Kym; Blackhurst, Richard (Hg.), Regional Integration and the Global Trading System (New York etc.), S. 273-291.

Streeck, Wolfgang (1994): Staat und Verbände: Neue Fragen. Neue Antworten? in: ders. (Hg.), Staat und Verbände, PVS-Sonderheft 25 (Opladen), S. 7-34.

Tangermann, Stefan (1994): The CAP in a Growing E.C. and in a Rapidly Changing European Political Scenario: Its Implications for U.S. – E.C. Agricultural Trade Relations; in: Anania, Giovanni; Carter, Colin A.; McCalla, Alex F. (Hg.), Agricultural Trade Conflicts and GATT. New Dimensions in U.S. – European Trade Relations (Boulder), S. 199-232.

*Tracy, Michael (1989): Government and Agriculture in Western Europe 1880-1988, 3. Aufl. (New York).

Usher, John A. (1988): Legal Aspects of Agriculture in the European Community (Oxford).

Vasey, Martin (1988): Decision-Making in the Agricultural Council and the „Luxembourg Compromise"; in: Common Market Law Review 25, S. 725-732.

Vaubel, Roland (1994): The Political Economy of Centralization and the European Community; in: Public Choice 59, S. 151-185.

von Verschuer, Helmut Freiherr (1964): Die land- und ernährungswirtschaftlichen Interessenverbände auf EWG-Ebene und ihre Beteiligung an der Entwicklung und Durchführung der Gemeinsamen Agrarpolitik; in: Schlotter, Hans-Günther (Hg.), Landwirtschaft und ländliche Gesellschaft in Geschichte und Gegenwart. Festschrift Wilhelm Abel (Hannover), S. 143-161.

Wächter, H.H. (1962): Entwicklung und Gestaltung der gemeinsamen Organisation der Agrarmärkte in der Europäischen Wirtschaftsgemeinschaft; in: Berichte über Landwirtschaft 40, S. 709-777.

Weinstock, Ulrich (1987): Der zu hoch festgesetzte Getreidepreis und die Folgen – Rückschau auf ein Vierteljahrhundert deutscher Politik in der Gemeinschaft; in: von Urff, Winfried; von Meyer, Heino (Hg.), Landwirtschaft, Umwelt und Ländlicher Raum – Herausforderungen an Europa (Baden-Baden), S. 63-86.

Willgerodt, Hans (1983): Die Agrarpolitik der Europäischen Gemeinschaft in der Krise; in: Ordo 34, S. 97-139.

Wissler, Albert (1949): Wirtschaftseinheit Europa (Berlin, München).

Regieren durch Überzeugen: Die Europäische Union und der Treibhauseffekt*

Markus Jachtenfuchs

1. Einleitung

Die Analyse politischer Prozesse in der Europäischen Union wird häufig aus einer Perspektive durchgeführt, die Verhandlungsprozesse im Rat betont, wo Staaten versuchen, ihre Positionen hinsichtlich der Bearbeitung eines Problems unter bestimmten institutionellen Rahmenbedingungen durchzusetzen. In dieser Sichtweise von Politik wird zum einen von gegebenen Interessen und zum anderen von klaren und eindeutig identifizierbaren Problemen ausgegangen. In diesem Beitrag soll dagegen exemplarisch untersucht werden, wie Politik verläuft, wenn Problemdefinitionen unklar und Interessen nicht festgelegt sind. Dabei steht die Art und Weise, wie die besonderen Gegebenheiten in der EU diesen Prozeß beeinflussen, im Mittelpunkt des Interesses. Es geht um die Frage, auf welche Weise sich spezifische Interessen überhaupt bilden und im politischen Prozeß als legitim akzeptiert werden. Damit wird der Schwerpunkt auf die Rolle von Ideen für die Definition von Problemen und Interessen sowie für die Konstitution von Akteursidentitäten gelegt.

Im folgenden wird zunächst die Problematik unterschiedlicher Zugänge zur Analyse von Politik in der EU herausgearbeitet und sodann ein theoretisch fundiertes Konzept für die empirische Analyse der Rolle von Ideen in diesem Prozeß entwickelt. Nach der Darstellung der Problemstruktur und des institutionellen Umfeldes wird mit Hilfe dieses Konzeptes die Entwicklung der europäischen Klimapolitik untersucht.

---

* Ich danke Thomas Gehring und Beate Kohler-Koch für anregende und hilfreiche Kommentare.

2. Die Analyse politischer Prozesse in der EU

In der Literatur werden politische Prozesse in der EU häufig als Verhandlungsprozesse analysiert, in denen Akteure (meist Staaten, aber auch Interessengruppen) versuchen, ihre gegebenen Interessen in einem vorhandenen institutionellen Rahmen möglichst wirkungsvoll durchzusetzen. Dem liegt ein mehr oder minder explizites Modell sozialwissenschaftlicher Analyse zugrunde, nach dem nutzenmaximierende Akteure in bestimmten Entscheidungssituationen und unter benennbaren Rahmenbedingungen auf der Basis einer gegebenen stabilen Präferenzordnung handeln, wobei sie durchaus die Interessen anderer Akteure im Rahmen ihrer Informationsverarbeitungskapazität einbeziehen. In den letzten Jahren wird jedoch zunehmend thematisiert, daß der Policy-Prozeß in einer unordentlichen Wirklichkeit abläuft, in der weder klare und konsistente Ziele noch unumstrittene Kausaltheorien über Ursache-Wirkungs-Zusammenhänge existieren. Zudem wandelt sich häufig der Inhalt einer Policy – und damit auch die Gruppe der betroffenen Akteure – im Laufe ihres Entstehungsprozesses, und schließlich können auch noch Veränderungen in den sozioökonomischen Rahmenbedingungen hinzutreten (Héritier 1993b: 11). Außerdem sind Policies häufig eng mit anderen Policies verwoben, was die Analyse der Akteurs- und Interessenkonstellationen weiter erschwert.

Hinzu kommt, daß das interessenorientierte Politikverständnis, wenn es mit einer an politischer Steuerung interessierten Perspektive einhergeht, dazu neigt, Politik als – besser oder schlechter gelingende – Problemlösung zu begreifen. Dann muß nach möglichst problemadäquaten Lösungen gesucht werden, die im politischen Prozeß durch wirtschaftliche Anreize, institutionelle Veränderungen und zahlreiche andere Steuerungsinstrumente angesichts einer gegebenen Interessenstruktur der Betroffenen möglichst gut umgesetzt werden sollen.

Eine weniger zielorientierte Betrachtungsweise des politischen Prozesses hält sich länger an dem Phänomen auf, daß die Definition des zu lösenden Problems häufig mitnichten auch nur im Kern klar ist. Der politische Streit geht in dieser Sichtweise nicht nur darum, wie sich bestimmte Interessen zu einer gegebenen Problemdefinition verhalten, sondern thematisiert immer auch das zu lösende Problem selbst (Gusfield 1981). Ein solcher Konflikt läßt sich nicht auf einen Interessenkonflikt reduzieren, da Interessen immer nur in bezug auf eine konkrete Wirklichkeitsinterpretation existieren. Der Streit darum, was eigentlich das zu lösende Problem sei, ist nicht lediglich ein Zielkonflikt, bei dem wiederum die Akteure über bereits feststehende, aber inkompatible Positionen verfügen. Unklare Problemlagen bedeuten, daß die Akteure selbst sozusagen nicht wissen (können), was sie eigentlich wollen.

In dieser Situation suchen manchmal nicht gegebene Probleme nach Lösungen, sondern existierende Lösungen nach Problemen. Theorien, die nicht notwendigerweise wissenschaftlich begründet sein müssen, können darum eine besondere Rolle im politischen Prozeß spielen, wenn sie eine Interpretation von Wirklichkeit bereit halten, die eine Problemsicht und die dazu passenden Lösungsangebote ermöglicht, die mit den Grundüberzeugungen von Akteuren in Einklang zu bringen sind. Auf einen allgemeinen Begriff gebracht heißt das, daß in der unordentlichen Wirklichkeit realer Policy-Prozesse *Ideen* häufig eine große Rolle spielen (vgl. auch die Beiträge in Héritier 1993a).

Es geht also nicht darum, eine interessenorientierte Perspektive durch eine ideenorientierte zu ersetzen, sondern es soll gefragt werden, unter welchen spezifischen Bedingungen und mit welchen Auswirkungen Ideen im dynamischen Mehrebenensystem der Europäischen Union politisch wirksam werden. Ziel dieses Beitrages ist es jedoch nicht nur, die Rolle von Ideen im politischen Prozeß zu analysieren, sondern auch und vor allem, zu einem besseren Verständnis von Regieren in der Europäischen Union beizutragen. Ich gehe dabei von der These aus, daß sich Regieren in der EU aufgrund weitgehend fehlender hierarchischer Strukturen auch auf den Modus der „präzeptoralen Steuerung“ (Lindblom 1977; Willke 1992) bzw. des argumentativen Überzeugens stützen muß. Dies schließt an eine grundsätzliche Diskussion über Regieren unter modernen Bedingungen an. Eine These in diesem Zusammenhang lautet, daß sich auch innerstaatlich die Rahmenbedingungen des Regierens verändern, weil Hierarchie als Strukturprinzip zunehmend problematisch wird (Scharpf 1991; Mayntz 1993).

Wenn nun Politik, wie oben dargestellt, als Prozeß der Vermittlung gegebener Interessen in bezug auf klar definierte Probleme gesehen wird, so bildet angesichts des Fehlens hierarchischer Strukturen der Rat das Entscheidungszentrum und eine prototypische spieltheoretische Arena, die nach den Regeln horizontaler Koordination funktioniert. Da gesetzgeberische Maßnahmen bis zur Verabschiedung des Maastrichter Vertrages nur vom Rat allein getroffen werden konnten, läßt sich in dieser Perspektive die Konzentration auf den Rat forschungspragmatisch rechtfertigen, da die Hinzuziehung weiterer Akteure (Kommission, Parlament, Verbände) die Komplexität des Modells beträchtlich erhöhen, jedoch keinen vergleichbaren Erkenntnisgewinn bringen würde.

Wenn jedoch danach gefragt wird, wie Ideen den Prozeß der Interessenauseinandersetzung vorstrukturieren, so kommen auch andere Akteure ins Blickfeld. Ideen benötigen konkrete Akteure als Träger, um politisch wirksam werden zu können. Diese Akteure müssen nicht unbedingt mit großer politischer oder wirtschaftlicher Macht ausgestattet sein, um den von ihnen vertretenen Ideen zur Wirksamkeit zu verhelfen, sondern es genügt, wenn sich die letztlich entscheidungsbefugten Akteure ihre Ansichten zu eigen machen, sei es aus rein rationalem Interessenkalkül, sei es, weil sie von der faktischen oder normativen Richtigkeit der betreffenden Idee überzeugt sind oder auch, weil sie aus Gründen ihrer begrenzten Informationsverarbeitungskapazität auf externe Ideen angewiesen sind. Die Beschäftigung mit der Rolle von Ideen ist demnach nicht inkompatibel mit der Untersuchung von Verhandlungsprozessen nutzenmaximierender Akteure. Sie beschäftigt sich mit der Frage, warum z.B. die im Rat vertretenen Mitgliedstaaten die zur Verhandlung anstehenden Probleme auf eine bestimmte Weise und nicht anders sehen.

Diese Problemdefinition entscheidet darüber, welche Ressourcen, Interessen und Akteure wichtig werden. Probleme sind in dieser Sichtweise nicht objektiv gegeben, sondern gesellschaftlich konstruiert. Dies mag zunächst als selbstverständlich erscheinen. In der Tat beruhen viele politische Konflikte auf quasi objektiven Problemdefinitionen, die von niemand – oder nur von politisch nicht relevanten Gruppen – in Frage gestellt werden. Lediglich über die Mittel zur Bekämpfung eines solchen Problems – etwa der Arbeitslosigkeit – besteht dann Uneinigkeit. Wenn allerdings umstritten ist, worin das zu lösende Problem eigentlich genau besteht, wird deutlich, daß die Interessen der Akteure nicht absolut und unveränderlich existieren, sondern von Interessen sinnvoll immer nur mit Bezug auf bestimmte Wahrnehmungen von Wirklichkeit gesprochen werden kann. Die Struktur dieser Wahrnehmungen entscheidet darüber, welche Faktoren bei den Akteuren als relevant für die Problemlösung gelten und welche nicht. Nur in bezug auf diese Faktoren können sie dann Interessen formulieren, die z.B. darüber entscheiden, ob eine bestimmte politische Maßnahme oder bestimmte Instrumente befürwortet oder abgelehnt werden.

3. Die Rolle von Ideen im politischen Prozeß der EU

Im Rahmen neoinstitutionalistischer Theorie (Powell/DiMaggio 1991; March/Olsen 1984; 1994) wird nicht nur die Rolle von Institutionen, sondern auch die von Ideen im politischen Prozeß anders bewertet als im Rahmen rationalistischer Theoriebildung. Institutionen erfüllen in dieser Sichtweise nicht nur eine gesellschaftliche Steuerungsfunktion und dienen der Aggregation individueller Präferenzen, sondern sie definieren auch einen Lebensstil. Sie stellen symbolisch kondensierte Ordnungen dar, die für die Akteure als Richtschnur zur Anleitung und zur Einschätzung von Verhalten dienen. Somit geben Institutionen nicht nur Rahmenbedingungen für das Handeln der Akteure vor, sondern konstituieren diese erst, indem sie ihnen spezifische Rollen zuweisen, die bestimmte Verhaltensweisen implizieren (Olsen 1995: 9).

Institutionen bringen Theorien über angemessenes Verhalten hervor, die Auswirkungen auf das Interaktionsverhalten der Akteure haben. Diese Ideen liefern sozusagen das Menü möglicher politischer Handlungen (Olsen 1991: 97). Ideen enthalten die Wertbezüge, durch die dem Handeln Legitimität und Sinn verliehen wird und liefern Standards zur Evaluierung von Politik aufgrund von bestimmten Wahrnehmungsmustern und Identitäten. Solche regulativen Ideen sind nicht nur Abstraktionen von Wissenschaftlern, sondern existieren in der sozialen Wirklichkeit. Durch Ideen werden Ordnungen und Bedeutungen geschaffen, individuelle Motive verändert und die Art und Weise beeinflußt, wie Akteure ihren Zugriff auf die Umwelt regeln. Eine solche Auffassung der Rolle von Ideen beruht auf einem Verständnis von Politik, nach dem es dort nicht nur um die Verteilung von Nutzen geht, sondern auch um Bedeutung und Sinn. Politisches Handeln ist in dieser Perspektive immer rechtfertigungsbedürftig. Somit sind auch Fragen der Angemessenheit, d.h. der richtigen und guten Politik, von Bedeutung.

Akteure handeln unter den Bedingungen eingeschränkter Rationalität, d.h. sie besitzen in einer konkreten Entscheidungssituation weder alle notwendigen Informationen zur vollständigen Erfassung dieser Situation noch die Kapazität zur Verarbeitung der Informationen, über die sie verfügen. Deshalb bedienen sie sich plausibler oder gewohnter Deutungsmuster der Wirklichkeit, mit deren Hilfe sie die Komplexität von Entscheidungssituationen reduzieren. Dies sind nicht nur individuelle Kognitionen oder organisationsinterne Leitideen, sondern auch gesellschaftlich vorhandene Ideensysteme. Ideen dienen damit der

Entlastung von Akteuren in Entscheidungssituationen. Daraus ergibt sich die Hypothese, daß Ideen gerade in den Situationen besonders wichtig sind, die sich durch hohe Unsicherheit, knappe Information und mangelnde Zeit charakterisieren lassen.

Dieses Argument läßt sich nicht nur auf Politikfelder anwenden, sondern noch weiter verallgemeinern. Theorieansätze unterschiedlicher Herkunft weisen darauf hin, daß die moderne Gesellschaft insgesamt durch hohe Komplexität, hohe Kontingenz und durch „Risiko" gekennzeichnet sei (Beck 1986; Luhmann 1991). Ideen sind dann nicht nur im engeren Sinne einer Komplexitätsentlastung von Entscheidern wichtig. In einer Gesellschaft, in der sich Traditionsbestände, handlungsleitende Ideologien und Wertesysteme zunehmend pluralisieren und in ihren Konturen unschärfer werden, anstatt in eindeutiger Form als stabile Rahmenbedingungen politischen Handelns vorausgesetzt werden zu können, gewinnen Ideen über die Organisation von Gesellschaft zunehmend an Bedeutung (Beck 1993). „Unsicherheit" ist damit nicht lediglich ein Charakteristikum bestimmter Situationen oder Politikfelder, sondern eine gesellschaftstheoretische Kategorie. Es kann keine Rede vom „Ende der Ideologie" sein, sondern Politik in der Risikogesellschaft findet in einem fluiden Kontext statt, durch den konkurrierende Ordnungsvorstellungen (also Ideen) eine zunehmend wichtige Rolle spielen.

Bei all diesen Herangehensweisen wird davon ausgegangen, daß Kämpfe um das Denken von Menschen oder die Sichtweisen von korporativen Akteuren wichtig für Politikergebnisse sind. Ideen können also durchaus instrumentell eingesetzt werden, um die Präferenzen von Akteuren zu verändern. Die Mechanismen, die dabei zum Tragen kommen und die Bedingungen, unter denen dies geschieht, rechtfertigen eine Untersuchung. Kämpfe um Ideen sind dabei nicht lediglich Surrogate von „wirklicher" Politik, die womöglich sogar in manipulativer Absicht ausgefochten werden, um als „bloße" symbolische Politik die „wahren" Probleme zu verbergen.

Die diskutierten Hypothesen über die Wichtigkeit von Ideen beziehen sich auf verschiedene Ebenen von der konkreten Entscheidungssituation bis hin zur Gesellschaft als solcher. Dies hat auch Auswirkungen auf die Art und Weise, wie Ideen in ihrer Struktur konkret analysiert werden könnnen. Ihre Rolle in der Politik läßt sich nämlich nicht nur auf der Ebene großer gesellschaftlicher Deutungssysteme wie Religionen oder politischer Ideologien und deren gesellschaftlicher Folgen untersuchen, sondern auch auf einer geringeren Abstraktionsstufe und in kleinteiligeren politischen Handlungszusammenhängen. Hierzu liegen vor allem aus der Organisationsforschung (Argyris/Schon 1978; Hedberg 1981) und aus der vergleichenden Policy-Forschung (Hall 1989; Kingdon 1984; Majone 1980, 1991; Sabatier 1987, 1993) vielversprechende Ansätze vor. Für die Analyse der Struktur von Ideen und ihrer möglichen Wirkungsmechanismen in der europäischen Klimapolitik wird hier im Anschluß an diese Arbeiten das Konzept der „Weltbilder" vorgeschlagen. Da es an anderer Stelle bereits ausführlich diskutiert wurde (Jachtenfuchs 1993, 1995, 1996), sollen hier nur kurz die wesentlichen Elemente vorgestellt werden.

Weltbilder stellen eine spezifische Art und Weise der Selektion, Organisation, Interpretation und Sinngebung in einer komplexen Umwelt dar, durch die eine ursprünglich unklar definierte problematische Situation sinnvoll wahrgenommen werden und auf deren Basis gehandelt werden kann (Rein/Schon 1991: 263). Weltbilder sind die kognitiven Instrumente der Akteure, um Ereignisse, Fakten, Normen oder Symbole auszuwählen und zu interpretieren. Sie dienen damit der Sinngebung in einer sozialen Situation und der Reduktion von Umweltkomplexität. Dahinter steht die Annahme, daß die Umwelt den Akteuren nur über solche auswählenden und interpretierenden Mechanismen zugänglich ist und somit in Entscheidungssituationen mehrere, nicht notwendigerweise miteinander zu vereinbarende Wirklichkeitssichten in Konflikt geraten können.

Weltbilder dienen nicht nur der Wahrnehmung der Umwelt, sondern auch als Grundlage für Handlungen, die mit ihrer Hilfe ausgewählt, gerechtfertigt und präsentiert werden und somit nicht nur der Erfassung und Interpretation neuer Ereignisse, sondern auch der Auswahl und Koordinierung von Strategien zur Gestaltung der Umwelt. Das dauerhafte Unvermögen eines Weltbildes, den Akteuren angemessene Reaktionsmöglichkeiten auf neue Ereignisse zur Verfügung zu stellen, kann zu dessen Erosion oder Weiterentwicklung führen.

Im Fall von Konflikten in bestimmten Politikbereichen läßt sich Uneinigkeit über Maßnahmen, die zunächst vordergründig als Interessenkonflikt analysiert werden kann, oft auf nicht zu vereinbarende Weltbilder, die der Situationsdefinition zugrunde liegen, zurückführen. Manche Maßnahmen sind nur in einem bestimmten konzeptuellen Universum sinnvoll, nicht dagegen in einem anderen. Konflikte über politische Maßnahmen sind damit auch Konflikte über durch Weltbilder vermittelte Problemdefinitionen. Die Analyse der Rolle von Ideen im politischen Prozeß kann damit auch Folgen für konkrete Politik haben. Häufig lassen sich Konflikte aus einer „bargaining"-Situation herausführen, wenn es den Akteuren gelingt, sich unabhängig von ihren konkreten Interessen auf eine gemeinsame Problemdefinition zu einigen und somit in der hier vorgeschlagenen Terminologie auf der Grundlage eines neuen gemeinsamen Weltbildes zu handeln. Diese Einigung kann nur argumentativ durch zwangfreie Überzeugung erfolgen (Gehring 1995).

Im folgenden soll nun anhand der Klimapolitik exemplarisch gezeigt werden, wie durch Ideen die Erzeugung und Kanalisierung von Interessen erfolgen kann und welche Auswirkungen derartige politische Prozesse auf die Einflußmöglichkeiten unterschiedlicher Akteure im EU-System haben.

4. Problemstruktur und institutioneller Rahmen

Ideen entfalten ihre Wirkung in einem bestimmten Kontext, dessen Bedeutung sich durch vergleichende Untersuchungen herausarbeiten ließe. Systematisch vergleichende Untersuchungen über die Rolle von Ideen, die explizit auf unterschiedliche Kontextbedingungen eingehen, existieren jedoch kaum, vor allem nicht im Falle von Politik in der EU. Grundsätzlich betrachtet, sind zum einen die Problemstruktur, zum anderen das institutionelle Umfeld wichtige Kontextbedingungen. Mangels vergleichender Untersuchungen sollen nun zumindest für den hier analysierten Fall die jeweiligen Kontextbedingungen und ihre mögliche Bedeutung für die Rolle von Ideen herausgearbeitet werden. Hinsichtlich der Problemstruktur ist zu vermuten, daß Ideen eine besondere Rolle spielen, wenn das zu bearbeitende Problem durch hohe Unsicherheit über Ursache-Wirkungsverhältnisse, über mögliche und wünschbare Maßnahmen sowie über deren wirtschaftliche Folgen gekennzeichnet ist. Mit Blick auf das institutionelle Umfeld soll herausgearbeitet werden, inwieweit die spezifischen Charakteristika des EU-Systems die Auswahl und die Wirksamkeit von Weltbildern beeinflussen.

Zuerst möchte ich die Bedeutung der Problemstruktur herausarbeiten. Eine der Standardannahmen der Literatur zur Umweltpolitik besagt, daß politische Maßnahmen in diesem Bereich unter den Bedingungen hoher Unsicherheit entworfen, beschlossen und durchgeführt werden müßten (Haas 1990). Hier scheint also die Natur des Gegenstandsbereiches die Annahme beschränkter Rationalität der Akteure nahezulegen, und es ist zu vermuten, daß diese sich bei der Entscheidungsfindung in beachtlichem Maße auf Routinen, institutionelle

Rahmen oder komplexitätsreduzierende Weltbilder stützen. Die besondere Natur der Umweltproblematik im allgemeinen und des Treibhauseffektes im besonderen hat aber noch weitergehende Auswirkungen, denn sie bewirkt, daß in diesem Fall nur noch in sehr eingeschränktem Maß von feststehenden Interessen gesprochen werden kann, die die Akteure unter gegebenen Rahmenbedingungen durchzusetzen versuchen.

Der Treibhauseffekt als Risiko zeigt besonders deutlich, daß Risiken nicht nur technische Kategorien sind, sondern gesellschaftliche Folgen haben (Beck 1986). Die relevanten Interessen der Akteure sind abhängig von der Art und Weise, wie bestimmte zukünftige Ereignisse in der Gegenwart konzeptualisiert werden. Deshalb gewinnen Risikodiskurse (Lau 1989), in denen unterschiedliche gesellschaftliche Konstruktionen von Risiken auch miteinander in Konflikt geraten können, eine große Bedeutung für politische Entscheidungen.

Die Thematisierung von Risiken in politischen Diskursen kann auf höchst unterschiedliche Art und Weise erfolgen. Je nachdem, welche Risikokonstruktion sich durchsetzt, bilden sich nicht nur unterschiedliche Akteursinteressen, sondern es ändert sich auch die Gruppe der politikrelevanten Akteure: Wird ein Problem vor allem als naturwissenschaftliches Risiko konstruiert, so hängen die politischen Handlungsoptionen vor allem von den Ergebnissen naturwissenschaftlicher Ursache-Wirkungs-Forschung und technischer Machbarkeitsstudien ab. Werden dagegen eher die ökonomischen Aspekte betont, so hängen politische Maßnahmen weniger davon ab, ob sie wirksam sind, sondern eher davon, ob sie als wirtschaftlich angesehen werden. Im ersten Fall sind Naturwissenschaftler, im zweiten Ökonomen wichtiger. Weitere Aspekte der Risikokonstruktion in unterschiedlichen Weltbildern betreffen normative Entscheidungen darüber, wie mit bestimmten Risiken oder ihren Folgen umgegangen werden sollte und wie deren Wirkung auf unterschiedliche Akteursgruppen zu bewerten ist.

Der für die Analyse der Rolle von Ideen wichtige Kontext umfaßt neben der Problemstruktur auch das institutionelle Umfeld. Definitionen und Redefinitionen von Risikokonstruktionen werden politisch erst im konkreten institutionellen Rahmen der EU relevant. Für die Politikergebnisse genauso wichtig wie die Tatsache, daß die Entscheidung letztlich durch die Mitgliedstaaten im Rat erfolgt, ist die zentrale Rolle der Kommission während des gesamten Weges einer Maßnahme durch die verschiedenen Institutionen. Zwar entscheidet letztlich der Rat, aber die Kommission verfügt nicht nur formell über ein Vorschlagsmonopol, sondern auch faktisch über die Prozeßführerschaft (vgl. Eichener, in diesem Band). Zwar ist der Rat im Falle einstimmiger Entscheidungen theoretisch unabhängig vom Kommissionsvorschlag, den er – ohnehin zur Einstimmigkeit gezwungen – bis zur Unkenntlichkeit verändern kann. Faktisch jedoch fehlen hierzu vor allem bei komplexeren Vorschlägen meist die Ressourcen. Nur selten übernimmt die Ratspräsidentschaft die Rolle des Sekretariats, das vollständig neue Vorschläge ausarbeitet. Hinzu kommt, daß aus der Sichtweise des Rates dieser die Entscheidungen trifft, während die Kommission sie vorbereitet. Damit wird aber der Kommission explizit das Recht zugestanden, Probleme überhaupt erst konkreter zu definieren und sie in operationale Vorschläge umzusetzen. Die Kommission hat außerdem in jedem Stadium des Entscheidungsprozesses das Recht, ihren Vorschlag zurückzuziehen und verfügt damit über ein beachtliches Drohpotential, das sie gelegentlich auch ausnutzt. Das Verhältnis zwischen Kommission und Rat läßt sich nicht als Unter- oder Überordnung beschreiben. Die Kommission ist auf den Rat angewiesen, der ihre Vorschläge formell beschließen muß. Sie muß deshalb versuchen, die unterschiedlichen Positionen im Rat in ihre Vorschläge einzubeziehen. Auf der anderen Seite ist der Rat darauf angewiesen, daß die Kommission durchdachte und konkret umsetzbare Vorschläge vorlegt, da die gesamte Infrastruktur des Rates einschließlich Ratssekretariat, Ausschuß der Ständigen Vertreter und Ratsarbeitsgruppen hierzu nicht geeignet ist.

Diese Arbeitsteilung hat im Laufe der Zeit seitens der Kommission zu einem technokratischen und politikfernen Selbstverständnis geführt. Sie sieht sich als Institution, die angesichts der jederzeit möglichen Blockade von Vorschlägen im Rat durch die hohe sachliche Qualität ihrer Vorschläge überzeugen muß (vgl. Wallace, in diesem Band) und legt deshalb großen Wert darauf, über problemrelevante Expertise entweder selbst zu verfügen oder zumindest Zugang zu ihr zu besitzen. Wenn Probleme noch nicht entscheidungsreif zu sein scheinen, dienen „Grün-“ oder „Weißbücher“ sowie „Mitteilungen“ an den Rat der unverbindlichen Verständigung über die Natur der anstehenden Probleme und möglicher Maßnahmen. Solche Texte werden im Rat diskutiert und von ihm entweder mit Abänderungen versehen oder zustimmend zur Kenntnis genommen. In diesem Fall hat sich der Rat der grundlegenden Problemdefinition der Kommission angeschlossen, und der Streit geht „nur“ noch um konkrete Maßnahmen. Durch dieses Instrument kann die Kommission zumindest teilweise den weiteren Verlauf des politischen Prozesses durch ihre eigene Problemdefinition vorstrukturieren.

Wichtig für die Art und Weise, wie Ideen im Institutionensystem der EU ausgewählt, verarbeitet und umgesetzt werden, ist jedoch auch die Tatsache, daß die EU nach wie vor in der Entwicklung begriffen ist. Institutionelle Innovationen werden nicht lediglich in einem schwerfälligen Verfahren auf großen Regierungskonferenzen in Form von Änderungen an den Gründungsverträgen beschlossen. Auch scheinbar hochspezialisierte und für das institutionelle System oder die Machtbalance zwischen den Institutionen weniger wichtige Verordnungen oder Richtlinien können diesbezüglich relevant sein, indem sie entweder neue Gemeinschaftskompetenzen in einem bestimmten Bereich begründen oder minimale institutionelle Innovationen enthalten, die aber Präzedenzfallwirkung in anderen Bereichen entfalten könnten (z.B. Aufsichtsrechte der Kommission, besondere Beteiligungsverfahren etwa von Verbänden, Expertengremien oder Individuen). Solche Möglichkeiten haben deshalb eine besondere Brisanz, weil die meisten Entscheidungen des Rates in der ein oder anderen Form zu bindendem Recht werden, das entweder über nationale Gerichte oder über den Europäischen Gerichtshof einklagbar ist.

Dies hat zweierlei Konsequenzen. Zum einen werden allgemeinere Diskussionspapiere und konkrete Gesetzgebungsvorschläge immer auch unter ihrem institutionellen Aspekt und nicht nur nach ihrem unmittelbaren Beitrag zum anstehenden Problem beurteilt; institutionelle Innovationen lassen sich aus Sicht der Kommission unter Umständen durch eine besondere Problematik rechtfertigen, die ohne diese Innovation nicht in den Griff zu bekommen ist. Umgekehrt können selbst Problemlösungen, die nach allgemeiner Überzeugung sachadäquat sind, auch durch ihre institutionellen Konsequenzen verhindert werden – etwa wenn hierzu weitreichende Durchführungsbefugnisse der Kommission erforderlich wären.

Zum anderen hat die politikfeldübergreifende institutionelle Debatte auch Auswirkungen auf konkrete Vorschläge, wie Sachfragen angegangen werden sollen. Diese müssen sich in das wechselhafte Klima der institutionellen Diskussion einpassen und können nicht einfach für sich selbst beurteilt werden. Ideen über Sachlösungen sind somit nur dann durchsetzungsfähig, wenn sie mit den gleichzeitig existierenden normativen Visionen für die institutionelle Gestalt der Europäischen Union in Einklang zu bringen sind. Solche Konflikte existieren zwar auch in Nationalstaaten, vor allem in föderalen Systemen, aber durch die besondere Virulenz der unvollendeten institutionellen Struktur der EU gewinnen sie hier eine besondere Brisanz.

5. Typen von Weltbildern

Die europäische Klimapolitik läßt sich nicht allein im Rahmen des Politikfeldes „Umwelt“ analysieren, sondern ist zumindest mit der Energiepolitik und der Institutionenpolitik aufs engste verwoben[1]. Bezugspunkte zu weiteren Politikfeldern – etwa zur Forschungs-, zur Entwicklungs- oder zur Handelspolitik –, die durchaus vorhanden sind, können hier vernachlässigt werden. Im folgenden soll nun anhand idealtypischer Weltbildpaare aus den genannten drei Bereichen analysiert werden, wie der Treibhauseffekt auf europäischer Ebene von Kommission und Rat konzeptualisiert wurde, wie und warum sich diese Sichtweise Ende der achtziger Jahre dramatisch gewandelt hat und welche Auswirkungen die schließlich weithin geteilte Problemdefinition auf politische Lösungsstrategien hat. Diese Weltbilder werden hier als Idealtypen und als Gegenpole auf einem gedachten Kontinuum präsentiert. In der Wirklichkeit finden sich zahlreiche Mischungen aus beiden. Elemente eines Weltbildes sind also nicht etwa prinzipiell inkompatibel zu einem anderen, sondern nur im Rahmen des politischen und wissenschaftlichen Diskurses eher mit dem einen als mit dem anderen durch spezifische Begründungen und Sinnzusammenhänge assoziiert.

Der Bereich der Umweltpolitik läßt sich durch die Weltbilder *klassische Umweltpolitik* und *Nachhaltigkeit*[2] kennzeichnen. Beide unterscheiden sich hinsichtlich der grundlegenden Problemdefinition, der Ziele und der anzuwendenden Mittel. *Klassische Umweltpolitik* begreift die schädlichen Externalitäten der Wirtschaftstätigkeit als das zentrale Problem. Wirtschaft und Umwelt werden als getrennte Sphären behandelt; die durch Marktversagen produzierten Probleme müssen vor allem durch staatliches Handeln, vorzugsweise durch Ge- und Verbote (also mit rechtlichen Mitteln), angegangen werden. Fernziel und normativer Maßstab des politischen Handelns ist eine intakte Umwelt. Naturwissenschaftliche Erkenntnis über Wirkungszusammenhänge gewinnt eine besondere Relevanz, da politische Eingriffe in den Markt nur durch potentielle oder konkrete Gefahren für Mensch und Umwelt gerechtfertig werden können. In der radikalen Version ist letztlich Wirtschaftswachstum die Ursache der Umweltzerstörung und deshalb abzulehnen. Eine gemäßigtere Variante erkennt die Notwendigkeit von Wachs-

1 Dieser Abschnitt präsentiert in stark gestraffter Form die Ergebnisse der Dissertation des Verfassers (Jachtenfuchs 1996).

2 Im nachfolgenden Text werden Weltbilder durch Kursivdruck gekennzeichnet.

tum an, da nur so ökologische Ausgleichsmaßnahmen und moderne umweltschonende Technologien bezahlt werden können.

Im Weltbild der *Nachhaltigkeit* dagegen bilden Wirtschaft und Umwelt eine untrennbare Einheit. Umweltprobleme werden nicht durch Marktversagen erzeugt, sondern gerade dadurch, daß der Marktmechanismus nicht weit genug reicht und so natürliche Ressourcen kostenlos verbraucht werden können. In diesem Weltbild wird Kritik an einer Wirtschaftstheorie geübt, die ökologische Aspekte systematisch ausblendet und nur so ermöglicht, trotz massiver Umweltzerstörung von Wirtschaftswachstum zu reden. In einer umfassenderen Sichtweise bewirkt Umweltzerstörung dagegen die Verringerung des ökologischen Kapitalstocks der Welt bzw. einzelner Volkswirtschaften und in extremen Fällen auch einen Rückgang des umfassender definierten Sozialproduktes. Ursache der Umweltzerstörung sind falsche Preissignale, die nicht durch Ordnungsrecht, sondern durch wirtschaftliche Instrumente der unterschiedlichsten Art korrigiert werden müssen. Nicht nur dem Staat kommt hier eine zentrale Rolle zu, sondern auch die Unternehmen müssen sich entsprechend einer umfassenderen ökonomischen Rationalität verhalten. Wenn Marktpreise die ökologische Wahrheit zum Ausdruck bringen, ist auch „nachhaltiges" Wachstum möglich.

In der Energiepolitik lassen sich die Weltbilder *Versorgungssicherheit* und *Energiemanagement* unterscheiden. *Versorgungssicherheit* geht davon aus, daß die Energiebedürfnisse wirtschaftlicher Akteure befriedigt werden müssen. Gesicherte, ausreichende und billige Energie trägt wesentlich zum Wirtschaftswachstum bei; ihre Bereitstellung muß deshalb vom Staat gewährleistet werden. Ungenügende Energieversorgung kann zu schweren wirtschaftlichen Krisen führen, hohe Energiepreise zu einem Verlust an internationaler Wettbewerbsfähigkeit. Es wird davon ausgegangen, daß der Energieverbrauch stetig mit dem Wirtschaftswachstum zunimmt. Letztes Ziel der Energiepolitik ist eine unerschöpfliche Quelle billiger Energie, und es muß sichergestellt werden, daß die Volkswirtschaft hiervon nicht durch politische Wirren abgeschnitten werden kann. Die Energieversorgung ist im wesentlichen eine Sache der Energieunternehmen, während die Aufgabe des Staates in der Schaffung günstiger Rahmenbedingungen besteht.

Dagegen wird im Weltbild *Energiemanagement* davon ausgegangen, daß Energieerzeugung, -verteilung und -verbrauch kein quasi naturwüchsiges ökonomisches Problem der kostengünstigen Bereitstellung von Energie für eine vorgegebene Nachfrage darstellen, sondern von politischen Entscheidungen wie auch von persönlichen Lebensstilen abhängen. Energiepolitik ist deshalb keine Angelegenheit von Spezialisten, die den „richtigen" Energiemix finden müssen, sondern setzt politische Diskussionen über eine Vielzahl von Fragen aus dem wirtschaftlichen, kulturellen und gesellschaftlichen Bereich voraus. In jedem Fall müssen konfligierende Ziele politisch miteinander abgewogen werden. Zwischen Energieverbrauch und Wirtschaftswachstum besteht nicht nur kein linearer Zusammenhang, sondern beide sollen sogar „entkoppelt" werden. Der Staat und die Öffentlichkeit sind für die Formulierung von Energiepolitik mindestens ebenso wichtig wie die Energieversorgungsunternehmen. Die Energieversorgung soll durch dezentrale, möglichst erneuerbare Energiequellen und durch Einsparung gewährleistet werden.

Zusätzlich zu diesen beiden politikfeldspezifischen Weltbildpaaren ist noch ein weiteres von Bedeutung, das sich auf das politische System der Union bezieht. *Supranationale Integration* ist auf die Schaffung einer multinationalen politischen Ordnung ausgerichtet, was nicht unbedingt mit der Errichtung eines europäischen Bundesstaates gleichzusetzen ist. Das zentrale Problem besteht in der Schaffung einer europäischen Identität sowohl intern als auch im Verhältnis zur übrigen Welt. Gemeinsamkeit und Solidarität sind wichtige Werte. Probleme werden auf einem hohen institutionellen Niveau gelöst, wobei als Mittel einheitliches, verpflichtendes Gemeinschaftsrecht bevorzugt wird.

Im Gegensatz dazu sollen im Weltbild des *funktionalen Zweckverbandes* sachlich begrenzte Probleme nur in dem Maß gemeinsam gelöst werden, in dem die Mitgliedstaaten dazu im Alleingang nicht in der Lage sind. Als Ziel wird bestenfalls eine besonders intensive Form einer internationalen Organisation angestrebt, die aber den Grundwert der nationalen Souveränität nicht in Gefahr bringen darf. Probleme sollen entsprechend auf einem möglichst niedrigen institutionellen Niveau gelöst werden, also durch eine effiziente Form zwischenstaatlicher Zusammenarbeit in einer internationalen Organisation, was durch die Verwendung von Rahmenregelwerken oder Empfehlungen gefördert wird.

6. Die Phase der Politikformulierung

Auf der politischen Tagesordnung der EU tauchte der Treibhauseffekt erstmals zu Beginn der achtziger Jahre auf. Zu dieser Zeit ging es allerdings weitgehend um naturwissenschaftliche Klimaforschung, die im Rahmen der europäischen Umweltforschungsprogramme betrieben wurde. Die Maßnahmen und Äußerungen der Kommission bewegten sich im Rahmen *klassischer Umweltpolitik* und betonten die Notwendigkeit, eine ausreichende Datengrundlage und erklärungskräftige Modelle zu möglichen Klimaveränderungen erarbeiten zu müssen. Die Notwendigkeit, über eine solide naturwissenschaftliche Wissensgrundlage in diesem Bereich zu verfügen, machte für die Kommission auch gemeinsame europäische Forschungsanstrengungen nötig und begründete so eine Gemeinschaftskompetenz und eine gemeinschaftliche Forschungstradition in diesem Bereich. Für die Kommission paßten die Imperative *klassischer Umweltpolitik* in dieser Phase gut zu *supranationaler Integration.*

Die europäische Energiepolitik beruht seit ersten einschlägigen Versuchen in den siebziger Jahren auf der Grundlage der *Versorgungssicherheit,* wonach billige und kontinuierlich zur Verfügung stehende Energie als oberste Priorität angesehen wurden. Zudem blieb die Energiepolitik weitestgehend in der Hand der Mitgliedstaaten, die diese vor allem nach der Ölkrise von 1973 als vitales nationales Interesse betrachteten und der Kommission lediglich die Erstellung von energiepolitischen Szenarien sowie die Erarbeitung unverbindlicher Verbrauchsrichtwerte überließen. Seit Anfang der siebziger Jahre hatte die Kommission vergeblich versucht, eine gemeinschaftliche Energiepolitik zumindest in Ansätzen zu erreichen, konnte jedoch im Rahmen des Weltbildes der *Versorgungssicherheit* trotz zweier Ölkrisen und dem für *supranationale Integration* typischen Verweis auf eine externe Bedrohung (in diesem Fall der Energiesicherheit der Gemeinschaft) keine Abkehr vom Konzept des *funktionalen Zweckverbandes* in der Energiepolitik erreichen.

Im Jahr 1988 legte die Kommission als Reaktion auf eine vielbeachtete internationale Konferenz über den Treibhauseffekt (Toronto 1988) ein eigenes Strategiepapier vor, das eine Bilanz der verfügbaren naturwissenschaftlichen Erkenntnisse zieht, aber nur behutsame Vorschläge für das weitere Vorgehen enthält (Kommission 1988). Dieses Strategiepapier, das auch vom Rat diskutiert und verabschiedet wurde (Rat 1989), bildete die Grundlage für eine intensive Debatte in der Gemeinschaft, in der sich die Elemente der späteren politischen Strategie herausschälten. In dieser Zeit betrachtete der Rat die Problematik des Treibhauseffektes nach wie vor durch die Brille der *klassischen Umweltpolitik,* während sich die Position der Kommission in Richtung *Nachhaltigkeit* entwickelte.

Dabei handelte es sich jedoch nicht um eine Strategie, die von der Kommission genutzt wurde, um ein schon existierendes Konzept zur

Bekämpfung des Treibhauseffektes konsensfähig zu machen. Ganz im Gegenteil drang das Konzept der *Nachhaltigkeit* anläßlich der Diskussion um die ökologischen Konsequenzen des Binnenmarktprogrammes (Task Force 1990) quasi durch die Hintertür in die Umweltpolitik der Kommission ein. Dieser Bericht über die ökologischen Konsequenzen des Binnenmarktes wäre sicherlich einer unter vielen anderen geblieben, wenn nicht das Weltbild der *Nachhaltigkeit* neue Verbindungen zwischen unterschiedlichen Problemen ermöglicht und über neue Interpretationen alter Probleme auch neue Lösungsmöglichkeiten dieser Probleme aufgezeigt hätte.

So schien *Nachhaltigkeit* einen Ausweg aus den behaupteten Implementationsproblemen des europäischen Umweltrechts zu bieten, da auf Steuerung durch detaillierte ordnungsrechtliche Vorgaben weitgehend verzichtet werden sollte. *Energiemanagement*, das vergleichbare Weltbild in der Energiepolitik, eröffnete zumindest die Möglichkeit einer Revitalisierung der notorisch stagnierenden und erfolglosen gemeinschaftlichen Energiepolitik. Kosten-Nutzen-Kalkulationen auf der Basis von *Nachhaltigkeit* zeigten, daß eine aktive Politik zur Verhinderung des Treibhauseffektes nicht lediglich horrende Kosten verursachen würde, sondern durch die damit verbundenen Innovationsimpulse sogar volkswirtschaftlich positiv zu Buche schlagen könnte (Mors 1991). Das letzte Argument ist auch deshalb bedeutsam, weil so eine entsprechend formulierte Strategie zumindest in gewissen Grenzen von der wechselhaften naturwissenschaftlichen Kontroverse über die exakten Konsequenzen des Treibhauseffektes unabhängig wird, da es sich nicht um eine nur unter bestimmten kognitiven Voraussetzungen zu rechtfertigende Strategie handelt, sondern um eine „no-regret strategy", ein Innovationsprogramm, das sich in jedem Fall lohnt.

Die langsame Durchsetzung von *Nachhaltigkeit* ist deshalb nicht durch bewußte Wahlentscheidungen zu erklären. Die Mitarbeiter der Kommission waren nicht auf der Suche nach einer Ideologie, die ihre schon vorher vorhandenen Ziele rechtfertigen und ihnen bei der Suche nach Koalitionspartnern helfen konnte. Stattdessen suchten sie nach technisch und wirtschaftlich überzeugenden Problemlösungen, die zudem mit ihren allgemeinen integrationspolitischen Orientierungen kompatibel waren. Die Diskussionen, die – wie die Debatte um die Implementationsprobleme des europäischen Umweltrechts – letztlich zur Verbreitung von *Nachhaltigkeit* beitrugen, verliefen weitgehend unabhängig von der klimapolitischen Diskussion. Zumindest im Prinzip erlaubt das Weltbild der *Nachhaltigkeit* nicht nur die Versöhnung von Ökologie und Ökonomie, sondern assoziiert auch Umweltpolitik mit Fortschritt selbst für diejenigen, die auf Wirtschaftswachstum als Bedingung menschlicher Wohlfahrt bestehen. Ganz wesentlich für die Politikentwicklung war deshalb, daß dieses auch in den Vereinten Nationen und der OECD diskutierte Weltbild die Möglichkeit geschaffen hat, Ökonomen, die häufig der Umweltpolitik eher kritisch gegenüberstehen, in der Kommission aber hochangesehen sind, als Befürworter moderner Umweltpolitik in die Politikformulierung mit einzubeziehen.

Wichtig für die Politikentwicklung war aber auch die Verbindung zwischen *Nachhaltigkeit* und dem Konzept der „umweltpolitischen Führung“ auf globaler Ebene. Dieses Konzept wurde von dem damals für Umweltpolitik zuständigen Kommissar massiv vertreten. Er hoffte, umweltpolitischen Forschritt zu erreichen, indem die Thematik des Treibhauseffektes verbunden würde mit konkreten Visionen über die Rolle der EU in der Welt und eher diffusen Vorstellungen einer Zivilmacht Europa, die in modernen und zukunftsträchtigen Sektoren die klassische Weltmacht USA (die zu dieser Zeit die Klimaverhandlungen massiv behinderte) überflügeln könnte. Diese Position läßt sich auch mit dem institutionellen Eigeninteresse der Kommission erklären, die an internationalem Status gewinnt, wenn die Gemeinschaft als solche wichtiger wird. Die Durchsetzungsfähigkeit des Konzeptes wurde noch dadurch erhöht, daß es nicht allzu eng mit *supranationaler Integration* verbunden ist. Auch diejenigen Mitgliedstaaten, die die EU eher als *funktionalen Zweckverband* sehen, haben keine grundsätzlichen Einwände, im Rahmen eines europäischen Verbandes eine größere Rolle in der Weltpolitik zu spielen.

Insofern erwies sich das Konzept der umweltpolitischen Führerschaft, das nicht nur von der Kommission, sondern auch vom Europäischen Rat vertreten wurde (Europäischer Rat 1990), zunächst als wichtiger für die Position der Gemeinschaft als die Idee der *Nachhaltigkeit*, die sich erst langsam in der Kommission durchsetzte. Das Konzept der umweltpolitischen Führung mag mit dafür verantwortlich sein, daß sich der Rat im Oktober 1990, einen Tag vor Beginn der Zweiten Weltklimakonferenz in Genf, darauf festlegte, die Kohlendioxid-Emissionen, die als wesentliche Ursachen des Treibhauseffektes gelten, auf EG-Ebene bis zum Jahr 2000 auf dem Niveau von 1990 zu stabilisieren (Rat 1990). Die Kommission wurde vom Rat beauftragt, konkrete Maßnahmen zur Erreichung dieses Zieles vorzuschlagen.

7. Die Strategiediskussion

In den folgenden Monaten erarbeitete die Kommission ein umfassendes Strategiepapier, das auch konkrete Vorschläge enthielt, darunter als umstrittenstes Element eine Steuer auf Energieverbrauch und Kohlendioxid-Emissionen (Kommission 1991). Das Strategiepapier ist weitestgehend vom Konzept der *Nachhaltigkeit* beeinflußt. Innerhalb der Kommission hatte sich *Nachhaltigkeit* in der Zwischenzeit als äußerst erfolgreich erwiesen, weil sich so nicht nur innovative politische Maßnahmen begründen, sondern diese sich auch problemlos mit *supranationaler Integration* verknüpfen ließen. *Nachhaltigkeit* und *Energiemanagement* erwiesen sich als fähig, alte Politiken konzeptionell neu zu begründen und neue Maßnahmen zu entwerfen, die in diesem Rahmen auf neue Probleme wie den Treibhauseffekt angewandt werden konnten. Gleichzeitig erwies sich *Nachhaltigkeit* als stabil genug, um mit Herausforderungen fertig zu werden, vor allem mit den drastischen Ölpreiserhöhungen vor dem Golfkrieg, die ansonsten zur Verzögerung oder zur Aufgabe von Maßnahmen nach dem Muster *klassischer Umweltpolitik* geführt hätten. Zudem war die neue klimapolitische Strategie der Kommission weitgehend zu einer wirtschaftspolitischen geworden und damit kaum noch auf Legitimation durch – immer wieder umstrittene – naturwissenschaftliche Expertise angewiesen.

Stattdessen rückte die Energiepolitik in das Zentrum der klimapolitischen Gesamtstrategie. Zur Erklärung ließe sich zwar darauf verweisen, daß der Energieverbrauch (unter Einschluß des Transportsektors) für etwa die Hälfte der Kohlendioxidemissionen verantwortlich ist (Enquete-Kommission 1990, Bd. 1: 45) und Lösungsversuche schon aus diesem Grunde dort ansetzen müßten. Dieses Argument wurde auch von der Kommission benutzt. Allerdings sprechen auch starke Gründe dagegen, die Klimapolitik so sehr von der Energiepolitik abhängig zu machen. Zum einen existierte selbst nach zwei Jahrzehnten faktisch keine gemeinschaftliche Energiepolitik, obwohl auch hierfür gewichtige sachliche Gründe sprachen und die Kommission sich intensiv um eine solche Politik bemüht hatte. Die im Zuge der Golfkrise herrschenden Turbulenzen auf den Ölmärkten riefen Erinnerungen an frühere Ölkrisen hervor, die nicht zu gemeinschaftlichen Reaktionen, sondern zur Stärkung nationaler Energiepolitik als Teil nationaler Sicherheitskonzepte geführt hatten. Um die Erfolgsaussichten der Klimapolitik zu erhöhen, hätte es somit eher nahegelegen, diese möglichst unabhängig von der Energiepolitik zu entwerfen.

Die von der Kommission getroffene Wahl läßt sich durch eine Neudefinition und Neukonzeptualisierung dieser Politik im Rahmen des neuen Weltbildes des *Energiemanagements* erklären. Nur auf der Basis dieses Wechsels erschien es möglich und vernünftig, nicht nur Energiepolitik zum Kernstück der klimapolitischen Strategie zu machen, sondern auch der Energiepolitik neue Impulse zu geben. Der Grund hierfür liegt darin, daß sich auf dieser neuen Basis Energiepolitik mit *supranationaler Integration* verbinden läßt. *Nachhaltigkeit* diente nicht lediglich als Grundlage für eine neue Energiepolitik, sondern sollte zu einer neuen *gemeinschaftlichen* Energiepolitik führen. Dies konnte deshalb gelingen, weil die Verbesserung der Energieeffizienz, das Kernelement der energiepolitischen Strategie (Kommission 1990), nicht mehr so eng an die Erhaltung nationaler Souveränität gekoppelt war wie frühere Kommissionsvorschläge, die durch gemeinsame Vorratshaltung und ein gemeinschaftsweites Quotensystem im Falle von Energieknappheit zu massiven Einschränkungen mitgliedstaatlicher Autonomie geführt hätten. In dieser Denkweise erschien die Verbesserung der Energieeffizienz nicht als Problem der „hohen Politik“, die sogleich an Kernbereiche nationaler Sicherheit rührt, sondern als mit den Aufgaben einer Wirtschaftsgemeinschaft leichter in Einklang zu bringendes Programm industrieller Modernisierung, das eher als Nebeneffekt die Abhängigkeit der Gemeinschaft von externen Energie(sprich: Öl-)quellen reduzieren und gleichzeitig zur Verringerung von Umweltbelastungen beitragen könnte.

Vergleichbares gilt auch für den Vorschlag einer Steuer auf Kohlendioxidemissionen und Energieverbrauch (Kommission 1992a). Diese Steuer bildete das Kernstück der Kommissionsstrategie und sollte für sich alleine den bei weitem größten Beitrag zur Stabilisierung der Kohlendioxid-Emissionen leisten. Um sich nicht dem Vorwurf auszusetzen, die Konkurrenzfähigkeit der Unternehmen der Gemeinschaft auf diese Weise gefährlich einzuschränken, hatte die Kommission vorgeschlagen, daß die Einführung der Steuer aufkommensneutral erfolgen sollte, d.h. daß die Mitgliedstaaten nach eigenem Ermessen entsprechende Kürzungen bei anderen Steuerarten vorsehen sollten. Faktisch bedeutete dies den Einstieg in eine ökologische Steuerreform, durch die ein Abbau der Besteuerung von Arbeit und Kapital zugunsten einer stärkeren Besteuerung des Ressourcenverbrauchs erreicht werden sollte. Auch ein solches Vorhaben wäre aus der Sicht der *klassischen Umweltpolitik* eher dazu geeignet, die gesamte Strategie scheitern zu lassen. Es fügt sich jedoch hervorragend in die neoliberale wirtschaftspolitische Position weiter Teile der Kommission ein.

Dies war auch der Grund für die Annahme des Vorschlages einer Energiesteuer durch die Kommission, die zwischen den zuständigen Generaldirektionen zunächst stark umstritten war. Die Steuer war das konkrete Mittel, durch das der Kampf gegen die Umweltverschmutzung mit Hilfe des Marktes – anstelle des eher als lästiges Übel angesehenen Ordnungsrechts – möglich erschien. Eine ansonsten notwendige Vielzahl rechtlicher Vorschriften könnte so durch eine einzige Steuer ersetzt werden, was zur Deregulierung und zur Reduzierung staatlicher Eingriffe in das Marktgeschehen im Sinne des Binnenmarktprogrammes beitragen könnte. Gleichzeitig würde durch eine relativ einfach – und zudem noch von den Mitgliedstaaten – zu erhebende Steuer ein angesichts der Größenordnungen des Vorhabens zu erwartendes Implementationsdefizit des Gemeinschaftsrechts verhindert; zudem könnte gegen die Gemeinschaft nur schwer der Vorwurf der Überregulierung erhoben werden, da sich die Konstruktion der Steuer bestens mit dem Subsidiaritätsprinzip vereinbaren läßt. Durch diese Argumente gelang es der für den Umweltschutz zuständigen Generaldirektion, die Unterstützung der mächtigen wirtschaftsnahen Generaldirektionen der Kommission (vor allem GD II und GD III) zu gewinnen. Durch die Wahl eines wirtschaftlichen Steuerungsinstruments wurde im Rahmen des Konzepts der *Nachhaltigkeit* der Kreis der in den politischen Prozeß einbezogenen Akteure verändert und erweitert. Es waren nicht mehr – wie im Falle *klassischer Umweltpolitik* – nur Umweltpolitiker, Juristen und Naturwissenschaftler zuständig, sondern an maßgeblicher Stelle auch Ökonomen und wirtschaftspolitisch engagierte Kreise. Aus taktischen Gründen entschied sich jedoch die Kommission, ihr Strategiepapier zur Klimapolitik nicht völlig unter dem Blickwinkel industrieller Modernisierung zu konzipieren und aufgrund des zu erwartenden Widerstandes energieintensive Industrien unter bestimmten Bedingungen von der Steuer auszunehmen.

Das zu lösende Problem und die zugehörige Debatte war mittlerweile in wirtschaftlichen Kategorien definiert. Es ging nicht mehr um die naturwissenschaftlichen Aspekte des Treibhauseffektes, sondern es wurde diskutiert, welches Instrument sowohl wirtschaftlich effiziente Lösungen versprach als auch mit den allgemeinen politischen Orientierungen der Kommission gut zu vereinbaren war. *Nachhaltigkeit* und der konkrete Vorschlag einer Steuer ließen sich nicht nur mit der neoliberalen wirtschaftspolitischen Grundorientierung der Kommission in Einklang bringen, sondern auch – durch das Konzept der umweltpolitischen Führung – mit *supranationaler Integration.* Damit ging es für die Kommission bei ihrem Strategiepapier auch um die Identität der Gemeinschaft und einen Beitrag zur weiteren Integration.

Für den Rat war dies einer der Gründe, die klimapolitische Gemeinschaftsstrategie und vor allem die Steuer abzulehnen. Die Zeit nach der Veröffentlichung der Kommissionsstrategie war von einer zweigeteilten Entwicklung geprägt. Sie bestand zum einen in einer weiterhin zunehmenden Akzeptanz von *Nachhaltigkeit* innerhalb der Kommission, zum anderen in einer Stärkung der Konzeption des *funktionalen Zweckverbandes* im Rat als Resultat der Debatte um den Maastrichter Vertrag in einigen Mitgliedstaaten und der daraus resultierenden Forderungen nach strikter Anwendung des Subsidiaritätsprinzips. Die Durchsetzung von *Nachhaltigkeit* als allgemeine Grundlage der europäischen Umweltpolitik zeigt sich schon am Titel des in dieser Zeit erarbeiteten fünften umweltpolitischen Aktionsprogrammes, das die Leitlinien der Umweltpolitik der Gemeinschaft bis zum Jahr 2000 enthält (Kommission 1992b).

Der Rat hingegen hat zwar die Kommissionsstrategie nicht grundsätzlich abgelehnt, aber die vorgeschlagenen Instrumente systematisch renationalisiert und der Gemeinschaftsebene großenteils lediglich Rahmenregelungskompetenzen überlassen (Europäischer Rat 1995: 86). Somit bewegt sich zwar auch der Rat langsam in Richtung *Nachhaltigkeit*. Allerdings ist diese Tendenz abhängig von der ressortspezifischen Zusammensetzung des Rates. Während die Umweltminister am ehesten von diesem Konzept überzeugt sind, gilt dies weniger für die in Energiefragen zuständigen Minister und am wenigsten für die in Steuerfragen verantwortlichen Finanzminister. Für die Kommission hat sich somit die Verknüpfung von *Nachhaltigkeit* und *supranationaler Integration* als Nachteil erwiesen, da diese Strategie in eine Zeit fiel, in der im Zuge einer breiteren Diskussion um die gewollte politische Ordnung der Gemeinschaft integrationspolitische Strategien im Rahmen des *funktionalen Zweckverbandes* die Oberhand gewonnen hatten. Die noch nicht beendete Auseinandersetzung um die klimapolitische Strategie der Kommission und vor allem um die geplante Energiesteuer sollte jedoch nicht den Paradigmenwechsel der europäischen Umweltpolitik verdecken, dem sich alles in allem auch der Rat angeschlossen hat. Unabhängig von der institutionellen Verortung konkreter Maßnahmen bezieht sich europäische Umweltpoltik im allgemeinen und die Klimapolitik im besonderen nunmehr auf das Weltbild der *Nachhaltigkeit*.

8. Schlußfolgerungen

Der vorliegende Beitrag hat anhand der Entstehungsgeschichte der europäischen Klimapolitik zu zeigen versucht, wie sich Interessen bilden und im politischen Prozeß wirksam werden, wenn unklar ist, worin das zu lösende Problem überhaupt besteht und aus diesem Grund auch Unsicherheit über die einzusetzenden Mittel und die Betroffenheit der beteiligten Akteure herrscht. Dieser Prozeß spielt sich zum einen im Kontext anderer Politiken und zum anderen innerhalb eines institutionellen Rahmens ab. Er ist weiterhin abhängig von der spezifischen Problemstruktur. Institutionelle und politikfeldspezifische Kontexte beeinflussen die Politikentstehung jedoch nicht nur in Form harter Sachzwänge, die bestimmte Handlungen systematisch ausschließen, sondern auch, indem sie Handlungsoptionen eröffnen. Diese Handlungsoptionen bestehen nicht an sich, sondern müssen für die Akteure kognitiv verfügbar sein. Dies wird durch Ideen bzw. Weltbilder geleistet. Diese Weltbilder wirken komplexitätsreduzierend und enthalten jeweils unterschiedliche Wertbezüge. Auch Interessen bestehen nicht an und für sich, sondern werden in einem gesellschaftlichen Kontext erst definiert. Abhängig von der Problemdefinition und dem Kontext verändern sich auch Interessen.

In Situationen, in denen Probleme nicht eindeutig definiert sind, gewinnen deshalb Weltbilder, die mögliche und sinnvolle Handlungsoptionen aufzeigen, eine besondere Bedeutung. Welche Weltbilder handlungsleitend wirken, hängt auch davon ab, ob sie von konkreten Akteuren in den politischen Prozeß eingebracht werden. Ist dies erst erfolgt, wird sich ihre Durchsetzungsfähigkeit nach ihrer politischen – und nicht notwendigerweise ihrer sachlichen – Problemlösungsfähigkeit richten. Darunter fällt die Möglichkeit neuer Koalitionen, die Einbeziehung neuer Akteure in den – aber auch die Ausgrenzung aus dem – politischen Prozeß, die Erschließung neuer politischer Strategien und Konzepte, die Ermöglichung einer auch politikfeldübergreifenden Integration politischer Programme, sowie die Verknüpfungsmöglichkeiten von politikfeldspezifischen mit institutionellen Aspekten und Identitätsfragen. Als Lieferant von Ideen können auch solche Akteure bedeutenden Einfluß auf Politikergebnisse erhalten, deren Kompetenzen oder Machtposition dies eigentlich nicht erwarten lassen.

Im institutionellen System der Europäischen Union ist die Kommission für die Produktion von Ideen und ihre Verknüpfung mit politischen Strategien zuständig, während der Rat sich in der Regel auf die Diskussion konkreter Vorschläge beschränkt. Zwar muß sie bei ihren Gesetzgebungsprojekten den zu erwartenden Widerstand im Rat mit einkalkulieren, es wäre jedoch verfehlt, daraus zu schließen, daß sie nur solche Vorschläge unterbreitet, die von vornherein konsensfähig erscheinen. Die Kommission sieht sich selbst nicht lediglich als Sekretariat des Rates, sondern als eigenständige Institution mit einer eigenständigen, durch die Gründungsverträge festgeschriebenen und legitimierten Rolle. Sie unterbreitet deshalb auch Vorschläge, deren Akzeptanz mitnichten gewährleistet ist und kämpft um deren Annahme. Da die Interessenlage im Rat oft viel zu diffus und komplex ist, um genaue Abschätzungen der Realisierungschancen von wiederum sehr komplexen Vorschlägen durchführen zu können, können Ideen über sinnvolles, effizientes und legitimes Handeln zumindest in Fällen unklarer Interessen- und Problemlagen die Wahl von Strategien und einzelnen Vorschlägen erklären. Die Kommission muß dann den Rat zunächst von der Sinnhaftigkeit dieser Vorschläge überzeugen, bevor Verhandlungen über einzelne Aspekte beginnen, in denen dann auch konkrete Interessen ins Spiel kommen. Institutionelle Faktoren, vor allem ihr Vorschlagsmonopol und ihre Prozeßführerschaft, verschaffen der Kommission zusammen mit ihrem Selbstverständnis als Hüterin auch des Geistes der Verträge beachtliche Politikgestaltungsmöglichkeiten selbst im Falle einstimmiger Ratsentscheidungen, wenn es ihr gelingt, operative Vorschläge auf überzeugende Ideen rückzubeziehen.

Literatur

Argyris, Chris; Schon, Donald A. (1978): Organizational Learning. A Theory of Action Perspective (Reading etc.).

Beck, Ulrich (1986): Risikogesellschaft. Auf dem Weg in eine andere Moderne (Frankfurt am Main).

Beck, Ulrich (1993): Die Erfindung des Politischen. Zu einer Theorie reflexiver Modernisierung (Frankfurt am Main).

Brundtland (1987): Unsere gemeinsame Zukunft. Weltkommission für Umwelt und Entwicklung; hg. von Volker Hauff (Greven).

Enquete-Kommission „Schutz der Erdatmosphäre" des Deutschen Bundestages (1990): Schutz der Erde. Eine Bestandsaufnahme mit Vorschlägen zu einer neuen Energiepolitik. Dritter Bericht der Enquete-Kommission des 11. Deutschen Bundestages „Vorsorge zum Schutz der Erdatmosphäre", 2 Bde., Reihe „Zur Sache 19/90" (Bonn).

Europäischer Rat (1990): Notwendigkeit des Schutzes der Umwelt. Erklärung des Europäischen Rates; in: Europa-Archiv 45, S. D407-D411.

Europäischer Rat (1995): Schlußfolgerungen des Europäischen Rates der Staats- und Regierungschefs in Essen am 9. und 10. Dezember 1994; in: Internationale Politik 1, S. 83-109.

Gehring, Thomas (1995): Arguing and Bargaining in internationalen Verhandlungen. Überlegungen am Beispiel des Ozonschutzregimes; in: von Prittwitz, Volker (Hg.), Verhandeln und Argumentieren. Dialog, Interessen und Macht in der Umweltpolitik (Opladen) (im Erscheinen).

Gusfield, Joseph R. (1981): The Culture of Public Problems. Drinking-Driving and the Symbolic Order (Chicago, London).

Haas, Peter M. (1990): Saving the Mediterranean. The Politics of International Environmental Cooperation (New York).

Hall, Peter A. (1989): The Political Power of Economic Ideas. Keynesianism Across Nations (Princeton).

Hedberg, Bo (1981): How Organizations Learn and Unlearn, in: Nystrom, Paul C.; Starbuck, William H. (Hg.), Handbook of Organizational Design, vol. 1, Adapting Organizations to Their Environments (Oxford), S. 3-27.

Héritier, Adrienne (Hg.) (1993a): Policy-Analyse. Kritik und Neuorientierung, PVS-Sonderheft 24 (Opladen).

Héritier, Adrienne (1993b): Policy-Analyse. Elemente der Kritik und Perspektiven der Neuorientierung; in: dies. (Hg.), Policy-Analyse. Kritik und Neuorientierung, PVS-Sonderheft 24 (Opladen), S. 9-36.

Jachtenfuchs, Markus (1993): Ideen und Interessen. Weltbilder als Kategorien der politischen Analyse, Mannheimer Zentrum für Europäische Sozialforschung, Arbeitspapier AB III, Nr. 2 (Mannheim).

Jachtenfuchs, Markus (1995): Ideen und Internationale Beziehungen; in: Zeitschrift für Internationale Beziehungen 2 (im Erscheinen).

Jachtenfuchs, Markus (1996): Governance by Persuasion. The European Community and the Greenhouse Effect (London etc.) (im Erscheinen).

Kingdon, John W. (1984): Agendas, Alternatives, and Public Policies (Boston, Toronto).

Kommission (1988): Der Treibhauseffekt und die Gemeinschaft. Mitteilung an den Rat betreffend das Arbeitsprogramm der Kommission zur Beurteilung der politischen Optionen zur Verringerung der mit dem Treibhauseffekt verbundenen Risiken und Entwurf einer Entschließung des Rates über den Treibhauseffekt und die Gemeinschaft, KOM (88) 656, 16.11.1988.

Kommission (1990): Vorschlag für eine Entscheidung des Rates zur Förderung von Energieeinsparungen in der Gemeinschaft, KOM (90) 365, 13.11.1990.

Kommission (1991): A Community Strategy to Limit Carbon Dioxide Emissions and to Improve Energy Efficiency, SEC (91) 1744, 14.10.1991.

Kommission (1992a): Vorschlag für eine Richtlinie des Rates zur Einführung einer Steuer auf Kohlendioxidemissionen und Energie, KOM (92) 226, 30.6.1992.

Kommission (1992b): Für eine dauerhafte und umweltgerechte Entwicklung. Ein Programm der Europäischen Gemeinschaft für Umweltpolitik und

Maßnahmen im Hinblick auf eine dauerhafte und umweltgerechte Entwicklung, KOM (92) 23, Bd. 2, 3.4.1992.
Lau, Christoph (1989): Risikodiskurse. Gesellschaftliche Auseinandersetzungen um die Definition von Risiken; in: Soziale Welt 40, S. 418-436.
Lindblom, Charles E. (1977): Politics and Markets. The World's Political-Economic Systems (New York).
Luhmann, Niklas (1991): Soziologie des Risikos (Berlin, New York).
Majone, Giandomenico (1980): Policies as Theories; in: Omega 8, S. 151-162.
Majone, Giandomenico (1991): Research Programs and Action Programs, Or Can Policy Research Learn From the Philosophy of Science?, in: Wagner, Peter u.a. (Hg.), Social Science and Modern States. National Experiences and Theoretical Crossroads (Cambridge etc.), S. 290-306.
March, James G.; Olsen, Johan P. (1984): The New Institutionalism. Organizational Factors in Political Life; in: American Political Science Review 78, S. 734-749.
March, James G.; Olsen, Johan P. (1994): Institutional Perspectives on Governance; in: Derlien, Hans-Ulrich; Gerhardt, Uta; Scharpf, Fritz W. (Hg.), Systemrationalität und Partialinteresse. Festschrift für Renate Mayntz (Baden-Baden), S. 249-270.
Mayntz, Renate (1993): Policy-Netzwerke und die Logik von Verhandlungssystemen; in: Héritier, Adrienne (Hg.), Policy-Analyse. Kritik und Neuorientierung, PVS-Sonderheft 24 (Opladen), S. 39-56.
Mors, Mathias (1991): The Economics of Policies to Stabilize or Reduce Greenhouse Gas Emissions: the Case of CO_2, Kommission der EG, Economic Paper Nr. 87 (Brüssel).
Olsen, Johan P. (1991): Political Science and Organization Theory. Parallel Agendas but Mutual Disregard; in: Czada, Roland; Windhoff-Héritier, Adrienne (Hg.), Political Choice. Institutions, Rules and the Limits of Rationality (Frankfurt am Main etc.), S. 87-119.
Olsen, Johan P. (1995): Europeanization and Nation-State Dynamics, ARENA Working Paper 95/9 (Oslo).
Powell, Walter W.; DiMaggio, Paul J. (Hg.) 1991: The New Institutionalism in Organizational Analysis (Chicago etc.).
Rat (1989): Entschließung des Rates vom 21. Juni 1989 über den Treibhauseffekt und die Gemeinschaft; in: Abl. C 183, S. 4, 20.7.1989.
Rat (1990): Conclusions on Climate Change Policy; in: Churchill, Robin; Freestone, David (Hg.), International Law and Global Climate Change (London etc.), S. 266-268.
Rein, Martin; Schon, Donald (1991): Frame-reflective Policy Discourse; in: Wagner, Peter u.a. (Hg.), Social Science and Modern States. National Experiences and Theoretical Crossroads (Cambridge etc.), S. 262-289.
Sabatier, Paul A. (1987): Knowledge, Policy-Oriented Learning, and Policy Change. An Advocacy Coalition Framework; in: Knowledge. Creation, Diffusion, Utilization 8, S. 649-692.
Sabatier, Paul A. (1993): Advocacy-Koalitionen, Policy-Wandel und Policy-

Lernen. Eine Alternative zur Phasenheuristik; in: Héritier, Adrienne (Hg.), Policy-Analyse. Kritik und Neuorientierung, PVS-Sonderheft 24 (Opladen), S. 116-148.

Scharpf, Fritz W. (1991): Die Handlungsfähigkeit des Staates am Ende des 20. Jahrhunderts; in: Politische Vierteljahresschrift 32, S. 621-634.

Task Force „Environment and the Internal Market" (Hg.) (1990): „1992" – The Environmental Dimension (Bonn).

Toronto (1988): Abschlußerklärung der Konferenz über „The Changing Atmosphere: Implications for Global Security", Toronto, Juni 1988; in: Churchill, Robin; Freestone, David (Hg.), International Law and Global Climate Change (London etc.), S. 367-372.

Willke, Helmut (1992): Ironie des Staates. Grundlinien einer Staatstheorie polyzentrischer Gesellschaft (Frankfurt am Main).

Wohlfahrtsstaatliche Perspektiven der Europäischen Union: Auf dem Wege zu positiver Souveränitätsverflechtung?*

Stephan Leibfried

Will man die Entwicklungsperspektiven wohlfahrtsstaatlicher Souveränität in der Europäischen Union (EU) analysieren, so sind zunächst zwei Arten von Einschränkungen staatlichen Handlungspotentials auseinanderzuhalten: Entwicklungen, die die staatliche *Souveränität* (Christiansen 1994; MacCormick 1993) beeinträchtigen, also die *formelle* Kompetenz, selbständig über Wohlfahrt zu entscheiden; und Entwicklungen, die die staatliche Handlungs*autonomie* einengen, also die *materielle* Fähigkeit, Wohlfahrtsleistungen selbständig zu gewähr(leist)en. „The central question to pose is: has sovereignty remained intact while the autonomy of the state has diminished, or has the modern state faced a loss of sovereignty?" (Held 1991: 213). Für den Wohlfahrtsstaat in der EU gilt, wie in diesem Beitrag ausgeführt wird, beides.

---

* Ich danke der Volkswagenstiftung dafür, daß ich der Frage nach einem „Sozialstaat Europa" in einem Akademiejahr ungehindert nachgehen durfte; mit dieser Arbeit wird ein Teilergebnis vorgelegt. Jutta Allmendinger, Thomas Faist, Christian Joerges, Ulrich Mückenberger, Paul Pierson, Martin Rhodes, Elmar Rieger, Bernd Schulte, Martin Seeleb-Kaiser und Dita Vogel danke ich für Anregungen und Kritik, Maren Haack und Jörg Wassermann für den regelmäßig anhaltenden Literaturfluß zu diesem unübersichtlichen Themenfeld. Zu einer breiteren Literaturerschließung vgl. Rieger/Leibfried (1994). Eine erste Fassung dieses Aufsatzes mit ausführlichem Anmerkungsapparat erschien in: Kritische Justiz 27 (1994), S. 263-283.

1. Bestand: Souveränitäts- wie Autonomieverluste des Wohlfahrtsstaats

Der Wohlfahrtsstaat ist gleichzeitig mindestens vier Prozessen der Transformation seines Handlungspotentials ausgesetzt, wovon einer unmittelbar seine Souveränität relativiert und drei auf eine kritische Einengung seiner Autonomie zielen:

(1) Durch die Gewährleistung der Mobilität von Arbeitskraft (Koordinierung der sozialen Rechte) und die aktuell entstehende Umsetzung der (aktiven und passiven) Dienstleistungsfreiheit in der EU werden mindestens sechs kritische Dimensionen klassischer wohlfahrtsstaatlicher Souveränität deutlich in Frage gestellt, und zwar durch das Europarecht und seine Umsetzung durch den Europäischen Gerichtshof:

1. Der Staat kann, historisch ein zentrales Entstehungsmotiv, die Sozialleistungen nicht mehr auf seine Bürger beschränken – und „Fremde" von Sozialleistungen ausschließen; er hat also, was „Fremde" aus der EU betrifft, keine *Bestimmungsgewalt über den Kreis der Leistungsempfänger* mehr.
2. Er kann nicht mehr, wie vordem, darauf bestehen, daß seine Leistungen nur auf seinem Territorium bezogen und damit weitgehend dort verbraucht werden; er kann somit seine *räumliche Bestimmungsgewalt* über den Ort des Konsums der Leistungen nur noch sehr begrenzt ausüben.
3. Der Staat kann auf seinem Territorium nicht mehr vollständig – wenn auch noch weitgehend – andere wohlfahrtsstaatliche „Schnittmuster" des Umgangs mit den Lebensrisiken von Bürgern davon ausschließen, mit dem von ihm präferierten Sozialstaatsmodell zu konkurrieren; ihm kommt insoweit nicht mehr die volle *ausschließliche Bestimmungsgewalt darüber zu, wie er seine Bürgerinnen und Bürger* – bzw. die sich auf seinem Territorium befindenden Menschen – *sichert.*
4. Nicht mehr nur der leistende Sozialstaat, sondern auch Behörden anderer Nationalstaaten bestimmen darüber, wer wann auf was ein Recht hat; der Staat verfügt also nicht mehr durchgängig über die *administrative Bestimmungsgewalt im Einzelfall.*
5. Der Staat kann die Komponenten „Markt und Staat" nicht mehr nach Belieben mischen und *seinen* „welfare mix" zwischen Geld-, Sach- oder Dienstleistungen durchsetzen; seine *Bestimmungsgewalt über die Zusammensetzung seines Sozialstaatsmodells* wird gelockert.

6. Schließlich kann der Staat nicht mehr ausschließlich darüber bestimmen, wer soziale (Dienst-) Leistung erbringen darf: er bestimmt und wacht nicht mehr alleine über *den Zugang zur „Berufssphäre sozialer Dienstleistung"*, er organisiert nicht mehr ausschließlich den „Sozialstaat als Beruf". Daran sind andere Gesellschaften und Staaten in der EU mitbeteiligt.

Während sich die ersten vier Entwicklungen wesentlich aus der Koordinierung der Sozialversicherung durch die EU ergeben, sind die letzten zwei Tendenzen eher der Dienstleistungsfreiheit geschuldet. Die Staaten der EU verfügen in den genannten Dimensionen nicht mehr über die volle Bestimmungsgewalt, so daß das oft vorgetragene Argument (etwa Offe 1990 und de Swaan 1994b: 102ff.) nicht mehr stark gemacht werden kann, die wohlfahrtsstaatlichen Institutionen seien weiterhin wesentlicher Bestandteil souveräner Selbstbestimmung, seien „ihrem Wesen nach" national. Dieses uns allen noch selbstverständliche, fast „natürliche" nationalstaatliche Fundament des Wohlfahrtsstaats ist schon im Integrationsprozeß – wenn auch später und möglicherweise weniger intensiv als in anderen Politikbereichen – rissig geworden.

(2) Als pan-europäische – von der EU nicht verursachte, aber überall in ihr zu verzeichnende und als Grundlage für EU-Tätigkeit zentrale – Tendenz läßt sich gleich nach den sechziger Jahren als dem „goldenen Zeitalter des liberalen Wohlfahrtsstaats" in den siebziger Jahren in der EU ein gleichgerichteter, der Staatstätigkeit Grenzen ziehender „Binnen"-problemdruck (demographischer Wandel, sogenannte Kostenexplosion usw.) feststellen (Willman 1993; Kappeler 1994). Dieser erhöhte Problemdruck findet bei, verglichen mit dem goldenen Zeitalter, geringerem Wirtschaftswachstum und massiv gestiegener Arbeitslosigkeit statt, und so werden die institutionalisierten Umverteilungstendenzen abgeschliffen, wird der Wohlfahrtsstaat stärker polarisiert und orientiert sich europaweit auf beitragsorientierte Sicherung für den „median voter", die Mittelschichten. Die europäischen Sozialstaaten werden also durch *interne* sozial-ökonomische Homogenisierung „harmonisiert", gerade nicht durch die EU. Es findet kein, oft ängstlich beschworenes, „regime breaking" in der Vertikale (durch die EU), sondern eine „Systemanpassung" (Flora 1993: 755) in der Horizontale statt. „Nur in dem Maße jedoch, wie aus den *gleichen* Problemen *gemeinsame* werden (z. B. Einwanderung), ist die Entwicklung einer einheitlichen europäischen Sozialpolitik gefragt" (Flora 1993: 756); das Maß an Gemeinschaftlichkeit wird allerdings, da durch die nationale Brille gesehen, meist unter-

schätzt („problem breaking" in der Horizontale). Bemerkenswerterweise scheinen bislang diese indirekten innerstaatlichen „Umwelteinflüsse" auf Sozialpolitik stärker als die auf Arbeitspolitik zu sein. Hier wird also, anders als bei (1), nicht Souveränität, sondern Autonomie des Wohlfahrtsstaats von innen her eingeschränkt.

(3) Die externe Abhängigkeit, die Interdependenz der großen EU-Mitgliedstaaten ist seit den siebziger Jahren stark gesteigert worden – primär durch freie Kapitalmobilität, sekundär durch Koordinierung von Wechselkurs- und Zinssätzen; bald ein Drittel des jeweiligen Bruttosozialprodukts (BSP) wird inzwischen durch Ex- oder Importe bestimmt (Hall 1994). Dadurch wird national erneut Handlungsautonomie, vor allem budgetäre Autonomie beschnitten, und damit auch der Verteilungsspielraum für Sozialpolitik. Aus intensivierter transnationaler Verknüpfung ergeben sich also begrenzende spill over-Effekte für nationale Sozialpolitik.

(4) Diese (unter 3 skizzierte) Interdependenz samt ihren Nebenwirkungen, die sich auch ohne die EU entwickelt hat bzw. hätte, wird durch die EU-Politik der Deregulierung, wie sie im Binnenmarktprogramm verfolgt wird, zusätzlich verdichtet und verstärkt. Zwar handelt es sich hier schon um supranationale Politik, die Souveränität auch formell relativiert; allerdings zielt die hier gemeinte Politik nicht unmittelbar auf den nationalen Sozialstaat – auf wohlfahrtsstaatliche Souveränität –, sondern auf dessen „Umwelt", auf die Gestaltung des europäischen Binnenmarktes; diese supranationale Politik zeitigt aber innenpolitische Nebenwirkungen („spill-overs"), die auch die Sozialpolitik betreffen und faktisch die Handlungsautonomie nationaler Sozialpolitik mitbegrenzen (Beispiele: Einführung des Gemeinsamen Privatversicherungsmarkts zum 1. Juli 1994; Währungs-Union).

Sieht man diese vier Prozesse zusammen, von denen nur zwei – (1) und (4) – unmittelbar der Integration geschuldet sind, so kommen die Folgen von Globalisierung[1] für den EU-Wohlfahrtsstaat in ihrem Zusammenwirken in den Blick – wobei allerdings im folgenden das besondere Augenmerk eher auf die Perspektive wohlfahrtsstaatlicher Souveränität gerichtet werden soll.

---

1 Der Verlust nationaler Autonomie muß übrigens nicht zwangläufig als „objektive, zwingende Folge" von Globalisierung verstanden werden. Die meisten Länder waren nicht gezwungen, den Kapitalexport zu erleichtern, ihre Währungskontrollen einzuschränken usw. (vgl. Notermans 1993), sondern haben diesen Weg als Politik der Inflationskontrolle selbst gewählt.

2. Altlast: „Hinkende" Arbeitsmarktintegration und abschüssige soziale Dimension

Zunächst: warum fällt die Entwicklung einer sozialen Dimension der Union seit ihren Anfängen 1957, und speziell seit 1972 (Pariser Beschlüsse), überhaupt so schwer? Liegt das an einer Art institutionellem, in der „Verfassung" der EU formalisiertem Integrationsgefälle – oder „nur" an kulturellen oder anderen faktischen „Defiziten" der Sozialintegration, etwa an einer Art Mobilitäts-Trägheit der Bürgerinnen und Bürger der EU?

Die europäische Integration ist von Anbeginn durch eine „hinkende Arbeitsmarktintegration" gekennzeichnet (vgl. schon Garth 1986), durch die recht unterschiedliche Arbeitsregimes gegeneinander abgeschottet wurden (zu den Arbeitsregimes vgl. u.a. Soskice 1991; Rhodes 1993; Hall 1994). Von den vier Grundfreiheiten ist die Freizügigkeit am schwächsten entwickelt. Es fehlt in Westeuropa nicht so sehr – etwa im Vergleich zu den USA – , wie meist gemeint wird, an einer hinreichenden Mobilität der Arbeitskräfte. Vielmehr fehlt es in der EU hier und nur hier schon am gemeinsamen Markt – denn für Güter und Kapital ist der Gemeinsame Markt durchgesetzt, und bei den Dienstleistungen steht die volle Durchsetzung unmittelbar bevor. Für die Arbeitskraft war, anders als für die Gütermärkte und andere Produktionsfaktoren, immer schon eine Art Freihandelslösung institutionalisiert (vgl. zum Kontrast Schaubild 1). Einen gemeinsamen Arbeitsmarkt in der EU zu schaffen hätte geheißen,

- Wanderung zwischen den Mitgliedstaaten jedem Bürger ohne Einschränkung zu erlauben, also nicht allein und erst dann, wenn in einem Mitgliedstaat europäische Arbeitskraft von Unternehmen aktiv nachgefragt wird; zwar wird die Arbeitnehmerfreiheit weit interpretiert (sie umfaßt die Familie) und analog bis zur Rentner- (Seiler 1994) und Studentenmobilität gedehnt – im Ernstfall allerdings, bei Bedürftigkeit (Bezug von Arbeitslosenhilfe, Sozialhilfe), zeigt sich, daß eben doch kein Bürgerrecht vorliegt;
- diesen dann „europäischen Arbeitsmarkt" gegenüber Drittstaaten durch gemeinsame Regelungen klar abzugrenzen, die Marktteilnehmer in jedem Mitgliedstaat in gleicher Weise vor Immigration zu schützen und damit den „Binnenarbeitsmarkt" zu priorisieren: bei Waren geschieht dies durch gemeinsame Außenzölle; bei einer Europäisierung des Arbeitsmarkts wäre das funktionale Äquivalent dazu eine vergemeinschaftete – nicht eine nur zwischenstaatlich vereinbarte – und damit EU-einheitliche Einwanderungspolitik, bilaterale Vereinbarungen von Mitgliedstaaten mit Drittstaaten über die Anwerbung von Arbeitskräften hätte man also durch eine supranationale Immigrationspolitik der EU ersetzen müssen; schließlich,

- erst in dem Maße, wie sich ein europäischer Arbeitsmarkt entwickelt, werden europaweit abgeschlossene Tarifverträge zwingend, kann und muß eine aktive und passive europäische Beschäftigungspolitik greifen, können europäische Lösungen für Arbeitslosigkeit – nicht nur symbolische Politik – ins Auge gefaßt werden, sind Mobilitätshilfen zu geben usw.

Schaubild 1: Die Arbeitnehmer der EU zwischen Freihandel und Gemeinsamen Markt

Dimensionen von Arbeitsmarktpolitik	„Verfassung von Interdependenz“ Freihandel	 Gemeinsamer Markt
Freizügigkeit	nachfragegesteuert (ohne unternehmerische Nachfrage kein Aufenthaltsrecht)	angebots- wie nachfragegesteuert (umfassende Freizügigkeit)
Markthomogenität	nicht geschützt (Bilateralisierung) Vorrang des billigsten Anbieters ohne EU-Begrenzung	*geschützt (EU-Immigrationsrecht) Vorrang europäischer Beschäftigung
Beziehungen zu Drittländern	bilaterale Abkommen des jeweiligen Mitgliedstaates nationale Rekrutierung	*Europäisch einheitlich verhandelte Abkommen supranationale Rekrutierung
Ebenen	national	*supranational wie national
Passive Arbeitsmarktpolitik (Versicherung)	national und nicht exportierbar	*supranational und exportierbar
Aktive Arbeitsmarktpolitik (Förderung)	national	supranational und national

Bei den mit einem Sternchen (*) gekennzeichneten Kategorien sind schon heute leichte Ansätze einer Europäisierung feststellbar, ohne daß aber schon von einem Durchbruch in Richtung „Gemeinsamer Arbeitsmarkt“ gesprochen werden könnte.

Die europäische Politik blieb also seit 1957 bei der Freizügigkeit der Arbeitnehmer wie der Bürger hinter dem Modell „Gemeinsamer Markt“ zurück und ist eher dem „Freihandelsmodell“ gefolgt (Schaubild 1). Statt einer Integration wurde „an incrementally liberalized system of interdependence“ (Romero 1993: 54) geschaffen. Die Mobilität westeuropäischer Bürger muß grundsätzlich durch das Nadelöhr von Arbeitssuche und eines nachgewiesenen „Beschäftigerinteresses“ gehen. Die Exportierbarkeit der Leistungen der Arbeitslosenversicherung ist zudem, im Gegensatz zu anderen Leistungen der Sozialversicherung, auf drei Monate beschränkt, und es bedarf insoweit einer

Genehmigung der zuständigen Behörde – allerdings ist der regulierende Zugriff der Mitgliedstaaten auf den EU-Arbeitnehmer, etwa über eine gekoppelte Arbeits- und Aufenthaltserlaubnis, stark zurückgegangen. Das europarechtliche Mobilitätsbild ist idealtypisch am Arbeitnehmer, und zwar am nichtqualifizierten orientiert – am süditalienischen der fünfziger Jahre. Jeder Mitgliedstaat hat aber inzwischen bilateral aus Drittstaaten seinen (unqualifizierten) Arbeitskräfteimport so gestaltet, wie er wollte[2], und europäische Arbeitnehmer haben demgegenüber keine wirklich gesicherte Priorität: Mobilität in der EU hat sich demgegenüber auf die höher qualifizierten Arbeitskräfte, die Selbständigen und auf Nicht-Erwerbstätige verlagert. Ansätze europäischer Beschäftigungspolitik (als Konzertierung nationaler Politiken) zeichnen sich, nach vielen Jahren westeuropäischer Arbeitslosigkeit, allenfalls am Horizont ab (Kommission 1993a; Rhodes 1993), und eine Europäisierung der Arbeitslosigkeitslasten ist allenfalls als mittelbare Folge einer Währungsunion – und gerade auch des Weges zu ihr – am fernen Horizont in Sicht (vgl. Miller 1993).

Diese weitgehend national gehaltenen Arbeitsmärkte sind der eigentliche Grund dafür, daß eine Arbeitsmarktpolitik der EU kaum existiert, daß die Struktur der real existierenden europäischen Sozialpolitik mehr als fragil ist und daß europäische Sozialpolitik oft nur symbolische Politik darstellt. Anders als bei den Gütermärkten gibt es bei den Arbeitsmärkten mehr innenpolitisch beharrende als europäisierende Kräfte – auch bei bald 20 Millionen Arbeitslosen und mehr als 50 Millionen Armen[3] in der EU. Dies ist das soziale Fundament der Unentwickeltheit der sozialen Dimension europäischer Integration. Dies ist auch die wesentliche, offen gebliebene Flanke der Integration.

Es mag sein, daß mit einer Währungsunion dieses Nachhinken so kraß wird, daß massive Integrationsmaßnahmen auch in diesem Bereich nötig werden und der Durchbruch zu einem Gemeinsamen Ar-

---

2 Nach Maastricht gehört die Einwanderungsspolitik typischerweise weiterhin nicht zur supranationalen Politiksphäre – der eigentlichen EU-Tätigkeit –, sondern zur zwischenstaatlichen. Sie fällt unter die Zusammenarbeit in den Bereichen Justiz und Inneres (Art K-K 9 EUV, hier insbesondere Art K l, Ziff. l-3). Allerdings enthält der EUV hier einen Supranationalisierungsvorbehalt: Gemäß Art. K 9 kann der Europäische Rat bei einstimmigem Beschluß diese Materien dem Art. 100c EGV unterstellen, also zur Gemeinschaftskompetenz machen, die dann im weiteren sogar nur qualifizierter Mehrheit unterliegen könnte. Die Kompliziertheit dieser Regelung zeigt, wie sehr die Arbeitsmarktpolitik im Selbstverständnis aller Mitgliedstaaten zu ihrem Souveränitätskern gehört.

3 Gemessen mit 50% des Durchschnittseinkommens als Armutsgrenze.

beitsmarkt erzwungen wird – womit der EU in der Arbeits- und Sozialpolitik eine ganz neue Rolle zuwachsen könnte. Die sozialen Folgen der Währungsunion sind derzeit eine Tabuzone in der europäischen Auseinandersetzung. Eine solche „neue soziale Rolle" der EU ist auch für die europäische Außenpolitik nicht unwichtig: Nur ein auch sozial integriertes Europa, das nach innen Solidarität kennt und praktiziert, wäre auch in der Lage, gegenüber Ost und Süd eine transnationale (de Swaan 1994a) Sozialpolitik zu versuchen. Ein Europa, das aus lauter interdependenz-bedrohten nationalen Wohlfahrtsstaaten besteht, deren „redistributive edge", deren Umverteilungsschärfe, immer stärker abstumpft, ist im Innern so verfaßt, daß es strukturell unfähig wird, eine Weltpolitik zu betreiben, mit der Dritten solidarisch geholfen werden kann.

3. Szenarien: Sozialpolitische Entwicklungsperspektiven

Bislang wurde skizzenhaft Bilanz gezogen, um nun zu fragen: Welche wohlfahrtsstaatlichen Entwicklungsperspektiven hat die EU? Das dürfte vornehmlich davon abhängen, wie Souveränität und faktische Interdependenz – als Begrenzung von Autonomie – miteinander verknüpft sind und wie gleichmäßig diese Verknüpfung ist. Dabei kommen für die Verwirklichung aller Szenarien als Akteure vornehmlich die Regierungen der Mitgliedstaaten in Betracht, solange sich eine eigene, gewichtige Klientel der Gemeinschaft noch nicht entwickelt hat – nicht einmal in der Landwirtschaftspolitik.

Szenarien lassen sich in zwei unterschiedliche Richtungen entwickeln: die Einheitsszenarien beruhen auf der Annahme, daß es um den Aufbau *eines* Europas, eines Territoriums mit einheitlicher, „uniformer Geographie" und einer (Rechts-) Kultur geht. Dieses für die Geschichte der europäischen Integration kennzeichnende Merkmal steht allerdings in letzter Zeit immer stärker zur Disposition, und zwar zugunsten einer „*variablen* Geometrie" (vgl. Streeck 1995a, 1995b). Von einem Europa der „mehreren Geschwindigkeiten" („speeds") oder der „vielen Gleise" („tracks") zu sprechen, würde immer noch ein einheitliches Ziel und einheitliche Institutionen unterstellen – das ist gerade zweifelhaft, eben „variierbar" geworden.

3.1 Einheitsszenarien: „Uniforme Geometrie“

Souveränität und Interdependenz können, wie in Schaubild 2 gezeigt wird, im Rahmen einer einheitlich gedachten Union auf mindestens vier unterschiedliche Weisen aufeinander bezogen werden – mit jeweils anderem Akzent für die Entwicklung einer sozialen Dimension der europäischen Integration (zu einer eher arbeitspolitischen Bilanz vgl. Rhodes 1993):

Schaubild 2: Mitgliedstaatliche Souveränität und Interdependenz

Interdependenz	Souveränität hoch	 niedrig
niedrig	(1) *klassische Souveränität* (Koexistenz ganz unterschiedlicher Regime)	(4) *Hegemonie* (Unterwerfung eines Regimes unter ein anderes)
hoch	(2) nur *formelle Souveränität,* da Autonomieverlust (Verdrängungswettbewerb unter den Regimen)	(3) *Souveränitätsverflechtung* (als negative „Falle“ (a) oder als positive Verflechtung (b))

(1) Rückgewinnung klassischer Souveränität durch die Mitgliedstaaten: Eingangs wurde umrissen, wie nationale Souveränität auch sozialpolitisch durchaus relativiert ist. Eine erste logische (wie ideologische) Option könnte demnach in dem naheliegenden Versuch bestehen, zum status quo ante zurückzukehren, zu einem Zustand hoher Souveränität bei geringer Interdependenz (Schaubild 2, Zelle 1). Zu jener Zeit waren die Gesellschaften so deutlich voneinander distanziert, daß ausgeprägte Unterschiede in den sozialpolitischen Regimes international unschwer koexistieren konnten. Der Sache nach liefe ein solcher Versuch heute darauf hinaus, die EU in eine Freihandelszone zu transformieren, die sich auf Güter (Waren und Dienstleistungen) beschränkt und die Arbeitskraft gar nicht mehr umfaßt, wie auch im übrigen die „Innenpolitik“ stärker von Integration auszunehmen wäre, etwa durch Beschränkung der Kapitalmobilität, Betonung der Währungs- und Zinshoheit usw. Eine solche „Resouveränisierung“ liefe auf eine Implosion, auf den Zerfall von Supranationalisierung hinaus, wie sie seit 1957 die europäische Integration in Schüben immer mehr gekennzeichnet hat.

(2) Bloß formelle Souveränität: Allerdings dürfte dies bei dem heutigen Ausmaß und der gegenwärtigen Dichte von Globalisierung und Interdependenz durchaus „unklassische" Folgen haben: Wenn heute Herrschaft über den sozialen Raum durch hohe Interdependenz effektiv relativiert ist (Held 1991), müßte ein solcher Versuch, Souveränität (nach Art von Zelle 1) zurückzugewinnen, faktisch zu ausgeprägtem Verdrängungswettbewerb zwischen den Regimen führen (also in Zelle 2 hinein). Mangels supranationaler Instanz kann dann von oben keine gemeinsame untere Grenze mehr gezogen und auch keine gemeinsame Form mehr gestiftet werden. Kurzum, die wirtschaftliche Abhängigkeit gerade der westeuropäischen Länder von- und miteinander und der Sachzwang, den dieses Netz von Abhängigkeit darstellt, könnte durch eine Strategie der Resouveränisierung nicht aufgehoben werden. Zusätzliche Gestaltungsspielräume, die supranational noch nicht und national schon nicht mehr gegeben sind, gingen vielmehr endgültig verloren. Resouveränisierung – die Rückgewinnung der klassischen Form – stellt sich demnach als Entmächtigung, als Heteronomisierung dar, als eine extreme Form formell selbstverwalteter kompetitiver Deregulierung, als eine Art extremes „Standort Deutschland"-Szenario übertragen auf die Gesamt-EU.

Diese Perspektive einer Resouveränisierung wurde und wird immer attraktiver und wahrscheinlicher, je größer (Nord-Erweiterung) und somit je unregierbarer (veto-empfindlicher) die EU geworden ist und weiter werden wird. Das Szenario einer Resouveränisierung wird ferner in dem Maße wahrscheinlicher, wie das interne sozio-ökonomische Gefälle in der EU zunimmt – so schon geschehen durch die Süderweiterung (1981/86). In noch stärkerem Maße ist dies für die in fernerer Zukunft anstehende Osterweiterung anzunehmen. Man mag dies als „englische Krankheit" der EU ansehen und von ihrer „EFTA-isierung" sprechen. Der bisherige Erfolg des europäischen Integrationsmodells – historisch im Kampf gegen den „Freihändler" England und die von England initiierte EFTA errungen – würde hier ironisch dadurch gekrönt, daß die EU zwar formell die EFTA integriert, sich die EU aber dabei der EFTA immer mehr angenähert hätte. Bestünde schon ein wirklich gemeinsamer EU-Arbeitsmarkt, wäre die Gefahr einer EFTAisierung – und die Wahrscheinlichkeit einer Osterweiterung auf Kosten der Vertiefung – erheblich geringer.

(3) Souveränitätsverflechtung: In dieser Ausgangslage von hoher Interdependenz, aber niedriger Souveränität lassen sich zwei recht unterschiedliche Muster unterscheiden: negative und positive Souveräni-

tätsverflechtung. In der Politikwissenschaft ist die „Staatsfrage" (Ist die EU ein Staat?) meist mit der Formel „pooling and sharing of sovereignty" (Keohane/Hoffmann 1991: 17) oder „multi-tiered policies" (Leibfried/Pierson 1995b) umschifft worden. Diese Formel neutralisiert aber die Natur des „Gepoolten", die erst mit der *widersprüchlichen* Form der Verflechtung thematisiert wird.

a) Derzeit kann man in der Sozial- und Arbeitspolitik der EU eher eine *negative Souveränitätsverflechtung* feststellen: Die Mitgliedstaaten verlieren formell und funktionell an sozialpolitischen Gestaltungsmöglichkeiten, ohne daß die supranationale Ebene in gleichem Maße – oder gar zusätzlich – an gesamteuropäischer Gestaltungskompetenz gewänne (Zelle 3). Man könnte daher von eincr „Souveränitätsverflechtungsfalle" sprechen: Diese Falle schnappt schärfer als die Scharpfsche (1985) Politikverflechtungsfalle zu, mit der ja eine wechselseitige Flucht aus unscharf, aber immerhin voll vergemeinschafteter Verantwortung zwischen zwei (föderal gedachten) Ebenen gekennzeichnet wird. In der sozialen Dimension der EU ist aber eher die Verantwortungslosigkeit für Sozialpolitik vergemeinschaftet. National (faktisch und rechtlich) wie supranational (rechtlich) entgleitet der Zugriff auf die soziale Situation: die einen können nicht (mehr so), die andern dürfen (noch?) nicht – oder sind (selbst-)blockiert. In der Sprachverwirrung zum 1992 allgemein eingeführten Subsidiaritätsprinzip (Art. 3b II EGV) spiegelt sich dieser Zustand. Die heutige Wirklichkeit der EU ist mit diesem Modell noch am besten getroffen. Das Maastricht-Urteil des Bundesverfassungsgerichts (BVerfG 1994) „verfaßt" mit seinem emphatischen Souveränitätsverständnis eben diese Situation vorerst einmal als Falle – ohne positive Auswege anzudeuten.

b) Eine *positive Souveränitätsverflechtung* würde voraussetzen, daß die supranationale Ebene sozialpolitisch an Gestaltungskompetenz gewinnt, daß sie also in ihren Kompetenzen und Mehrheitsregeln umfassend handlungsfähig würde und ein eigenes sozialpolitisches Regime europäisch konturieren könnte (vgl. u.a. Rhodes 1993: 323ff.). Der supranationale Gewinn dürfte sogar größer sein als die Summe der Verluste der einzelnen Mitgliedstaaten, da manche Themen nur noch auf europäischer Ebene sinnvoll angegangen werden können:

> „Building a capacity for public intervention at the supranational level to compensate for its erosion at the national level may require national states to submit themselves to the authority of a new supranational sovereign, thereby formalizing the very loss of sovereignty they are trying to reverse. Nation states may not be willing to pay that price…" (Hollingsworth u.a. 1994: 291).

Die derzeitigen Auseinandersetzungen spielen sich zwischen Resouveränisierung und positiver Souveränitätsverflechtung ab. Die negative Souveränitätsverflechtung beschreibt eher den status quo, der „zurück"gefahren oder nach „vorne" entwickelt werden soll. Ansätze einer positiven Souveränitätsverflechtung finden sich etwa im Sozialprotokoll von Maastricht (BGBl. 1992 II: 1313ff.) und in den wenigen durchschlagenden sozialpolitischen Aktivitäten der Union (etwa zu Art. 119 der Römischen Verträge: Gleichheit der Geschlechter; siehe dazu Hoskyns 1995). Welche großen Entwicklungsszenarien bieten sich hier nun an?

Das „klassische" Sozialstaats-Modell: Gesundheits- und Arbeitsschutz waren klassische arbeitsweltbezogene Einstiegsthemen in die nationale Institutionalisierung des Sozialstaats, so auch in Deutschland. Als Themenfelder sind sie auch bei den EU-Kompetenzen vorrangig (Eichener 1993), was man als Indiz dafür nehmen könnte, daß supranational ein europäischer Sozialstaat dem gleichen Entwicklungspfad folgen müßte wie die meisten nationalen Wohlfahrtsstaaten. Dagegen spricht vieles: National ist dieser Entwicklungspfad schon sehr weit begangen worden, so daß supranational kaum noch Bewegungsspielräume vorhanden sind (Leibfried/Pierson 1992); die Pfade haben national in stark unterschiedliche Richtungen geführt und legen kein einfaches europäisches Standardmodell von Sozialstaatlichkeit nahe; es fehlt supranational jede ausgeprägte Perspektive für eine interessenpolitische Infrastruktur, etwa für einen tragfähigen, gestaltungsmächtigen Korporatismus (vgl. Streeck/Schmitter 1991), der eine solche Entwicklung unterfüttern könnte – die Erfahrungen mit dem Wirtschafts- und Sozialausschuß und dem Sozialen Dialog belegen dies; die massiven Grenzen für eine rechtliche Harmonisierung (im Arbeits- und Sozialrecht) weisen in die gleiche Richtung, schon die budgetäre Kompensationsfähigkeit der EU ist so kurz gehalten, daß sie einen europäischen Sozialstaat auch nicht in Ansätzen tragen kann. Europa selbst als „Sozialstaat" dürfte ein unwahrscheinliches Szenario sein. Europa müßte sich schon auf einen ganz neuen Entwicklungspfad begeben, den die nationalen Wohlfahrtsstaaten nicht gegangen sind, etwa den eines Grundeinkommens („Basic Income"), das am neuen Status des Unionsbürgers (Art. 8-8e EGV) und nicht klassisch am Arbeitnehmer anknüpft. Einer solchen umfassenden Sozialreform in allen Mitgliedstaaten – bzw. über alle hinweg – stehen allerdings auch andere, eher noch höhere, Hindernisse entgegen.

Das infrastrukturpolitische, den Sozialstaat (zunächst?) ausklammernde Modell: Im 19. Jahrhundert bis zum New Deal war der amerikanische Zentralstaat innenpolitisch nicht als Sozialstaat, sondern als „Infrastrukturentwickler", Bildungspromotor und „Marktintegrator" tätig. Dieses Profil läßt sich seit der ersten Erweiterung, vorbereitet in den Pariser Beschlüssen (1972), in der heutigen EU oberhalb der nationalen Wohlfahrtsstaaten z.B. in der Struktur-, Regional-, Forschungs- und Bildungspolitik der EU immer profilierter entdecken. Sozialpolitik klassischer Art spielt in der EU nur eine Nebenrolle als Lückenfüller, so bei neuen Themen (Geschlechtergleichheit) oder als normativer Standardisierungs- und Rationalisierungshelfer. Positive Souveränitätsverflechtung würde sich insoweit rein budgetär (Fondsverwaltung) auf (u.a. soziale) Infrastruktur beziehen – und die sozialstaatlichen Rechte der Bürger vor der Klammer lassen. Ein „New Deal" für die Europäische Union, mit dem das infrastrukturpolitische Modell überwunden werden könnte, ist nicht in Sicht – und selbst als mittelbare Folge einer europaweit durchgeführten Währungsunion schwer vorstellbar. Von daher könnte die EU auf lange Zeit in ihre infrastrukturpolitische Logik eingeschlossen bleiben, zumal jede Erweiterung, insbesondere die nach Osten, die „interne Systembildung durch territoriale Umverteilung" (Flora 1993: 761) stärker akzentuieren dürfte. Ein „Gestaltswitch" der EU zum „europäischen Sozialstaat" läge hier weniger nahe als der zum „Staat des horizontalen Finanzausgleichs" – und er ist ansatzweise in dem in den Maastrichter Verträgen geschaffenen Kohäsionsfonds für die Verbesserung der Infrastruktur der „Südstaaten" schon auszumachen. Damit zöge sich die EU aus gesellschaftspolitischer Gestaltung zugunsten unspezifischer monetärer Kompensation zurück, müßte allerdings in hohem Maße eigenständig Finanzströme mobilisieren, also Steuern und Abgaben von EU-Bürgern erheben, statt sich wie bislang auf Beiträge der Mitgliedstaaten zu verlassen.

Umregulierung des Sozialstaates: Im Zuge der anstehenden Verwirklichung der Dienstleistungsfreiheit werden soziale Dienste, die nicht voll verstaatlicht sind, ohnedies einer Vermarktlichung und in Schwerpunkten (Bieback 1991) der europäischen Konkurrenz immer mehr geöffnet. Vor allem im Gesundheitsbereich (vgl. Pitschas 1994) ist diese Entwicklung, etwa in Deutschland, England und den Niederlanden (Willman 1993), mit Händen zu greifen. Zunehmende Verstaatlichung scheidet – angesichts der allgemeinen fiskalischen wie ideologischen Lage – aus, eher steht eine langsame Entstaatlichung bzw. eine Durchmischung mit nichtstaatlichen Elementen an. Hier dürfte sich auf der europäischen Ebene für die Sozialpolitik die Frage aufdrängen, ob diese Entwicklung hin zu einer Privatisierung gehen soll oder hin zu einer öffentlichen, aber nicht-staatlichen „économie sociale". Hier könnte ein gemeinnütziger Bereich zwischen Markt und Staat europaweit profiliert werden, in dem soziale Risiken staatsfern, aber öffentlich unterstützt, aufgefangen würden. Der Sozialstaat als erstes „europäisches Unternehmen“? – als europarechtlich verfaßte Krankenversicherung, Rentenversicherung usw.[4]? In den Initiativen, eine „europäische Gegenseitigkeitsgesellschaft (EUGGES)“ im Europarecht zu schaffen, die einen europaweiten Zusammenschluß privater wie öffentlicher Krankenversicherer zuließe und das „Zusatzversicherungsgeschäft“ effizienter erschlösse, finden sich dafür leise Anzeichen.

Deregulierung des Sozialstaats: Insoweit liefe die weitere Integration darauf hinaus, alle Gesellschaften der Mitgliedstaaten qua EU aktiv – also durch supranationale Intervention – in eine Regimekonkurrenz zueinander zu bringen. In dem Maße, wie diese Konkurrenz in Zukunft die Arbeits- und Produktionsbeziehungen voll erfaßt und angleicht, mag sie sich schließlich auch nivellierend auf die Lohnnebenkosten auswirken (Coen 1990). Diese Deregulierung würde von der EU, bezogen auf Arbeitsmarkt- und Sozialpolitik, diesem Modell gemäß direkt und aktiv betrieben – sie stellte sich nicht nur als eine beiläufige Folge von Resouveränisierung (wie in Zelle 2) ein. Man könnte hier auch von einer umfassend durch die EU forcierten Integration à la „Cassis de Dijon“[5] sprechen (Alter/Meunier-Aitsahalia 1994).

Die EU als den USA nachempfundener „sozialer Regulierungsstaat“ (Majone 1993, 1994, in diesem Band) paßt zu allen skizzierten positiven Verflechtungsmodellen, nur nicht zur EU als Sozialstaat. Kongenial ist diese Konzeption allerdings nur mit der EU als „Umregulierer“ oder „Deregulierer“, da es in beiden Fällen darum geht, die EU vornehmlich als Rechtsetzer, nicht aber als eigenständigen administrativen Bewältiger sozialer Risiken in Anspruch zu nehmen, der

4 Allerdings läßt sich eine europarechtliche Überlagerung der nationalen Wohlfahrtsstaaten auch markant weniger positiv denken, etwa wenn es großen Unternehmen erlaubt würde, sich europäisch umzufirmieren, und ihnen im europäischen Recht zu gewährende arbeitsrechtliche und sozialpolitische Flexibilitätsgewinne in Aussicht gestellt würden, die ihnen national bislang nicht gestattet sind. Die Diskussion um das „soziale Dumping“ ist bislang nur in der „Horizontalen“ geführt worden: „*foot*lose firms“ werden in Länder verlagert, in denen die Arbeitskosten geringer sind – so 1993 der skandalisierte Umzug Hoovers von Frankreich nach England. Diese Betrachtung ließe sich aber auch in die „Vertikale“ übersetzen: „*ground*lose firms“ bleiben zwar physisch vor Ort, werden aber sozial dadurch exterritorialisiert, daß sie europäischem Recht unterstellt werden, das ihnen entsprechende Vorteile bietet.

5 Hiernach kann ein Produkt, welches in einem Land rechtmäßig hergestellt und vertrieben wird, von anderen Märkten der EU nicht ferngehalten werden.

dafür eigene Haushaltsmittel einsetzt (oder Beiträge erhebt). Die Kosten solcher Regelungen tragen immer Dritte, wie die „économie sociale", untere staatliche Ebenen, Unternehmen und Bürger. Die EU kann sich auf ihre reine Rechtsetzungskontrolle konzentrieren, die ihr ohnedies historisch auf den Leib geschrieben ist. Regulationstheoretischen Überschwang mag es bremsen, wenn man sieht, daß der deutsche Sozialversicherungsstaat von Anbeginn immer auch „sozialer Regulierungsstaat" war: Schließlich ging und geht es beim Beitragsprinzip gerade darum, die Kosten Dritten (Arbeitnehmern und Arbeitgebern) aufzuerlegen und den Zentralstaat darauf zu konzentrieren, nur Rechte und Pflichten festzulegen und ihn fiskalisch wie personalmäßig im übrigen durch die Schaffung von Parafisci herauszuhalten (vgl. detailliert dazu Hennock 1987).

(4) Integration durch Hegemonialisierung: Nicht nur der Vollständigkeit und der Geschichtsmächtigkeit wegen sei auch diese Variante behandelt (Zelle 4). Europa, mit Deutschland als vereinigtem Hegemon, dürfte aus vielen Gründen als Perspektive nicht wünschbar – und auch nicht wirklich – sein. Allerdings wird von vielen die Nord- und die Osterweiterung der EU gerade als Erweiterung des deutschen Einflußraums und damit als deutsche Machterweiterung im Sinne einer Hegemonie in der EU gedeutet. Die Vorherrschaft Preußens im Deutschland des 19. Jahrhunderts und die heutige Bedeutung Deutschlands für die EU – das liegt nicht nur zeitlich weit auseinander. Allein, für die Sozialpolitik zeigt sich hier eine interessante Facette: In den letzten Jahrzehnten hat sich der deutsche „Sozialversicherungsstaat" – im Gegensatz zum universellen britischen Wohlfahrtsstaat à la Beveridge – in Europa im Rahmen einer stärkeren sozialen Polarisierung der Sozialpolitik („Dualisierung"[6]) und einer Profilierung der „Segmentierung" von Arbeitsmärkten breit durchgesetzt (u.a. haben sich England, Schweden, Dänemark und Finnland dem Bismarck-Modell angenähert). Von daher ließe sich sozialpolitisch von einer Integration durch sektorale, qua Diffusion erreichte „Modellhegemonie" sprechen – was wiederum qua „Harmonisierung von unten" ein höheres, schon vorweg „gerichtetes" Vergemeinschaftungspotential für eine supranationale Entwicklung zur Verfügung stellt, aber als solches für eine EU-getragene Harmonie nicht zureichen kann.

---

6 Mit Dualisierung ist eine institutionelle, klassenmäßige Spaltung des Sozialstaates gemeint, die entsprechende Polarisierung („Segmentierung") in Arbeitsmarkt und Gesellschaft nicht verringert, sondern abbildet oder verstärkt.

Man könnte überdies auch in der Resouveränisierung (Zelle 2) eine Prise Hegemonie entdecken wollen, und zwar eine Vorherrschaft des sozialpolitischen Modells des „konsequenten Unterbieters" („worst practice"). Insofern wäre an eine hegemoniale Rolle Englands zu denken, das durch ein schon länger anhaltendes Ausscheren aus dem kontinentalen (deutsch-französischen) sozialen Konsens – u.a. durch seine Blockade (einstimmig zu beschließender) sozialpolitischer Maßnahmen der EU (Lange 1992), sein Ausscheren aus der EG-Charta der Arbeitnehmerrechte 1989 (vgl. zum Stand Kommission 1993c), seine für alle folgenreiche („legal limbo") Nichtunterstützung des Sozialprotokolls in Maastricht – auf seine Weise strategisch angelegte sozialpolitische Regimekonkurrenz praktiziert. Inzwischen ist England für die EU in ihren Weiß- und Grünbüchern von 1993 fast ein europäisches Modelland geworden (vgl. Kuper 1994). Dieser negativen sozialpolitischen Strategie („Residualisierung"[7] des Wohlfahrtsstaats) könnte langfristig durchaus hegemoniale Wirkung zukommen – etwa bei wachsender Interdependenz und gleichzeitig markant betriebener Resouveränisierung (EFTA-isierung) bzw. supranational forcierter Deregulierung.

Der „insular path" (Rhodes 1993: 325) könnte zu einer nordeuropäischen „continental passage" werden – und „soziales Dumping" sich als dauerhafte Konfliktfront zwischen England und dem Kontinent etablieren. Die Auseinandersetzung zwischen „Dualisierung" (Nordeuropa) und „Residualisierung" (England) des Wohlfahrtsstaats ist eine um den Grad von Exklusivität sozialer Sicherung, um das Ausmaß „sozialpolitischer Schließung" und nach beiden Seiten hin mehr oder weniger antiuniversalistisch. Ob und in welchem Umfang die EU hier fähig wäre, (arbeits-)bürgerrechtliche „soziale Sockel" aufzurichten, ist eher fraglich – bisher jedenfalls gibt es wenig Anhaltspunkte für eine erfolgreiche Strategie. Von daher stünde der Auseinandersetzung zwischen diesen beiden hegemonialen Tendenzen um ein EU-weit vorherrschendes europäisches Wohlfahrtsregime wenig im Wege. Als hegemonial im ei-

---

7 Der Begriff „Residualisierung" ist seit langem in der Diskussion wohlfahrtsstaatlicher Typen geläufig: Titmuss bezog ihn vor allem auf England kurz nach dem Zweiten Weltkrieg („residualer Wohlfahrtsstaat"); er findet sich auch in jüngeren Typologien wieder, etwa bei Gøsta Esping-Andersen, allerdings als „liberaler Wohlfahrtsstaat". Gemeint ist ein im strengen Sinne subsidiärer Wohlfahrtsstaat, der als Arbeitgeber kaum relevant ist (anders als in Schweden bzw. Skandinavien), der soziale Risiken nur nachrangig (und nicht vorrangig wie in Deutschland) kompensiert und der vornehmlich die Rolle des Arbeitserzwingers hat.

gentlichen Sinne ließen sich diese Tendenzen aber erst kennzeichnen, wenn die EU eine als verbindlich vorgeben würde.

3.2 Multiple Szenarien: Variable Geometrie

In allen bisher erwähnten Szenarien wird davon ausgegangen, daß die EU sich nach einem einheitlichen Muster entwickelt und sich nicht etwa in mehrere konzentrische Kreise – oder in allenfalls sich überlappende Kreise – unterschiedlicher Integrationsdichte und -art auffasert, in ein Europa der „plusieures vitesses", gar der „variable geometry". Ein „one geometry Europe" entspricht dem historischen Entwicklungsmuster der EU – und dem kontinentalen, kodifikatorischen Rechtsdenken, wenn man es auf die supranationale Ebene überträgt. Eine variable Geometrie wird mit jeder Vergrößerung, und vor allem mit jeder weiteren Heterogenisierung, wahrscheinlicher. Schon jetzt sind erste Risse in der institutionellen Entwicklung, in der EU-Verfassung abzusehen: etwa beim Maastrichter Kohäsionsfonds, der nicht wie die bisherigen Fonds grundsätzlich auf alle, sondern ausdrücklich nur auf vier der (Süd-) Staaten zielt (vgl. im einzelnen Shackleton 1993); und ferner beim Sozialprotokoll, von dem sich England ausgenommen hat. Außerhalb der Sozialpolitik wäre vor allem die Währungsunion zu nennen, bei der England und Dänemark (in Maastricht und Edinburgh) „opting out"-Klauseln ausgehandelt bzw. schon wahrgenommen haben, ebenso der Schengen-Prozeß.

Bei der variablen Geometrie käme ein Europa der konzentrischen Kreise dem klassischen „one-track Europe" noch am nächsten. Hier wird am linearen Integrationsfortschritt als Ziel festgehalten: einige Länder schreiten voran (etwa mit der Sozial- oder mit der Währungs-Union), und andere schließen, nur zeitlich verzögert, früher oder später auf. Wahrscheinlicher als die konzentrischen sind allerdings die exklusiven, sich allenfalls teilweise überlappenden Kreise: sowohl arbeits- wie sozialpolitisch könnten sich pan-regionale (gar regionalisiert supranationale?) institutionelle Harmonisierungen in mindestens drei europäischen Zonen ergeben, Nordeuropa, England und den Mittelmeerländern[8] (Rhodes 1993: 310ff.; Leibfried 1992). Nach Flora (1993: 759f.) mag sich das auf zwei Zonen verjüngen: die *kontinentalen Kernsozialstaaten,* die durch geringere Staatlichkeit und höhere Partikularisierung gekennzeichnet sind, und die hoch durchstaatlich-

8 Dabei spielen Frankreich und Italien jeweils eine Sonderrolle.

ten und universalistischen *peripheren Sozialstaaten;* zwischen der kontinentalen Sozialpolitikform und der hoheitlich diffusen und fragmentierten Struktur der EU selbst besteht zudem eine ausgeprägte institutionelle Wahlverwandtschaft. Nur wenige sehen „soziale Sicherheit“ quer durch alle Lager in ihren Ergebnissen überall in der EU schon längst voll im Konvergenztrend (Overbye 1993) bzw. im Einheitstrend vom „Keynesianischen Wohlfahrtsstaat“ zum „Schumpeterschen Arbeitszwangsstaat“ („Schumpeterian Workfare State“; Jessop 1994: 57ff.).

Durch die Norderweiterung wurde das Lager der integrationskeptischen, anti-föderalen Länder (England, Dänemark – auch Griechenland) deutlich erweitert. Eine für die nächsten zwei Jahrzehnte erwartete Osterweiterung würde dieser politischen noch eine wirtschaftliche Heterogenität hinzufügen. Es deutet sich ein „konföderiertes Europa à la carte“ an, eine Zwischenlage zwischen Europa als Freihandelszone und Europa als bundesstaatsähnlichem Gebilde. Hier wird das Maß föderierter Integration je nach Gegenstand flexibel zur Disposition des Mitgliedstaats bzw. von Gruppen von Mitgliedstaaten gestellt. Dieses Modell hält die Entwicklung der EU, noch einmal im Rahmen des Schaubilds 2 gesprochen, zwischen Zelle 2 und Zelle 3 – und dort auch zwischen negativer und positiver Souveränitätsverflechtung – in der Schwebe. Es bietet sich als Kompromißpfad an, weil alle Lösungen vertagt werden können. Zugleich wird allerdings der überkommene, bewährte Integrationspfad riskiert, und zwar sowohl dessen Einheitlichkeit wie dessen Struktur.

4. Akteure und Perspektiven

In welche Richtung die EU sich entwickelt, hängt nicht zuletzt von den Interessen derjenigen ab, die die EU seit 1957 betreiben: den Mitgliedstaaten. Solange sich auf europäischer Ebene keine relevanten, durchsetzungsmächtigen eigenen Klientele gebildet haben, sind die jeweiligen Regierungen der Mitgliedstaaten in ihrer Gesamtheit das Nadelöhr für jeden Entwicklungsschub, und solange fehlt auch ein europäisierendes Gegengewicht in der Gemeinschaftspolitik, mit dem die Selbständigkeit der EU profiliert würde.

EU-eigene, starke Klientel sind bislang nicht einmal in der Landwirtschaftspolitik entstanden, wo trotz weitgehender und langwährender Supranationalisierung des Politiksektors der Zugang zur Politikgestaltung und -umsetzung weiterhin von den Mitgliedstaaten mediatisiert wird und die Agrarlobby entsprechend ausgerichtet ist (vgl. Rieger, in diesem Band). Noch weniger ist ein eigenständiges, durchschlagendes europäisches Klientel in der Sozialpolitik zu erwarten, wo es schon an einer durchgreifenden Supranationalisierung des Sektors fehlt; bislang haben im letzten Jahrzehnt vornehmlich die „Sozialpolitikträger" Vertretungen in Brüssel errichtet.

Man kann die Gemeinschaft hauptsächlich als eine Kollektivorganisation der Mitgliedstaaten betrachten, mit der sie zusätzlichen Einfluß auf ihre eigenen Gesellschaften (so zuspitzend Moravscik 1994) und gegenüber ihren internationalen Konkurrenten gewinnen wollen. Beides kann die Gemeinschaft nur leisten, wenn sie nach innen autonom wie nach außen als Einheit, etwa gegenüber Japan, den USA und dem GATT, handlungsfähig ist. Damit reagieren die Mitgliedstaaten auf (individuelle) Autonomieverluste und handeln sich gewisse formelle Souveränitätseinbußen ein, die sie mit (gemeinsamen) Steuerungsgewinnen (nach innen und außen) aufzuwiegen trachten. Damit ist zugleich die Möglichkeit, wenn nicht die Wahrscheinlichkeit gegeben, daß manche Entwicklungen auf der EU-Ebene der Kontrolle der Gesamtheit der Mitgliedstaaten entgleiten, sich verselbständigen.

Die Gemeinschaft läßt sich zwar auch als „Gegenmacht zur Kontrolle gesellschaftlicher Binnenentwicklungen (Wohlfahrtsstaat und Arbeitsrecht)" (Rieger) verstehen, als das wichtigste Scharnierstück, um die EU-Wohlfahrtsstaaten der veränderten Lage auf dem Weltmarkt und der Multinationalität des Produktionsgeschehens laufend anzupassen. Dieser Anpassungsprozeß hat aber seine Tücken und erzeugt seine eigenen Paradoxien, weil derart komplizierte Instrumente leicht ein Eigenleben gewinnen, zumal sie als Zielgröße zumindest einen „leisen Sozialpakt" zwischen den Regierungen erfordern.

Daß die EU sich vor solche Aufgaben gestellt sieht, zeigen das Weißbuch (Kommission 1993a) wie das Grünbuch von 1993 (Kommission 1993b). Wie werden Marktbildung („market-making") und Staatswerdung („state-building") im nächsten Jahrzehnt in der Integration miteinander verknüpft, sei es auf europäischer oder nationalstaatlicher Ebene? Eine Betrachtung der sozialen Dimension der EU stößt heute, nach 1989, recht schnell auf die Grundfrage nach der Integrationsfähigkeit der EU. In der Konkurrenz mit Japan und den USA bot das „high skills-high welfare" (Rhodes 1993) bzw. das „high trust-long relations" (Soskice 1991) Gleichgewicht Nordeuropas gerade für den Standortwettbewerb in den fortgeschrittenen Wirtschaftsbereichen und für den sozialen Frieden insgesamt strategische Vorteile –

die Geschäftsgrundlage der Römischen Verträge, also der ursprünlichen EG-6, gültig für die fünfziger und sechziger Jahre. In der heutigen EU 15+x könnten diese gesamtgesellschaftlichen Strukturen schrittweise aus dem Gleichgewicht gebracht werden bzw. langsam auf Inseln in diesen Gesellschaften zusammenschrumpfen. An Stelle des dann Zerstörten ist bislang kein neuer, ausdrücklich verfolgter europäischer „Sozialpakt" (vgl. Rhodes 1993) sichtbar, der wesentliche nationale sozialpolitische Akteure in einen gesamteuropäischen, einen transnationalen „Gesellschaftsvertrag" einbinden könnte.

Literatur

Alter, Karen; Meunier-Aitsahalia, Sophie (1994): Judicial Politics in the European Community: European Integration and the Pathbreaking Cassis de Dijon Decision; in: Comparative Political Studies 26, S. 535-561.

*Bieback, Karl-Jürgen (199l): Harmonisation of Social Policy in the European Community; in: Les Cahiers de Droit 32, S. 913-975.

BVerfG (1994): Urteil zum Maastricht-Vertrag; in: Entscheidungen des Bundesverfassungsgerichtes 89, S. 155-213.

Christiansen, Thomas (1994): European Integration Between Political Science and International Relations Theory: The End of Sovereignty; European University Institute, EUI Working Paper RSC No. 94/4 (Florenz).

Coen, Martin (1990): Die Sozialpolitik; in: Bleckmann, Albert (Hg.), Europarecht. Das Recht der Europäischen Gemeinschaft, 5. Aufl. (Köln), S. 719-757.

*Eichener, Volker (1993): Social Dumping or Innovative Regulation? Processes and Outcomes of European Decision Making in the Sector of Health and Safety at Work Harmonization; European University Institute, EUI Working Paper No. SPS 92/28.

*Eichenhofer, Eberhard (1991): Freizügigkeit und Europäisches Arbeitsförderungsrecht; in: Zeitschrift für ausländisches und internationales Sozialrecht 5, S. 16l-193.

*Falkner, Gerda (1993): „Sozialdumping" im EG-Binnenmarkt: Betrachtungen aus politikwissenschaftlicher Sicht; in: Österreichische Zeitschrift für Politikwissenschaft 22, S. 261-276.

Flora, Peter (1993): Europa als Sozialstaat?; in: Schäfers, Bernhard (Hg.), Lebensverhältnisse und soziale Konflikte im neuen Europa. Verhandlungen des 26. Deutschen Soziologentages in Düsseldorf 1992 (Frankfurt am Main etc.), S. 754-762.

*Garth, Bryant G. (1986): Migrant Workers and Rights of Mobility in the European Community and the United States: A Study of Law, Community and Citizenship in the Welfare State; in: Cappelletti, Mauro; Secombe,

Monica; Weiler, Joseph (Hg.), Integration Through Law, Vol. 1: Methods, Tools and Institutions, Part 3: Forces and Potentials for a European Identity (Berlin etc.), S. 85-163.

Hall, Peter A. (1994): The Political Economies of Europe in an Era of Interdependence; Harvard University, Center for European Studies, Paper prepared for presentation to a roundtable of the International Political Science Association, Kyoto, Japan, March 27 (Cambridge, MA).

Held, David; McCrew, Anthony (1993): Globalization and the Liberal Welfare State; in: Government and Opposition 28, S. 261-285.

Held, David (1991): Democracy, the Nation-State and the Global System; in: ders. (Hg.), Political Theory Today (Stanford), S. 197-235.

Hennock, Peter E. (1987): British Social Reform and German Precedents. The Case of Social Insurance 1880-1914 (Oxford).

Hoskyns, Catharine (1995): Integrating Gender: Women, Law and Politics (London).

Jessop, Bob (1994): Veränderte Staatlichkeit. Veränderungen von Staatlichkeit und Staatsprojekten; in: Grimm, Dieter (Hg., unter Mitarbeit von Evelyn Hagenah), Staatsaufgaben (Baden-Baden) S. 43-73.

Kappeler, Beat (1994): Von allem das Beste. Arbeitslosigkeit: In einem Grundlagenpapier zur Beschäftigungspolitik fordert die OECD die Mitgliedsländer zum radikalen Umbau ihrer sozialen Systeme auf; in: Die Zeit vom 10. Juni, S. 34-35.

Keohane, Robert O.; Hoffmann, Stanley (1991): Institutional Change in Europe in the 1980; in: dies. (Hg.), The New European Community: Decisionmaking and Institutional Change (Boulder), S. 1-39.

*Kleinman, Mark; Piachaud, David (1993): European Social Policy: Conceptions and Choices; in: Journal of European Social Policy 3, S. 1-19.

Kommission (1993a): Wachstum, Wettbewerbsfähigkeit, Beschäftigung – Herausforderungen der Gegenwart und Wege ins 21. Jahrhundert (Weißbuch) (Luxemburg).

Kommission (1993b): Grünbuch über die europäische Sozialpolitik. Weichenstellungen für die Europäische Union (Luxemburg).

Kommission (1993c): Dritter Bericht der Kommission an den Rat, das Europäische Parlament und den Wirtschafts- und Sozialausschuß über die Anwendung der Gemeinschaftscharta der sozialen Grundrechte der Arbeitnehmer, KOM (93) 668; auch erschienen als Bundesratsdrucksache 62/94 vom 18.01.94 (Bonn).

Kuper, Bernd-Otto (1994): The Green and White Papers of the European Union: The Apparent Goal of Reduced Social Benefits; in: Journal of European Social Policy 4, S. 129-137.

Lange, Peter (1992): The Politics of the Social Dimension; in: Sbragia, Alberta M. (Hg.), Europolitics. Institutions and Policy Making in the „New" European Community (Washington), S. 225-256.

Leibfried, Stephan; Pierson, Paul (1992): Prospects for Social Europe; in: Politics and Society 20, S. 333-366.

*Leibfried, Stephan; Pierson, Paul (Hg.) (1995a): European Social Policy. Between Fragmentation and Integration (Washington).

Leibfried, Stephan; Pierson, Paul (1995b): Europe's Semi-Sovereign Welfare States: Social Policy in an Emerging Multi-Tiered System; in: dies. (Hg.), European Social Policy. Between Fragmentation and Integration (Washington), S. 43-77.

Leibfried, Stephan (1995): Grenzen deutscher Sozialstaatlichkeit: Vom gemeinsamen Arbeitsmarkt zu erzwungener europäischer Sozialreform; in: Riedmüller, Barbara; Olk, Thomas (Hg.), Grenzen des Sozialstaats (Wiesbaden), S. 313-323.

MacCormick, Neil (1993): Beyond the Sovereign State; in: Modern Law Review 26, S. 1-18.

Majone, Giandomenico (1993): The European Community Between Social Policy and Social Regulation; in: Journal of Common Market Studies 31, S. 153-170.

Majone, Giandomenico (1994): The Rise of the Regulatory State in Europe; in: West European Politics 17, S. 77-101.

Miller, Gary (1993): The Future of Social Security in Europe in the Context of Economic and Monetary Union. The Role of the Social Partners and EC Institutions. A Report for the EC Commission (Direcorate General V) (Brüssel).

Moravscik, Andrew (1994): Why the European Community Strengthens the State: Domestic Politics and International Cooperation, Harvard University (Cambridge, MA), unv. Ms.

Nomos-Kommentar (1994): Nomos-Kommentar zum europäischen Sozialrecht: Grundwerk 1. Ordner (Baden-Baden).

Notermans, Tom (1993): The Abdication of National Policy Autonomy: Why the Macroeconomic Policy Regime Has Become so Unfavorable to Labor; in: Politics and Society 21, S. 133-167.

Offe, Claus (1990): Europäische Dimensionen der Sozialpolitik, Zentrum für Sozialpolitik (ZeS) der Universität Bremen (Bremen), unv. Ms.

Pitschas, Rainer (1994): Die Weiterentwicklung der sozialen Krankenversicherung in Deutschland im Gegenlicht europäischer Gesundheitspolitik, in: Vierteljahresschrift für Sozialrecht Nr. 2, S. 85-118.

Rhodes, Martin (1993): The Social Dimension after Maastricht: Setting a New Agenda for the Labour Market; in: The International Journal of Comparative Labour Law and Industrial Relations 9, S. 297-325.

Rieger, Elmar; Leibfried, Stephan (1994): Globalization, Social Policy and Semi-Sovereign Welfare States in Europe and North America. (Partly) Annotated Bibliography; Zentrum für Sozialpolitik (ZeS) der Universität Bremen, ZeS-Arbeitspapier II 95 C (Bremen).

Romero, Federico (1993): Migration as an Issue in European Interdependence and Integration: The Case of Italy, in: Milward, Alan S. u.a. (Hg.): The Frontier of National Sovereignty. History and Theory 1945-1992 (London), S. 33-58, 205-208.

Scharpf, Fritz W. (1985): Die Politikverflechtungs-Falle: Europäische Integration und deutscher Föderalismus im Vergleich; in: Politische Vierteljahresschrift 26, S. 323-356.

Seiler, Diana (1994): Sozialpolitische Aspekte der internationalen Mobilität von Rentnern insbesondere von deutschen Rentnern in Spanien, Diss. rer. pol., Universität Bremen (Bremen).

Shackleton, Michael (1993): The Community Budget After Maastricht; in: Cafruny, Alan W.; Rosenthal, Glenda G. (Hg.), The State of the European Community, Bd. 2: The Maastricht Debates and Beyond (Harlow), S. 373-389.

Soskice, David (1991): The Institutional Infrastructure for International Competitiveness: A Comparative Analysis of the UK and Germany; in: Atkinson, Anthony Barnes; Brunetta, Renato (Hg.), Economics of the New Europe. Proceedings of a Conference held by the International Economics Association in Venice, Italy, November 1990 (London), S. 45-66.

Streeck, Wolfgang; Schmitter, Philippe C. (1991): From National Corporatism to Transnational Pluralism: Organized Interests in the Single European Market; in: Politics and Society 19, S. 133-164.

Streeck, Wolfgang (1995a): Neo-Voluntarism: A New European Social Policy Regime; in: European Law Review 1, S. 31-59.

Streeck, Wolfgang (1995b): From Market-Making to State-Building? Reflections on the Political Economy of European Social Policy; in: Leibfried, Stephan; Pierson, Paul (Hg.), European Social Policy. Between Fragmentation and Integration (Washington), S. 389-431.

Streeck Wolfgang (1995c): Public Power Beyond the Nation State? The Case of the Europan Community; in: Boyer, Robert; Drache, Daniel (Hg.), The Future of Nations and Limits of Markets (Toronto).

*de Swaan, Abram (Hg.) (1994a): Social Policy Beyond Borders. The Social Question in Transnational Perspective (Amsterdam).

*de Swaan, Abram (1994b): Perspectives for Transnational Social Policy in Europe: Social Transfers from West to East, in: ders. (Hg.), Social Policy Beyond Borders. The Social Question in Transnational Perspective (Amsterdam), S. 101-115.

Willman, John (1993): Welfare versus Wealth of Nations. Beyond the Welfare State: The Growing Burden; in: Financial Times, October 25, S. 19.

C. Internationale Interdependenz und regionale Integration

Internationalisierung, Integration und politische Regulierung

Hans-Jürgen Bieling/Frank Deppe

1. Einleitung

In den integrationstheoretischen Debatten der achtziger Jahre bestand ein gewisser Konsens über die „Erschöpfung" der klassischen Leitbilder (Schneider/Werle 1989; Bellers/Häckel 1990). Das Forschungsinteresse verlagerte sich – auch vor dem Hintergrund der neuen Integrationsdynamik seit Mitte der achtziger Jahre – auf die Frage nach dem Charakter des politischen Systems der EG als „korporativer Akteur" (Schneider/Werle 1989), als „technokratisches Regime" (Bach 1993), als „Policy Maker" (Tömmel 1992) usw. Die Frage nach der Dynamik des Souveränitätstransfers vom Nationalstaat auf supranationale Institutionen wurde zugunsten der Frage nach der Struktur und Dynamik des politischen Prozesses verschoben, in dem sich – auf der Basis transnationaler Interessensverflechtung – komplexe Netzwerke mit einem – so Keohane und Hoffmann (1990: 227) – „supranationalen Entscheidungsstil" etablieren. Die Verhandlungssysteme und -prozeduren, bei denen die Interessen europäischer und nationaler, staatlicher und nichtstaatlicher Akteure zu Kompromissen ausgeglichen werden, wurde so als das zentrale Feld politikwissenschaftlicher Integrationsforschung anerkannt.

Das Unbehagen bzw. die Unsicherheit, die derzeit allenthalben in bezug auf die Erklärungskraft und Reichweite der traditionellen „Leitbilder" bzw. Paradigmen (nicht allein in der Integrationsforschung) zu registrieren ist, reflektiert die tiefgreifenden Veränderungen und Umbrüche sowie die daraus resultierenden „Turbulenzen" (Rosenau 1990) der internationalen, der europäischen wie der nationalen Politik. Namentlich die europäische Politik ist mit einem „Stau" von neuen Aufgaben und Herausforderungen konfrontiert (u.a. Weidenfeld 1992): der Fortgang der westeuropäischen Integration muß mit der politischen Perspektive einer ökonomischen, sozialen und politischen Reorganisation Gesamteuropas verbunden werden; dabei wird sich die Rolle Europas im

Prozeß der Konstruktion neuer internationaler Ordnungen nach dem Ende des „Kalten Krieges" entscheiden und – auf der zwischenstaatlichen wie der europäischen Ebene – wird es in hohem Maße von der Politik des „neuen Deutschland" abhängen, ob die EU zum „gesamteuropäischen Treuhänder" (Schneider 1992: 31) bzw. zum „Modell" einer gesamteuropäischen Ordnung (Senghaas 1990) werden kann.

Im folgenden soll gefragt werden, welchen Beitrag die Arbeiten der französischen „Regulationsschule", insbesondere ihre staats- und institutionentheoretische Reformulierung aus neogramscianischer Sicht (Hirsch 1990; Jessop 1992) zur Integrationsforschung zu leisten vermögen. Zunächst erfolgt eine knappe Darstellung des Ansatzes selbst. Danach wird diskutiert, ob und wie seine offensichtlichen „Lücken" – vor allem im Hinblick auf die Analyse der europäischen Integration – zu beheben sind. Das Augenmerk richtet sich dabei primär auf die Transformation des westeuropäischen Integrationsprozesses, d.h. auf den Übergang von der komplementären europäischen Absicherung der nationalen wohlfahrtsstaatlichen Regulation zur Durchsetzung europäisierter, stärker selektiver und „kompetitiver" Regulationsmodi seit der Implementierung des Binnenmarktprojektes. Abschließend werden aus regulationstheoretischer Perspektive einige der offenen integrationspolitischen Fragestellungen und Forschungsfelder umrissen.

2. Regulationstheoretische Überlegungen

2.1 Verortung des Ansatzes

Hinter der Regulationstheorie verbirgt sich, anders als es der Begriff nahelegt, keine geschlossene Theorie, sondern eher ein empirisch und methodisch-theoretisch unabgeschlossenes Forschungsprogramm bzw. eine heuristische Konzeption (Jessop 1990: 154; Hübner 1990: 17). Gleichwohl entstammen die verschiedenen regulationstheoretischen Arbeiten einer gemeinsamen Forschungstradition, dem marxistischen Strukturalismus. Ihr Anliegen bestand zunächst darin, das Marx'sche Basis-Überbau-Theorem zu reformulieren und damit die relativ eigenständige, für den gesellschaftlichen Akkumulationsprozeß konstitutive Bedeutung der politischen, sozialen, kulturellen und ideologischen Dimensionen theoretisch-konzeptionell zu erfassen (Lipietz 1992a; kritisch dazu Mahnkopf 1988: 100f.). Um den funktionalistischen, subjektlosen „Standpunkt der Reproduktion" zu überwinden und sich das Feld sozialer Auseinandersetzungen neu zu erschließen, bürsteten sie gleichsam die strukturalistische Interpretation des französischen Marxismus mit Gramsci gegen den Strich. Der Prozeß der Regulation vereint demzufolge sowohl Struktur- als auch Handlungsdimensionen. Während die Pionierarbeit von Aglietta (1979a) die Regulation noch vorrangig auf der Ebene der Produktionspreisbildung verortet, kommt bei Lipietz (1985), dessen Regulationskonzept umfassender und gesellschaftstheoretisch angelegt ist, der Einfluß gramscianischer Elemente noch deutlicher zum Ausdruck. In den nachfolgenden Ausführungen bietet es sich an – zumal bislang nur wenige Arbeiten zum Prozeß der westeuropäischen Integration vorliegen –, die regulationstheoretischen Arbeiten im engeren Sinne durch Ansätze zu erweitern, die die gramscianische politische Theorie, insbesondere das Hegemoniekonzept, für die Analyse internationaler Verhältnisse fruchtbar machen (Cox 1987; Drainville 1992; Gill/Law 1989; Jacobitz 1991; van der Pijl 1984).

2.2 Zentrale Begriffe und Fragestellungen

Im Zentrum der Regulationstheorie steht die Frage nach den Integrationsbedingungen, Entwicklungsweisen und Brüchen im räumlich und zeitlich diskontinuierlichen Prozeß der kapitalistischen Vergesellschaftung.

Besondere Aufmerksamkeit widmet die Regulationstheorie der historisch-konkreten Gestalt des Akkumulationsregimes. Dieses bestimmt gewissermaßen den Modus sozialer Transformationen, da es die Nutzung der Arbeitskraft, die Lohnfestlegung sowie die (sozialstaatlich gestützte) Reproduktion der abhängig Beschäftigten umschließt (Aglietta 1979a: 69f.) und damit grundlegende soziale und ökonomische Regelmäßigkeiten hervorbringt. Nach Lipietz (1985: 120) ist das Akkumulationsregime „ein Modus systematischer Verteilung und Reallokation des gesellschaftlichen Produktes, der über eine längere Periode hinweg ein bestimmtes Entsprechungsverhältnis zwischen den Veränderungen der Produktionsbedingungen (dem Volumen des eingesetzten Kapitals, der Distribution zwischen den Branchen und den Produktionsnormen) und den veränderten Bedingungen des Endverbrauches (Konsumnormen der Lohnabhängigen und anderer sozialer Klassen, Kollektivausgaben, usw.) herstellt“. Darin eingeschlossen sind zudem das technologische Paradigma – zuweilen auch als Modell des Arbeitsprozesses bezeichnet –, das die allgemeinen Prinzipien der Arbeitsorganisation und Technikanwendung charakterisiert, als auch soziale Kämpfe um die Aufteilung des gesellschaftlichen Wertprodukts.

Im Akkumulationsregime kommt also zum Ausdruck, daß sich die kapitalistische Reproduktion keineswegs gleichförmig und gleichgewichtig vollzieht. Stets gefährdet ihre innere Dynamik, insbesondere in Form ökonomischer und sozialer Widersprüche, die Bestandsfähigkeit des kapitalistischen Verwertungsprozesses. Dennoch etablieren sich relativ stabile Entwicklungsweisen oder soziale Muster der Reproduktion. Dies wird dadurch möglich, daß an die Seite des Akkumulationsregimes eine Regulationsweise tritt, die die unbeständige warenförmige Vergesellschaftung sozial einbetten und ausbalancieren kann, allerdings ohne von vornherein ihre Fortdauer zu garantieren. Insofern ist sie „ein emergentes Ensemble von Normen, Institutionen, Organisationsformen, sozialen Netzwerken und Verhaltensmustern" (Jessop 1992: 238), durch die und innerhalb derer sich der Prozeß der sozioökonomischen Regulation realisiert. Dieser bezieht sich in erster Linie auf die Konkurrenz-, Produktions-, Lohn-, Geld-, Kredit- und sonstigen rechtlichen und administrativen Verhältnisse. Aber auch die Dimensionen gesellschaftlicher Reproduktion durch Familie, Schule und Medien sowie die informellen Normen, Werte und Weltbilder sind der Regulationsweise zuzurechnen (Hirsch 1990: 36). Sofern sich das Akkumulationsregime und die Regulationsweise derart artikulieren, daß sie eine relativ kohärente, dauerhafte und dynamische Konstellation kapitalistischer Entwicklung formieren, spricht die Regulationstheorie umfassender von einem Entwicklungsmodell bzw. von einem hegemonial strukturierten historischen Block (Théret 1994: 18ff.). In diesem übernehmen diejenigen sozialen Kräfte die Führung, die das Akkumulationsregime und die Regulationsweise strategisch und politisch-ideologisch in ihrem Sinne gestalten und Bündnisse formieren. Die Art und Weise, in der sich damit Ideologien, soziale Identitäten und Interessen formieren und legitimieren, nennt die Regulationstheorie soziales Paradigma (Lipietz 1991a: 678f.).

Obwohl, oder gerade weil sich die Regulationstheorie insbesondere den gesellschaftlichen Krisenprozessen widmet, sind die von ihr vorgelegten theoretischen Begründungen nach wie vor heterogen. Die verschiedenen Stränge oder „Schulen" orientieren sich theoretisch entweder an der Überakkumulations-, der Profitsqueeze- oder der Überproduktions- bzw. Unterkonsumtionstheorie (Hübner 1988; Hübner 1990: 227ff.). Gemeinsam ist ihnen, daß sie sich allesamt weniger auf „kleine" oder „konjunkturelle" Krisen konzentrieren, d.h. Krisen innerhalb historischer Formationen, als vielmehr auf „große" bzw. „organische" Krisen, die den Bruch mit der bisherigen Entwicklungsweise markieren. Als Charakteristikum einschneidender Umbruchphasen gilt dabei, daß sich die Kohärenz von Akkumulationsregime und Regulationsweise aufgrund innerer Dynamiken, Widersprüche und Konflikte auflöst.

2.3 Staat und gesellschaftliche Institutionen

Die Integrationstheorie widmet sich vor allem der Bedeutung, Genese und Funktionsweise von transnationalen politischen und gesellschaftlichen Institutionen. Zunächst scheint es, als könne die Regulationstheorie hierzu nur wenig Klärendes beitragen. Da sie den Prozeß der Regulation in erster Linie mit Blick auf das Lohnverhältnis, die kapitalistische Konkurrenz sowie die Unternehmens- und Geldformen untersucht, schenkt sie den staatlichen und gesellschaftlichen Institutionen nur eine begrenzte Aufmerksamkeit. Selbst wenn ihnen wichtige Funktionen zugeschrieben werden, bleibt ihre Betrachtung häufig nur deskriptiv und damit defizitär. Mittlerweile sind aber auch eine Reihe von Arbeiten, die den Prozeß der Regulation weiter als Prozeß der gesellschaftlichen Selbstkonstitution fassen, zu entwickelteren staatstheoretischen Konzepten gelangt. Denn erst durch die Beantwortung der Frage, warum Regulation notwendig wird, können reduktionistische und funktionalistische Verkürzungen der Staatsanalyse vermieden werden (Hirsch 1994a: 158). Mit anderen Worten: das staatstheoretische „Defizit" kann allein dann behoben werden, wenn der Staat nicht nur als institutionelles Zentrum, sondern formanalytisch auch als Objekt und Resultat der Regulation bestimmt wird (Hirsch 1994a: 191ff.; Jessop 1990: 200).

Zentrale Strukturmerkmale und Widersprüche der kapitalistischen Vergesellschaftungsweise – der ungehinderte Warentausch, die Konkurrenz der Privatproduzenten und das Lohnarbeitsverhältnis – können von den ökonomisch herrschenden Klassen nicht durch die direkte Verfügung über die physische Zwangsgewalt gesichert werden. Die dauerhafte Pazifizierung und Kanalisierung der Konflikte in und zwischen den Klassen bedarf einer allgemeinen und verbindlichen Regulation, die dem direkten Einfluß partikularer Interessen entzogen ist; permanente, möglicherweise eskalierende und militante Kämpfe innerhalb des Kapitals sowie zwischen Kapital und Arbeit würden ansonsten den ökonomischen Reproduktionsprozeß nachhaltig destabilisieren. Dies wurde dadurch verhindert, daß sich die politischen Voraussetzungen der sozioökonomischen Regulation unter historisch-konkreten Voraussetzungen und Konflikten – die vormals bestehenden politischen Institutionen und deren Akteure arrangierten sich letztlich mit den veränderten gesellschaftlichen Verhältnissen – in von den sozialen Klassen formell getrennten, relativ autonomen Staatsapparaten institutionalisierten: „Der Staat als Ausdruck der politischen Form der kapitalistischen Gesellschaft ist also weder das (bewußt geschaffene) Instrument der herrschenden Klasse(n) noch selbständig handelndes Subjekt, sondern der verobjektivierte Ausdruck eines sozialen Verhältnisses, eine verselbständigte Gestalt der Beziehungen zwischen Individuen, Gruppen, Klassen und Klassen‚fraktionen' der kapitalistischen Gesellschaft im Weltmaßstab, das Terrain, auf dem sich diese Beziehungen in spezifischer, nämlich ‚formbestimmter' Weise materialisieren und verdichten" (Hirsch 1994a: 171f.).

Wenn Poulantzas (1978: 114ff.) vom Staat als materieller Verdichtung und Objektivierung sozialer Verhältnisse spricht, so begreift er ihn weder als Sache noch als Subjekt, sondern als die komplexe Institutionalisierung und Fragmentierung des „Politischen", das seinerseits aktiv die gesellschaftlichen Verhältnisse strukturiert. In diesem Sinne konstituiert der Staat das politische Kampffeld, auf dem soziale Klassen gesellschaftliche Probleme und Widersprüche thematisieren und versuchen, ihre gesellschaftliche Stellung machtstrategisch auszubauen und legitimatorisch abzusichern. Die Regulation des Politischen vermittelt sich dabei über ein weitgefächertes Netz intermediärer Organisationen und Institutionen, durch das sich Staat und Gesellschaft miteinander verflechten und durchdringen. Aufgrund der organischen Vereinigung und funktionalen Ergänzung der politischen und zivilgesellschaftlichen Sphäre sprach Gramsci vom „erweiterten" bzw. „integralen Staat" (Kebir 1991: 58ff.), dessen institutionelle Materialität fortwährend dem Einfluß konkurrierender gesellschaftlicher Interessen unterliegt. Dies heißt aber nicht, daß die staatlichen Institutionen beliebig benutzbar sind. Sie operieren vielmehr strategisch und strukturell selektiv (Jessop 1990: 201; Hirsch 1994a: 184), indem sie zuvorderst auf die grundlegenden Vorgaben der kapitalistischen Reproduktion und Akkumulationsdynamik ausgerichtet sind und diese zumindest nicht gefährden. Verschiebungen im institutionellen Gefüge der Regulation – d.h. die Gestalt der politisch-administrativen Apparate, die Aufteilung von Kompetenzen sowie die Formen der Repräsentation, Interessenvermittlung und Staatsintervention – unterliegen vorwiegend der Dynamik des Akkumulationsprozesses, einschließlich der dadurch hervorgebrachten sozialen Kräfteverhältnisse. Die formanalytische Bestimmung der Konstitutions- und Funktionsweise von gesellschaftlichen und staatlichen Institutionen verknüpft somit struktur- und handlungstheoretische Aspekte (Görg 1994; Hirsch 1994a: 172ff..; Théret 1994: 27ff.).

2.4 Defizite des Ansatzes

Die Kritik an der Regulationstheorie erstreckt sich auf mehrere Bereiche, z. B. auf Defizite in ihrer krisen-, gesellschafts-, institutionen- oder staatstheoretischen Fundierung.

Grundsätzlichere Probleme treten hingegen – gerade wenn es um die Erklärung des westeuropäischen Integrationsprozesses geht – bei der Analyse internationaler Vergesellschaftungsprozesse auf: So ist die Untersuchung der Akkumulationsregime zum einen binnenfixiert (Hübner 1990: 161), und zum anderen sind die Formen der Regulation zu stark auf den Akteur Nationalstaat, vor allem auf die hegemonialen Staaten, ausgerichtet. Auch wenn diese Perspektive in der Historie – der Pax Britannica und der Pax Americana – ihre Bestätigung findet, ist doch unverkennbar, daß der enge Blick auf die nationalstaatliche Regulation unter den Bedingungen eines internationalen Hegemons ähnliche Probleme mit sich bringt wie die Machtstaatsfixierung der realistischen Schule in der Theorie der internationalen Beziehungen. Internationale Regulation an hegemonialen Zyklen festzumachen, wird der Komplexität und Dynamik der derzeitigen Umbrüche nicht gerecht.

Sicherlich vermeidet die Regulationstheorie, indem sie den analytischen Vorrang nationaler Formationen betont und den globalen Kapitalismus als „variables soziales Netzwerk" begreift, anders als die Weltsystem- oder Dependencia-Theorie, raum-zeitlich lineare Hierarchiemodelle. Sie verweist demzufolge nicht allein auf die externen Zwänge, denen sich die nationalen Formationen ausgesetzt sehen, sondern betont stets auch die dort bestehenden internen strategischen Spielräume, die je nach Binnenmarktgröße, Ressourcenreichtum, militärischem Potential, insbesondere je nach inneren politisch-sozialen Kräfteverhältnissen und deren Institutionalisierung unterschiedlich groß ausfallen (Hirsch 1993: 198ff.). Defizitär wird die Analyse von Internationalisierungsprozessen jedoch dadurch, daß sie sich nahezu ausschließlich darauf konzentriert, die Formen und Triebkräfte zu untersuchen, die für die Internationalisierung des Waren-, des produktiven und vor allem des Geldkapitals verantwortlich sind (Altvater 1987; Altvater/Mahnkopf 1993). Der Konstitutionsprozeß und die Funktionsweise internationaler Institutionen sowie deren Transformation wird damit nicht ausreichend erfaßt. Eine weder funktionalistisch noch strukturalistisch verengte Sicht hat vielmehr herauszuarbeiten, daß sich Akkumulationsregimes und Regulationsweisen immer über gesellschaftliche Prozesse vermitteln, d.h. durch spezifische Problemlagen und sich daraus speisende Konflikte und Kompromisse sozialer Akteure mitsamt deren politischen Strategien und Projekten. Heute erfolgt dies mehr denn je im Kontext der Internationalisierung, genauer: in bezug zur westeuropäischen Integration und zur Triadisierung der Weltwirtschaftsbeziehungen. Die transnationalen Vereinbarungen und institutionellen Netzwerke stellen dabei materielle Verdichtungen verschiedener – teils konkurrierender, teils komplementärer – nationaler und transnationaler politischer und ökonomischer Strategien, zivilgesellschaftlicher Allianzen und hegemonialer Projekte dar; zugleich wirken die institutionellen Netzwerke konstitutiv und regulativ auf den Internationalisierungsprozeß zurück (Röttger 1993a: 20f.).

3. Internationalisierung und Integration Westeuropas

3.1 Integration im fordistischen Zeitalter

Von ausschlaggebender Bedeutung für die westeuropäische Integration war das weltwirtschaftliche und weltpolitische Umfeld nach dem Zweiten Weltkrieg, in erster Linie der „Kalte Krieg" und die US-Hegemonie. In der Gründungsphase prägten und stabilisierten drei strategische Zielsetzungen die EG-Integration: erstens die „Abwehr der kommunistischen Bedrohung"; zweitens die Etablierung friedlicher zwischenstaatlicher Beziehungen innerhalb Westeuropas, zuvorderst die politische Einbindung und Kontrolle der Bundesrepublik; und drittens das Bemühen, durch die Erweiterung der Märkte die Modernisierung der Produktionsstrukturen zu forcieren, um damit die Konkurrenzfähigkeit der europäischen Ökonomien auf dem Weltmarkt zu verbessern (George 1990: 17ff.; Statz 1989: 13ff.). Nach dem Zweiten Weltkrieg wurden unter Führung der USA wichtige Voraussetzungen der westeuropäischen Integration – Marshall-Plan, Organization for European Economic Cooperation (OEEC), Europäische Zahlungsunion (EZU) – geschaffen (Cox 1987: 214ff.), bevor dann die später zur EG vereinigten Gemeinschaften – Montanunion, EWG und EURATOM – gegründet wurden. Der vornehmliche Zweck der Integration bestand darin, eine Zollunion, d.h. einen gemeinsamen europäischen Markt zu schaffen, über den der ökonomische Wettbewerb und die Kooperation intensiviert sowie „economies of scale", eine Voraussetzung der fordistischen Massenproduktion, gefördert werden sollten. Es ging also darum, unter den Bedingungen der US-Hegemonie – d.h. der Überlegenheit der US-amerikanischen Technologien, der Produktions- und Arbeitsorganisation sowie der Internationalisierung des US-Kapitals – den Konkurrenz- und Modernisierungsdruck produktiv aufzunehmen (Hübner 1991: 246; Röttger 1993a: 20). Hierzu mußten dem in Westeuropa operierenden Kapital adäquate gesellschaftliche und politisch-institutionelle Grundlagen bereitgestellt werden. Die Erweiterung der nationalen Binnenmärkte, ansatzweise die Koordination einiger wirtschaftspolitischer Bereiche und die EG-Institutionen – primär Kommission und Ministerrat – förderten dieses Vorhaben. Auch wenn die EG-Integration keiner gemeinsamen oder gar einheitlichen wirtschaftlichen Konzeption folgte – hinter den erzielten Kompromissen verbarg sich der mühsame Ausgleich konkurrierender Interessen –, vermochte sie es doch immerhin, die national begrenzten ökonomischen und politischen Handlungsspielräume zu erweitern. Die Kluft und das Machtungleichgewicht zwischen den hegemonialen Kräften der Pax Americana – einschließlich den unter ihrer Dominanz errichteten internationalen Institutionen (Bretton Woods, Internationaler Währungfond (IWF), Weltbank, GATT, NATO etc.) – auf der einen sowie den europäischen Gesellschaften auf der anderen Seite konnte durch die ökonomische Verflechtung und partielle Vergemeinschaftung von politischen Aufgabenbereichen innerhalb der EG zumindest abgemildert werden.

Begleitet wurde die Europäisierung von Ökonomie und Politik durch innergesellschaftliche und politisch-institutionelle Wandlungsprozesse. Daher veränderten sich mit der Adaption der fordistischen Entwicklungsweise nicht nur die Technologien (Fließband), die Arbeits- und Produktionsorganisation (Massenproduktion per Taylorismus) sowie die Kapitalstrukturen (im Vordergrund standen die Automobil-, Chemie-, Elektro- und Maschinenbauindustrien), es bildeten sich ebenso neue Konsumformen (Massenkonsum), veränderte politisch-soziale Beziehungen zwischen Kapital und Arbeit (korporatistische Regime) und neue Formen der politischen Regulation heraus. Mit dem keynesianischen Wohlfahrtsstaat – den Systemen sozialer Sicherheit und dem Ausbau der Infrastruktur – etablierte sich, allerdings mit beträchtlichen nationalen Unterschieden (Esping-Andersen 1990), ein relativ dichtes institutionelles Netzwerk, das die fordistische Akkumulationsdynamik wirtschafts- und sozialpolitisch sowie durch den allgemeinen Fortschrittskonsens auch ideologisch absichern konnte (Cox 1993: 265f.; Hirsch/Roth 1986: 64ff.). Die keynesianischen Wohlfahrtsstaaten beschränkten sich nicht nur auf ordnungspolitische Aufgaben, sondern erbrachten weitreichende regulative Leistungen, waren also tief in den kapitalistischen Reproduktionszusammenhang eingegliedert (Delorme 1992: 173ff.).

Obwohl die internationale Regulation den Welthandel liberalisierte, nachfolgend die Internationalisierung des produktiven Kapitals vorantrieb und eine vergleichsweise dynamische Akkumulation ermöglichte, schritt die westeuropäische Integration, zumal die innergesellschaftlichen Verhältnisse relativ spannungsarm waren, nicht derart stetig voran, wie es die „Spill-Over-Effekte" der neo-funktionalistischen Theorie nahelegen. Im wesentlichen ist dies darin begründet, daß trotz aller gemeinsamen Interessen – Antikommunismus, Einbindung Deutschlands und die fordistische, weltmarktorientierte Modernisierung –, die Entscheidungen des EG-Systems von den Nationalstaaten weitgehend abhängig blieben. Nationalstaatliche Divergenzen in Gestalt konkurrierender wirtschafts- und machtpolitischer Strategien – Frankreich war z.B. primär bestrebt, seine nationale Weltgeltung durch die europäische Integration aufrecht zu erhalten (Ziebura 1992: 485f.) – schlugen sich demzufolge häufig unmittelbar in Stockungen des Integrationsprozesses nieder. Fortschritte erfolgten eher diskontinuierlich, vornehmlich über das Muster sektoraler Komplementarität. Während Frankreich stärker agrarpolitische Interessen thematisierte und seine „technokratische ‚Staats-Bourgeoisie'" (Holman/van der Pijl 1992: 8f.) sich bemühte, die Wettbewerbsnachteile in der kapitalistischen Konkurrenz – ausgedrückt in anhaltenden Zahlungsbilanzdefiziten – wirtschafts- und währungspolitisch auszugleichen, forcierten Deutschland, die Benelux-Länder und später auch Italien den Abbau innereuropäischer Zölle, um die Konkurrenzvorteile – die deutschen lagen hauptsächlich im Investitionsgüterbereich – zur Geltung zu bringen (Statz 1975: 164ff.; Statz 1989: 18ff.). In der Konsequenz stand die EG-Integration ganz im Zeichen eines „Zweckverbands" (Ipsen 1972), in dem die Intensivierung der sektoral komplementären Verflechtung, die Realisierung der Zollunion und eine umfangreiche agrarpolitische Regulierung deutlich dominierten.

3.2 Fordismuskrise und Eurosklerose

In den sechziger Jahren verlief der Integrationsprozeß recht erfolgreich (Busch 1992: 16ff.). Stockungen, wie Mitte des Jahrzehnts de Gaulles Politik des „leeren Stuhls", blieben angesichts der Wirtschafts- und Wohlstandseffekte eher Marginalien. Im nachfolgenden Jahrzehnt, als mit dem „Werner-Plan“ der ehrgeizige Versuch der Wirtschafts- und Währungsunion (WWU) scheiterte, schlitterte die EG-Integration trotz der Beitritte Großbritanniens, Irlands und Dänemarks jedoch in eine Stagnationskrise, oft als „Eurosklerose“ bezeichnet. Die Gründe hierfür liegen nicht zuletzt im kapitalistischen Formationswandel, d.h. in den Veränderungen internationaler und gesellschaftlicher Regulationsmodi. Diese resultieren zum einen aus der gewandelten Rolle der USA in der Weltwirtschaft. War sie in den Nachkriegsjahrzehnten noch die treibende Kraft der Internationalisierung des Waren-, produktiven und Finanzkapitals sowie der Errichtung von internationalen politischen Institutionen, insbesondere des Währungs- und Kreditsystems (Altvater 1987: 210ff.; Bonder u.a. 1992: 28f.), büßte sie aufgrund der technologischen Fortschritte in Westeuropa und Japan jedoch zusehends ihren Konkurrenzvorsprung ein (Hirsch 1993: 208). Mit der erfolgreichen Internationalisierung – besser Triadisierung – fordistischer Akkumulationsregimes wurde auch der Mechanismus der Weltmarktregulation funktionsunfähig. Infolge eines politisch nicht mehr kontrollierten privaten Geldmarktes (Euro-Dollar-Markt), wachsender Ungleichgewichte in den Zahlungsbilanzen und der Schwächung des Dollars als Leitwährung löste sich zu Anfang der siebziger Jahre das „System von Bretton Woods“ sukzessive auf (Aglietta 1982: 23ff.).

Gleichzeitig zersetzten sich auch innergesellschaftlich die tragenden Strukturen der fordistischen Formationen. Das relativ starre Muster tayloristischer Rationalisierung enthielt kaum noch Produktivitätsreserven (Lipietz 1992b: 15ff.). Angesichts erhöhter Kapitalintensitäten, zunehmender Transport- und Liegezeiten, der Ausdehnung verwaltungstechnischer Beschäftigungsbereiche, der technischen Störanfälligkeit der Produktion, verringerter Kalkulationshorizonte und der verschärften Weltmarktkonkurrenz wurde die fordistische Arbeits- und Produktionsorganisation zusehends ineffektiv. Unübersehbar war der alte Modus der Durchkapitalisierung – die fortwährende Erschließung nichtkapitalistischer Sphären – an seine Grenzen geraten. In der Folge löst sich in allen entwickelten kapitalistischen Gesellschaften die Kohärenz von Akkumulationsregime und Regulationsweise auf. Die wohlfahrtsstaatlich geprägten Regulationszusammenhänge geraten von drei Seiten aus unter Druck:

1. Aufgrund der Internationalisierungsschübe – vor allem des Finanzkapitals – und der Auflösung des Bretton-Woods-Systems verschärft

sich der Wettbewerb innerhalb destabilisierter Weltmarktbeziehungen. Da die Akkumulation und die Exportchancen davon nachhaltig beeinträchtigt werden können, steigen seitens der Exportindustrie und des Geldkapitals die infrastrukturellen sowie industrie- und währungspolitischen Anforderungen an die nationalstaatliche Regulation. Zudem verlangt das auf die nationalen Binnenmärkte orientierte Kapital nach staatlichen Förder- und Schutzmaßnahmen. Vielfach mündet dieser doppelte Druck in eine „rigorose Wettbewerbs- und nationale ‚Standort'-Politik" (Hirsch 1993: 210).

2. Gleichzeitig verringern sich in der Wachstumskrise die regulativen Ressourcen, die den Nationalstaaten zur Verfügung stehen. Da schwindende Steuereinnahmen nur vorübergehend durch Kredite überbrückt werden können, intensivieren sich die Konflikte über die redistributive öffentliche Verteilungsmasse. Letztlich schränken die Nationalstaaten verstärkt diejenigen finanziellen Leistungen ein, die nicht im Dienst der intensivierten Weltmarktoffensive stehen.

3. Neben der Transnationalisierung und den wirtschaftlichen Krisenprozessen üben innergesellschaftlich soziale Kräfte – unter anderem Gewerkschaften, diverse Interessenverbände, Studenten etc. – Druck auf die politisch-institutionelle Regulation aus. Die in der fordistischen Expansionslogik angelegten Lohnsteigerungen, Forderungen nach gesellschaftlicher Partizipation sowie die Bewältigung sozialer ökologischer und friedenspolitischer Probleme führen zusehends zur Überforderung und damit auch zu Legitimationskrisen des institutionellen Regulationszusammenhangs (Habermas 1973; Offe 1972).
Zunächst förderte dieser Druck Anfang der siebziger Jahre in den westeuropäischen Gesellschaften eine tendenziell linksgerichtete Renationalisierung der Politik (Holman/van der Pijl 1992: 10); der etablierte wohlfahrtsstaatliche Regulationszusammenhang sollte aufrechterhalten, eher noch ausgebaut werden. In den Folgejahren wurde jedoch immer deutlicher, daß die zunehmenden Prozesse sozialer Desintegration unter den gegebenen Bedingungen nur noch unzureichend aufzufangen waren. Die Erosion der fordistischen Formation war angesichts der strukturellen Beschäftigungskrise, der Triadisierung und Destabilisierung der Weltökonomie und der wachsenden Macht der transnationalen Konzerne nicht abzuwenden (Esser 1993; Picciotto 1993). Der Nationalstaat kann seine zentralen Aufgaben – extern die Förderung der Weltmarktkonkurrenz und intern die Gewährung sozialer Kohäsion – kaum noch miteinander vermitteln (Ziebura 1992: 474).

Der ambitionierte Versuch, die EG in den siebziger Jahren über den Charakter eines bloßen „Zweckverbands" hinauszuführen und eine umfassendere politische Vergemeinschaftung einzuleiten, ließ sich innerhalb eines krisengeschüttelten gesellschaftlichen und internationalen Umfelds und renationalisierter politischer Strategien zunächst nicht realisieren. Zwar wurde der erreichte Grad der ökonomischen Verflechtung und politischen Integration aufgrund des immer noch tragenden gemeinsamen Interessenbestands nicht zurückgeschraubt, weitere politische Integrationsschritte erfolgten jedoch nur sporadisch. Gleichwohl wurden mit der partiellen Ausweitung des Aufgaben- und Aktivitätsspektrums – Nord- und Süd-Erweiterungen, eigene Einnahmen zum EG-Haushalt, Gründung des Europäischen Währungssystems (EWS), Regional-, Umwelt-, Forschungs- und Technologiepolitik, Europäische Politische Zusammenarbeit (EPZ) – sowie der Differenzierung des Entscheidungssystems – Direktwahl des EP, Europäischer Rat, Ausschuß der Ständigen Vertreter, beratende Ausschüsse, ein umfangreiches Verbands- und Lobbysystem – einige Voraussetzungen geschaffen, aufgrund derer in der zweiten Hälfte der achtziger Jahre ein neuer Integrationsschub möglich wurde (Keohane/Hoffmann 1990: 285f.; Morgan 1993).

3.3 Gesellschaftlicher Formationswandel, neoliberale Hegemonie und institutionelle Transformationen in Westeuropa

Bis Mitte der achtziger Jahre reiften die Voraussetzungen für einen neuen Integrationsschub heran. Der schleppende politisch-institutionelle Wandel des EG-Systems spielt dabei jedoch eher eine geringere Rolle als die grundlegende, bis heute unabgeschlossene Transformation des internationalen, europäischen und nationalen Vergesellschaftungsmodus. In allen fortgeschrittenen kapitalistischen Gesellschaften, so auch in Westeuropa, forcierten Modernisierungskoalitionen aus Industrie- und Geldkapital (Transnationale Konzerne), Staat, Wissenschaft und Teilen der Gewerkschaften – gestützt auf die Kernbelegschaften weltmarktorientierter Unternehmen sowie die modernen, gutbezahlten Dienstleister und Angestellten – Prozesse der ökonomischen, gesellschaftlichen und politischen Reorganisation.

Der Integrationsschub der achtziger Jahre wurzelt im wesentlichen in diesen strukturellen Umbrüchen des kapitalistischen Vergesellschaftungsmodus sowie in der Erfahrung, daß Westeuropa in der ersten Hälfte des Jahrzehnts in der Triade-Konkurrenz zurückfiel. Das wirtschaftliche Wachstum, die Beschäftigung, Investitionen und technologische Innovationen hielten mit den Entwicklungen in den USA und Japan nicht Schritt (Busch 1992: 26ff.). Mit der Transformation des Akkumulationsregimes verlagerten sich die gesellschaftlichen Kräfteverhältnisse zugunsten des Kapitals: Da die flexiblen und dezentral ausgerichteten Produktionssysteme in transnationale Reproduktionszusammenhänge integriert sind, intensiviert sich die grenzüberschreitende Vernetzung des Kapitals, während es für die abhängig Beschäftigten auf segmentierten Arbeitsmärkten – nicht zuletzt im Dienstleistungsbereich – schwerer wird, untereinander Formen der solidarischen Kooperation und Verhandlungsmacht aufrecht zu erhalten (Cox 1993: 261; Hirst/Thompson 1992: 363). Das westeuropäische Industrie- und Finanzkapital stärkte erheblich seine außen- und innengerichtete Machtposition (Holman/van der Pijl 1992: 16ff.).

Nahezu allerorts erfolgte Anfang der achtziger Jahre der Übergang zu monetaristisch inspirierten wirtschaftspolitischen Strategien (Bonder u.a. 1992: 52f.), d.h. einer markt- und stabilitätsorientierten Wirtschafts-, Fiskal- und Geldpolitik. Während beschäftigungs- und sozialpolitische Zielsetzungen in den Hintergrund rückten, wurden die Arbeits- und Sozialsysteme dereguliert und die Privatisierung öffentlicher Unternehmen forciert. Dem Europäischen Währungssystem (EWS) kamen dabei zentrale Funktionen zu: zum einen begründete es in Europa eine Zone geld- und währungspolitischer Stabilität (Hirst/ Thompson 1992: 364f.) und machte den EG-internen Export von den Dollarschwankungen unabhängig, zum anderen bildete es – aufgrund der bestimmenden Rolle von D-Mark und Bundesbank, spätestens nach dem Scheitern der französischen Linkskoalition und der anschließenden austeritätspolitischen Wende – den Referenzrahmen für neoliberale Politikstrategien (Drainville 1992: 11ff.). Es schuf somit die institutionellen und politisch-ideologischen Voraussetzungen für das Binnenmarktprojekt.

Im triadeorientierten Integrationspfad, der namentlich durch das EWS, die EEA und den Vertrag über die Europäische Union eingeschlagen wurde, lassen sich die strukturellen Vorgaben, zuallererst die des deutschen Finanzkapitals (Holman 1992: 7ff.; Schlupp 1992) – monetäre Stabilität, Zentralisation des Kapitals, Vertiefung der westeuropäischen Arbeitsteilung, Abbau von nationalen Regulationsformen, die den Kapitalverkehr beschränken – eindeutig wiedererkennen. Zum einen gelingt es dem Finanzkapital, die politischen Akteure, die

Administration und andere gesellschaftliche Gruppen – Ingenieure, Angestellte, industrielle Kernbelegschaften, insbesondere die führenden Kapitalfraktionen der europäischen Peripherie etc. – materiell und ideologisch in den westeuropäischen hegemonialen Block einzubinden (Holman 1993; Drainville 1992: 11; Gill/Law 1989: 487ff.). Auf europäischer Ebene bringen dies die komplexen „package deals" und Strukturfonds (Agrar-, Sozial-, Regional- und Kohäsionsfonds), innerhalb der nationalen Gesellschaften selektiv-korporatistische Verteilungskoalitionen zum Ausdruck.

Der Nationalstaat unterliegt seit den siebziger Jahren einem fundamentalen Funktionswandel. Das umfassende regulative Netzwerk des fordistischen Wohlfahrtsstaats wird den wachsenden Anforderungen des Triadekapitalismus nicht mehr gerecht. In der Folge verändert sich die staatliche Stellung in der gesellschaftlichen Akkumulationsstruktur (Gill/Law 1989: 479ff.). Im „schumpeterianischen Leistungsstaat" (Jessop 1992: 250ff.) oder „Wettbewerbsstaat" (Hirsch 1994b, Altvater 1994) zielt die staatliche Regulation primär auf die Errichtung innovations- und wettbewerbsorientierter sozialer und politischer Bedingungen sowie auf die funktionale, selektiv-flexible Einpassung von sozial- und beschäftigungspolitschen Maßnahmen in die Marktdynamik. Die durch die aggressiven „standort"-politischen Strategien hervorgerufene verschärfte internationale Konkurrenz, soziale Desintegration und prekäre Stabilität wird gewissermaßen zum Charakteristikum des heraufziehenden internationalen Vergesellschaftungsmodus (Gill/Law 1989: 493f.; Hirsch 1994b: 13f.).

Aber nicht nur die inhaltliche Ausrichtung der staatlichen Politik, auch die Gewichtung und Verknüpfung von Staatsformen im Sinne politischer Regulationsebenen transformiert sich. Während auf der einen Seite entsprechend den ökonomischen Restrukturierungstendenzen die mikro-regionale bzw. lokale Ebene aufgewertet wird (Mayer 1991), verdichten sich auf der anderen Seite zugleich die makroregionalen Regulationsformen (Cox 1993: 263). In Westeuropa ist die Regionalisierung der Staatsformen, d.h. die Tendenz zur supranationalen Koordination von Politikfeldern besonders ausgeprägt. Durch die zwar sektoral-selektive, aber gleichwohl zunehmende Vergemeinschaftung von Aufgabenbereichen und die expansive Einbeziehung diverser Organisationen und gesellschaftlicher, hauptsächlich privatwirtschaftlicher Akteure hat sich innerhalb eines verflochtenen Mehrebenen-Systems (EG, Nationalstaat, Regionen) ein neuer marktanaloger Regulationsmodus herausgebildet (Tömmel 1992; Felder 1993: 70ff.). Das EU-System, in vorderster Reihe die Kommission, übernimmt – bei fortwirkender Begrenzung durch nationalstaatliche Machtbefugnisse – die Rolle eines Policy-Makers: erstens redistributiv, indem es die verschiedenen Strukturfonds als Mittel der Wettbewerbsförderung einsetzt; zweitens administrativ bzw. direktiv-reglementierend, indem es durch Verordnungen und Richtlinien der nationalstaatlichen Politik Umsetzungs- und Gestaltungsaufträge gibt; und drittens schließlich politisch-konzeptiv, indem es Integrationsvorhaben wie z.B. das EWS, das Binnenmarkt-Projekt oder die Europäische Wirtschafts- und Währungsunion (EWWU) lanciert und den nationalen Regulationsmodus zur Anpassung drängt. Dies deutet darauf hin, daß sich mittlerweile eine transnationale „Fusionsbürokratie“ bzw. ein weitgehend entdemokratisiertes – primär instrumentell legitimiertes – „technokratisches Regime“ konstituiert hat (Bach 1993), das die markt- und innovationsgerichtete Integration politisch regulativ ankurbelt. In der zweiten Hälfte der achtziger Jahre bildete sich ein neuer, stärker europäisierter Integrationsmodus heraus: die innovativ-selektive „Wettbewerbsregulation“ innerhalb einer technokratisch-marktliberalen Stabilitätsgemeinschaft.

Der Vertrag über die Europäische Union verankert mit seinem Kernstück – der Wirtschafts- und Währungsunion – den stabilitätspolitischen Kurs, der vorher von der Bundesbank über das EWS vorgegeben wurde, auf der supranationalen Ebene und europäisiert mit der wirtschaftspolitischen „Gleichrichtung“ der nationalen Modernisierungsstrategien die Ausgestaltung daran angebundener Aufgabenfelder (Bonder u.a. 1992: 92ff.). Das Weißbuch zu Wettbewerb, Wachstum und Beschäftigung setzt leicht andere Akzente, indem es versucht, den Modernisierungsprozeß industriepolitisch und infrastrukturell (durch die Bildung „europäischer Netzwerke“, d.h. den Ausbau von Kommunikations- und Verkehrsstrukturen) zu ergänzen. Es stellt gewissermaßen eine erste Reaktion auf die „Schattenseiten“, die desintegrativen Effekte der weltmarktorientierten Integrationsstrategie (regionale Disparitäten, soziale Polarisierungen, Massenarbeitslosigkeit) dar, ohne jedoch verbindliche Vorgaben zu machen oder gar zu einer umfassenden politischen Regulation auf europäischer Ebene überzuleiten. Die Probleme sozialer und regionaler Kohäsion (Altvater/Mahnkopf 1993: 72ff.; Lipietz 1991b: 95ff.) innerhalb Westeuropas machen jedoch deutlich, daß trotz der forcierten Reorganisation von Akkumulation und Regulation kein kohärenter und dauerhaft tragfähiger Entwicklungspfad eingeschlagen wurde. Armut, Massenarbeitslosigkeit, die rasante Verschuldung öffentlicher und privater Haushalte, finanzielle Instabilitäten sowie schwache Investitionsraten und Produktivitätssteigerungen (Glyn 1992) verweisen auf anhaltende Widersprüche und Bruchstellen in der westeuropäischen Vergesellschaftung. Deren Regulation ist aufgrund der mangelnden Kohärenz von Akkumulationsregimes und Regulationsweisen keineswegs gesichert, sondern eher prekär (Lee 1994: 41ff.). Bislang läßt die gesellschaftliche Antwort auf die desintegrativen Konsequenzen der globalisierten Ökonomie mangels kohärenter Alternativen auf sich warten (Cox 1992: 145). Die zukünftige Entwicklung der Integration wird nicht zuletzt davon abhängen, ob und – wenn ja – wie sich die angelegten „Sprengsätze" politisch artikulieren und verdichten: nationalistisch und aggressiv-wohlstandschauvinistisch oder transnational-sozialintegrativ und demokratisch.

3.4 Theoretisch konzeptionelle Konklusion: Hegemoniale Strukturen im EU-System

Im Unterschied zum (Neo-)realismus der Theorie der internationalen Beziehungen, der internationale Hegemonie im Sinn von wirtschaftlicher wie militärischer Macht und Dominanz überlegener Nationalstaaten begreift, analysiert die neogramscianische Regulationstheorie hegemoniale Strukturen und Ordnungen im Kontext nationaler und internationaler Vergesellschaftungsdynamiken:

„Hegemony at the international level is thus not merely an order among states. It is an order within a world economy with a dominant mode of production which penetrates into all countries and links into other subordinate modes of production. It is also a complex of international social relationships which connect the social classes of the different countries. World hegemony is describable as a social structure, an economic structure, and a political structure; and it cannot be simply one of these things but must be all three. World economy, furthermore, is expressed in universal norms, institutions and mechanisms which lay down general rules of behaviour for states and for those forces of civil society that cross national boundaries – rules which support the dominant mode of production" (Cox 1983: 172f.).

Obwohl diese Definition auf die Struktur der Weltordnung zielt, ist sie auf zweierlei Weise für die EG-Integration von Relevanz. Erstens verdeutlicht sie, daß die westeuropäische Integration durch das internationale System, seine hegemonialen Strukturen und deren Auflösung, überdeterminiert wird. Zweitens kann mit Hilfe der Definition auch in Betracht gezogen werden, ob und inwiefern sich auf der makro-regionalen Ebene hegemoniale Strukturen bzw. Projekte formieren, d.h. in welcher Weise soziale Kräfte strukturierend auf die Integration Einfluß nehmen, so daß sich deren Interessen in ihr ideologisch verallgemeinert niederschlagen.

Hegemoniale Strukturen können sich also innerhalb von Reproduktionsräumen mit unterschiedlicher Reichweite (lokal, mikro-regional, national, makro-regional und global) herausbilden. Im Zentrum der hegemonietheoretischen Betrachtung steht dabei allgemein die zivilgesellschaftliche Vermittlung, durch die es sozialen Kräften gelingt, die in den Akkumulationsregimes und Regulationsformen angelegten Dynamiken, Werte und Identitäten politisch-ideologisch zu einem hegemonialen Block zusammenzuschweißen. Mit anderen Worten: Hegemonie gründet sich stets auf die Fähigkeit sozialer Kräfte, ihre Interessen im Sinne von Akkumulations- und Regulationsstrategien durch politische Projekte – d.h. die allgemeine Akzeptanz und Universalisierung von Normen, Regeln und Institutionen – zur Geltung zu bringen. Hegemonie beruht damit nicht nur auf Zwang, sondern jederzeit auch auf Konsens, der durch materielle Konzessionen und die ideologische Einbeziehung subalterner Klassen aufrechterhalten wird. Folglich sind in hegemoniale Ordnungen fortwährend Konflikte eingelagert.

Röttger (1993a: 50f.) sieht im Mehrebenensystem der EU bereits die politische Form, in der sich das „metropolitane Herrschaftsprojekt" eines solchen Blocks institutionell manifestiert: „Zentraler Bestandteil dieses Herrschaftsprojekts ist die Herausbildung neuer Staatsformen und -funktionen, insbesondere die Politikverflechtung zwischen supranationaler, nationalstaatlicher und regionaler Regulationsebene. Durch dieses Politikmodell können inter-gouvernementale und gesellschaftlich-transnationale, föderale und konföderale Prinzipien bisheriger Integrationspolitik in ein neues Integrationsprojekt überführt und in ein neues ‚Gleichgewicht' gebracht werden." Die „transnationale Interessensynthese der Akkumulation" und „kohärente transnationale Regulation" tendiert allerdings „nicht zur Bildung eines europäischen Zentralstaats". Bestimmend „ist vielmehr ein Zusammenspiel von regionaler, nationalstaatlicher und supranationaler Regulationsebene sowie von Markt und Staat, das in der Lage ist, qualitativ neue Regulationsformen auszubilden und sie auf allen Ebenen zu einer kohärenten Regulationsweise zu bündeln." Allerdings kann dies nicht darüber hinwegtäuschen, daß der hegemoniale Vergesellschaftungs- und Integrationstyp, der sich im letzten Jahrzehnt in Westeuropa entfaltete, von Instabilitätsmomenten und Bruchstellen durchzogen ist. Diese resultieren nicht zuletzt aus der staatlichen Vermittlung internationaler hegemonialer

Ordnungen. Denn trotz aller Reorganisationsprozesse bleibt der Nationalstaat noch immer der wichtigste Kampfplatz konkurrierender sozialer Kräfte und eine zentrale Instanz der politischen Regulation (Jessop 1992: 249). Da die Effekte sozialer Desintegration, materielle Verteilungskämpfe, politische Legitimationskrisen und gesellschaftliche Identitäten vorwiegend auf nationalstaatlicher Ebene politisch artikuliert werden, können sie z.B. in Form populistischer oder nationalistischer Bewegungen die Integration blockieren (Felder 1993).

Wenn die im Nationalstaat verdichteten Machtverhältnisse wesentlich die Formierung transnationaler hegemonialer Blöcke strukturieren, heißt dies also nicht, daß das institutionelle Netzwerk Westeuropas allein das Resultat von Bargaining-Prozessen zwischen nationalen Machtblöcken und dem transnationalen Kapital ist. In der Entstehung und Funktionsweise europäischer Institutionen artikulieren sich vielmehr eine Vielzahl politischer Akteure und Organisationen (Kohler-Koch 1994). Selbst soziale Bewegungen, die über keinerlei festgefügte Organisationsstrukturen verfügen – z.B. feministische, ökologie- und friedenspolitische Bewegungen –, haben sich ansatzweise kommunikativ vernetzt (Cox 1992: 144) und können dem dominierenden Integrationsmodus zumindest partiell Widerstand entgegensetzen. Von der Formierung eines konkurrierenden gegen-hegemonialen Blocks mit alternativen Strategien und Inhalten sind sie jedoch weit entfernt.

Die Artikulation von politischen Alternativen unterliegt auf europäischer Ebene erheblichen Einschränkungen: Erstens sind die nichtverwertungsorientierten Interessen, anders als auf der Ebene des Nationalstaats, nicht in einer europäischen Zivilgesellschaft verankert, d.h. es fehlt ihnen eine breite gemeinsame Kooperations- und Handlungsbasis, und zweitens verfügen sie – trotz mancher Ansätze: z.B. bei Gewerkschaften, politischen Parteien und diversen Nicht-Regierungsorganisationen – daher auch über kein mit den nationalen Koordinationsmöglichkeiten vergleichbares organisatorisches Netzwerk. Infolge der mangelnden europäischen Kommunikation und Organisation bleibt ihnen vielfach nur der Weg, sich über den Prozeß der nationalstaatlichen Politikformierung Geltung zu verschaffen. Damit sind ihre Handlungs-, Einfluß- und Kooperationsmöglichkeiten deutlich fragmentierter als die der gesellschaftlich hegemonialen Machtblöcke; zudem werden ihre Interessen – sofern sie sich auf den europäischen Integrationsprozeß richten – herrschaftsstrategisch nochmals gefiltert.

Für die nationalstaatlichen Institutionen hat die Regulationstheorie herausgearbeitet, daß diese die Form für die „Regulierbarkeit“ von strukturellen Dynamiken und Konflikten sowie von sozialen Antagonismen bilden (Hirsch 1993: 204). Auch auf der Ebene der westeuropäischen Regulation geht es letztlich um die Aushandlung, Festschreibung und Institutionalisierung von oftmals asymmetrischen Kompromissen, die eine relativ eigenständige Wirkung entfalten, und dazu beitragen können, die Austragung von Widersprüchen und Konflikten innerhalb eines Netzwerks von Regulationsformen zu kanalisieren. Nach Cox (1983: 172) prägen fünf Merkmale die Entstehung und Funktionsweise hegemonialer internationaler Institutionen:

1. legen diese die Regeln fest, die die hegemoniale Expansion erleichtern;
2. sind die Institutionen selbst das Resultat hegemonialer Ordnungen;
3. legitimieren sie ideologisch deren Normen;
4. kooptieren sie die Eliten der Peripherie; und
5. absorbieren sie gegen-hegemoniale Ideen und Motive.

Mit einer Ausnahme treffen die aufgeführten Merkmale auf die institutionelle Regulation des EG-Systems zu. Allein das zweite Merkmal ist problematisch, da den Institutionen keine eindeutig an einen Nationalstaat gekoppelte westeuropäische Hegemonialordnung zugrunde liegt. Der Prozeß des Institution-Building stützt sich stattdessen eher auf mittelfristige Projekte, die von transnational orientierten sozialen Kräften, politischen Organisationen und den nationalstaatlichen Akteuren ausgehandelt werden. Eine führende Rolle kommt dabei dem „Power-Tandem" Frankreich und Bundesrepublik zu. Den Integrationsprozeß trägt somit eine transnational kooperative, nationalstaatlich fragmentierte hegemoniale Struktur mit einem Set komplexer, sich überlappender Netzwerke (Keohane/Hoffmann 1990: 281f.). Die nationale Brechung der europäischen Regulationsformen wirkt sich dabei ambivalent auf deren Bestandsfähigkeit aus. Zum einen beruht die europäische Regulation nämlich auf unterschiedlichen, national geprägten ökonomischen, sozialen und institutionellen Bedingungen. Innere Konflikte, die durch Rivalitäten zwischen den Nationalstaaten überlagert, möglicherweise verstärkt werden können, transformieren sich daher häufig auf die europäische Ebene. Zum anderen kann die europäische Regulation aber auch, indem sie die gesellschaftlichen Reorganisationsprozesse vorantreibt, eine Stabilisierung der Herrschaftsstrukturen ermöglichen (Felder 1993: 63; Röttger: 1993b).

Trotz des supranationalen Einflusses bleibt jedoch der gesellschaftliche Prozeß, über den sich integrationspolitische Strategien formieren, grundlegend: Stets werden die Kompetenzen von EU-Institutionen und die grundsätzliche Ausrichtung der europäischen Integration von einflußreichen sozialen Kräften, politischen Akteuren und Nationalstaaten abgesteckt. Letztere sind im europäischen Integrationsprozeß nicht einfach bedeutungslos geworden, zumal in vielen Bereichen – der Sicherheits-, Militär-, Innen-, Sozial-, Infrastrukturpolitik etc. – der Grad der Vergemeinschaftung eher gering ist.

Obwohl die Nationalstaaten die zentralen politischen Vermittlungsinstanzen im Integrationsprozeß bleiben, sind sie aus Sicht der Regulationstheorie nicht dessen Motor. Diese bestimmt den Charakter und die Entwicklung der institutionell vermittelten Regulation in Westeuropa umfassender durch den Rückgriff auf die kapitalistische Vergesellschaftungsdynamik. Die Schlüsselfrage der Integrationstheorie, wie die „zusätzlichen" europäischen Regulationsdimensionen – die Internationalisierung, hier Europäisierung des Staats (Cox 1987; Holman 1993) – und damit das Verhältnis von Nationalstaat, Region, EU und globalem Kapitalismus zu begreifen sind, wird demnach in einen ökonomie-, gesellschafts- und staatstheoretischen Kontext gestellt. Hierdurch wird es möglich, die Ansätze und Ergebnisse der eher institutionalistisch ausgerichteten Integrationsforschung über internationale Regulation, (post-)hegemoniale Strukturen, institutionellen Wandel, Bargaining- und Entscheidungsprozesse sowie package deals (Keohane 1984: 133ff.; Keohane/Hoffmann 1990; Scharpf 1985; Wessels 1992) materiell zu fundieren und zu reformulieren. Die Regulationstheorie analysiert also den Prozeß und die Transformation der internationalen und europäischen Regulation immer mit Bezug auf ihre ökonomischen Grundlagen und ihren sozialen Gehalt, d.h. die tragenden Akteure sowie deren Interessen und Machtpotentiale.

4. Forschungsperspektiven und Integrationspfade

Der regulationstheoretische Ansatz erhebt nicht den Anspruch, jenseits der gängigen Forschungspraxis neue – gleichsam spektakuläre – Arbeitsfelder zu eröffnen. Seine kritische Intention liegt vielmehr darin, der „Überspezialisierung" entgegenzuwirken und die ökonomie- sowie gesellschafts- und staatstheoretischen Grundfragen der europäischen Integration nicht zu verdrängen (Röttger 1993a: 66ff.). Bisher liegen nur wenige regulationstheoretische Arbeiten zur europäischen Integration vor. Daher kann derzeit kaum ein fest umrissenes Forschungsprogramm präsentiert werden. Dennoch seien einige Eckpunkte, Fragestellungen und Prioritäten für die weitere Forschungspraxis benannt:

1. Im Bereich der empirisch ausgerichteten Forschung scheinen vor allem diejenigen Bereiche von Interesse, in denen die theoretische Hypothesenbildung relativ weit vorangeschritten ist. Das gilt vor allem für die – sozio-ökonomische und politisch-institutionelle – Reproduktion und Reorganisation hegemonialer Strukturen im europäischen Integrationsprozeß.

a) Dies betrifft zuerst die sozialen Grundlagen der Policy-Prozesse – häufig verkürzt als „soziale Dimension" bezeichnet –, die sich über das politisch-institutionelle System hinaus auf den Bereich der materiellen Reproduktion erstrecken. Unter anderem wäre zu analysieren, ob und wie sich die europäische Integration auf die Entwicklung der Arbeitsmärkte und des Beschäftigungssystems (Arbeitslosigkeit) sowie auf die Transformation der sozialpolitischen Regulierung (Esping-Andersen 1990) und der Arbeitsbeziehungen (Deppe/Weiner 1991) auswirkt und wie die eingeschlagenen Entwicklungspfade – nicht zuletzt die soziale Desintegration und Polarisierung – den Fortgang des europäischen Integrationsprozesses – als Vernetzung von Regulierungsebenen – beeinflussen. Nicht zuletzt stellt sich dabei die Frage, über welche Organisationen die Interessen und Optionen sozialer Klassen strategisch gebündelt und europapolitisch eingebracht werden können bzw. wie sich die Vorteile, der Nutzen und die Probleme der europäischen Integration im Kontext des Formationsbruchs gesellschaftlich verteilen. Der Zusammenhang zwischen marktgesteuerten Transnationalisierungsprozessen und den Krisen nationalstaatlicher Wohlfahrtssysteme bedarf sozialwissenschaftlich und praktisch-politisch (z.B. im Hinblick auf die strategischen Optionen von Interessenverbänden wie der Gewerkschaften und der Arbeitgebervereinigungen) weiterer Klärung.

b) Eng verbunden mit der sozialstrukturellen ist die politisch-institutionelle Dimension der Macht- und Herrschaftsanalyse. In das Institutionensystem der EU sind Formen strukturaler und relationaler bzw. direkter Macht (Strange 1988) eingeschrieben. Über die politischen Mechanismen (Bargaining-Prozesse) und Akteure (politische Organisationen und Vertretungen, Ausschüsse etc.) artikulieren sich konfligierende soziale Interessen. Konkret geht es dabei darum, den Einfluß sozialer Interessenlagen und Machtansprüche im Hinblick auf die politisch-institutionelle Verarbeitung von gesellschaftlichen und europäischen Umbrüchen zu untersuchen. Die „Erosion des Nationalstaates" (Jessop 1992) im Kontext ökonomischer und kommunikativer Transnationalisierungsprozesse – mit der Aufwertung der EU als „Policy-Maker" und dem Kompetenzzuwachs der regionalen und lokalen Politikebenen – eröffnet eine weites Feld für Forschungen, die zudem zur Klärung des – scheinbar paradoxen – Phänomens der Renaissance des Nationalismus und Ethnozentrismus in der europäischen Politik beitragen können.

c) Eine dritte Dimension empirischer Forschung ist gleichsam zwischen den Sphären von Ökonomie und Politik bzw. Markt und Staat zu verorten. Sie betrifft das weite Feld der zivilgesellschaftlichen Vermittlung politischer Orientierungen. Hier wäre u.a. zu überprüfen, inwiefern der europäische Integrationsprozeß zum einen über europäisierte Öffentlichkeiten – z.B. Medien (Fernsehen, Bücher, Zeitschriften), Kirchen, Schulen, Konsummuster, Lebenweisen etc. –, zum anderen durch informelle, aber relativ bestandsfähige politische Kommunikations- und Kooperationsformen (Netzwerke) – gleichsam „flexibel" abgestützt wird.

2. Der theoretische und politische Forschungsbedarf konzentriert sich umfassender auf die Strukturen und Ziele eines zukünftigen „europäischen Gesellschaftsmodells" (z.B. Kaelble 1987; Albert 1992; Thurow 1992).

a) Zentrale theoretische Fragen stößt nicht zuletzt der Diskurs über postnationale und europäische Identitäten an (Dewandre/Lenoble 1994; Lepsius 1991). Wenn der Identitäts-Diskurs gesellschaftstheoretisch fundiert und die Funktionsweise sozialintegrativer und identitätsstiftender Institutionen wie Ressourcen genauer bestimmt wird, rücken oft vernachlässigte Aspekte in den Vordergrund, die gerade hinsichtlich der Kohärenz und Stabilität weiterer Integrationsschritte von Bedeutung sind: die „organische Solidarität" der Arbeitsgesellschaft, die soziale Sicherheit des Wohlfahrtsstaats, die kommunikative Kohäsion der zivilen Öffentlichkeit und die legitimierende Kraft der parlamentarischen Demokratie.

b) Die politische Relevanz derartiger Fragestellungen liegt auf der Hand, denn mit den Umbrüchen seit den siebziger Jahren hat sich die Konstellation des „Blockes" transnationaler, gemeinschaftlicher Interessen, die das EWG/EG-Projekt seit der Gründerphase prägte und trug, grundlegend gewandelt:

- mit dem Ende des Kalten Krieges hat der antikommunistische Grundkonsens die Funktion als „ideologischer Zement“ (in der Europapolitik) verloren;
- die Tendenz zu einer Multipolarisierung der Weltpolitik und zu einer „Triadisierung“ des Weltmarktes hat die Bedeutung der „atlantischen Beziehungen“, damit auch das Gewicht der USA, für die Europapolitik deutlich abgeschwächt;
- die Globalisierung der Weltwirtschaftsbeziehungen tendiert zu einer Auflösung der (fordistischen) Kompatibilität von nationalem Keynesianismus und internationalem Freihandelsregime; der „Sachzwang Weltmarkt“ unterminiert nicht allein die Souveränität des Nationalstaates, sondern greift direkt in die Organisation der Produktion („Toyotismus“, „lean production“), der Arbeitsbeziehungen sowie in die wirtschafts- und gesellschaftspolitischen Auseinandersetzungen ein („Standortdebatte“);
- die (fordistische) Wachstumskonstellation des „Golden Age of Capitalism“ (Marglin/Schnor 1991) scheint sich erschöpft zu haben; zugleich verursacht industriekapitalistisches Wachstum Kosten und Risiken, die ihrerseits die Anforderungen an politisches Handeln (von der Ebene der lokalen Politik bis hin zu internationalen Regimen) grundlegend verändert haben.

Der Maastrichter EU-Vertrag gibt für die neunziger Jahre eine Perspektive für den weiteren Gang der ökonomischen, monetären und politischen Integration vor. Derzeit nimmt die Unsicherheit darüber zu, ob in Maastricht realistische Zielvorgaben gesetzt wurden. Skepsis resultiert nicht allein aus den Legitimationsverlusten, die das „Projekt Europa“ im Zuge der Ratifizierung von Maastricht, aber auch in den Jahren der Weltwirtschaftkrise 1992/93 in der politischen Öffentlichkeit zu verzeichnen hatte. Die europapolitische Debatte tendiert – nicht allein in Deutschland – offenkundig zu einer stärkeren Betonung der nationalen Interessen sowie des Prinzips der Intergouvernementalität zu Lasten der Perspektive der Wirtschafts- und Währungsunion sowie der Politischen Union. Während der – durch den Beitritt der EFTA-Staaten – erweiterte Binnenmarkt als unverzichtbar akzeptiert wird, erscheint die Perspektive einer supranationalen oder auch föderal verfaßten EU als nicht mehr realistisch und mehrheitsfähig. Für die deutsche Politik folgt daraus, daß die „Maastricht-Perspektive“ zunehmend weniger in die Richtung der monetären und politischen Integration, sondern vielmehr in die Richtung einer Politik der kooperativen Machtbalance – als Rahmen für die Entfaltung deutscher wirtschaftlicher und politischer Interessen – in Europa konzipiert wird: Das „vitale Interesse Deutschlands“ müsse sich auf die politische, ökonomische und militärische Festigung der deutsch-französischen Allianz richten, um die Bildung von transnationalen Bündniskoalitionen (in der EU, in Gesamteuropa sowie in den atlantischen Beziehungen), die gegen Deutschland gerichtet sind, zu verhindern (vgl. dazu Link 1993). Andere Autoren (z.B. Baring 1991), die noch stärker die nationalen Interessen sowie die Fähigkeit zur Entwicklung einer selbstbewußten, nationalen Machtpolitik betonen, betrachten dagegen die Festigung einer „deutsch-amerikanischen strategischen Partnerschaft“ als die Hauptaufgabe deutscher Außenpolitik (aus amerikanischer Sicht: Hamilton 1994).

Gegenüber solchen neorealistischen Optionen (Schwarz 1994), die die Erweiterung des Gemeinsamen Marktes (als System der Marktfreiheiten) mit der Konzentration auf nationale Machtpolitik, zwischenstaatliche Bündniskonstellationen und auf das Prinzip des intergouvernementalen Bargaining in der EU kombinieren, sehen wir die Vorzüge einer regulationstheoretisch geleiteten Analyse transnationaler Vergesellschaftung und Integration vor allem darin, daß sie den Beziehungszusammenhang zwischen ökonomischen und sozialen Prozessen und den Formen der politisch-rechtlichen Institutionalisierung in bezug auf die Bildung und Auflösung „historischer Blöcke“ – d.h. eine Konfiguration sozialer Kräfte, ihrer ökonomischen Basis, ihrer ideologischen Artikulation und ihrer politischen Formen (Cox 1993: 259) – thematisiert. Das kritische Potential dieses Ansatzes – auch für die Analyse der europäischen Integration und der Integrationspolitik – erschließt sich hauptsächlich daraus, daß sie die Brüche und Widersprüche, die „Schattenseiten“ der weltmarktorientierten Modernisierung, ins Blickfeld rückt.

Die These von Michael Zürn, „daß das Aufkommen nationalistischer Gegenbewegungen eine Reaktion auf eine Situation darstellt, in der den gesellschaftlichen Internationalisierungsprozessen nur unzureichend durch eine erhöhte und demokratisch kontrollierte politische Steuerungsfähigkeit begegnet wird“ (Zürn 1992: 510), wäre daher um die These zu ergänzen, daß diese Gegenbewegungen selbst noch auf dem Boden jener sozialen Desintegrationsprozesse (in Gestalt der chronischen Massenarbeitslosigkeit, der anwachsenden Armut sowie der Krise der sozial- und wohlfahrtsstaatlichen Apparate) erwachsen, die durch das neue Akkumulationsregime sowie durch die in den westlichen Metropolen vorherrschende Politik der Deregulierung und Privatisierung reproduziert werden. Die Bedeutung der Regulationstheorie für die Integrationsforschung besteht eben auch darin, daß sie die

Frage nach der Zukunft eines „europäischen Gesellschaftsmodells“ in den Mittelpunkt stellt.

Literatur

Aglietta, Michel (1979a): A Theory of Capitalist Regulation. The US Experience (London); französische Originalfassung 1976.

Aglietta, Michel (1979b): Die gegenwärtigen Grundzüge der Internationalisierung des Kapitals. Die Wertproblematik; in: Deubner, Christian u.a. (Hg.): Die Internationalisierung des Kapitals. Neue Theorien in der internationalen Diskusssion (Frankfurt am Main, New York), S. 70-124.

Aglietta, Michel (1982): World Capitalism in the Eighties; in: New Left Review 136, S. 5-41.

Albert, Michel (1992): Kapitalismus contra Kapitalismus (Frankfurt am Main, New York).

Altvater, Elmar (1987): Sachzwang Weltmarkt. Verschuldungskrise, blockierte Industrialisierung, ökologische Gefährdung – der Fall Brasilien (Hamburg).

Altvater, Elmar (1994): Operationsfeld Weltmarkt oder: Die Transformation des souveränen Nationalstaates in den nationalen Wettbewerbsstaat; in: Prokla 97, S. 517-548.

Altvater, Elmar; Mahnkopf, Birgit (1993): Gewerkschaften vor der europäischen Herausforderung. Tarifpolitik nach Mauer und Maastricht (Münster).

Bach, Maurizio (1993): Vom Zweckverband zum technokratischen Regime: Politische Legitimation und institutionelle Verselbständigung in der Europäischen Gemeinschaft; in: Winkler, Heinrich August; Kaelble, Hartmut (Hg.), Nationalismus – Nationalitäten – Supranationalität (Stuttgart), S. 288-308.

Baring, Arnulf (1991): Deutschland, was nun? Ein Gespräch mit Dirk Rumberg und Wolf Jobst Siedler (Berlin).

Bellers, Jürgen; Häckel, Ernst (1990): Theorien internationaler Integration und internationaler Organisationen; in: Rittberger, Volker (Hg.), Theorien der internationalen Beziehungen, PVS-Sonderheft 21 (Opladen), S. 286-310.

Bonder, Michael; Röttger, Bernd; Ziebura, Gilbert (1992): Deutschland in einer neuen Weltära. Die unbewältigte Herausforderung (Opladen).

Busch, Klaus (1992): Umbruch in Europa. Die ökonomischen, ökologischen und sozialen Perspektiven des einheitlichen Binnenmarktes, 2. erweiterte Auflage (Köln).

Cox, Robert W. (1983): Gramsci, Hegemony and International Relations: An Essay in Method; in: Millenium 12, S. 162-175.

*Cox, Robert W. (1987): Production, Power, and World Order. Social Forces in the Making of History (New York).

Cox, Robert W. (1992): Towards a Post-hegemonic Conceptualization of World Order: Policy Convergence and Bases of Governance in the International Economic Order; in: Rosenau, James N.; Czempiel, Ernst-Otto (Hg.), Governance Without Government: Order and Change in World Politics (Cambridge), S.132-159.

Cox, Robert W. (1993): Structural Issues of Global Governance: Implications for Europe; in: Gill, Stephen (Hg.), Gramsci, Historical Materialism and International Relations (Cambridge), S. 259-289.

Delorme, Robert (1992): Staat und ökonomische Entwicklung; in: Demirovic, Alex; Krebs, Hans-Peter; Sablowski, Thomas (Hg.), Hegemonie und Staat. Kapitalistische Regulation als Projekt und Prozeß (Münster), S. 158-181.

Deppe, Frank; Weiner, Klaus-Peter (Hg.) (1991): Binnenmarkt '92. Zur Entwicklung der Arbeitsbeziehungen in Europa (Hamburg).

Dewandre, Nicole; Lenoble, Jacques (Hg.) (1994), Projekt Europa: Postnationale Idenität, Grundlage für eine europäische Demokratie (Berlin).

Drainville, André C. (1992): International Political Economy in the Age of Open Marxism, Working Paper No. 27 (Amsterdam).

Esping-Andersen, Gösta (1990): The Three Worlds of Welfare Capitalism (Princeton).

Esser, Josef (1993): Die Suche nach dem Primat der Politik; in: Unseld, Siegfried (Hg.), Politik ohne Projekt? Nachdenken über Deutschland (Frankfurt am Main), S. 409-430.

Felder, Michael (1993): Die Krise des EG-Systems und Perspektiven seiner Weiterentwicklung in den neunziger Jahren; in: Deppe, Frank; Felder Michael: Zur Post-Maastricht-Krise der Europäischen Gemeinschaft (EG); FEG-Arbeitspapier Nr. 10 (Marburg), S. 63-82.

George, Stephen (1990): The European Community: A Structuralist Perspective; Sheffield Papers in International Studies (Sheffield).

Giddens, Anthony (1990): The Consequences of Modernity (Stanford).

*Gill, Stephen (Hg.) (1993): Gramsci, Historical Materialism and International Relations (Cambridge).

Gill, Stephen R.; Law, David (1989): Global Hegemony and the Structural Power of Capital; in: International Studies Quaterly 33, S. 475-499.

Glyn, Andrew (1992): The Costs of Stability: The Advanced Capitalist Countries in the 1980s; in: New Left Review 195, S. 71-95.

Görg, Christoph (1994): Der Institutionenbegriff in der „Theorie der Strukturierung"; in: Esser, Josef; Görg, Christoph; Hirsch, Joachim (Hg.), Politik, Institutionen und Staat. Zur Kritik der Regulationstheorie (Hamburg), S. 31-84.

Gramsci, Antonio (1967): Philosophie der Praxis; hrsg. von Christian Riechers (Frankfurt am Main).

Habermas, Jürgen (1973): Legitimationsprobleme im Spätkapitalismus (Frankfurt am Main).

Hamilton, Daniel (1994): Jenseits von Bonn – Amerika und die Berliner Republik. Eine Studie des Carnegie Endowment for International Peace; in: Blätter für deutsche und internationale Politik 3, S. 366-373.

Hirsch, Joachim (1990): Kapitalismus ohne Alternative? Materialistische Gesellschaftstheorie und Möglichkeiten einer sozialistischen Politik heute (Hamburg).

*Hirsch, Joachim (1993): Internationale Regulation. Bedingungen von Dominanz, Abhängigkeit und Entwicklung im globalen Kapitalismus; in: Das Argument 198, S. 195-222.

Hirsch, Joachim (1994a): Politische Form, politische Institutionen und Staat; in: Esser, Josef; Görg, Christoph; Hirsch, Joachim (Hg.), Politik, Institutionen und Staat. Zur Kritik der Regulationstheorie (Hamburg), S. 157-212.

Hirsch, Joachim (1994b): Vom fordistischen Sicherheitsstaat zum nationalen Wettbewerbsstaat; in: Das Argument 203, S. 7-21.

Hirsch, Joachim; Roth, Roland (1986): Das neue Gesicht des Kapitalismus. Vom Fordismus zum Postfordismus (Hamburg).

Hirst, Paul; Thompson, Grahame (1992): The Problem of „Globalisation": International Economic Relations, National Economic Management and the Formation of Trading Blocks; in: Economy and Society 21, S. 357-396.

Holman, Otto (1992): Transnational Class Strategy and the New Europe; in: International Journal of Political Economy 22, S. 3-22.

Holman, Otto (1993): Integrating Southern Europe. EC Expansion and the Transnationalisation of Spain, Diss., Universität Amsterdam (Amsterdam).

Holman, Otto; van der Pijl, Kees (1992): Restructuring the Ruling Class and European Unification; Working Paper No. 28 (Amsterdam).

Hübner, Kurt (1988): Die Krisentheorie der Regulationisten; in: Mahnkopf, Birgit (Hg.), Der gewendete Kapitalismus: Kritische Beiträge zur Theorie der Regulation (Münster), S. 29-73.

Hübner, Kurt (1990): Theorie der Regulation. Eine kritische Rekonstruktion eines neuen Ansatzes der Politischen Ökonomie (Berlin).

Hübner, Kurt (1991): Europas Ökonomien im Umbruch. Einige Arbeitshypothesen; in: Initial 3, S. 244-250.

Ipsen, Hans-Peter (1972): Europäisches Gemeinschaftsrecht (Tübingen).

Jacobitz, Robin (1991): Antonio Gramsci – Hegemonie, historischer Block und intellektuelle Führung in der internationalen Politik; FEG-Arbeitspapier Nr. 5 (Marburg).

Jessop, Bob (1990): Regulation Theories in Retrospect and Prospect; in: Economy and Society 19, S. 153-216.

Jessop, Bob (1992): Regulation und Politik. Integrale Ökonomie und integraler Staat; in: Demirovic, Alex; Krebs, Hans-Peter; Sablowski (Hg.), Hegemonie und Staat. Kapitalistische Regulation als Projekt und Prozeß (Münster), S. 232-262.

Kaelble, Hartmut (1987), Auf dem Weg zu einer europäischen Gesellschaft (München).
Kebir, Sabine (1991): Gramscis Zivilgesellschaft. Alltag, Ökonomie, Kultur, Politik (Hamburg).
Keohane, Robert O.; Hoffmann, Stanley (1990): Conclusions: Community Politics and Institutional Change; in: Wallace, William (Hg.), The Dynamics of Europen Integration (London), S. 276-300.
Kohler-Koch, Beate (1994): Changing Pattern of Interest Intermediation in the European Union; in: Government and Opposition 29, S. 165-180.
Lee, Ho-Geun (1994): Regulationstheoretische Überlegungen zur Krise der EG; FEG-Arbeitspapier Nr. 11 (Marburg).
Link, Werner (1993): Perspektiven der europäischen Integration; in: Kaiser, Karl; Maull, Hanns W. (Hg.): Die Zukunft der europäischen Integration. Konsequenzen für die deutsche Politik (Bonn), S. 7-21.
Lipietz, Alain (1985): Akkumulation, Krisen und Auswege aus der Krise: Einige methodische Überlegungen zum Begriff „Regulation"; in: Prokla 58, S. 109-137.
Lipietz, Alain (1991a): Demokratie nach dem Fordismus; in: Das Argument 189, S. 677-695.
Lipietz, Alain (1991b): Die Beziehungen zwischen Kapital und Arbeit am Vorabend des 21. Jahrhunderts; in: Leviathan 1, S. 78-101.
Lipietz, Alain (1992a): Vom Althusserismus zur „Theorie der Regulation"; in: Demirovic, Alex; Krebs, Hans-Peter; Sablowski, Thomas (Hg.), Hegemonie und Staat. Kapitalistische Regulation als Projekt und Prozeß (Münster), S. 9-54.
*Lipietz, Alain (1992b): Towards a New Economic Order. Postfordism, Ecology and Democracy (Cambridge).
Mahnkopf, Birgit (1988): Soziale Grenzen „fordistischer Regulation"; in: dies. (Hg.), Der gewendete Kapitalismus: Kritische Beiträge zur Theorie der Regulation (Münster), S. 99-143.
Marglin, Stephen A.; Schnor, Juliet B. (Hg.) (1991): The Golden Age of Capitalism. Reinterpreting the Postwar Experience (Oxford).
Mayer, Margit (1991): „Postfordismus" und „lokaler Staat"; in: Heinelt, Hubert; Wollmann, Hellmut (Hg.), Brennpunkt Stadt: Stadtpolitik und lokale Politikforschung in den 80er und 90er Jahren (Basel etc.), S. 31-51.
Morgan, Roger (1993): Die Entwicklung der Institutionen der Europäischen Gemeinschaft: der Fall der Einheitlichen Europäischen Akte; in: Winkler, Heinrich August; Kaelble, Hartmut (Hg.), Nationalismus – Nationalitäten – Supranationalität (Stuttgart), S. 207-223.
Offe, Claus (1972): Strukturprobleme des kapitalistischen Staates (Frankfurt am Main).
van der Pijl, Kees (1984): The Making of an Atlantic Ruling Class (London).
Picciotto, Sol (1993): Die Krise des internationalen Staates; in: Prokla 90, S. 34-49.

Poulantzas, Nicos (1978): Staatstheorie. Politischer Überbau, Ideologie, Sozialistische Demokratie (Hamburg).

Rosenau, James N. (1990): Turbulence in World Politics. A Theory of Change and Continuity (Princeton, NJ)

*Röttger, Bernd (1993a): Akkumulation und Regulation in der EG-metropolitanen Integration. Zur Dialektik von Vereinheitlichung und Fraktionierung in Europa, IIP Arbeitpapier Nr. 22 (Berlin).

Röttger, Bernd (1993b): EG-metropolitane Integration und die Krise linker Wirtschaftspolitik; in: Prokla 92, S. 473-490.

Scharpf, Fritz W. (1985): Die Politikverflechtungsfalle: Europäische Integration und deutscher Föderalismus im Vergleich; in: Politische Vierteljahresschrift 26, S. 323-356.

Schneider, Heinrich (1992): Europäische Intgeration: die Leitbilder und die Politik; in: Kreile, Michael (Hg.), Die Integration Europas, PVS-Sonderheft 23 (Opladen), S. 3-35.

Schneider, Volker; Werle, Raymund (1989): Vom Regime zum korporativen Akteur. Zur institutionellen Dynamik der Europäischen Gemeinschaft; in: Kohler-Koch, Beate (Hg.), Regime in den internationalen Beziehungen (Baden-Baden), S. 409-434.

Schwarz, Hans-Peter (1994): Die Zentralmacht Europas. Deutschlands Rückkehr auf die Weltbühne (Berlin).

Senghaas, Dieter (1990): Europa 2000. Ein Friedensplan (Frankfurt am Main).

Statz, Albert (1975): Zur Geschichte der westeuropäischen Integration bis zur Gründung der EWG; in: Deppe, Frank (Hg.), Europäische Wirtschaftsgemeinschaft (EWG). Zur politischen Ökonomie der westeuropäischen Integration (Reinbek bei Hamburg), S. 110-174.

Statz, Albert (1989): Die Entwicklung der westeuropäischen Integration – ein Problemaufriß; in: Deppe, Frank; Huffschmid, Jörg; Weiner, Klaus-Peter (Hg.), 1992 – Projekt Europa. Politik und Ökonomie in der Europäischen Gemeinschaft (Köln), S. 13-38.

Strange, Susan (1988): States and Markets. An Introduction to International Political Economy (London).

Théret, Bruno (1994): To Have or to Be: on the Problem of the Interaction Between State and Economy and its „Solidarist“ Mode of Regulation; in: Economy and Society 23, S. 1-46.

Thurow, Lester (1992): Head to Head. The Coming Economic Battle Among Japan, Europe and America (New York).

Tömmel, Ingeborg (1992): Systementwicklung und Politikgestaltung in der Europäischen Gemeinschaft am Beispiel der Regionalpolitik; in: Kreile, Michael (Hg.), Die Integration Europas, PVS-Sonderheft 23 (Opladen), S. 185-208.

Weidenfeld, Werner (1992): Zur Rolle der Europäischen Gemeinschaft in der Transformation Europas; in: Kreile, Michael (Hg.), Die Integration Europas, PVS-Sonderheft 23 (Opladen), S. 321-334.

Wessels, Wolfgang (1992): Staat und (westeuropäische) Integration. Die Fusionsthese; in: Kreile, Michael (Hg.), Die Integration Europas, PVS-Sonderheft 23 (Opladen), S. 36-61.
Ziebura, Gilbert (1992): Nationalstaat, Nationalismus, supranationale Integration: Der Fall Frankreich; in: Leviathan 20, S. 467-489.
Zürn, Michael (1992): Jenseits der Staatlichkeit: Über die Folgen der ungleichzeitigen Denationalisierung; in: Leviathan 20, S. 490-513.

Integration unter den Bedingungen von Globalisierung und Lokalisierung

Gerd Junne

In den kommenden 25 Jahren, so beginnt die jüngste Analyse weltwirtschaftlicher Trends des „Economist"[1], wird die Welt eine Verschiebung der wirtschaftlichen Kräfteverhältnisse erleben, die in diesem Jahrhundert nicht ihres gleichen kennt. Einige der alten Industrienationen, die die Welt in den vergangenen 150 Jahren dominiert haben, werden bedeutungslos werden im Vergleich mit den neuen industriellen Großmächten.

Aus dieser Perspektive soll in dem folgenden Beitrag die Zukunft der europäischen Integration betrachtet werden. Die alten Industrienationen, von denen in dem einleitenden Zitat die Rede ist, sind vor allem die Mitgliedsländer der Europäischen Union. In den sechziger Jahren sah die europäische Wirtschaft sich in erster Linie durch die amerikanische Konkurrenz bedroht (vgl. Servan-Schreiber 1967). In den siebziger Jahren rückten die japanischen Konkurrenten ins Visier, und seit den achtziger Jahren ist die Konkurrenz aus den „NICs" (den „Newly Industrialising Countries") spürbar. Gegenwärtig sieht die Industrie sich mit einer Fülle von neuen Wettbewerbern aus beinahe allen Teilen der Welt konfrontiert. Neue Konkurrenten entwickeln sich sowohl innerhalb der Europäischen Union, in Osteuropa, in Nord-Amerika, in Süd- und vor allem Südostasien, vielleicht auch in Südafrika und in Südamerika.

Dies ist ein Aspekt der viel besprochenen „Globalisierung". „Globalisierung" ist in den letzten Jahren zu einem viel gebrauchten Schlagwort in der politischen Diskussion geworden. Viele Politikbereiche, die bisher ausschließlich dem Bereich der Innenpolitik zugerechnet wurden, werden jetzt verstärkt aus dem Blickwinkel ihres

---

1 „War of the worlds". A Survey of the Global Economy, The Economist, Oktober 1, 1994.

Beitrages zur internationalen Konkurrenzfähigkeit betrachtet. Mit der zunehmenden Liberalisierung des Welthandels, mit dem Abbau der Hindernisse für internationale Direktinvestitionen und mit dem schnellen Ausbau der internationalen Kommunikations- und Transport-Infrastruktur bildet sich ein immer mehr integrierter Weltmarkt heraus. Auf diesem Markt konkurrieren nicht nur Firmen miteinander um Marktanteile und Gewinn-Chancen, sondern auch politische Einheiten (Städte, Staaten, supranationale Zusammenschlüsse) um Investitionen und Arbeitsplätze. Während Unternehmen ihre Konkurrenzfähigkeit mit neuen Produkten, besserem Marketing und niedrigeren Preisen zu behaupten suchen, konkurrieren politische Einheiten mit Wechselkursen, Steueranreizen, stabilen politischen Rahmenbedingungen, attraktiver kultureller Umgebung und niedrigen Sozialabgaben miteinander.

In dem folgenden Beitrag geht es zunächst darum den Prozeß der „Globalisierung" besser in den Griff zu bekommen. Dann wird die Frage gestellt, was das Nebeneinander von europäischer Integration und Weltmarkt-Integration bedeutet. Die europäische Integration hat unter anderem zum Ziel, die globale Wettbewerbsfähigkeit der europäischen Unternehmen zu verbessern. Aber die Europäische Union kann europäische Unternehmen nicht viel effektiver unterstützen als die nationalen Staaten. Der Prozeß der „Globalisierung" untergräbt nicht nur das Funktionieren der nationalen Staaten, sondern auch das der Europäischen Union. Aus diesem Grunde entstehen auf lokaler (und subnationaler regionaler) Ebene neue Initiativen zur Förderung der internationalen Wettbewerbsfähigkeit (oder zum Schutz gegen übermäßige Konkurrenz). Die „Globalisierung" der Weltwirtschaft stimuliert zugleich auch deren „Lokalisierung"[2]. Diese lokalen Initiativen bringen jedoch neue Probleme für den europäischen Integrationsprozeß mit sich.

---

2 Der Begriff „Lokalisierung" wird hier für die Stärkung von wirtschaftlichen und politischen Institutionen auf der subnationalen Ebene benutzt, da der Begriff der „Regionalisierung" häufig zur Umschreibung intensiverer „übernationaler" Zusammenarbeit und Arbeitsteilung in den verschiedenen Weltregionen (wie Westeuropa, Nordamerika oder Südostasien) herangezogen wird und darum Anlaß zu Mißverständnissen geben könnte.

1. Die Globalisierung der Weltwirtschaft

1.1 Der Begriff der Globalisierung

Der Begriff der Globalisierung bezieht sich auf weit mehr als lediglich die Intensivierung des internationalen Handels. Was den Anteil des Außenhandels am Bruttosozialprodukt der verschiedenen Länder angeht, ist in den achtziger Jahren erst wieder ein Niveau erreicht, das bereits Ende des 19. Jahrhunderts erreicht war (vgl. Schwartz 1994: 4). Neu im Vergleich zum ausgehenden 19. Jahrhundert ist die Verflechtung durch Direktinvestitionen von weltweit operierenden Unternehmen. Das vormalige U.N. „Centre on Transnational Corporations", das kürzlich die Gestalt einer „Division on Transnational Corporations and Investment" der UNCTAD angenommen hat, zählte Anfang der neunziger Jahre mehr als 37.000 „transnationale" Unternehmen (TNCs) mit mehr als 200.000 ausländischen Tochter- und Beteiligungsgesellschaften (U.N. 1994). Auch relativ kleine Unternehmen müssen gegenwärtig in einem frühen Stadium ihrer Entwicklung auf Auslandsmärkten aktiv werden.

Neu im Vergleich zum ausgehenden 19. Jahrhundert ist auch das engmaschige Netz weltumspannender Kommunikations- und Transportmittel, das es möglich macht, Filialen über große Abstände zu steuern und zu kontrollieren und Arbeitsprozesse über eine Vielzahl von Produktionsstätten in verschiedenen Kontinenten zu verteilen (vgl. Fröbel/Heinrichs/Kreye 1977, 1986). Gegen Ende des 19. Jahrhunderts waren die Kontinente zwar bereits durch Telegrafen-Kabel miteinander verbunden, aber diese Verbindung hält keinem Vergleich mit der modernen Satelliten-Kommunikation stand, die die Übertragung großer Datenmengen in Sekunden-Bruchteilen möglich macht.

Mit der zunehmenden Offenheit der Grenzen und sinkenden Transaktions-Kosten für Auslandsaktivitäten hat die internationale Konkurrenz deutlich zugenommen. Obwohl der Konzentrationsprozeß in den meisten Ländern weiter vorangeschritten ist, ist die Konkurrenz intensiver geworden, weil immer mehr ausländische Wettbewerber auf den bisher geschützten Märkten auftreten. Die Konkurrenz ist auch noch aus einem anderen Grund härter geworden. Der starke Wettbewerb führt zu einer Fülle neuer technologischer Entwicklungen, die die traditionellen Grenzen zwischen verschiedenen Sektoren durchlässiger machen: Glasfaser-Produzenten z.B. werden im Bereich der Telekommunikation aktiv, Pharma-Produzenten bieten Nahrungsmittel an, Elektronik-Unternehmen engagieren sich in der Automobil-

Industrie. Neben Wettbewerbern aus dem Ausland tauchen damit Konkurrenten aus benachbarten Branchen auf dem Markt auf.

Die verstärkte internationale Konkurrenz bringt den Zwang mit sich, alle möglichen Einsparungs-Potentiale zu nutzen. Dies führt zu einem weiteren wichtigen Aspekt der Globalisierung. Globalisierung heißt, daß bei allen wichtigen Unternehmensentscheidungen zunehmend weltweit gesucht wird nach:

- den billigsten oder am besten qualifizierten Arbeitskräften (vgl. O'Reilly 1992),
- den geeignetsten Zulieferern,
- den fortgeschrittensten Technologien,
- den günstigsten Standorten,
- den optimalen Allianzpartnern,
- den vorteilhaftesten Absatzmöglichkeiten.

Die neuen Kommunikationsmedien erlauben eine viel höhere Transparenz der internationalen Märkte und erleichtern damit die Suche nach internationalen Geschäftspartnern.

Diese Form der Globalisierung findet keinen angemessenen Niederschlag in internationalen Statistiken. Häufig führt der Vergleich von in- und ausländischen Angeboten zu einer Entscheidung für Zulieferer oder Standorte in der unmittelbaren Umgebung. Das heißt jedoch nicht, daß vor dieser Entscheidung kein „Scanning-Prozeß" stattgefunden hat, in dem die schließlich gewählte Option mit ausländischen Angeboten verglichen wurde. Auch um eine Chance auf dem lokalen Markt zu haben, müssen Unternehmen oft den Test des internationalen Vergleichs bestehen. Das Ausmaß der Globalisierung wird dadurch häufig unterschätzt, wenn nur die grenzüberschreitenden Waren- und Geldströme als Maßstab genommen werden, denn auch ein Teil der lokalen Interaktion ist Ausdruck des Globalisierungs-Prozesses.

Eine zentrale Form der Globalisierung stellt die Integration der internationalen Finanzmärkte dar. Kapitalverkehrs-Kontrollen werden zunehmend abgebaut oder erweisen sich als unwirksam. Führende Banken unterhalten einen 24-Stunden-Dienst, um rund um die Uhr über alle Zeitzonen hinweg an den verschiedenen Finanzplätzen der Welt aktiv zu werden. Dies hat die Sensibilität der internationalen Kapitalströme weiter vergrößert: Alle Entwicklungen, die Investoren positiv oder negativ beinflussen könnten, resultieren sofort in Kapitalzu- oder -abflüssen. Auf diese Weise unterliegt die Politik jeder Regierung kontinuierlich der Beurteilung der Geld- und Kapitalmärkte, auf die die meisten Regierungen wegen der erheblichen Staatsverschuldung in hohem Maße angewiesen sind. Cox beschreibt das Phänomen, daß die Handlungsfähigkeit von Regierungen in zunehmendem Maße durch internationale Marktentwicklungen und Entscheidungen in internationalen Institutionen wie dem Internationalen Währungsfonds und der Weltbank eingeschränkt wird, als die zunehmende „Internationalisierung des Staates" (Cox 1994: 49).

Der Prozeß der Globalisierung schließlich bezieht auch Prozesse im nicht unmittelbar wirtschaftlichen Bereich ein: die zunehmende Interdependenz politischer, ideologischer und kultureller Entwicklungen in verschiedenen Teilen der Welt, die anschwellenden internationalen Migrations-Ströme, die Globalisierung der Umwelt-Problematik und die zunehmende Dichte von internationalen Organisationen (auf Regierungs- und Nichtregierungs-Ebene: „IGOs" und „INGOs"), um dem aus der zunehmenden Interdependenz resultierenden Bedarf an internationaler Koordination und Interessenvertretung zu entsprechen.

Das Schlagwort von der „Globalisierung" bezieht sich auf sehr reale Vorgänge. Sein inflationärer Gebrauch in der politischen Diskussion verrät ab und zu jedoch auch eine politische „Schlagseite": Der Globalisierungs-Prozeß wird häufig durch diejenigen besonders betont, die nationale Staatsinterventionen lediglich als hinderlich empfinden und abbauen wollen. Auch in den verschiedenen Lohnrunden wird immer wieder auf die internationale Konkurrenz hingewiesen, um die Gewerkschaften zur Zurückhaltung zu bewegen.

1.2 Die Doppelfunktion regionaler Integrationsprozesse als Antwort auf die Globalisierung

Regionale Integrationsprozesse wie die europäische Ingegration haben angesichts der beschriebenen Globalisierung eine Doppelfunktion. Zum einen wird ein gewisser Schutz gesucht gegen die heftige uneingeschränkte Konkurrenz durch produktivere Wettbewerber aus Drittländern. Zum anderen dient die Marktintegration im Innern der Modernisierung der eigenen Wirtschaft, die sich neuen Konkurrenten aus anderen Mitgliedsländern stellen muß. Höhere Massenproduktions-Vorteile bieten die Chance der Modernisierung, die auch zu größerer Wettbewerbsfähigkeit auf Drittmärkten führen muß.

Regionale Integrationsprozesse haben damit eine kontrollierte Intensivierung der Konkurrenz zum Ziel: die zunehmende Konkurrenz soll die Modernisierung der eigenen Wirtschaft stimulieren, aber nicht so intensiv sein, daß große Teile durch weit überlegene Wettbewerber wegkonkurriert werden. Die französische Industrie benutzte zum Beispiel in den fünfziger und sechziger Jahren die Konkurrenz mit der produktiveren deutschen Industrie als Anreiz zur eigenen Modernisierung, aber wagte nicht, sich der sehr viel fortgeschritteneren amerikanischen (und später japanischen) Industrie zu stellen, deren Wettbewerbsvorsprung viel größer war. Ziel der Modernisierung ist es jedoch, schließlich auch auf dem Weltmarkt konkurrieren zu können.

Der Nachdruck, mit dem die beiden Ziele – Schutz gegen Weltmarktkonkurrenz und Vorbereitung auf die Weltmarktkonkurrenz – verfolgt werden, kann von Periode zu Periode schwanken. Wenn der Konkurrenzvorsprung von Drittländern sehr groß ist, überwiegt vor allem die Schutzfunktion. Wenn der Wille oder die Fähigkeit zur Anpassung fehlt, werden vor allem Schutzwälle errichtet. Unter dem Druck einer hegemonialen Weltmacht oder im Falle der Dominanz konkurrenzfähiger Sektoren im Innern eines Integrationsverbandes überwiegt die Modernisierungsfunktion.

1.2.1 Probleme nationaler Politik

Die Doppelfunktion regionaler Integrationsprozesse unterscheidet sich nicht grundlegend von der historischen Doppelfunktion nationaler Staaten. Auch die europäischen Nationalstaaten waren gleichzeitig bemüht, im Innern einen integrierten Markt, zunehmende Arbeitsteilung und dadurch steigende Produktivität durchzusetzen, während sie andererseits danach trachteten, die inländischen Produzenten durch zahlreiche tarifäre und nicht-tarifäre Handelshemmnisse gegen ausländische Konkurrenten zu schützen.

Es ist den einzelnen europäischen Staaten nicht gelungen, diese Doppelfunktion ausreichend wahrzunehmen. Zu den Gründen für dieses Versagen gehören (a) fehlende Massenproduktionsvorteile, (b) zunehmende Interdependenz und (c) die „beggar-my-neighbour“-Politik von nationalen Regierungen.

(a) Um international konkurrieren zu können, hatten die einheimischen Unternehmen eine Größenordnung nötig, die sich innerhalb der nationalen Märkte nur durch eine größere Diversifizierung oder durch umfangreiche staatliche Hilfe realisieren ließ. Beide Formen brachten jedoch Nachteile mit sich, die letztlich dazu führten, daß das angestrebte Ziel ungenügend erreicht wurde: Die Diversifizierung führte zu einer zu breiten Streuung von Investitionen und Aufwendungen für

Forschung und Entwicklung (F&E), so daß nur in wenigen Fällen genügend „kritische Masse" geschaffen wurde, um im internationalen Wettbewerb bestehen zu können. Staatliche Hilfen haben den Anpassungsprozeß oft beschleunigt, häufig aber auch verzögert, weil die Möglichkeit, auf den Staat zurückfallen zu können, lediglich zu halbherziger Modernisierung führte.

(b) Um Konjunkturschwankungen ausgleichen und einheimischen Unternehmen einen stabilen Markt anbieten zu können, versuchten nationale Regierungen in den sechziger und siebziger Jahren eine Keynesiansche Wirtschaftspolitik. Sie mußten jedoch schnell einsehen, daß bei relativ offenen Märkten die stimulierende Wirkung von Maßnahmen zur Ankurbelung der nationalen Wirtschaft beschränkt blieb. Die neu geschaffene Nachfrage „leckte" zu einem erheblichen Teil in das Ausland weg. Nur international koordinierte Maßnahmen versprachen Erfolg. Die intensive internationale Arbeitsteilung erforderte, daß viele Regelungen international vereinheitlicht wurden, um den Fluß von Waren, Kapital, Informationen und Arbeitskräften zu fördern. Damit nahm der nationale Entscheidungsspielraum dementsprechend ab.

(c) In einer Situation zunehmender Interdependenz sind eine Reihe gemeinschaftlicher Minimum-Normen unerläßlich, um zu verhindern, daß politische Maßnahmen in einem Land durch Maßnahmen in einem anderen Land untergraben werden (z.B. Wechselkurs-Änderungen, Umwelt-Auflagen oder Maßnahmen zur Kriminalitäts-Bekämpfung). Während es unter (b) um positive Maßnahmen zur Angleichung von Regelungen geht, um den grenzüberschreitenden Verkehr zu vereinfachen, geht es hier mehr um das Vermeiden von Politik-Konkurrenz, d.h. das einander Überbieten mit Anreizen oder Unterbieten mit laxeren Normen, um gewünschte Aktivitäten (Investitionen) anzuziehen und unerwünschte Erscheinungen fernzuhalten. Unkoordinierter Wettlauf z.B. bei Steuererleichterungen brächte für alle Regierungen lediglich höhere Kosten mit sich.

Von der europäischen Integration wird erwartet, daß sie zur Lösung dieser Probleme beiträgt:

(a) Der integrierte Binnenmarkt soll europäischen Unternehmen einen Markt bieten, auf dem sie sich stärker spezialisieren und „economies of scale" realisieren können, die ihnen eine gute Ausgangsposition auf Drittmärkten sichern.

(b) Da der internationale Handel innerhalb der Gemeinschaft den Handel mit Drittländern bei weitem übertrifft, wird erwartet, daß der Effekt von Maßnahmen zur Konjunkturbelebung weniger wegleckt.

(c) Koordinierte Politik in anderen Bereichen soll die Politik-Konkurrenz vermindern und damit die Effizienz der nationalen Politik erhöhen.

1.2.2 Probleme der europäischen Politik

Es ist allerdings fraglich, ob die Europäische Union die genannten Probleme tatsächlich löst, oder ob sich die Probleme nicht lediglich auf einer höheren Ebene erneut stellen.

(a) *Massenproduktionsvorteile im integrierten Binnenmarkt*: Am erfolgreichsten scheinen die Bemühungen zur Realisierung des gemeinsamen Binnenmarktes zu sein. Zwar sind noch immer nicht alle Maßnahmen getroffen, die zur Realisierung des integrierten Binnenmarktes erforderlich waren, aber der größte Teil der Wegstrecke wurde bereits zurückgelegt. Aber diese Schritte erfolgten relativ spät. Die Größenordnungen, die gegenwärtig notwendig sind, um sich in der internationalen Konkurrenz behaupten zu können, liegen häufig über denen, die selbst in der erweiterten Gemeinschaft erzielt werden können.

Kenichi Ohmae hat in seinem Buch „Triad Power: the coming shape of global competition" (1985) anschaulich dargestellt, wie die beschleunigte Einführung neuer Technologien Unternehmen zum Umdenken zwingt. Die schnelle technologische Entwicklung führt zu immer kürzeren Produkt-Lebenszyklen. Das heißt, Produkte halten sich für immer kürzere Perioden auf dem Markt, bevor sie durch eine neue Generation von Produkten verdrängt werden. Die Zeit, in denen die betroffenen Unternehmen ihre Investitionen in Forschung, Entwicklung, Produktion und Marketing zurückverdienen müssen, wird damit auch immer kürzer. Unternehmen sehen sich dadurch immer mehr genötigt, neue Produkte sofort auf allen großen Märkten der „Triade" anzubieten, d.h. in Westeuropa, in Nordamerika und in Japan. Die althergebrachte Strategie, daß Produkte zunächst einmal auf dem eigenen Binnenmarkt getestet werden und bei Erfolg auch ins Ausland exportiert werden, führt zu einem empfindlichen Zeit- und Absatzverlust. Damit wird die Rolle des europäischen Binnenmarktes erheblich relativiert.

Dies gilt natürlich nicht für alle Produkte. Es gilt vor allem für Produkte (z.B. Elektronika), die einem schnellen technologischen Wandel unterliegen oder die sehr Mode-empfindlich sind. Für diese Produkte ist der relevante „Binnenmarkt" nicht mehr der westeuropäische oder der nordamerikanische Markt, sondern der „Triade"-Markt. Der europäische Markt allein ist zu klein geworden für den Umfang der Massenproduktion, der erzielt werden muß, um die eigenen Investitionen zurückverdienen zu können.

Aber auch für andere Produkte ist das traditionelle „Binnenmarkt"-Konzept immer weniger relevant. Mit dem zunehmenden Abbau von Einfuhrzöllen und nicht-tarifären Handelshemmnissen bietet der Binnenmarkt immer weniger Schutz vor Produzenten aus Drittländern. Die Ausbreitung des europäischen Binnenmarktes hat gegenwärtig mehr die Funktion, bestehende Handelshemmnisse innerhalb von Europa aus dem Weg zu räumen. Von deren Aufhebung profitieren jedoch ausländische (vor allem amerikanische und japanische) Unternehmen ebenso wie europäische (häufig sogar noch mehr, weil deren Planung sich von Anfang an auf den gesamten europäischen Markt richtete, während europäische Unternehmen erst noch ihre eigene interne Struktur anpassen müssen, um sich optimal auf die neue Situation einzustellen).

Festgehalten zu werden verdient also, daß der europäische Binnenmarkt zu einem Zeitpunkt realisiert wird, zu dem seine Größenordnung für viele Sektoren schon nicht mehr ausreicht und seine Schutzfunktion kaum mehr wirksam ist, weil der Binnenmarkt wegen der gleichzeitigen Liberalisierung des Weltmarktes, des Abbaus der Außenzölle und der ungehinderten Direktinvestitionen den europäischen Firmen keinen nennenswerten Schutz mehr bietet.

(b) *Harmonisierung der Wirtschaftspolitik*: Die Globalisierung der Finanzmärkte hat in den vergangenen Jahren zu Geld- und Kapitalströmen ungekannten Ausmaßes geführt. *Täglich* werden auf den internationalen Devisenmärkten mehr als eine Billion (1000 Milliarden) Dollar umgewechselt. Dadurch sind Wechselkurs-Ausschläge möglich geworden, die sich die Theoretiker eines Systems flexibler Wechselkurse in den sechziger und siebziger Jahre in ihren kühnsten Träumen nicht hätten vorstellen können. Es sind gerade diese extremen Wechselkurs-Schwankungen, die die europäischen Länder über eine gemeinsame Währungspolitik zu einem Minimum an wirtschaftspolitischer Koordination zwingen. Das Europäische Währungssystem (EWS) und die künftige Europäische Währungsunion dienen in erster Linie dazu, den innereuropäischen Handel gegen die internationalen Kursschwankungen zu isolieren.

Seit Anfang der siebziger Jahre streiten sich die europäischen Regierungen darum, ob eine gemeinsame Wirtschaftspolitik besser durch das Koppeln der Währungen aneinander und eine dadurch unausweichliche Annäherung in der Wirtschaftspolitik erreicht werden solle oder erst eine Harmonisierung der Wirtschaftspolitik stattfinden müsse, bevor die Währungen aneinander gekoppelt und die Währungsreserven gemeinsam verwaltet werden könnten. Im Vertrag von Maastricht ist ein Kompromiß festgelegt. Eine Währungsunion kommt, aber nur diejenigen Mitgliedsländer werden in diese Union aufgenommen, die bestimmte wirtschaftspolitische Stabilitätsbedingungen erfüllen. Inzwischen sieht es so aus, als ob kaum ein europäisches Land diesen Bedingungen genügen kann, – mit dem Ergebnis, daß diese wahrscheinlich relativ freibleibend interpretiert werden. Denn die währungspolitische Integration wird von außen erzwungen (durch die Turbulenz auf den internationalen Valuta-Märkten, der sich die europäischen Länder wegen der intensiven internen Handelsverflechtung nicht uneingeschränkt aussetzen möchten).

Das Resultat ist eine Art Schwebezustand: Da die Koppelung der Währungen nicht unwiderruflich und definitiv ist, bleibt ein erheblicher Spielraum für die makroökonomische Politik der Mitgliedsländer. Da von diesem Spielraum auch Gebrauch gemacht wird, kommt es von Zeit zu Zeit zu Anpassungen im Europäischen Währungssystem. Doch ist dieses System ausreichend stabil, so daß der innereuropäische Handel nicht allzu sehr darunter leidet.

(c) *Vermeidung von Politik-Konkurrenz*: Ohne Zweifel hat die europäische Integration die Politik-Konkurrenz zwischen den Mitgliedsländern der EU vermindert, etwa auf dem Gebiet der Industrie- und Forschungspolitik oder der Verbrechensbekämpfung. Aber die Probleme wurden nicht gelöst, sondern nur verringert. Für viele Aufgaben erreicht auch die erweiterte EU wiederum nicht die notwendige Größenordnung.

Gerade im Bereich der Industriepolitik hat die Konkurrenz aus anderen Regionen als Schrittmacher des Integrationsprozesses gewirkt. Die schnelle Entwicklung der Informationstechnologie in den USA und Japan hat in Europa zu neuen Initiativen geführt. Es waren vor allem die mit dem ESPRIT-Programm beginnenden Technologie-Programme, die der EG in der Mitte der achtziger Jahre einen neuen Elan und ein zukunftsorientiertes Image gaben. Doch zeigte sich nach einer Reihe von Jahren, daß die europäischen Unternehmen die geförderte Zusammenarbeit untereinander als zweitrangig ansahen, sobald sich ein attraktiver Partner aus Amerika oder Japan anbot.

Die europäischen Programme hatten wahrscheinlich eine sinnvolle Funktion, um die europäischen Unternehmen in der internationalen Konkurrenz nicht noch weiter zurückfallen zu lassen und sie (wieder) zu attraktiven Partnern für amerikanische und japanische Konzerne zu machen. „Strategische Allianzen" zwischen Unternehmen, die für das Bestehen in der globalen Konkurrenz eine immer größere Bedeutung erlangt haben, werden vor allem mit Unternehmen aus anderen Kontinenten geschlossen, nicht so sehr zwischen europäischen Unternehmen untereinander. Dies ist auch begreiflich, wenn man sich vor Augen hält, daß eine wichtige Funktion vieler Allianzen das Sicherstellen des Absatzes in anderen Weltteilen als Funktion hat.

Mit einer gemeinsamen Einwanderungspolitik, die eigentlich eine logische Ergänzung einer gemeinsamen Arbeitsmarkt-Politik sein sollte, tun sich die europäischen Regierungen noch schwer, obwohl hier deutlich die restriktive Haltung einiger Regierungen zu einem größeren Einwanderungsstrom in anderen Mitgliedsländern führt. Hier stellt sich nicht das Problem, daß die EU selbst zu klein ist, um als sinnvolles Niveau der Koordination zu dienen. Vielmehr sind die verschiedenen Ausgangspunkte noch zu divers, so daß keine Übereinstimmung gefunden werden kann.

Zu klein ist die EU für ein anderes Problem: die Bekämpfung der Kriminalität. Mit der erhöhten Mobilität von Personen sollte eigentlich eine intensivere Zusammenarbeit bei der Verbrechensbekämpfung einhergehen. Aber verschiedene Traditionen auf diesem Gebiet erschweren noch immer ein gemeinsames Vorgehen im Rahmen von „Europol". Es ist auch fraglich, ob die EG das geeignete Niveau für ein internationales Vorgehen gegen die organisierte Kriminalität ist. Drogenhandel und Mafiosi lassen sich bei ihren Aktivitäten wenig gelegen sein an den Grenzen der Europäischen Union, sondern operieren global (mit Osteuropa als neuem Aktionsgebiet). Hier müssen noch geeignete Formen der internationalen Zusammenarbeit entwikkelt werden, die das westeuropäische Niveau übersteigen.

Festgehalten kann werden, daß die EU viele Probleme, die die nationalen Staaten nicht mehr zu lösen vermögen, auch nicht zu lösen imstande ist. So wie der Benelux-Verbund oder die Union Nordischer Staaten auch nur eine graduelle Verbesserung der Situation darstellen, in der sich die nationalen Staaten angesichts des Globalisierungs-Prozesses befinden, so wird auch die EU der Doppelrolle als Beschützer und Modernisierungs-Helfer nur sehr bedingt gerecht. Mit der Intensivierung globaler Transaktionen erweist sich die EU als Forum politischer Koordination immer mehr als unzureichend.

Das nächsthöhere Niveau internationaler Zusammenarbeit wäre das Niveau der OECD. Als Niveau informeller Koordination bei der Politik-Vorbereitung darf die OECD nicht unterschätzt werden. Es scheint jedoch so, als hätte die OECD als Folge des Endes des Kalten Krieges (und vielleicht auch als Folge des Abbröckelns der „Dritten Welt" in der Form der „Gruppe der 77" als Verhandlungspartner) an Kohäsion verloren. So jedenfalls ließen sich die Konflikte um die Nachfolge des OECD-Generalsekretärs (1994) deuten und die Meinungsverschiedenheiten im Hinblick auf die zukünftigen Aufgaben der Organisation. Von dem nächsthöheren Niveau ist damit auf absehbare Zeit auch wenig internationale Koordination zu erwarten.

1.3 Die Zukunft der Konkurrenz zwischen den Wirtschaftsblöcken

Ein höheres Koordinations-Niveau ließe sich lediglich erreichen, wenn das Verhältnis zwischen den westlichen Handelsblöcken weniger konflikthaltig würde. Seit dem Wegfallen der disziplinierenden Wirkung des Kalten Krieges nehmen die Konflikte jedoch eher zu. Die Gobalisierung der Weltwirtschaft trägt dazu bei, daß die möglichen Reibungsflächen immer breiter werden.

Bleibende Interessengegensätze im Agrarbereich, zunehmende Arbeitslosigkeit (vor allem in Europa), konkurrierende Ansätze zu einer stimulierenden Industriepolitik im „High Tech" Sektor und wachsende Unterschiede in den Auffassungen über die wünschenswerte und akzeptable Intensität von Staatsinterventionen und Rivalität bei der Penetration der „neuen Märkte" bergen ein erhebliches Konfliktpotential.

Die Konflikte nehmen zwar zu, aber sie bleiben beherrschbar. Eine ganze Reihe von Faktoren verhindert, daß die Konflikte aus der Hand laufen. Der Prozeß der Globalisierung selbst trägt hierzu bei: Durch die enge Verflechtung der Weltwirtschaft wird die Drohung mit einem Handelskrieg zum Bumerang: Wenn alle in einem Boot sitzen, dann gefährden Repressalien eines Handelspartners die Wirtschaftsentwicklung auf allen Gebieten des Weltmarktes.

Durch das Netz von Auslandsinvestitionen und -beteiligungen ist auch immer undeutlicher, was nun eigentlich die „nationalen" Unternehmen sind. Wenn man den Beitrag der US-Tochtergesellschaft von Honda zur amerikanischen Handelsbilanz ansieht, dann könnte man glauben „Was gut ist für Honda, ist gut für die Vereinigten Staaten". In Europa machen die hohen japanischen Investitionen in Großbritannien die britische Regierung innerhalb der EU häufig zum Sprachrohr japanischer Interessen. Auch die internen Konflikte innerhalb der

EU verhindern, daß Europa zu einem „Fortress Europe" ausgebaut wird.

So bleibt es beim Zustand des beherrschten „Konflikts", intensiv genug, um die erfolgreiche Koordination der Wirtschaftsentwicklung zu verhindern (und die Welt-Gipfeltreffen der „G7" zu unverbindlichem Plausch werden zu lassen), aber nicht so heftig, daß die Auseinandersetzungen den Prozeß der Globalisierung gefährden würden.

2. Die Parallelität von Globalisierung und Lokalisierung

Die Nationalstaaten sind kaum in der Lage, die eigenen Bürger und Unternehmen gegen die Auswüchse des Globalisierungs-Prozesses zu beschützen. Selbst die EU ist in vieler Hinsicht zu klein. Alle kommenden Versuche der weiteren Ausbreitung der Union drohen zugleich, die EU immer handlungsunfähiger zu machen. Das nächsthöhere Niveau, die OECD, kann sich durch die schwelenden Konflikte zwischen Nordamerika, Japan und Westeuropa kaum zu einem Organ entwickeln, das mehr als die bisherige Koordinations-Leistung erbringt. Initiativen etwa zur Bekämpfung der Arbeitslosigkeit sind auf dieser Ebene nicht zu erwarten, auch wenn die Gipfeltreffen der Regierungschefs diesem Problem eine große Priorität einräumen.

In die entstehende Lücke springen in zunehmendem Maße lokale und regionale Initiativen, mit oder ohne Förderung durch den nationalen Staat und die Europäische Union. Die Motive für derartige Initiativen sind jedoch sehr unterschiedlich. Da der Prozeß der Globalisierung zu einer ungleichen Entwicklung von verschiedenen Regionen, Städten und Distrikten beiträgt, können die verschiedenen Initiativen zur Lokalisierung nicht in einen Topf geworfen werden – sie sind häufig nicht nur Ausdruck unterschiedlicher, sondern sogar gegensätzlicher Interessen.

In den Wirtschaftskrisen seit Mitte der siebziger Jahre wurde deutlich, daß verschiedene Regionen innerhalb derselben Staaten unterschiedlich krisenbeständig waren und sich mit unterschiedlichem Tempo wieder von der Krise erholten. Innovationsleistungen sind nicht gleichmäßig über alle Regionen verteilt, sondern weisen regionale Schwerpunkte auf. Die Forschungs- und Entwicklungspotentiale konzentrieren sich in beinahe allen Ländern auf einige wenige Zentren, die untereinander in regem Kontakt stehen. Die europäische Forschungslandschaft gleicht daher eher einer Inselgruppe als einer festen Landmasse (daher die Rede vom „Archipelago Europa“, vgl. Hilpert u.a. 1992).

Die wirtschaftliche Entwicklung Europas wird in hohem Maße von der Wirtschaftsleistung in den Gebieten bestimmt, die sich „bananenförmig“ von Südengland über Nordfrankreich, den größten Teil der Benelux-Länder, Ruhrgebiet, Rhein-Main-Becken, die Region Rhône-Alpes, und Norditalien erstrecken. Sie trennt die Nationalstaaten in leistungsfähige und schwache Regionen. Das bekannteste Beispiel für diese Polarisierung liefert Italien. Der Norden ist stark der internationalen Konkurrenz ausgesetzt. Dementsprechend formen sich politische Kräfte wie die „Lega Lombarda“, die für nationale Deregulierung, zunehmende Autonomie und weniger Steuergelder für den Mezzogiorno eintreten, der als ein Faß ohne Boden betrachtet wird.

Derartigen Lokalisierungs-Bestrebungen stehen ganz andere lokale Initiativen in den strukturschwachen Regionen gegenüber. Auch dort wird ausführlich diskutiert, welche Faktoren bei gleichen weltwirtschaftlichen und nationalen Rahmenbedingungen zu unterschiedlich erfolgreicher regionaler Wirtschaftsentwicklung führen. Dabei stehen besonders die Erfolgsbedingungen in Regionen wie dem Silicon Valley in Kalifornien, der Emilia Romagna in Italien oder von Baden-Württemberg in der Bundesrepublik im Mittelpunkt des Interesses. Gefragt wird, inwieweit sich die Faktorenbündel, die regionalen Erfolg versprechen, auch durch andere Regionen schaffen lassen.

Während aus den reichen Regionen vor allem der Ruf nach *weniger* Staatsinterventionen (des zentralen Staates) erklingt, wird in den schwächeren Regionen eher der Ruf nach einem *stärkeren* (lokalen) Staatsauftreten laut. Wird die Politik der Dezentralisierung in den reichen Regionen vor allem von den Weltmarkt-orientierten (oder von ihnen abhängigen) Sektoren vertreten, sind es in den anderen Regionen eher die regional oder national orientierten Unternehmen, die die Lokalisierungs-Bestrebungen tragen. Zielt die Politik in den reichen Regionen vor allem auf eine bessere Ausgangsposition in der internationalen Arbeitsteilung, so richten sich die Initiativen in den zurückgebliebenen Regionen eher auf die Förderung relativ geschlossener regionaler Wirtschaftskreisläufe, um das „endogene“ Potential der eigenen Region zur Entwicklung zu bringen. Kommt für die reichen Regionen die Konkurrenz vor allem aus dem Ausland, stammen die wichtigsten Konkurrenten für Firmen aus den armen Regionen meist aus dem eigenen Land. Sowohl die soziale Basis als auch die ideologische Ausrichtung der verschiedenen Regionalisierungs- und Lokalisierungs-Bestrebungen ist also in beiden Fällen eine andere.

Die – augenscheinlich – gemeinsame Rhetorik, mit der für eine zunehmende Dezentralisation gestritten und Lokalisierungs-Bestrebungen gefördert werden, darf jedoch nicht darüber hinwegtäuschen, daß diese Bestrebungen eine außerordentlich bunte Vielfalt aufweisen. Ein „Europa der Regionen“ würde darum nicht zu einem harmonischen Nebeneinander der verschiedenen Initiativen führen. Die unterschiedlichen Bestrebungen wurzeln in gegensätzlichen Interessen und neigen zu unterschiedlichen Ideologien (z.B. was die Rolle des Staates angeht). Ein „Europa der Regionen“ wäre darum nicht weniger konfliktträchtig als das gegenwärtige „Europa der Nationen“.

3. Konsequenzen für den Integrationsprozeß

Während die Globalisierung einer der Motoren des europäischen Einigungsprozesses ist, wirkt die Lokalisierung nicht unbedingt in dieselbe Richtung. In den Dokumenten der Europäischen Kommission wird das zunehmende Gewicht der Regionen begrüßt (vgl. Beitrag Marks in diesem Band). Die Rationalität, die den Lokalisierungs-Bestrebungen zugrunde liegt, steht jedoch in einem deutlichen Spannungsverhältnis zum Integrationsprozeß.

Die Motivation der europäischen Instanzen im Umgang mit den Regionen ist gemischt. Einerseits geht es um die Einheitlichkeit der Lebensbedingungen und die Unterstützung von regionalen Initiativen, die auf anderen Ebenen nicht effizienter ausgeführt werden können (z.B. regionale Arbeitsbeschaffungs-Maßnahmen). Aber andererseits hat diese Politik auch viel mit dem Streben nach größerer Akzeptanz und Ausbreitung der Macht der europäischen Instanzen zu tun. In dem Gerangel um Kompetenzen macht die alte Regel „Der Feind meines Feindes ist mein Freund“ die Europäische Union und die Regionen zu natürlichen Allianzpartnern. Von einer Schwächung der nationalstaatlichen Instanzen durch eine starke Dezentralisierung kann die Union als Institution profitieren. Schließlich ist die Notwendigkeit einer starken koordinierenden und harmonisierenden Instanz bei einer großen regionalen Vielfalt leicht einzusehen. Die große Zahl der Regionen macht sie zu weniger gefährlichen Rivalen der Union als die nationalen Staaten. Einzelne Regionen können viel weniger stark ihren Stempel auf die europäische Entwicklung drücken als dies nun im Falle der Mitgliedsländer der Fall ist.

Durch die Förderung regionaler Initiativen und Netzwerke, am liebsten in direktem Kontakt zwischen der Kommission in Brüssel und den Regionen, erreicht die Kommission obendrein eine etwas größere Bürgernähe und Akzeptanz. Sie steht, vor allem in den zurückgebliebenen Regionen, oft für Fortschritt und verbesserte Zukunftschancen.

Diese oberflächige Interessenharmonie zwischen Europäischer Union und lokalen Initiativen darf jedoch nicht darüber hinwegtäuschen, daß eine stärkere Lokalisierung dem Prozeß der europäischen Integration durchaus abträglich sein kann.

In den reichen Regionen besteht die Furcht, daß mit der Union eine neue zentrale Instanz wächst, die Einkommenstransfers nicht nur zugunsten des jeweiligen nationalen „Mezzogiornos" auferlegt, sondern auch für den europäischen „Süden" insgesamt (Irland inbegriffen) und demnächst gar für die am Beitritt interessierten Länder Osteuropas. Da für die reichen Regionen nicht die Perspektive des europäischen Binnenmarktes, sondern die Weltmarkt-Konkurrenz maßgebend ist, würde dies lediglich eine noch größere finanzielle Belastung bedeuten.

Die Motivation für die Regionalisierung beruht aus der Perspektive der reichen Regionen ja gerade auf der Abweisung des Solidaritätsprinzipes und einer Betonung des Subsidiaritätsprinzipes, das letztlich auch einer Ausbreitung der Zuständigkeiten der Europäischen Union im Wege steht.

Aus der Sicht der strukturschwachen Regionen müßte das Solidaritätsprinzip eine viel größere Rolle spielen. Ihre Durchsetzungsmöglichkeiten gegenüber den reicheren Regionen sind jedoch gering. Der Durchsetzungswille dürfte auch nicht immer gegeben sein. In dem Konflikt Solidarität gegen Subsidiarität ist der Hang der Regionalpolitiker zur Subsidiarität selbst in den schwachen Regionen groß: Das ist zwar der Wohlfahrt der Regionen abträglich, aber die Entscheidungsbefugnisse (und damit Machtpositionen) der regionalen Politiker werden verstärkt.

Auch die Motive der strukturschwachen Regionen für die Regionalisierung und Lokalisierung stehen im Widerspruch zum europäischen Integrationsprozeß: Für diese Initiativen sind die Verbesserung der Konkurrenzfähigkeit im nationalen bzw. innereuropäischen Maßstab zentral. Mit der Förderung von regionalen Wirtschaftskreisläufen, der Bevorzugung von regionalen Lieferanten und neuer Regulierung auf lokalem und regionalem Niveau verstoßen diese Initiativen oft gegen die Regeln des integrierten europäischen Binnenmarktes.

4. Schlußfolgerung

Die Globalisierung der Weltwirtschaft führt dazu, daß die Europäische Union nicht viel besser als die nationalen Staaten in der Lage ist, zugleich die Modernisierung der Wirtschaft in den Mitgliedsländern zu fördern und die Unternehmen gegen den all zu eisigen Wind der Weltmarktkonkurrenz zu schützen. In diese Bresche springen Projekte der Lokalisierung. Sie dienen einerseits dazu, die konkurrenzfähigsten Bereiche der nationalen Wirtschaft von der Last nationaler Regulierung und Umverteilungspolitik zu befreien, um ihnen eine bessere Ausgangsposition auf dem Weltmarkt zu sichern. Andererseits dienen sie der Förderung regionaler Wirtschaftskreisläufe in den zurückgebliebenen Regionen.

Der doppelte Prozeß der Globalisierung und Lokalisierung trägt freilich dazu bei, die Legitimation des europäischen Integrationsprozesses zu unterminieren. Globalisierung zwingt die Unternehmen, sich nicht so sehr am europäischen Binnenmarkt, sondern direkt am Weltmarkt zu orientieren (und dafür Allianzen mit amerikanischen und japanischen Unternehmen einzugehen). Lokalisierung schwächt das Solidaritätsprinzip als Grundlage des gemeinschaftlichen Handelns und beeinträchtigt die Durchsetzung des integrierten Binnenmarktes. Sie bietet außerdem ein Sammelbecken für all jene, die die europäische Integration als Teil des Globalisierungsprozesses ansehen, der lokale und nationale Besonderheiten bedroht. Es nimmt darum nicht Wunder, daß die Legitimation des Integrationsprozesses immer mehr in Frage gestellt wird und der Prozeß der europäischen Einigung imer wieder ins Stocken gerät.

Literatur

Cox, Robert W. (1994): Global Restructuring: Making Sense of the Changing International Political Economy; in: Stubbs, Richard; Underhill, Geoffrey R.D. (Hg.), Political Economy and the Changing Global Order (London), S. 45-59.

Fröbel, Folker; Heinrichs, Jürgen; Kreye, Otto (1977): Die neue internationale Arbeitsteilung. Strukturelle Arbeitslosigkeit in den Industrieländern und die Industrialisierung der Entwicklungsländer (Reinbek).

Fröbel, Folker; Heinrichs, Jürgen; Kreye, Otto (1986): Umbruch in der Weltwirtschaft. Die globale Strategie: Verbilligung der Arbeitskraft, Flexibilisierung der Arbeit/Neue Technologien (Reinbek).

Hilpert, Ulrich (1992): Archipelago Europe – Islands of Innovation; Synthesis Report, FAST Programme, Prospective Dossier No. 1 (Brüssel).
Ohmae, Kenichi (1985): Triad Power: The Coming Shape of Gobal Competition (New York).
O'Reilly, Brian (1992): Your New Global Work Force; in: Fortune 14, S. 62-70.
o.V. (1994): „War of the worlds". A Survey of the Global Economy; in: The Economist, October 1, 1994.
Schwartz, Herman M. (1994): States versus Markets. History, Geography, and the Development of the International Political Economy (New York).
Servan-Schreiber, Jean-Jacques (1967): Le défi américain (Paris).
United Nations (1994): World Investment Report 1994. Transnational Corporations, Employment and the Workplace (New York, Genf).
Zürn, Michael (1995b): The Challenge of Globalization and Individualization: A View from Europe; in: Holm, Hans-Henrik; Sørensen, Georg (Hg.), Whose World Order? Uneven Globalization and the End of the Cold War (Boulder, CO etc.), S. 137-163.

Westeuropäische Integration und osteuropäische Transformation in der globalen Standortkonkurrenz*

Elmar Altvater

Daß die westeuropäische Integration zur monetären Union und die ost- und mitteleuropäische Transformation zu Marktwirtschaften und parlamentarisch-demokratischen Systemen schon aus Gründen räumlicher Nähe und zeitlicher Synchronität interdependente Prozesse sind, kann nicht bestritten werden. Jenseits der geographisch bedingten gibt es auch funktionelle Interdependenzen. Denn Marktwirtschaften, in die sich die ehemaligen Planwirtschaften transformieren, sind immer und prinzipiell Geldwirtschaften. Daher setzen sich die „Transformationsökonomien" der Konkurrenz von Waren (Preise und Qualitäten) und von Währungen (Kurse und Zinsen) aus. Die Integration in die Welt-Marktwirtschaft, die von den „Triaden-Ökonomien", darunter der Europäischen Union, dominiert wird, könnte subaltern enden, wenn sie in der Konkurrenz nicht bestehen. Infolge der „Vertiefung" der westeuropäischen Integration, die ja für Drittländer neben Vorteilen auch eine Erhöhung von ökonomischen Hindernissen bedeutet, kann die osteuropäische Transformation erschwert werden. Es wird sogar eine Marginalisierung oder „Peripherisierung" Mittel- und Osteuropas befürchtet, die Wiederherstellung eines *status-quo ante*. Der nur kurzzeitig durch das real-sozialistische Zwischenspiel von 1917 bis 1989 unterbrochene Gegensatz von westeuropäischem Zentrum und osteuropäischer (Semi-)Peripherie während der Jahrhunderte zuvor würde dann erneut (Frank 1992; mit anderer Begründung Przeworski 1991)

* Der Artikel ist im Rahmen eines Forschungsgebietsschwerpunkts an der FU Berlin zur Thematik „Transformationsprozesse in einer interdependenten Welt" entstanden. Er ist mit Michael Heinrich, Arndt Hopfmann, Birgit Mahnkopf diskutiert worden. Ganz besonders möchte mich für die hilfreichen Anregungen von Beate Kohler-Koch bedanken. Daß für den Inhalt ausschließlich der Verfasser verantwortlich ist, versteht sich von selbst.

die politische und wirtschaftliche Geographie des europäischen Kontinents charakterisieren.

Auch für die westeuropäischen Länder sind nach 1989 neue Herausforderungen auf die historische Tagesordnung geraten, die der beabsichtigten „Vertiefung“ des Integrationsprozesses, wie sie mit der Verabschiedung der „Einheitlichen Europäischen Akte“ und dem Vertrag von Maastricht 1991 in die Wege geleitet worden ist, überraschende Probleme bereiten. Eine von einigen mittel- und osteuropäischen Staaten unmittelbar nach dem Systemwechsel von 1989 geforderte Erweiterung der EG stößt auf das Hindernis der höchst unterschiedlichen ökonomischen und sozialen bzw. politischen Entwicklungsniveaus zwischen dem „alten“ Westen und dem „neuen“ Osten (ausgedrückt anhand der Produktivitätsunterschiede und der institutionellen Differenzierung). Obendrein könnte die fragile Machtbalance innerhalb der EU-Strukturen durch eine Ost-Erweiterung mehr gestört werden als in den bisherigen Fällen einer Erweiterung Anfang der siebziger Jahre um Großbritannien, Irland und Dänemark (1973) oder in den achtziger Jahren um Griechenland (1981), Spanien und Portugal (1986). Auch die „zweite Norderweiterung“ zum 1.1.1995 um Finnland, Schweden und Österreich wirft schon deshalb weniger Probleme als eine „Osterweiterung“ auf, weil die Entwicklungsniveaus der Beitrittsländer hoch genug sind, um von Anfang an die EU-„Konditionalität“ einer vollen Mitgliedschaft übernehmen zu können. Obendrein handelt es sich bei diesen Ländern um „Nettozahler“, so daß pekuniäre Konflikte mit den ärmeren EU-Mitgliedern eher ausgeräumt werden können. Keine dieser Bedingungen jedoch kann derzeit von den mittel- und osteuropäischen Länder erfüllt werden, obwohl der Europäische Rat in den Europa-Abkommen mit mittel- und osteuropäischen Staaten (Polen, tschechische und slowakische Republik, Ungarn) die Möglichkeit der Mitgliedschaft prinzipiell eröffnet hat. Denn tatsächlich sprechen eine Reihe von politischen Erwägungen für die EU-Erweiterung um mittel- und osteuropäische Staaten. Darunter ist die Erwartung in höhere politische Stabilität und in die Unumkehrbarkeit der Transformationspozesse infolge der Einbindung in die europäische Gemeinschaft besonders wichtig, vielleicht sogar für die friedliche Entwicklung des Kontinents entscheidend.

Im folgenden soll geklärt werden, was unter „Erweiterung“ einerseits und „Vertiefung“ andererseits im westeuropäischen Integrationsprozeß zu verstehen ist und ob es einen Mittelweg zwischen den beiden „Integrations-Trajektorien“ in Bezug auf Ost- und Mitteleuropa geben kann. Danach werden einige Aspekte der Transformation zur und Integration in die Markt- und Geldwirtschaft diskutiert, um abschließend die Chancen eines ökonomischen Ausgleichs zwischen Westen und Osten im größer gewordenen Europa bzw. die Wirkungskräfte in Richtung einer Peripherisierung der Reformstaaten zu prüfen.

1. Vertiefung der Integration durch eine Währungsunion versus Erweiterung durch Freihandel

Daß alle (seit dem 1.1.1995) fünfzehn EU-Mitgliedsstaaten wie im Vertrag von Maastricht vereinbart bis spätestens 1999 eine Währungsunion mit den dazugehörigen politischen Institutionen der Politikabstimmung bilden könnten, glaubt inzwischen niemand (vgl. Busch, in diesem Band). Schäuble und Lamers mit der CDU/CSU-Bundestagsfraktion und Balladur haben jeweils auf ihre Weise im Sommer 1994 kundgetan, daß die politische und wirtschaftliche Integration Europas mit verschiedenen Tempi in „variabler Geographie" erfolgen sollte, daß es den einen und einheitlichen politischen, ökonomischen und monetären Raum nicht mehr in diesem Jahrhundert geben wird, daß sich also innerhalb der EU unterschiedliche Integrationstrecks auf dem langen Weg zum vereinten Europa bilden müssen, die einen in schneller Kalesche voran, die anderen mit schwerem Bauernkarren hinterher[1].

1 Balladur sprach von einem „Europa variabler Strukturen" mit einer „im wesentlichen aus Frankreich und Deutschland" bestehenden homogenen Gruppe (Le Figaro, 30.8.1994). Schäubles und Lamers' Thesen umrissen einen „Kern des festen Kerns", wie bei Balladur bestehend aus Deutschland und Frankreich. Der feste Kern um den Kern herum wird von den Benelux-Staaten gebildet, obwohl das Dokument hier vieles offen läßt. „Der feste Kern hat die Aufgabe, den zentrifugalen Kräften in der immer größer werdenden Union ein starkes Zentrum entgegenzustellen" (zitiert nach Deutsche Bundesbank, Auszüge aus Presseartikeln, Nr. 64 vom 9. September 1994, S. 4). Die Thesen machen den Versuch, angesichts der anstehenden Erweiterung der EU die Entscheidungsfähigkeit der EU-Institutionen zu erhalten und den ökonomischen und politischen Divergenzen (und divergenten Interessen) der derzeitigen EU-Mitglieder Rechnung zu tragen (dazu: Janning 1994; Huffschmid 1994). John Major hatte bereits im Frühjahr 1993 für ein „multi-track, multi-speed, multi-layered Europe" plädiert (vgl. Wall Street Journal, 2./3. September 1994; Frankfurter Rundschau, 9. September 1994). Die Vorstellung von der „variablen Geographie" oder von den „verschiedenen Geschwindigkeiten" ist also nicht nur der „objektiven" Unterschiedlichkeit in der EU geschuldet. Sie kommt auch all jenen entgegen,

Die mangelnde monetäre und reale Konvergenz in der EU nach Maastricht (Sachverständigenrat 93/94: 142) ist kein Wunder, wenn man die Dauer des europäischen Integrationsprozesses zur Zollunion (von 1957 bis 1969) und bis zur Herstellung des Gemeinsamen Marktes am 1.1.1993 in Rechnung stellt; das waren immerhin 36 Jahre. Der Übergang zur Währungsunion mit zwölf und seit 1995 fünfzehn Mitgliedern wird sich wohl kaum in fünf Jahren bewerkstelligen lassen, zumal die Geschichte lehrt, daß die Regulierung einer gemeinsamen Währung (oder mit fixen Kursen aneinander gekoppelter Währungen der Mitgliedsländer) eines Konsenses bedarf, der nur innerhalb des Institutionensystems einer politischen Union erzeugt werden kann (Tietmeyer 1994). Wie sonst sollte eine gemeinsame Zentralbank, die mehr ist als das 1993 gegründete und seit November 1994 arbeitende Europäische Währungsinstitut, mit der notwendigen Legitimation ihrer Entscheidungen, mit denen die Wirtschaftslage von etwa 300 Millionen Westeuropäer beeinflußt wird, ausgestattet werden? Der Übergang zur Währungsunion kann daher, soll sie nicht sehr bald scheitern, nur im Gleichschritt mit der Gestaltung einer engeren politischen Union – insbesondere hinsichtlich der Abstimmung der Wirtschafts-, Finanz-, Geld-, Umwelt- und Sozialpolitik – erfolgen. Der Weg zur Währungsunion verlangt also unweigerlich die Vertiefung der Integration auch in anderen Politikfeldern und Politikprozessen. Gerade wegen dieser „ehernen Logik“ einer Währungsunion ergeben sich die Schwierigkeiten, das „Vertiefungsprojekt“ von Maastricht in erweitertem Kreis zu verfolgen. Die Höhe der Anforderungen an die Integrationsleistungen der Mitglieder macht eine Währungsunion mit fünfzehn Währungsgebieten noch in diesem Jahrhundert eher unwahrscheinlich. Realistischer ist eine „halbe“ Währungsunion, also verzögert und/oder nur mit den Ländern jenes „Kerns“, der die höhere Integrationsgeschwindigkeit und die erforderlichen institutionellen Anpassungen zu erbringen bereit und in der Lage ist.

Doch wäre der Aufschub der Währungsunion überhaupt ein Nachteil? Auch ohne Währungsunion, so heißt es, könne die Integration der Waren-, Geld- und Kapitalmärkte vorangetrieben und das politische Projekt Europa verfolgt werden. Die Grundannahme erfolgreicher Integration durch handelspolitische Verflechtung an Stelle der Vergemeinschaftung von Politikfeldern und einer währungspoliti-

---

die sich ein „Europa à la carte“ wünschen mit verschiedenen Integrationsgraden in verschiedenen Policy-Feldern und verschiedenen Optionen für die Mitgliedsländer.

schen Union kann zwar von dem mehr als zwei Jahrhunderte alten Theorem von der Wohlstandswirkung der durch Marktausweitung vertieften Arbeitsteilung ausgehen (Adam Smith) und auf die Begründung des ehrwürdigen Theorems der komparativen Kostenvorteile (David Ricardo) zurückgreifen. In jüngster Zeit sind jedoch die freihändlerischen Thesen und Theorien aus verschiedenen Gründen in Frage gestellt worden (z.B. Daly/Cobb 1989; Luttwak 1994; Krugman 1987). Ein Argument ist in dem hier zu verhandelnden Kontext besonders wichtig: Das Theorem von den Wohlfahrtswirkungen des Freihandels stellt die grenzenlose Mobilität des Kapitals nicht in Rechnung. Diese konnte zu Ricardos Zeiten ebenso vernachlässigt werden wie die transnationale Mobilität des Faktors Arbeit. Sie ist aber spätestens seit dem Ende des Bretton Woods Systems fixierter Kurse im Jahre 1973 bestimmend für die Entwicklung der internationalen Arbeitsteilung. Die je nationalen Währungen mit ihren Wechselkursen bieten eine Vielfalt von Möglichkeiten der Währungsspekulation, zumal wenn die Faktorpreise in den am Handelssystem beteiligten Wirtschaften entgegen den Annahmen vom Ausgleich durch Handel nicht konvergieren. Eine Währungsunion würde ihrerseits die „finanziellen Instabilitäten" auf unregulierten Devisenmärkten reduzieren. Die verringerte Risikokomponente bei Ausleihungen von Kapital könnte eine Senkung des Zinsniveaus herbeiführen. Die Wirkungen auf Wachstum und Beschäftigung wären *ceteris paribus* positiv. Ob dieser Effekt auch mit der bloßen Ausweitung des freien Handels unter den herrschenden Systemen der Regulation erzielt werden kann, sei dahingestellt. Eine Vertiefung der Integration durch die Wirkung des Freihandelsprinzips dürfte also kaum möglich sein. Freihandel heißt letztlich Deregulierung, und dadurch werden unter den heutigen Bedingungen globaler Kapitalbewegungen nicht jene von Adam Smith und David Ricardo erwarteten wohlstandssteigerenden Spezialisierungseffekte ausgelöst und mit ihnen die Lebensstandards in verschiedenen Ländern angeglichen, sondern eher desintegrierende Effekte größerer Ungleichheit (vgl. Afheldt 1994) verstärkt.

Ob der Integrationspfad über die Ausweitung des Handels erfolgreich verfolgt werden kann, bleibt fraglich. Irgendwo verliert er sich im dichten Unterholz unregulierter Märkte, instabiler Finanzbeziehungen und im Gestrüpp der infolgedessen hohen Transaktionskosten. Da Märkte Orte des geldvermittelten Austausches sind, bedarf deren vertiefte Integration schon aus Gründen der Reduzierung von Transaktionskosten (ganz abgesehen von der ökonomischen und sozialen Standardisierungsfunktion des Geldes) eines Geldes und nicht vieler

Gelder, deren Kurse auf einem hochspekulativen Markt noch dazu durch Marktteilnehmer bestimmt werden, die zum realökonomischen und handelspolitischen Integrationsraum gar nicht dazugehören, sich also am Devisenmarkthandel aus ganz anderen Motiven beteiligen als dem, Handelsgeschäfte oder Investitionsprojekte im europäischen Integrationsraum abzuwickeln. Die Stackelbergsche Unterscheidung (Stackelberg 1943) zwischen autonomen und induzierten Kapitalbewegungen erweist sich hier als nützlich. Hätten wir es nur mit handelspolitisch induzierten Kapitalbewegungen zu tun, könnte auf die Bildung einer Währungsunion tatsächlich verzichtet werden. Je mehr internationaler Handel, desto höher der Integrationsgrad der Handelspartner. Da aber die Kapitalbewegungen am Ende des Jahrhunderts zu 99% autonom von zugrundeliegenden handelsbilanzwirksamen Geschäften sind[2], diese aber wegen ihrer Wirkung auf Zinsen und Kurse wirksam beeinflussen, könnte eine Währungsunion auch die handelspolitische und realökonomische Integration unterstützen. Dies vor allem weil sie die Ausbildung von gemeinsamen Institutionen bei Strafe des Scheiterns erzwingt. Freilich impliziert diese „Vertiefung" durch Bildung gemeinsamer Institutionen auch eine Verengung des Integrationsraumes, ist also mit dem Projekt der Erweiterung unter Bedingungen politischer, ökonomischer, sozialer und kultureller Heterogenität nicht kompatibel.

2. „Finanzkultur" und die realen Bedingungen „systemischer Wettbewerbsfähigkeit"

Die Deutsche Bundesbank ist der Auffassung, daß die finanziellen Instabilitäten auf hochintegrierten freien Finanzmärkten nicht durch eine Fixierung der Kurse, sondern eher durch eine „Angleichung der ‚Finanzkultur'" verringert werden können (Deutsche Bundesbank 1993: 95). Es ginge um die Schaffung einer europäischen „Stabilitätskultur, d.h. einer wachsenden Übereinstimmung über Ziele, Zwischenziele, Methoden, Instrumente und Anwendungspraktiken der Geldpolitik durch

2 In grober Rechnung kann davon ausgegangen werden, daß täglich Waren und Dienste für etwa 10 Mrd. US-$ weltweit umgesetzt werden (bei einem Weltexportvolumen 1993 von 3686 Mrd. US-$), daß aber die Devisentransaktionen täglich etwa 1000 Mrd. US-$ betragen (Zahlen nach IWF, Financial Statistics und BIZ).

ständigen Gedanken- und Erfahrungsaustausch" (Schieber 1994: 4). Vom Podest einer starken Währung kann leicht die „Finanz- und Stabilitätskultur" einer binnenwirtschaftlich orientierten Stabilitätspolitik gepredigt werden, die für die Länder mit schwachen Währungen innerhalb eines Währungssystems nur schwer zu etablieren ist, auch wenn in der Formulierung das Bewußtsein davon anklingt, daß die in der Währungsunion gefragte monetäre Stabilität nicht allein durch staatliche Politik, sondern auch durch Kooperation der gesellschaftlichen Akteure erzeugt werden muß. Jedoch sind die seit Mitte der siebziger Jahre „entkoppelten" Sphären der realen und monetären globalen Akkumulation nicht mit dem weichen Gummi der „Finanzkultur" zusammenzubringen. Dies muß letztlich auch die Deutsche Bundesbank einräumen, wenn sie auf die wachsende Bedeutung derivativer Finanzinnovationen zu verweisen gezwungen ist[3].

Zur Risikominderung geschaffen, sind die Finanzderivate paradoxerweise selbst zum Gegenstand der Spekulation geworden, die jederzeit als Krach enden kann. Unter Bedingungen der „Währungskonkurrenz" sind alle Länder, und zwar als Währungsgebiete einzeln, den Stabilitätsregeln des monetären Weltmarktes unterworfen; einen Teil der politischen Souveränität müssen sie an die internationalen Geld- und Kapitalmärkte (und zu Lasten der möglichen Regulation eines größeren Währungsraumes) abtreten. Die weltumspannenden finanziellen Beziehungsgeflechte sind für die Ausbildung regionaler, nationaler oder europäischer Netze nicht unbedingt förderlich: Die monetäre Akkumulation schadet der realen (den Investitionen und der Beschäftigung). Die Kurzfristigkeit und Flüchtigkeit (Volatilität) von Währungsbewegungen, der Mangel an Erwartungssicherheit, die erratischen Schwankungen von Wechselkursen und Zinssätzen sind keine guten Voraussetzungen für die Ausbildung von ökonomisch-politisch-gesellschaftlichen Netzwerken stabiler nicht-marktmäßiger Beziehungen zwischen Marktakteuren. Diese aber sind zwischen – um von Hayeks Unterscheidung zu benutzen – spontan hergestellter „kosmischer" Ordnung des Marktes und hierarchischer „taxischer" Ordnung staatlicher Interventionsleistungen entscheidend für die Erzeugung

3 Die Bestände betragen weltweit Ende 1993 etwa 14000 Mrd. US-$. Die Wachstumsraten betrugen seit 1987 jährlich 37%, in der BRD sogar 53%. Die Bruttoinandsprodukte der USA, Japans, Deutschlands, Frankreichs und Großbritanniens addierten sich im Jahre 1992 zu 13603 Mrd. US-$. Dieser Vergleich soll lediglich die Größenordnung andeuten. Da es sich bei Finanzderivaten um Bestandsgrößen, beim BIP aber um Flußgrößen handelt, sind weitergehende Schlüsse aus diesem Vergleich nicht herzuleiten.

von Verhältnissen „systemischer Wettbewerbsfähigkeit" eines räumlich eingegrenzten Akkumulationssystems[4]. Der Begriff des „systemischen" Charakters von Wettbewerbsfähigkeit verweist darauf, daß unter Bedingungen der weltweiten Konkurrenz die Fähigkeit, darin mitzuhalten, nicht mehr von Rohstoffreichtum oder von der Marktgröße und -nähe oder von der Höhe der Löhne abhängt, sondern von einer Vielzahl von „systemisch" zusammenwirkenden Faktoren. Dazu zählen räumliche Fühlungsvorteile von Unternehmen, die Qualifikation der Arbeitskräfte, die Kompetenz und Effizienz staatlicher und parastaatlicher Verwaltungen, die Kooperationsmöglichkeiten von Unternehmen mit Forschungseinrichtungen, die Qualität der materiellen und institutionellen Infrastruktur, die Ausgestaltung des Systems der industriellen Beziehungen etc. (Eßer u.a. 1994). Wie im Ricardo-Modell besonders gute Böden eine Differentialrente abwerfen, so besonders gut gestaltete „Standorte" eine „Fertilitätsrente" (Kamppeter 1993), d.h. eine im internationalen Vergleich besonders günstige Rentabilität von Kapital.

Die Wettbewerbsfähigkeit von „Standorten" auf dem Weltmarkt freilich kann durch autonome Kapitalbewegungen mit ihren Einflüssen auf Zinsen und Wechselkurse unterminiert werden. Bei in hohem Grade liquidem und volatilem Kapital, dessen flexible Renditen weltweit verglichen werden, sind „Standorte" weitgehend entmaterialisiert – sie sind mit ihren spezifischen Faktoren im Entscheidungskalkül global operierender Unternehmen lediglich eine „Operationsbasis, der zeitlich befristet Funktionen zugeordnet werden" (Scheuplein 1994), zumal ja auch Transportkosten beim „rating" der Wettbewerbsfähigkeit eine untergeordnete Rolle spielen. Die handelspolitisch angestrebte realökonomische Wettbewerbsfähigkeit (und nur diese ist dauerhaft) ist unter Bedingungen der unregulierten Währungskonkurrenz monetär nicht abgesichert. Die Kursbewegungen folgen allenfalls in der langen Frist den Kaufkraftparitäten, in denen sich Produktivitätsdifferentiale

4 „... firms are part of logistical and informational networks comprised of enterprises, R&D units, differentiated supplier and buyer markets, and a host of governmental or semipublic institutions and associations, sometimes at a regional or national level and larger firms often at an international level" (Brunner 1994: 329). Diese Feststellung, so überzeugend sie auf den ersten Blick ist, hat es in sich: Denn nur regionale und nationale „player" haben Standorte als ihre Basis und werden daher an der territorialen Entstehung von clusters, der Bindung von sozialen Netzen und der Erzeugung nicht-marktförmiger „external economies" interessiert sein. Globale „player" hingegen sind Standort-ungebunden und daher in der Lage, Standorte gegeneinander auszuspielen.

(als synthetischer Indikator für Wettbewerbsfähigkeit von Regionen oder Ländern) widerspiegeln. Sie relativieren sich folglich für global operierende Unternehmen, deren Renditekalkül unter dem Druck der globalen Finanzmärkte gar nicht den Zeithorizont zuläßt, der zur Sicherung räumlich fixierter systemischer Wettbewerbsfähigkeit eingeräumt werden müßte. Daher ist es ratsam, die Bedingungen systemischer Wettbewerbsfähigkeit nicht standortbezogen, sondern in Relation zu anderen Positionen („competitive position") zu analysieren. Die Wettbewerbsfähigkeit hat folglich positionellen Charakter[5].

Betrachten wir zunächst die Strategien der Verbesserung „systemischer Wettbewerbsfähigkeit" in Westeuropa – wie sie etwa im „Weißbuch" der Kommission vom Dezember 1993 zum Ausdruck gebracht werden. Die Errichtung transeuropäischer Netze, die Verbesserung der Qualifikationsstruktur, eine erhöhte Effizienz der Arbeitsmärkte, die Förderung von Klein- und Mittelunternehmen, der ins Auge gefaßte korporatistische Produktivitätspakt zwischen Unternehmen und Gewerkschaften und die anderen im Weißbuch angesprochenen Maßnahmen (Kommission 1993) können nur greifen, wenn die Währungskonkurrenz zwischen den zum „System" gehörigen Währungsgebieten durch Bildung einer Währungsunion reguliert wird. Eine gemeinsame „Finanzkultur" reicht da nicht hin; die entkoppelten Sphären der

5 Mit „positionellem Wettbewerb" wird eine Konstellation bezeichnet, in der die konkurrierenden Unternehmen (oder Regionen bzw. Standorte) auf gemeinsame Ressourcen zurückgreifen und daher die Wettbewerbsposition des einen Unternehmens durch den Erfolg des anderen entwertet wird – sofern der Erfolg davon abhängt, daß Ressourcen dabei verbraucht werden, die den Konkurrenten nicht mehr zur Verfügung stehen. Alle „Standorte" verfolgen beispielsweise effiziente Modernisierungsstrategien – und trotzdem können sie scheitern. Je mehr Standorte absolut erfolgreich sind, desto differenzierter die (relative) Position: einige werden in der Hierarchie oben stehen, andere unten und letztlich trotz erfolgreicher Modernisierung erfolglos bleiben. Wohlgemerkt gilt diese Einschränkung nur bei begrenzten Ressourcen und Märkten. Nur wenn die Märkte expandieren und weder Ressourcenknappheit entsteht noch eine Überlastung der gemeinsam beanspruchten Umwelt zu befürchten ist, hat der Wettbewerb keinen positionellen Charakter, wird kein Nullsummenspiel, wie Krugman (1994) generell annimmt, gespielt. Infolgedessen wäre zu erwarten, daß Akteure auf konkurrierenden Standorten nicht nur konkurrieren, sondern auch ein gemeinsames kooperatives Interesse an einer Ausdehnung der Märkte und der reichhaltigen Verfügung über Ressourcen entwickeln und möglicherweise gar in darauf bezogene Strategien übersetzen. Die ökonomischen Kooperationsbeziehungen in der „westlichen Welt" nach dem zweiten Weltkrieg folgten dieser Rationalität. Während die Marktausdehnung noch machbar sein mag, ist die Tragfähigkeit von Ressourcen natürlich begrenzt.

realen und monetären Akkumulation müssen auf makro-regionaler Ebene zusammengeführt werden. Also ist bei Verfolgung der Strategie einer integrationspolitischen Vertiefung mehr Regulation und nicht mehr Deregulierung angesagt. Die Alternative wäre die Herstellung der „systemischen Wettbewerbsfähigkeit" in den je existierenden nationalstaatlichen Währungsräumen, möglicherweise innerhalb eines „Kerneuropa" unter Ausschluß der anderen Mitgliedsländer. Konsequenterweise argumentieren Messner/Meyer-Stahmer (1993) für den Nationalstaat als Einheit systemischer Wettbewerbsfähigkeit, also unter der impliziten Annahme, daß das mit den strukturellen Bedingungen der Wettbewerbsfähigkeit auszustattende „System" identisch mit dem nationalstaatlichen Währungsraum sei.

3. Der positionelle Charakter des Wettbewerbs unter Bedingungen des Freihandels

Die EG wird als eine „Festung" kritisiert, die freilich nicht nur aus statischen Mauern (von Außenzöllen, nicht-tarifären Handelshemmnissen und Zuwanderungsbeschränkungen) besteht. Wichtiger sind die dynamischen Wettbewerbsvorteile, die durch technisch-organisatorische Innovation und Integration zum gemeinsamen Markt, also durch Mobilisierung von economies of scale and of scope entstanden sind. Vor allem ist die „Festung" hochgradig selektiv: relativ offen für Waren, Dienstleistungen und Kapital, geschlossen für Arbeitsmigranten[6].

Immerhin ist die EG unter allen Wirtschaftsblöcken in der Welt der erfolgreichste – gemessen am Anteil des Intrablockhandels am gesamten Außenhandel der Mitgliedsländer, der von runden 40% zur Zeit der Römischen Verträge auf etwa 60% zu Beginn der neunziger Jahre gestiegen ist (Anderson/Blackhurst 1993: 28ff.). Der Anteil des intraregionalen Handels in Westeuropa ist nicht nur höher als in anderen Wirtschaftsblöcken (vgl. auch: Sachverständigenrat 1993/94: 37), er weist auch seit der zweiten Hälfte der achtziger Jahre eine steigende Tendenz auf, die zu einem Teil natürlich auf die „Süd-Erweiterung" in den achtziger Jahren zurückzuführen ist. Doch kann dieser triviale Sachverhalt nicht allein die Zunahme des Intrablockhandels erklären, da sich ja die Daten immer auf die EG 12-Länder beziehen. Der Integrationseffekt wird noch deutlicher, wenn man andere Wirtschaftsregionen zum Vergleich heranzieht. In Nordamerika ist der intraregionale

6 Die Probleme der Migrations- und Asylpolitik in Europa können hier nicht diskutiert werden. Vgl. Layard u.a. (1992); Zolberg (1991); Stölting (1991). Auch der Protektionismus der EU insbesondere auf den Agrarmärkten gegenüber Drittländern kann nur erwähnt werden.

Handel in den achtziger Jahren rückläufig – allerdings vor Bildung der NAFTA am 1.1.1994. Besonders ausgeprägt ist die abnehmende Handelsverflechtung in Wirtschaftszusammenschlüssen Afrikas und Lateinamerikas (OECD 1993). Die Schuldenkrise und der Zwang zur Erwirtschaftung von „harten Devisen" hat den intraregionalen Handel unterminiert, zumal Rohstoffproduzenten sowieso eher mit den Industrieländern als untereinander Handel treiben.

Die Offenheit der westeuropäischen Volkswirtschaften (Exporte plus Importe gemessen am BIP) ist bis zu Beginn der achtziger Jahre kontinuierlich größer geworden, um danach zu stagnieren. Die intraregionale Handelsintensität[7] ist von 1,21 im Jahre 1948 auf 1,72 1983 gestiegen, um danach auf 1,60 zu fallen. Der Index der Handelsintensität mit dem Rest der Welt ist im gleichen Zeitraum von 0,88 auf 0,49 gesunken. Dies liegt vor allem an dem großen Gewicht Westeuropas an den Weltimporten (rund 40% – IMF, International Financial Statistics Yearbook 1994: 114f.). Noch stärker hat der Index der Handelsintensität in bezug auf Osteuropa (einschließlich ehemaliger Sowjetunion) abgenommen: Von 1,39 im Jahre 1928 über 0,92 zu Beginn des kalten Krieges 1948 auf den Tiefpunkt von 0,41 im Jahre 1958, um seitdem langsam auf 0,66 im Jahre 1990 zu steigen. Der Anteil des westeuropäischen Außenhandels mit Osteuropa am gesamten Außenhandel hat sich stetig von 7% 1928 über 5% 1948 auf 3% 1990 fast zur Bedeutungslosigkeit verringert.

In Osteuropa (einschließlich ehemaliger Sowjetunion) ist der Index der Intrablock-Handelsintensität gegenüber dem Vorkriegsniveau stark gestiegen: von 4,36 im Jahre 1928 auf 10,22 im Jahr 1948. Danach liegt er zwischen 7 und 8, um 1990 wieder 10,88 zu erreichen. Die Höhe des Index liegt natürlich daran, daß der Anteil der ehemals zum Ostblock zählenden Länder am Welthandel weniger als 10% betragen hat. Die Handelsintensität mit der Welt und Westeuropa nimmt während des kalten Krieges ab, um seit Beginn der siebziger Jahre leicht zu steigen. Der Anteil des osteuropäischen Außenhandels, der nach Westeuropa geht, sinkt von 67% im Jahre 1928 auf 34% 1948, 17% 1958. 1983 liegt er noch bei mageren 22%, um erst 1990 32% zu erreichen. Diese Zahlen zeigen jedenfalls, daß für eine Strategie des handelspolitischen Erweiterung zwischen West- und Osteuropa Spielraum besteht, den auszunutzen für die ost- und mitteleuropäischen Länder mehr als für Westeuropa tatsächlich eine erfolgversprechende Option wäre. Immerhin sind im Falle Polens die Exporte in die EU von 30,3% im Jahre 1988 auf 56,2% 1993 gemessen an den gesamten Exporten gestiegen, in der ehemaligen CSFR lauten die entsprechenden Werte 24,2% für 1988 und 46,6% für 1993, in Ungarn 22,5% und 46,5%. Auch auf der Importseite zeichnen sich ähnliche Entwicklungen ab (vgl. IMF 1994a: 75). Die Orientierung auf Westeuropa kann allerdings nicht diskutiert werden, ohne die positionellen Vor- und Nachteile von Freihandel zu berücksichtigen.

In diesem Zusammenhang trifft man immer wieder auf das Argument, daß mit der ost- und mitteleuropäischen Öffnung zu den etwa 300

7 Der Index der Handelsintensität mißt das Verhältnis des Exportanteils eines bestimmten Landes *i* (oder einer Ländergruppe *i*), der nach Land *j* (oder die Ländergruppe *j*) verschifft wird, und Anteil von Land (oder Ländergruppe *j*) an den Weltimporten (abzüglich der Importe von Land *i*, da ja *i* nicht an sich selbst exportieren kann): $Iij = xij/mj$, vgl. Anderson/Blackhurst (1993): 23.

Mio. westeuropäischen Konsumenten noch einmal so viele Osteuropäer hinzugestoßen seien und in Europa – eine Strategie der Erweiterung vorausgesetzt – ein wesentlich größerer Markt im Entstehen sei als er in Nordamerika mit der NAFTA zu Beginn des Jahres 1994 angepeilt werde. Mit der Größe des Marktes wachsen auch die Spezialisierungsmöglichkeiten und mit ihnen wiederum ganz im Sinne von Adam Smith die Möglichkeiten, den „Wohlstand der Nationen" zu steigern. Das Argument trägt freilich bei näherer Betrachtung nicht. Soll der osteuropäische Transformationsprozeß erfolgreich sein, dann müssen die ost- und mitteleuropäischen Transformationsstaaten eine Strategie der (differenzierten) Unterbewertung ihrer Währungen (verbunden mit industriepolitischen Maßnahmen und einer einkommenspolitischen Stabilisierung der (Lohn)einkommen) verfolgen, um einen Leistungsbilanzüberschuß zu realisieren. Dieser ist aus mehreren Gründen erforderlich: einmal wegen der immer noch hohen Außenverschuldung der osteuropäischen Länder, deren Bedienung die Erwirtschaftung von Nettodevisenerlösen verlangt. Daher das konsequente Plädoyer von Autoren (wie Layard u.a. 1992), die eine Strategie der „Erweiterung" durch Freihandel zwischen Ost und West präferieren, für eine Reduktion der ost- und mitteleuropäischen (externen) Schuldenlast. Wichtiger ist freilich eine positive Leistungsbilanz als Kompensation für den notwendigen Abbau der derzeit hohen und ökonomisch destabilisierenden Defizite der öffentlichen Haushalte (vgl. dazu Herr 1994; Riese 1993). Doch mit Ausnahme Tschechiens und der Slowakei sind die Prognosen düster: Nach Angaben der OECD werden die ost- und mitteleuropäischen Länder auch in den kommenden Jahren eine negative Leistungsbilanz und ein relativ hohes Defizit der öffentlichen Haushalte (gemessen am Sozialprodukt) haben (OECD 1994: 134, 137).

Obendrein ist die positive Leistungsbilanz eine *conditio sine qua non* für die Stärkung der nationalen Währung in der globalen Währungskonkurrenz. Sonst werden infolge von Abwertungstendenzen (*ceteris paribus*) zwar die Exporte für die ausländischen Importeure billiger, aber die Importe im Inland teurer. Beide Tendenzen verstärken inflationistische Impulse, die so ausgeprägt sein können, daß trotz nominaler Währungsabwertung eine reale Aufwertung eintritt. Dies ist in allen Transformationsstaaten der Fall (vgl. IMF 1994b: 70f.). Wird diesen Tendenzen mit restriktiver Geldpolitik, also hohen Zinsen entgegengewirkt, werden Investitionen teurer, das Wachstum wird verlangsamt und die Beschäftigung wird negativ berührt. Die Gefahr, in eine „Transformationsfalle" (Richard Portes) zu geraten, ist also sehr groß. Dadurch werden soziale Konflikte provoziert, die sich politisch so zuspitzen können, daß der Übergang zum demokratischen und marktwirtschaftlichen System selbst zur Disposition gestellt wird. Ein *circulus viciosus* der „slumpflation" mit gravierenden politischen Folgen für die Legitimation der Transformationsschritte kann also ausgelöst werden, sofern es den ost- und mitteleuropäischen Ländern nicht gelingt (bzw. es ihnen nicht ermöglicht wird), eine positive Leistungsbilanz gegenüber den westeuropäischen Ländern zu erwirtschaften, ohne auf eine mit restriktiven Maßnahmen gekoppelte Währungsabwertung zurückgreifen zu müssen.

Mit der Integration der ost- und mitteleuropäischen Reformländer in den Weltmarkt weitet sich zwar der Weltmarkt, nicht aber unbedingt der Markt für westeuropäische Waren aus. Der Wettbewerb von Standorten behält vielmehr positionellen Charakter[8], da die Marktakteure nicht – wie im Konkurrenzmodell unterstellt – voneinander unabhängig sind, sondern wechselseitig ihre (Wettbewerbs)positionen beeinflussen. Der positionelle Wettbewerb bedarf, wie Fred Hirsch

---

8 Die traditionelle Standorttheorie (im Anschluß an J. H. v. Thünen, A. Weber, W. Christaller, A. Loesch u.a.) hat im wesentlichen real-ökonomische Faktoren, sei es auf der Input-, der „Throughput"- oder Outputseite des Produktionsprozesses berücksichtigt. Die moderne Theorie der Wettbewerbsfähigkeit knüpft demgegenüber an der Theorie Alfred Marshalls von „site effects" und „external economies", also im wesentlichen nicht-marktmäßigen Faktoren an, und erweitert sie um zivilgesellschaftliche, „weiche" und systemische, auch „metaökonomische" Bedingungen der Gestaltung produktiver Netzwerke am jeweiligen Standort. Standorte konkurrieren dann auch mit „Fertilitätsrenten" (Kamppeter 1993), vergleichbar der Differentialrente Ricardos. In diesem Sinne sind Standorte gleichbedeutend mit Regionen innerhalb (unterhalb) eines Nationalstaats oder grenzübergreifend transnational (Euroregionen). Vor allem die monetärkeynesianischen Theoretiker definieren den jeweiligen Standort als „Währungsraum"; denn Wettbewerbsfähigkeit hängt nach ihrer Auffassung im wesentlichen an der Fähigkeit, die ökonomischen und sozialen Verhältnisse so zu arrangieren, daß eine Strategie der währungspolitischen Unterbewertung verfolgt werden kann, um einen Leistungsbilanzüberschuß zu erzielen. Wenn also im Folgenden von Wettbewerbsfähigkeit von Standorten die Rede ist, dann sind damit entweder Regionen oder Währungsräume gemeint, nicht unbedingt Nationalstaaten. Die Wettbewerbsfähigkeit Westeuropas steigern zu wollen (Kommission 1993), bedeutet dann auch: Stärkung von Regionen, Stützung einzelner Währungsräume, da wegen des Charakters der Währungskonkurrenz als Nullsummenspiel nicht alle Währungen gleichzeitig unterbewertet und aufwertungsverdächtig sein können. Die Bedeutung der Nationalstaaten als Akteure in der „Standortkonkurrenz" wird durch den positionellen Charakter relativiert. Diese Tendenz wird noch durch die Volatilität des nach Renditedifferentialen entscheidenden Finanzkapitals unterstützt.

(1980) in anderem Zusammenhang dargelegt hat, der politischen Regulierung. Die ist freilich in dem Modell der freihändlerisch begründeten „Erweiterung“ weitgehend zurückgenommen. Nur das Modell der „Vertiefung“ trägt den Erfordernissen politischer Gestaltung von notwendigerweise unausgeglichenen Handelsbeziehungen Rechnung. Daraus ergibt sich bereits eine wichtige Schlußfolgerung: Auch wenn mit der Strategie der Erweiterung einer freihändlerischen Idee gefolgt wird, läßt sich die Strategie angesichts des positionellen Charakters des Wettbewerbs nur mit einem beträchtlichen politischen Regulierungsaufwand bewältigen, verlangt also nach institutioneller Vertiefung.

Wie sehr Integrationsstrategien den Zwängen der Konkurrenz ausgeliefert sind und wie wenig diese auf die Anforderungen der Transformation Rücksicht zu nehmen in der Lage sind, zeigt auch das im „Weißbuch“ der Kommission vom Dezember 1993 vorgestellte Projekt einer europäischen Wachstums-, Wettbewerbs- und Beschäftigungspolitik. Dieses zielt gerade auf eine Stärkung der westeuropäischen Konkurrenzposition – auch gegenüber Osteuropa. Zwar ist der argumentative Bezugspunkt die „Triade“ der Wirtschaftsräume in Westeuropa, Nordamerika, Ostasien, und weder Osteuropa noch die „dritte Welt“ spielen im Räsonnement des Weißbuchs eine hervorgehobene Rolle. Doch würden die Folgen einer Verbesserung der Konkurrenzposition Westeuropas auch in Ost- und Mitteleuropa fühlbar sein. Um den „Herausforderungen der Gegenwart“ – darunter ist die Massenarbeitslosigkeit in Europa die gravierendste – begegnen zu können, werden im „Weißbuch“ von 1993 „Wege ins 21. Jahrhundert“ gewiesen, die eindeutig tiefer in die westeuropäische Integration hineinführen: industriepolitische Maßnahmen zur Schaffung „transeuropäischer Netze“, mehr bildungspolitische Anstrengungen, die Förderung von Innovationen, die Unterstützung kleiner und mittlerer Unternehmen und die Inszenierung eines europäischen Korporatismus zur Herstellung eines supranationalen, staatlich moderierten „Produktivitätspakts“ zwischen Arbeit und Kapital. Anders als noch im Cecchini-Report (Cecchini 1988) oder in den Vordebatten zum Maastricht-Vertrag wird also einer europäischen Industriepolitik das Wort geredet, offensichtlich in der Erkenntnis, daß Wettbewerbsfähigkeit nicht allein durch die Wirkungsweise des Marktes und das strategische Handeln der an mikroökonomischer Rationalität orientierten innovativen Unternehmer verbessert werden kann. Wettbewerbsfähigkeit hat vielmehr „systemischen“ und vor allem positionellen Charakter. Also geht es darum, das „System“ und seine Akteure auf allen Ebenen mit allen Aspekten und Dimensionen in Richtung positioneller Wettbewerbsfähigkeit zu mobilisieren. Dies erfordert gerade eine politisch moderierte Verdichtung der marktmäßigen und nicht-marktmäßigen Beziehungen, also die integrationspolitische Vertiefung.

Auch wenn es keinen Mittelweg zwischen „Erweiterung" und „Vertiefung" gibt, so ist es doch möglich, beide Strategien zugleich zu verfolgen. Die Vertiefung der Integration wird in einem begrenzten (dem „kerneuropäischen") Raum mit der Zielsetzung einer Verbesserung der Wettbewerbsposition (auch industriepolitisch) stimuliert. Dabei werden die Konsequenzen der angestrebten Wettbewerbsvorteile gegenüber Dritten (gegenüber den Transformationsökonomien) in Kauf genommen. Gleichzeitig werden Kapitaltransaktionen (Direktinvestitionen in verschiedenster Form; Finanztransaktionen) nach Mittel- und Osteuropa verstärkt und natürlich werden auch – als ein Element der Erweiterung des Integrationsraumes – die Handelsbeziehungen intensiviert – wenn auch ungleichgewichtig, wie oben anhand der Daten über den Westhandel Osteuropas und den Osthandel Westeuropas dargestellt. Der Kapitaltransfer nach Osteuropa ist allerdings nicht sehr bedeutend; von 1990 bis 1993 betrugen die Direktinvestitionen in Osteuropa gerade 10% der global notierten Direktinvestitionen in Entwicklungsländern[9].

Der externe Finanzbeistand für Ost- und Mitteleuropa einschließlich der baltischen Staaten beläuft sich von 1991-1993 auf 41,4 Mrd. US-$. Davon entfallen 12,4 Mrd. US-$ auf den Teilerlaß von polnischen Außenschulden (IMF 1994a: 76). Im Zeitraum 1989-1993 betrugen die deutschen Direktinvestitionen insgesamt 149,8 Mrd. DM. Davon erfolgten 3,92 Mrd. DM in den ost- und mitteleuropäischen Ländern einschließlich Rußlands (bis 1991 Sowjetunion), das sind gerade 2,6%. Hinzu kommen freilich die weit bedeutenderen öffentlichen Mittel (Zuschüsse und unentgeltliche Leistungen, Ausfuhrgewährleistungen, Schuldenerlaß für Polen, Transferrubel-Saldo) in der Größenordnung von 37 Mrd. DM seit Ende 1989 für die ost- und mitteleuropäischen Staaten und von 87,6 Mrd. DM für die ehemalige Sowjetunion. Die Beträge machen etwa ein Drittel der gesamten westlichen öffentlichen Leistungen aus (Sachverständigenrat 93/94: 53). Die Gründe für die geringe Attraktivität der ost- und mitteleuropäischen „Standorte" für Direktinvestitionen haben mit den schon mehrmals benannten Faktoren mangelnder Wettbewerbsfähigkeit zu tun. Technologien und Qualifikationen entsprechen nicht den Weltmarktstandards, die Dienstleistungsnetzwerke sind ebenso unzureichend wie die materielle Infrastruktur. Obendrein ist infolge der Auflösung tradierter Bindungen und der sozialen und politischen Krise das öffentliche Gut Rechtssicherheit knapp geworden.

Die Kapitaltransfers dürften also trotz lockender Niedriglöhne auch in Zukunft nur eine begrenzte Wirkung entfalten. Die Gleichzeitigkeit von industriepolitischer Vertiefung innerhalb eines Teils der EU und

9 Vgl. Transition, Vol. 5, No. 8, Oct. 1994: 12.

Ausweitung des handelspolitischen Integrationsraums nach Osteuropa dürfte in der absehbaren Zukunft auf dem europäischen Kontinent bestimmend sein, auch wenn derzeit seitens der EU in einer Reihe von Sektoren neue Handelsbarrieren errichtet worden sind (z.B. auf Stahlmärkten), die für die EU wenig Nutzen bringen, den betroffenen (mitteleuropäischen) Staaten (der Visegrad-Gruppe) aber beträchtlichen Schaden zufügen (Messerlin 1994; auch IMF 1994b: 102). Diese Art von Protektionismus belastet die Transformation zur Marktwirtschaft, weil sie die Erwirtschaftung von Leistungsbilanzüberschüssen behindert. Krugman (1994) bezweifelt zwar, daß in der Weltmarktkonkurrenz Nullsummenspiele ausgetragen werden. Er hat Recht, sofern der Weltmarkt expandiert, nicht aber wenn neue Regionen dazukommen, die durch die ökonomische Lage gezwungen sind (der „Zwang“ wird im übrigen durch die Institutionen der Weltwirtschaft, IWF, OECD und EU politisch zur Auflage gemacht), über eine längere Zeitperiode der Transformation positive Leistungsbilanzen zu erwirtschaften, denen auf der anderen Seite negative Leistungsbilanzen entsprechen müssen. Diese Notwendigkeit während des Transformationsprozesses widerspricht also diametral den „standortpolitischen“ Anstrengungen in Westeuropa, die Wettbewerbsposition in der globalen Standortkonkurrenz zu verbessern.

4. Transformation von Wirtschaft und Gesellschaft und Integration in den Weltmarkt mit protektionistischen Strategien?

An dieser Stelle interessiert in erster Linie der Sachverhalt, daß im Prozeß der Transformation vom Plan- zum Marktsystem zwei Aufgaben synchron zu bewältigen sind: Einmal die Herstellung von ökonomischen, politischen und gesellschaftlichen Institutionen eines markt- und geldwirtschaftlichen (sprich: kapitalistischen), eines pluralistischen und demokratischen Systems im Reformland selbst, zum anderen die Integration in den Weltmarkt, in die makroregionalen politischen Bündnis- und ökonomischen Integrationssysteme und in ein durch den „siegreichen Westen“ dominiertes und in vielen Jahrzehnten diachron entfaltetes Zivilisationsmodell[10]. Folglich betreffen die

10 Dieses Modell wird sozialwissenschaftlich als „Fordismus“ diskutiert. Es ist hier nicht möglich, auf die vielen Facetten der Debatte einzugehen. Für eine nähere Darstellung vgl. Hirsch/Roth (1986).

Transformationsprozesse in Ost- und Mitteleuropa das makro-regionale, also europäische und das Weltsystem[11] insgesamt. Gerade wegen des Eingebettetseins des Transformationsprozesses in den globalen Kontext ergeben sich eine Fülle von Schwierigkeiten für die Erzeugung „moderner" und kohärenter Verhältnisse in einem Prozeß der (im Schumpeterschen Sinne) institutionellen Evolution, vielleicht sogar: Revolution. Die Probleme wurden spätestens in dem Augenblick offenbar, in dem die zur Abkürzung des Übergangs gedachten neoliberalen Schockkonzepte oder die vom IWF propagierten Sequenzprojekte sich als unzureichend für die Bewältigung der komplexen ökonomischen und sozialen Probleme im regionalen, nationalen und globalen Kontext herausstellten. Denn diese Projekte mit ihrer case-by-case und country-by-country-Philosophie haben gerade nicht dem positionellen Charakter des Wettbewerbs und den Interferenzen zwischen westlichen und östlichen „Standortstrategien" auf dem Weltmarkt Rechnung getragen. Sie haben auch ursprünglich nicht berücksichtigt, was heute den Ton neuerer IWF- und Weltbank-Studien bestimmt: daß es bei der Transformation nicht allein um die Einführung von Marktmechanismen geht, sondern um einen gesellschaftlichen Umbau – der dementsprechend in seiner Widersprüchlichkeit komplexer ist und daher langsam verläuft (vgl. etwa Milanovic 1994).

Nicht nur sind die Unterschiede der Produktivität zwischen Ost- und Mitteleuropa einerseits und Westeuropa andererseits beträchtlich, so daß Wettbewerbsnachteile nur mit entsprechend niedrigen Lohnkosten kompensiert werden können[12]. Schon aus diesem Grunde können sozialstaatliche Sicherungssysteme oder Systeme der industriellen Beziehungen aus westlichen Ländern in Osteuropa nicht einfach übernommen werden, ganz abgesehen davon, daß die Akteure in industriellen Beziehungen zu lernen gezwungen sind – die Unternehmervereinigungen ebenso wie die Gewerkschaften. Das „serious pro-

11 Daß die nordamerikanische Freihandelszone NAFTA so schnell und vergleichsweise reibungslos zustandekam, hat auch mit den Erfahrungen des mexikanischen Präsidenten Salinas im Jahre 1989 bei seinem Europa-Besuch zu tun. Er stellte nur noch Interesse für Ost- und Mitteleuropa und Desinteresse für Lateinamerika fest. Daher die – freilich auch geopolitisch naheliegende – Orientierung in Richtung USA und Kanada (vgl. Fishlow/Haggard 1992).

12 Die Lohnkostendifferentiale zwischen West- und Osteuropa werden zwischen 10:1 und 50:1 angesetzt (vgl. Layard u.a. 1992; Roland Berger in einem Interview in Die Woche, 28.10.1994, S. 14f.). Der Vergleich ist problematisch wegen der unterschiedlichen Sozialsysteme und einer Reihe noch aus dem Plansystem geerbten zusätzlichen Sozialaufwendungen.

blem ... that social safety nets are not sufficiently focused on the truly needy" (IMF 1994a: 73) wird noch lange Zeit bestehen bleiben. In den mittel- und osteuropäischen Staaten ist die Zahl der Armen (weniger als 120 $ pro Monat zu Preisen von 1990) nach der Transformation von etwa 8 Millionen um 50 Millionen auf 58 Millionen angestiegen (ohne die Kaukasusstaaten und das ehemalige Jugoslawien und Albanien). Das sind bis zu 20% der Bevölkerung (Milanovic 1994), und dies dürften eher konservative Schätzungen sein.

Auch die institutionellen Voraussetzungen für effiziente Markt- und Geldregulation müssen in einem langwierigen Prozeß erst geschaffen werden, um so nicht nur den ordnungspolitischen Rahmen für Marktprozesse, sondern auch die Voraussetzungen für das produktive Zusammenspiel von staatlichen und nicht-staatlichen Akteuren in sozialen Netzwerken zu schaffen und in diesem Zusammenhang auch die Kompetenz von Unternehmens-Managements zu steigern. Die Empfehlung zur Erwirtschaftung eines Leistungsbilanzüberschuß, um auf diese Weise einen marktwirtschaftlich gesteuerten Akkumulationsprozeß in offener Wirtschaft in Gang zu setzen, ist nichts als modelltheoretisch abgeleiteter Voluntarismus (dem auch Herr 1994 in seinem ansonsten erhellenden Aufsatz verfällt), wenn nicht den institutionellen Lernprozessen Aufmerksamkeit gewidmet wird, die nicht im sozialwissenschaftlichen Labor stattfinden, sondern im Gestrüpp der Residuen der Vergangenheit verfangen sind.

Die Kooperationsbeziehungen aus dem vergangenen Plan- und Parteisystem erweisen sich im Wettbewerb zu modernen Markt- und Geldbeziehungen oft als überlegen mit in vieler Hinsicht fatalen Folgen: Märkte, Geld und die neu geschaffenen Eigentumsrechte dienen der Allokation zu Gunsten der alten Netzwerke („Seilschaften"), die gar kein Interesse und folglich auch keine Kompetenzen (die vom IWF angesprochene „enterprise governance") entwickeln können, um mit produktiven Investitionen Innovationen zu realisieren, durch die mittel- und längerfristig die Wettbewerbsfähigkeit gesteigert und der Verteilungsspielraum (auch zur Errichtung der sozialen Sicherungsnetze) erweitert werden können. Mit der Zunahme der Armut ist zugleich die Ungleichheit in den Transformationsgesellschaften gestiegen (Milanovic 1994). Der Weg „from plan to clan" (Stark 1990) und nicht zum weltoffenen formellen Markt ist naheliegend, wenn die Einführung der Markt- und Geldbeziehungen für viele Unternehmen entweder schwer zu erbringende Anpassungsleistungen einschließlich der Entlassung eines großen Teils der Belegschaft erfordern oder zum Scheitern führen. Gerade wenn sich Unternehmensleitungen mikroökonomisch rational verhalten, erzeugen sie makroökonomisch unerwünschte und den Transformationsprozeß blockierende Ergebnisse.

Die Plansysteme in Ost- und Mitteleuropa sind nicht nur wegen der mangelnden Allokationseffizienz unter real-sozialistischen Eigentums- und Regulationsverhältnissen gescheitert, sondern ganz wesentlich wegen der Erosion der Nationalstaaten, die ja auch in den westlich-kapitalistischen Industriegesellschaften („Krise des keynesianischen Interventionsstaates") und in den „südlichen" Ländern (Ende des „Entwicklungsstaates") beobachtet worden ist (Altvater 1994). Die notwendigen Transformationsprozesse müssen sich daher in einem nicht mehr durch den Nationalstaat definierten Raum der souveränen Gestaltung vollziehen, also in dem weiten Horizont des globalen Systems: in der „Geoökonomie" (Luttwak 1994), die von den mächtigen Blöcken der Industriestaaten (in der „Triade") beherrscht und gestaltet wird.

Der im ersten Abschnitt diskutierte Gegensatz von „Vertiefung" und „Erweiterung" zeigt sich nun von einer neuen Seite. Die Transformationsprozesse in Ost- und Mitteleuropa sind ja infolge des Bedürfnisses nach Ausweitung des Horizonts, nach Öffnung geschlossener Systeme eingeleitet worden, können aber paradoxerweise nur erfolgreich durchgeführt werden, wenn es gelingt, am (Stand)ort „systemische Wettbewerbsfähigkeit" im positionellen, globalen Wettbewerb herzustellen. Diese ist aber nur in regionalen (oder nationalen) Grenzen realisierbar (zumal die (Ost)Blockstrukturen aufgelöst worden sind). Eine erneute „Eingrenzung" von „Standorten" (dort wo man sich „positioniert") durch einen „Wettbewerbsstaat" (Hirsch 1994) wird erforderlich. Nur so können die Anforderungen, die die Weltmarktöffnung der Systeme und die Weitung der Märkte im GATT-(de)regulierten Freihandelssystem stellen, erfüllt werden. So nur könnte es gelingen, von den durch die Erweiterung des Freihandels (im Gefolge der Uruguay-Runde) versprochenen Handelsgewinnen (in der Größenordnung von insgesamt 274,8 Mrd. US-$) einen Teil mitzubekommen. Demzufolge ist eine gewisse territoriale Schließung von Produktionssystemen notwendig (dazu auch Krugman 1987). Es gibt dafür verschiedene Möglichkeiten. Besonders naheliegend sind *erstens* protektionistische Maßnahmen.

Die effektivsten Protektionsbarrieren tarifärer und vor allem nicht-tarifärer Art werden von den starken Industrieländern und nicht von den schwachen Entwicklungs- oder Transformationsländern errichtet (darauf macht der Human Development Report 1994 besonders aufmerksam). Der IWF bemerkt in diesem Zusammenhang, daß die früher zentralisierten Systeme des ehemaligen RGW in kürzester Zeit

„some of the most liberal import regimes in the world" errichtet haben (IMF 1994a: 73). Der Verweis Rieses (1994) auf die BRD und Japan in der Nachkriegszeit unterschlägt all jene besonderen Faktoren der „Rekonstruktionsperiode" (dazu jüngst auch IMF 1994b: 86-97), die die beschleunigte Akkumulation und die Festigung einer starken Konkurrenzposition begründen konnten, und die gerade in den Transformationsgesellschaften am Ende des 20. Jahrhunderts fehlen. Dazu zählt das die westlichen Gesellschaften in der Nachkriegsperiode zusammenschmiedende Band des Antikommunismus und der „westlichen Freiheit", von den historisch einmalig günstigen Akkumulationsbedingungen im „goldenen Zeitalter" der „Wirtschaftswunder" ganz abgesehen. Es ist vor allem aber zu berücksichtigen, daß in der Ära des Bretton Woods Systems die Nationalstaaten noch protegierte Räume autonomer Wirtschaftspolitik zu konstituieren vermochten. In der neuen „Geoökonomie" am Ende des 20. Jahrhunderts ist das ausgeschlossen.

Zweitens kann die Wettbewerbsfähigkeit am „Standort" auch mit Strategien der Externalisierung von Kosten zu Lasten Dritter (räumlich in andere Regionen und/oder zeitlich zu Lasten zukünftiger Generationen) verbessert werden, um den harten monetären Restriktionen des globalen ökonomischen Systems Tribut zu zollen. Die Belastung der Umwelt verschafft in kurzer Frist eine Entlastung von Kosten der Produktion, die wettbewerbspolitisch positiv zu Buche schlagen kann, wenn an anderen Standorten – *ceteris paribus* – die Belastungen kostenintensiv vermieden werden müssen. Da im GATT bislang ökologische Regeln nicht oder nur höchst unvollkommen niedergelegt sind (bezogen auf Produktionsprozesse überhaupt nicht) und auch sonst Regime zur Entlastung der Umwelt allenfalls schwach ausgeprägt sind, bietet sich die Externalisierungsstrategie als Element von Standortpolitik an, solange Umweltbewegungen nicht aus der Zivilgesellschaft heraus die Kosteninternalisierung erzwingen und demonstrieren, daß ökonomische Kohärenz nicht auf Kosten der natürlichen Umwelt und sozialer Interessen erzeugt und gesichert werden kann. Aber in den ost- und mitteleuropäischen Ländern „no effective system was in place to stipulate enforceable pollution standards" (Hardi 1994: 93). Dieses Defizit ist nicht nur eine Folge der Umweltpolitik noch unter den real-sozialistischen Regimen, sondern auch dem Streben nach Wettbewerbsfähigkeit durch „Öko-dumping" in der Transformationsphase geschuldet (Hardi 1994: 96). Das Hemd des ökonomischen Wachstums ist näher als der Rock einer tragfähigen Natur am Standort. Dies ist freilich nichts Spezifisches für die ost- und mitteleuropäischen Länder, sondern eine allgemeine, durch den Markt erzwungene

Verhaltensregel (Altvater 1991, 1992), die nur aus der Gesellschaft heraus außer Kraft gesetzt werden kann. In einer profitgeleiteten Ökonomie ist der Regel ökologisch nachhaltigen Wirtschaftens („sustainability") nicht einfach Folge zu leisten. Denn sie verlangt gerade die Begrenzung, die im Zuge der Einführung markt- und geldwirtschaftlicher Prinzipien abgeworfen wurde. Ohne starke zivilgesellschaftliche Institutionen ist ein moderner, ökologisch aufgeklärter Kapitalismus nicht zu etablieren. Solange aber Armut herrscht, und das nicht nur am „Rande" der Gesellschaft, ist kaum zu vermuten, daß sich soziale Bewegungen des Schutzes der Natur gegen kapitalistische Akkumulationsstrategien annehmen.

Drittens ist die Emigration der „Überschußbevölkerung" ein Prozeß, der die Wettbewerbsfähigkeit erhöhen und die Armut lindern kann, solange die Migration keinen „brain drain" im Emigrationsland bewirkt. Aus Europa sind während der Industrialisierungsperiode im 19. Jahrhundert 55 Mio Menschen ausgewandert (Ponting 1991: 117ff.; Körner 1990: 27ff.) und haben das europäische Produktionssystem (von der innereuropäischen Migration ganz abgesehen) von „Kosten" entlastet. Daher schlagen Layard u.a. (1992: 49) vor, daß Westeuropa etwa 300.000 Immigranten pro Jahr aus Ost- und Mitteleuropa aufnehmen sollte, also ca. 0,1% der westeuropäischen Bevölkerung. Westeuropa hat sich aber im vergangenen Jahrzehnt gegenüber legalen Immigranten fast total abgeschottet, so daß es zu dieser Art der „Externalisierung" entweder nur auf illegalem Wege – mit hohen sozialen Kosten im Emigrations- wie im Immigrationsland – kommt oder aber es findet keine Migration statt. Abgeschlossene Arbeitsmärkte sorgen dafür, daß die Wohlfahrtsunterschiede zwischen Regionen verfestigt werden[13]. Die Schließung der Arbeitsmärkte Westeuropas gegen Immigranten, nachdem für die Reisefreiheit so stark gefochten worden ist (auf diesen Widerspruch

13 Den neoliberalen Diskurs freier Märkte kritisch wendend schreiben dazu Griffin und Khan: „Given liberal policies toward the free movement of capital and highly skilled labour, it is important that there should also be liberal policies toward the free movement of unskilled labour. – Unfortunately, however, policies in the developed countries tend strongly to discriminate against immigration of unskilled labour as compared to the migration of professional, managerial and technical personnel. As a result, the developing countries are forced to bear a double burden. They lose finance and human capital which are vital to their future development while being forced to retain unskilled labour which they have in great abundance and which can contribute relatively much less to their future development" (Griffin/Khan 1992: 35).

weist Zolberg 1991 hin), ist ein Hindernis der Transformation zur und der Integration in die (Welt)marktwirtschaft.

Viertens können sich „Standorte“ als politische und ökonomische Einheiten aus den tradierten nationalstaatlichen Territorien lösen und neue Grenzen für neue territorial umschriebene Akkumulationsräume setzen. So werden neue politische Einheiten entlang projizierter wirtschaftlicher Opportunitätspfade (basierend auf bestehenden „clusters“ produktiver Einheiten) in die Weltmarktintegration formiert. Slowenien erhoffte sich von der Separation vom Rest Jugoslawiens den Anschluß an das westliche Europa und löste (unterstützt von der EG-Außenpolitik – unter deutscher Dominanz) die brutale Kettenreaktion des Jugoslawien-Kriegs aus. Auch die Auflösung der UdSSR und die separatistischen Tendenzen in einer Reihe von Nachfolgestaaten folgen dieser Logik, deren Wirken eine erneute Rekomposition der europäischen Landkarte zum Ergebnis haben wird.

Dieses Problem wird noch dadurch gesteigert, daß die Ressourcenausstattung der ost- und mitteleuropäischen Länder höchst unterschiedlich ist. Anders als häufig dargelegt, ist der Ressourcenreichtum der großen Nachfolgestaaten der Sowjetunion (Rußland, Kasachstan) kein ökonomischer und politischer Vorteil. Eher profitieren die kleinen, ressourcenarmen mitteleuropäischen Länder von den Möglichkeiten, die die Weltarbeitsteilung offeriert, vergleichbar im übrigen der Situation der ressourcenarmen ostasiatischen NICs im Unterschied zu den ressourcenreichen großen Flächenstaaten wie Mexiko, Brasilien, Argentinien oder Indien. Ressourcenreichtum kann sich als Vehikel der Deindustrialisierung und Entmodernisierung herausstellen, wenn ein – naheliegender – auf Rohstoffausbeutung zielender Entwicklungspfad gewählt wird. Die Herstellung systemischer Wettbewerbsfähigkeit mit all den oben erwähnten Aspekten wäre ein nicht nur kostspieliger, sondern auch nutzloser Umweg, um an Devisen auf dem Weltmarkt heranzukommen. Um die Folgen des „Dutch Disease“[14] zu vermeiden, müßte gerade die Kapazität der politischen Regulation gegen die Marktkräfte gestärkt werden (vgl. zu einzelnen Politikvorschlägen Daniel 1992: 116ff.). Sonst wird das Verhältnis von externen und internen terms of trade eine ökonomische Hypertrophie des Rohstoffsektors gegen eine industrielle Modernisierung und eine entsprechende Formierung so-

14 „The term Dutch Disease refers to the boom-induced rise in the real exchange rate and the associated relative decline in nonmineral traded-goods industries. It was coined to describe the effects on the Netherlands economy of the offshore gas discoveries in the late 1960s“ (Daniel 1992: 93).

zialer Schichten und politischer Bewegungen begünstigen. Die Herausbildung systemischer und positioneller Wettbewerbsfähigkeit wird verhindert. Anstatt im produktiven Sektor zu investieren, bilden sich „rent seeking classes" in der Verbindung mit am konkreten „Standort" nicht interessierten international operierenden Finanzkapital. Die Verbindung von Rente und Rendite ist eine Gewähr dafür, daß die Entwicklung in Richtung einer modernen Gesellschaft blockiert wird. Am Ende stehen innerhalb eines Landes rohstoffreiche Regionen gegen andere Regionen, eine Tendenz, die für die Herausbildung kohärenter politischer, sozialer und ökonomischer Strukturen auf dem Weg zur Marktwirtschaft schädlich ist und sich zu Konflikten zwischen Begünstigten und Benachteiligten der Transformations- und Integrationsprozesse ausweiten könnte.

5. Zusammenfassung und Ausblick

Insgesamt wird immer deutlicher und inzwischen auch vom IWF akzeptiert, daß die Transformation zur Markt- und Geldwirtschaft nicht schockartig in kürzester Zeit erfolgen kann, sondern viel Zeit benötigt. Europa – West- und Osteuropa – müssen sich also auf eine lange Zeitspanne der Transformation und Integration einlassen. Diese kann erleichtert werden, wenn sich der „vertiefte" westeuropäische Integrationsraum in Richtung Osteuropa öffnet und auch bereit ist, Kapitaltransfers zu leisten. Denn nur positive Leistungsbilanzen der ost- und mitteleuropäischen Transformationsländer bieten den ökonomischen Spielraum für Strategien der Herstellung systemischer und währungspolitischer, d.h. positioneller Wettbewerbsfähigkeit. Doch gerade diese Bedingung für erfolgreiche Transformation bricht sich an den z.B. im Weißbuch der Komission der EG vom November 1993 vorgestellten Strategien einer industriepolitisch verbesserten Wettbewerbsfähigkeit Westeuropas innerhalb der „Triadenkonkurrenz". Für Ost- und Mitteleuropa bleiben da nur Chancen in der Verfolgung von Niedriglohnstrategien, bei Mißachtung ökologischer Standards, und dem Export „überflüssiger" Arbeitskräfte. Aber keine dieser strategischen Optionen führt auf dem Pfad „systemischer Wettbewerbsfähigkeit" vorwärts. Niedriglohnstrategien sind ein Hindernis für technologieintensive Produktion und für die Investition in die Bildung von „Humankapital". Ökologische Nachlässigkeit wird auch innerhalb des GATT zu Retorsionsmaßnahmen Anlaß geben, ganz abgesehen davon, daß es sich dabei um eine sehr kurzsichtige Strategie handelt, die allenfalls kurzfristig Entlastung bringt, aber mehr Probleme schafft als sie löst. Wenn die Emigration nicht zu einem „brain drain" führt, kann sie zwar ökonomische Entlastung bringen. Aber dies setzt eine offene Einwanderungspolitik Westeuropas voraus, die derzeit nicht in Sicht ist.

Die ost- und mitteleuropäischen Länder in die EU zu integrieren wäre zum gegenwärtigen Zeitpunkt eher Augenwischerei. Durch einen solchen formalen Akt würden ja die Niveau-Unterschiede nicht aufgehoben. Sie müßten durch Finanztransfers ebenso kompensiert werden, wie dies derzeit ja auch (wenn auch mit geringeren Beträgen und unter ungünstigeren Konditionen als unter Mitgliedern) der Fall ist. Die Alternative kann nur darin bestehen, daß die integrationspolitische Vertiefung in Westeuropa nach Maastricht, also der Zugewinn an institutioneller Kompetenz genutzt wird, um die für die Transformationsprozesse erforderlichen Spielräume auf allen Märkten (Waren-, Kapital- und Arbeitsmärkte) zu erweitern. Nur so kann der zu Beginn festgestellten räumlich-zeitlichen und funktionellen Interdependenz zwischen Integration im Westen und Transformation im Osten Rechnung getragen werden.

Literatur

Afheldt, Horst (1994): Wohlstand für niemand (München).

Altvater, Elmar (1991): Die Zukunft des Marktes. Ein Essay über die Regulation von Geld und Natur nach dem Ende des „real existierenden Sozialismus" (Münster).

Altvater, Elmar (1992): Der Preis des Wohlstands oder Umweltplünderung und neue Welt(un)ordnung (Münster).

Altvater, Elmar (1994): Operationsfeld Weltmarkt oder: Vom souveränen Nationalstaat zum nationalen Wettbewerbsstaat; in: PROKLA 97, S. 517-547.

*Altvater, Elmar; Mahnkopf, Birgit (1993): Gewerkschaften vor der europäischen Herausforderung. Tarifpolitik nach Mauer und Maastricht (Münster).

Anderson, Kym; Blackhurst, Richard (1993): Regional Integration and the Global Trading System (New York etc.).

Brunner, Hans-Peter (1994): Towards an Evolutionary Strategy for Eastern Development: Lessons of the Economic Transformation in Germany and Poland; in: Politik und Gesellschaft 4, S. 329-342.

Cecchini, Paolo (1988): Europa '92. Der Vorteil des Binnenmarktes (Baden-Baden).

Daly, Herman; Cobb, John B. (1989): For the Common Good. Redirecting the Economy toward Community, the Environment and a Sustainable Future (Boston).

Daniel, Philip (1992): Economic Policy in Mineral-Exporting Countries: What Have We Learned?; in: Tilton, John (Hg.), Mineral Wealth and Economic Development. Resources for the Future (Washington, D.C.).

Deutsche Bundesbank (1993): Geschäftsbericht 1993 (Frankfurt am Main).

*Eßer, Klaus u.a. (1994): Systemische Wettbewerbsfähigkeit. Internationale Wettbewerbsfähigkeit der Unternehmen und Anforderungen an die Politik (Berlin).

Fishlow, Albert; Haggard, Stephen (1992): The United States and the Regionalisation of the World Economy (Paris).

*Frank, André Gunder (1992): Economic Ironies in Europe: A World Economic Interpretation of East-West European Politics; in: International Social Science Journal 131, S. 41-56.

Griffin, Keith; Khan, Azizur Rahman (1992): Globalisation and the Developing World: An Essay on the International Dimensions of Development in the Post-Cold War Era; Human Development Report Office, Occasional papers No. 2 (New York).

Hardi, Peter (1994): Environmental Protection in East-Central Europe. A Market-Oriented Approach (Gütersloh).

*Herr, Hansjörg (1994): Budgetkrise und Entwicklungsperspektive der Transformationsländer; in: Konjunkturpolitik 40, S. 43-59.

Hirsch, Fred (1980): Die sozialen Grenzen des Wachstums (Reinbek).

Hirsch, Joachim; Roth, Roland (1986): Das neue Gesicht des Kapitalismus (Hamburg).

Huffschmid, Jörg (1994): Konzentration auf Kerngeschäft. Hartes Geld und eine starke Armee; in: Blätter für deutsche und internationale Politik, S. 1347-1354.

Human Development Report (1994) published for the United Nations Development Programme (New York; Oxford).

IMF (1994a): International Monetary Fund, World Economic Outlook, May 1994, (Washington, D.C.).

IMF (1994b): International Monetary Fund, World Economic Outlook, October 1994 Washington, D.C.).

Janning, Josef (1994): Wer regiert Europa? – Die kontinentale Perspektive überfordert eine Kerngruppe; in: Blätter für deutsche und internationale Politik, S. 1342-1346.

Kamppeter, Werner (1993): Fertility Rents, the Nation State and the World Economic System; in: Nord-Süd aktuell 7, S. 85-97.

Körner, Heiko (1990): Internationale Mobilität der Arbeit. Eine empirische und theoretische Analyse der internationalen Wirtschaftsmigration im 19. und 20. Jahrhundert (Darmstadt).

Kommission (1993): Wachstum, Wettbewerbsfähigkeit, Beschäftigung – Herausforderungen der Gegenwart und Wege ins 21. Jahrhundert (Weißbuch) (Luxemburg).

Krugman, Paul (1987): Is Free Trade Passé?; in: Journal of Economic Perspectives 1, S. 131-144.

*Krugman, Paul (1994): Competitiveness: A Dangerous Obsession; in: Foreign Affairs, March/April S. 28-44.

*Layard, Richard u.a. (1992): East-West Migration. The Alternatives (Cambridge, MA, London).

Luttwak, Edward (1994): Weltwirtschaftskrieg. Export als Waffe – aus Partnern werden Gegner (Reinbek).

Messerlin, Pattrick (1994): The EC and Central Europe: The missed rendezvous of 1992; in: Economics of Transition, 1, S. 89-109.

Messner, Dirk; Mayer-Stahmer, Jörg (1993): Die nationale Basis internationaler Wettbewerbsfähigkeit; in: Nord-Süd aktuell 7/1, S. 98-111.

Milanovic, Branko (1994): A Cost of Transition: 50 Million New Poor and Growing Inequality; in: Transition, The Newsletter about Transforming Economies 5, S. 1-4.

OECD (1993): Regional Integration and Developing Countries (Paris).

OECD (1994): Wirtschaftsausblick Nr. 55, Juni 1994 (Paris).

Ponting, Clive (1991): A Green History of the World. The Environment and the Collapse of Great Civilizations (New York).

Przeworski, Adam (1991): Democracy and the Market: Political and Economic Reforms in Eastern Europe and Latin America (New York, Cambridge).

Riese, Hajo (1993): Bausteine einer Makrotheorie der Transformation; in: Herr, Hansjörg; Westphal, Andreas (Hg), Transformation in Mittel- und Osteuropa (Frankfurt am Main, New York) S. 109-141.

Riese, Hajo (1994): Einkommensbildung als Entwicklungsproblem; in: Hölscher, Jens u.a. (Hg.): Bedingungen ökonomischer Entwicklung in Zentralosteuropa (Marburg), S. 37-62.

Sachverständigenrat zur Begutachtung der gesamtwirtschaftlichen Entwicklung, Jahresgutachten 1993/94, Drucksache des Deutschen Bundestages 12/6170.

Scheuplein, Christoph (1994): Wiederbelebung von Regionen durch Netzwerke? Bericht über einen Kongreß des Wissenschaftszentrums Nordrhein-Westfalen; in: Neues Deutschland, 8.11.1994.

Schieber, Helmut (1994): Europa braucht gemeinsame Stabilitätskultur; in: Börsen-Zeitung vom 10. September 1994, abgedruckt in: Deutsche Bundesbank: Auszüge aus Pressenartikeln, Nr. 66, 16.9.1994, S. 3-5.

von Stackelberg, Heinrich (1943): Grundzüge der theoretischen Volkswirtschaftslehre (Stuttgart).

*Stark, David (1990): Privatization in Hungary: From Plan to Market or from Plan to Clan; in: East European Politics and Society 4, S. 351-392.

Stölting, Erhard (1991): Festung Europa. Grenzziehungen in der Ost-West-Migration; in: PROKLA 21, S. 249-263.

Zolberg, Aristide (1991): Die Zukunft der internationalen Migrationsbewegungen; in: PROKLA 21, S. 189-221.

Verzeichnis der wichtigsten Abkürzungen

ABl	Amtsblatt
AStV	Ausschuß der Ständigen Vertreter
BDI	Bundesverband der Deutschen Industrie
BEUC	Bureau européen des unions des consommateurs
BGBl	Bundesgesetzblatt
BMFT	Bundesministerium für Forschung und Technologie
BMWi	Bundesministerium für Wirtschaft
BSP	Bruttosozialprodukt
BVerfG	Bundesverfassungsgericht
CEFIC	Conseil européen des fédérations de l'industrie chimique
CEN	Europäisches Komitee für Normung
CENELEC	Europäisches Komitee für elektrotechnische Normung
CERN	Conseil Européen pour la Recherche Nucléaire
COPA	Comité des Organisations Professionnelles Agricoles
COREPER	Comité des représentants permanents (= AStV)
ECOFIN-Rat	Rat der Wirtschafts- und Finanzminister
EEA	Einheitliche Europäische Akte
EEB	European Environmental Bureau
EG	Europäische Gemeinschaft(en)
EGB	Europäischer Gewerkschaftsbund
EGKS	Europäische Gemeinschaft für Kohle und Stahl
EGV	Vertrag zur Gründung der Europäischen Gemeinschaft
EPZ	Europäische Politische Zusammenarbeit
ESA	European Space Agency
ESPRIT	European Strategic Programme for Research in Information Technologies
ETSI	European Telecommunications Standardization Institute
EU	Europäische Union
EuGH	Europäischer Gerichtshof

EURATOM	Europäische Gemeinschaft für Atomenergie
EUREKA	European Research Coordination Agency
EUV	Vertrag über die Europäische Union
EWG	Europäische Wirtschaftsgemeinschaft
EWGV	Vertrag zur Gründung der Europäischen Wirtschaftsgemeinschaft
EWR	Europäischer Wirtschaftsraum
EWS	Europäisches Währungssystem
EWWU	Europäische Wirtschafts- und Währungsunion
EZB	Europäische Zentralbank
EZU	Europäische Zahlungsunion
FuE	Forschung und Entwicklung
FuT	Forschung und Technologie
GAP	Gemeinsame Agrarpolitik
GATT	General Agreement on Tariffs and Trade
IWF	Internationaler Währungsfonds
JESSI	Joint European Submicron Silicon Initiative
MITI	Japanisches Ministerium für Handel und Industrie
Ms.	Manuskript
NAFTA	North American Free Trade Assoziation
NATO	North Atlantic Treaty Organization
NGO	Non-Governmental Organization
o.Jg.	ohne Jahrgang
OECD	Organization for Economic Cooperation and Development
OEED	Organization for European Economic Development
TGB	Europäisches Technikbüro der Gewerkschaften für Gesundheit und Sicherheit
TNC	Transnational Corporation
UNCTAD	United Nations Conference on Trade and Development
UNICE	Union des Industries de la Communauté Européenne
Unv. Ms.	Unveröffentlichtes Manuskript
UVP	Umweltverträglichkeitsprüfung
VDI	Verein Deutscher Ingenieure
WKM	Wechselkursmechanismus
WWU	Wirtschafts- und Währungsunion

Angaben zu den Autoren

Prof. Dr. Elmar Altvater, geb. 1938, Professor für Politische Ökonomie am Fachbereich Politische Wissenschaft an der Freien Universität Berlin. Studium der Volkswirtschaftslehre und Soziologie sowie Oststudium für Postgraduierte an der Universität München. Wichtige Veröffentlichungen u.a.: Sachzwang Weltmarkt. Verschuldungskrise, blockierte Industrialisierung, ökologische Gefährdung – der Fall Brasilien (1987); Die Zukunft des Marktes. Ein Essay über die Regulation von Geld und Natur nach dem Scheitern des „real existierenden Sozialismus" (1991); Der Preis des Wohlstandes oder Umweltplünderung und neue Welt(un)-ordnung (1992); Gewerkschaften vor den europäischen Herausforderungen. Tarifpolitik nach Mauer und Maastricht (mit Birgit Mahnkopf, 1993); Operationsfeld Weltmarkt oder: Die Transformation des souveränen Nationalstaates in den nationalen Wettbewerbsstaat, in: PROKLA 24 (1994).

Apl. Prof. Klaus Busch, geb. 1945, Hochschuldozent für Politikwissenschaft am Fachbereich Sozialwissenschaften der Universität Osnabrück. Wichtige Veröffentlichungen u.a.: Die multinationalen Konzerne – Zur Analyse der Weltmarktbewegung des Kapitals (1974); Die Krise der Europäischen Gemeinschaft (1978); Strukturen der kapitalistischen Weltökonomie (mit Günther Grunert und Walter Tobergte, 1984); Umbruch in Europa – Die ökonomischen, ökologischen und sozialen Perspektiven des einheitlichen Binnenmarktes (2. Aufl. 1992); Europäische Integration und Tarifpolitik – Lohnpolitische Konsequenzen der Wirtschafts- und Währungsunion (1994).

Dipl.-Pol. Hans-Jürgen Bieling, geb. 1967, wissenschaftlicher Mitarbeiter am Institut für Politikwissenschaft an der Universität Marburg. Wichtige Veröffentlichungen u.a.: Nationalstaat und Migration im „Postfordismus" – Gewerkschaften vor der Zerreißprobe (FEG-Studie Nr. 2, Marburg 1993); Entwicklungsprobleme des europäischen Kapitalismus (Hg. mit F. Deppe; FEG-Studie Nr. 4, Marburg 1994.

Prof. Dr. Frank Deppe, geb. 1941, Prof. für Politikwissenschaft an der Universität Marburg. Studium der Politikwissenschaft, Soziologie und Volkswirtschaftslehre in Frankfurt und Marburg. Wichtige Veröffentlichungen u.a.: EWG. Zur politischen Ökonomie der westeuropäischen Integration (1975); Geschichte der deutschen Gewerkschaftsbewegung (1978); Autonomie und Integration (1979); Ende oder Zukunft der deutschen Arbeiterbewegung? (1984), Niccolò Machiavelli (1987); Jenseits der

Systemkonkurrenz (1991); Binnenmarkt 92. Zur Entwicklung der Arbeitsbeziehungen in Europa (1991); Zur Post-Maastricht-Krise der EG (1993).

Dr. Volker Eichener, geb. 1959, Geschäftsführer des Instituts für Wohnungswesen, Immobilienwirtschaft, Stadt- und Regionalentwickung (InWIS). Wichtige Veröffentlichungen u.a.: Social Dumping or Innovative Regulation? Processes and Outcomes of European Decision-Making in the Sector of Health and Safety at Work Regulation (EUI Working Paper SPS 92/28); Europäische Integration und verbandliche Regulierung (Hg. mit H. Voelzkow, 1994); Sozialverträgliche Technik – Gestaltung und Bewertung (Hg. mit M. Mai, 1993); Anthropozentrische Produktionssysteme (Hg. mit S. von Bandemer, J. Hilbert und J. Schmidt, 1993).

Dr. Edgar Grande, geb. 1956, wissenschaftlicher Mitarbeiter am Max-Planck-Institut für Gesellschaftsforschung, Köln. Privatdozent an der Fakultät für Verwaltungswissenschaft an der Universität Konstanz; 1994/95 Vertretung des Lehrstuhls für Vergleichende Politikwissenschaft an der Europa-Universität Viadrina Frankfurt/Oder. Wichtige Veröffentlichungen u.a.: Sozialpartnerschaft in der Krise. Leistungen und Grenzen des Neokorporatismus in Österreich (Hg. mit Peter Gerlich und Wolfgang C. Müller, 1985); Vom Monopol zum Wettbewerb? Die neokonservative Reform der Telekommunikation in Großbritannien und der Bundesrepublik Deuschland (1989); Industrieforschung und Forschungspolitik. Staatliche Steuerungspotentiale in der Informationstechnik (mit Jürgen Häusler, 1994).

Dr. Markus Jachtenfuchs, geb. 1961, wissenschaftlicher Mitarbeiter am Mannheimer Zentrum für Europäische Sozialforschung; Studium der Politikwissenschaft in Berlin, Paris und Brügge, Promotion am Europäischen Hochschulinstitut Florenz. Wichtige Veröffentlichungen u.a.: Die EG nach Maastricht. Das Subsidiaritätsprinzip und die Zukunft der Integration, in: Europa-Archiv 47 (1992); Theoretical Perspectives on European Governance, in: European Law Journal 2/1995; Ideen und Interessen in der internationalen Politik, in: Zeitschrift für Internationale Beziehungen 2/1995.

Prof. Dr. Christian Joerges, geb. 1943, seit 1974 Professor für deutsches und europäisches Privat- und Wirtschaftsrecht/Internationales Privatrecht an der Universität Bremen; Kodirektor des Zentrums für Europäische Rechtspolitik; seit 1989 Teilzeit-Professor am Europäischen Hochschulinstitut, Florenz. Wichtige Veröffentlichungen u.a.: Zum Funktionswandel des Kollisionsrechts (1971); Verbraucherschutz als Rechtsproblem (1981); Vertriebspraktiken im Automobilsektor (mit E. Hiller u.a., 1985); Die Sicherheit von Konsumgütern und die Entwicklung der EG (mit J. Falke u.a., 1988); Critical Legal Thought: An American-German Debate (Hg. mit D. Trubek, 1989); Franchising and the Law: Theoretical and Comparative Approaches in Europe and the United States (Hg., 1991).

Prof. Dr. Gerd Junne, geb. 1947, Professor für Internationale Beziehungen an der Universität Amsterdam. Studium der Politologie, Rechts- und Wirtschaftswissenschaften in Berlin und Genf; anschließend wissenschaftlicher Assistent und Lehrbeauftragter an der Universität Bremen. Wichtige Veröffentlichungen u.a.:

Der Eurogeldmarkt (1975); European Multinationals in Core Technologies (mit Rob van Tulder, 1989).

Prof. Dr. Peter Graf Kielmansegg, geb. 1937, Inhaber des Lehrstuhls für Politische Wissenschaft III an der Universität Mannheim. Arbeitsgebiete: Theorie und Praxis des demokratischen Verfassungsstaates, Geschichte des politischen Denkens, deutsche Geschichte des 20. Jahrhunderts. Wichtige Veröffentlichungen u.a.: Volkssouveränität (1977); Deutschland und der Erste Weltkrieg (2. Aufl. 1980); Nachdenken über die Demokratie (1980); Lange Schatten (1989).

Prof. Dr. Beate Kohler-Koch, geb. 1941, Inhaberin des Lehrstuhls für Politische Wissenschaft II an der Universität Mannheim, Leiterin des Arbeitsbereiches III (Europäische Integration) am Mannheimer Zentrum für Europäische Sozialforschung. Arbeitsgebiete: Theorie und Praxis der Internationalen Beziehungen, Europäische Integration, Politisches System und Politik der EU. Wichtige Veröffentlichungen u.a.: Regime in den Internationalen Beziehungen (Hg., 1989); Staat und Demokratie in Europa (Hg., 1992).

Prof. Dr. Stephan Leibfried, geb. 1944, seit 1974 Professor für Sozialpolitik, Sozialverwaltung und Sozialrecht an der Universität Bremen, dort seit 1978 insbesondere Arbeiten im Rahmen des Forschungsschwerpunktes „Reproduktionsrisiken, soziale Bewegungen und Sozialpolitik“. Seit 1988 Kodirektor des von ihm mitgegründeten Bremer Zentrums für Sozialpolitik und des Sonderforschungsbereichs 186. Wichtige Veröffentlichungen u.a.: Armutspolitik und die Entstehung des Sozialstaates. Entwicklungslinien sozialpolitischer Existenzsicherung im historischen und internationalen Vergleich (Bremen 1985); Armut im modernen Wohlfahrtsstaat (Hg. mit Wolfgang Voges, 1992); The Prospects for Social Europe, in: Politics & Society 20 (1992) (mit Paul Pierson); European Social Policy: Between Fragmentation and Integration (Hg. mit Paul Pierson, 1995); Zeit der Armut. Lebensläufe im Sozialstaat (Hg. mit Lutz Leisering, 1995).

Prof. Gary Marks, geb. 1952, Associate Professor für Politische Wissenschaft, University of North Carolina, Kodirector des Center for European Studies an der Duke-University of North Carolina. Arbeitsgebiete: Europäische Union; vergleichende Geschichte und Politik der Linken, vergleichende politische Ökonomie, Großbritannien und Bundesrepublik Deutschland. Wichtige Veröffentlichungen u.a.: Unions in Politics: Britain, Germany, and the United States in the Nineteenth and Early Twentieth Centuries (1989); Reexamining Democracy (Hg. mit L. Diamond, 1992); The Crisis of Socialism in Europe (Hg. mit C. Lemke, 1992); Structural Policy and 1992, in: A. Sbragia (Hg.): Euro-politics (1992).

Prof. Giandomenico Majone, Professor am Europäischen Hochschulinstitut Florenz. Arbeitsgebiete: Europäische Integration, Internationalisierung von Regulierung, Rolle von Ideen in der Policy-Entwicklung. Wichtige Veröffentlichungen u.a.: Evidence, Argument and Persuasion in the Policy Process (1989); Deregulation or Re-regulation? (1990); Regulating in Europe (im Erscheinen).

Dr. Elmar Rieger, geb. 1959, Hochschulassistent an der Fakultät für Sozialwissenschaften der Universität Mannheim. Wichtige Veröffentlichungen u.a.: Die Institutionalisierung des Wohlfahrtsstaates (1992); T.H. Marshall, Bürgerrechte und soziale Klassen (Hg., 1992); Bauernopfer. Zur Gemeinsamen Agrarpolitik der Europäischen Union (1995, im Erscheinen).

Prof. Dr. Fritz W. Scharpf, geb. 1935, Direktor am Max-Planck-Institut für Gesellschaftsforschung, Köln (seit 1986); Honorarprofessur an der Fakultät für Verwaltungswissenschaft der Universität Konstanz. Wichtige Veröffentlichungen u.a.: Die politische Krise des Rechtsstaates: Eine vergleichende Studie der deutschen und amerikanischen Verwaltungskontrollen (1970), Policy-Making in the German Federal Bureaucracy (mit Renate Mayntz, 1975), Politikverflechtung: Theorie und Empirie des kooperativen Föderalismus in der Bundesrepublik (mit Bernd Reissert u. Fritz Schnabel, 1976), Sozialdemokratische Krisenpolitik in Europa (1987), Optionen des Föderalismus in Deutschland und Europa (1994).

Dr. Jens van Scherpenberg, geb. 1946, wissenschaftlicher Mitarbeiter des Forschungsinstituts der Stiftung Wissenschaft und Politik (SWP) in Ebenhausen. Bis 1990 in der SWP Forschungstätigkeit auf dem Gebiet der EG-Wirtschaftsintegration, speziell des Binnenmarktes und der EG-EFTA Beziehungen; 1990-1993 freiberuflicher Wirtschaftsberater für Fragen europäischer Industriepolitik und Unternehmensansiedlungen; seit Ende 1993 in der SWP erneute Forschungstätigkeit, mit dem Schwerpunkt internationale Handelspolitik und Wirtschaftsbeziehungen der Industrieländer. Zahlreiche Veröffentlichungen zu diesen Themen.

Prof. Helen Wallace, geb. 1946, seit 1992 Professorin für Contemporary European Studies und Direktorin des Sussex European Institute an der Universität Sussex, seit 1976 Visiting Professor am Europakolleg Brügge. Aktuelle Themenschwerpunkte u.a.: Die Beziehungen der Europäischen Union zum restlichen Europa und Probleme des Regierens in der Europäischen Union im neuen politischen und wirtschaftlichen Kontext. Wichtige Veröffentlichungen u.a.: Europe's Future in Space: a Joint Policy Report (Hg., 1988); EEC-EFTA: More Than Just Good Friends? (Hg. mit J. Jamar, 1988); The Wider Western Europe: Reshaping the EC/EFTA Relationship (Hg., 1991); The European Union: Towards a Policy for Europe; in: International Affairs 70 (1994, mit Alasdair Smith); Cada vez más grande: la ampliación de la Unión Europea; in: Meridiano Ceri 1 (1995).

Prof. Dr. Wolfgang Wessels, geb. 1948, Professor für Politische Wissenschaft an der Universität Köln. Leiter des „Department of Administrative and Political Studies" des Europakollegs Brügge, seit 1995 Jean Monnet Professor. Wichtige Veröffentlichungen u.a.: Jahrbuch der Europäischen Integration (Hg. mit Werner Weidenfeld, 1980f.); Direktwahl und Demokratisierung. Eine Funktionenbilanz des Europäischen Parlaments nach der ersten Wahlperiode (Hg. mit Eberhard Grabitz u.a., 1988); Staat und (westeuropäische) Integration. Die Fusionsthese, in: Kreile, Michael (Hg.), Die Integration Europas, PVS-Sonderheft 23 (1992); Rationalizing Maastricht: The Search for an Optimal Strategy of the New Europe, in: International Affairs 70 (1994).